böhlau Wien

Schriftenreihe des Forschungsinstitutes
für politisch-historische Studien der Dr.-Wilfried-Haslauer-Bibliothek, Salzburg

Band 14

[illegible],
herzlich gewidmet,
6. VIII. 2002 [illegible]

Dr.-Wilfried-
Haslauer-
Bibliothek

Robert Kriechbaumer (Hg.)

Der Geschmack der Vergänglichkeit

Jüdische Sommerfrische in Salzburg

böhlau Wien Köln Weimar

Gedruckt mit der Unterstützung durch das
Bundesministerium für Bildung, Wissenschaft und Kultur

Die Deutsche Bibliothek – CIP-Einheitsaufnahme

Ein Titeldatensatz für diese Publikation ist
bei Der Deutschen Bibliothek erhältlich

ISBN 3-205-99455-6

http://www.boehlau.at

Gedruckt auf umweltfreundlichem, chlor- und säurefreiem Papier

Druck: Salzburger Druckerei, 5020 Salzburg

Inhalt

Robert Kriechbaumer

Statt eines Vorwortes – »Der Geschmack der Vergänglichkeit ...«

In den dreißiger Jahren, nach der nationalsozialistischen Machtergreifung in Deutschland, bemerkte Max Reinhardt während eines der berühmten Nachtgespräche in Schloss Leopoldskron, die einem Empfang oftmals zu folgen pflegten: »Das Schönste an diesen Festspielsommern ist es, daß jeder der letzte sein kann. ... Man spürt den Geschmack der Vergänglichkeit auf der Zunge.«[1] Im Rückblick auf einen ihrer Abendbesuche in Schloss Leopoldskron 1927 schrieb Bertha Zuckerkandl in ihren Erinnerungen über die unvergleichliche und faszinierende Mischung aus Fest und Intellekt, Kunst und Philosophie, die Fausts Wunsch nach dem Augenblick, der ob seiner Schönheit verweilen möge, Realität werden ließ: »Ich verlasse als eine der letzten das Schloß, und es fallen mir einige chinesische Verse ein, die ich Reinhardt als Wappenspruch überreichen wollte:

›Töte den Hahn, der unablässig kräht!
Schieß ihn nieder, der frech den Morgen kündet!
Nur so wird dunkle Nacht endlos dauern,
Bis zum Morgen des neuen Jahres!‹«[2]

Elf Jahre später gehörten die Nächte von Leopoldskron einer nie mehr wiederkehrenden Vergangenheit an. Fünf Jahre nach Zuckerkandls von der Magie des Augenblicks geprägtem Wunsch schrieb die nationalsozialistische Salzburger »Alpenwacht« mit Blick auf die nationalsozialistischen Wahlerfolge in Deutschland und bei den kurz zuvor stattgefundenen Landtagswahlen in Wien, Niederösterreich und Salzburg: »Unser Kampf ist ernst und groß. ... Unsere braunen Bataillone marschieren ... als Künder einer neuen Zeit. ... Das schöne Heimatland muß ganz unser werden!«[3] Im März 1938 ging dieser Wunsch in Erfüllung. Entzog sich Reinhardts künstlerisches Reich, von dem Zuckerkandl bemerkte, es könne nicht erobert werden[4], dem nationalsozialistischen Zugriff, so hallten im Marmorsaal des Schlosses Leopoldskron, einst glanzvoller Mittelpunkt kultivierter internationaler Konversation und Festlichkeit, die Stiefel von SA und SS. Mit Ver-

---

1 Zit. bei Carl Zuckmayer: Als wär's ein Stück von mir. 16. Aufl. Frankfurt am Main 1984. S. 54.
2 Bertha Zuckerkandl: Österreich intim. Erinnerungen 1892–1942. Frankfurt am Main/Berlin 1970. S. 160.
3 Alpenwacht 2. 7. 1932. S. 1.
4 Zuckerkandl: Österreich intim. S. 211.

fügung der Gestapo vom April 1938 wurde sein Vermögen als »volks- und staatsfeindliches Vermögen« entschädigungslos enteignet. Der geschätzte Wert belief sich auf 700.000, jener der Kunstgegenstände auf 52.000 RM. Damit begann ein kurzes, aber heftiges Tauziehen um das Schloss. Gauleiter Friedrich Rainer plante, die Reinhardt'sche Tradition fortzuführen. In einem Brief bemerkte er nach dem Scheitern seiner Bemühungen: »Ich hatte bereits verfügt, daß der Schlossbau selbst in allen seinen Teilen eine Heimstätte für Künstler werden soll, die wir als Gäste nach Salzburg ziehen wollen, um der kulturellen Sendung Salzburgs zu entsprechen.

Das Nebengebäude war für eine SA-Sportschule bestimmt, die zugehörige Landwirtschaft und das Freischwimmbad hätten partei- und sportlichen Zwecken dienen sollen.«[5] Hermann Göring hatte sich jedoch bereits anders entschieden. Mit Billigung Hitlers übertrug er die gesamte Anlage an Stephanie Prinzessin Hohenlohe mit dem Auftrag, das Schloss als Gästehaus des Reiches für prominente Künstler zu führen und – neben Schloss Kleßheim, dem offiziellen politischen »Gästehaus des Führers« – als zweites künstlerisches Entree für den Berghof in Berchtesgaden zu fungieren.

Welche Welten lagen zwischen Zuckerkandls Wunsch und jenem der »Alpenwacht«!

Die Gezeiten der Gefühle oder von den Konjunkturen des Tourismus. Das Beispiel Salzburg

Die Beziehung des Sommerfrischlers zur Natur basiert auf Emotionen und/oder Erwartungshaltungen: die Landschaft, die Seen und Berge als Ort des »Baumelns der Seele«, der Orts- und Stimmungsveränderung, als notwendig erachtetes Ambiente für Erholung und Urlaub, als Luftkurort und gesuchter hypokratischer Heilquell für Stadt- oder Zivilisationskrankheiten. Bereits um die Jahrhundertwende entdeckten Werbetexter die therapeutischen Effekte einer Luftveränderung für den (Groß-)Städter. Der so umworbene (groß)städtische, meist aus Wien kommende Sommerfrischler begann bereits im späten 19. Jahrhundert seine Spuren zu hinterlassen, deren Konturen das Erscheinungsbild des zuvor noch unberührten provinziellen Ambientes beeinflussten. Die verkehrsmäßige Erschließung des Semmerings sowie in dessen Folge die Errichtung von Hotels der verschiedenen Kategorien[6] veränderten die Landschaft ebenso wie der in Franz Joseph personifizierte imperiale Abendglanz der Habsburgermonarchie Bad Ischl oder der groß- und mittelbürgerliche Zustrom das Salzkammergut und Bad Gastein.

---

5 Zit. bei Edda Fuhrich, Gisela Prossnitz: Die Salzburger Festspiele. Ihre Geschichte in Daten, Zeitzeugnissen und Bildern. Band 1 1920–1945. Salzburg/Wien 1990. S. 226f.

6 Vgl. Wolfgang Kos (Hg.): Die Eroberung der Landschaft. Semmering, Rax, Schneeberg. Katalog zur Niederösterreichischen Landesausstellung Schloss Gloggnitz 1992. Wien 1992.

Der Gestus der Adelswelt fand in modifizierter Form Eingang in die sommerfrischlerische Lebenswelt des Groß- und Mittelbürgertums. Muße und Genuss, familiäre Intimität und ungezwungene Gastfreundschaft prägten das Milieu und setzten Grenzen gegenüber der nach wie vor dominant repräsentativen Lebenswelt des Adels.[7] Der Lebensrhythmus des Wiener Großbürgertums orientierte sich an den Saisonen. Da waren Herbst und Winter mit ihrer dominanten Arbeits- und Kulturverpflichtung und der Sommer, in dem man – zunächst aus Mangel an einem ererbten oder erworbenen adeligen Sommerschloss – mit erheblichem logistischem Aufwand »aufs Land«, und dies hieß auch stets in die Provinz, übersiedelte. Während die (meist) großbürgerlichen Pioniere um die Jahrhundertwende ihre bürgerlichen Ersatzresidenzen errichteten und damit ihren Startvorteil auch mit einem quasi sekundären Anspruch auf »Heimatrecht« sichtbar dokumentierten, folgte wenig später der Mittelstand, der es sich auch, wenngleich auf etwas bescheidenerem Niveau, »leisten konnte«. So ergab sich bereits vor dem Ersten Weltkrieg die Topographie der »guten« Adressen. Mattsee, Thalgau oder Neumarkt lagen eben nicht an der touristischen »Ringstraße« Salzburgs, die sich entlang einer imaginären Linie vom Wolfgangsee bis nach Bad Gastein zog. Die als Merkmal der Klassenkonstituierung in späten 19. Jahrhundert in Wien deutlich feststellbare Differenzierung der Wohnplatzqualität der einzelnen Bezirke[8] fand ihre Entsprechung in der Wahl der Sommerfrischeorte.

Die Permanenz der Sommerfrische änderte allmählich nicht nur das architektonische Erscheinungsbild der betroffenen Regionen durch den Bau von Villen, Hotels, Aussichtsterrassen, Promenaden und Cafes, sondern implementierte, zumindest für wenige Wochen, urbanen Lebensstil in die Inseln der sommerlichen Erholung. Die Provinz, gekennzeichnet durch die »Verspätung kultureller Signale«[9], die stets von der Großstadt ausgehen, erfuhr durch die sommerfrischende Großstadtgesellschaft eine partielle Modernisierung.

Das Aufeinandertreffen der Lebensstile führte keineswegs zu einem Kulturkampf, sondern erfolgte in einem ambivalenten Spannungsverhältnis gegenseitiger Beeinflussung. Die Moderne und deren (groß)städtische Repräsentanten rezipierten selektiv kulturelle Signets der Vormoderne und kreierten jenen historisierenden Lebensstil, der neben der Moderne zum kulturellen Leitmotiv der Jahrhundertwende wurde. Da schlüpfte der Sommerfrischler, der Kaiser tat es ja schließlich auch, in den extra angefertigten, wenngleich oftmals modisch adaptierten Trachtenanzug oder in die Lederhose, etablierte sich ein Kleidungseklektizismus, der bereits vor dem Ersten Weltkrieg zu besorgten Re-

7 Hanns Haas: Die Sommerfrische – Eine verlorene touristische Kulturform. In: Hanns Haas, Robert Hoffmann, Kurt Luger (Hg.): Weltbühne und Naturkulisse. Zwei Jahrhunderte Salzburg-Tourismus. Salzburg 1994. S. 67–75. S. 67.

8 Ernst Bruckmüller: Sozialgeschichte Österreichs. Wien/München 1985. S. 437.

9 Carl Amery: Der Provinzler und sein Schicksal. In: Ders. (Hg.): Die Provinz. Kritik einer Lebensform. München 1966. S. 7–18. S. 8.

aktionen ob der damit verbundenen Ver- und Entfremdung des »Echten« und »Bodenständigen« führte, die sich nicht nur im Bereich der Trachten, sondern des gesamten Brauchtums breit machten.

Die Ernährungskrise während des Weltkrieges sowie der ersten Jahre der jungen Republik änderte die Lage des Tourismus in Salzburg grundlegend. Hatte man vor 1914 das zunehmende Einströmen eines vor allem aus dem Wiener Raum stammenden adeligen und (groß)bürgerlichen Tourismus aus wirtschaftlichen Gründen begrüßt, so schlug nunmehr die wirtschaftlich motivierte Freundlichkeit dem Fremden gegenüber in zunehmende Ablehnung um. In Salzburg, das, obwohl überwiegend Agrarland, seine Bevölkerung nicht zu ernähren vermochte und dessen Landeshauptstadt den Mirabellgarten in einen Krautacker umwandelte, um der angespannten Ernährungslage zu begegnen, wurden bereits vor Kriegsende zunehmend fremdenfeindliche Äußerungen laut, die die sozialdemokratische »Salzburger Wacht« zu der Bemerkung veranlassten, dass dies »für ein Land ..., das im Frieden fast nur vom Fremdenverkehr lebt, unnatürlich, wenn nicht sogar schädlich ist«.[10]

Die nach Kriegsende anhaltende Ernährungskrise bildete den Humus einer wachsenden Fremdenfeindlichkeit, die zudem durch die galoppierende Nachkriegsinflation zusätzliche Nahrung erhielt. Zahlreiche (auch jüdische) Valutainhaber und Kriegsgewinnler strömten in die Stadt und provozierten durch ihr oftmals verschwenderisches Gehabe sowie ihren offen zur Schau getragenen (Neu-)Reichtum die Zunahme xenophober Befindlichkeiten nicht nur bei den unteren sozialen Schichten. Johanna Schuchter berichtet in ihren Erinnerungen, dass sich in der unmittelbaren Nachkriegszeit »eine Auflösung des Bestehenden auch darin ankündigte, daß Adelige und Bürgerliche, die in ihrem Leben nie daran gedacht hätten, Zimmer ihrer Wohnung zu vermieten, sich nun auch in diese Veränderung schicken mußten. ... Ich hatte einen Bekannten, der nach seiner ersten Erfahrung mit Mietern zu mir sagte: ›Wissen Sie, das Vermieten kommt für mich gleich nach dem Bettelgehen!‹ ...

Und dieses österreichische Schicksal zog eben viele Ausländer magnetisch an. Man sah, besonders in der Festspielstadt Salzburg, deshalb nach langer Zeit wieder gut angezogene und apart gekleidete Menschen. Während wir uns mit aus billigem Ersatzstoff geschneiderten Kleidern behelfen mussten, rauschte Frau Rachel an der Seite ihres Gatten in einem traumhaft schönen Abendkleid mit funkelnden Brillanten in die Festspielaufführungen.«[11]

Die Berichte der Salzburger Tageszeitungen der unmittelbaren Nachkriegszeit entwerfen das Bild einer gespaltenen und sozial fragmentierten Gesellschaft, in der die klassischen Klassenschranken durch die weitgehende Enteignung des Adels und des Bürgertums aufgehoben und durch neue, erheblich krassere und unerträglichere ersetzt wurden:

---

10 Salzburger Wacht 3. 8. 1918. S. 3.

11 Johanna Schuchter: So war es in Salzburg – Aus einer Familienchronik. Salzburg 1976. S. 50f.

die neureichen verschwenderischen und prahlerischen Schieber, Kriegsgewinnler und Spekulanten auf der einen, die verarmte Bevölkerung auf der anderen Seite. »Die Not und der Hunger von Tausenden sind ein Geschäftswert geworden«, so die christlichsoziale »Salzburger Chronik«, mit dem man »bei Weinflaschen und aufgedonnerten Frauenzimmern gemütruhig rechnet. Wer nur irgendwie eine verbrecherische Anlage in sich entdeckt und zur Arbeit zu faul ist, der wird ein Schieber. Sei es an der Börse, sei es im Cafe, sei es im Hotel oder einem verrufenen Lokal. So kommt man leicht und mühelos zu höchstem Gewinn: so kann man sich leicht nach der Mode kleiden, schwere Weine trinken, deckt jedes Angebot, das das Laster macht, mit etlichen blauen Papierfetzen und lebt lustig von Nacht zu Nacht. …

Das Übel nimmt furchtbare Dimensionen an. Der ehrliche Arbeiter, der Bürger, der sich Bourgeois schimpfen lassen mag, der reelle Geschäftsmann, verschwinden neben diesem Schiebertum, das mit Polypenarmen unsere Gesellschaft erdrückt.«[12] Die klassischen Kapitalisten der Monarchie seien durch den Zusammenbruch abgetreten und durch neue »Plutokraten … zur Seite geschoben« worden. »Das sind die … Abgefeimten, die womöglich noch Gewissenloseren als die anderen. Ihr Ahne ist der Kriegsgewinnler, der die Urform dieser Existenzen darstellt, aus der sie sich dann weiter entwickelt haben. … Diese Neugeborenen sind die ärgste Gefahr für das wirtschaftliche Leben.«[13]

Die Zunahme der jüdischen Bevölkerung Wiens durch ostjüdische Flüchtlinge während des Weltkrieges sowie der Umstand, dass sich unter den Valutakaisern und Kriegsgewinnlern auch Juden befanden, verband in der Analyse die Kultur der Krisen mit ihrer vermeintlichen Ursache, dem Judentum, und bewirkte die Konjunktur eines aggressiven Antisemitismus. Die »Salzburger Chronik« konstatierte 1920 »die Verjudung Österreichs in einem Maße«, das zur Gegenwehr herausfordere. »Unsere Hochschulen drohen zionistische Bildungsstätten zu werden. 70 Prozent der Hochschullehrer, 60 Prozent der Studierenden, gehören der jüdischen Rasse an. In den Intelligenzkreisen drängt das Judentum unaufhaltsam vorwärts. Das Schieber- und Wuchertum im Großen liegt in Judenhänden, ist jüdische Erfindung … Die Judenfrage ist heute auch kaum mehr eine religiöse Frage, schon aus dem Grunde nicht, weil der Großteil unserer Juden religiös gänzlich indifferent ist. Sie ist vielmehr eine Rassenfrage und vor allem eine wirtschaftliche, da unser ganzes Volk mehr und mehr zu einem Helotenvolk des allmächtigen Judentums herabzusinken droht.«[14] In der Nationalversammlung erklärte Leopold Kunschak in Richtung Ostjuden, diese würden Österreich deshalb nicht verlassen, weil ihnen wie »ihrer ganzen Nation … das Gefühl der Heimatliebe vollständig mangelt … Die Heimat der Juden ist der Boden, wo sein Hafer wächst, und ist es nur so lange Hafer

12 Salzburger Chronik 16. 1. 1920. S. 1.
13 Salzburger Chronik 6. 8. 1920. S. 1.
14 Salzburger Chronik 4. 5. 1920. S. 1.

eingebracht werden kann. Und weil besonders ein sozial und wirtschaftlich kranker Organismus für die Menschen mit weiter Moral und weiterem Gewissen der ausgiebige Nährboden für Spekulation und Bereicherung ist, bleiben die Ostjuden bei uns wie die Heuschrecken, die ein Land nicht eher verlassen, als es kahl gefressen ist. …

Der Wucher und die Genuss- und Putzsucht haben zum überwiegenden Teil direkt oder als die moralischen Urheber die Ostjuden.« [15] Der Antisemitismus sei eine »Notwehr des Volkes … Es erübrigt sich zum Beweis dafür, dass die wirtschaftliche, geistige und sittliche Ausplünderung unseres Volkes vornehmlich ein Werk des Judentums ist, Beweise zu bringen.«[16]

Salzburg wurde durch die Gründung der Festspiele in den Sommermonaten zur Bühne der neuen gesellschaftlichen Wirklichkeiten. Die Festspiele brachten nicht nur eine Renaissance des Sommerfrischentourismus der Vorkriegszeit, auf dem sie letztlich auch aufbauten, sondern zogen auch ein Publikum an, das es sich leisten konnte und dies öffentlich zur Schau stellte. In einem Brief vom Sommer 1919 bemerkte Stefan Zweig: »Es gibt keinen Juden, der jetzt nicht in Salzburg ist, und seit Reinhardt da ist, sammelt sich das Volk wie schwarze Fliegen.«[17] Wenngleich der Antisemitismus den Konjunkturen der Kaloriensätze folgte, so bildete er *eine* permanente Wirklichkeit der Festspiele. In Salzburg existierten stets verschiedene lebensweltliche und ideologische Wirklichkeiten. Neben dem Heiteren, Verspielten und Künstlerischen, dem Dionysisch-Orphischen mit seinem internationalen Flair und seiner Eleganz, existierten die vor allem klein- und mittelbürgerlichen deutschnationalen und christlichsozialen Lebenswelten, die durch das breite Spektrum der Kultur der Armut geprägt waren und, auch wenn man an den touristischen Einnahmen partizipierte, das Repertoire der Abwehrhaltungen produzierte. Im »Salzburger Volksblatt« bemerkte Erwin H. Rainalter über die Haltung der einheimischen Bevölkerung zu den Festspielen, diese fühle sich von den Festspielgästen »bedroht« und stünde ihnen im Grunde ihres Herzens ablehnend gegenüber. Da die Festspielgäste aber »viel Geld ins Land bringen«, hätte sich die Meinung durchgesetzt, dass es »töricht wäre, ihnen diese Freude zu schmälern«.[18] Der nationalsozialistische »Volksruf« sekundierte, es bestehe kein Zweifel, dass die Festspiele durch den mit ihnen verbundenen »Fremdenzuzug … Geld ins Land« bringen und »Tausende von Existenzen davon leben. Die heimische Bevölkerung hätte daher gewiß nichts gegen den Fremdenzuzug, auch jene nicht, die nicht unmittelbar hievon leben, wenn sie in ihrer Lebenshaltung geschützt würde.« Der mit dem einsetzenden Festspieltourismus verbundene allgemeine Preisanstieg wirke je-

---

15 Sten Prot. d. NR. 1. Rep., Nr. 78, 29. 4. 1920. S. 2379ff.

16 Salzburger Chronik 22. 5. 1920. S. 1.

17 Zit. bei Ernst Hanisch: Wirtschaftswachstum ohne Industrialisierung. Fremdenverkehr und sozialer Wandel in Salzburg 1918–1938. In: Haas, Hoffmann, Luger (Hg.): Weltbühne und Naturkulisse. S. 104–112. S. 104. Vgl. dazu auch Ulrike Kammerhofer-Aggermann: Kulturmetropole Salzburg. Der Festspieltourismus der Zwischenkriegszeit. In: ebda. S. 113–119.

18 Erwin H. Rainalter: Die Festspielstadt. In: Salzburger Volksblatt 2. 8. 1921. S. 3f. S. 4.

doch wie ein »Scheidewasser« zwischen Einheimischen und Fremden. Letztere rekrutierten sich zu einem erheblichen Teil aus »›neuen Reichen‹, zu 90 Prozent aus Abrahamssöhnen. … Gewiss, diese Schieber, Schleichhändler, Preistreiber, Wucherer, Kettenhändler und Börseaner … zahlen jeden Preis. Wer mit *einem* Telephongespräch Hunderttausende verdient, schaut das Geld *nicht* an, wenn es seiner Bequemlichkeit dient. Diese Sorte von Menschen wird aber für ein Gebiet geradezu eine Landplage, ein Heuschreckenschwarm, der einfällt und alles ratzekahl frisst. Ihr provozierender Luxus, ihr schmatzendes Essen, ihr mauschelndes Gerede, ihre schweißende Fettleibigkeit, ihr watschelnder Gang von X zu O gereichen bei Gott einer Gegend nicht zur Zier. … *Ein Fremdvolk hat sich hier breit gemacht*, gekennzeichnet durch die semitische Hakennase, das mongolische Schlitzauge, die negerhafte Wulstlippe und das negroide Wuschelhaar.«[19]

Die antisemitischen Töne waren keineswegs auf die Landeshauptstadt beschränkt, sondern schlossen die traditionellen Sommerfrischeorte in deren Umgebung ein. Zu Beginn der Sommersaison 1921 erschien in der »Salzburger Chronik« ein Artikel zum Thema »Mattsee und die Judenfrage«, in dem eine Zuschrift zustimmend zitiert wurde. »Mattsee hat es von jeher immer als eine Ehrensache betrachtet, den Ort judenfrei zu halten, um der deutsch-arischen Bevölkerung den Aufenthalt umso angenehmer zu machen. Der Hauptzuzug der Fremden kommt ja bekanntlich von Wien, wo die deutsch-arische Bevölkerung ohnedies unter dem Judentum mehr als genug zu leiden hat. Es wurde daher in den früheren Jahrzehnten, wo Mattsee es noch nötig hatte, Reklame zu machen für den Badeort, immer wieder in ausgesprochen antisemitischen Blättern: Im ›Deutschen Volksblatt‹ und in der ›Reichspost‹ annonciert. Unsere lieben langjährigen Wiener Gäste haben es auch stets mit Dank anerkannt, daß Mattsee Wert darauf lege, judenrein zu bleiben und haben immer wieder gebeten, Mattsee möchte auf diesem Standpunkte verharren und es ihnen so ermöglichen, daß sie wenigstens in diesen paar Wochen des Urlaubs sich ausruhen können, ohne sich mit Juden herumzuschlagen und unter den jüdischen Allüren leiden zu müssen.« Während es im vergangenen Jahr noch gelungen sei, trotz der zunehmenden »Judenzudringlichkeit« den Ort judenfrei zu halten, habe nunmehr der »Schwiegersohn des Herrn Ott den Komponisten Schönberg aus Prag hier eingeschmuggelt. Daß ein Jude gewöhnlich nicht allein kommt, sondern gleich einen ganzen Anhang mitbringt, ist eine bekannte Erscheinung. Kaum war Schönberg hier angekommen, sah man auch schon mehrere Judengesichter, so daß die Gefahr näherrückte, daß der Ort Mattsee seinen früheren Ruf als judenrein verlieren könnte.« Die Gemeinde habe daher als Abwehrmaßnahme folgenden Aufruf verfasst: »›Der Gemeindeausschuß von Mattsee hat in seiner Sitzung vom 19. ds. einstimmig seiner Entrüstung Ausdruck verliehen, da einzelne Vermieter von Sommerwohnungen in Mattsee dieselben Juden überließen und dadurch den altbekannten Ruf Mattsees als judenreine Sommerfrische

19 Volksruf 27. 8. 1921. S. 1f.

schwer geschädigt haben. ...‹ Und die ›arischen Sommerfrischler‹ sekundierten mit folgendem Aufruf: ›Die Sommerfrischler Mattsees danken der Gemeindevertretung für ihre stramme antisemitische Verlautbarung und geben der Erwartung Ausdruck, daß die Bewohner Mattsees auch in Zukunft in erster Linie den deutsch-arischen Stammesgenossen gastliche Aufnahme gewähren‹.« Es sei daher sonderbar, dass sich der ansonst als national bekannte Herr Ott jun. für einen jüdischen Künstler mit dem Argument stark mache, dass man in Fragen der Kunst doch nicht Antisemit sein könne. Man sei gegenwärtig leider in der Kunst bereits so weit gekommen, »daß einer die jüdische Punzierung nachweisen muß, will er auf diesem Gebiete sich einen Namen machen. Künstler in anderer Art sind ja vielfach gewiß viele Juden. Was haben wir nicht alles in der Kriegs- und noch mehr in der Nachkriegszeit für jüdische Schieber-, Kettenhändler-, Wucherer Künstler kennengelernt.«[20]

Ende November 1921 konnte der christlichsoziale Landtagsabgeordnete Bartholomäus Hasenauer in seiner Bilanz des vergangenen Sommertourismus zufrieden feststellen, »daß heuer im Gegensatz zum Vorjahre das arische Element das jüdische überwog«. Unangenehm sei jedoch »das anmaßende Benehmen so mancher neuer Reicher« bemerkt worden, das »die Aufnahme des Arierparagraphen in die Satzungen des D. u. Oe. Alpenvereines vollauf« rechtfertige.[21]

Zauberflöte und Thors Hammer. Die »jüdische Reinhardtgemeinde« im Schatten des Obersalzbergs

Im weiten Feld der antisemitischen Enunziationen waren die parteipolitischen und ideologischen Übergänge fließend, verschwanden Lagergrenzen, verloren pro- und antiösterreichische Einstellungen ihre Prägekraft. In ihrem letzten Wahlaufruf zur bevorstehenden Nationalratswahl 1920 erklärten die Christlichsozialen, sie seien ein Garant für den Kampf gegen »die Macht der ostjüdischen Schieber und Valutaverschlechterer«.[22] Ein Jahr später schrieb der katholische und proösterreichische Publizist Joseph August Lux im nationalsozialistischen »Volksruf«, Max Reinhardt habe in Salzburg mit den »semitischen Obergötter(n) Hofmannsthal, Bruno Walter, Moissi e tutti quanti« einen »Zirkus« aufgezogen, der jährlich »gewohnheitsmäßig mit einem Defizit und einer Schuldenlast«, die der »Schloßherr dem Verwaltungsrate« hinterlasse, ende.[23] Gegen den von Lux

20 Salzburger Chronik 5. 7. 1921. S. 1f.
21 Bartholomäus Hasenauer: Salzburger Sommerverkehr 1921. In: Salzburger Chronik 27./28. 11. 1921. S. 1f.
22 Salzburger Chronik 17. 10. 1920. S. 7.
23 Zit. bei Christian Strasser: Carl Zuckmayer. Deutsche Künstler im Salzburger Exil 1933–1938. Wien/Köln/Weimar 1996. S. 65.

apostrophierten »Zirkus« hatte bereits im Vorfeld der ersten »Jedermann«-Aufführung im August 1920 eine Schülergruppe des katholischen Internats Borromäum lautstark mit Trompeten Störungsversuche unternommen, um mit diesem oppositionellen Verhalten ein Zeichen gegen das »jüdische Element« der entstehenden Festspiele zu setzen.[24]

Der provinzielle Mief war parteiübergreifend: katholisch, deutschnational, nationalsozialistisch und auch sozialdemokratisch.[25] Der Begriff des »jüdischen Sommerfrischlers«, gemünzt auf Hofmannsthal, Reinhardt und deren vor allem aus Wien stammendes Publikum, wurde von der christlichsozialen »Salzburger Chronik« in den frühen zwanziger Jahren geprägt. Die tagespolitischen und ideologischen Gräben wie Katholizismus versus Antiklerikalismus, Staatsbewusstsein versus Anschlussbegeisterung, die Christlichsoziale und Deutschnationale trennten, wurden durch einen gemeinsamen, wenn sich auch nuanciert äußernden Antisemitismus überbrückt. Die Nuancen verschwanden allerdings vollkommen, wenn es galt, verstärkt um »arische Sommergäste« zu werben und möglichst viele Gemeinden »judenfrei« zu halten.

Hier berührte sich die antisemitische Agitation mit jener der Nationalsozialisten, für die der Obersalzberg spätestens seit 1933 zum nationalen Wallfahrtsort wurde, auf dem – im Angesicht des mythischen Untersbergs – der »Erlöser« wie Zarathustra über die Rettung von Volk und Vaterland sinnierte. Im Sommer 1935 schrieb ein SA-Angehöriger aus Berchtesgaden an das antisemitische Hetzblatt »Der Stürmer« einen Brief, in dem er sich bitter über das Eindringen des Judentums in diesen hehren Bezirk deutschen Wesens und Blutes beschwerte. In der »Wahlheimat des Führers« liege der Königssee, wo sich ein kleines Strandbad befinde, dessen Pächter mit einer Jüdin verheiratet sei. »Will man also die einzige Möglichkeit im Königssee zu baden ausnützen, so muß man dieser Judenschickse sein Geld hintragen und darf unter Aufsicht ihres Mannes, dieses artvergessenen Judenknechts, baden.« Wo Juden seien, kämen stets neue hinzu, sodass jeder rassebewusste Deutsche gezwungen sei, im Königssee am Fuße des Obersalzbergs »in Gesellschaft krummnasiger und plattfüßiger Jidden, durch deren arrogantes lärmendes Benehmen allein das Bad verleidet wurde, zu baden«.[26]

Unweit des Obersalzbergs, im »nördlichen Rom«, stieß Reinhardts und Hofmannsthals Versuch einer Renaissance der katholischen Barockideologie auf weitgehendes Unverständnis, wurde der Verfälschung und Künstlichkeit geziehen. Am 5. September 1918 erörterte Reinhardt in einem Brief an Leopold Freiherrn von Andrian Werburg die Philosophie der geplanten Salzburger Festspiele. »Das eigentlich Höhere, das Festliche, das, was eine Zuschauermenge erst wahrhaft geistig verbindet, kann im Lärm und unter

---

24 Michael P. Steinberg: Ursprung und Ideologie der Salzburger Festspiele 1890–1938. Salzburg/München 2000. S. 65.

25 Für Salzburg vgl. Günther Fellner: Antisemitismus in Salzburg 1918–1938. Wien 1979.

26 Zit. bei Ernst Hanisch: Der Obersalzberg. Das Kehlsteinhaus und Adolf Hitler. Berchtesgaden 1995. S. 17.

den Sorgen des Alltags nicht aufkommen. Hiezu bedarf es für Alt und Jung, für die Schaffenden und für die Empfangenden, einer inneren Freiheit, einer Vorbereitung, einer Erwartung: das Schauspiel muß wieder wie in alten Zeiten zum Feste werden. So liegt der Festspielgedanke in der Luft ... Der Name Mozarts soll dem Unternehmen nicht nur die Weihe, sondern auch das Gepräge geben. Ich wüßte keinen glücklicheren. Heiter, fromm und festlich, so sind Mozarts Werke; in keinem anderen Geiste als in diesem sollten Österreichs Festspiele geplant werden – nirgend aber als in Österreich könnten mit so viel Recht eben in diesem Geist Festspiele geplant werden.« Von Österreich aus sollte es nach der Katastrophe des Weltkrieges möglich sein, »die zerrissenen Fäden der europäischen Kulturgemeinschaft« wieder zu knüpfen »und in keinem Zeichen eher als im Zeichen der Musik und des Theaters. (...)

Was mich begeistern könnte, wäre Eines: in Salzburg an einer einzig richtigen Stätte eine Triumphpforte österreichischer Kunst zu errichten mit Mozart als Krönung, um den sich Grillparzer und Raimund, aber auch Calderón wie Sophokles zwanglos strahlenförmig stellen würden, zu diesem Zwecke alle schlummernden Kräfte zu sammeln, neue Kräfte zu entwickeln, die reife Frucht der österreichischen Gesamtkultur – denn ich denke nicht nur an das Schauspiel, sondern ebenso an die Oper und die mimische Darbietung, ebenso an das weite Gebiet der dekorativen Kunst, und ich denke nicht nur an das deutsche Österreich, sondern ebenso an die anderen Völker der Monarchie, denen Bühne, Musik und Malerei so viele Talente verdanken – einem europäischen Publikum darzubieten; das, was in Bayreuth, gruppiert um ein norddeutsches Individuum, Wagner, geübt wird, hier um ein ungleich komplexeres und höheres Zentrum, die Kunst Österreichs, herumzubauen.«

Die Salzburger Proponenten der Festspielidee, die sich an ihn gewandt hätten, würden sich zudem, »das Materielle nicht außer acht lassend, von einer Herbeiziehung des Fremdenstroms für die Hebung unserer Valuta Gewichtiges versprechen«. Wenn zudem betont werde, dass »Salzburg das Einfallstor für Wien, für die Donaulandschaft, für Bosnien werden müßte, ... so kann ich Ihnen auch darin nur beipflichten«.[27]

Die Salzburger Festspielgemeinde, die mit Reinhardts Visionen übereinstimmte, repräsentierte jedoch nur ein schmales Segment katholischer Weltoffenheit im Meer der provinziellen Verengung, die auf der Folie antisemitischer Ressentiments neuen und innovativen kulturellen Signets meist misstrauisch oder ablehnend begegnete.

Reinhardt erwarb 1918 das verwahrloste Schloss Leopoldskron, restaurierte es mit erheblichem Aufwand und machte es in der Folgezeit zum Mittelpunkt des künstlerischen und gesellschaftlichen Lebens während der Festspielzeit. Zusammen mit Stefan Zweig, der sich ein Jahr nach Reinhardt auf dem Kapuzinerberg niederließ, wurde er zum bevor-

27 Zit. bei Edda Fuhrich, Gisela Prossnitz (Hg.): Max Reinhardt. Die Träume des Magiers. Salzburg/Wien 1993. S. 109f.

zugten Ziel einer antisemitischen Propaganda, die jeweils in der Nach-Festspielzeit ihr Haupt erhob und mit ihrem primitiven Gebläse den Hauch von Weltbürgertum und Weltoffenheit vertrieb, die im Sommer ihr kurzes Gastspiel gegeben und dem Erscheinungsbild der Provinzstadt das Flair vergangener erzbischöflicher Eleganz und kultureller Bedeutung verliehen hatten. In seinen Erinnerungen bemerkte Stefan Zweig, dass sich mit der Etablierung der Festspiele in Salzburg mit seinen lediglich 40.000 Einwohnern »etwas Merkwürdiges« ereignete. Sie »hatte sich erstaunlich gewandelt: sie war im Sommer zur künstlerischen Hauptstadt nicht nur Europas, sondern der ganzen Welt geworden. Max Reinhardt und Hugo von Hofmannsthal hatten in den schweren Nachkriegsjahren, um der Not der Schauspieler und Musiker abzuhelfen, die im Sommer brotlos waren, ein paar Aufführungen, vor allem jene berühmte Freilichtaufführung des ›Jedermann‹ auf dem Salzburger Domplatz veranstaltet, die zunächst aus der unmittelbaren Nachbarschaft Besucher anlockten; später hatte man es auch mit Opernaufführungen versucht, die sich immer besser, immer vollendeter anließen. Allmählich wurde die Welt aufmerksam. Die besten Dirigenten, Sänger, Schauspieler drängten sich ehrgeizig heran, der Gelegenheit froh, statt bloß vor ihrem eng heimischen auch vor einem internationalen Publikum ihre Künste zeigen zu können. Mit einemmal wurden die Salzburger Festspiele eine Weltattraktion, gleichsam die neuzeitlichen olympischen Spiele der Kunst, bei denen alle Nationen wetteiferten, ihre besten Leistungen zur Schau stellten. Niemand wollte mehr diese außerordentlichen Darstellungen missen. Könige und Fürsten, die Dichter und Snobs gaben sich in den letzten Jahren in Salzburg Rendezvous, nie war in Europa eine ähnliche Konzentration der schauspielerischen und musikalischen Vollendung gelungen wie in dieser kleinen Stadt des kleinen und lange mißachteten Österreich. Salzburg blühte auf. In seinen Straßen begegnete man im Sommer jedwedem aus Europa und Amerika, der in der Kunst die höchste Form der Darbietung suchte, in Salzburger Landestracht – weiße kurze Leinenhosen und Joppen für die Männer, das bunte ›Dirndlkostüm‹ für die Frauen –, das winzige Salzburg beherrschte mit einemmal die Weltmode.«[28]

Die farbenprächtige und frohe Kulisse des Festspieltourismus und der damit verbundene Internationalismus waren das eine, die mentale Befindlichkeit das andere. Dieses Andere umfasste eine breite Palette, die von kritischer Distanziertheit bis zur schroffen, meist mit antisemitischen Ressentiments gemischten Ablehnung reichte. Hermann Bahr, 1906 – 1907 Regisseur an Max Reinhardts Deutschem Theater in Berlin und 1912 – 1922 in Salzburg wohnhaft, bemerkte unmittelbar vor seiner Übersiedlung nach München in einem Brief an den aus einer deutsch-jüdischen Fabrikantenfamilie stammenden Josef Redlich, in Salzburg herrsche eine unerträgliche »Geldgier und ... Valutageilheit«. Stefan Zweig sei »zum König von Salzburg geboren!«[29] Vier Monate später ergänzte er, von seinem Salz-

28 Stefan Zweig: Die Welt von Gestern. Erinnerungen eines Europäers. Frankfurt am Main 1973. S. 249f.

29 Brief Hermann Bahrs an Josef Redlich vom 3. 1. 1922. In: Fritz Fellner (Hg.): Dichter und Gelehrter. Hermann Bahr und Josef Redlich in ihren Briefen 1896–1934. Salzburg 1980. S. 471.

burg bleibe angesichts der unglückseligen Liaison zwischen Neureichen der verschiedenen Couleurs und aus Wien angereisten Theatermachern »wirklich nichts übrig«.[30]

Waren die zahlreichen (jüdischen) Sommergäste, vor allem die finanzkräftigen US-amerikanischen, abgereist, verschwand bei vielen Einheimischen die zur Schau getragene servile Freundlichkeit und offenbarte das andere Ende der Skala der Befindlichkeiten. Dann war Reinhardt der gehasste »Salonbolschewik« und »negroide Jude«[31] und empfahl man unverhohlen Zweig als dem »Schloßherrn vom Kapuzinerberg«, dem offensichtlich jedes »Rassebewußtsein« fehlte[32], Selbstmord zu begehen.[33]

Das Cafe Bazar, Treffpunkt der »Salonbolschewiken« und ihrer Sympathisanten, verursachte beim rassebewussten Beobachter Übelkeit und »Brechreiz«.[34] Anlass dieses Zustandes im Festspielsommer 1928 bildete Salzburgs »Jedermann« Alexander Moissi, dessen Begegnung mit Stefan Zweig auf der Terrasse des bekannten Cafes der rabiat antisemitische »Eiserne Besen« eine Glosse widmete. Moissi war bereits zu Beginn seiner Salzburger Tätigkeit wüsten antisemitischen Beschimpfungen seitens des nationalsozialistischen »Volksrufs« ausgesetzt. Dieser hatte im Rückblick auf die Festspiele 1920 eine unakzeptable Dominanz jüdischer Mitwirkender festgestellt. »Bei den vorjährigen ›Jedermann‹-Aufführungen wirkte neben verschiedenen anderen Juden auch der Hebräer-Schauspieler … Moissi mit«, der wegen kritischer Äußerungen über Offiziere, obwohl er selber 1915 zum Offizier befördert worden war, in Hamburg ausgepfiffen wurde. »Und solche Menschen soll die deutsche Bevölkerung von Salzburg hier dulden? Es ist ohnehin schon eine unerhörte Zumutung, daß das deutsche Salzburg die jüdischen Aufführungen über sich ergehen lassen muß und tief traurig, daß die Salzburger Festspielgemeinde, welche doch behauptet, keine Juden in ihrer Mitte zu haben, die ganze Sache der jüdischen Reinhardtgemeinde ausliefert, aber daß wir das Auftreten eines ›Moissi‹ nochmals dulden, das kann kein aufrechter Mensch, welcher noch einen Funken Ehrgefühl im Leib hat, von uns verlangen.«[35]

1913 hatte Alfred Polgar über ein Gastspiel des so Gescholtenen in der Wiener »Volksbühne« bemerkt, dass »alle Abende … die bildhübschesten Mädchen das häßliche Haustor in der Nussdorferstraße (das ›Bühnentürl‹ der ›Volksbühne‹)« umdrängt und »ihren verliebten Jubel dem Sieger, dem … Alexander Moissi in das Antlitz« geschrien hätten.[36] Fünf Jahre später schrieb Polgar über Moissi, man habe früher »vieles an diesem sinnlich-

30 Ebda. S. 473.
31 Der Eiserne Besen 1. 1. 1930. S. 1.
32 Der Eiserne Besen 1. 2. 1929. S. 4.
33 Der Eiserne Besen 21. 9. 1928. S. 5.
34 Der Eiserne Besen 15. 3. 1929. S. 1.
35 Volksruf 6. 8. 1921. S. 3.
36 Alfred Polgar: Sperrsitz. Hg. und mit einem Nachwort »Wien, Jahrhundertwende. Der junge Alfred Polgar« von Ulrich Weinzierl. Wien/München 1980. S. 67.

übersinnlichen Freier um Theaterglück und Publikumsgunst als Unart, was echteste Art, als Affektion, was Rassezeichen, als Trug und Schein, was persönliche Wahrheit« empfunden. Aber »keiner spielt intensiver Theater als er, keiner hat diese verzückte Inbrunst der Szenenlüge, keiner ist begehrlicher, ich möchte sagen: geiler und verliebt in die Phantasie der Bühne«.[37] Im »Eisernen Besen« hingegen verursachte seine Begegnung mit Zweig im Cafe Bazar nur »Brechreiz«. Auf der Terrasse des Cafes habe sich im Sommer 1928 eine »komplette Judenschule« befunden, die dem Beobachter folgende Szene bot: »Stefan Zweig, der Standesherr Salzburgs, Besitzer und Vater, Hüter, Ordner der Stadt, seine Gattin, deren reizende Töchter, dann kommt Moissi der Heißersehnte, ungeduldig Erwartete. Die Tür geht auf. Alle Köpfe sausen herum ... Mädchen bekommen rote Köpfe und Erregungszustände. ›Er‹ ist da! Alexander Moissi! Stefan Zweig, der Freund, wird umarmt und bekommt zwei riesige Küsse. Hats der gut, denken sich die Mädchen.

... Seine Stimme klingt über uns hin, diese nie und nimmer beschreibbare Stimme.
Alles lauscht dieser Stimme, es ist durchaus gleichgültig, was sie sagt ...
Wir müssen vor Brechreiz einen Kognak trinken ...«[38]

Die Festspielszene, vor allem Reinhardt und Hofmannsthal, erfuhren nicht nur aus dumpf antisemitischen und nationalsozialistischen Kreisen Kritik, sondern auch von Karl Kraus. Dieser hatte bereits zu Beginn der Festspiele Reinhardts Ausstattungstheater kritisiert und ihn als Personifikation der von ihm missachteten »neuen Reichen«, der prassenden Schieber und Spekulationsgewinner, als Geschäftemacher in Sachen Kunst bezeichnet. Im November 1922 erklärte er unter dem Titel »Vom großen Welttheater« in der »Fackel«, Hofmannsthals Stück stelle »bloß die Übertölpelung der Köpfe durch die Perücken« dar und sei somit nichts anderes als »Betrug«. Der Salzburger Kultursommer habe bei ihm »Abscheu« verursacht. Diese sei umso größer, als zahlreiche Zeitungen versuchten, mit ihren Lobeshymnen »uns aus unserer tiefen Erniedrigung wieder zu einem Glauben an die heilige Dreieinigkeit der Herren Reinhardt, Moissi und Hofmannsthal zu erheben, zu deren Ehren auch wieder die Kirchenglocken läuten, die so lange nur als Mörser zu uns gesprochen haben. Ich weiß ja nicht, ob eine Kirche noch geschändet werden kann, die während des Weltkrieges, der als internationales Gaunerstück sicherlich nur der Prolog im großen Welttheater war, das Walten der giftigen Gase gesegnet und nach ihm die Muttergottes mit der Kriegsmedaille dekoriert hat. Wenn aber an dieser Kirche, aus der Gott schon ausgetreten sein dürfte, bevor sie den Welttheateragenten ihre Kulissen und den Komödianten ihren Weihrauch zur Verfügung stellte, wenn an dieser Kirche noch etwas zu schänden war, so dürfte es doch jener Altar sein, der den Herren Reinhardt, Moissi und Hofmannsthal ... als Versatzstück gedient hat, damit sie an ihm etwas verrichten, was ein blasphemer Hohn ist auf alle Notdurft dieser Mensch-

37 Ebda. S. 68.
38 Der Eiserne Besen 15. 3. 1929. S. 1.

heit. ... eine Kirche, deren guter Magen diesen Salzburger Sommer überstanden hat, wo an der Kirchenpforte, mit der kein Bühnentürl mehr konkurrieren könnte, sich statt der Bettler die Schmöcke gedrängt haben, eine Kirche, die derartige Greuel vor dem Herrn mit sich selbst geschehen ließ und schlimmere, als sie je getan, je geduldet und gesegnet hat, sie hat es verwirkt, dass man ihre Angelegenheiten, die sich in der Regel mit solchen des Herzens und des Gewissens gedeckt haben, noch mit Ehrfurcht unerörtert lasse oder mit Delikatesse erörtere. So erkläre ich denn ... mit jener Feierlichkeit, die heute nur noch einem, der aus der Kirche austritt, ziemt, dass ich einst die jüdische Glaubensgenossenschaft, in die ich durch den leidigen Zufall der Geburt geraten war, verlassen habe, um mich ... in den Schoß der alleinseligmachenden Kirche verführen zu lassen. ... ich wurde Katholik und ich blieb es wunderbare Weise noch während des Weltkrieges ...«

Die katholische Kirche habe die Waffen gesegnet und keinen Bannstrahl über die Dynastien gesandt, »welche den Völkern das Ultimatum der Pest und der Syphilis überbracht haben, die größte Hiobsbotschaft seit Erschaffung der Welt«. Diese Kirche habe nunmehr »zum Schaden den Spott gefügt, indem sie sich herbeiließ, das große Welttheater der zum Himmel stinkenden Kontraste ... in eigene Regie zu übernehmen und jenen Hofmannsthal aufs Repertoire zu setzen ...« Neben der bloßen Geschäftemacherei, der durch den Fürsterzbischof unter dem Motto »Ehre sei Gott in der Höhe der Preise« Unterstützung gegeben werde, sehe er sich genötigt, »aus der katholischen Kirche auszutreten.«[39]

Die Salzburger Festspiele der Zwischenkriegszeit illustrierten wie kaum ein anderes Ereignis die Symbiose von Judentum und Katholizismus und eines betont katholischen Österreichverständnisses. Reinhardts und Hofmannsthals Bemühen um das katholische Mysterienspiel als Gravitationszentrum der Festspiele waren keineswegs das von Kraus gemutmaßte Ausstattungstheater für neureiche Prasser, dem die Kirche in Verleugnung ihres Auftrags ihre Pforten öffnete, sondern das Endprodukt einer jüdischen Assimilationskultur, eine »späte Manifestation der katholischen Kultur österreichischer Juden«, deren Tiefendimension sowohl im Katholizismus wie auch im Deutschnationalismus kaum rezipiert wurde. Es handelte sich dabei keineswegs um eine – oftmals vermutete – »instrumentell zynische Geste«, sondern um eine »individuelle und religiöse Entscheidung, ... an öffentlichen Ausdrucksformen teilzuhaben, sich intellektuell und spirituell der herrschenden Kultur anzugleichen, und weniger aus dem Drang, einem Glauben beizutreten ... oder ... sich in die katholische Kirche zu integrieren«.[40]

In Salzburg entstand vor allem nach der Machtergreifung Hitlers unter der Federführung von Parteigängern oder Sympathisanten des Ständestaates, emigrierten süddeutschen und rheinischen Katholiken[41] sowie jüdischen Intellektuellen und Künstlern

39 Die Fackel Nr. 601/607, November 1922. S. 1ff.

40 Steinberg: Ursprung und Ideologie der Salzburger Festspiele 1890–1938. S. 166.

41 Vgl. Ernst Wenisch (Hg.): Dietrich von Hildebrand. Memoiren und Aufsätze gegen den Nationalsozialismus 1933–1938. Mainz 1994.

das Gegenprogramm zur nationalsozialistischen Barbarei mit ihrer zunehmend rassistisch dominierten provinziellen Verengung des Heimat- und Kulturbegriffs. 1934 schrieb François Mauriac in seinem Festspielbericht: »Salzburg hört Hitler atmen … einige Kilometer von der Stadt entfernt … Die erlesenen Darbietungen hier, sind sie nichts anderes als ein großartiges Schauspiel, das die Alte Welt bietet, während sie in ihren letzten Zügen liegt? Die Reisenden, die aus der ganzen Welt hierherkommen, um Mozart zu hören, empfinden … die gleiche Angst, eine Angst, die zudem noch ihren Genuß vertieft«. Die Musik Mozarts sei der größte Feind Deutschlands, »dieses wütenden und dummen Goliath.« Mozarts maßvolle und vergeistigte Musik erinnere die Österreicher stets daran, dass sie keine Deutschen seien. Um aus seinem dumpfen nationalsozialistischen Rausch zu erwachen, benötige Deutschland Österreich, das vor allem auch in den Salzburger Festspielen die deutsche Kultur erhalte und ihm den Spiegel des Verlustes vorhalte. Wenn Deutschland sich aus dem nationalsozialistischen Albtraum befreie, werde ihm Österreich sein kulturelles Erbe zurückgeben.[42]

Dieser zwischen 1933 und 1938 entwickelte spezifisch österreichische Entwurf zur Rettung des Deutschtums stützte sich auf eine Koalition aus einem christlich-konservativen und einem (deutsch)jüdischen-konservativen altösterreichischen Kultur- und Nationsverständnis. Die jüdische Assimilation im franzisko-josephinischen Österreich bewirkte – jenseits opportunistischer Überlegungen – die Übernahme der dominant katholischen supranationalen (Barock-)Kultur. Der durch den selektiven Antisemitismus Luegers verstärkte Assimilationsdruck bestimmte die Richtung der Konversion und führte bereits vor 1914 zu deren weitgehender Internalisierung. Österreichs jüdische Eliten waren deutsch *und* habsburgtreu. Die so entstandene Mentalität wirkte auch über den Zerfall der Habsburgermonarchie in die Erste Republik als Festhalten an einer spezifisch österreichischen Kultur und Staatstradition, die sich, wenngleich auf einer dominant deutschen Folie, von der deutschnationalen Fluchtbewegung aus diesem Erbe deutlich unterschied und die Anbindung an das christlichsozial – konservative Staats- und Kulturverständnissen vollzog. 1923 notierte Josef Redlich, vor dem Weltkrieg deutsch-fortschrittlicher Abgeordneter zum Mährischen Landtag und zum österreichischen Reichsrat, sein auf der altösterreichischen Tradition basierendes Verständnis des Deutschtums mit einer Anklage gegen das wilhelminische Deutschland in einer Tagebucheintragung.

Er bedaure zutiefst, dass angesichts der grassierenden Anschlussbegeisterung und Deutschtümelei niemand seinen Zorn verstehe, »dieses seelische Leid, das ich … in immer steigendem Maße ertrage – mein Haß und meine Wut gegen dieses entsetzliche norddeutsche Volk, wie es die Hohenzollern und leider auch das Genie Bismarck in rund 77 Jahren geschaffen haben. Was habe ich, der deutsch geboren und erzogen wurde,

---

42 Zit. bei Stephen Gallup: Die Geschichte der Salzburger Festspiele. Wien 1989. S. 129f.
43 Fellner (Hg.): Dichter und Gelehrter. Hermann Bahr und Josef Redlich in ihren Briefen 1896–1934. S. 498.
44 Zit. bei Zuckerkandl: Österreich intim. S. 136.

wenn auch meine Eltern jüdischen Glaubens waren, darum doch Deutscher besserer Art als diese Millionen bösartiger Trottel, die sich heute ›Germanen‹ nennen – was habe ich mit diesem ameisenartigen Volk zu tun, das Militarismus und Industrialismus … dem Schoß des deutschen Weibtums entlockt haben, um Kanonenfutter und Proletarier in genügender Zahl zu haben, … was auch mit dem bis ins Mark vergifteten pseudointellektuellen Deutschtum …, das von Universitäten, Zeitungsredaktionen und Vortragssälen seine schauerliche Stimme endlos erschallen lässt.«[43]

Die zum Katholizismus oder Protestantismus Konvertierten, die Nicht-Konvertierten und die zum Judentum wieder Zurückgekehrten oder der Sonderfall Hugo von Hofmannsthal, der, aufgrund der katholischen Konversion seines Großvaters, katholisch erzogen, von seiner jüdischen Abstammung erst während seiner Kindheit erfährt, sie alle entwickelten ein Kulturverständnis, das sich der Faszination des Katholizismus als Generalthema nicht zu entziehen vermochte und, wie im Falle Hofmannsthals, mit seiner Symbolik und barocken Theatralik triumphierte. Hofmannsthals »Jedermann« und »Das Salzburger große Welttheater« verkündeten den spezifisch katholischen Anspruch der Festspiele durch einen bewussten Rückgriff auf die katholische Barocktradition. In einem Brief an Hermann Bahr schrieb Hofmannsthal 1920: »Ich habe meine ganze Kraft zusammengehalten. … Ob ein Theater möglich ist, das in seinen Intentionen hinter das ganze Neunzehnte, ja hinter das Achtzehnte zurückgeht, unmittelbar an das anknüpft, was einmal war, was weder volkstümlich noch kunstmäßig, sondern beides in einem war, auch Oper und Schauspiel in einem …«[44] Reinhardt hingegen erblickte in der katholischen Barocktradition vor allem ein Mittel zur Realisierung seines reformatorischen Theaterverständnisses. Hofmannsthals tief empfundener und zutiefst österreichischer Katholizismus verband sich im Falle Reinhardts mit einem vor allem ästhetischen Grundsätzen verpflichteten Konzept des Gesamtkunstwerks. Für beide aber galt das Konzept der von Hofmannsthal mit Blick auf Frankreich immer wieder entwickelten Vision der Literatur als »Gewissen der Nation«. 1922 bemerkte er in der Vorrede des von ihm herausgegebenen »Deutschen Lesebuchs«, eine Nation finde »nur in der Literatur« ihre »Physiognomie«.[45] Fünf Jahre später widmete er sich in seiner Münchner Rede »Das Schrifttum als geistiger Raum der Nation« neuerlich diesem Thema. »Die Literatur der Franzosen verbürgt ihnen ihre Wirklichkeit. Wo geglaubte Ganzheit des Daseins ist – nicht Zerrissenheit –, dort ist Wirklichkeit. Die Nation, durch ein unzerreißbares Gewebe des Sprachlich – Geistigen zusammengehalten, wird Glaubensgemeinschaft, in der das Ganze des natürlichen und künstlerischen Lebens einbeschlossen ist; ein Natio-

---

45 Rudolf Hirsch (Hg.): Hugo von Hofmannsthal: Ausgewählte Werke in zwei Bänden. 2 Bde. Frankfurt am Main 1957. Bd. 2. S. 665.

46 Ebda. S. 727ff.

nalstaat dieser Art erscheint als das innere Universum und von Epoche zu Epoche immer aufs neue das gelungene Gegenstück zur deutschen Zerrissenheit.

Der Raumbegriff, der aus diesem geistigen Ganzen emaniert, ist identisch mit dem Geisterraum, den die Nation in ihrem eigenen Bewußtsein einnimmt und in dem der Welt einnimmt. Nichts ist im politischen Leben der Nation Wirklichkeit, das nicht in ihrer Literatur als Geist vorhanden wäre ...« Mit diesem für Frankreich zutreffenden Befund kontrastiere freilich die deutsche Wirklichkeit. Sie sei durch »eine Literatur im uneigentlichen Sinne, die aufzählbar, aber nicht wahrhaft repräsentativ noch traditionsbildend ist«, gekennzeichnet. Deren Repräsentanten bezeichnete er unter Hinweis auf Nietzsches erste »Unzeitgemäße Betrachtung« als »Suchende«, unter dem dieser »alles Hohe, Heldenhafte und auch ewig Problematische« verstand, das er der Sattheit und Schlaffheit der deutschen Bildungsphilister gegenüberstellte. Nach den »verzehrenden Täuschungen, Trunkenheiten und furchtbaren Rückschlägen« begann sich der deutsche Geist zu der Erleuchtung durchzuringen, »daß ohne geglaubte Ganzheit zu leben unmöglich ist ... Alle Zweiteilungen, in die der Geist das Leben polarisiert hatte, sind im Geiste zu überwinden und in geistige Einheit überzuführen; alles im äußeren Zerklüftete muß hineingerissen werden ins eigene Innere und dort in eines gedichtet werden, damit außen Einheit werde, denn nur dem in sich Ganzen wird die Welt zur Einheit. Hier bricht dieses einsame, auf sich gestellte Ich des titanisch Suchenden durch zur höchsten Gemeinschaft, indem es in sich einigt, was mit tausend Klüften ein seit Jahrhunderten nicht mehr zur Kultur gebundenes Volkstum spaltet. Hier werden diese Einzelnen zu Verbundenen, diese verstreuten wertlosen Individuen zum Kern der Nation. ...

Ich spreche von einem Prozesß, in dem wir mitten inne stehen,« der »eigentlich anhebt als eine innere Gegenbewegung gegen jene Geistesumwälzung des sechzehnten Jahrhunderts, die wir in ihren zwei Aspekten Renaissance und Reformation zu nennen pflegen. Der Prozess, von dem ich rede, ist nichts anderes als eine konservative Revolution von einem Umfange, wie die europäische Geschichte ihn nicht kennt. Ihr Ziel ist Form, eine neue deutsche Wirklichkeit, an der die ganze Nation teilnehmen könne.«[46]

Diese konservative Revolution war eine Antwort auf den tiefen Bruch des Jahres 1918, der die Sehnsucht nach Kontinuität und kollektiver Identität gebar. »Kontinuität zu Beginn der Republik hieß: an die lange Dauer der kulturellen Muster anzuknüpfen, konkret: an die Paradigmen von Barock und Aufklärung. Barock: das bedeutete Totalität, Theatralik, Repräsentation; gegen den Bruch der Revolution, gegen den Kleinstaat setzte diese Tradition das Sinnliche, das Aristokratisch-Hierarchische, das Stabile-Ewige, das Über-Nationale, kurz: das Katholisch-Habsburgische. Ihre Repräsentanten waren Hugo von Hofmannsthal, Hermann Bahr, Max Reinhardt; ihr Zentrum war die Barockstadt Salzburg, waren die 1920 gegründeten Salzburger Festspiele.«[47] Salzburg wurde zur Apo-

47 Ernst Hanisch: Der lange Schatten des Staates. Österreichische Gesellschaftsgeschichte im 20. Jahrhundert. Wien 1994. S. 329.

theose der katholisch dominierten Assimilationskultur, zum Zentrum der Bemühungen um die Schaffung einer die politischen Teilkulturen überspannenden gesamtösterreichischen Identität. Anton Kuh nannte Hofmannsthal mit deutlichem Bezug auf dessen kulturpolitische Ambitionen einen »schwarzgelben Goethe«.[48] Dieses Bemühen wäre ohne bewussten Rückgriff auf die österreichische (katholische) Kulturtradition a priori zum Scheitern verurteilt gewesen. Sie zielten jedoch nicht nur auf die Kontinuität oder Restitution der transnationalen, jedoch stets auch deutschen österreichischen Kulturtradition, sondern darüber hinaus auf eine kulturelle Schöpfung der deutschen Nation. In diesem Sinne bildeten die Salzburger Festspiele den Brennpunkt der kulturellen Bemühungen um die Rekonstruktion zweier durch die historische Entwicklung unterschiedlicher, jedoch miteinander verbundener (Kultur)Nationen und den Höhepunkt der franzisko-josephischen Assimilationskultur.

Die nationalsozialistische Machtergreifung in Deutschland reduzierte zwar das Aktionsfeld, nicht jedoch den Anspruch, der, von den Regierungen Dollfuß und Schuschnigg sowie vom Salzburger Landeshauptmann Franz Rehrl[49] massiv unterstützt, sich nunmehr auf das ständestaatliche Österreich als Pars pro Toto, Hort der »eigentlichen« deutschen Kultur, beschränkte. Der in Salzburg seit 1920 gegebene Kontext zwischen Teilen der christlichsozialen Elite, Katholizismus und jüdischer Assimilationskultur wurde von den Nationalsozialisten in ihrer Wahlkampfpropaganda in den frühen dreißiger Jahren thematisiert, indem von Landeshauptmann Rehrl behauptet wurde, er umgebe sich nicht nur mit »feisten Domherren«, sondern auch mit »reichen Juden«.[50] Eine 1933/34 verbreitete Propagandakarte der NSDAP über Dollfuß und die Vaterländische Front enthielt in ihrem Zentrum ein Porträt des österreichischen Bundeskanzlers, ausschließlich von Judenkarikaturen umgeben.

Im Herbst 1922 legte der Präsident der Festspielgemeinde, Prinz Alexander Thurn und Taxis, sein Amt zurück, worauf die Gemeinde an Richard Strauss mit dem Ersuchen herantrat, die Funktion des vakanten Präsidenten zu übernehmen. Strauss vertrat hingegen die Ansicht, dass Reinhardt der natürliche Präsident der Festspielgemeinde wäre. Hofmannsthal bemerkte gegenüber dem zögernden Strauss: »Reinhardt zum Präsidenten nehmen diese Spießbürger nie: Sie hassen ihn, hassen ihn drei- und vierfach, als Juden, als Schloßherrn, als Künstler, und einsamen und scheuen Menschen, den sie nicht begreifen.«[51] Hofmannsthal war keineswegs der weltfremde Künstler, der bloße Spiritus

48 Ulrike Lehner (Hg.): Anton Kuh. Zeitgeist im Literatur-Cafe. Feuilletons, Essays und Publizistik. Neue Sammlung. Wien/München 1983. S. 207.

49 Zu Rehrls Intentionen vgl. Hans Spatzenegger: Franz Rehrl und die Kirche. In: Wolfgang Huber (Hg.): Franz Rehrl. Landeshauptmann von Salzburg 1922–1938. Salzburg 1975. S. 43–76. Albin Rohrmoser: Der Kulturpolitiker Franz Rehrl. In: ebda. S. 169–214.

50 Ernst Hanisch: Die Erste Republik. In: Heinz Dopsch, Hans Spatzenegger (Hg.): Geschichte Salzburgs. 8 Bde. Salzburg 1984/1991. Bd. II/2. S. 1057–1120. S. 1108f.

51 Zit. bei Gallup: Die Geschichte der Salzburger Festspiele. S. 46.

Rector eines barocken Mysterienspiels, sondern verfügte über ein empfindliches gesellschaftliches Sensorium, das die Polyvalenz des Widerstandes erkannte. Jude, Schlossherr und Künstler wurden zu Metaphern, die entweder für sich oder in beliebiger Kombination das Leitmotiv der Kritik oder massiven Ablehnung bildeten. Der Chor der Kritiker war keineswegs homogen, sondern umfasste die gesamte Spannbreite von Karl Kraus bis zu den Nationalsozialisten. Dementsprechend differierte die Argumentation, die von spöttischen Anmerkungen über das noble Festspielestablishment über Forderungen nach »echten« und nicht jüdisch »verfremdeten« katholischen Festspielen bis hin zu rabiat rassistischer Rhetorik reichte. Der Bandbreite der Akteure entsprach die Komplexität der Argumente, die sich oftmals nicht nur einer Metapher bedienten, sondern diese unterschiedlich kombinierten.

Kraus z. B. kombinierte 1935 unter dem Titel »Die Handschrift des Meisters« die Metaphern Schlossherr und Künstler, um das Theaterverständnis Reinhardts und sein sommerliches lebensweltliches Ambiente in Schloss Leopoldskron ironisch und sozialkritisch zu betrachten. Reinhardt verkünde hier mit »nasaler Entschiedenheit« in seiner Regiearbeit Selbstverständlichkeiten, die als »wundertätige(s) Walten« von seinem »Stab« weitergegeben werden, bei dem aber »der Glaube im Unbeweisbaren beruht« und damit »an das theurgische Wesen Hitlers« erinnere, von dem er »sich jedoch durch die völlige Schweigsamkeit der Regie unterscheidet, welche eben den besonderen Zauber ausmacht«.[52] In Leopoldskron offenbarten sich die »starken Wurzeln seiner Kraft. Castiglioni, unser Kontinent, das Alte hat sich verbraucht. Hollywood schafft Möglichkeit, ›auf‹ Leopoldskron zu repräsentieren, nein zu residieren, umsomehr als das Publikum nachreist. ›Vandergold‹ – seiner Träume Lieblingsvorstellung ... Der Fuß, auf dem er lebt, ist trotz manchem Unbeglichenem, fürstlich ...« Die Inszenierung in Leopoldskron garantiere, »daß der graue Alltag das Reich der Träume nicht berührt ...« Die »Reinhardtinbrunst« sei eine »ägyptische Plage ..., die, durch Generationen durchgehalten, den Zwischenfall Hitler überdauert hat« und in diesem Sommer »wilder denn je« getobt habe. »Und dabei sind wir, als stürbe nicht rechts wie links die Menschheit durch Hunger und Hass, umtaumelt und umgeben von Prominenten. Immer ist's Sonn- und Montag, alles ›dreht‹, alles dreht sich, sie tanzen auf einer Terrasse, unter der nachtblaues Wasser rauscht, sie speisen in einem Marmorsaal und ihre Badekabinen haben goldbemalte Dächer.

Hannelores Traumerfüllung. Maharadschas tauchen auf, und wo man hinblickt nichts als Maharadschas. ... und Lehár, Jannings, Prinzessin Hohenlohe-Richter, Ludi Salm, hier wohnt Kommerzialrat Duschnitz, dort unterhält sich Wadik Zabler aus Kairo, man wird Prinz Rohan in Lederhosen begrüßen dürfen und den Grafen Hoyos im Leinenanzug, man wird bedauern, daß andere schon vor drei Tagen abgereist sind, dafür sind heute früh andere angekommen ... Daß es, nächst dem Kopfsturz der deutschen Nation,

52 Die Fackel Nr. 912/915, August 1935. S. 35.

kein Bild ekelerer Entwürdigung geben könnte als diese Kriecherei um Leopoldskron, als Gastmähler, zu denen sich Luxus, auf den die Not angewiesen ist, beim Hotelportier vormerken läßt ..., daß es nichts gibt, was der ›Kultursendung Salzburgs‹ ärger widerspräche als zum künstlerischen Minus ein Treiben, das Timons Speichelleckern die Ehre rettet: das wissen die Sachwalter der Not, die sich offenbar überwinden, solche Fähigkeit der Vermittlung und des Snobdienstes ›Genie‹ zu nennen.«[53]

Der katholische Anspruch der Festspiele bildete das Zentrum des zweiten Widerstandes, der sich mit deutlich antisemitischem Grundton in deutsch(national)-katholischen Kreisen formierte. In Form eines fundamentalistischen Kulturkampfes wurde der Versuch unternommen, den von – wenn auch assimilierten – Juden formulierten katholischen Anspruch als großen Schwindel zu entlarven. Dabei war der »ausdrückliche Feind nicht der Jude, sondern vielmehr die katholische Kultur der Juden und ihr Anspruch auf Authentizität ... Ein entscheidender Unterschied zwischen dem Antisemitismus der 1890er und dem der 1920er Jahre ist die Haltung gegenüber den assimilierten und konvertierten Juden. Der Antisemitismus im Wien Luegers förderte Assimilation und Konversion, der Antisemitismus der Pro-Anschluss-Zeit kann in beidem nur eine weitere Verseuchung der herrschenden Kultur erblicken.«[54] So bemerkte die »Reichspost« kritisch zur Premiere des »Jedermann«, mit dessen Inszenierung auf dem Domplatz seien sowohl der Dom wie auch der Katholizismus entweiht worden. Reinhardts Theaterverständnis mache vor nichts halt und entweihe den Altar. Das katholische Volk müsse vor solchen falsch verstandenem Katholizismus geschützt werden.[55] Der sich formierende Widerstand bewirkte, dass im folgenden Jahr die »Jedermann«-Aufführungen ohne Glockengeläut auskommem mussten.

Das Haus des Katholizismus beherbergte allerdings unterschiedliche Bewohner. Franz Rehrl, seit 1922 Landeshauptmann von Salzburg, unterstützt von Erzbischof Ignaz Rieder, konnte, persönlich von philosemitischen Regungen entfernt, einem verengten deutschnationalen Katholizismus aus grundsätzlichen und praktischen Überlegungen nichts abgewinnen. 1933 bemerkte er, der Katholik habe »als Verkünder und Apostel des Väterglaubens und der Vätersitte aufzutreten und mitzuhelfen, die Tore zu öffnen ... der Glaubensfreude und der Heimatliebe«.[56] Im selben Jahr kritisierte er die deutschnationalen Positionen in der »Schöneren Zukunft« mit Vehemenz. Der im nunmehr nationalsozialistischen Deutschland praktizierte Nationalismus gereiche »weder der katholischen noch der deutschen Kultur zum Vorteil ...«[57] Im Katholizismus sah Rehrl, wie Hofmannsthal und Reinhardt, ein Mittel zur Überwindung eines verengenden und xeno-

53 Ebda. S. 42f.
54 Steinberg: Ursprung und Ideologie der Salzburger Festspiele. S. 165.
55 Zit. ebda. S. 194f.
56 Zit. bei Spatzenegger: Franz Rehrl und die Kirche. S. 65.
57 Zit. ebda. S. 70.

phoben Nationalismus. Die Katholiken sollten bedenken, dass sie »Kinder *einer* Kirche sind ... Wir haben ja ... durch unseren Glauben das Gemeinsame, den gemeinsamen Nenner bereits gefunden. Wir Katholiken bedürfen ja wahrlich nicht der Aufgabe völkischer Eigenheiten, um mit anderen Völkern uns verstehen zu können.«[58] Ludwig Ullmann berichtete 1944 in der »Austro-American-Tribune« von einem Gespräch mit Rehrl im Sommer 1937, in dem die Philosophie der Festspiele im Mittelpunkt gestanden sei. Für Rehrl seien – nicht zuletzt aufgrund seiner katholischen Überzeugung – die Festspiele »ein Ereignis der Gemeinsamkeit der Nationen und der Kulturen« gewesen. »Es war die Übersetzung des alten österreichischen Völkerstaates ins Geistige.«[59]

Das von Hofmannsthal und Reinhardt entwickelte Konzept des barocken katholischen Mysterienspiels, dem neben dem »Jedermann« und dem »Salzburger großen Welttheater« auch Goethes »Faust« inkorporiert wurde, entsprach Rehrls tief verwurzelter katholischer Weltanschauung, die in diesem Konzept auch einen erfolgversprechenden Ansatz für eine intendierte kulturpolitische Identitätsfindung einer nach der Katastrophe des Jahres 1918 desorientierten Gesellschaft und eine subtile Rechristianisierung, die er mit Rekatholisierung gleichsetzte, erblickte. Dass er dies mit Hilfe assimilierter Juden bewerkstelligen sollte, akzeptierte er aus pragmatischen Gründen. In dem bereits erwähnten Bericht Ullmanns über dessen letztes Gespräch mit Rehrl habe ihm der Salzburger Landeshauptmann auch erklärt: »Vergessen'S nicht, die Hauptsache für uns Salzburger sind die Valuten ...!«[60]

Die dritte Front eröffneten die Nationalsozialisten, deren Agitation durch die Machtergreifung Hitlers zunehmend an Schärfe gewann. Die Agitation kombinierte geschickt die sozialkritische und national-katholische Kritik auf einer antisemitisch-rassistischen Folie, auf der, je nach Bedarf, die einzelnen Bestandteile der antisemitischen Propaganda in den Vordergrund traten. Dominierte in den frühen zwanziger Jahren ein deutschnational – katholischer Reflex, eine Betonung »deutscher Kultur« und »deutscher Wesensart«, so wurde dieser Fundus in den dreißiger Jahren verstärkt mit einem aggressiven Antisemitismus und Erwartungshaltungen an den auf dem nahen Obersalzberg sitzenden »Erlöser« angereichert.

1920 bemerkte der »Volksruf« zur Premiere des »Jedermann«: »Brauchen wir ein von einem Juden ausgegrabenes Mysterium aus dem Mittelalter? Brauchen wir heute statt einer, noch dazu verfehlten, religiösen Erbauung nicht lieber eine *nationale Aufmunterung? ... Wir sollen deutsche Festspiele, von deutschen Künstlern wiedergeben, damit uns in unserer deutschen Mozartstadt ein deutsches Festspielhaus entstehe, ein zweites Bayreuth in den Alpen.*«[61]

---

58 Zit. ebda. S. 67.

59 Zit. bei Alma Scope: Das Ambiente der Salzburger Festspiele. In: Marko Feingold (Hg.): Ein ewiges Dennoch. 125 Jahre Juden in Salzburg. Wien/Köln/Weimar 1993. S. 191–207. S. 205.

60 Ebda.

61 Zit. bei Gert Kerschbaumer: Die Erste Republik und der Ständestaat. In: Feingold (Hg.): Ein ewiges Dennoch. S. 131–170. S. 157.

Im Sommer 1924 ereiferte sich ein Leserbriefschreiber unter Anspielung auf Hofmannsthals »Großes Welttheater« im »Eisernen Besen«, dem Sprachrohr des Antisemitenbundes, über »den schändlichen Unfug, den jüdische Spekulanten in unserer Kollegienkirche … treiben wollen«.[62]

Unmittelbar nach der nationalsozialistischen Machtergreifung in Deutschland erschien im Dornbirner Verlag Burton ein von den österreichischen Nationalsozialisten Adolf Hitler, »dem Erbauer und Führer Groß-Deutschlands«, gewidmetes Buch über den »deutschen Geist in Österreich«, in dem die Schatten des Kommenden bereits klare Konturen annahmen. Das »Wesen deutscher Kultur« sei der Gegenpol zum von Reinhardt und Hofmannsthal kreierten liberalen, weltoffenen (altösterreichisch-katholischen) Kulturbegriff der Salzburger Festspiele. »Der Liberalismus leugnet die Blutgebundenheit aller Kultur und schwärmt und träumt nicht nur von einer politischen, sondern von einer *kulturellen Internationale.* Eine Mischung völlig ungleicher Elemente scheint ihm Wunschtraum künftiger Gestaltung. Eine Weltkultur, zu der alle Völker nach besten Kräften beisteuern, an der sie alle gleichermaßen teilhaben, ist das Ziel, das der Liberalismus in deutschen Landen seit dem Kriegsende mit unerbittlicher Zähigkeit verfolgt. Seiner Erreichung dient eine dem Liberalismus restlos hörige Presse, ihr dient Theater, Funk und Film.«[63] Die Gegenwart sei immer mehr gekennzeichnet von einem epochalen Entscheidungskampf der Charaktere. »Hie das Untermenschentum der Sendlinge Moskaus, dort das letzte Aufgebot charakterstarker und sendungsbewußter deutscher Männer.«[64] Diesen »charakterstarken und sendungsbewußten deutschen Männern« widmete zwei Jahre später der nach Deutschland geflohene Salzburger Nationalsozialist Karl Springenschmid einen Erlebnisbericht, in dem er als »Christian Kreuzhakler« durch die propagandistisch komponierte Handlung in der Zeit des illegalen Kampfes 1933/34 führte und betonte, es handle sich dabei um kein politisches Buch im klassischen Sinn, sondern es sei »lebensmäßig« geschrieben, »so, wie es sich aus dem Wesen des deutschbewußten Österreichers ergeben hat«.[65] Die Heilserwartung dominierte in den Erinnerungen des ebenfalls nach Deutschland geflohenen österreichischen Nationalsozialisten Sepp Dobiasch. »Märzsturm hat das Deutsche Reich durchbraust, die deutsche Stube gereinigt vom Moder und Mist der letzten fünfzehn Jahre. – Die Wirkung in … Österreich war mächtig. … der deutsche Wind wirbelte auch das schlafende Österreich auf, das deutsche Schicksal pochte an die Tore Österreichs. Werden sie aufgetan?«[66]

---

62 Zit. ebda. S. 167.

63 Anton Haasbauer: Der Weg zu deutscher Kultur. In: Karl Wache (Hg.): Deutscher Geist in Österreich. Ein Handbuch des völkischen Lebens in der Ostmark. Dornbirn 1933. S. 307–316. S. 311.

64 Ebda. S. 313.

65 Karl Springenschmid: Österreichische Geschichten aus der Zeit des illegalen Kampfes von Christian Kreuzhakler. München 1935. S. 5.

66 Sepp Dobiasch: Volk auf dem Amboß. Kampfabschnitt Österreich 1933–1935. Reichenau 1936. S. 7.

Die voller Erwartung und Zuversicht formulierte Frage schien im selben Jahr in Salzburg – zumindest dessen Öffentlichkeit – negativ beantwortet zu werden. Carl Zuckmayer berichtet in seinen Erinnerungen über eine Szene im Müllnerbräu, das er zusammen mit dem Schauspieler Max Pallenberg, der im »Jedermann« den Mephisto spielte, während des Festspielsommers besuchte. »Von den Professoren des Mozarteums bis zu den Handlungsgehilfen der Getreidegasse hockte dort, klassenlos, alles Backe an Backe beieinander, und ließ es sich wohl sein. Auch Pallenberg ließ es sich eine Zeitlang ganz offenbar wohl sein. Aber allmählich wurde er unruhig, halb gereizt, halb beklommen. Ich spürte, was in ihm vorging. Auf einem Münchner Oktoberfest, zwanzig oder zehn Jahre früher, hätte er nichts dergleichen empfunden. Jetzt, da Hitler vor den Toren stand, vor den Toren der Welt sozusagen, empfand er das Dumpfe, Kleinbürgerliche, oder auch: die ›Gemütlichkeit‹, aus der jederzeit das Ungemütlichste, Haß, Neid, Kälte, Roheit, hervorbrechen könnte, als etwas Unerträgliches, als die Verschleierung eines Abgrunds, in den sich die Masse, einmal verführt, nur allzu willig hineinstürzen würde. ›Sind das nicht alle Nazis?‹, fragte er mich. ›Wenn man so will‹, sagte ich, immer zur hora fides geneigt, ›ein Teil davon. Aber sie stellen sich nichts Böses drunter vor und sind ungefährlich.‹ – ›Das werden wir sehen‹, sagte Pallenberg. Und im nächsten Moment … war er schon auf unseren … Holztisch gesprungen, kämmte sich mit einem Griff die Haare auf einer Seite in die Stirn und hielt sich zwei Finger, schnurrbartartig, unterhalb der Nase auf die Oberlippe, so dass er plötzlich, in einer chaplinesken Verwandlung, auf ebenso erschreckende wie zwerchfellerschütternde Weise einer Karikatur des ›Führers‹ glich. ›Salzburger und Salzburgerinnen!‹, begann er mit der sonor kreischenden Stimme, die damals jeder aus dem Radio kannte – und nun folgte, fünf Minuten lang, eine so wahnsinnig ins Absurde hochgepulverte Imitation einer Hitler-Rede …, daß uns … das Blut in den Adern stockte. Wir hatten das Gefühl, daß sich im nächsten Augenblick der ganze Biergarten wie eine Steinlawine über uns … Vereinzelte, Wehrlose, herstürzen müsse.

Doch es passierte gar nichts. Ein paar Leute lachten, ohne genau zu wissen, warum, wie wenn sich ein Clown in einem Zirkus, die ›lustige Person‹ in einer Volkskomödie, produziert. Ein paar andere brummten, in ihrer Gemütlichkeit belästigt, vor sich hin. Die übrigen, also die meisten, glotzten verständnislos und wandten sich dann wieder ihren Bierkrügeln zu. Derjenigen, welche sich Notizen machten, wurden wir nicht gewahr. Pallenberg, von dem Mangel an Wirkung ein wenig enttäuscht, aber dann auch erleichtert, daß seine Eskapade keine bedrohlichen Folgen hatte, begann sich ohne Übergang wieder an seinem Leberkäs zu freuen. Und für uns war das, in unserer notorischen Kurzsichtigkeit …, ein Beweis, daß die Leute in Österreich ihre Ruh haben wollten und daß es nur auf die ›Besseren‹ ankomme, auf jene Sonderklasse und Bildungsschicht, mit der man vertraut und befreundet war.«[67] Doch es gab auch eine andere Wirklichkeit. Im selben Sommer notierte eine Sekretärin von einer Reise nach Berchtesgaden: »Die meisten

67 Zuckmayer: Als wär's ein Stück von mir. S. 47ff.

... kamen direkt aus Österreich nur für ein paar Stunden hierher und hofften, den Führer zu sehen ... Soviele Österreicher in ihren Trachten, aus Braunau, aus dem Salzburgischen, aus Kärnten, aus der Steiermark waren gekommen. Trotz strömenden Regens harrten sie aus ... Das war wirklich ergreifend, diese Menschen von ihrer großen Liebe und Verehrung zum Führer sprechen zu hören.«[68]

Zwei Bilder, zwei Wirklichkeiten und zwei Wahrheiten. Die Szene im Müllnerbräu spiegelt jene politische Wirklichkeit wider, der sich Kurt von Schuschnigg durchaus bewusst war. Anfang 1938 bemerkte er zur Lage in Österreich, 25 Prozent der Bevölkerung seien für ihn, 25 Prozent für Hitler und die restlichen 50 Prozent richteten sich danach, wie der Hase laufe.[69] Die zum politischen Gral nach Berchtesgaden pilgernden Heilsuchenden illustrierten die andere Seite der kollektiven Befindlichkeit.

Werfen wir einen semiotischen Blick auf das Bild der in ihren Trachten auftretenden säkularisierten Pilger in Berchtesgaden. In Salzburg verlor die Tracht in den dreißiger Jahren ihre politische Unschuld und ihr touristisches Markenzeichen. Hatte der Trachtenverein »Alpinia« noch 1920 einen Abend zu Ehren der Mitwirkenden an der »Jedermann«-Aufführung veranstaltet, so erhielt der vor allem von Landeshauptmann Rehrl geprägte Slogan »Festspiele = Wirtschaft« bereits in den zwanziger Jahren durch die sich ständig verstärkende deutschnationale Kampagne für die »Echtheit« der Trachten und der Volkstumspflege zunehmend Gegenwind. Das »Echte«, »Unverfälschte« und »Bodenständige« müsse der vom Kommerz diktierten touristischen Vermarktung und »Entfremdung« vor allem während der Sommermonate entzogen werden. Diese »Entfremdung« erfolgte in doppelter Hinsicht: durch die Produktion von jüdischen Herstellern sowie die modisch-mondäne Adaption durch Lanz, dessen spezifisch artifizielle Linie sich seit den frühen dreißiger Jahren zum modischen Leitmotiv für Festspielkünstler und -gäste und damit zum Verkaufsschlager entwickelte. 1933 verwendete Max Reinhardt für seine »Faust«-Inszenierung nicht nur die Stadt Salzburg als Kulisse, sondern auch Trachten als Kostüme.[70]

Zu diesem Zeitpunkt mutierte die Tracht »vom Vereinsrequisit ... zum arischen Rassemerkmal«.[71] Exponenten des Reichsverbandes der Trachtenvereine wie Kuno Brandauer, seit 1931 Mitglied der NSDAP,[72] und Tobi Reiser beklagten wortreich die Ent-

68 Zit. bei Hanisch: Der Obersalzberg. S. 16f.

69 Erwin A. Schmidl: März 38. Der deutsche Einmarsch in Österreich. Wien 1987. S. 75.

70 Zur Bedeutung der Tracht für die Festspiele vgl. Alma Scope: Bühnen der »Volkstümlichkeit«. Die Bedeutung Salzburgs und der Festspiele für die Trachtenmode. In: Trachten nicht für jedermann? Heimatideologie und Festspieltourismus dargestellt am Kleidungsverhalten in Salzburg zwischen 1920 und 1938. Salzburg 1993. S. 241–260. (Salzburger Beiträge zur Volkskunde, Band 6. Hg. v. Salzburger Landesinstitut für Volkskunde von Ulrike Kammerhofer-Aggermann, Alma Scope und Walpurga Haas.)

71 Ulrike Kammerhofer-Aggermann: Von der Trachtenmode zur heiligen ererbten Vätertracht. »Volk in Tracht ist Macht!« In: Feingold (Hg.): Ein ewiges Dennoch. S. 177–190. S. 187.

72 Ulrike Kammerhofer-Aggermann: Die Anfänge der Salzburger Heimatwerks- und Heimatpflegeidee. In:

fremdung und Denaturierung der Tracht, die durch das mondäne (jüdische) Festspielpublikum zur bloßen Maskerade der städtischen Sommerfrischler herabgesunken sei. Als Kontrastprogramm zur 1936 in Schloss Kleßheim abgehaltenen Trachten-Modenschau und zur großteils jüdischen Sommerfrischengesellschaft in »Leinen von Lanz« verkündete zu Jahresbeginn 1937 die »Österreichische Alpine, Gebirgs- und Volks-Trachten-Zeitung«, die Volkstums- und Trachtenpflege stehe »im Dienste des Deutschtums«, das sich an die »Brüder jenseits der Grenzpfähle« mit der Erklärung der Zusammengehörigkeit richte. »… unter der Joppe des Älplers und Flachländers hat das Volkstum dieselbe Pflege deutscher Eigenart zu erwarten wie im Glanz des Dritten Reiches.« Unmittelbar vor dem Anschluss erklärte für den Reichsverband der Trachtenvereine Fred Stark unter dem Titel »Bauerntrachten und ihr bedauerliches Verschwinden«, dass »besonders jüdische Kleiderfabriken und -händler … sogenannte ›Trachtenjoppen‹ (man sollte diesen Ausdruck gesetzlich schützen) in den Handel« brächten, »die in allen Farben ausgenäht, wie Affengewänder anmuten, …«[73] Diese unverhohlen nationalsozialistischen Erklärungen kündigten die Schatten des Kommenden an, die zunehmnend die Welt Max Reinhardts verdunkelten. Lederhose und weiße Stutzen, die Uniform der illegalen Nationalsozialisten, bildeten den kulturellen Gegenentwurf zur spielerischen Eleganz der Festspielgesellschaft, deren weltoffener, barocken und altösterreichischen Traditionen verpflichteter Heimatbegriff mit der Anschlusspropaganda und der dumpf provinziellen Blut- und Bodenideologie kontrastierte.

Bleiben wir bei dem für die – nicht nur jüdische – Sommerfrischen- und Festspielgesellschaft so treffenden Bild der Schatten. Für das Jahr 1937 notierte Bertha Zuckerkandl in ihren Erinnerungen, Max Reinhardt habe sie für diesen Sommer nach Schloss Leopoldskron eingeladen. »Damit beginnen außerordentliche fünf Wochen eines Daseins, das von Erdenschwere losgelöst ist. Die Harmonie geistig erfüllter Stunden wechselt mit die Phantasie beflügelnden Unruhe sich unablässig erneuernder Feste.« Ende August hieß es Abschied nehmen von Leopoldskron. »Ein letztes Fest ruft sie alle herbei: den Erzbischof, Mitglieder der Regierung, Magnaten der Hochfinanz, Stützen der Gesellschaft.

Aber es ist, als wären sie Schatten.

Es sind dieselben Akteure, doch spielen sie ein anderes Stück, andere Rollen. Die Menschen in den lichtglänzenden Sälen passen nicht mehr zueinander. Reinhardt ist einsam geworden. Seiner Schöpfung droht Verfall. Lüge frißt sich in alle Bindungen ein.

Volkskunde und Brauchtumspflege im Nationalsozialismus in Salzburg. Bericht zur Tagung am 18. und 19. November 1994 in der Salzburger Residenz. Salzburg 1996. S. 81–120. S. 99f. (Salzburger Beiträge zur Volkskunde, Band 8. Hg. für das Landesinstitut für Volkskunde von Walburga Haas.) Gert Kerschbaumer: Organisiertes Heimatbrauchtum in Salzburg. In: ebda. S. 121–132. S. 122.

73 Zit. bei Kammerhofer-Aggermann: Von der Trachtenmode zur heiligen ererbten Vätertracht. In: Feingold (Hg.): Ein ewiges Dennoch. S. 188f.

Händedrücke sind vergiftet, Lob ist hämischer Verrat, manch listiger Blick schätzt bereits die Verlassenschaft eines zu Vertreibenden, zu Beraubenden ein.

Reinhardt, gelassen, entgegenkommend, doch distanziert, ist wie immer ein Gastgeber von vollendeter Höflichkeit, Grandseigneur in allen Lebenslagen, Fürst eines Reiches, das nicht erobert werden kann.«[74] Das Salzburger Zauberspiel ging in diesem Sommer 1937 zu Ende. Es hatte im Spätherbst noch einen Nachklang, als bei Eleonora von Mendelssohn und Jessenski auf Schloss Kammer eine Abendgesellschaft zusammentrat, »bei der der wundervolle Geiger Arnold Rosé mit seinem Wiener Streichquartett musizierte. Zum Abschluß spielten sie aus dem Kaiser-Quartett von Haydn jenen Satz, der die Melodie der österreichischen Kaiserhymne schuf, welche dann auch die des Deutschlandliedes wurde.

Die Wiener Künstler spielten das so, wie es von Haydn gemeint war, als eine schlichte, fromme Melodie – fast ein Gebet. Den meisten Zuhörern traten die Tränen in die Augen. Und ein halbes Jahr später waren die meisten, von denen hier die Rede war, in alle Winde zerstreut.«[75]

Mozarts Musik, von Hofmannsthal und Reinhardt als Inbegriff der intendierten Heiterkeit und Weltoffenheit zum musikalischen Mittelpunkt der Festspiele erklärt, verklang unter Thors Hammer, der auf dem nahen Obersalzberg geschwungen wurde.

---

74 Zuckerkandl: Österreich intim. S. 209ff.
75 Zuckmayer: Als wär's ein Stück von mir. S. 55.

Schloss Leopoldskron um 1920.

Hugo von Hofmannsthal, Max Reinhardt und Einar Nilson 1920 auf Schloss Leopoldskron.

Max Reinhardt und Hugo von Hofmannsthal im Garten von Schloss Leopoldskron.

Gäste auf der Terrasse des von Max Reinhardt erworbenen und restaurierten Schlosses Leopoldskron. Unter ihnen Lilian Gish, Nino Nino, Fritz v. Unruh, Fürst Schwarzenberg und Rudolf Kommer.

Max Reinhardt und Diana Manners im Park von Schloss Leopoldskron.

Aufführung von Molières »Der eingebildete Kranke« in Halle und Saal von Schloss Leopoldskron am 20. August 1923. Unter der Regie von Max Reinhardt spielten Egon Friedell (Dr. Diaforius), Hansi Niese (Toinette), Paul Lange (Dr. Purgon), Max Pallenberg (Argan), Kl. Stillmark (Louison), Alma Seidler (Angelique), Nora Gregor (Beline) und Luis Rainer (Berald).

Max Reinhardt in der Bibliothek von Schloss Leopoldskron.

Sommer 1927. Max Reinhardt mit Gästen auf der Terrasse von Schloss Leopoldskron: Heinz Harald, Einar Nilson, Tilly Losch, Mr. Ziegler, Rudolf Kommer, Hugo von Hofmannsthal, Rosamund Pinchot, Lili Darvas, Helene Thimig, Miss Ziegler, Harald Kreutzberg, Wladimir Sokoloff, Hugo und Hermann Thimig, Paul Hartmann.

Alexander Moissi wirbt für Ginger Ale.

Bruno Walter, Thomas Mann und Arturo Toscanini.

Stefan Zweig auf der Terrasse seines Hauses auf dem Kapuzinerberg um 1930.

Arturo Toscanini mit dem Salzburger Landeshauptmann Franz Rehrl.

Nationalsozialistische Propagandakarte 1934, mit der die Unterstützung zahlreicher österreichischer Juden für die Vaterländische Front und den Ständestaat angeprangert wurde.

Alle Fotos, mit Ausnahme des letzten (Archiv Guido Zobl), stammen aus dem Archiv der Salzburger Festspiele und der Max-Reinhardt-Forschungs- und Gedenkstätte Salzburg.

Hanns Haas

Der Traum vom Dazugehören – Juden auf Sommerfrische

Das bürgerliche Zeitalter ist ein schmales Zeitsegment im »europäischen Jahrtausend« der Juden; nur wenige Jahrzehnte währte ihre Hoffnung auf volle Integration in die zentral- und westeuropäische Gesellschaft.[1] Österreich-Ungarn bildete das hauptsächliche Experimentierfeld dieses kulturellen Experiments an der Nahtstelle zwischen westlichem »Fortschritt« und traditionellem östlichem Judentum. Mit Wehmut blickte Stefan Zweig aus seinem erzwungenen Exil auf diese hoffnungsvolle und sichere habsburgische »Welt von gestern« vor 1914.[2] Endlich waren auch im Habsburgerstaat die Juden rechtlich und politisch gleiche Staatsbürger; endlich eröffneten Bildungseinrichtungen und Wirtschaftsordnung den Tüchtigen den sozialen Aufstieg ins Bürgertum. »Durch Arbeit, Besitz, Wissen und Gerechtigkeit« die volle Anerkennung zu erreichen, das wurde zum bürgerlichen Motto unabhängig von Herkunft und Religion.[3] Die jüdische Emanzipation schien im Gleichklang mit der Entwicklung der ganzen Gesellschaft. Hatte eine ständische Ordnung bisher die Traditionsgruppen segmentiert, so beruhte die bürgerliche Gleichstellung auf der Gemeinsamkeit kultureller Leistung. Zu Beginn der Verfassungsära herrschte Zuversicht, ja Euphorie. Jetzt, wo Juden sogar im Bürgerministerium saßen, trug »jeder fleißige Judenknabe« gewissermaßen das Ministerportefeuille in der Schultasche, erinnerte sich Sigmund Freud in späteren Jahren.[4]

Alle in diese liberale Zeit zurückreichenden Biographien wiederholen das Motiv der kollektiven Zuversicht und individuell-familiären Aufstiegsgewissheit angesichts einer vom »Fortschritt« geprägten Zeit.[5] Selbst Religion und bürgerliche Gleichberechtigung schienen vereinbar. Soziale Emanzipation bedeutete nicht den Verlust der jüdischen Bindungen. Wenn Religion ihre Bindung an Herrschaft löste und ihre individuelle sowie freiwillige Komponente betonte, dann blieb ein in Frömmigkeitsformen der Moderne angepasstes Judentum zeitgemäß.[6] Freilich lockerte die Säkularisierung auch unter den

---

1 Helga Embacher danke ich herzlich für Gespräche und Literatur.

2 Stefan Zweig: Die Welt von Gestern. Erinnerungen eines Europäers. Frankfurt am Main 1976.

3 Dieses Motto verwendet der Buchtitel: »Durch Arbeit, Besitz, Wissen und Gerechtigkeit«. Hg. v. Hannes Stekl, Peter Urbanitsch, Ernst Bruckmüller und Hans Heiss. Wien, Köln, Weimar 1992.

4 Sigmund Freud: Die Traumdeutung (Freud Studienausgabe, Band 2). Frankfurt am Main 1972, S. 204.

5 George Clare: Letzter Walzer in Wien. Spuren einer Familie. Frankfurt am Main 1984, S. 26.

6 Jacques Le Rider: Das Ende der Illusion. Die Wiener Moderne und die Krisen der Identität. Wien 1990, S. 259.

Juden die religiösen Bande. So wurde die Religion vielfach zum Lippenbekenntnis, zum wenig verbindlichen Traditionselement. Sigmund Freud hat später selbst seine geringen Kenntnisse in jüdischer Religion und Tradition bedauert. Viele Kinder erlernten daher kaum die elementarsten religiösen Grundsätze, viele kannten gerade die hebräischen Buchstaben, ohne den Sinn des Gelesenen zu verstehen.[7] Sogar die volle Angleichung an die Umgebung durch den Übertritt zu einer der christlichen Konfessionen oder Konfessionslosigkeit wurde jetzt möglich, wenn sie auch ein Minderheitenphänomen im Wiener Judentum blieb. Die Konversion erfolgte in aller Regel unter sozialem Druck und Anpassungszwang. Der Wiener Philosoph Theodor Gomperz jedoch begründete die Eingliederung in den religiös-kulturellen Habitus der Umgebung utilitaristisch als Verzicht auf Unterscheidungen ohnehin bloß »traditioneller Natur«, um »den Prozeß der Assimilierung mit der übrigen europäischen Menschheit bis zum Ende durchzuführen«; nur auf diese Weise schien uneingeschränkte »Wirksamkeit« in der bestehenden Gesellschaft gewährleistet.[8] In diesem Spannungsverhältnis zwischen jüdischer Tradition, jüdischer Aufklärung und Assimilation lebten die Juden im Österreich-Ungarn der franziskojosephinischen Zeit.[9] Jedoch die Hoffnung auf eine bürgerliche Karriere in Besitz und Bildung teilten sie alle, Glaubenstreue oder Assimilanten aller Schattierungen. Die Sommerfrische war eine jener Szenerien, auf denen sie die soziale Anerkennung als Bürger unter Bürgern suchten.

Die Kulturform der bürgerlichen Sommerfrische ist aus literarischen Zeugnissen und Biographien hinlänglich bekannt.[10] Wer damals im ausgehenden 19. und beginnenden 20. Jahrhundert immer Geld und Muße hatte, ging mit der ganzen Familie, mit Köchin, Stubenmädchen und Französischlehrerin und samt Hausrat »aufs Land« in eine der Sommerfrischen im Wienerwald, im Salzkammergut, an den Kärntner Seen oder im niederösterreichischen Kamptal. Dort erwarteten die stadtflüchtigen Gäste die Ferienwohnung in noblen Hotels oder guten Gasthäusern, noch besser die eigene Sommervilla in einem mehr oder weniger naturbelassenen »englischen« Garten. Nun begannen mehrere Monate gepflegter Müßiggang unter seinesgleichen, der alltägliche Rhythmus langer

---

7 Elias Canetti: Die gerettete Zunge. Geschichte einer Jugend. München 1979, S. 101.

8 Theodor Gomperz: Ein Gelehrtenleben im Bürgertum der Franz-Josefs-Zeit. Auswahl seiner Briefe und Aufzeichnungen, 1869–1912, erläutert und zu einer Darstellung seines Lebens verknüpft von Heinrich Gomperz. Neubearb. u. hg. v. Robert A. Kann (Österr. Akademie d. Wissenschaften, Philosoph.-histor. Klasse, Sitzungsberichte, Band 295). Wien 1974, S. 174 und 186.

9 Marsha L. Rozenblit: Die Juden Wiens 1867–1914. Assimilation und Identität. Graz 1988; Gerhard Botz, Ivaar Oxaal und Michael Pollak (Hg.): Eine zerstörte Kultur, Jüdisches Leben und Antisemitismus im Wien seit dem 19. Jahrhundert. Buchloe 1990.

10 Hanns Haas: Die Sommerfrische – Ort der Bürgerlichkeit. In: »Durch Arbeit, Besitz, Wissen und Gerechtigkeit«, S. 364–377; Ders.: Die Sommerfrische – Eine verlorene touristische Kulturform. In: Hanns Haas, Robert Hoffmann und Kurt Luger (Hg.): Weltbühne und Naturkulisse. Zwei Jahrhunderte Salzburg-Tourismus. Salzburg 1994, S. 67–75.

Spaziergänge, gutbürgerliches Speisen zu Hause oder im Restaurant, Tennisspiel, Bootsfahrten, kleine Abendgesellschaften. Lektüre überbrückte die unvermeidlichen Alt-Ausseer Regentage, in Kistchen kamen die Bücher aus der Wiener Leihbuchhandlung Last.[11] Die Sommerfrischler waren »mehr behäbig«, erinnerte sich ein Zeitgenosse an die seinerzeitigen Gäste des Kamptals.[12] Anstrengung war verpönt in dieser sommerlichen Beschaulichkeit. Beinahe schlechten Gewissens verscheuchte der auf Sommerfrische weilende Theodor Herzl die Lust zum Schreiben.[13] Nicht einmal der Workaholic Sigmund Freud komplettierte »am Land« sein analytisches Werk und sogar sein sonst ausufernder Briefwechsel machte Sommerpause. Nur die »Vorlesungen zur Einführung in die Psychoanalyse« ergänzte Freud während seines Salzburger Sommeraufenthaltes 1916 und reproduzierte sie im Wintersemester 1916/17 aus dem phonographischen Gedächtnis.[14] Den Poeten und Komponisten war ohnehin ihre vom Alltagsleben abgehobene Tätigkeit am »Schreibtisch mit Aussicht« oder im einsamen Pavillon gestattet.[15] Wenn es gar nicht anders ging, so diente die »Sommerfrischenmuße« der Vorbereitung für die großen Rigorosen.[16]

In einer »Atmosphäre wohlhabender Wiener Ferienseligkeit« verging so der Sommer bei gepflegtem Nichtstun.[17] Die Natur war kaum mehr als Staffage, und auch »die Berge waren für eine mehr als platonische Liebe zu hoch«; zumeist begnügten sich die Sommergäste, die Gipfel aus der Distanz zu bewundern.[18] Die Berge waren zwar schön, aber fern, mehr ein Sinnbild fürs Erhabene als reale Natur. »Raphael's Stanzen, Beethoven's Symphonien, die Schönheit einer Alpenlandschaft, das Leben großer Männer oder den Entwicklungsgang der Menschheit begreifen, empfinden, genießen und würdigen«, das war der Sinn solcher Naturbegeisterung.[19] Man sprach eher davon, welche Bergparteien man unternehmen könnte. Ihren heranwachsenden Söhnen verboten die Benedikt die als »gefährlich« geltende Partie von St. Gilgen auf den Schafberg; nur das weniger pro-

11 Heinrich Benedikt: Damals im alten Österreich. Erinnerungen. Wien, München 1979, S. 17.

12 Interview Marie Kropp, Rosenburg am Kamp 19. April 1990.

13 Theodor Herzl: Aquis submersus (1900). In: Ders.: Ein echter Wiener. Feuilletons, kommentiert von André Heller. Wien o. J., S. 106–110, hier S. 108.

14 Sigmund Freud: Vorlesungen zur Einführung in die Psychoanalyse. Und Neue Folge (Freud-Studienausgabe, Band 1). Frankfurt am Main 1969, S. 449.

15 Wolfgang Kos und Elke Krasny (Hg.): Schreibtisch mit Aussicht. Österreichische Schriftsteller auf Sommerfrische. Wien 1995.

16 Arthur Schnitzler: Jugend in Wien. Eine Autobiographie. Mit einem Nachwort von Friedrich Torberg. Wien, München, Zürich, New York, 3. Aufl. 1981, S. 185.

17 Friedrich Engel-Janosi: ... aber ein stolzer Bettler. Erinnerungen aus einer verlorenen Generation. Graz, Wien, Köln 1974, S. 34.

18 Daniel Spitzer: Aus meinem Briefwechsel mit einer boshaften Dame (Die Presse, 2. August 1868). In: Ders.: Wiener Spaziergänge. Hg. v. Walter Obermaier. Mit einem Nachwort von Hans Magenschab. Bd 3, Wien 1988, S. 5.

19 Gomperz, Ein Gelehrtenleben, S. 83, Brief vom 8. Juli 1875 an die Gattin.

blematische Zwölferhorn wurde ihnen erlaubt.[20] Wer ernsthaft dem so genannten (Berg- oder Hoch-) Tourismus huldigte, der ging auf ein paar Wochen in die Dolomiten. Abwechslung brachten in das ruhige Leben der Sommerfrische schließlich die Sonntagsmusik in luftigen Pavillons, Theateraufführungen, Tombolas und gelegentliche Sommerfeste.

So wurde der Sommer zum Mittelpunkt des Wiener Lebens, doch nicht im Sinne einer Flucht in die Anonymität wechselnder Urlaubsdestinationen, sondern als permanente Rückkehr in eine zweite Lebenswelt, in die künstliche und doch dauerhafte zweite Heimat Sommerfrische, in ein »besseres Salzkammergut«.[21] Die Gäste kehrten immer wieder, Jahr für Jahr, in ihr Stammquartier, in die eigene Villa oder jedenfalls in denselben Ort zurück. So unstet sonst ihr Leben sein mochte, wenn sie als Militärs, Beamte oder Universitätsprofessoren im ganzen Reich oder zumindest in ganz Cisleithanien ihr Berufsleben an wechselnden Plätzen abdienten, der Sommer gehörte doch stets demselben alpinen oder voralpinen Heimatort, und zwar über Zeiten und Generationen von der Gründerzeit bis in die Tristesse des Ersten Weltkrieges und das »silberne Zeitalter« der zwanziger Jahre. Ähnliche sekundäre Lebensorte bildeten sonst lediglich die Alterswohnsitze, sei es die Pensionopolis Graz oder Salzburg. Dort fand das Leben seinen ruhigen Ausklang; in der Sommerfrische hingegen pulsierte das familiäre Dasein, hier war die Familie vollzählig in ganzer Vitalität und doch in Muße vereint, für die Kinder war die Sommerfrische »das Paradies«,[22] hier erlebten sie erstmals die Raumeinheit gestalteter Kulturlandschaft und einer überschaubaren Lebensszenerie, hier spielte die »Erste Liebe«, hier erfreute eine wachsende Kinderschar das junge familiäre Glück.

So war die Sommerfrische gleichsam die Antithese zur urbanen räumlichen und sozialen Fragmentierung, ein Dorf von Bürgern und Bauern in trauter Einheit. Die ersehnte Synthese von Natur, Gesellschaft und Kultur fand im altösterreichischen Bürgertum stets neue Ausprägungen. Stifters nachsommerliches Rosenhaus des Freiherrn von Risach fingierte schon zu Beginn des bürgerlichen Zeitalters, 1857, eine Lebenseinheit von bürgerlichem Wirtschaftswillen und aristokratischem Landleben.[23] Später besiedelte Stifters Phantasie das ganze Salzkammergut mit griechischen Villen bürgerlicher Landeigentümer. Die gründerzeitliche wirtschaftliche Prosperität löste solche Versprechungen endlich ein, freilich nur zur Hälfte, denn die bürgerlichen – und eher seltenen adeligen – Landvillen dienten nur dem Genuss, nicht auch der Arbeit, und sie belebten sich ausschließlich in der mit drei Sommermonaten immerhin großzügig bemessenen Frei-

---

20 Benedikt, Damals im alten Österreich, S. 147.

21 Daniel Spitzer, Ein Hundetag (Die Presse, 6. Juni 1869). In: Wiener Spaziergänze. Bd 2, S. 48.

22 Otto Friedländer; Letzter Glanz der Märchenstadt. Wien 1985, S. 194.

23 Carl E. Schorske: Die Verwandlung des Gartens. Ideal und Gesellschaft in Österreich von Stifter bis Hofmannsthal. In: Wort und Wahrheit 22 (1967), S. 423–555.

zeit. Die Sommerfrische akzeptierte also die Segmentierung der modernen Gesellschaft zwischen Erwerb und Muße, zwischen Stadt und Land, gerade damit erreichte sie in einer künstlichen Welt soziale Harmonie, verstanden als gemächlicher Tagesablauf, als mäßiges Genießen, als geordnete Familienbeziehungen, als belanglose soziale Kontakte zu anderen Gästen und zu den Einheimischen. Große Beziehungskrisen und Dramen blieben der Sommerfrische in aller Regel fremd. Schnitzlers Leidenschaft für die Reichenauer Thalhofwirtin Olga Waissnix erschöpfte sich in Beobachten, leisem Flüstern, Klavierspiel, gelegentlichen Küssen.[24] Solche Liebe »starb vor der Zeit«.[25] Keine Szene der »Liebelei« entsteht im Umfeld der Sommerfrische, nur eine spielt undramatisch »am Lande«.

Nichts sollte die aus Mäßigung und Leidenschaftslosigkeit entstandene Ausgewogenheit der Sommerfrische tangieren. Kurz gesagt, die Sommerfrische war eine bewältigte Welt ohne Schroffen und Klippen der pittoresken Romantik, gebändigte Leidenschaft, Natur und Kultur ausgesöhnt, ein Ort der Milde und Zuversicht, des friedlichen Ausgleichs, und so ist auch die Affirmation der um Einordnung ins bürgerliche Ensemble bemühten jüdischen Bürger kaum zufällig. Selbst die sonst so allgegenwärtige Politik hatte in der Sommerfrische nur wenig Platz. Die soziale Frage blieb ohnehin in der heißen Stadt zurück. Die nationale Sinngebung verschonte zwar auch nicht die touristisch beanspruchten und definierten ethnischen Übergangszonen und national umstrittenen Regionen; doch erschlaffte das Ruhebedürfnis der Urlaubsdestinationen in aller Regel den Antagonismus zur Zeit der Hochsaison. Größere Deutungskraft erlangte der Nationalismus im ohnehin heroisch als Kampf stilisierten Hochgebirgstourismus.[26] Die tatsächlich praktizierte Ausschließung von Juden aus dem »Deutschen und Österreichischen Alpenverein« war ein wichtiger Einschnitt in dieser Entwicklung zum Schlechtern. Nur ausnahmsweise behielten Juden den Status von regulären Mitgliedern des Alpenvereins, und damit kleine Vereinsprivilegien, die ihnen ein Zeichen von Akzeptanz waren.[27]

So war die Sommerfrische eine künstliche Welt, alljährlich eine Welt auf Zeit und Widerruf, ein englischer Park mit seinen klaren Außengrenzen gegen die agrarische Umwelt, förmlich ein Ausschnitt aus ländlicher Normalität, gestaltete Natur. Bis heute lassen entwicklungsresistente Artefakte diesen Kulturwillen erkennen, der im zeitlichen Ablauf aus ländlichem Formmaterial in einer gewissen Variationsbreite bestimmte Ausprägungen von Sommerfrische schuf. Da sind als früheste Formen die stadtnahen Vil-

---

24 Schnitzler, Jugend in Wien, S. 227 ff.

25 Arthur Schnitzler und Olga Waissnix: Liebe, die starb vor der Zeit. Ein Briefwechsel. Mit einem Vorwort von Hans Weigek. Wien, München, Zürich, New York 1981.

26 Zum Beziehungsnetz Tourismus und Nationalismus arbeitet derzeit Pieter M. Judson.

27 Lebensbericht Esti Freud, in: Albert Lichtblau (Hg.): Als hätten wir dazugehört. Österreichisch-jüdische Lebensgeschichten aus der Habsburgermonarchie. In Zusammenarbeit mit dem Leo Baeck-Institute New York und dem Inst. für Geschichte der Juden in Österreich. Wien, Köln, Weimar 1999, S. 586.

lenkolonien im Helenental bei Baden[28] oder in Aigen bei Salzburg zu nennen,[29] die man schon im Biedermeier in kurzer Postkutschenfahrt erreichte. Später verwandelte sich die ganze Banlieue der Haupt- und Residenzstadt Wien in eine Mischzone, in welcher »dorfmäßige Baulichkeiten, bescheidene Landhäuser und elegante Villen sich aneinanderreihten«.[30] Eisenbahn und Dampfschiff erweiterten den Horizont der Erholungslandschaft, welche nunmehr die Kulturzone Salzkammergut mit immer weiter ausgedehnten Grenzen bis ins Salzburgische erschloss, sowie die geschützten gebirgigen Tallagen von Waidring oder Golling,[31] die Kolonien an den alpinen oder voralpinen Seen, die Sommerfrischen des niederösterreichischen Kamp- und Thayatales erfasste.[32] Gute Erreichbarkeit und ein Set an Zuschreibungen definierten eine Region zur touristischen Bleibezone. Die Sommerfrische lag in einem milden breiten Tal, welches zwar gegen Wind, aber nicht gegen Dauerregen schützte, in einer gewellten Hügellandschaft, die der Promenade nur schwache Anstrengungen abforderte, mit schönem Blick auf die in respektvoller Entfernung verharrende Gebirgswelt. Die Antithese zwischen Tal und Berg steigerte der ruhige in hochalpiner Landschaft eingebettete Gebirgssee. So repräsentierte Zell am See die mustergültige alpine Variante der Sommerfrische.

Unverkennbar ist dieser Idealtypus Sommerfrische am Landschaftsbild der Wiener und Münchner realistischen Malerschule orientiert, oder besser, es entsprechen Bild und Kunstlandschaft denselben ästhetischen Annäherungsattitüden an eine sanfte Natur- und Kulturlandschaft. Im Vordergrund die im Garten ihrer Villa glücklich vereinte Großfamilie des Notars Josef August Eltz, gerahmt durch die milden Gebirgsformen, so präsentiert Ferdinand Georg Waldmüller die zeitgenössische Harmonie von Gesellschaft und Natur.[33] Diese Zone gestaltete der Kulturwille zu einer Erlebnislandschaft mit hohem Identifikationswert.

Panoramaartig waren die Villen auf halber Höhe über dem Talboden aufgefädelt, wo sich der freie Blick auf See und Gebirge eröffnete. Begehrt waren in Bad Ischl die Wohnungen mit Balkon, um wie aus einer Loge das gesellige Leben des Kurortes und die Trachtenfeste beobachten zu können.[34] Von Ruhebänken gesäumte Aussichtswege erschlossen den gemächlich spazierenden Gästen einen eng vernetzten Bewegungskreis bis zu Aussichtspavillons oder ländlichen Einkehrgasthäusern. Locker in die Landschaft verstreute Hotels, ein Kurhaus, Parkanlagen, in besseren Orten ein Theater an der Espla-

---

28 Engel-Janosi, … aber ein stolzer Bettler, S. 18.

29 Helene Karrer: Die Entwicklung der Villenarchitektur in Aigen. Diplomarbeit Salzburg 1990.

30 Arthur Schnitzler: Der Weg ins Freie. Roman 1908. Frankfurt am Main 1990, S. 161.

31 Robert Hoffmann und Guido Müller: Fremdenverkehr in Golling. In: Golling. Geschichte einer Salzburger Marktgemeinde. Hg. v. Robert Hoffmann und Erich Urbanek. Golling 1991, S. 580-608.

32 Friedrich B. Polleroß: Erinnerungen an das Kamptal. In: Kamptal-Studien 1 (1981), S. 6–70.

33 Abbildung in: Elisabeth Vavra (Hg.): Familie. Ideal und Realität (Niederösterreichische Landesausstellung Barockschloss Riegersburg 1993). Horn 1993, S. 305.

34 Friedrich Torberg: Die Tante Jolesch oder der Untergang des Abendlandes in Anekdoten.

nade, das war der Binnenkosmos der Sommerfrische. Eine nächste Generation entdeckte sodann vor dem Ersten Weltkrieg die Vergnügungen des Badelebens und mit ihr die Attraktivität der sonnendurchtränkten Kärntner Seenlandschaft und den Attersee.[35] Lawn-Tennis gewann nun einen angesehenen Platz im Sommervergnügen. Waren bis dahin ost- und südseitige Wohnlagen bevorzugt, so präferierte man nun häufig südwestlich gelegene Plätze, beispielsweise Thumersbach am Zeller See. St. Gilgen verdankt dieser erwachenden Wassersportmode seinen raschen Aufstieg; in zeitlichem Abstand mehrerer Jahrzehnte folgten sodann Mattsee- und Trumersee, noch später der Wallersee.[36]

Gelegentliche Mischtypen zwischen Kurort und Sommerfrische – wie Bad Gastein – ergänzten die Palette, und so wie die eine oder andere Sommerfrische ihre Attraktivität mit einer Kaltwasserheilanstalt steigerte, so konnte man taxfrei Karlsbad bloß zur Sommerfrische erküren. Eine Variante bildete der von Wien aus in einer Bahnstunde erreichbare Semmering für ein Wochenende oder ein paar Tage Zwischenurlaub. So trafen sich im Reichenauer Thalhof die »Alpenbörsianer«, um schon zum Gabelfrühstück die gestrigen Abendkurse zu »juchazen«.[37] Karl Kraus hat in den »Letzten Tagen der Menschheit« diesen »Verehrern des Semmering« ein bleibendes, freilich wenig schmeichelhaftes literarisches Denkmal gesetzt. Der Semmering mit seinen Villenkolonien, Hotels und Wegen war vielfach normgebend für die touristische Erlebnislandschaft Sommerfrische.[38]

Die gültige und vorbildliche Form aber erreichte die Sommerfrische in Bad Ischl, nicht alleine wegen der landschaftlichen Attraktivität des Ortes oder wegen seines Kurangebotes, sondern als Sommersitz des Kaisers selbst. In diese geheime Sommerhauptstadt des Reiches kam, was Rang und Namen hatte oder beanspruchte, um dem Kaiser selbst nahe zu sein, oder jedenfalls, um gesehen zu werden. Für viele gehörte Bad Ischl förmlich zur sommerlichen Pflicht, und sei es auf ein paar der Arbeit abgerungene Tage oder ein paar Wochen von den langen Sommerferien. So wurde Bad Ischl gleichsam zum Synonym für Sommerfrische, zur geheimen Sommerhauptstadt Österreich-Ungarns, zur größeren Heimat aller seiner Nationen, sprich: ihres Bürgertums und in vorderster Linie der jüdischen Bürger. Selbst die sonst so dem Gesamtstaatsgedanken, nicht dem Staat selbst entfremdeten Tschechen teilten diese Liebe zum Alpinen und so etablierten sich reich gewordene tschechische Fabrikanten als Villenbesitzer am Attersee. Die kulturas-

35 Engel-Janosi, … aber ein stolzer Bettler, S. 29.

36 Heinrich Benedikt: Strobl am Abersee – Eine Heimatgeschichte. Strobl o. J., S. 560 ff; Friedrich Leitich: Der Wallersee und seine Bedeutung für Henndorf. In: Alfred Stefan Weiß, Karl Ehrenfellner und Sabine Falk (Hg.): Henndorf am Wallersee. Kultur und Geschichte einer Salzburger Gemeinde. Henndorf 1993, S. 137–162.

37 Daniel Spitzer: Aus Reichenau (Die Presse, 6. Juni 1869). In: Wiener Spaziergänge, Bd 3, S. 142.

38 Wolfgang Kos (Hg.): Die Eroberung der Landschaft. Semmering. Rax. Schneeberg. Katalog zur Niederösterreichischen Landesausstellung Schloss Gloggnitz 1992 (Katalog des NÖ. Landesmuseums, Neue Folge Nr. 295). Wien 1992, S. 260 ff.

similierende Kraft Österreich-Ungarns reichte schließlich weit über seine Grenzen hinaus, bis in die Berührungszone mit dem aristokratischen Russischen; vor allem die Juden wurden von ihr erfasst, und so kamen beispielsweise auch die reichen Spaniolen Bulgariens in seine Badeorte und Sommerfrischen, beispielsweise die Familie Canetti drei Jahre hintereinander nach Karlsbad, an den Wörthersee und ins Siebenbürgische Kronstadt. »Zwischen diesen drei weit auseinanderliegenden Punkten, wenn man sie zu einem Dreieck verbindet, war ein guter Teil der alten Monarchie enthalten.«[39]

In dieser vom Alltag befreiten Sommerfrische suchte das jüdische Bürgertum die in den Städten verwehrte Integration. Identitätsfindung vollzieht sich im Raum. Dazugehören, das war das Grundmotiv dieses sozialen Experiments. Die jüdischen Gäste erfüllten das erste und wichtigste Kriterium für Zugehörigkeit, den bürgerlichen Status. Die zwei Bände seines im Scherz konzipierten Familienromans betitelte der junge Arzt Sigmund Freud mit »Dalles (Armut) und Riches (Reichtum)«.[40] Es waren die gehobenen Schichten der »Zweiten Gesellschaft«, welche die Sommerfrischen bevölkerten, die Gelehrten und Unternehmer, Künstler und Kaufleute, Ärzte und Architekten. Sie verfügten als erste bürgerliche Gruppen über Zeit und Geld, einen langen Sommer der Arbeit fernzubleiben, sie bauten die ersten repräsentativen Villen an modischen Destinationen, sie mieteten sich bei Freunden oder in Gasthäusern Jahr für Jahr ein. Die Sommerfrische etablierte sich als Statussymbol. So wie Wien zur geheimen Sehnsucht der Juden wurde, so erfüllten sie sich den Traum einer alpinen Sommerfrische, sobald es sich nur machen ließ. Aus Lebenszeugnissen böhmischer, mährischer und galizischer Juden erfahren wir diese allmähliche Annäherung; anfangs musste eine Sommerfrische in einer halbwegs schönen ländlichen Lage den Ansprüchen genügen. Gelegentlich kamen die Kinder zu den Großeltern am Land, während die Eltern Abwechslung in Karlsbad suchten.[41] Eine weitaus bessere Variante bildeten die schönen Sommerfrischen des Karpatenvorlandes, die übrigens häufig von einfallsreichen jüdischen Gastwirten und Vermietern ins Leben gerufen wurden.[42] Dort entwickelte sich außerdem ein eigener karpatischer Stil von Architektur und Brauchtumspflege durch Anleihen aus populären Überlieferungen der Goralen und Huzulen. Dann aber folgte der wirklich mustergültige Sommeraufenthalt in den alpinen Destinationen. Es wurde »eine Villa in Ischl gemietet und die erste große Familienreise unternommen«.[43]

Reichtum war jedoch nur die Grundlage des bürgerlichen Status, welcher zu seiner Bestätigung gepflegter kultureller Umgangsformen und gehobener Bildung bedurfte. Dem

39 Canetti, Die gerettete Zunge, S. 35 f.

40 Sigmund Freud: Briefe 1873–1939. Ausgewählt und hg. v. Ernst und Lucie Freud. Frankfurt am Main 1980, S. 500.

41 Lebensbericht Norbert Troller, in: Lichtblau, Als hätten wir dazugehört, S. 322–324; Lebensbericht Adele von Mises, ebenda S. 185 ff.

42 Lebensbericht Lydia Harnik, in: Lichtblau, Als hätten wir dazugehört, S. 265.

43 Lebensbericht Antoinette von Kahler, in: Lichtblau, Als hätten wir dazugehört, S. 275.

Besitz gesellten sich unerlässlich die zivilisatorische Verfeinerung des gepflegten Haushalts, der anwachsenden Kunstsammlung, der Theaterbesuche, der langen Kunstreisen und der eleganten Sommerfrische. Man kennt das auserlesene späthistoristische Interieur der Wohnung Freud, man weiß um die rastlosen Besichtigungstouren Freuds durch Italien, man liest von den schönen Sommeraufenthalten der Freud in Österreichs Bergen. Die finanziellen Verhältnisse reichten zwar nicht für eine Villa, und die Familie Freud wechselte auch stets die Urlaubsorte, doch ohne alpine Sommerfrische verging beinahe kein Urlaub. Das bürgerlicher Jahr war gleichsam in zwei »saisons« untergliedert, in die Wintersaison mit Oper, Bällen und Kunstausstellungen und in die Sommersaison mit Reisen, Kuraufenthalten und Sommerfrische. Der Sommer lockerte die sonst steifen Umgangsformen, man war unter sich, kannte einander und verzichtete auf Statusränge, nicht aber auf kulturelle Feinheit und gebildete Form. Lebenskunst bedeutete Stilbeherrschung, daher kreisten die Gespräche um Dichtung und Kunst, waren die Nachmittage der Lektüre und der Abend dem Klavier reserviert. Vielleicht ist unsere Wahrnehmung durch die vielen literarischen Zeugnisse des Fin de Siècle geprägt; doch der Kulturwille dieser bürgerlichen Schichte steht außer Zweifel, er alleine war es, welcher die differenten sozialen Gruppen von Besitz und Bildung auf einen gemeinsamen bürgerlichen Nenner brachte, er war es, der die Integration der Juden in die bürgerliche Gesellschaft beschleunigte.

Der Landaufenthalt entwickelte zuletzt seine kulturellen alpinen Sonderformen in Kleidung, Habitus und Umgangsformen. Diese Liebe zum »Volkstümlichen« entstammt der aufgeklärten Hinwendung zu den einfachen ländlichen Sitten im Gegensatz zu aristokratischer Verfeinerung. Erzherzog Johann repräsentierte in Leben und Stilgesinnung diese zeitgenössische Annäherung ans Volk. Die Romantik stilisierte das »gewachsene« ländliche Populare als Antithese zur »künstlichen« urbanen Zivilisation. Das gründerzeitliche Bürgertum bediente sich dieser Tradition als Freizeitmode, indem es seine Villen im Schweizerstil erbaute, in ländlicher Kleidung in die Berge lief und den Volksgesang pflegte. Die alpine Mode wurde jetzt zum Erkennungszeichen einer genussfähigen bürgerlichen Schichte. Jetzt sehen wir Sigmund Freud 1913 in den Dolomiten im Trachtenanzug, mit Steirerhut und zierlichem Rucksack, im Arm die Tochter Anna im einfachen Waschdirndl mit weißer Schürze; und dann die drei Freud-Buben Oliver, Martin und Ernst in Trachtenjoppe, Lederhose, Wadenstutzen, hohen Schuhen und Spielzeuggewehr, kleine Jäger in Gebirgstracht.[44] Hier sind sie zu Hause, diese österreichischen Juden, das ist ihre Welt. Theodor Herzl verbringt 1900 einen letzten schönen Sommer mit seiner Familie in einer »leidlich eleganten Sommerfrische«, mit seinen drei Kindern geht er über die Bergwiesen, der Sohn neun Jahre, die Mädchen zehn und sieben, »ein gelehriges kleines Volk«, die Mädchen bringen Blumen zum Bestimmen, der Bub ist »jetzt sehr bewandert in der deutschen Heldensage«.[45] Der erste Schritt in die Welt ist getan,

44 Lebensbericht Esti Freud, in: Lichtblau, Als hätten wir dazugehört, S. 593.

45 Herzl, Aquis submersus, S. 109 f.

jetzt kann der Gesichtskreis erweitert werden. Die Sommerfrische wird diesen Kindern zum Mittelpunkt der Welt, die sie von hier aus im Spiel erobern, »diese ganze schöne Welt im wörtlichen Sinne«.[46]

Die Verschmelzung der bürgerlichen Erwerbsgruppen zur kulturbürgerlichen Gesellschaft war eine Angelegenheit weniger Jahrzehnte Gründerzeit. Weil aber soziale Kohärenz Dauerhaftigkeit verlangt, so suggerierten die selbst erst seit zwei Generationen oder kaum länger bürgerlichen Familien gerne eine ältere Herkunft aus Verhältnissen von Tradition und Herkommen. Nobilitierung oder akademischer Grad erfüllten das Kriterium der ererbten oder zumindest erworbenen bürgerlichen Noblesse. Dieses Taxieren, ob jemand guter Herkunft sei, beherrschte die Tischgespräche in der Familie Zweig.[47] Ängstlich betonen viele große Biographien die familiäre Herkunft aus dem alten akkulturierten jüdischen Bürgertum, siehe die Historiker Benedikt und Engel-Janosi oder den Geologen Eduard Süß.[48] Erst recht verlieh die Sommerfrische dem doch jungen Bürgertum die Weihe von Ansässigkeit unabhängig von Konfession und Herkunft. Sie waren immerhin die Ersten am Platz, und wenn auch erst seit einer Generation, und sie waren hier einheimisch, im Gegensatz zu den Neuankömmlingen oder gar den Tagesgästen. So bildeten die Villenbesitzer überall in den Sommerfrischen »strenge geschlossene Kreise« bei scharfer Abgrenzung gegen Neuankömmlinge. In diese Zirkel konnte niemand eindringen, am allerwenigsten jene Neulinge, deren neubürgerlicher Status zwar nicht mehr zu erkennen, aber durch gezieltes Nachforschen nachzuweisen war. So entlarvte die jugendliche Meute der Unteracher Jeunesse dorée die Familie Lanzer als bürgerliche Neulinge, die Mutter sogar als angebliche ehemalige Dienstbotin, was für ein Sakrileg in einer Gesellschaft, welche immerhin schon auf zwei Generationen Bürgerlichkeit – jüdische und nicht jüdische – zurückblickte! So blieben die Lanzer auch in Unterach – wörtlich – »ein Fremdkörper« mitten unter jüdischen Villenbesitzern mit altbürgerlichen Allüren.[49] Es ist immerhin aufschlussreich, dass dieses Motiv der Abgrenzung gegen neue bürgerliche Gruppen unter den literarischen Motiven keine Rolle spielt. Andererseits belebte der bürgerliche Anspruch auf den Sommeraufenthalt gegenüber dem gesellschaftlich immer noch tonangebenden Adel sogar die Traumwelt eines Sigmund Freud.[50]

So waren die jüdischen Mitbürger ohne Zweifel ein Teil des Gesamtensembles Sommerfrische, hier waren sie nicht bloß geduldet, sondern Teilhaber an einer kulturellen

---

46 Schnitzler, Jugend in Wien, S. 26.

47 Zweig, Die Welt von Gestern, S. 20.

48 Eduard Süß: Erinnerungen. Leipzig 1916.

49 Elisabeth Freundlich: Die fahrenden Jahre. Erinnerungen. Hg. und mit einem Nachwort von Susanne Alge. Salzburg 1992, S. 27–32.

50 Sigmund Freud: Die Traumdeutung (Freud Studienausgabe 2). Frankfurt am Main 1972, S. 219 ff und 420; eine Detailanalyse bei: Hanns Haas: Die Sommerfrische – Ort der Bürgerlichkeit. In: »Durch Arbeit, Besitz, Wissen und Gerechtigkeit«, S. 364–377, hier S. 370.

Szenerie, jüdische Bürger unter Bürgern. Allenfalls kann man von einer auffallend sicheren Beherrschung der adäquaten Formen durch jüdische Sommerfrischler sprechen. Das meint Friedrich Torberg, wenn er in Bad Ischl »Struktur und Atmosphäre überwiegend jüdisch determiniert« sieht.[51] Zugehörigkeit bedeutet aber nicht bloß die Gemeinsamkeit kultureller Ausdrucksmittel an einem lebensweltlichen Ort, sondern auch tatsächliche interaktive Begegnung. Ein solcher Befund ist aus der Distanz eines Jahrhunderts und selbst angesichts geschwätziger Zeitzeugen nicht leicht. Die gründerzeitliche liberale jüdische Oberschichte scheint die Integration in das soziale Leben ihrer Sommerfrische erreicht zu haben, wenn man die Zeitzeugen als repräsentativ gelten lässt. So verbrachte die Familie Gomperz ihre Sommertage der 1870- und 80er Jahre mitten in der noblen Altausseer Sommergesellschaft von Bürgertum und wenigen Adeligen, von Christen und Juden. In diesen glücklichen Zeiten war die Brücke von Bildung und Kultur noch wirklich tragfähig; »Regelmäßig veranstaltete Quartett-Aufführungen vereinigten … die Fremden, die in Alt-Aussee eine zweite Heimat gefunden hatten.«[52] Auch aus jüngeren Zeugnissen lässt sich ein enger gesellschaftlicher Kontakt zwischen Juden und Nichtjuden aus den Sommerfrischen erschließen. Besonders dicht war die soziale Begegnungswelt im Reichenauer Hotel Waissnix, dort gestaltete eine bunte bürgerliche Mischung das gesellige Leben, unter ihnen viele Juden in allen denkbaren Professionen, wie Unternehmer, Ärzte, Bankiers oder Dandys. Niemand wäre auf den Gedanken gekommen, die jüdische Herkunft zu kaschieren. Diese assimilierten Juden konnten im Gegenteil aus der Distanz reicher Kulturbürger bereits gelassen auf die eigene jiddische Vergangenheit zurückblicken und einen »jüdischen ›Wilhelm Tell‹« ganz im Jargon zum Besten geben.[53] Auf diese Weise konnte dem Kanon des Bildungswissens vereinzelt sogar eine jüdische Facette beigemengt werden, wenn etwa Daniel Spitzer von seinen Lesern des Feuilletons in der Wiener Zeitung die Kenntnis der Fünf Bücher Mose voraussetzt – immerhin auch Teil des Alten Testaments. Subtiler spielt Arthur Schnitzler mit dem kulturellen Formmaterial, wenn er in einem Brief an die Reichenauer Sommerfrischengesellschaft christliche und jüdische Sehnsüchte im Vers ineinander verschränkt: »Das Leben ist wie ein Kreuzgang – In das gelobte Land«.[54]

Freilich, solche stark frequentierten und kulturell hypertrophen Orte wie Reichenau bildeten nur eine Sonderfacette des Landaufenthaltes. Die Sommerfrische war sonst eher von sozialer Intimität geprägt. Man blieb »en famille«, nur gelegentlich lud man die Nachbarn oder sonst Bekannte zum Tee, nur zu bestimmten Anlässen erweiterte man den engen Kreis um ein paar Gäste, Freunde oder weitschichtige Verwandte. Freundschaften zwischen einzelnen Familien bzw. Villen waren zwar nicht selten, doch auch sie über-

51 Torberg, Die Tante Jolesch, S. 79.
52 Gomperz, Ein Gelehrtenleben (Kommentar von Heinrich Gomperz), S. 112 und 190.
53 Schnitzler, Jugend in Wien, S. 249.
54 Schnitzler, Jugend in Wien, S. 243.

schritten nicht die Intimität seltener gemeinsamer Promenaden. Diese Isolation entsprach perfekt den traditionellen engen familiären Bindungen der jüdischen Sommerfrischler, ob sie nun in der eigenen Villa oder auf Miete wohnten. Auch sie gingen mit ihrer engeren Verwandtschaft aufs Land und blieben dort einen ganzen Sommer lang zusammen. Doch Familie bedeutete den Juden ein weitmaschiges Netz von Verwandtschaft. Tatsächlich berichten die Memoiren en passant von weiteren Verwandten in Villen einer näheren Umgebung und von guten Bekannten mit gleichaltrigen Kindern, die einander täglich besuchten, gelegentlich auch von gemeinsamen Freizeitunternehmungen. Summiert man diese Begegnungen, so ergibt sich zuletzt – in diesen bekannten Fällen – wieder eine Art von sozialem Netzwerk vorwiegend oder ausschließlich aus reichen und gebildeten Juden, soziale Binnenorientierung auch in der Sommerfrische, nicht bloß in den Wiener Stadtvierteln mit ihrer Konzentration jüdischer Bürger. Zur Illustration das Beispiel der Familie des Universitätsprofessors Benedikt. Der Familienvater war damals, Ende des Jahrhunderts, nicht mehr unter den Lebenden; seine Witwe bewohnte mit den zwei Söhnen, einer Schwägerin samt Gatten und der böhmischen Köchin eine geräumige Mietwohnung. Unweit besaß eine seit Jahrzehnten freundschaftlich verbundene Familie des Nordbahndirektors Jeitteles mit dem heranwachsenden Sohn Otto eine schöne Villa. Dann und wann kam ein steinreicher Pariser Bankier zu Besuch in die Villa. Das nahe Schloss Hüttenstein gehörte einer Bekannten der Mutter Benedikt, Gattin des Präsidenten der Anglobank. Im Seehotel wohnten Verwandte der Jeitteles.[55] Den folgenden Sommer finden wir die Familie Benedikt in einer Altausseer Mietvilla; Verwandte besaßen in der Nähe eine Villa, andere Verwandte waren ebenfalls im Ort eingemietet; dort konnte der junge Benedikt Tennis spielen.[56] Nicht anders verlief der St. Wolfganger Sommer der Salzburg-Bürmooser Industriellenfamilie Glaser. Auch die Glaser verbrachten die Ferien 1908 in einem geschlossenen Milieu Wiener jüdischer Familien von Freunden und Vertrauten. Der Maturant Ignaz Glaser lernte hier seine große Liebe kennen, der er sodann die Abendstunden seines ersten Wiener Studienjahres widmete.[57] In Ischl waren die Juden vollends »unter sich«, hier finden sie »ihre Freunde und Verwandten, unter denen sie sich geborgen fühlen«.[58] Mutter und Schwestern begleiteten Arthur Schnitzler 1886 in die »herrliche Villegiatur« Ischl, »Cousinen und Tanten erschienen und Vettern, – Onkeln beinah', nichts war zu erspäh'n als Familie, so weit das Auge sah«.[59]

Es ist schwer zu sagen, ob solche soziale Beziehungsnetze alleine durch die Anziehungskraft des Familienmodells und die Dauerhaftigkeit von Lebensfreundschaften zu-

55 Benedikt, Damals im alten Österreich, S. 144–147.

56 Benedikt, Damals im alten Österreich, S. 155.

57 Hanns Haas: Die Bürmooser Fabrikantenfamilie Glaser – Industrielle – Bürger – Juden. In: Marko Feingold (Hg.): Ein ewiges Dennoch. 125 Jahre Juden in Salzburg. Wien, Köln, Weimar 1993, S. 53–71, hier S. 66.

58 Friedländer, Letzter Glanz, S. 192.

59 Schnitzler, Jugend in Wien, S. 242.

stande kamen, oder doch auch durch Ausschluss aus der nicht jüdischen Umgebung. Oft gewinnt man den Eindruck, dass die Sommerfrische für die jüdischen Frequentanten geradezu die Sonderaufgabe erfüllte, eine sonst über Länder und Provinzen verstreute Verwandt- und Bekanntschaft zeitweise zu vereinen. Wenn schon das kräftezehrende Leben die Familienbeziehungen auflöste, so sollte sie die Sommerfrische wieder zeitweise rekonstruieren, das könnte ihr spezieller Sinn für die jüdischen Mitbürger gewesen sein.

So vermittelte die Sommerfrische den jüdischen Familien wieder so etwas wie räumliche Geborgenheit, Heimat im Wanderleben. Noch aus der Emigration im fernen England identifizierte Albert Fuchs die Reichenau mit der verlorenen Heimat;[60] Bad Gastein ist für viele betagte Israeli bis heute das Synonym für das entwendete und entfremdete Österreich. So umschloss die identitätsstiftende Funktion der Sommerfrische zuletzt den ganzen weiten Bereich des Vaterlandes, der Habsburgermonarchie, der österreichischen Heimat. Es war ein Zufall, dass Kaisers Geburtstag in die Sommerferien, präziser, an ihr Ende am 18. August fiel, doch diese Gelegenheit zur vaterländischen Gesinnungsbekundung in arbeitsfreier Saison blieb nicht ungenützt. Der altertümliche schwarzgelbe Patriotismus bezog sich noch ganz auf den Landesvater, den »guten Kaiser«, und so gratulierten alljährlich die Sommerfrischler ihrem gleichfalls »am Land« urlaubenden Kaiser zu seinem Freudentag, jedoch nicht mit lauten Freudenfesten, wie Frankreich seinen 14. Juli begeht, sondern mit intimen Feiern im erweiterten Kreis der Sommerfrischenfamilien, Christen und Juden, Einheimische und Gäste gemeinsam. Die imaginierte Zusammengehörigkeit von Vaterland und Nation braucht solche kultisch besetzten Orte der Begegnung, wie Schule, Militär oder Staatsdienst. Ihnen gesellte sich im Habsburgerstaat die Sommerfrische als ein Ort der zwanglosen Geborgenheit mit ihren stillen Feiern für den fernen Kaiser. Es waren häufig jüdische Mitbürger, welche die Initiative zu solchen Feiern ergriffen und damit eine neue Facette von Patriotismus in die Sommerfrischen brachten. Ein solches Beispiel bietet Fuschl am Wolfgangsee; hier gaben die ersten Sommergäste, die Familien Jerusalem und Friedländer die Anregung zur Kaiserfeier gemeinsam mit den örtlichen Veteranen und der Feuerwehr.[61] Solche lebensweltliche Nähe hat gewiss auch zum Abbau von religiös fundierter Judenangst einer ländlichen Bevölkerung beigetragen, wenn auch in manchen Alpentälern geradezu atavistische Vorstellungen anzutreffen waren. »Ich weiß, dass alle jüdischen Männer hinten ein Schwanzerl haben, wie die Teufel«, diesem eingelernten Bild ist Minna Lachs im Kärntner Mölltal noch 1927 begegnet.[62]

60 Albert Fuchs: Geistige Strömungen in Österreich 1867–1918 (Neudruck Wien 1978), S. XIII.

61 Leopold Ziller: Fuschl am See. Heimatbuch einer jungen Fremdenverkehrsgemeinde, 2. Aufl. Fuschl am See 1991, S. 50.

62 Minna Lachs: Warum schaust Du zurück. Erinnerungen 1907–1941. Wien, München, Zürich 1986, S. 149; vgl. dazu Emanuel Hurwitz: Bockfuß, Schwanz und Hörner. Vergangenes und Gegenwärtiges über Antisemiten und ihre Opfer. Zürich 1986.

Die klassische Sommerfrische hatte kaum zwei Generationen Bestand. Schon der Erste Weltkrieg zerstörte sukzessive die wirtschaftlichen und kulturellen Rahmenbedingungen ihrer Existenz. Der Krieg raubte einer ganzen sozialen Klasse, Christen wie Juden, die Mittel ihrer in unterschiedlichen Graden ausgeprägten sozialen Privilegien. Nicht bloß die großen Unternehmen und Vermögen, auch die vergleichsweise guten Renten und Einkommen des kleinen Besitz- und Bürgertums schmolzen auf bescheidene Restbestände und reichten gerade noch oder kaum zum Leben, nicht aber zu einem gehobenen Lebensstil. Die Sommerfrische als Repräsentation bürgerlicher Selbstgewissheit verkam im Weltkrieg zum Zufluchtsort vor Hunger und Krankheit der Großstadt. Hierher flüchteten die Städter, solange sie noch geduldet waren und bis sie die ländliche Obrigkeit hinauskomplimentierte. Nur die Hausbesitzer wurden in den Villenkolonien geduldet, alle anderen galten als überflüssige Konsumenten, nicht als Gäste. Zehn Sommer lang war die Wiener Familie Sporer auf Sommerfrische in Salzburg-Parsch gewesen und dort fühlten sich die Sporer »wie Einheimische«, nicht zuletzt, weil die Mutter Sporer als Tochter des Salzburger Antiquitätenhändlers Albert Pollak ohnehin in Salzburg aufgewachsen war. Doch nach dem Krieg vertrieb sie eine hässliche antisemitische Kampagne des Hetzblattes »Eiserner Besen« mit der öffentlichen Beschuldigung, dass sich die Familie hier in Parsch »anfrisst«.[63]

Zwar belebte sich die Szene der Sommerfrische ein letztes Mal in ihrem »silbernen Zeitalter« der zwanziger und dreißiger Jahre. Es war jetzt ein durchaus gemischtes Publikum, welches die Sommerfrische bevölkerte, einesteils die alten Villenbesitzer, da und dort auch neue christliche und jüdische Besitzer, die in der bürgerlichen Existenzkrise zu Vermögen gelangt waren. Dazu kamen kleine Beamte, Geschäftsleute und Handwerker, welche infolge der sozialpolitischen Errungenschaften der Republikzeit ein paar Wochen Urlaub und ein bescheidenes Einkommen erlangt hatten, das sie sinnvoll zur Regeneration – Stichwort »Erholung« – investierten. Ihre Finanzen reichten nicht fürs Hotel, aber doch für eine billige Sommerwohnung, Zimmer mit Kochgelegenheit, allenfalls auch in Untermiete bei Bauern oder Kleinhäuslern. Kurz gesagt, die soziale Diversifikation der Städte erreichte die Sommerfrische, und führte wie überall zu einer Segmentierung der Kommunikationskreise. So konzentrierte sich das soziale Leben jetzt auf Familie, Haus und Garten; das Gesellschaftsspiel Sommerfrische mit Konzerten usf. wurde im silbernen Zeitalter nur an wenigen Orten revitalisiert; Begegnungsstätten blieben allenfalls gewisse Lokale oder jetzt im sportlichen Zeitalter die Badeanstalten oder Tennisplätze. Viele kleine Existenzen konnten sich freilich auch diesen bescheidenen Luxus nicht leisten, christliche und jüdische, wie die Familie Lambert.[64] Die Fürst wiederum liebten

63 Lebensbericht Erna Karplus, in: Daniela Ellmauer, Helga Embacher und Albert Lichtblau (Hg.): Geduldet, geschmäht und vertrieben. Salzburger Juden erzählen. Salzburg 1998, S. 37–51, hier S. 42.

64 Anna Lambert: Du kannst vor nichts davonlaufen. Erinnerungen einer auf sich selbst gestellten Frau. Hg. v. Robert Streibel. Wien 1992.

Salzburg so sehr, dass sie erst gar nicht daran dachten, auf Urlaub zu gehen.[65] Leider verraten uns literarische Zeugnisse und Memoiren selten oder gar nicht die Feinheiten dieses alltäglichen Verkehrs. Andererseits dokumentieren zeitgenössische Lokalzeitungen unverhohlenen Antisemitismus bis hin zu Verwarnungen der Vermieter, künftig nicht mehr »jüdische Sommergäste aufzunehmen«. Einzelne Gemeinden, wie Zöbing im Kamptal im Sommer 1920, fassten per Gemeinderat den Beschluss, die Beherbergungsbetriebe aufzufordern, keine Juden mehr aufzunehmen. Eine solche Warnung erging im selben Jahr auch an die Wirte in Maria Taferl, denn »Maria Taferl ist der berühmteste Wallfahrtsort NÖ. und nicht ein Judentempel«.[66]

Die materielle Krise war von einer nicht minder folgenschweren ideellen begleitet. Mit den Sicherheiten des Einkommens und der bürgerlichen Existenzen erodierten die Gewissheiten des zivilisatorischen Grundgefühls, trat an die Stelle von Zuversicht das »Unbehagen in die Kultur« (Sigmund Freud). Mitten aus seinem geordneten Dasein wird der Bankbeamte Josef K. gerissen und einer unbekannten Justizgewalt unterworfen; draußen vor der Stadt, in der zerstörten Natur eines Steinbruchs, wird er nächtens hingerichtet. (Franz Kafka, Der Prozess) Die Juden sind doppelt bedroht von dieser unheilvollen Entwicklung, in ihrer sozialen Existenz vom Krieg und in ihrem Identitätsgefühl von einer antisemitischen Grundstimmung. Ihr Patriotismus wird durch eine Judenfeindschaft belohnt, die ihnen die Heimatberechtigung abspricht. Gibt es noch sinnvolle Aufgaben in diesem Umfeld? Karl Roßmann entflieht nach Amerika und ist auf der Fahrt zu jenem geheimnisvollen »Naturtheater von Oklahoma«, in welchem er Beruf, Freiheit, Sicherheit, Heimat und Eltern wiederfinden werde (Max Brod in Erinnerung an Gespräche).[67] Erst im fernen Amerika ist die Einheit von Natur und Lebenswelt wiederhergestellt. Die Jungen träumen vom emotional näheren Palästina, viele nähern sich der Verwirklichung des Traumes, indem sie in landwirtschaftlichen Schulen die in einem Neuland notwendigen Kenntnisse erwerben und Hebräisch lernen.[68] Die jüdische Jugendbewegung kompensiert die Defizite der Assimilation. Weil sie nicht mehr uneingeschränkt dieser Gesellschaft zugehören, separieren sich die Jungen in ihren Altersgruppen. So verblasst selbst das jüdische Familienmodell, nicht mehr die Sommerfrische, sondern die »große Fahrt« im Gruppenverband bringt die Jungen in Bergwelt und Natur.[69] Diese alpinen Kenntnisse sind vielen Juden auf der Flucht vor Hitlers Schergen durch Alpen und Pyrenäen zugute gekommen.[70]

---

65 Lebensbericht Irene Fürst, in: Ellmauer, Embacher, Lichtblau: Geduldet, geschmäht und vertrieben, S. 53–70, hier S. 61.

66 Zitate bei Friedrich Polleroß: 100 Jahre Antisemitismus im Waldviertel. (Schriftenreihe des Waldviertler Heimatbundes 25). Krems an der Donau 1983, S. 45–47.

67 Franz Kafka: Amerika. Roman. Frankfurt am Main 1973, S. 200, Erinnerung Max Brods S. 233.

68 Lebensbericht Else Bergmann, in: Lichtblau, Als hätten wir dazugehört, S. 415.

69 Lachs, Warum schaust Du zurück, S. 128– 137.

70 Dolly Steindling: Meine Jugend. Ein Bericht. Wien 1990, S. 14–20.

Während diese Jugendlichen schon im Begriff waren, so schwer es fiel, die emotionalen Bande zu ihrer Umgebung und selbst zu ihrer Heimat zu lockern, so bot das Salzburg der dreißiger Jahre eine Spätblüte der (welt)bürgerlichen Sommerfrische. Bei Stefan Zweig und anderen literarischen Zeitzeugen kann man diese ganz spezifische Salzburger Szenerie nachlesen. In ihrem Mittelpunkt standen die Festspiele, diese aber lagen eingebettet in eine höchst kunstvoll inszenierte Tagesgestaltung, vormittags genussreicher Sport und Sonne am Urlaubsort St. Wolfgang, St. Gilgen, gepflegtes Mittagsmahl, nachmittags und abends die Festspiele mit ihren großartigen Höhepunkten von Konzert, Theater und Oper; Abendessen, Heimfahrt.[71] Das immer noch elitäre Verkehrsmittel Auto erlaubte diese Integration der diversen Schauplätze zur temporär einheitlichen Lebenswelt, das ganze Salzkammergut wurde gleichsam zur einzigen Sommerfrische im Sinne eines durch soziale Praxis geschaffenen Ortes. Man weiß, dass jüdische Akteure am gesellschaftlichen Spiel aller dieser Ebenen führend beteiligt waren, sei es auf der Bühne im engeren Sinne, sei es auf der breiten großen gesellschaftlichen Gesamtbühne. »Der Tag war dem Feste der Landschaft, der Abend dem Feste der Kultur gewidmet.«[72] Die Festspiele galten wegen ihres Programms und ihrer Mitwirkenden geradezu als »antinationalsozialistisches Sommerspektakel, als Anti-Bayreuth gleichsam«.[73] Das Salzburger Dirndl und der Trachtenanzug erlebten in diesen wenigen Jahren sogar den Aufstieg vom lokalen Markenzeichen zum Artikel der Haute Couture; nicht bloß die Gäste kleideten sich in Tracht, auch auf großen Modeschauen kam Salzburg mit seinen neu stilisierten Überlieferungen zu Ehren. Kein Zweifel, die Festspiele und ihre vielfältige Umweltrendite waren ein eminent wichtiger Wirtschaftsfaktor in einer ohnehin von der deutschen Tausend-Mark-Sperre empfindlich beeinträchtigten Fremdenwirtschaft. Doch der zur Schau getragene Genuss musste in einem Zeitalter von Not und Arbeitslosigkeit Widerspruch hervorrufen, der in der aktuellen Lage aber nicht die sozialen Privilegien als solche benannte, sondern auf Religions- und Rassenhass ablenkte und zum Element der nationalsozialistischen Propaganda und Indoktrination wurde.[74] Die Gäste begegneten auf den Straßen unverhohlener antisemitischer Feindschaft. Juden vom Spiel Sommerfrische auszuschließen, das war der innere Sinn dieser Gegnerschaft, welche ihren genuinen Ausdruck nach der Okkupation Österreichs im Trachtenverbot für Juden fand. Tracht war nicht länger eine schöne Freizeitkleidung, sondern eine »Sache des Volkstums«.[75] Die Juden gehörten nicht mehr dazu, weder in der Stadt, noch in der Sommerfrische.

---

71 Ulrike Kammerhofer-Aggermann: Kulturmetropole Salzburg. Der Festspieltourismus der Zwischenkriegszeit. In: Haas, Hoffmann, Luger, Weltbühne und Naturkulisse, S. 113–119.

72 Salzburger Festspiele 1932. Falter. Abendprogramm.

73 Ernst Hanisch: Wirtschaftswachstum ohne Industrialisierung. Fremdenverkehr und sozialer Wandel in Salzburg 1918–1938. In: Haas, Hoffmann, Luger, Weltbühne und Naturkulisse, S. 104–112, hier S. 111.

74 Annette Kolb: Festspieltage in Salzburg und Abschied von Österreich. Amsterdam 1950, S. 216 f; Paul Stefan: Das war der letzte Sommer. Wien 1946.

75 Alma Scope: Das Henndorfer Dirndl. Zur Entstehung eines Mythos. In: Ulrike Kammerhofer-Aggermann,

Es folgten Verdrängung, Arisierung, Vertreibung, Vernichtungslager, Zwangsemigration, verhinderte Rückkehr, gestohlene, nicht verlorene Zeiten. Wer so gewaltsam aus seiner Welt gestoßen wird, kann sie kaum mehr erinnern. Land und Menschen sind gleichsam wie ein zerstörtes Puzzle zerfallen. Nur noch artifizielle Verfahren konnten eine solche Welt rekonstruieren, und so versetzte der Maler Koerner seine in der neuen Heimat USA gemalten Figuren in die in Österreich geschauten und gemalten Landschaften.[76]

Alma Scope, Walburga Haas (Hg.): Trachten nicht für jedermann? Heimatideologie und Festspieltourismus dargestellt am Kleidungsverhalten in Salzburg zwischen 1920 und 1938 (Salzburger Beiträge zur Volkskunde). Salzburg 1993, S. 83–132; Ulrike Kammerhofer-Aggermann: »Volk in Tracht ist Macht!«. Von der Trachtenmode zur »heiligen ererbten Vätertracht«. In: Trachten nicht für jedermann?, S. 261–274.

76 Bericht des Sohnes Joseph Leo Koerner, in: 2. Internationales Herzl Symposium Wien. 22.-24. September 1997. Wiener Rathaus. Der Bericht. Wien 1997, S. 135 f

Günter Fellner

Gewidmet meinen Eltern,
Franz F. (1928–1963) und Olga F., geb. Horn, (geb. 1932),
zur Erinnerung und zum Dank.

Judenfreundlichkeit, Judenfeindlichkeit. Spielarten in einem Fremdenverkehrsland

Einleitung

1. Seit einem halben Jahrhundert wird das Feindbild Jude intensiv erforscht.[1] Das Wesentliche ist wohl längst gesagt. Andererseits, das Thema Antisemitismus birgt nach wie vor Rätsel, die zu lösen alles andere als leicht fällt.[2] Das illustriert auch das Geschehen zwischen 1860 und 1938, das im Folgenden untersucht wird.[3] Dabei besteht kein Anlass zu der Annahme, die Salzburger Antisemiten hätten sich von ihren Mitstreitern in anderen Regionen unterschieden. Diese Studie wird die Judenfeindschaft weniger erklären, als ihre Existenz voraussetzen. Sie setzt beim auffallendsten Befund ein: Der Jude der Antisemiten ist immer eine Konstruktion.[4] Sie sagt weit mehr über die Antisemiten als über Juden aus. Der Grad der Konstruiertheit kann jedoch unterschiedlich sein. In Salzburg war er hoch. Selbst wer bereit ist, noch einer stark judenfeindlichen Sicht der Dinge einen realen Kern zuzugestehen, kommt nicht umhin, von einem weitgehenden, wenn nicht völligen Fehlen wirklicher Reibeflächen zwischen Juden und Nichtjuden im Land an der Salzach zu sprechen. Angesichts dieser Ausgangslage ist es vernünftig, sich an den Ansätzen des »kulturellen Codes« und der »kulturellen Verfestigung« zu orientieren.[5]

---

1 Herbert A. Strauss – Werner Bergmann (Hg.): Current Research on Antisemitism. 3 Bde. Berlin – New York 1987–1993. Beispiele für Österreich: Leopold Spira: Feindbild »Jud«. 100 Jahre politischer Antisemitismus in Österreich. Wien – München 1981; Bruce F. Pauley: Eine Geschichte des österreichischen Antisemitismus. Von der Ausgrenzung zur Auslöschung. Wien 1993.

2 Manche meinen sogar, wir würden heute weniger verstehen als vor 30 oder 40 Jahren; Joseph Dan: Jüdische Studien ohne Gewissheiten. In: Michael Brenner – Stefan Rohrbacher (Hg.): Wissenschaft vom Judentum. Annäherung nach dem Holocaust. Göttingen 2000, S. 58–69, hier 64.

3 Siehe Anhang Nr. 1.

4 Absolut vertrat J. P. Sartre diesen Standpunkt im Jahr 1945. Jean-Paul Sartre: Betrachtungen zur Judenfrage. In: Ders.: Drei Essays. Frankfurt – Berlin – Wien 1970, S. 108–190.

5 Shulamit Volkov: Antisemitismus als kultureller Code. In: Dies.: Jüdisches Leben und Antisemitismus im

Angewendet auf das Themenfeld Salzburger – Gäste – Fremde – Juden heißt das, zwei Fragen in den Vordergrund zu rücken:

- die nach der Konsistenz dieses kulturellen Gefüges,
- die nach der Beziehung zwischen Einstellung und Verhalten.[6]

Es zeichnet sich ab, dass von *dem* Antisemitismus ebenso wenig zu sprechen ist wie von *den* Antisemiten,[7] dass zwischen Einstellung und Verhalten sorgfältig zu unterscheiden ist und ein Schluss vom einen auf das andere schnell in die Irre führt; dass die vielen jüdischen Gäste ebenso wie die wenigen ansässigen Juden, der persönlichen Unbill ungeachtet, die ihnen die judenfeindlichen »Verfestigungen« in Stadt und Land Salzburg zugefügt haben, von wenigen Ausnahmen abgesehen bis zum März 1938 an eine Zukunft glaubten. Dieser Glaube wird – wie in der jüdisch-österreichischen Geschichte überhaupt – selten ungetrübt gewesen sein. Für ihn sprechen u. a. zwei nüchterne Befunde: das Hierbleiben der überwiegenden Mehrheit der Juden und die Zahlen des Fremdenverkehrs. Dieses Faktum ist nicht weniger in Betracht zu ziehen als das, was im Nachhinein wie die hellsichtige Voraussage einer Existenz ohne Zukunft wirkt. Schließlich, auch die Antisemitismusforschung missachtet die harte politische Geschichte nicht ungestraft.

2. Nach 1918 mehrten sich in ganz Österreich die Erklärungen, Juden seien als Gäste nicht willkommen. So mancher Beherbergungsbetrieb, so manche Gemeinde definierte sich öffentlich als »judenrein«. Auch wenn nicht immer klar ist, ob damit ein Zustand beschrieben oder nur ein Wunsch kundgetan werden sollte, stellte der Sommerfrischen-Antisemitismus etwas Neues dar.[8] Seine geschichtliche Bedeutung wird erkennbar, wenn man in Betracht zieht, dass erst unter der nationalsozialistischen Herrschaft solche Einschränkungen gang und gäbe wurden.[9] Davor waren sie rechtswidrig. Sie verletzten den

---

19. und 20. Jahrhundert. Zehn Essays. München 1990, S. 13–36, bes. 23ff. Bernd Marin: Antisemitismus ohne Antisemiten. Autoritäre Vorurteile und Feindbilder. Frankfurt am Main – New York 2000, bes. S. 11 u. 116f.

6 Ich beschränke mich auf Stichproben. Zur systematischen Überprüfung ihrer Repräsentativität gehörte es, über diverse Meldungen der lokalen Presse und zeitgenössische Broschüren, die den Hauptteil der empirischen Grundlage dieser Studie bilden, hinauszugehen.

7 Plädoyers für eine Differenzierung wurden schon früher gehalten, etwa bei Herbert A. Strauss – Norbert Kampe (Hg.): Antisemitismus. Von der Judenfeindschaft zum Holocaust. Bonn 1985, S. 9ff., u. Sigurd P. Scheichl: Nuancen in der Sprache der Judenfeinde. In: Gerhard Botz – Ivar Oxaal – Michael Pollak (Hg.): Eine zerstörte Kultur. Jüdisches Leben und Antisemitismus in Wien seit dem 19. Jahrhundert. Buchloe 1990, S. 141–167.

8 Jonny Moser: Die Katastrophe der Juden in Österreich 1938–1945. Ihre Voraussetzungen und ihre Überwindung. In: Studia Judaica Austriaca 5, 1977, S. 67–134, hier 94.

9 Joseph Walk (Hg.): Das Sonderrecht für die Juden im NS-Staat. Eine Sammlung der gesetzlichen Maßnahmen und Richtlinien. 2. Aufl. Heidelberg 1996.

Grundsatz der jedem Bürger zustehenden Bewegungsfreiheit. Er war im Artikel 6 des Staatsgrundgesetzes vom 21. Dezember 1867 verankert. Das wurde 1929 vom Bundeskanzleramt in einem Erlass eingeräumt, als die Union Österreichischer Juden auf eine Klarstellung drängte.[10] Vor 1914 scheint es nur selten zu solchen Versuchen einer Diskriminierung gekommen zu sein. Im Unterschied zur Zeit nach dem Ersten Weltkrieg wurden sie von den Behörden in der Regel rasch unterbunden und geahndet. Das zeigt eine Veränderung der Atmosphäre nach 1918 an, nicht nur in Teilen der Bevölkerung, sondern auch der Behörden.[11] Die in mehrfacher Hinsicht als krisenhaft zu bezeichnenden Jahre vom zu Ende gehenden Ersten Weltkrieg bis in die frühen zwanziger Jahre stellen für die Geschichte des österreichischen Antisemitismus eine Wende dar, gekennzeichnet von Radikalisierung der Sprache und größerer Bereitschaft zu Tätlichkeiten.[12] Der Sommerfrischen-Antisemitismus ist dafür ein sprechendes Beispiel.[13] Wenn das propagandistische Getöse auch nicht überschätzt werden sollte und seine Konjunktur bald wieder abflachte, nahmen neben Wohlbefinden und Sicherheit der jüdischen Gäste Rechtsstaat und politische Kultur Schaden. Dem hätten damals viele, wenn auch keineswegs alle, widersprochen. Eine historische Betrachtung sollte sich jedenfalls hüten, die Zeit vor 1938 überwiegend nach solchen Ausschlägen zu bemessen oder das Geschehen überhaupt teleologisch auf Pogrom und Massenmord nach 1938 einzuengen. Im Folgenden stehen acht Jahrzehnte zur Debatte, deren Breite selbst aus dem Blickwinkel der Judenfeindschaft zu groß ist, um das Ziehen nur einer Linie von den 1860er zu den 1940er Jahren zu erlauben.

3. Der Blick soll nicht auf die Sommerfrische eingeengt bleiben.[14] Verwandte Formen des Urlaubs werden eingeschlossen. Eine strenge Grenzziehung zwischen den Unterarten des

---

10 Festschrift zur Feier des 50jährigen Bestandes der Union Österreichischer Juden. Hg. v. d. Union Österreichischer Juden. Wien 1937, S. 100f.

11 Verstört auf die Tendenz zur zunehmenden Einschränkung der persönlichen Bewegungsfreiheit reagierte etwa Stefan Zweig. Vgl. Stefan Zweig: Die Welt von Gestern. Frankfurt am Main 1976, S. 294. Allgemein Hans-Dieter Bahr: Die Sprache des Gastes. Eine Metaethik. Leipzig 1994, S. 249ff.

12 Grundsätzlich George L. Mosse: Der Erste Weltkrieg und die Brutalisierung der Politik. In: Manfred Funke (u.a.) (Hg.): Demokratie und Diktatur. Festschrift K.-D. Bracher. Düsseldorf 1987, S. 127–139. Zu Österreich John Bunzl – Bernd Marin: Antisemitismus in Österreich. Sozialhistorische und soziologische Studien. Innsbruck 1983; Pauley (wie Anm. 1).

13 Albert Lichtblau: Antisemitismus – Rahmenbedingungen und Wirkungen auf das Zusammenleben von Juden und Nichtjuden. In: Handbuch des politischen Systems Österreichs. Erste Republik 1918–1933. Hg. v. Emmerich Talos (u. a.). Wien 1995, S. 454–471, hier 465ff.

14 Zu Begriff und Geschichte: Otto Stolz: Das Wort »Sommerfrische«. In: Archiv für das Studium der neueren Sprachen, 159, 1931, S. 176–179; Gerhard Palme: Produktzyklen im Reiseverkehr. Am Beispiel der Steiermark. In: Monatsberichte des Wifo, 59, 1986, S. 711–726; Alfred Kienecker: Fahrt, Tour, Reise. Selbstbestimmte horizontale Mobilität im sozialhistorischen Kontext. Geisteswiss. Diss. Wien 1987, S. 286ff; Willibald Rosner (Hg.): Sommerfrische. Aspekte eines Phänomens. Wien 1994. Mit Bezug zu Salzburg:

Tourismus ist ohnehin nicht möglich. Die Aufmerksamkeit hat vor allem sozialen und kulturellen Aspekten zu gelten.[15] Die Themen Fremdenverkehr, Judentum und Antisemitismus stehen in einem engeren Verhältnis, als man zunächst vermuten würde, denn das Gespann Jude – Fremder – Gast ist alt. Auch nach der rechtlichen Gleichstellung der Juden reichte die Palette der Vorstellungen bei Nichtjuden vom mythischen Ahasver über die Juden als Fremde, die man bestenfalls duldet, als Gäste, bis zu ihrer Achtung als gleichwertige Bürger. In Österreich war die Frage seit 1867 rechtlich entschieden. Die Welt der Phantasien changierte weiterhin zwischen strikter Abwehr des tatsächlich oder vermeintlich Fremden und der Bereitschaft zur Integration. Welcher Status, der des Fremden, des Gastes oder der des Bürgers, würde sich in der breiten Bevölkerung durchsetzen? Diese Frage beschäftigte Juden wie Nichtjuden. Beide werden im Folgenden zu Wort kommen, letztere der Fragestellung gemäß wesentlich häufiger. Wie weit enthüllen die erhaltenen Zeugnisse die wahren Beweggründe und Absichten der Menschen? Die Bereitschaft, den Worten Taten folgen zu lassen, und wenn ja, welche? Zu behaupten, zu einem bestimmten Zeitpunkt – meist ist 1938 gemeint – hätten sie ihr eigentliches, wahres Gesicht gezeigt, bleibt spekulativ, wie jede Suche nach solcher Art von Wahrheit weit hinter den Phänomenen. Zielführender mag es sein, einem alten Rat folgend,[16] den Blick stärker auf

Georg Stadler: Von der Kavalierstour zum Sozialtourismus. Kulturgeschichte des Salzburger Fremdenverkehrs. Salzburg 1975, S. 242ff; Hanns Haas: Die Sommerfrische – Ort der Bürgerlichkeit. In: Durch Arbeit, Besitz, Wissen und Gerechtigkeit. Hg. v. Hannes Stekl (u. a.). Wien – Köln – Weimar 1992, S. 364– 377. Zur Ähnlichkeit zwischen Sommerfrische und Urlaub auf dem Bauernhof heute: Hans Högl: Aspekte des Urlaubs am Bauernhof und die Sommerfrische. In: Rosner (wie Anm. 14), S. 79–96.

15 Klassisch die Skizzen von Soziologen: Georg Simmel: Exkurs über den Fremden (1908). In: Ders.: Gesamtausgabe. Bd. 11. Frankfurt am Main1992, S. 764–771; Leopold von Wiese: Fremdenverkehr als zwischenmenschliche Beziehungen. In: Archiv für den Fremdenverkehr 1, 1930, S. 1–3. Aus der Fülle von Monographien und Handbüchern z. B. Heinz Hahn – H. Jürgen Kagelmann (Hg.): Tourismuspsychologie und Tourismussoziologie. Ein Handbuch zur Tourismuswissenschaft. München 1993; Heinz-Günter Vester: Tourismustheorie. Soziologischer Wegweiser zum Verständnis touristischer Phänomene. Wien – München 1999. Die Historiker folgten später. Z. B.: Das Bad. Eine Geschichte der Badekultur im 19. und 20. Jahrhundert. Hg. v. Herbert Lachmayer, Sylvia Mattl u. Christian Wurm. Wien – Salzburg 1991. Überblick bei Bernd Hey: Mehr als eine Geschichte des Reisens! Geschichtswissenschaft und Tourismus. In: Phänomen Tourismus. Interdisziplinäre Beiträge zur Erforschung des Reisens. Bergisch Gladbach 1998, S. 51–65. Eine frühe Ausnahme in Österreich war Reinhold Lorenz: Bäderkultur und Kulturgeschichte. Forschungen über den Sozialcharakter der österreichischen Heilquellenorte. In: Archiv für österreichische Geschichte, 117, 1949, S. 197–306; zum biographischen Hintergrund des Verfassers Günter Fellner: Ludo Moritz Hartmann und die österreichische Geschichtswissenschaft. Grundzüge eines paradigmatischen Konflikts. Wien – Salzburg 1985, S. 340ff. Für die Region Salzburg siehe Egon Lendl: Der Fremdenverkehr als Gestalter der Salzburger Kulturlandschaft. In: Mitteilungen der Gesellschaft für Salzburger Landeskunde (im Folgenden: MGSLK), 100, 1960, S. 673–691; Stadler (wie Anm. 14); Weltbühne und Naturkulisse. Zwei Jahrhunderte Salzburg-Tourismus. Hg. v. Hanns Haas, Robert Hoffmann u. Kurt Luger. Salzburg 1994; Ulrike Kammerhofer-Aggermann (Hg.): »Herzlich willkommen.« Rituale der Gastlichkeit. Salzburg 1997.

16 Johann Wolfgang v. Goethe: Maximen und Reflexionen, Nr. 575. Volkov verweist, ohne auf Goethe Bezug zu nehmen, auf denselben Punkt; Volkov (wie Anm. 5), S. 24.

das zu richten, was zunächst zu sehen ist und auch für die Zeitgenossen primär zu sehen war: das Geschehen auf einer Bühne – der kleinen eines Gastzimmers, der größeren einer politischen Versammlung, der vergleichsweise grenzenlosen einer Zeitung. Dass die Welt Bühne ist, für Darsteller wie Zuseher, mag trivial klingen. Ein der Theaterwelt entlehntes Rollenmodell[17] kann jedenfalls manches in der Geschichte des Antisemitismus etwas weniger unverständlich machen.[18]

Konjunkturen des Antisemitismus

Öffentlich bekundete Aversion gegen *die* Juden, wie man sagte, erlebte aufs Ganze gesehen nach 1860 Auf- und Abwärtsbewegungen.[19] Dieser Rahmen bietet für die Region Salzburg eine erste Struktur.[20] Wie weit lässt sich mit dieser Gliederung arbeiten? Die Liste der bereits nachgewiesenen, mehr oder minder judenfeindlichen Wortmeldungen aus allen zur Debatte stehenden Jahrzehnten ließe sich bei entsprechender Suche unschwer verlängern.[21] Das Ergebnis bliebe in den Augen des Betrachters ein trostloser Gänsemarsch des Fortschritts, um ein Wort des Germanisten Benno v. Wiese zu gebrauchen.[22] Nicht, dass an den Belegen zu zweifeln wäre. Doch bleibt die Kette nicht die-

17 Erving Goffman: Wir alle spielen Theater. Die Selbstdarstellung im Alltag. 9. Aufl. München 2001; zuerst 1959 unter dem Titel »The Presentation of Self in Everyday Life« erschienen. Siehe vor allem Anhang Nr. 4.

18 Den Begriff Spielarten verwendet bereits Pauley (wie Anm. 1), S. 179ff; ähnlich Doris Sottopietra: Variationen eines Vorurteils. Eine Entwicklungsgeschichte des Antisemitismus in Österreich. Wien 1997. Im Unterschied dazu steht im Folgenden seine buchstäbliche Bedeutung im Vordergrund. In der Fremdenverkehrsforschung findet dieser Ansatz gelegentlich Anwendung. Grundsätzlich etwa bei Vester (wie Anm. 15), S. 24ff; in empirisch-historischen Studien andeutungsweise z. B. bei Christine Wyss: Gast und Kellnerin. Über den verkürzten Umgang. Innsbruck 1990; Josefa Hüttenbrenner: Der Gast als Fremder, der Fremde als Gast. Tourismus und kulturelle Identität in der Dachstein-Tauern-Region. Diplomarbeit. Universität Salzburg 1996; Daniela Ellmauer: Fremder – Gast. Zur Genese von Selbst- und Fremdbildern im Tourismus am Beispiel Bad Gastein. Diplomarbeit. Universität Salzburg 1996; dies.: »Lieber hätt' ich keine Gäste gehabt!« Kurtourismus und Massentourismus in Bad Gastein. In: Kammerhofer (wie Anm. 15), S. 191–203.

19 Siehe Anhang Nr. 2.

20 Vgl. allgemein Heinz Dopsch – Hans Spatzenegger: Geschichte Salzburgs. Stadt und Land. 2 Bde. Salzburg 1980–1991, bes. Bd. II/2, S.718–1170, Bd. II/4, S. 2281–2443; Heinz Dopsch – Robert Hoffmann: Geschichte der Stadt Salzburg. Salzburg – München 1996, S. 444–571.

21 Günter Fellner: Antisemitismus in Salzburg 1918–1938. Wien – Salzburg 1979; Marko M. Feingold (Hg.): Ein ewiges Dennoch. 125 Jahre Juden in Salzburg. Wien – Köln – Weimar 1993; Daniela Ellmauer – Helga Embacher – Albert Lichtblau (Hg.): Geduldet, geschmäht und vertrieben. Salzburger Juden erzählen. Salzburg 1998.

22 Benno v. Wiese: Friedrich Schiller. Stuttgart 1959, S. VII; ders.: Friedrich Schiller. Erbe und Aufgabe. Pfullingen 1964, S. 11.

selbe, wenn man ihre Perlen weniger isoliert von sonstigen Bezügen aneinander reiht, z. B. stärker in den Kontext des Fremdenverkehrs stellt. Der Einwand, dieser Wirtschaftszweig wäre aus Eigeninteresse Fremden gegenüber offener und neige dazu, Tatsachen zu beschönigen, ist nicht von der Hand zu weisen.[23] Entscheidend ist, dass der Fremdenverkehr in diesem Zeitraum daranging, in Salzburg als Wirtschaftssektor eine dominierende Rolle einzunehmen und im Bewusstsein der Salzburger an Stellenwert zu gewinnen, bei aller Skepsis, die es gab, naturgemäß stärker bei denjenigen, die von diesem Industriezweig nicht unmittelbar profitierten oder in ihm eine Gefahr sahen.[24] Wie immer man diesen Faktor letztlich gewichten mag, er verändert das Bild der christlich-jüdischen Begegnung jener Zeit, ob sie nun eine reale, quasi physische war oder, wie zumeist, eine fiktive, die von manchen zu einer metaphysischen, weltgeschichtlich bedeutsamen Konfrontation hochgespielt wurde. Zwei Arbeitshypothesen erweisen sich als hilfreich: 1. Die grundsätzlich positive Einstellung Fremden und Gästen gegenüber, auch gegenüber jüdischen, ist von deutlich geringeren Schwankungen gekennzeichnet, als es das grobe Konjunkturschema des Judenhasses vermuten lässt. Das gilt vermutlich stärker für die Zeit bis 1914, die zunächst betrachtet werden soll, als für die Zeit danach. 2. Selbst im unverkennbar antisemitischen Bereich ist die Bandbreite groß. Welchen Begriff man auch bevorzugt: Buntheit, Widersprüchlichkeit, Sowohl-als-Auch, Gleichzeitigkeit des Ungleichzeitigen, Rollen- und Bühnenwechsel, Theorie-Praxis-Gefälle – die weitaus überwiegende Zahl der Fälle, und das bis Anfang März 1938, spricht für Octavios Satz: »Stets ist die Sprache kecker als die Tat …«[25] Erst danach sollte sich das gründlich ändern.

Bis zum Ersten Weltkrieg

Der Beginn des liberalen Zeitalters in Salzburg um 1860 fiel mit dem Anschluss des Landes an das wachsende Eisenbahnnetz der Monarchie zusammen. Das brachte vermehrt Reisende ins Land. In seine Hauptstadt, die ihre Zukunft in der Ausgestaltung zur Saisonstadt sah, in die bekannten Kurbäder Gasteins, in die übrigen größeren und kleineren Orte.[26] Einige von ihnen verstanden sich bereits als Attraktion, andere bescheidener als Touris-

23 Ein markantes Beispiel: 1000 Jahre Gastlichkeit in Österreich. Der einladende Ort. Hg. v. BmfWA. Wien 1996.

24 Ernst Hanisch: Wirtschaftswachstum ohne Industrialisierung. Fremdenverkehr und sozialer Wandel in Salzburg 1918–1938. In: MGSLK, 125, 1985, S. 817–835; Christian Dirninger: Wandel und Konstanz der Wirtschaftsstruktur im 20. Jahrhundert. In: Heinz Dopsch (Hg.): Vom Stadtrecht zur Bürgerbeteiligung. Festschrift 700 Jahre Stadtrecht von Salzburg. Salzburg 1987, S. 274–301.

25 Friedrich Schiller: Die Piccolomini, 1. Aufzug, 3 Auftritt.

26 Salzburg stand nach 1870/80 an vierter Stelle der insgesamt sieben Fremdenverkehrsgebiete der Monarchie. Ferdinand Tremel: Fremdenverkehr. In: Die Habsburgermonarchie 1848–1918. Bd. 1: Die wirt-

tenstation, während nicht wenige diese Rolle erst zu entdecken begannen. Wie viele der Gäste bereits um diese Zeit jüdisch waren, lässt sich nicht sagen. Förmlich niederlassen durften sie sich im Land erst ab 1867, dem Jahr ihrer rechtlichen Emanzipation, was prompt zum Entstehen einer kleinen jüdischen Provinzgemeinde führte. Zur Jahrhundertwende, bei einem Stand von rund 200 Personen, konnte sie als konsolidiert betrachtet werden.[27] Ihre Mitglieder waren fast alle in der Landeshauptstadt ansässig geworden, gehörten dem unteren oder mittleren Bürgertum an, nur ein paar schafften es darüber hinaus. Sie übernahmen, sofern er ihnen nicht ohnedies schon eigen war, den bürgerlichen Lebensstil, zu dem es gehörte, auf Kur zu gehen und in die Sommerfrische zu fahren. Es verwundert nicht, dass der aus Böhmen zugezogene, seit 1875 als Brauereibesitzer in Guggenthal bei Salzburg beheimatete Sigmund Hatschek[28] im Sommer 1880 in Zell a. See als Gast des Hotel-Krone aufscheint.[29] Eine Wiener Fabrikantenfamilie, die anfangs ihren Urlaub noch bei Verwandten in Böhmen zu verbringen pflegte, ließ sich nach der Jahrhundertwende in Strobl am Wolfgangsee nieder, nachdem sie eine Villa zunächst gemietet und schließlich gekauft hatte. Jahr für Jahr übersiedelte sie den Sommer über hierher, empfing Verwandte, Freunde und Gäste, genoss das Landleben, gleichzeitig die Nähe zum kaiserlichen Ischl und zu Salzburg.[30] Das Familienoberhaupt brachte es wegen seines karitativen Engagements in der Gemeinde bis zum Ehrenbürger.[31] Die meisten jüdischen Familien waren weniger gut bemittelt, mieteten sich privat oder in einem Gasthof ein, sei es im stadtnahen Parsch oder anderswo, je nach Wunsch, Gelegenheit und finanziellem Spielraum.[32] Die Verleihung einer Ehrenbürgerschaft war die Ausnahme. Umgekehrt spricht wenig dafür, dass sich Gastgeber und Ortsbewohner jüdischen Gästen und Sommerfrischlern gegenüber von vornherein feindselig verhalten hätten. Das schließt nicht aus, dass für

---

schaftliche Entwicklung. Hg. v. Alois Brusatti. Wien 1973, S. 396–402, hier 396f.; Franz Baltzarek: Fremdenverkehr und Sport. In: Das Zeitalter Kaiser Franz Josephs. Glanz und Elend. 2. Teil. Wien 1987, S. 163–174, hier 167.

27 Adolf Altmann: Geschichte der Juden in Stadt und Land Salzburg. Von den frühesten Zeiten bis auf die Gegenwart. Neuauflage. Salzburg 1990, S. 371ff.

28 Näheres bei Günter Fellner: Vom Judenhut zum Trachtenhut? Diskurse über Kleidung und Politik in Salzburg (1800–1900). In: Archiv für Kulturgeschichte, 83, 2001, S. 331–376.

29 Fremden-Liste von Zell a. See 1880/1884 (UB-Salzburg, Signatur 5310 II), Nr. 371. Ob die aus Salzburg angereisten Kaufleute Adolf Kohn u. J. Glänzer bzw. im Jahr 1884 der Privatier Emil Kohn dazuzuzählen sind, bleibe dahingestellt. Vgl. ebda., 1880, Nr. 660, 2514; 1884, Nr. 710, 1861, 3113.

30 Allgemein David Rechter: Kaisertreu. The Dynastic Loyalty of Austrian Jewry. In: Klaus Hödl (Hg.): Jüdische Identitäten. Einblicke in die Bewusstseinslandschaft des österreichischen Judentums. Innsbruck – Wien – München 2000, S. 189–208.

31 Valentin Sobotka: Ways & Issues Retraced. Berkeley – California 1980, S. 47ff. Aktiver Anteil am dörflichen Leben ist auch für Fuschl und die dortigen Wiener Gastfamilien Jerusalem und Friedländer bezeugt. Leopold Ziller – Rupert Kendler – Matthias Ferstl: Heimatbuch Fuschl am See. Ein Dorf im Wandel der Zeit. Fuschl a. See 1997, S. 192.

32 Ellmauer (wie Anm. 21), S. 42. Ein Foto auf S. 41 zeigt die Familienmitglieder in Volkstracht.

manchen Einheimischen ein Fremder grundsätzlich so ungewohnt war, dass er ihm mit Skepsis begegnete. Im Jahr 1861 berichtete ein Wanderer, was ihm unweit der Landeshauptstadt widerfuhr, als er von Bauern Auskunft über die Route erbat: »Die guten Leute aber, durch die ungewöhnliche Erscheinung von Touristen in Angst versetzt, eilten in größter Hast in das Haus, in welchem sie sich verriegelten, und nur mit Mühe gelang es uns durch das festgeschlossene Fenster einige dürftige Andeutungen über die weiter zu verfolgende Richtung unserer Wanderung zu erlangen.«[33] Andere begrüßten das neue Zeitalter »des allerlebhaftesten Reise- und Eisenbahnlebens« schon uneingeschränkt und reihten die Gasthofbesitzer der Landeshauptstadt unter die »rücksichtsvollsten« ihrer Geschäftsgenossen ein.[34] Einer rief, in satirischem Tonfall, da ihn die anhaltende Provinzialität Salzburgs schmerzte, Moskowiter, Engländer, Schweden, Rheinländer, Wiener ... auf: »Kommet doch Alle!«[35] »Salzburg als Sommeraufenthalt für Fremde« wird zur Devise, ein Zuzug und möglichst langer Aufenthalt von Fremden verschiedenster Nationalität »unter dem Banner des Frohsinns und der Geselligkeit« zum realistischen Ziel. Denn der Charakter der lokalen Bevölkerung garantiere dafür: »durch sein Entgegenkommen gegen Fremde, durch seine Toleranz in politischer und religiöser Beziehung.«[36] Selbst kleine Orte, die noch abseits des Besucherstroms lagen, geschweige denn riskierten, bei Fehlverhalten Prestige wie die »Mozartstadt« Salzburg oder das »Kaiserbad« Gastein zu verlieren, stießen grundsätzlich ins gleiche Horn. Sie versuchten, aus dem Rückstand einen Vorteil zu schmieden, indem sie den Gästen die Ruhe, das naturnahe, einfache, weniger steife und kostspielige Leben schmackhaft machten. So Mattsee, von dessen Einwohnern »auch fernerhin« ein zuvorkommendes höfliches Benehmen gegen Fremde erwartet wurde. Würden doch die Gäste den Ort so in angenehmer Erinnerung behalten, nicht bloß angezogen, sondern auf Dauer an ihn »gefesselt« werden.[37] Ähnlich Seeham, das an Sehenswürdigkeiten, wie man einräumte, gar nichts zu bieten habe. Dennoch trage es das Zeug zu einem »allerliebsten Saison- und fast möchten wir sagen Kurorte« in sich.[38] Allgemeinere Betrachtungen aus dieser Zeit verstärken den bisher gewonnenen Eindruck. Ein katholischer Theologe, der darauf verweist, in seiner Kindheit wäre jeder Fremde im Tal ein »Curiosum« gewesen, bringt die wachsende Begeisterung für das Hochgebirge ur-

33 Salzburger Zeitung, 17.10.1861, S. 1. Hinweis darauf bei Thomas Hellmuth – Ewald Hiebl: Tourismusindustrie. Organisation und quantitative Entwicklung des Salzburger Fremdenverkehrs (1860–1938). In: Weltbühne (wie Anm. 15), S. 91–97, hier 94.

34 Salzburg und seine Umgebungen. Ein zuverlässiger Führer für Fremde und Einheimische. 2. Aufl. Salzburg 1868, S. IIIf.

35 Salzburger Volksblatt, 13.5.1871, S. 3.

36 Salzburger Zeitung, 20.11.1869, S. 1f. Das war keine reine Deskription, sondern auch Appell. Gleiches gilt für die Artikel mit antisemitischer Botschaft, denen wir begegnen werden.

37 Heinrich Wallmann: Mattsee und seine Umgebung. Wien 1871, S. 6ff.

38 Seeham am Trumersee bei Salzburg mit seinen Umgebungen, Seebädern und Ausflügen. Ein Führer für Sommergäste und Touristen. Salzburg 1874, S. 9f., 13.

sächlich mit einer Abnahme des Aberglaubens in Zusammenhang. Damit habe »die Menschheit« einen riesigen Fortschritt gemacht. Es gäbe allen Grund, sich zu freuen, dieser neuen Zeit anzugehören.[39] Schließlich taucht Ahasver selbst in Salzburg auf, dem gründerzeitlich erneuerten und zugleich alten. Der Auftritt dieser mythischen Figur überrascht nicht durch das traurige, bekannte Los, sondern durch die Ähnlichkeit ihres Schicksals mit dem der Stadt: »Grau *deine* Mauern, grau sind *meine* Haare, Wer hat so viel gelitten, als wie wir? (...) Du, Stadt, wirst ewig stehen (...) Und ich werd' ewig sein (...) Leb' wohl du schöne Stadt ...«[40]

Dieser Grundton bleibt über Jahre erhalten. Auch als die nationalen Wogen höher gehen, nachdem seit Mitte der 1880er Jahre der aus Wien importierte neue Antisemitismus seinen Einzug gehalten hat, um rasch lautstarke Anhänger, aber auch beherzte Gegner zu finden.[41] Das gilt für das schon erwähnte Mattsee, wo man den Besuchern aus Wien inzwischen garantieren kann, noch am selben Tag die aktuellen Morgenblätter zu bekommen.[42] Kaum weniger für Seeham und andere Flachgauer Gemeinden, die sich dem Fremdenverkehr öffnen, für Strobl und natürlich St. Gilgen, das bereits mit einem berühmten Namen, dem Theodor Billroths, punkten kann.[43] Weiter im Landesinneren gelegene Orte, sei es mit oder ohne Fremdenverkehrstradition, stehen nicht nach: Hallein, Golling, Radstadt, St. Johann, Dienten, Zell a. See, Krimml ...[44] Insgesamt gut fünf-

---

39 Josef A. Schöpf, Vortrag in der Salzburger Sektion des Alpenvereins. Mehrere Zeitungen berichten darüber. Salzburger Zeitung, 8.2.1873, S. 3; Salzburger Volksblatt, 11.2.1873, S. 2; Salzburger Chronik, 13.2.1873, S. 2f., u. 18.2.1873, S. 3. Zur Person, die in der Abwehr des Antisemitismus eine prominente Rolle spielen wird, ausführlicher Fellner (wie Anm. 28).

40 »›Ahasverus‹ in ›Salzburg‹«. In: »Alpen-Rosen«, 31.12.1874, S. 95, einer von dem Liberalen Rudolf v. Freisauff herausgegebenen Zeitschrift.

41 Hanns Haas – Monika Koller: Jüdisches Gemeinschaftsleben in Salzburg. Von der Neuansiedlung bis zum Ersten Weltkrieg. In: Feingold (wie Anm. 21), S. 31–52, hier 36.

42 See-Badeort Mattsee bei Salzburg. Hg. v. Saison-Verein. Salzburg 1898.

43 Mattsee und Seeham mit ihren Umgebungen, Ausflügen und Seebädern. Führer mit Orientierungs-Karte. Salzburg 1885; (Karl Eckschlager:) Neumarkt und Umgebung. Salzburg 1895, bes. S. 19. Zu Strobl: Salzburger Zeitung, 9.4.1900, S. 2f; Strobl am Aber- oder Wolfgangsee. Ein Begleiter für die Besucher des Luftkur- und Badeortes Strobl. Wien 1903. Weiters: St. Gilgen am Abersee und Umgebung. Ein Begleiter für Besucher der Sommerfrischen am Aber- oder Wolfgangsee im Salzkammergut. Salzburg 1900, S. 13. Ebenda, S. 10, wird festgehalten, der Ort selbst besitze außer den meist von den Fremden aufgeführten stilvollen Villen keine auffallenden Gebäude.

44 Fremdenführer für Hallein und Umgebung. Hallein 1884; Fremdenführer von Radstadt und Umgebung, Radstadt 1905; St. Johann im Pongau. Touristen-Station, Luft-Curort und Sommerfrische. St. Johann i. Pg. 1901. Zu Dienten: Salzburger Volksblatt, 7.7.1904, S. 5. Sommerfrische und Luftkurort Krimml im Herzogtum Salzburg, Krimml 1903. Gegenstimmen gab es ab und zu. Der »Salzburger Volksbote« beklagte 1910 aus Neumarkt den »Knoblauchgeruch« im Sommer, während der Ort im Winter endlich wieder »judenrein« wäre; Salzburger Volksbote, 5.10.1910. Ähnlich die »Chronik« 1899 zu Zell a. S.; Salzburger Chronik, 30.9.1899. Beides zit. n. Rupert Klieber: Politischer Katholizismus in der Provinz. Salzburgs Christlichsoziale in der Parteienlandschaft Alt-Österreichs. Wien – Salzburg 1994, S. 207.

zig, wenn man einem Führer folgt, der gegen Ende der ersten Dekade des neuen Jahrhunderts die Sommerfrischen des Landes auflistet und vorstellt.[45] Jede einzelne ruft die Städter auf, aufs Land zu kommen, empfiehlt den »lieben« Gästen die örtlichen Besonderheiten und die Reize der näheren Umgebung. Die Steigerung der Zahl und des Wohlbefindens der Fremden erscheint als Selbstverständlichkeit, nicht minder die Aufforderung an die Verantwortlichen vor Ort, an die Einheimischen insgesamt, selber alles dafür Erforderliche zu tun. Eine dieser Schriften schließt mit der lapidaren Losung »Vorwärts!«[46] Von einer Einschränkung des Gästespektrums nach Nationalität oder Konfession ist in keinem der untersuchten Beispiele die Rede. Was Zurückhaltung Fremden gegenüber anlangt, ist schwer zu sagen, inwieweit einzelne Hinweise mehr sind als Ausdruck der subjektiven Wahrnehmung des Autors oder eines volkstümlichen Topos. Anfang der 1880er Jahre meint einer, die Pinzgauer seien, obwohl von Natur aus gutmütig, »etwas misstrauisch und verschlossen gegen Alles, was nicht einheimisch ist«, würden aber bei näherem Verkehr sich »nicht ungemütlich« und sogar »zutraulich« geben.[47] Zwei Jahrzehnte später wird Ähnliches den Lungauern zugeschrieben, deren Heimat seit Eröffnung der Murtalbahn (1894) in das »Netz des modernen Weltverkehrs« spät, aber doch einbezogen worden sei: »Im Umgange mit Fremden etwas wortkarg und misstrauisch – doch die raue Aussenseite birgt ein treues gefühlvolles Herz ohne Hinterlist ...« Die relative Rückständigkeit biete schließlich dem Touristen auch Vorteile, etwa den, nicht befürchten zu müssen, » ... von befrackten Kellnern oder in Tiroler Costüm gekleideten Kellnerinnen ausgebeutet zu werden«, wie das in manchen stärker besuchten Gebirgsorten leider der Fall sei.[48] Speziell bei den Mauterndorfern wird sich noch in den zwanziger Jahren ein Gast aus der Wiener Gegend in Versen für ihre Offenheit bedanken.[49] Der Sommerfrischler bekam im Allgemeinen den Eindruck vermittelt, er werde es zwar nicht immer mit einer übermäßig urbanen, doch biederen und entgegenkommenden Bevölkerung zu tun haben.[50] An der Urbanität der Hauptstadt des Kronlandes könne jedenfalls kein Zweifel aufkommen, meinten die Optimistischeren. Zur Jahrhundertwende resümiert einer: »In raschen Schritten vollzog sich die Umwandlung

45 Sommerfrischen in Salzburg. Verzeichnis von Sommerfrischorten, in welchen möblierte Privatwohnungen an Fremde vermietet werden. Hg. v. Landesverband für Fremdenverkehr in Salzburg. Salzburg (ca. 1908/09).

46 Ernst Blaschka: Die Entwicklung von Zell a. See, der Perle des Pinzgau in den ersten fünfzehn Jahren seit Eröffnung der Giselabahn. Salzburg 1890, S. 14.

47 Adam Hassl: Zell am See und seine Umgebung. Saalfelden 1881, S. 16f.

48 Karl Eckschlager: Kleiner Führer durch Lungau und seine Zugänge. Wien – Pest – Leipzig 1900, S. 72 u. 77.

49 Die Quelle weiß gleichzeitig zu berichten, die tapferen Söhne des Lungaus hätten während des Weltkrieges im beim Feind »allseits gefürchteten« Edelweißkorps gekämpft, würden jetzt aber wieder »als friedliche Bürger« am Wiederaufbau und für eine glücklichere Zukunft ihrer geliebten Heimat arbeiten. Karl Eckschlager: Führer durch Lungau und seine Zugänge. 2. Aufl., 1927, S. 11 u. 30.

50 Vgl. St. Johann (wie Anm. 44), S. 14.

Salzburgs aus einer stillen, in hohen Wällen und tiefen Gräben eingeschnürten Festungsstadt in eine offene, gesunde, comfortable und lebhafte Saisonstadt, die ihren Bewohnern und Besuchern so mannigfache Annehmlichkeiten bietet, wie selten eine Stadt desselben Umfanges.« Dem Fremden, heißt es weiter, der sich hier ansiedle, werde es leicht, Zutritt in die Salzburger Gesellschaft zu erhalten.[51] Dem ersten jüdischen Neuansiedler (Albert Pollak) wurde es anfangs nicht ganz so leicht gemacht. Jetzt findet sich in derselben Schrift allerdings sein Inserat als kaiserlicher und königlicher Hofantiquar wie ein Beweis für den eingetretenen Wandel.[52] Ein jüdischer Gast, der den Sommer 1914 in Zell a. See verbringt, beschreibt die allgemeine Atmosphäre als durchweg freundlich. In sie platzt die Meldung: »Den Franz Ferdinand solln's erschossen haben. – Na so was!« Er wundert sich, dass viele, vor allem die Deutschen, sofort nach Hause aufbrechen wollen.[53]

Liberaler Geist und moderner Antisemitismus

Ignorierte diese Publizistik, sei sie nun lokalen oder überregionalen Zuschnitts, die seit den späten 1880er Jahren aufflammende Debatte über die notorische Judenfrage? Sie war besorgt, gleichzeitig selbstsicher genug, der neuen Sportart Herr zu werden, ihr Abflauen, wenn nicht ihr Ende, noch zu erleben.[54] In ein- und demselben Jahr schleuderte ein katholischer Theologieprofessor den auf Antisemitismus machenden Schönerianern in Salzburg seine »Grand-Verwunderung« entgegen;[55] begann ein anderer Betrachtungen zum Tourismus mit der Erinnerung an die Vertreibung der Protestanten aus Salzburg im Jahr 1731, um »den Contrast zwischen damals und jetzt« vor Augen zu führen[56] – was dreizehn Jahre später der junge Landesrabbiner bei einem Vortrag zur Geschichte der Salzburger Juden ebenso tun wird; widmete ein liberaler Schriftsteller einen Großteil seiner Ausführungen zur Hebung des Fremdenverkehrs in Salzburg den neuen Predigern des Judenhasses.[57] Den Antisemitismus, der für den Fremdenverkehr »in höchstem Maße« schädlich werden könne, strikt abzulehnen, verstand sich von selbst. Für eine

51 Georg Jung: Führer durch Salzburg und Umgebung. Salzburg – München (ca. 1900), S. 17 u. 21.

52 Ebda., Anzeigenteil, S. 25.

53 Albert Lichtblau: Als hätten wir dazugehört. Österreichisch-jüdische Lebenserinnerungen aus der Habsburgermonarchie. Wien – Köln – Weimar 1999, S. 528.

54 Einer der besten Kenner des Phänomens hielt 1901 die Tage des Antisemitismus für gezählt. Heinrich Graf Coudenhove-Kalergi: Antisemitismus. Von den Zeiten der Bibel bis Ende des 19. Jahrhunderts. Hg. v. Peter Landesmann. Wien – München 1992, S. 296.

55 Josef Anton Schöpf: Antisemitische, zu deutsch judenhetzerische Bestrebungen in der Saison-Stadt Salzburg!!! Grandverwunderung des Dr. Schöpf. Salzburg 1888.

56 Victor Foglar: Touristen-Verkehr im Salzburgischen. In: Oesterreichische Touristen-Zeitung, 8, 1888, S. 106–168, hier 106.

57 Aliquis (d. i. Josef v. Doblhoff): Zur Hebung des Fremdenverkehrs in Salzburg. München 1888, S. 10, 16, 19. Sie waren 1886–87 im »Salzburger Volksblatt« als Artikelserie erschienen.

Saisonstadt könne sich die Frage, ob man Fremde vertreiben oder anziehen will, gar nicht stellen. Hier habe das »Grundprinzip des internationalen Verkehres«, »die Achtung für das Fremdartige, Ungewohnte« zu gelten. Die Schweiz blühe, weil sie sich danach richte. »Dort habe ich niemals gehört: ›*Der ist ein Jude.*‹ Auch niemals: ›*Hinaus die Juden!*‹« Wer meint, die vor allem auf dem Lande fehlende Höflichkeit liege im Volkscharakter begründet, findet die spöttische Regieanweisung: »Wer verdienen will, muß eben seine Außenseite hobeln.«

In den neunziger Jahren stieß man in der Salzburger Zeitungslandschaft,[58] was den Antisemitismus angeht, freilich nicht auf eine einhellige Meinung. Von den großen und entsprechend meinungsbildenden Blättern war die katholische »Chronik«, ähnlich der Haltung eines Großteils des niederen Klerus, judenfeindlich orientiert. Judentum fungierte primär als Kürzel für Liberalismus, dieser für Antiklerikalismus. Sie gewährte gelegentlich rassischem Antisemitismus Raum und brachte selbst für eine »brutale« Behandlung der Juden – allerdings im fernen Russland – Verständnis auf.[59] Eine den Lesern in der Vorweihnachtszeit angebotene Novelle mit Salzburgbezug dagegen wies auf die Verwerflichkeit der Grausamkeit gegenüber Juden hin: »Seid ihr noch Christen? – Henker seid ihr. Mörder, Totschläger!« Die Taufe kann alles gutmachen. In ihrem Vorfeld treten zunehmend menschliche Züge bei den Juden hervor, die sonst der traditionellen christlichen Stereotypie verhaftet bleiben.[60] Dem katholischen Blatt stand, sieht man von der sozialdemokratischen »Wacht« ab, innerhalb des bürgerlichen Spektrums das einflussreiche »Volksblatt« gegenüber, das dem Thema bis 1918 eine ebenso große wie entschieden ablehnende Aufmerksamkeit schenkte. Laufend erinnerte es daran, der Antisemitismus sei eine Kulturschande, die Anständigkeit, wahrer Bildung und Fortschritt Hohn spreche. Es warnte nicht zuletzt vor der latenten Missachtung der Verfassung und der bürgerlichen Grundrechte. Es gehe nicht an, dass »die Religion unserer jüdischen Mitbürger so behandelt und geschmäht (werde), als wenn sie außerhalb des Gesetzes stehend vogelfrei wäre«.[61] Das Blatt wandte sich an das liberal-nationale Lager, dessen liberaler Kern im Lauf der Jahre freilich schwächer wurde. In der Fremden- und Gästefrage, die sich schlecht mit abweisenden Parolen vertrug, wurde das prononciert nicht-antisemitische Lager von der Gegenseite gestärkt. Die »Chronik« etwa konnte und wollte sich diesem Erwerbs- und Einkommenszweig vieler ihrer Leser nicht verschließen. Ähnliches galt selbst für Blätter mit scharfer antisemitischer Schreibweise. Dazu kamen die Organe, die der Fremdenverkehrswirtschaft ohnehin näher stehen. Die »Salzburger-

58 Hans Glaser: Das Salzburger Zeitungswesen. 2 Teile. In: MGSLK, 96, 1956, S. 135–177, und 97, 1957, S. 61–70.

59 Salzburger Chronik, 9.4.1891, S. 1f; 10.4.1891, S. 1. Zum regionalen Katholizismus Klieber (wie Anm. 44).

60 Adolf Innerkofler: »Der Judenbrunnen von Salzburg«. Salzburger Chronik, 17. – 21.12.1907; hier 21.12.1907, S. 2. Zum Autor: Österreichisches Biographisches Lexikon 1815–1950. Hg. v. der Österreichischen Akademie der Wissenschaften. Bd. 3. Graz – Köln 1965, S. 36.

61 Salzburger Volksblatt, 4.11.1891, S. 11. Vgl. auch 13.6.1894, S. 1f; 2.10.1895, S. 2.

Fremden-Zeitung« (später: Fremden-Zeitung), ebenfalls im Jahr 1888 ins Leben getreten, war unermüdlich um die Förderung dieses Industriezweiges im Interesse ihrer Vertreter und um den Weltruf der Stadt bemüht, hatte aber nicht minder das Wohl der Gäste im Auge. Sie lieh ihre Stimme unzähligen Projekten kleinerer und größerer, auch phantastischer Art,[62] selbstverständlich der Idee, Sommerfrischen zu schaffen.[63] Sie registrierte ironisch schon 1888 »Finsterniss und Intoleranz«.[64] Grundsätzlicher stellte sie sich dem heiklen Thema zum ersten Mal 1893,[65] um »eindringlichst« zu warnen. Jeder Gebildete, auch jeder gebildete Christ, verurteile das Treiben der »professionsmässigen« Antisemiten. Unentwegtes Hetzen könne mit der Zeit in der Bevölkerung die schlimmsten Leidenschaften wecken. Dann das Argument, verpflichtet zu sein, die Wirtschaft des Landes vor »unsagbarem« Schaden zu bewahren. Orte, in denen der Rassenhass wuchere, würden von Fremden gemieden werden. Jeder vernünftige Geschäftsmann, der die Kunden nach Glaubensbekenntnis oder Abstammung klassifiziere, wisse, dass er sich damit nur ins eigene Fleisch schneide. »Der Fremdenindustrielle muss in seinem eigenen Interesse *Kosmopolit* sein (...). Der Fremde, der in unsere Gegenden kommt, beansprucht Gastfreundschaft, und wir müssen ihm dieselbe im ausgedehntesten Masse gewähren, unbekümmert darum, ob er nun Christ oder Jude, Feueranbeter oder Buddhist sei.« Soweit die explizite Botschaft des Textes. Das implizite Gedankengewebe ist nicht minder bemerkenswert: Klischees vermengen sich mit nüchterner Kosten-Nutzen-Rechnung. Man wolle sich gar nicht »im Allgemeinen« über Zweck und Berechtigung des Antisemitismus verbreiten, schon gar nicht eine »donnernde Philippika« halten. Das »vermögliche« Judentum sei einmal ein bedeutender Faktor im jährlichen Fremdenstrom, der Schaden wäre groß, zöge sich »der geldkräftige Mosaismus« aus dem Fremdenverkehr zurück, würden die Paläste, welche die jüdische »Geldaristokratie« in den Großstädten besitze, geschlossen werden. Das Judentum in der Gesellschaft völlig unterdrücken, es »für ewige Zeiten« nach Palästina bringen zu wollen – beides ein unerreichbares Ziel! Es scheint, als hätte man in Fremdenverkehrskreisen ab jetzt bei Problemen gern die Antisemiten als Sündenbock verwendet. Die wehren sich heftig, treten sie doch ebenfalls für den Tourismus ein. Sie verweisen darauf, dass der Fremdenverkehr Jahr für Jahr zunehme.[66]

---

62 Z. B. »Ein Zukunftsbild von Salzburg«, Fremden-Zeitung, ab 6.9.1893; »Salzburgs Zukunft«, ab 21.8.1897.

63 »Warum hat Salzburg's Umgebung keine Sommerfrischen?«, ebda., 20.7.1892, S. 2f.

64 »Salzburg und seine Fremden«, ebda., 21.8.1888, S. 1.

65 Auch im Folgenden: »Fremden-Verkehr und Antisemitismus«, ebda., 8.4.1893, S. 2f.

66 Ein Beispiel ist die Polemik zwischen dem »Volksblatt«, das davor warnt, dass »die früher ob ihrer Gastfreundschaft gerühmte Stadt ... als Antisemitenhort verrufen (werde)« und entsprechend Schaden nähme (Salzburger Volksblatt, 6.7.1896, S. 1f), und dem »Tagblatt« (»Die ‚Verderblichkeit' des Antisemitismus«, Salzburger Tagblatt, 8.7.1896, S. 1).

Heimatschutz

Nicht unerwähnt darf die Heimatschutzfrage bleiben, vor allem ihrer gesellschafts- und zivilisationskritischen Aspekte wegen,[67] da dabei das Thema Fremdenverkehr eine zentrale Rolle spielte. Auch hier ist das Bild nicht einheitlich. Beispiel Trachten: Anfangs hatten Touristik, Heimatliebe, Schutz des Überkommenen, des »nationalen« Liedes nebeneinander Platz gehabt, eine ganze Reihe auch jüdischer Salzburger den Weg in die entsprechenden Vereine gefunden.[68] Es dürfte kein Zufall sein, dass eines der jüdischen Textilgeschäfte in der Stadt Salzburg »Zum Touristen« hieß.[69] Gerade das Urwüchsige lockte viele Fremde an, und man verstand sich durchaus darauf, es zum eigenen Vorteil zu vermarkten. Die Funktionäre hingegen tendierten in ihren Überlegungen mehr und mehr dazu, allem Neuen und Fremden mit Skepsis zu begegnen. Dem »fremdländischen« Zuzug wurde die Losung entgegengestellt: »Salzburg den Salzburgern!«[70] In der »Chronik« fand der Leser dies und jenes, häufig eine Stütze bei der Abwehr von »Auswüchsen«, was immer damit gemeint sein mochte.[71] Das »Volksblatt« sah einem Ausgleich beider Interessen, der Erhaltung wie der Modernisierung, ungleich zuversichtlicher entgegen.[72] Zu glauben, mit dem Alten das Auslangen finden, bloß auf »simple life« setzen zu können, wäre, wie man Hermann Bahr sagen ließ, ein Irrtum.[73] In der »Fremden-Zeitung« fand sogar eine Stimme, die einer Erhaltung des Alten überhaupt jeden Sinn absprach, da alles im Wandel begriffen sei, ausführlich Raum.[74] Beispiel Automobil: Während die Arbeiterzeitung des Landes dem modernen Fortbewegungsmittel wie dem preisgünstigen Massentourismus ihre Stimme lieh,[75] spielte die »Chronik« zur Zeit

---

67 Silke Göttsch: Frühe Tourismuskritik in der Heimatschutzbewegung. In: Tourismus und Regionalkultur. Hg. v. Burkhard Pöttler u. Ulrike Kammerhofer-Aggermann. Wien 1992, S. 25–40, hier 25.

68 Vgl. z. B. Statuten 1882 und Jahresbericht 1883 des Oesterreichischen-Touristen-Clubs. Section Salzburg, UB-Salzburg, Signatur 106.151 I. Allgemein Monika Koller: Assimilation und Vereinswesen im westösterreichischen Judentum. Diplomarbeit. Universität Salzburg 1992, S. 96ff; Hanns Haas – Monika Koller: Jüdisches Gemeinschaftsleben in Salzburg. Von der Neuansiedlung bis zum Ersten Weltkrieg. In: Feingold (wie Anm. 21), S. 31–52, hier 44.

69 Und damit warb; vgl. Robert Müller: Fremdenverkehrswerbung in Österreich. Historische Beispiele seit 1884. Wien 1984, S. 30.

70 »Salzburger Trachten heraus«, Alpine Volks- und Gebirgs-Trachten-Zeitung, 15.1.1913, S. 3f. Hinweis in: Trachten nicht für jedermann? Heimatideologie und Festspieltourismus. Hg. v. Ulrike Kammerhofer-Aggermann, Alma Scope u. Walburga Haas. Salzburg 1993, S. 262.

71 Bei Bedarf auch deutlichere Worte, etwa gegen die weitere Zuwanderung von Juden. Z. B. Salzburger Chronik, 19.12.1911, S. 6; 14.12.1913, S. 21; 21.12.1913, S. 1f.

72 Salzburger Volksblatt, 12.12.1913, S. 5f.

73 Ebda., 9.10.1913, S. 4f.

74 »Vom Wandel der Tracht«, Fremden-Zeitung, 4.9.1891, S. 2ff. Selbst der Kritiker stimmte dem grundsätzlich zu, meinte nur, es wäre möglich, Hotelpersonal, Kellner und Musikkapellen in den Sommerfrischen zur Freude der Gäste in Tracht einzukleiden; ebda., 8.9.1891, S. 1f.

75 Salzburger Wacht, 12.7.1927, S. 7f; 31.10.1928, S. 7f.

des Auftauchens der ersten Automobile auf mehreren Klavieren: Lob für den innovativen Unternehmer, neidische Verachtung für die »feinen« Herrschaften aus der Stadt, Skepsis gegenüber Fremden.[76] Beispiel Mythen und Symbole: Im Jahr 1907 erinnerte man an das über Jahrhunderte am Rathaus der Stadt Salzburg angebracht gewesene »Judenspottbild«.[77] Das Auge des Lesers konnte an einleitenden Begriffen wie Verfolgung, Vertreibung und Schmähschrift haften bleiben, aber auch in den Bann eines langen, unkommentierten Textes in altertümlicher Sprache geraten, der reich an antijüdischen Stereotypen war. Fünf Jahre danach traf es erneut auf Ahasver, diesmal nicht in Salzburg-Stadt, sondern in Bad-Gastein.[78] Ahasver tritt neuerlich als Zeuge des Schicksals eines Ortes auf, kürzer, entrückter, sagenhafter diesmal, doch frei von allem Beiwerk, auf das ein Antisemit damals kaum mehr verzichtet hätte.[79]

Ein Resümee der Zeit vor dem Ersten Weltkrieg lässt sich nicht auf die Formel bringen, der Großteil der Bevölkerung habe dem Fremdenverkehr feindlich gegenübergestanden,[80] was die jüdischen Gästen bei der Codierung gegen *die* Juden in auffallenderer Weise hätten spüren müssen. Davon ist wenig zu bemerken. Wie die Kulturcode-These betont, ging es weitgehend um eine Chiffre, die vielen Zwecken diente, kaum dem tatsächlichen Handeln. Solch ein Resümee vertrüge sich insbesondere schlecht mit

- der Feststellung, dass sich Salzburg 1914 als eine der führenden Saisonstädte der Monarchie fühlen durfte und auch fühlte,
- dem Umstand, dass der Fremdenverkehr seit der Jahrhundertwende als wichtiger Industriezweig im Allgemeinen anerkannt war,[81]
- den Berichten der Österreichisch-Israelitischen Union, die kaum Fälle von Sommer-

76 »Die Brauerei Kaltenhausen« u. »Wie Automobilisten sich beliebt machen«, Salzburger Chronik, 19.8.1911, S. 6.

77 Salzburger Zeitung, 9.3.1907, S. 7.

78 Salzburger Volksblatt, 17.6.1912, S. 5.

79 Vgl. etwa Joseph Deckert: Der ewige Jude »Ahasverus«. In: Ders.: Der Sendbote des Heiligen Joseph (Wien), 19, 1894, S. 245ff. Zum Motiv: Leon Poliakov: Geschichte des Antisemitismus. 8 Bde. Worms 1977–1988, bes. Bd. 6, S. 149ff; Stefan Rohrbacher – Michael Schmidt: Judenbilder. Kulturgeschichte antijüdischer Mythen und antisemitischer Vorurteile. Reinbek b. H., 1991, S. 246ff; Günther Kapfhammer: Ahasver. Studien zur Sage über den Ewigen Juden. In: Paul Michel (Hg.): Symbolik von Weg und Reise. Berlin (u. a.) 1992, S. 193–209; Frank Stern: »Der ewige Jude«. Stereotype auf der europäischen Wanderung. In: Die Macht der Bilder. Vorurteile und Mythen. Wien 1995, S. 117–121; Günther A. Höfler: Unsterblich fremd. Uneigentliche Aspekte des Ahasverusmotivs. In: Klaus Hödl (Hg.): Der Umgang mit dem »Anderen«. Juden, Frauen, Fremde … Wien – Köln – Weimar 1996, S. 11–22.

80 Hellmuth – Hiebl (wie Anm. 33), S. 94.

81 Anna Schmidt: Die Entwicklung des Fremdenverkehrs und der Fremdenverkehrspolitik im Bundesland Salzburg. Geisteswiss. Diss. Salzburg 1990, S.102; Robert Hoffmann: Salzburg wird »Saisonstadt«. In: Weltbühne (wie Anm. 15), S. 45–51, hier 49f. Natürlich war man nicht immer derselben Meinung. Als Beispiel: »Salzburg und die Fremdenindustrie«, Salzburger Zeitung, 5.5.1904, S. 4.

frischen-Antisemitismus erwähnen: für Salzburg keinen einzigen,[82] für die Steiermark einen. In der Sommerfrische Tragöß fand man 1908 Bänke mit der Aufschrift »Für Juden und Judensprösslinge kein Platz«.[83]

- der gewagten, doch bedeutsamen Behauptung von Betreibern der Errichtung eines koscheren Restaurants in der Landeshauptstadt im Jahr 1911, mindestens 40 Prozent der Gäste wären jüdisch,[84]
- der Gleichzeitigkeit des Ungleichzeitigen in zahllosen kleinen, doch typischen Fällen. Beispielsweise, dass die Losung »Jeder Deutsche zu den Seinen« Seite an Seite mit dem Inserat eines jüdischen Geschäftes in einem streng antisemitischen Blatt aufscheint;[85] dass in einem anderen, das von der Notwendigkeit des Antisemitismus überzeugt war, ein beinah enthusiastischer Bericht über eine Lesung von Karl Kraus in Salzburg erschien.[86]
- dem Umstand, dass die lautesten Warner vor einer »Verjudung« ihre Klage damit begründen müssen, das könne nur wegen der »Gleichgültigkeit« der Salzburger geschehen, die »dem eindringenden Judentum Tür und Tor öffnen« – ein Beleg für die Distanz zwischen Theorie und Praxis.[87]

Regionale Typen?

Sofern das Bild nicht trügt,[88] breitete sich nach 1918 die Idee des Sommerfrischen-Antisemitismus ungleich aus. Waren spezifische örtliche und regionale Traditionen bereits vorher zu erkennen, so dass, was die Haltung zu Judenfrage und jüdischen Gästen anlangt, unterschieden werden müsste? Etwa in

– die Landeshauptstadt, die den urbanen, im Sommer fashionablen Mittelpunkt bildete, trotz ihrer ideologischen Gespaltenheit: weltgewandte Mozart-, Saison- und Festspielstadt auf der einen, Hort einer frühen verbalradikalen antisemitischen Bewegung auf der anderen Seite.

---

82 Es wird berichtet, im nahen Reichenhall seien 1883 Zettel mit der Aufschrift »Juden hinaus« aufgetaucht, doch von Gendarmerie und Badekommissär sofort entfernt worden. Doblhoff (wie Anm. 57), S. 11.

83 25 Jahre »Oesterreichisch-Israelitische-Union«. In: Monatsschrift der Oesterreichisch-Israelitischen Union, 22, 1910, S. 32ff; bes. 53. Zur Arbeits- und Dokumentationsweise dieser Institution Jacob Toury: Defense Activities of the Österreichisch-Israelitische Union before 1914. In: Jehuda Reinharz (Hg.): Living with Antisemitism. Modern Jewish Responses. Hannover – London 1987, S. 167–192.

84 Gert Kerschbaumer: Das Rabbinat Adolf Altmann 1907–1914. In: Feingold (wie Anm. 21), S. 73–130, hier 109. Die latent antisemitische Note des Hin und Her unbestritten, ist es schon aus Konkurrenzgründen nicht verwunderlich, dass sich das Gastgewerbe dagegen aussprach. Die Stadtgemeinde lavierte, Landesregierung und Handelsministerium traten für die Errichtung ein.

85 Deutscher Volksruf, 11.7.1914; vgl. Feingold (wie Anm. 21), S. 150.

86 Salzburger Chronik, 15.1.1914, S. 2; 11.4.1914, S. 6.

87 »Die Judengefahr in Salzburg«, Salzburger Tagblatt, 31.10.1908, S. 5.

88 Fellner (wie Anm. 21), S. 105f.

– das seit Mitte des 19. Jahrhunderts zum Nobelkurort aufgestiegene mondäne Bad Gastein.[89] Es wies mit 0,3 Prozent (1890/1900) einen über dem Landesdurchschnitt liegenden jüdischen Bevölkerungsanteil auf[90] und beherbergte seit 1911 ein koscheres Restaurant. Ihm wurde – Meran vergleichbar – auch nachgesagt, jüdischen Gästen und Bewohnern vergleichsweise freundlich entgegenzukommen.[91] Der Wiener Badearzt Emanuel Bunzel bestätigte den Gasteinern zur Jahrhundertwende ein außerordentlich zuvorkommendes Verhalten, obwohl noch mancher »Aberglaube« fest verwurzelt sei. »... andererseits herrscht hier weder Bigotterie, noch religiöse Intoleranz, wozu sowohl der gutmüthige Charakter der Bevölkerung, als auch der starke Verkehr mit Curgästen der verschiedensten Glaubensbekenntnisse nicht wenig beitragen mag.«[92]
– die liberaleren Sommerfrischen am Land, wozu Henndorf gezählt werden könnte. Es wurde schon vor dem Krieg als freundliches Dörfchen, das von Künstlern gern besucht werde, charakterisiert.[93] In den zwanziger Jahren entwickelte es sich, auch dank des Schriftstellers Carl Zuckmayer,[94] zu einer Außenstelle der Festspielgesellschaft, wurde in Gestalt des Henndorfer Dirndls in gewisser Weise weltberühmt.[95]
– die illiberaleren Sommerfrischen im nördlichen Flachgau und im oberen Salzachtal, etwa Mattsee, Seekirchen, Oberndorf; St. Johann, Mittersill, Wald i. Pzg. Jene, die sich für offizielle Juden-raus-, Juden-unerwünscht-Aktionen nicht zu gut waren.
– einen großen schweigenden, unentschiedenen Rest?

89 Tremel (wie Anm. 26), S. 399; Juliane Mikoletzky: Zur Sozialgeschichte des österreichischen Kurorts im 19. Jahrhundert. Kurlisten und Kurtaxordnungen als sozialhistorische Quelle. In: MIÖG, 99, 1991, S. 393–433, hier 417ff.

90 1934 betrug der Wert 0,2 Prozent; Wilhelm Schaup-Weinberg: Badgastein. Die Geographie eines Weltkurortes. Phil. Diss. Salzburg 1968, S. 303.

91 Koller (wie Anm. 68), S. 138ff; Ellmauer (wie Anm. 18), S. 18ff; Laurenz Krisch (in diesem Band).

92 Emanuel Bunzel: Wildbad Gastein. Nach den neuesten Hilfsquellen. 7. Aufl. Wien – Leipzig 1894, S. 34f. Er merkte an, dass in der jüngeren Generation dank der Bemühungen tüchtiger Lehrkräfte die Bildung zunehme. Bunzel war von 1872–1895 Kurarzt in Gastein. Vgl. Sebastian Hinterseer: Bad Hofgastein und die Geschichte Gasteins. Bad Hofgastein 1957, S. 611. Hinweis auf religiöse Toleranz auch bei Gustav Pröll: Gastein. Unentbehrlicher Ratgeber für Kranke, die Gastein besuchen, sowie für Ärzte, welche Kranke dahin senden wollen. 5. Aufl. Wien – Leipzig 1893, S. 172. Nach 1918 kam es weder zu der Gründung einer Ortsgruppe des Antisemitenbundes noch zu einem antijüdischen Gemeinderatsbeschluss. Gleichzeitig wäre hier, da zeitweise acht von 14 Ärzten jüdisch waren, ein Anlass für Konkurrenz-Antisemitismus zu finden gewesen. Dazu Krisch (in diesem Band). Für die Zeit nach 1945 wurde das Klima auf die Formel »Balancieren (...) zwischen traditionellem Antisemitismus und gewinnorientierter Toleranz« gebracht. Ellmauer 1996 (wie Anm. 18), S. 119.

93 Sommerfrischen in Salzburg (wie Anm. 45), S. 2.

94 Christian Strasser: Carl Zuckmayer. Deutsche Künstler im Salzburger Exil 1933–1938. Wien – Köln – Weimar 1996.

95 Alma Scope: Das Henndorfer Dirndl. Zur Entstehung eines Mythos. In: Trachten (wie Anm. 70), S. 83–132; dies.: Das Ambiente der Salzburger Festspiele. In: Feingold (wie Anm. 21), S. 191–207, hier 195ff.

Verhaltensmuster – Rollenverhalten – Abbau von Vorurteilen?

Die Einstellung zu Juden kannte Abstufungen und Varianten, war weder dem mythischen noch dem realen Juden gegenüber uniform, von einem unterschiedslosen Benehmen dem Einzelmenschen gegenüber ganz zu schweigen. Legendär wurde der Seufzer eines Bauern aus der Henndorfer Gegend, der eines Tages von Zuckmayer wissen wollte, ob Bundeskanzler Schuschnigg Jude sei und die Juden wirklich so schlimm wären: »Aa'mol (...), aa'mol möcht' i an sehn.«[96] Auf jüdischer Seite stellten die Auswirkungen der Säkularisation und Assimilation schon genug Fragen an das eigene Selbstverständnis. Der neue Antisemitismus machte alles noch komplizierter. Schnitzlers »Weg ins Freie« ist nur eines, doch ein großes Zeugnis dieser Suche nach einer Lösung. Heraus kam ebenfalls keine einheitliche Form, auch kein Gänsemarsch des säuberlichen Nacheinanders, häufig ein Nebeneinander verschiedener, teils einander widersprechender Denk- und Verhaltensmuster.[97] Obendrein bot das tägliche Leben für alle, Juden wie Nichtjuden, nicht nur die Möglichkeit, sondern auch die Notwendigkeit, in verschiedene Rollen zu schlüpfen, auf verschiedenen Bühnen, deren jede eine Vorder- und Hinterbühne mit jeweils eigenen Spielregeln aufwies.[98] Dass das Spektrum des Verhaltens in der Sommerfrische schmäler war, ist unwahrscheinlich, sieht man von Besonderheiten ab, die nachweislich im Urlaub und am Urlaubsort auftreten.[99] Im Allgemeinen vermeidet es Verbindlichkeiten, sucht im Neuen nicht mehr als eine »milde Stimulierung«.[100] In unserem Zusammenhang dürfte von Folgendem auszugehen sein:

- Ähnlich dem Verhalten zu Hause diente der Aufenthalt in der Sommerfrische in erster Linie der Pflege des innerjüdischen Sozialkontakts: zwischen Familienmitgliedern, Verwandten, Freunden, guten Bekannten. Man war mit ihnen u. U. schon gemeinsam auf Reise gegangen.[101]

---

96 Carl Zuckmayer: Als wär's ein Stück von mir. Horen der Freundschaft. Frankfurt am Main 1996, S. 31.

97 Siehe das Schema bei Adolf Gaisbauer: Davidstern und Doppeladler. Zionismus und jüdischer Nationalismus in Österreich 1882–1918. Wien – Graz – Köln 1988, S. 20–28.

98 Siehe Anhang Nr. 4.

99 Sie können bis zur Vorstellung des Urlaubs als verkehrte Welt oder Gegenwelt zum Alltag mit entsprechendem Rollenwechsel gehen. Uli Gyr: Touristenverhalten und Symbolstrukturen. Zur Typik des organisierten Erlebniskonsums. In: Tourismus und Regionalkultur (wie Anm. 67), S. 43; Hans W. Prahl – Albrecht Steinecke (Hg.): Tourismus. Stuttgart 1995, S. 139f.

100 Erwin K. Scheuch: Tourismus. In: Die Psychologie des 20. Jahrhunderts. Bd. 13. Zürich 1981, S. 1089–1114, hier 1104.

101 Für das Deutsche Reich allgemein Marion A. Kaplan: Jüdisches Bürgertum. Frau, Familie und Identität im Kaiserreich. Hamburg 1997, S. 170ff. Als Fallstudie Hermann Sommer: Zur Kur nach Ems. Ein Beitrag zur Geschichte der Badereise von 1830 bis 1914. Stuttgart 1999; zu den jüdischen Kurgästen, ebda. S. 326ff. Zahlreiche Belege in der autobiographischen Literatur. Für Deutschland: Monika Richarz (Hg.): Jüdisches Leben in Deutschland. Selbstzeugnisse zur Sozialgeschichte. 3 Bde. Stuttgart 1976–82. Für

- Er folgte somit der im historischen Modell der Akkulturation beschriebenen schwachen strukturellen (sozialen) Assimilation an die christliche Umgebung, was durch deren judenfeindliche »Verfestigung« mitverursacht war.[102]
- Soweit es zu Kontakten zu Nichtjuden kam, dürfte das bei Kindern öfter als bei Erwachsenen der Fall gewesen sein.
- Wieweit eine engere, private Beziehung zu Einheimischen als Ziel angesehen wurde und tatsächlich zustande kam, ist allgemein kaum zu sagen. Noch weniger, ob dadurch Vorurteile über den jeweils anderen verringert wurden. Die Schilderungen der Literatur,[103] überwiegend auch die Ergebnisse der Tourismusforschung stimmen skeptisch.[104]
- Wie eine Analyse des Gästekontaktes im Kurort Bad Gastein nachwies, zielte die Ver-

---

Österreich-Ungarn: Lichtblau (wie Anm. 53). Nichtjuden zeigten ein durchaus ähnliches Verhalten; vgl. Andrea Schnöller – Hannes Stekl (Hg.): »Es war eine Welt der Geborgenheit ...«. Bürgerliche Kindheit in Monarchie und Republik. Wien – Köln 1987, S. 44, 226, 230f, 265f.

102 Festgestellt vor allem für Wien. Marsha L. Rozenblit: Die Juden Wiens 1867–1914. Assimilation und Identität. Graz – Wien – Köln 1989. Zum Begriff: Michael John – Albert Lichtblau (Hg.): Schmelztiegel Wien – einst und jetzt. Zur Geschichte und Gegenwart von Zuwanderung von Minderheiten. 2. Aufl. Wien – Köln – Weimar 1993, S. 382ff. Für Salzburg am Beispiel einer Familie: Hanns Haas: Die Bürmooser Fabrikantenfamilie Glaser. Industrielle – Bürger – Juden. In: Feingold (wie Anm. 21), S. 53–71, bes. 60f, 66.

103 Wolfgang Kos – Elke Krasny (Hg.): Schreibtisch mit Aussicht. Österreichische Schriftsteller auf Sommerfrische. Wien 1995; Jörg Plath (Hg.): Sommerfrische. Ein literarisches Lesebuch. München 1999; Franz Schuh (Hg.): Fremdenverkehr. Kritische Texte über den Tourismus. Klagenfurt 1984; Felix Mitterer: Die Piefke-Saga. Komödie einer vergeblichen Zuneigung. Innsbruck 1991. Zu Satire und Karikatur: Wolfgang Hackl: Touristische Begegnung als Erfahrung von Fremdheit. In: Rolf-Peter Janz (Hg.): Faszination und Schrecken des Fremden. Frankfurt am Main 2001, S. 208–228.

104 Die Tourismuswerbung zieht im Unterschied dazu gern die Linie Urlaubskontakt – Bildung – Abbau von Vorurteilen -Völkerverständigung. Tourismus – ein Weg zum Frieden, lautete das Motto, das die UNO dem Jahr des Tourismus 1967 voranstellte. Dazu Prahl – Steinecke (wie Anm. 99), S. 13. Ein Beispiel für Salzburg: Karl Zinnburg: Kleine Fremdenverkehrslehre. 3. Aufl. Köln (u. a.) 1978, bes. S. 31. Leopold von Wiese begann 1930 seine knappe Betrachtung bezeichnenderweise mit dem Hinweis auf die Distanz, nicht auf die Nähe, und Georg Simmels Überlegungen zum Fremden hinterließen gut zwei Jahrzehnte vorher ebenfalls mehr Fragen als Antworten; Wiese (wie Anm. 15), Simmel (wie Anm. 15). Aus der späteren Forschung seien genannt: Klaus D. Hartmann: Auslandsreisen. Dienen Urlaubsreisen der Völkerverständigung? Starnberg 1974; Kulturkontakt, Kulturkonflikt. Zur Erfahrung des Fremden. 2 Bde. Hg. v. Ina-Maria Greverus, Konrad Köstling, Heinz Schilling. Frankfurt am Main 1988; Jürgen Reulecke: Kommunikation durch Tourismus? Zur Geschichte des organisierten Reisens im 19. und 20. Jahrhundert. In: Hans Pohl (Hg.): Die Bedeutung der Kommunikation für Wirtschaft und Gesellschaft. Stuttgart 1989, S. 358–378; Hahn – Kagelmann (wie Anm. 15); Hubert Findl-Ludescher: Leben im Tourismus. Tourismus und Identität, Thaur – Wien – München 1994; Vester (wie Anm. 15). Optimistischer zum Abbau von Antisemitismus und Fremdenfeindlichkeit durch Kontakt z. B. Hilde Weiss: Antisemitismus.Vorurteile in Österreich. Wien 1984, S. 81; Alphons Silbermann – Francis Hüsers: Der »normale« Hass auf Fremde. Eine sozialwissenschaftliche Studie zu Ausmaß und Hintergründen von Fremdenfeindlichkeit in Deutschland. München 1995, S. 100.

haltensnorm bis über 1945 hinaus nicht auf Nähe, sondern auf Distanz und soziale Segregation, geregelt durch ein ausgefeiltes System der Kontaktvermeidung, das von Kurgast wie Personal beachtet und geschätzt wurde.[105]

- Im Einzelnen dürften sich unterschiedliche Voraussetzungen bereits durch die Art des Reisens, der Unterbringung und der Aufenthaltsdauer ergeben haben.[106]
- Nichtsdestoweniger mag die Reise aufs Land die Hoffnung eingeschlossen haben, für eine gewisse Zeit auch jenen Zwängen zu entkommen, denen man zu Hause als »Jude« ausgesetzt war.[107]
- Vor allem die Erwartung, als zahlender Gast entsprechend behandelt zu werden.[108]

Die Aktivisten gegen jüdische Sommerfrischler scheinen gewusst zu haben, welche Inszenierung nötig ist, um das Spiel der anderen zu stören und gleichzeitig dem eigenen Publikum zu bieten, was es gerne sah. Was auch immer die einen erhofft hatten und die anderen zu gewähren bereit waren, die Bewährungsprobe sollte kommen, rascher und härter als erwartet.

Die Krise 1915–1923

In der Geschichte der Judenfeindschaft stellen schon die 1880/90er Jahre eine Wende dar, in erster Linie für die Juden, denn der eben erst errungene Status als gleichberechtigte Bürger wurde in Teilen der Öffentlichkeit wieder in Frage gestellt. Diese Krise blieb atmosphärisch, mental. Mit dem Weltkrieg und seinen Folgen wurde sie für viele, Juden und Nichtjuden, buchstäblich existentiell. Nach einer kurzen Phase der Begeisterung im Jahr 1914 verstärkten einander eine politische, ökonomische und geistige Krise. Für den Einzelnen kam die Sorge um Angehörige an der Front hinzu, zunehmend Not, Hunger, Furcht vor Veränderungen, deren Ergebnis nicht abzuschätzen war.[109] Manches war ganz neu, anderes holte aus dem kollektiven Gedächtnis böse Erfahrungen

105 Ellmauer: Fremder (wie Anm. 18), dies.: Lieber ... (wie Anm. 18); ergänzend Franz Rest – Kurt Luger: »Urlaub hamma überhaupt nia ghabt ...«. Erfahrungen mit dem Tourismus im Gasteiner Tal. In: Weltbühne (wie Anm. 15), S. 169–175.

106 Am Beispiel der Wiener Urlauber in den dreißiger Jahren lassen sich deutliche Unterschiede zwischen den einzelnen Orten auch für Salzburg statistisch nachweisen. Walter Strzygowski: Erholungsräume und Reiseziele der Bevölkerung Wiens. In: Mitteilungen der Geographischen Gesellschaft Wien, 85, 1942, S. 321–333. Siehe auch die typologische Skizze im Anhang Nr. 4.

107 Was dem grundsätzlichen Zweck des Urlaubs, Distanz zur gewohnten Umgebung zu gewinnen, entspräche. Scheuch (wie Anm. 100), S. 1106.

108 Als Beispiel siehe Stefan Zweig: Briefe 1920–1931. Hg. v. Knut Beck u. Jeffrey B. Berlin. Frankfurt am Main 2000, S. 71, und unten.

109 Allgemein Manfred Rauchensteiner: Der Tod des Doppeladlers. Österreich-Ungarn und der Erste Weltkrieg. 2. Aufl. Graz – Wien – Köln 1994; für Salzburg Gottfried Köfner: Hunger, Not und Korruption. Der Übergang Österreichs von der Monarchie zur Republik am Beispiel Salzburgs. Salzburg 1980.

zurück.[110] Selbst lokale Chroniken halten mitunter die große Entwicklung präzise fest.[111] Die Schwierigkeiten bei der Lebensmittelversorgung schon zu Beginn der Saison 1915, die dazu führten, dass man die Touristen auffordern musste, das Brot selbst mitzubringen. Die Verschärfung der Lage von Jahr zu Jahr. 1916: »Früher freute man sich, wenn möglichst viele Leute kommen, nun wurde beklagt, daß sie den Einheimischen zu viel wegessen.« Ein Jahr später: »Je ferner der erhoffte Sieg rückte, desto härter wurden die Einschränkungen. (...) Ein großer Teil der Bevölkerung stand dem Fremdenverkehr ablehnend gegenüber.« Für uns stehen drei Aspekte im Vordergrund:

- Der Figur des Juden wurde eine immer verhängnisvollere Rolle auf den Leib geschrieben. Kaum jemals zuvor war sie derart zum Schuldigen gestempelt worden: für den Ausbruch eines Krieges, seinen schlechten Verlauf, Niederlage, Untergang einer Monarchie, Republik, Parteienherrschaft, Revolution, Sozialismus, Zentralismus, für Lebensmittelknappheit, Wohnungsmangel, Inflation ... Die plötzlich auftauchenden, wenngleich in den westlichen Bundesländern meist ebenso rasch wieder aus dem Blickfeld verschwindenden »Ostjuden« kamen, zynisch gesagt, gerade recht. Obwohl sie nur flüchtende, von den Behörden hin- und hergeschobene Untertanen waren, Bürger des gleichen Staates, machten Angst und Neid sich an ihnen fest, der Armseligkeit ihrer Lage ungeachtet.[112]
- Wesentliche Stützen des liberalen, toleranten Bürgersinns, auf den einheimische wie zu Gast weilende Juden im Lande bisher rechnen konnten, knickten ein, gelegentlich selbst in Teilen der Sozialdemokratie, die von sich behauptete, nicht rassen-, sondern klassenbewusst zu agieren.[113] Das »Volksblatt« war judenfeindlichen Äußerungen nicht mehr abgeneigt. Die hiesige Kultusgemeinde hielt mit ihrer Enttäuschung nicht zurück.[114] In den schwierigsten Jahren nach 1918 trat die breite bürgerliche Mitte aus Großdeutschen und Christlichsozialen, sonst vielfach zerstritten, in der Arena des Kampfes gegen die Chiffre Jude gern gemeinsam auf. Sie schenkte ihre Wohlmeinung sogar den deutlich radikaleren Gruppen um NSDAP und »Antisemitenbund«, der 1921 im Land Fuß fassen konnte. Die Welle des lagerübergreifenden Konsenses machte vor der gesetzgebenden Körperschaft des Landes, dem Landtag, nicht Halt.[115]

---

110 Siehe Anhang Nr. 3.

111 Auch im Folgenden Hellmut Schöner: Berchtesgadener Fremdenverkehrs-Chronik 1871–1922. Berchtesgaden 1971, S. 62ff.

112 Klaus Hödl: Als Bettler in die Leopoldstadt. Galizische Juden auf dem Weg nach Wien. Wien – Köln – Weimar 1994; Beatrix Hoffmann-Holter: »Abreisendmachung«. Jüdische Kriegsflüchtlinge in Wien 1914 bis 1923. Wien – Köln – Weimar 1995.

113 Allgemein Robert S. Wistrich: Socialism and the Jews. The Dilemmas of Assimilation in Germany and Austria-Hungary. London 1982.

114 Salzburger Volksblatt, 30.8.1919, S. 5.

115 Siehe unten Abschnitt »Vom Wort zur Tat?«

– Der eigentliche Sommerfrischen-Antisemitismus schwamm somit auf einer Woge realer Not, scharfer politischer Konfrontation – etwa der mit dem »Roten Wien« und dessen vermeintlichen Handlangern – und einer allgemeinen Konjunktur des Antisemitismus. Sein unermüdlicher Propagandist in Salzburg wurde das »Stürmer«-ähnliche Blatt »Der Eiserne Besen«.[116] Es hielt an seinem sektiererischen Kampf verbissen fest, auch als seine bürgerlichen Kombattanten sich wieder zurücknahmen. Das mag bei diesen nicht selten aus der pragmatischen Überlegung heraus geschehen sein, das seit 1920 hereinströmende internationale Festspielpublikum und die übrigen Gäste nicht zu vergrämen. Dennoch wäre es unzulässig, Stil und Aktionismus, wie sie den Besen-Leuten eigen waren, mit der Meinung der überwiegenden Mehrheit der Salzburger Bevölkerung oder deren politischer Repräsentanten gleichzusetzen, daraus einen direkten Schluss auf ihr tatsächliches Benehmen Juden gegenüber zu ziehen. Propagandistisch kam es Mitte der zwanziger Jahre ohnehin zu einer merklichen Beruhigung, die – wie man wusste – nicht nur den Fremden gut tun würde, sondern auch der heimischen Wirtschaft und Bevölkerung. An dieser Linie hielt man in den verantwortungsvolleren Kreisen im Allgemeinen fest, über Wirtschaftskrise (1929) und Tausend-Mark-Sperre (1933) hinaus.

Alles Fremde wird verdächtig

Der Ersten Republik wird eine ausgeprägte Toleranz gegenüber Intoleranz attestiert.[117] Sie wurzelte unmittelbar in Umständen, die einer Großzügigkeit auch anderswo enge Grenzen gesetzt hätten:[118] Kriegspropaganda, gesteigerter Nationalismus, allgemeine Verunsicherung, Polarisierung, Kampf um knapper werdende Ressourcen – die »Magenfrage«, wie es im Sommer 1918 ein Blatt auf den Punkt brachte.[119] Sie mobilisierte aus dem kollektiven Erinnerungsraum was vielleicht trösten sollte, jedenfalls passend schien: den Hunger am Ende der Napoleonischen Kriege,[120] bezeichnenderweise assoziiert mit den »Kornjuden«, die hinter der Preistreiberei gestanden hätten.[121] Der nicht selten begründete Verdacht, es herrschten obendrein Misswirtschaft und Korruption, führte ab 1917 zu Ausschreitungen, Demonstrationen und Streiks.[122] Am 19. September 1918 zu ausgedehnten Plünderungen in der Stadt. In ihrem Verlauf wurden Hotels und

116 Dazu ausführlich Fellner (wie Anm. 21), S. 141ff.

117 Lichtblau (wie Anm. 13), S. 470.

118 Nur zwei Hinweise: Marin (wie Anm. 5), S. 27; Ernst Hanisch: Der lange Schatten des Staates. Österreichische Gesellschaftsgeschichte im 20. Jahrhundert. Wien 1994, S. 14.

119 Die Heimat, Sonntagsbeilage (u. a.) zur Salzburger Chronik, 25.8.1918, S. 186.

120 »Die Hungerjahre 1816–17«, Salzburger Chronik, 27.1.1917, S. 3.

121 Manfred Gailus: Die Erfindung des »Korn-Juden«. Zur Geschichte eines antijüdischen Feindbildes des 18. und frühen 19. Jahrhunderts. In: HZ, 272, 2001, S. 597–622.

122 Auch im Folgenden Köfner (wie Anm. 109), S. 86ff, 97ff, 260ff.

Vorratslager in Mitleidenschaft gezogen, auch Geschäfte, u.a. das einer jüdischen Familie (Schwarz) in der Altstadt, ohne dass spezifisch Judenfeindliches eine manifeste Rolle gespielt hätte.[123] Auf Versammlungen, in Zeitungsartikeln wurden die Behörden im Land, vor allem die Wiener Zentralstellen für Missstände verantwortlich gemacht. Der Fremde wird auch in ruhigeren Zeiten mit einer gewissen Ambivalenz betrachtet.[124] Schnell kursierten damals über die sich in Salzburg aufhaltenden Fremden übertrieben hohe Zahlen. Sie wurden bald Objekt behördlicher Maßnahmen. Diese reichten von einer Beschränkung der Einreise und Aufenthaltsdauer bis zur Regelung der Verabreichung von Speisen in den Gaststätten. Die positive Einstellung zum Fremdenverkehr, vor dem Krieg verbreitet, sank nach 1918 auf einen Tiefpunkt.[125] Anfang 1919 forderte der Salzburger Gemeinderat die Landesregierung auf, den Fremdenverkehr überhaupt zu unterbinden. Diese bat in der Folge das Publikum mehrmals, das Land zu verlassen, erklärte die Saison vorzeitig für beendet, zuletzt 1922, als die Währung ihren Tiefststand erreichte. Ausfluss der judenfeindlichen Prägung der öffentlichen Kultur war, dass fremd und jüdisch in diesen Jahren vielfach ineinander flossen. Zutritt haben nur Deutsche (Arier)! Juden hinaus! – Rufe dieser Art gehörten zum Repertoire, ehe sie in den Sommerfrischen für Stimmung sorgten.[126]

Den Anfang machten heimische Opfer des Krieges, Flüchtende aus den umkämpften Randzonen im Osten der Monarchie.[127] Nach seinem Ende, im Dezember 1918, sprach

123 Zeugenberichte bei Rudolf G. Ardelt (u. a.) (Hg.): Salzburger Quellenbuch. Von der Monarchie bis zum Anschluss. Salzburg 1985, S. 134ff; Ellmauer (wie Anm. 21), S. 275.

124 Z. B. Eintrag zu Fremder/Gastfreundschaft im Handwörterbuch des deutschen Aberglaubens. Hg. v. E. Hoffmann-Krayer u. H. Bächtold-Stäubli. Bd. 3. Berlin – Leipzig 1930/31, Sp. 75–78, 307–312; Alexander Demandt (Hg.): Mit Fremden leben. Eine Kulturgeschichte von der Antike bis zur Gegenwart. München 1995. Zum weiten Feld Fremdheit, Xenophobie und Xenologie: Ortfried Schäffter (Hg.): Das Fremde. Erfahrungsmöglichkeiten zwischen Faszination und Bedrohung. Opladen 1991; Alois Wierlacher (Hg.): Kulturthema Fremdheit. Leitbegriffe und Problemfelder kulturwissenschaftlicher Fremdheitsforschung. München 1993; Theo Sundermeier: Den Fremden verstehen. Eine praktische Hermeneutik. Göttingen 1996; Zygmunt Baumann: Flaneure, Spieler und Touristen. Essays zu postmodernen Lebensformen. Hamburg 1997, S. 223ff; Irene Etzersdorfer – Michael Ley (Hg.): Menschenangst. Die Angst vor dem Fremden. Berlin – Bodenheim 1999; Wolfgang Frindte (Hg.): Fremde, Freunde, Feindlichkeiten. Sozialpsychologische Untersuchungen. Opladen – Wiesbaden 1999; Erika Weinzierl – Oliver Rathkolb – Siegfried Mattl (Hg.): Justiz und Fremdenfeindlichkeit. Symposion Justiz und Zeitgeschichte 1997 in Wien. Innsbruck – Wien 1999; Janz (wie Anm. 103).

125 Schmidt (wie Anm. 81), S. 100ff. Zur ähnlichen Entwicklung in anderen Bundesländern siehe Michael Forcher: Zu Gast im Herzen der Alpen. Eine Bildergeschichte des Tourismus in Tirol. Innsbruck 1989; Günther R. Burkert – Nikolaus Hermann: Geschichte des steirischen Fremdenverkehrs. Ein Überblick. Graz – Stuttgart 1993; Gernot Heiss – Oliver Rathkolb (Hg.): Asylland wider Willen. Flüchtlinge in Österreich im europäischen Kontext seit 1914. Wien 1995, S. 18, 38; Wolfgang Quatember – Ulrike Felber – Susanne Rolinek (Hg.): Das Salzkammergut. Seine politische Kultur in der Ersten und Zweiten Republik, Grünbach 1999, S. 23.

126 Vgl. Fellner (wie Anm. 21), S. 80ff, 94, 97ff.

127 Als Bericht z. B.: Helen L. Krag: »Man hat nicht gebraucht keine Reisegesellschaft ...«. Wien – Graz –

ein sozialdemokratischer Landtagsabgeordneter im Zusammenhang mit ostjüdischen Flüchtlingen von einer Landplage, obwohl es zu diesem Zeitpunkt in Salzburg keine mehr gab. Die letzten hatten vor Monaten das Land verlassen, davor nie mehr als ein Fünftel aller Kriegsflüchtlinge (ca. 2.000 von insgesamt 10–13.000) gestellt.[128] Noch 1925 wird der Mann sie als Volksschädlinge bezeichnen, dann allerdings ihre »bodenständigen« Glaubensbrüder als brave und reelle Kaufleute in Schutz nehmen.[129] Waren sie auf der öffentlichen Bühne zumeist nur Parasiten, deren man sich schleunigst und radikal zu entledigen habe, nahm man bei direkter Konfrontation eine differenziertere Haltung ein. Ein »völkisch« eingestellter Gendarm erlebte in einer kleinen Flachgauer Gemeinde, wie sie eintrafen, die ersten nach fünfwöchiger Eisenbahnfahrt bereits im September 1914, im Jahr 1916 einmal 1000 auf einmal, und wie Flüchtlinge und Einheimische von den Behörden dabei ziemlich allein gelassen wurden. Der Anblick sei herzzerreißend gewesen: »... wie Hochschwangere, Mütter mit Säuglingen und kleinen Kindern, überhaupt ein unschuldig Volk, sein Hab und Gut zurücklassend, von der Heimat gehen musste (...). Die Bevölkerung reichte auch beim Durchzuge diesen Armen Milch, Brot und sonstige Speisen und Trank.« Dazwischen ein anderer Erzählstrang: er richtet sich weniger gegen die jüdischen, als gegen die aus dem Osten Kommenden generell – die Galizier seien faul, undankbar, verlogen, vor allem schmutzig. Auf noch abstrakterer Stufe: ihr Verrat im Krieg, zum Schaden Österreichs, sei der Grund gewesen, dass ihnen »die« hiesige Bevölkerung »eigentlich« nicht recht zugetan war.[130] Auch auf jüdischer Seite fanden sich Antipathie und Stereotypie, doch war die Bereitschaft zu helfen und das menschliche Leid in den so genannten Ostjuden zu sehen ungleich größer.[131]

Dann kamen die sonstigen Fremden, im Krieg und danach. Kein Geringerer als Stefan Zweig sprach von Aasgeiern.[132] Lebensmittelmangel und Kursverfall der Währung lockten so genannte Valutareisende an, förderten Schleichhandel und Hamsterkäufe, gleich-

---

Köln 1988, S. 69ff. Allgemein Pauley (wie Anm. 1), S. 123ff; Hödl (wie Anm. 112); Hoffmann-Holter (wie Anm. 112); Christhard Hoffmann: »Ostjuden« in Westeuropa. Großbritannien und Deutschland im Vergleich (1881–1914). In: Demandt (wie Anm. 124), S. 200–219; Rainer Bauböck: »Nach Rasse und Sprache verschieden. Migrationspolitik in Österreich von der Monarchie bis heute. Wien 1996.

128 Zahlen bei Fellner (wie Anm. 21), S. 87; Hoffmann-Holter (wie Anm. 112), S. 143.

129 Vgl. Krisch (in diesem Band).

130 Albert Umlauft: Kriegs-Aufzeichnungen 1914–1918 und Folge. Unter spezieller Berücksichtigung der örtlichen Begebenheiten von Neumarkt und Umgebung. Salzburg 1923, S. 31ff. Zum Schreckbild Osten Hoffmann (wie Anm. 127), S. 215; Heiss – Rathkolb (wie Anm. 125), S. 8. In Linz wurden Ungarn als »Hunnen« bezeichnet; Michael John: Bevölkerung in der Stadt. »Einheimische« und »Fremde« in Linz. Linz 2000, S. 124. Ich danke dem Verfasser für die freundliche Überlassung der Studie. Aus Tiroler Sicht werden noch viel später Wiener und Slawen gleichgesetzt; vgl. Mitterer (wie Anm. 103), S. 54.

131 Joseph Roth: Juden auf Wanderschaft (1927). In: Ders.: Werke. Bd. 2. Hg. v. Klaus Westermann. Köln 1990, S. 827–891. Für Salzburg Ellmauer (wie Anm. 21), S. 117 u. 178.

132 Zweig (wie Anm. 11), S. 213. Am 22.8.1920 in einem Brief: es gäbe keinen Juden, der jetzt nicht hierher komme, dieses Volk sammle sich »wie schwarze Fliegen«; Zweig (wie Anm. 108), S. 28.

zeitig die Angst vor Ausverkauf der Güter, Preisanstieg, noch größerer Not. Wie immer die amtliche Zählung, wonach im August 1919 von den knapp 1700 Fremden in der Stadt 29 Prozent jüdisch waren, zustande gekommen sein mag, im öffentlichen Diskurs war ohnehin von 70, 90 und mehr Prozent die Rede. Ein Nationalsozialist nannte Bad Gastein »Neupalästina«.[133] Die Aversion gegen Fremde, besonders gegen jüdische, hatte sich schon früher angekündigt. Bereits 1916, als Städter in Dörfern billiger zu leben hofften, wurden »besonders jene aus dem Stamme Israels« von der »Chronik« darauf aufmerksam gemacht, »... daß das Betreten der Wiesen und Aecker strengstens verboten ist und daß es nicht angeht, anstatt des Klaviers in der Heimat die Kirchenorgeln zu benützen«.[134] Letzteres dokumentiert die Abwehr einer zusätzlichen Grenzüberschreitung, die in die kulturell-konfessionelle Domäne. Kein geringer Anteil des Widerstandes gegen die Salzburger Festspiele wird sich aus derselben Quelle speisen, subtil katholisch oder derb nationalsozialistisch, zum Beispiel gegen rauchende Jüdinnen in »unseren« christlichen Gotteshäusern.[135] Im Allgemeinen stellten sich nur die Sozialdemokraten – mit Ausnahmen – gegen die Fremdenhetze.[136] Ihr oberster Repräsentant, zugleich Landeshauptmannstellvertreter, hatte Mühe, seine Rolle bei der vorzeitigen Schließung der Saison im Jahr 1922 herunterzuspielen, als die Politik wieder auf einen fremdenverkehrsfördernden Kurs einschwenkte. Er stünde dem Fremdenverkehr mit größter Sympathie gegenüber, habe damals nur versucht, Zeit zu gewinnen, die aufgeregte Bevölkerung zu beruhigen und »folgenschwere Ereignisse« zu vermeiden.[137] Dabei verfolgten Hofmannsthal und Reinhardt, die prominenten Mitbegründer der Festspiele, ein konservativ getöntes, barock-theatralisches Programm, das bemüht war, das Einheimische, Volkstümliche, weniger Hoch-Kulturelle einzubinden. Dennoch sollte gegen die Erstaufführung des »Jedermann« am 22. August 1920, gleichzeitig gegen das »jüdische Element« der Festspiele, eine Störaktion durch Zöglinge eines bekannten katholischen Internats in Szene gehen.[138] Just als die Festspiele ins Leben traten, waren die Umstände für eine breite Akzeptanz alles andere als günstig.[139] Die meisten wollten darin weder ein Friedensdenkmal sehen,[140] noch weniger sich der Hoffnung Hugo von Hofmannsthals

133 Köfner (wie Anm. 109), S. 263.

134 »Sommerfrischler«, Salzburger Chronik, 28.4.1916, S. 3. Siehe auch Ulrike Kammerhofer-Aggermann: »Volk in Tracht ist Macht!« Von der Trachtenmode zur heiligen ererbten Vätertracht. In: Trachten (wie Anm. 70), S. 261–279, hier 267.

135 Der Eiserne Besen, 22.3.1924, S. 1.

136 Ardelt (wie Anm. 123), S. 133.

137 Salzburger Volksblatt, 7.3.1923, S. 7.

138 Wurde von der Polizei aber rechtzeitig verhindert; vgl. Michael P. Steinberg: Ursprung und Ideologie der Salzburger Festspiele 1890–1938. München – Salzburg 2000, S. 161. Alma Scope: Bühnen der Volkstümlichkeit. Die Bedeutung Salzburgs und der Festspiele für die Trachtenmode. In: Trachten (wie Anm. 70), S. 241–259, hier 242ff.

139 Allgemein Stephen Gallup: Die Geschichte der Salzburger Festspiele. Wien 1989.

140 Wie von Joseph A. Lux vorgeschlagen; Salzburger Volksblatt, 8.3.1918, S. 6.

anschließen, möglichst viele Angehörige anderer Nationen mögen kommen.[141] Das Muster, das sich abzeichnete, war weder neu, noch auf Gäste, Juden oder Salzburg beschränkt. In dieser Krise kamen ausländische Arbeitskräfte, Italiener, auch Deutsche, ins Visier.[142] Im benachbarten Bayern konnte man am Höhepunkt der Ruhrkrise an Geschäften, Hotels und Restaurants die Warnung plakatiert finden: »Zutritt für Franzosen und Belgier verboten.«[143]

Rückkehr zum Pragmatismus

Der Schwenk in die Gegenrichtung erfolgte früh. Zaghaft zunächst, dann entschlossen kehrte man zur traditionellen Fremdenverkehrspolitik zurück. Sie war für das Land zu wichtig. Selbst aus der Zeit, in der alles auf die Magenfrage reduziert zu werden drohte, sind Plädoyers für die Wiederbelebung des Fremdenverkehrs zu finden. »Einerseits die ewigen Verpflegungsschwierigkeiten, andererseits der Kampf um die Zulassung des Fremdenverkehrs, welche ja nicht nur Hotels und Geschäftsleute, sondern auch ein großer Teil der übrigen Bevölkerung zur Erhaltung ihrer Existenz unbedingt benötigt.«[144] Ende 1918 wurde erwartet, was sich als völlig richtig herausstellen sollte, auch das Jahr 1919 werde schwierig werden, der Fremdenzustrom wäre somit weiter abzulehnen, doch ab 1920 müsse es wieder anders werden.[145] Tatsächlich wird man 1919 die Vergabe einer Wohnung an eine jüdische Familie in der Stadt anprangern und den Protest der hiesigen Kultusgemeinde, von der bisher »objektiven« Linie Juden gegenüber abgegangen zu sein, zurückweisen, hätte sich im Krieg doch ihre Händlernatur gezeigt. Man räumt aber »zur Ehre« der bodenständigen Salzburger Juden ein, unter ihnen dürfte es kaum viele Kriegsgewinnler geben.[146] Noch im Sommer 1920 folgt eine Polemik gegen die »Leopoldstädter ›Dirndln‹«, die des öfteren aus St. Gilgen, St. Wolfgang und »Ischeles« nach Salzburg kämen.[147] Im März 1921 wendet man sich bereits gegen Schieber und Preistreiber »aller Konfessionen«. Außerdem: »... vor jedem Fremden, der nach Salzburg kommt, ein Hakenkreuz zu schlagen, kann sich eine Fremdenstadt – und das wird Salzburg für alle Zeiten bleiben – nicht leisten.«[148] Noch wollte man zum alten Publi-

141 Vgl. Denkschrift von 1917; zit. n. Ulrike Kammerhofer-Aggermann: Kulturmetropole Salzburg. Der Festspieltourismus der Zwischenkriegszeit. In: Weltbühne (wie Anm. 15), S. 113–119, hier 113.

142 Sylvia Pelz: Ausländerbeschränkungen Österreichs in der Zwischenkriegszeit. Diplomarbeit. Universität Salzburg 1994, S. 50ff.

143 Zweig (wie Anm. 108), S. 439; Brief v. 13.7.1923.

144 Eduard Bittner: Zell am Seer Erinnerungen. o. O. 1920, S. 15. Vgl. auch Anm. 119.

145 »Deutschösterreich und der Fremdenverkehr«, Salzburger Volksblatt, 31.12.1918, S. 1.

146 Ebda., 6.5.1919, S. 5f; 30.8.1919, S. 5.

147 20.8.1920, S. 3. Hinweis bei Kammerhofer (wie Anm. 134), S. 270.

148 15.3.1921; zit. n. Gert Kerschbaumer: Die Erste Republik und der Ständestaat. In: Feingold (wie Anm. 21), S. 131–170, hier 157.

kum nicht alle Brücken abbrechen und riet, solange genügend »Arier« Zimmer bestellt hätten, diesen den Vorzug zu geben.[149] Der logische Schluss, bei mangelnder arischer Nachfrage auch jüdische zu bedienen, blieb ungesagt, lag für den Leser aber auf der Hand. Vor Ort konnte einem immer noch Bauernschläue helfen, wie dem Hotelbesitzer in St. Johann, der damit geworben haben soll, Gäste »ohne Unterschied der Religionszugehörigkeit« aufzunehmen. Mit dem Vorwurf konfrontiert, das verstoße gegen einen Beschluss der Gemeinde, habe er erwidert, sein Hotel läge außerhalb des Gemeindegebietes.[150] Im Sommer fand Reinhardts »Selbstlosigkeit« lobende Erwähnung, während der Magistrat wegen seiner Steuer- und Abgabenpolitik, die nur auf Ausbeutung der Fremden aus sei, scharf gerügt wurde.[151] Im März 1923 lautete die Devise, alles für die klaglose Approvisionierung der einheimischen Bevölkerung zu tun, was die beste Gewähr »für das Unterbleiben von Störungen« biete.[152] Oberste Maxime sei aber, in den Fremden »das Gefühl der Sicherheit …, dass sie nicht wieder weggeekelt werden«, zu wecken. Der Gegner heißt: »Anti-Fremdenverkehrs-Bewegung.« Nicht wieder »Missgriffe«, sondern »äußerste Disziplin«![153] Das war deutlich.[154] Angesichts dessen kam die erste größere Veranstaltung des Antisemitenbundes, eine Gautagung Ende Jänner 1923,[155] mit der Forderung nach Abwehrmaßnahmen gegen das »Eindringen der jüdischen Sommerfrischler« schon fast zu spät. Wirtschaft und Handelskammer wussten, worum es ging, lieferten die genauen Daten, bezeichneten die vorzeitige Beendigung der Saison 1922 einer verbreiteten, wenngleich törichten Forderung nach Fremdenkontrolle und -ausweisung wegen zwar als verständlich, in den wirtschaftlichen Auswirkungen aber als »geradezu verheerend«. Sie stellten sich klar gegen »kulturfeindliche« Vorfälle, gegen den »bubenhaften Nationalismus« auf dem früher so gastfreundlichen und nach wie vor »auf die wirtschaftliche Auswertung des Gastrechtes angewiesenen Boden Salzburgs«. Außerdem: »Nicht zu unterschätzen ist der Einfluß, den der Fremdenverkehr auf die heimische Bevölkerung (…), Erweiterung des Gesichtskreises, Läuterung der Erkenntnis und des Verständnisses überhaupt für nationale und kulturelle Eigentümlichkeiten ande-

149 23.3.1921, S. 2.

150 Volksruf, 23.6.1923, S. 5; Fellner (wie Anm. 21), S. 107.

151 Salzburger Volksblatt, 6.8.1921, S. 8.

152 Ebda., 8.3.1923, S. 4.

153 3.3.1923, S. 1f.

154 Eine Spur deutlicher reagierte man in Ischl auf die Anfrage, wie man es mit Israeliten als Sommerfrischler halte. Auf deren Besuch sei die ganze Bevölkerung »… schon seit einer langen Reihe von Jahrzehnten vollkommen eingestellt (…) und dieselben (wären) selbstredend weder von seiten der Bevölkerung noch den lokalen Aemtern und Behörden auch nur dem Schein von Anfeindungen ausgesetzt (…)«. Gemeindearchiv Ischl, 19./27.4.1923. Zit. n. Karin Feichtinger: »Bad Ischl lebt und stirbt mit dem Fremdenverkehr«. Die Entwicklung des Fremdenverkehrs in Bad Ischl unter besonderer Berücksichtigung der Zwischenkriegszeit. Diplomarbeit. Universität Salzburg 1992, S. 87.

155 Die »Chronik« berichtet recht freundlich darüber; Salzburger Chronik, 4.2.1923, S. 5; Fellner (wie Anm. 21), S. 101f.

rer Völker nehmen sollte.«[156] Die Festspielhausgemeinde hatte mit Blick auf das Salzkammergut bereits im Jahr 1921 gemeint: »Über Nacht kam der Umschwung. (…) die Bewohner des schönen Seengebietes selbst sind gewillt, freundlichere Saiten anzuschlagen und die Fremden, denen sie im Vorjahre noch nicht über die Gasse trauten, mit größerer Herzlichkeit aufzunehmen.«[157] So oder ähnlich sah man die Dinge aber keineswegs nur in städtischen Büros. Den Übergang von der Abschließung zur Öffnung illustriert das Geschehen im kleinen Fuschl.[158] Für 1918 notiert die Schulchronik: »Trotz mehrfachen Abratens wurde das Dorf im Sommer von Sommerfrischlern bewohnt, welche nicht nur alle Lebensmittel verteuerten, sondern auch alles Erreichbare zusammenkauften.« Nur zwei Jahre später beherbergte der Lehrer in der Schule wieder Gäste, und zwar die im Ort seit Jahren bekannte Wiener Arztfamilie Friedländer. 1919 waren insgesamt bereits wieder 94 »Stadtleut« zu Gast, davon 73 aus Wien. 1920 kletterte die Zahl auf 169, 1925 auf über 300. Ein Rückblick auf die unmittelbare Vergangenheit Neumarkts am Wallersee, wo zwischen 1920 und 1922 wegen der schlechten Ernährungslage bis zu 250 Kinder von einer amerikanischen Hilfsorganisation betreut werden mussten, kam ohne die geringste antisemitische Andeutung aus und berichtete erfreut über die wieder in Gang kommende Fremdenindustrie, denn »das Blühen und Gedeihen des Marktes Neumarkt und das Heben des Rufes (sei) nur im Anziehen von Fremden, d.h. Sommerfrischlern (…)« zu suchen.[159] Die Gäste kamen, wie die Statistik belegt, in immer größerer Zahl und machten die Jahre von 1924 bis 1929 zu den »tollen« zwanziger Jahren des Salzburger Fremdenverkehrs. Die heimische Bevölkerung profitierte unmittelbar. 1930 war jeder fünfte Berufstätige im Beherbergungswesen beschäftigt, im gesamtösterreichischen Durchschnitt waren es nur acht Prozent. Die Einstellung der Bevölkerung zum Fremdenverkehr wandelte sich, so die plausible Annahme, wieder zum Positiven.[160] Dem entspricht der Befund, der sich ergibt, wenn man ein breiteres Spektrum der veröffentlichten Meinung in die Betrachtung einbezieht. Die jedenfalls atmosphärische Fremdenvertreibung nach dem Krieg wurde als »ein ungeheurer Unsinn« bewertet.[161] Das »Volksblatt« versuchte sogar, das neue Festspielhaus als »Volkshaus« zu

---

156 Erich Gebert: Die wirtschaftlichen Auswirkungen des Fremdenverkehrs für Salzburg. Salzburg 1923, S. 3, 16. Vgl. auch ders.: Wirtschaftspolitik und Fremdenverkehr. Salzburg 1926. Gebert war Sekretär der Handelskammer. Er fand als Fachmann Erwähnung im renommierten Handbuch der Staatswissenschaften; Wilhelm Morgenroth: Fremdenverkehr. In: Handwörterbuch der Staatswissenschaften. Hg. v. Ludwig Elster, Adolf Weber u. Friedrich Wieser. Bd. 4. Jena 1927, S. 394–409, hier 409. Nach 1938 bekleidete er eine hohe SS-Funktion. Dazu Ernst Hanisch: Wirtschaftswachstum ohne Industrialisierung. Fremdenverkehr und sozialer Wandel in Salzburg 1918–1938. In: Weltbühne (wie Anm. 15), S. 104–112, hier 106.

157 Festschrift 1921, Reihe »Moderne Welt«; zit. n. Feingold (wie Anm. 21), S. 191.

158 Auch im Folgenden Ziller (wie Anm. 31), S. 113 u. 192f.

159 Albert Umlauft: Geschichtliches aus Neumarkt und Umgebung. Salzburg 1923, S. 21ff, bes. 26.

160 Stadler (wie Anm. 14), S. 263ff; Schmidt (wie Anm. 81), S. 109.

161 Salzburger Gebirgs-Zeitung, 23.8.1924, S. 1.

präsentieren.[162] Die »Wacht« wünschte sich verständlicherweise die Tore der Stadt für weniger geldkräftige Schichten weiter geöffnet sowie Investitionen in die Infrastruktur, die den Fremden und Einheimischen »aus allen Konfessionen« zugute kommen sollten.[163] Im Fremdenverkehr sah sie eindeutig die »Hauptindustrie« der Alpenländer.[164] Zu diesem Zweck sollte die Kenntnis des Englischen breit gefördert werden.[165] Über die nicht nur von Hunger, sondern auch von Fremdenfeindlichkeit geprägten Ereignisse am 19. September 1918 meinte sie eine Dekade später: »Erst zehn Jahre ist es her! Wie weit liegt das alles zurück!«[166] Dass Presseorgane, die dem Fremdenwesen näher standen, sich positiv äußerten, überrascht noch weniger. »In der Fremden-Industrie ruht die Kultur in dem *kultivierten Verkehr* der Menschen miteinander. Der aus der engeren oder weiteren Fremde zugereiste Besucher muß sich ›zuhause fühlen‹. Der Einheimische den Fremden wie einen guten, alten Freund behandeln.«[167] Wenn sich Dorfpfarrer, eine auf dem Land bedeutende Instanz der Meinungsbildung,[168] zugleich ein wichtiges Segment der Leserschar der »Chronik«, in den zwanziger und dreißiger Jahren noch gelegentlich gegen den Fremdenzustrom aussprachen,[169] da sie Sittlichkeit und Glauben gefährdet sahen, war das sicher nicht der einzige Grund dafür, dass dieses Blatt bei einer ambivalenten Haltung blieb. Sie folgte außerdem einer langen Tradition und berühmten Vorbildern.[170] Anlässlich der Jubiläumsfeierlichkeiten in Hofgastein wies sie 1928 dennoch anerkennend auf die immer internationaler werdende Kurliste hin, in der sogar die Namen vieler Exoten aufschienen: Japaner, Chinesen, Ägypter ... Die meisten der europäischen Gäste kämen freilich nach wie vor aus Deutschland.[171] Mitte der zwanziger Jahre hielt sie ein »Völkergemisch« mit dem grundsätzlich deutschen Charakter der Stadt und des Landes für vereinbar.[172] Mehr noch: Kein Fremder dürfe in einer Fremdenstadt, die Publikum

162 Salzburger Volksblatt, 2.9.1925, S. 4.

163 Salzburger Wacht, 12.7.1927, S. 7f; 21.7.1928, S. 5. Deshalb auch die andere Haltung in der Debatte über die Fremdenzimmerabgabe; ebda., 17.11.1927, S. 5f.

164 Ebda., 26.1.1928, S. 5.

165 6.4.1929, S. 6.

166 19.9.1928, S. 4.

167 Salzburger Fremdenpost, 1.6.1929, S. 1.

168 »Milieumanager«, so Olaf Blaschke: Wie wird aus einem guten Katholiken ein guter Judenfeind? Zwölf Ursachen des katholischen Antisemitismus auf dem Prüfstand. In: Ders. – Aram Mattioli (Hg.): Katholischer Antisemitismus im 19. Jahrhundert. Ursachen und Traditionen im internationalen Vergleich. Zürich 2000, S. 77–109, hier 100.

169 Hanisch (wie Anm. 156), S. 110.

170 Wie dem Reimmichl in Tirol. Wolfgang Hackl: Der Gast als Bedrohung. Reimmichls Kulturkampf gegen den Fremdenverkehr. In: Literatur und Sprachkultur in Tirol. Hg. v. Johann Holzner, Oskar Putzer, Max Siller. Innsbruck 1997, S. 359–379.

171 »Hier ist der Anschluß vollzogen«. Salzburger Chronik, 25.4.1928, S. 4.

172 »Das kosmopolitische Salzburg«, ebda., 1.12.1927, S. 7.

auf Dauer anlocken will, »böse« Erfahrungen machen.[173] Nicht immer hielt das christlichsoziale Organ diese Position durch, berichtete, wenn anderswo über das Verhalten orthodoxer Juden in Kurorten geklagt wurde,[174] versuchte, es vor der eigenen Tür allen recht zu machen. Am Beispiel eines antisemitischen Vorfalls in Mattsee im Jahr 1927: der jährliche Beschluss des Gemeinderats gegen jüdische Gäste, der jüngste Vorfall, bei dem »semitische« Sommergäste durch eine Katzenmusik verjagt werden konnten, verdienten Anerkennung. Aber die »Methode« wäre verfehlt.[175] Auskunft darüber, was eine weniger verfehlte wäre, suchte der Leser vergeblich. Wenige Tage davor und danach fand er über denselben Ort, der vielleicht sogar einmal das österreichische Franzensbad werde, Berichte ohne jede antijüdische Anspielung, weder im Zusammenhang mit einem bekennenden Judenfeind noch mit der gern zitierten Wiener Autorität, Hofrat Professor Eiselsberg.[176] Auf höchster Ebene herrschte wenig Zweifel. Landeshauptmann Rehrl betonte 1925 bei der Eröffnung des Landtages, der Fremdenverkehr bedürfe »noch sorgfältiger, zielbewußter und sachverständiger Arbeit«.[177] Drei Jahre später, beim 300-Jahr-Jubiläum des Domes, nannte er Salzburg programmatisch ein Kultur- und Geisteszentrum.[178] Freilich schwankte die Haltung sogar bezüglich der Großen der Zeit. Anlässlich des Todes von Hofmannsthal wurde im Salzburger Gemeinderat eine Trauerkundgebung abgehalten und es folgten anerkennende Nachrufe.[179] Max Reinhardt wurde vom Land 1930 geehrt, Werk und 50. Geburtstag Stefan Zweigs 1931 in der Presse gewürdigt.[180] Andererseits fand kein Stadt- und Landespolitiker Zeit, Zweig persönlich zu gratulieren.[181] Gegen Provinzialität bei der Fremdenverkehrswerbung sprach sich scharfzüngig ein junger, in Wagrain wohnhafter Schriftsteller des Landes aus. Über die Existenzberechtigung der Festspiele entscheide längst die Welt, nicht Krähwinkel: »Es kommt jetzt nicht mehr darauf an, ob die Salzburger ›Festspiele‹ haben, daß sie verdienen, sondern ob die Salzburger verdienen, daß sie Festspiele haben.«[182] Eine würdige

173 1.9.1927, S. 1.

174 18.9.1928, S. 3f.

175 »Verfehlter Antisemitismus«, 16.8.1927, S. 5.

176 2.7.1927, S. 5; 24.8.1927, S. 4.

177 17.11.1925; Verhandlungen des Salzburger Landtages. Nach den stenographischen Berichten. Salzburg 1925, S. 42; Fellner (wie Anm. 21), S. 98.

178 Franz Rehrl: Salzburg als Kultur- und Geisteszentrum. In: Dreihundert Jahre Salzburger Dom 1628–1928. Salzburg 1928, S. 6f.

179 Salzburger Volksblatt, 16.7.1929, S.1f; 17. 7.1929, S. 2; 19.7.1929, S. 4; Salzburger Wacht, 16.7.1929, S. 1.

180 Z. B. Salzburger Volksblatt, 2.10.1931, S. 6f; 28.11.1931, S. 7f.

181 Scope (wie Anm. 95), S. 198, 202.

182 Karl Heinrich Waggerl: »Festspiele und Sommerfrischen«, Salzburger Volksblatt, 19.1.1929, S. 6. Freilich werden Widerstände bei Wiener Behörden in die Nähe des Bolschewismus gerückt, dem es noch gelingen könnte, die Unternehmungslust der Provinzler zu dämpfen. Ders.: »Fremdenverkehrshindernisse«, ebda., 7.6.1929, S. 5f. Zum Kontext Karl Müller: Karl Heinrich Waggerl. Eine Biographie mit Bildern, Texten und Dokumenten. Salzburg – Wien 1997, S. 98.

Einrichtung wie die Gesellschaft für Landeskunde, die schon 1913 die historische Studie des Rabbiners zur Geschichte der Juden im Land anerkennend rezensiert hatte, tat das 1930 erneut.[183] Sie vergaß in dem Nachruf auf eine bekannte Persönlichkeit nicht, daran zu erinnern, diese hätte aus »überzeugungstreue(m)« Liberalismus gegen »die Ausschreitungen des Antisemitismus« ebenso wie für die Hebung des Fremdenverkehrs gekämpft.[184]

Je näher man dem örtlichen Geschehen kommt, desto plastischer, auch zwiespältiger kann es werden. Das bei der Kundschaft beliebte Kaufhaus Schwarz im Zentrum der Landeshauptstadt, in antisemitischen Kreisen entsprechend verschrien, war selbstverständlich im Inseratenteil einer repräsentativen Publikation des Landesverbandes für Fremdenverkehr vertreten.[185] Wollte ein Gast sich mithilfe eines praktischen Planes in der Stadt zurechtfinden, fand er die Synagoge in der Lasserstraße eingezeichnet und als eine der Sehenswürdigkeiten genannt.[186] Umgekehrt in einem Wegweiser durch die Sommerfrischen des Landes keinen Hinweis auf etwaige judenfeindliche Präferenzen.[187] Auch nicht bei jenen mit entsprechenden Beschlüssen, wie Mattsee, Oberndorf, Neumarkt, Mittersill. Sie selbst hielten sich offenbar an die gleiche Linie. Die Arbeiterschaft, die unmittelbar vom Fremdenverkehr kaum Vorteil habe, hätte möglicherweise, so heißt es einmal, früher Gästen ablehnend gegenübergestanden. Heute träfe man, wie man in Hallein sehe, bei ihr im Gegenteil auf größtes Entgegenkommen, was beweise, dass selbst eine Fabrikstadt Fremdenstadt sein könne.[188] Die Bewohner der beliebten Sommerfrische St. Johann wären zwar »kerndeutsch«, da sie an den alten Sitten, Gebräuchen und Trachten festhielten, gleichzeitig ein fleißiges, entgegenkommendes Volk. Der Ort biete auch einem Großstadtpublikum alles, u. a. ein Wiener Kaffeehaus, Wiener und Münchener Zeitungen.[189] Parallel dazu finden sich im Schriftgut des örtlichen Turnvereines Rassenreinheit, Arierparagraph, Kampf gegen die jüdische Fremdherrschaft, der Verweis auf sogenannte arische Geschäfte u. ä. Topoi des antisemitischen Diskurses. Gleichzeitig eine Werbung für den Ort als Sommerfrische und Wintersportplatz ohne solche Beimen-

183 MGSLK, 53, 1913, S. 375; ebda., 70, 1930, S. 176f. Würdigte aber auch Josef Eder, einen Hobbyhistoriker und gelegentlichen Fremdenführer, dessen »Juden in Salzburg« 1925 im »Eisernen Besen« und als Sonderdruck erschienen waren. Josef Eder: Die Juden in Salzburg. Tatsachen aus dem Mittelalter. Die Entwicklung der Blutsauger. Salzburg 1925. Nachruf in: MGSLK, 76, 1936, 197f; ähnlich Salzburger Volksblatt, 28.11.1935, S. 6.

184 Nachruf auf Josef v. Doblhoff; MGSLK, 68, 1928, S. 180f.

185 Salzburg. Stadt und Land. Hg. v. Landesverband für Fremdenverkehr in Salzburg. 2. Aufl. Salzburg 1925.

186 Fremdenführer zu den bedeutendsten Sehenswürdigkeiten der Landeshauptstadt Salzburg. Salzburg 1925, Nr. 57 (UB-Salzburg, Signatur 7118 IV).

187 Wegweiser durch die Sommerfrischen Österreichs, zugleich Reiseführer für Wanderer. Hg. v. Anton Giegl. Bd. 4: Salzburg. Wien 1925.

188 »Hallein – eine Fremdenstadt?«, Volksfreund, 17.11.1928, S. 1.

189 St. Johann im Pongau (Land Salzburg). Beliebte Sommerfrische. St. Johann i. Pg. 1925, S. 20f. Vgl. auch Eduard Baumgartner: St. Johann. Eine geschichtliche Skizze. Salzburg 1926, S. 14.

gung.[190] Im Jahr 1930 musste man in der Gemeinde jedenfalls aufgrund einer Beschwerde einen judenfeindlichen Beschluss zurücknehmen.[191] Zur selben Zeit wollten es die Tamsweger der Bevölkerung überlassen, wieweit sie dem Aufruf von 1922, jüdische Gäste fernzuhalten, folgen wollte.[192] Selbst im notorisch toleranten Bad Gastein wurde nicht nur auf einer Bühne gespielt. Die örtliche Sektion des Alpenvereins verbuchte es als Erfolg, die »Absicht des jüdischen Alpenvereins ›Donauland‹, mitten in unserem Arbeitsfeld, im Naßfeld, sich niederzulassen und das Valeriehaus käuflich zu erwerben, ohne uns als heimische Sektion zu befragen«, rechtzeitig entdeckt und verhindert zu haben.[193] In Zell a. S. koexistierten betont völkische Sprachelemente ohne Schwierigkeit mit einer auf Hofmannsthals berühmter Vorlage sich stützenden »Jedermann«-Version in Mundart; ebenso mit »Mammon«, einem von Ottilie Lukàcs, wie lobend erwähnt wird, zu einem Volksschauspiel umgearbeiteten Mysterienspiel, in welchem die Figur des Ahasver nicht wird, was bei entsprechender Absicht spielend aus ihr hätte werden können.[194] Selbst bei einem so kritischen Thema wie dem der Hostienschändung war es möglich, ohne Seitenhieb auf die Juden auszukommen und nur von Aberglauben zu reden.[195]

Städtische und dörfliche Mentalität wurden dennoch nicht über Nacht eins. Damen mit rot lackierten Zehennägeln konnten einen Schock auslösen.[196] Anderes wurde von der regionalen, doch urbanen Presse selbst zur Provinzposse degradiert, wie die Regelung der Badezeiten in Abtenau. Die einheimische Bevölkerung musste nach Geschlechtern getrennt baden, die Fremden durften das – unter dem Titel Familienbad – ungetrennt.[197] Solche Spannung, aber auch die zu Tage getretene Offenheit ist im Auge zu behalten, wenn jenes Ensemble die Bühne betritt, in dessen Repertoire die Störung jüdischer Sommerfrischler im Zentrum steht.

---

190 Festschrift zum 2. Gauturnfest des Turngaues Salzburg und 50jährigen Gründungsfest des Turnvereines St. Johann im Pongau. St. Johann i. Pg. 1927, S. 23ff.

191 Lichtblau (wie Anm. 13), S. 469.

192 Was der »Union« Grund genug war, von einem Besuch abzuraten; Die Wahrheit, Nr. 31, 1930. Zit. n. Albert Lichtblau: Die Chiffre Sommerfrische als Erinnerungstopos. Der retrospektiv-lebensgeschichtliche Blick. In: Erinnerung als Gegenwart. Jüdische Gedenkkulturen. Hg. v. Sabine Hödl u. Eleonore Lappin. Berlin – Wien 2000, S. 89–128, hier 113.

193 (Ludwig Neumayr): 50 Jahre Sektion Bad Gastein des D. u. Oe. Alpenvereins. Bad Gastein 1933, S. 12; Eintrag für 1923. Allgemein Rainer Amstädter: Der Alpinismus. Kultur, Organisation, Politik. Wien 1996.

194 Pinzgauer Volkstrachten-Spiele in Zell a.S. Salzburg 1924, S. 9ff.

195 »Hostienschänder in alter Zeit«, Salzburger Volksblatt, 8.4.1931, S. 9.

196 Nach Zuckmayer; vgl. Georg Rigele: Kulturschock am Lande. Tourismus und Fremdenverkehr in den dreißiger Jahren. In: Jan Tabor (Hg.): Kunst und Diktatur. Architektur, Bildhauerei und Malerei in Österreich, Deutschland, Italien und der Sowjetunion 1922–1956. Bd. 1. Baden 1994, S. 252–259, hier 253.

197 »Salomo in der Sommerfrische«, Salzburger Volksblatt, 12.7.1927, S. 6. Vier Jahre später taucht das Bad in einer Liste judenfeindlicher Sommerfrischen auf; Der Eiserne Besen, 10.7.1931, S. 4.

Der Sommerfrischen-Antisemitismus

Das Phänomen kann aus der Sicht der Vorurteilspsychologie als eine Mischung aus Vermeidung und Diskriminierung gewertet werden;[198] verletzt aus dem Blickwinkel sozialer Konventionen bewusst die beiden Prinzipien, wonach ein Gast zu versorgen und im Notfall zu schützen ist;[199] wurzelt – im engeren historischen Kontext gesehen – unmittelbar in der Krise nach Ende des Krieges. Zwischen 1919 und 1922 mehrten sich die gästefeindlichen Aktionen, wurde der Slogan, die Orte »judenrein« zu halten, zum Schlachtruf der Salzburger Berufsantisemiten, im Besonderen des Antisemitenbundes (ab 1921) und des »Eisernen Besens« (ab 1923). Was letzteren angeht zu einem Zeitpunkt, als die sozioökonomischen Voraussetzungen sich bereits wieder in die Gegenrichtung zu entwickeln begannen (Stabilisierung der 1920er) und der vorher tief in das bürgerliche Lager hineinreichende antisemitische Konsens abbröckelte, aus volks- und betriebswirtschaftlichen Erwägungen heraus zum Teil zerbrach. Zwar verschwand das Thema nicht. Es wurde von den einen verbissen verfolgt, von anderen – zustimmend, spöttisch – belächelt, von einigen, deutlich geringer an Zahl und überwiegend jüdisch, in den Medien und juristisch bekämpft, soweit das möglich war. Die Große Politik im Land entfernte sich rasch von solcher Besen-Politik. Weniger eindeutig fiel aus, was sie dazu sagte, im vertrauten Kreis, öffentlich mitunter, vor allem was sie dagegen zu unternehmen gedachte. Am Beispiel des regionalen Zentrums gesagt: Das offizielle Salzburg schaffte die Metamorphose von der Saison- zur Festspielstadt,[200] aber keine Metamorphose des antisemitischen Codes.

Zurecht wurde die nicht neue, doch nach 1918 radikal erhobene Forderung nach Separierung der Juden von den – Christen, Deutsche oder Arier genannten – Nichtjuden in der Forschung als Apartheidsdenken beschrieben.[201] Vieles an ihm wies aber über eine bloße Trennung oder Zurückstufung hinaus, auf eine – wie immer durchzuführende, worauf immer hinzielende – Ausschaltung, Abschiebung, Beseitigung, Lösung. Das überschritt die Grenze klassischer Apartheid. Der Ruf nach »judenreinen« Sommerfrischen zielte nicht auf eine abgesonderte Unterbringung oder getrennte Ansiedlung, sondern auf die grundsätzliche Fernhaltung. Die Phantasie eilte den genauen Vorstellungen, vor allem den realen Möglichkeiten wieder deutlich voraus. Man verzeichnete dennoch Etappensiege, oder sollte es heißen: Geländegewinne?

Zunächst ein unmöglicher Vergleich: Dass kurz nach 1945 trotz Holocaust noch antijüdische Stereotype in der Bevölkerung, bei Salzburgern zum Teil mehr als bei anderen

---

198 Gordon W. Allport: Die Natur des Vorurteils. Köln 1971, S. 28f., 64ff.

199 Karl R. Wernhart: Rituale der Gastlichkeit. Kulturanthropologische Universalien. In: Kammerhofer (wie Anm. 15), S. 23–33, hier 30.

200 Hoffmann (wie Anm. 81), S. 50.

201 Lichtblau (wie Anm. 13), S. 465ff; ders.: Partizipation und Isolation. Juden in Österreich in den »langen« 1920er Jahren. In: Archiv für Sozialgeschichte, 37, 1997, 231–253, hier 248ff.

Österreichern,[202] verbreitet waren, schockierte einerseits, war andererseits bei der Langsamkeit, mit der tiefere Veränderungen in Kultur und Mentalität vor sich gehen, nicht überraschend. Aufgrund der offiziellen Ächtung fand sich ein öffentliches Bekenntnis zur Judenfeindschaft nach 1945 allerdings einer ungewohnten Gefahr, der Sanktion, ausgesetzt. Davor war das Spiel nach ganz anderen Regeln gespielt worden. Die Folge: ein Antisemitismus ohne Antisemiten.[203] Er konnte außerhalb Wiens fast überall an einen Antisemitismus (beinahe) ohne Juden anknüpfen. Noch um 1970/90 waren bei Befragungen zwischen 40 und 60 Prozent der Überzeugung, ein Jude bleibe immer Jude und fremd. Wollten zehn Prozent eine Wohnung nicht an einen Juden vermieten, zwanzig Prozent kein Land an ihn verkaufen. Welches Ergebnis hätten diese Umfragen zutage gefördert, wären die öffentlichen Normen andere gewesen? Ebenso wenig ist bekannt, wie viele Grundbesitzer und Zimmervermieter sich in den Sommerfrischen nach 1918 weigerten, jüdische Interessenten zu akzeptieren. Selbst wenn man von den unterschiedlichen Normen um 1920 und um 1980 absieht, erscheint ein Prozentsatz von zehn bei Wohnungs-, von zwanzig bei Grundverweigerern sogar für die Zeit nach dem Ersten Weltkrieg als hoch. Jedenfalls spricht wenig für die Annahme, damals hätte im Durchschnitt jede zehnte, gar jede fünfte Gemeinde jüdischen Gästen per Gemeinderatsbeschluss klargemacht, dass Juden auf ihrem Gebiet nichts zu suchen hätten. Das ist zu bedenken, wenn im Folgenden von solchen Vorfällen die Rede ist.

»Der Eiserne Besen« – laut, eindeutig und widersprüchlich

1921 in Wien gegründet, übersiedelte der »Eiserne Besen« im Herbst 1923 nach Salzburg, um hier bis zum Sommer 1932 zu überleben.[204] Er war das Wochenblatt des Antisemitenbundes. Seine aktiven Mitarbeiter rekrutierten sich, soweit bekannt, überwiegend aus den Reihen der Salzburger Nationalsozialisten. Schon in seiner ersten Nummer erschien ein Artikel mit der Überschrift »Sperrt die Juden aus den Sommerfrischen (...)«.[205] Darin wird berichtet, die Ortsgruppen Seekirchen, Oberndorf und St. Johann hätten in der jeweiligen Gemeindestube die Erklärung durchzusetzen gewusst, dass Juden als Sommergäste unerwünscht seien. Bis 1924 werden Berichte dieser Art öfter folgen, dann in größerer Zahl erst wieder in den Jahren 1929/30, meist in Form längerer Artikel zur Lage in ganz Österreich. Bei näherem Hinsehen entpuppen gerade die sich

202 Alfred Hiller: Amerikanische Medien- und Schulpolitik in Österreich (1945–1950). Phil. Diss. Wien 1974, S. 160–166. Jetzt Ingrid Bauer: »Von nützlichen und lästigen, erinnerten und vergessenen Fremden«. Besatzungssoldaten, Displaced Persons und das Österreichische Gedächtnis. In: Zeitgeschichte, 27, 2000, S. 150–170, hier 162f.

203 Im Folgenden Weiss (wie Anm. 104), bes. S. 123; Marin (wie Anm. 5), bes. S. 541, 550, 572, 678f.

204 Im Folgenden Fellner (wie Anm. 21), S. 141ff.

205 Der Eiserne Besen, 10.9.1923, S. 4.

als zweideutig. Der letzte, vom August 1930, trägt die Überschrift »Die Krise in den Sommerfrischen«.[206] Dahinter stehen, wie man einräumt, einerseits Beschwerden, etwa der Union Österreichischer Juden an das Bundeskanzleramt. Man spricht von Frechheit, »Juden-Liebedienerei« der Behörden. Andererseits verhüllt die radikale Phrase schlecht die defensive, zum Teil depressive Note. Ihr blieb kaum mehr, als an die eigenen Leute zu appellieren, selber »arische« Orte zu bevorzugen und Juden, wo immer es geht, auszuweichen. Vielleicht könne ein großer »deutsch-arischer Sommerfrischenverband« helfen. Dann: es komme »leider so selten« vor, dass den Juden entgegengetreten werde. Die »ohnehin wenigen« Sommerfrischen, die nur »Arier« zuließen, rechtfertigten nicht, was man den Antisemiten vorwerfe, nämlich schuld an Einbußen im Fremdenverkehr zu sein.[207] Das gewährt Einblick in die eigene Schwäche. Man muss den Besen-Leuten aber zugestehen, bessere Zeiten gesehen zu haben und um eine Formulierung grundsätzlicher Ziele nie verlegen gewesen zu sein. Das achte der »10 Gebote für den Antisemiten« lautete: »Du sollst deinen Besitz weder an Juden verpachten, noch verkaufen, auch sollst du keine jüdischen Mieter und Sommerparteien nehmen.«[208] Unter Punkt Vier der »zehn Grundsätze der Arier« hieß es über den Juden: »Er ist Ausländer, Volksfremder, der nur Gastrecht unter uns genießt, und zwar ausnahmslos in mißbräuchlicher Weise.«[209] Humorvoller und ortsbezogener konnte man es auch gereimt lesen.[210] Aus beiden Prämissen folgt, was zum Standardrepertoire des Blattes gehört: 1. Propagierung der Idee »arischer« Sommerfrischen, Veröffentlichung von Listen für Interessierte, Bericht über das, was man selbst als Erfolg betrachtet. 2. Lautstarke Klage über gegenteilige Zustände und Entwicklungen, also über die herrschende oder drohende »Verjudung«. 3. Wesentlich kleinlauter, wenngleich in mehreren Anläufen versucht, die über den Verrat von Volks-, Rasse-, gelegentlich sogar Parteigenossen, wenn sich herausstellt, dass sie sich nicht an die »arischen« Grundsätze halten, sei es unbeabsichtigt, sei es wider besseres Wissen.

Die Aussagen des Blattes zum Sommerfrischen-Antisemitismus stellen für den Historiker eine wertvolle und unerlässliche, aber auch eine unzuverlässige Quelle dar, abgesehen davon, dass das von den Autoren intendierte Bild hier ebenso wenig wie anderswo mit den Tatsachen gleichzusetzen ist. Geht man den Angaben systematisch nach, bleibt am Ende mehr Ungewissheit als Klarheit. Beim Versuch zu quantifizieren wird das rasch deutlich.[211]

---

206 Ebda., 8.8.1930, S. 4. Vgl. im Folgenden auch »Judenreine Sommerfrischen«, 13.7.1929, S. 1; »Judenfrage und Sommerfrischen«, 11.7.1930, S. 2.

207 11.7.1930, S. 2; 8.8.1930, S. 4.

208 18.12.1923, S. 2.

209 1.2.1929, S. 1.

210 »An die Juden Salzburgs«, 6.3.1925, S. 5. Darin u. a. »Seid vernünftig und räumt endlich das Feld (…), Hört auf uns, sonst ist es zu spat (…), Wenn vereint wir mit dem deutschen Land, Wir anstreiten euch mit starker Hand, Dorthin, wo einst vertrieb euch der Aegypter Wut …«.

211 Die Zahlen der Tabelle stützen sich, von verstreuten Einzelmeldungen abgesehen, auf die Angaben im Eisernen Besen: 21.5.1927, S.3f; 13.7.1929, S. 1; 10.7.1931, S. 4. Zusätzlich auf »Die Stunde« (Wien),

Zählt man die Nennungen »arischer« Sommerfrischen und Orte, an denen jüdische Gäste unerwünscht seien, zusammen, ergeben sich folgende Werte:

Sommerfrischen-Antisemitismus

Nennungen			
Österreich	davon Salzburg	davon mit Beschluss des Gemeinderats	Jahr
41	9	4	1927
74	8	3	1929
83	9	?	1931

Es ist unwahrscheinlich, dass die erheblichen Unterschiede reale Verschiebungen widerspiegeln, viel eher wechselnde Maßstäbe und Zufälle bei der Erhebung. Auch ist selten zu erkennen, wie entschieden und in welcher Form eine Gemeinde, ein Hotelier, ein Zimmervermieter seine Gesinnung kundgetan hat. Gemeinden, von denen es heißt, sie hätten offiziell einen derartigen Beschluss gefasst, stehen in einer Reihe mit ganz anderen Fällen. Wie die Zusätze verraten, genügte es, als Ort (z. B. Zell a. See) oder als ganzer Landstrich (z. B. Zillertal) in die Liste aufgenommen zu werden, wenn nur ein oder zwei Häuser sich als christlich-arisch deklariert hatten, dass das Briefpapier eines Gastgebers oder ein Gebäude ein Hakenkreuz aufwies, dass es im Ort zu einem antisemitischen Vorfall gekommen war. Interessant ist, dass diese Heterogenität weder die Antisemiten noch die auf jüdischer Seite dafür Verantwortlichen gekümmert haben dürfte, sicher aus ganz unterschiedlichen Motiven. Waren die einen über jeden Erfolg froh, versuchten die anderen, die Glaubensbrüder so gut als möglich zu warnen.[212] Ein verlässliches Resümee lässt sich auf dieser Grundlage nicht ziehen. Zu unklar bleibt das Ausmaß der Verzerrung durch Wissensstand und Interessenlage des »Eisernen Besens«. Vorbehaltlich dieser Einschränkung zeichnen sich für den Raum Salzburg Konturen ab:[213]

- eine besonders aktive Ortsgruppe des Antisemitenbundes war eine gute Voraussetzung für Sommerfrischen-Antisemitismus,
- das nördliche Flachland (Seengebiet) und das obere Salzachtal treten mehr in den Vordergrund als andere Regionen,
- zum »harten Kern« dürften folgende Gemeinden gezählt haben – einige von ihnen werden auch mehrfach mit relevanten Gemeinderatsbeschlüssen in Verbindung ge-

10.7.1929, S. 6, mit einer von der »Union« im Zusammenhang mit der Beschwerde beim Bundeskanzleramt zusammengestellten Liste. Die 58 Fälle, die Lichtblau (wie Anm. 13, S. 466) für ganz Österreich nennt, liegen demnach etwa in der Mitte, mit 11 für Salzburg darüber. Seine Sammelliste für die ganze Erste Republik kommt auf 119 Nennungen, davon 14 für Salzburg. Sie verändert das Bild m. E. nicht entscheidend; vgl. Lichtblau (wie Anm. 192), S. 121f.

212 Die »Union« richtete 1933 eine eigene Informationsstelle ein; Lichtblau (wie Anm. 192), S. 112.

213 Dazu bereits Fellner (wie Anm. 21), S. 105f.

bracht: Seekirchen, Oberndorf, Mattsee, Seeham b. Mattsee, Neumarkt a. Wallersee; St. Johann i. Pongau, Mittersill, Tamsweg, Wald i. Oberpinzgau;
- wenn es stimmt, dass alle Salzburger Fremdenverkehrsorte Hochburgen der NSDAP waren[214] – Zell a. S. besaß bereits 1922 einen Bürgermeister dieser Partei –, dürfte die Frage jüdischer Gäste dafür kaum eine Rolle gespielt haben, das vielmehr mit einer strukturellen Voraussetzung zusammenhängen, nämlich dem jeweils relativ hohen Anteil der im tertiären Sektor Beschäftigten.

Eine Erfolgsgeschichte, wie sie der »Eiserne Besen« gerne berichtet hätte, trug sich vor seiner Salzburger Zeit in Seekirchen zu, in einem Ort, der eine starke deutschnationale Tradition aufwies, gleichzeitig um Fremdenverkehrsförderung bemüht war.[215] Ein nationalsozialistisches Blatt berichtet, am Sonntag, dem 30. Juli 1922, hätten sich Hunderte Bewohner im Bräuhaus aus Anlass der Gründung der Ortsgruppe des Antisemitenbundes versammelt.[216] Die führenden Gaufunktionäre waren extra angereist. Nach Erledigung des geschäftlich Erforderlichen und einigen Reden, die für Stimmung sorgten, wollte man offenbar zeigen, dass man zu mehr als nur zu großen Worten fähig war, legte aber gleichzeitig Wert auf einen geordneten Ablauf. In den Worten des Sympathisanten: »Nach Schluß der Versammlung zogen alle Anwesenden, von Herrn Koller (Sepp Koller, damals Obmann des Salzburger Antisemitenbundes und zugleich Sekretär der NSDAP, Anm. d. Verf.) zur Ruhe und Ordnung gemahnt, vor Gmachls Gasthaus, in welchem noch eine jüdische Familie von der Wirtin sorgsam gehütet wird und verlangten die sofortige Abreise der Juden. Nachdem dies von der Wirtin mit Rücksicht auf den einhelligen Willen der gesamten Seekirchner Bewohner zugesagt wurde, zerstreute sich die, wegen der Handlungsweise der Wirtin erbitterte Menge. *Die Seekirchner wollen und werden von nun ab keinen Juden in ihrer Gemeinde dulden.*«

1925 war die Ortsgruppe des Antisemitenbundes angeblich die stärkste nach der von Salzburg-Stadt,[217] die Hauptroute der Aktivisten offensichtlich nach wie vor die gleiche: Von der Stadt, zugleich Zentrale der Bewegung, aufs Land, genauer: in einige dafür besonders aufnahmebereite Regionen, wie den Bezirk Mattsee.[218] Der Übergang vom Wort zur Tat erfolgte nicht nur einmal und nicht nur in Seekirchen. Dennoch stießen die Aktivisten früher, als ihnen recht war, an die Grenze ihrer Möglichkeiten. Im Vereinsorgan

---

214 Laurenz Krisch: Die Wahlerfolge der Nationalsozialisten in der Spätphase der Ersten Republik im Pongau und Pinzgau. In: MGSLK, 140, 2000, S. 215–267, hier 238.

215 Ernst Hanisch: »Das wilde Land«. Bürgerkrieg und Nationalsozialismus in Seekirchen. In: 1300 Jahre Seekirchen. Hg. v. Elisabeth u. Heinz Dopsch. Seekirchen 1996, S. 323–346, hier 336ff.

216 Volksruf, 5.8.1922, S. 6f. Vgl. auch Salzburger Volksblatt, 1.8.1922, S. 5, und Guido Müller – Paul Steiner: Die Entwicklung des Fremdenverkehrs. In: 1300 Jahre (wie Anm. 215), S. 661–672, hier 665.

217 Der Eiserne Besen, 1.5.1925, S. 4.

218 So die Selbstdarstellung ebda., 20.3.1925, S. 2; 31.7.1925, S. 1.

findet sich der Ärger darüber häufig. Am harten Faktum, dass die Zahl der Gäste, wahrscheinlich auch der jüdischen, stieg, kam man auf Dauer nicht vorbei. Das Blatt räumte das auf seine Art ein, schon im Herbst 1923, als man sich offiziell noch auf der Straße des Siegers sah, zunehmend in den folgenden Jahren. Das »Eldorado der in- und ausländischen Juden«, ob im Café Bazar in der Landeshauptstadt, ob im Kurort Bad Gastein, das ohnehin der »vollständigen Verjudung« entgegengehe und aus dem man trotzdem über einen eigenen Berichterstatter ständig auf dem Laufenden gehalten werden will, ob in den kleineren Sommerfrischen – Beschwerden dieser Art transportieren einerseits die antisemitische, andererseits verpackt die ernüchternde Botschaft der Fremdenverkehrsstatistik.[219] »Immer zahlreicher werden die Juden in Salzburg«, seufzte man einmal.[220] Auf der gleichen Linie sind die früh einsetzenden Klagen über die Abonnentenzahl, die Säumigkeit bei der Beitragszahlung, das ständige Bitten um Spenden zu sehen.[221] Bezüglich der Resonanz des Aufrufes, jüdische Parteien in den Sommerfrischen abzuweisen, hatte man sogar in der Anfangsphase einmal offen eingestanden: »Wir glauben jedoch nicht, daß diesem Hetzrufe, selbst wenn seine Befolgung nicht ungesetzlich wäre, viele Hotelbesitzer entsprechen werden.«[222] Die Festnummern nach fünf bzw. zehn »Kampfjahren« müssen zugeben, mit dem Reiz der Neuheit wäre auch die Begeisterung vieler Freunde wie Strohfeuer verflogen. Es sei noch kein Kampf in Salzburg mit so einer »unaussprechlichen Zähigkeit« geführt worden wie von der Gilde um den »Eisernen Besen«, dessen Mitarbeiter nicht umzubringen seien. Viele aufrechte Männer wären inzwischen gestorben, andere hätten sich, »müde geworden«, vom Kampfplatz zurückgezogen.[223] Eineinhalb Jahre vor dem endgültigen Aus gibt man auf der Titelseite zu, man wisse nicht, ob man das neue Jahr noch »überdauern« werde, »da der verzweifelte Kampf, den wir führen müssen, und für den wir alle Mittel, die eingehen, restlos aufwenden, uns keine Festigung im Fundament des Zeitungsbetriebes brachte«.[224]

Der Kampflärm war auch Bühnenlärm. Er vermochte das oft schwache Echo in den eigenen Reihen kaum zu überdecken. Weder Zuckerbrot noch Peitsche halfen. Obwohl man Interessenten eine kostenlose Schaltung im Inseratenteil anbot, wollte die »Arische Sommerfrischenvermittlung« nie recht in Gang kommen. 1924 fand sich in Neumarkt nur eine einzige Person dazu bereit, für ihr Angebot (ein Zimmer samt Kabinett) in der Öffentlichkeit den Namen preiszugeben.[225] Was grundsätzlich nicht ausschließt, dass

219 15.10.1923, S. 3f; 30.4.1924, S. 4; ähnlich 5.4.1929, S. 5.

220 21.5.1926, S. 5.

221 Z. B. 24.7.1924, S. 2. Am 9.7.1927, S. 1, wird zugegeben, nur zwei Salzburger Firmen würden zeitweise spenden.

222 22.5.1924, S. 4.

223 31.8.1928, S. 1; 1.10.1931, S. 1.

224 2.1.1931, S. 1.

225 22.5.1924, S. 5. Wer Näheres erfahren wollte, musste offenbar persönlich mit dem Verschönerungsverein

eine judenfeindliche Werbung auch als Instrument im Kampf um Gäste diente.[226] Das Anprangern von Volksgenossen, zeitweise in einer speziellen Rubrik, dem »Pranger«, gewissermaßen einer Umkehrung des »Judenkatasters«, entpuppte sich als zweischneidige, entsprechend zögerlich eingesetzte Waffe. Eine Bekanntmachung jener, die sogar in der »jüdischen« Presse um Gäste warben, unversehens als Propaganda für die andere Seite.[227] Im Falle prominenter Namen, wie zum Beispiel des Landeshauptmannes, schwankte man zwischen Kritik, Verständnis, sogar Achtung.[228] Bei den Kleinen war man mit einer Drohung schneller zur Hand, beließ es aber meist bei einer Andeutung, die für Ortskundige allerdings ausreichend gewesen sein dürfte.[229] Nicht zuletzt musste man damit rechnen, im eigenen Lager auf Widersetzlichkeit zu stoßen, wie schwach das im Vergleich zum jüdischen Protest auch immer gewesen sein mag. Gleichermaßen hilflos wie grantig wurde dann über die »unendlich viele(n)« Menschen geschimpft, die nicht erkennen wollten, welche Gefahr ihnen von den Juden drohe;[230] über die »verkommene(n) Subjekte«, die vor dem Mammon auf die Knie gingen, obwohl sie »sich nicht genügend völkischer Gesinnung preisen konnten, in allen möglichen antijüdischen Vereinen und Körperschaften saßen …«.[231] Mitunter suchte man Zuflucht bei verzweifelten Injurien. Was solle man schon ausrichten angesichts »der notorischen Trottelei der indolenten Salzburger«?[232]

Vom Wort zur Tat? – Die Frage der Gewalt

»Sätze, geäußerte Meinungen und Absichten müssen sehr dicht stehen und Taten müssen ihnen sehr dicht entsprechen, damit sie etwas beweisen«, schrieb einmal ein erfahrener Historiker.[233] Zur kulturellen Verfestigung des antisemitischen Codes im Zeitraum zwischen 1860 und 1938 gehörte es, dass der Antisemitismus anders als unter den Nationalsozialisten wenig praktische Bedeutung hatte.[234] Zu Recht wurde die bereits vor 1914

vor Ort oder, wie in Mattsee, mit der Gemeindevorstehung in Verbindung treten. Siehe 18.6.1924, S. 5; 26.6.1924, S. 5. Bloße Hausnamen finden sich 1927 in ganz Salzburg nur zwei, nämlich in Zell a. S.; 1931 insgesamt sieben: je drei in Bad Gastein und Zell a. S., einer in Niedernsill. Vgl. 21.5.1927, S. 4; 10.7.1931, S. 4.

226 Hanisch (wie Anm. 156), S. 104.

227 Vgl. Der Eiserne Besen, 15.5.1924, S. 3f. In der Liste scheinen je zwei Häuser in Zell a. S. und St. Gilgen sowie eines in Hallein auf.

228 Ebda., 14.11.1931, S. 4.

229 Eine Ausnahme wurde bei einem »Salzburger« in Mattsee gemacht; 7.5.1924, S. 6.

230 22.3.1924, S. 1.

231 »Der Ton unseres Blattes«, 9.7.1927, S. 1.

232 21.5.1926, S. 1.

233 Golo Mann: Deutsche Geschichte des 19. und 20. Jahrhunderts. Frankfurt am Main 1992, S. 588.

234 Volkov (wie Anm. 5), S. 23.

derbe Demagogie der Wiener Antisemiten, die bis zur Aussetzung eines »Schussgeldes« für Juden ging, in die Tradition volkstümlicher Vorstadtpolitik,[235] besser gesagt: ihrer Rhetorik gerückt. Dabei ging es, wie Peter Pulzer sagte, primär um eine Parole, eine Integrationsformel, um Schimpf-, nicht um Aktions-Antisemitismus.[236] Dass dieser nach 1918 entschieden praktischer, d. h. auch gewalttätiger wurde, vor allem in Wien, gegenüber den so genannten Ostjuden, im Umfeld der dortigen Universität, ist ebenso richtig.[237] Insgesamt blieb es während der gesamten Ersten Republik weitgehend bei einem Krieg der Worte, der hauptsächlich zwischen den Antisemiten selbst geführt wurde.[238] Verfassung, Rechtsstaat, die Große Politik hielten im Großen und Ganzen den zum Teil massiven Forderungen der Antisemiten gegenüber Stand. Selbst die antisemitischen Politiker, deren Parteien seit 1920 durchgehend an der Macht waren, blieben passiv.[239] Das trifft auf ihre Rolle als Staatsmann und Politiker, nicht auf die des politischen Redners zu. Manche klagten über diese Rollenteilung.[240] Es scheint angebracht, die Gewalttätigkeit der Sprache bei extremen Antisemiten, über die kein Zweifel besteht,[241] methodisch von ihrem Diskurs über Gewalt als Mittel des politischen Handelns, sei es des Staates, sei es einer Person, zu unterscheiden.[242] In diesem Rahmen soll der Hinweis genügen, dass selbst fa-

235 Michael Wladika: Der österreichische Reformverein. Die Entstehung des völkischen Antisemitismus. In: Wiener Geschichtsblätter, 55, 2000, S. 1–37, hier 21.

236 Peter Pulzer: Spezifische Momente und Spielarten des österreichischen und des Wiener Antisemitismus. In: Botz (wie Anm. 7), S. 121–139, hier 130, 133.

237 Moser (wie Anm. 8), S. 93ff, 98ff.

238 Pauley (wie Anm. 1), S. 389.

239 Albert Lichtblau: Macht und Tradition. Von der Judenfeindschaft zum modernen Antisemitismus. In: Macht der Bilder (wie Anm. 79), S. 212–229, hier 226.

240 Etwa der christlichsoziale Bürgermeister von Wien, Richard Schmitz, in den dreißiger Jahren: »Praktischer Tatantisemitismus ist wertvoller als radikaler Wortantisemitismus. Wie schwer ist es aber, im Volke selbst den praktischen Antisemitismus weiter zu verbreiten!« Zit. n. Nina Scholz – Heiko Heinisch: »... alles werden sich die Christen nicht gefallen lassen.« Wiener Pfarrer und die Juden in der Zwischenkriegszeit. Wien 2001, S. 60.

241 Einige Zitate aus dem »Eisernen Besen« sollen genügen: Hängt die jüdischen Haderlumpen auf! ... mit Peitschen aus den Mauern der Stadt hinausgejagt ..., Wir raten ..., sich einen drei Tage eingewässerten Haslinger anzuschaffen ..., ... heraus mit dem Ochsenziemer, ... dieses Negativum muß ausradiert werden ..., Vernichtet das Ungeziefer! ... Für uns gibt es keinen Kompromiß mit Wanzen und Läusen ... Vertilgen und Ausbrennen kann allein Lösung und Befreiung bringen ...; Der Eiserne Besen, 1.1.1925, S. 5; 15.5.1925, S. 1; 21.5.1926, S. 5; 23.7.1927, S. 1; 17.8.1928, S. 1; 1.2.1929, S. 1; 4.4.1930, S. 5.

242 Dieser Diskurs wurde in der Antisemitismusforschung noch wenig verfolgt. Hinderlich ist dabei, dass der Gewaltbegriff äußerst dehnbar ist, dass weder Psychologie noch Soziologie in der Lage sind, den Übergang vom Gedanken zur Tat wirklich markieren, geschweige denn voraussagen zu können. Auch die Geschichtswissenschaft kann das nicht. Ohne Berücksichtigung der konkreten historischen Umstände, Möglichkeiten und Grenzen ist es aber von vornherein unmöglich. Exemplarisch Elisabeth Brainin – Vera Ligeti – Samy Teicher: Vom Gedanken zur Tat. Zur Psychoanalyse des Antisemitismus. Frankfurt am Main1993, bes. S. 106ff. Das inhaltliche Ergebnis läuft dem Titel zuwider. Hahn – Kagelmann (wie Anm. 15), S. 128.

natische Judengegner die Anwendung physischer Gewalt mitunter strikt ablehnten, was Unsicherheit und Brüchigkeit in den Gedankengängen nicht ausschloss. Ein Beispiel aus der Anfangszeit der antisemitischen Bewegung: 1889 betonte der deutschnationale, antisemitische »Kyffhäuser«: »Wir wollen nicht den Kampf mit den Juden; derjenige geht wol sehr fehl, der da glaubt oder spricht, die heutige Bewegung wünsche jene Zeit herbei, wo der Jude als Ketzer verbrannt wurde; wir wollen nur von ihnen isoliert sein ...«[243] Dreißig Jahre später, zur Zeit gewalttätiger Demonstrationen gegen jüdische Flüchtlinge in Wien, sprach sich ein nationalsozialistisches Wochenblatt entschieden für die »Abschaffung« der, wie es sagte, jüdischen Parasiten und Schmarotzer aus dem Osten aus, die die »Gastfreundschaft« der Wiener ausnützten. Das könne aber »nicht durch wüstes Geschrei oder gar Gewalttaten bewerkstelligt werden ...«.[244]

Salzburgs Politiker bewiesen mehrmals ihre Bereitschaft, die Normen des Rechtsstaates zu durchbrechen, jedenfalls auf der Ebene symbolischer Politik, ein dankbares Publikum und potentielle Wähler vor Augen. Sie setzten die oberste gesetzgebende Körperschaft, den Landtag, dafür ein.[245] Was auf der einen Seite einem Bruch von Normen gleichkam, war auf der anderen Seite ihre Erfüllung, allerdings jener des volkstümlichen, nicht des staatsrechtlichen Codes. Nur vor diesem Hintergrund können Ereignisse wie die in Seekirchen richtig eingeordnet werden. Hauptbetreiber waren in der Regel die bürgerlichen Parteien, Christlichsoziale und Großdeutsche, selbstverständlich die Vertreter der NSDAP. Zweimal stimmten die Sozialdemokraten, die sonst opponierten, zu. Die antijüdische Note war in keinem Fall alleiniger, mitunter nur Nebenzweck, etwa im Kampf gegen die Bundesregierung und das Rote Wien. 1918 wehrte man sich gegen die angebliche Bevorzugung von Juden bei Stellenbesetzungen im Staatsdienst. 1919 sollte der »reindeutsche« Charakter des Landes Salzburg sichergestellt werden. 1920 wollte man Juden vom Heer fernhalten; 1922 nur Gemeindeärzte »deutsch-arischer« Abstammung zulassen; 1931, 1933 und 1937 unter dem Titel, Maßnahmen zur Verhinderung von Tierquälerei zu ergreifen, das rituelle Schlachten von Tieren verbieten. Letzteres entsprach einer immer wieder erhobenen, alten judenfeindlichen Forderung, da sie dem traditionsbewussten jüdischen Leben elegant den Boden entzogen hätte. Die Kultusgemeinde in Salzburg protestierte umgehend. Sie vergaß nicht, auf die Beeinträchtigung jüdischer Gäste in Bad Gastein, wo nur ein Hotel (Bristol) rituell geführt werde, hinzuweisen. Den Juristen dürfte von vornherein bewusst gewesen sein, dass kaum Aussicht auf rechtliche Anerkennung bestand, weder 1918 noch später, es weniger um effektive Gesetzgebung als

243 »Ein Beitrag zur Geschichte der Entwicklung des Antisemitismus«, Der Kyffhäuser, 31.3.1889, S. 99–101, hier 100.

244 »Der Antisemitismus – eine Notwendigkeit«, Volksruf, 9.12.1919, S. 1. Ähnlich »Der Freimütige«, 10.10.1920, S. 3: »Bornierte Hassausbrüche, die nur geistiger und sittlicher Unterlegenheit entspringen können, lösen die Judenfrage nicht.«

245 Im Folgenden Fellner (wie Anm. 21), S. 191ff.

um eine ritualisierte Kommunikation mit der Öffentlichkeit ging. Das verbindet die Politik auf höchster Landesebene mit jener in den Gemeinden auf dem flachen Land. Dem Landtag entsprach hier der Gemeinderat. Er agierte insofern erfolgreicher, als die Beschwerde der »Union« gegen antijüdische Beschlüsse mit dem Verweis, man möge sich an die Bezirkshauptmannschaften wenden, weil sie die staatliche Aufsicht über die Gemeinden ausübten,[246] rechtlich korrekt, doch politisch sichtlich weniger ernsthaft behandelt wurde. Es ist in dem einen wie in dem anderen Fall möglich, von struktureller Gewalt zuungunsten jüdischer Bürger zu sprechen. Die Frage nach der Gewalt im engeren, physischen Sinn ist dennoch zu stellen. Weniger wegen der Gewalttätigkeit der Sprache, vielmehr weil es, vorzugsweise im Wien der Nachkriegsjahre, zu Übergriffen gekommen ist, 1925 und 1933 überdies zu zwei Morden.[247] Nimmt man die verbale Ebene wörtlich, konnte auch in Salzburg kein Zweifel aufkommen. Das nach eigener Definition »radikalste« Blatt Österreichs rief zur Vernichtung des jüdischen »Ungeziefers« in jeder Form auf, erklärte die Juden für vogelfrei.[248] Welche Aktionen, vornehmlich im kritischen Zeitraum, könnten das in der Forschung behauptete Pogromklima[249] stützen? Die Liste der Vorfälle, die bisher bekannt und in der Literatur zumeist genannt wurden, mag unvollständig, so mancher Fall über den Kreis der unmittelbar Betroffenen hinaus nie bekannt geworden sein. Andererseits wurden in sie Fälle aufgenommen, die in keinem unmittelbaren Zusammenhang mit der Beherbergung von jüdischen Gästen stehen, aber zur öffentlichen Kultur des Urlaubszieles Salzburg zu rechnen sind:

1920 Salzburg: Plan einer Störung der Erstaufführung von Hofmannsthals »Jedermann«
1921 Mattsee: Affront gegenüber Arnold Schönberg
1922 Salzburg: Störung eines Vortrages über Schnitzlers »Reigen«
1922 Seekirchen: Demonstranten verlangen Abreise einer jüdischen Urlauberfamilie
1923 Salzburg: Störung einer Feier des Israelitischen Frauenvereines
1927 Mattsee: Katzenmusik gegen jüdische Gäste und deren Quartiergeberin

Selbst bei weiter Dehnung des Begriffes ist es in keinem Fall gerechtfertigt, das Geschehen in die Nähe eines Pogroms zu rücken. Zielführender ist es, die Antwort gar nicht in

246 Vgl. Festschrift-Union (wie Anm. 10), S. 101.

247 Anfang 1921 war im »Eisernern Besen«, der damals noch in Wien erschien, entsprechend doppelbödig von blutig-unblutiger Methode zu lesen: »Ein Volk, das im Existenzkampf steht, hat die moralische Pflicht, alle jene Elemente (...) zu entfernen, und wenn es nicht anders geht, im Wege des Pogroms (...). So ein Pogrom braucht nicht einmal blutig zu verlaufen, denn wenn auch nur ein Dutzend Juden einmal an den Laternenpfählen baumelt, dann verschwinden die übrigen (...) von selbst nach Galizien und Ungarn, woher sie gekommen sind.« Der Eiserne Besen, 20.2.1921, S. 3. Zit. n. Heiss-Rathkolb (wie Anm. 125), S. 17f.

248 Etwa Der Eiserne Besen, 11.9.1924, S. 1; 12.3.1932, S. 1. Siehe auch die Beispiele in Anm. 241.

249 Kerschbaumer (wie Anm. 148), S. 155.

dieser Richtung zu suchen. Der verfestigte antisemitische Code war in der Regel beiden Seiten geläufig und verständlich: schon ein Passus in den Statuten, eine Geste, ein Blick, der Tonfall konnten klarstellen, was erwünscht oder nicht erwünscht, wer willkommen oder nicht willkommen war. Zu gewissen Zeiten, an gewissen Orten hat man das nicht mehr als ausreichend empfunden oder eine spezielle Inszenierung für angebracht gehalten. Auf die symbolische Bedeutung der Störung gleich zu Beginn der Salzburger Festspiele, die nicht zur Durchführung kam, wurde schon verwiesen. Was den Vortrag zu Arthur Schnitzlers »Reigen« am 9. März 1922 im städtischen Kurhaus angeht, dürfte der im Namen der »bodenständigen« Bevölkerung inszenierte Protest einiger Nationalsozialisten gegen die behaupteten »jüdischen Schweinereien«[250] grundsätzlich auf einer ähnlichen Linie gelegen haben, mit deutlich mehr Nachdruck allerdings, was auch immer sich hinter der Behauptung, die Veranstaltung »im Sturmschritt« verhindert und dabei Juden »etwas unsanft« belehrt zu haben, dass sie sich in Salzburg anständig aufzuführen hätten, an Fakten verbergen mag.[251] Die gleichen Kreise konnten, inzwischen mit medialer Unterstützung des »Eisernen Besens«, im Jahr darauf erreichen, dass ein für Ende Oktober im Kurhaus geplanter Familienabend um eine Woche verschoben und in ein Hotel verlegt werden musste.[252] Zwei Trupps »Ordner« der NSDAP zu je 14 Mann erschienen vor dem Hoteleingang. Diejenigen, die einzudringen versuchten, wurden von der Sicherheitswache daran gehindert. Die Sozialdemokratie verfolgte das Geschehen von Beginn weg. Die Partei bot offenbar an, ihre Arbeiterwehr zum Schutz der Veranstaltung abzustellen, was von den Behörden abgelehnt wurde, da sie – nicht zu Unrecht – eine größere Auseinandersetzung zwischen den verfeindeten Gruppen befürchteten. Es ist nicht zu verkennen, dass mindestens zwei Stücke zur selben Zeit gegeben wurden, ein zweifellos antijüdisches und eines, in dem einander zwei weltanschauliche Lager gegenübertraten. Wie die Vorkommnisse in Seekirchen zeigen, konnte die Gründung einer Ortsgruppe des Antisemitenbundes unmittelbar zu einer Handlung, in diesem Fall zu einem Demonstrationszug führen. Eignete sich dazu auch ein quasi bürokratischer Akt, z. B. die judenfeindliche Entschließung eines Gemeinderats? Im Bericht einer großen Tageszeitung über einen derartigen Fall wurde nichts publik, sehr wohl detailliert das Prozedere: »Der Ausschuß der Marktgemeinde Oberndorf hat in seiner Sitzung am 17. d. M. mit den Stimmen der Christlichsozialen und Großdeutschen gegen die der Sozialdemokraten den Beschluß gefaßt, daß ihm ein Zuzug jüdischer Sommerfrischler nicht erwünscht ist. Zugleich wurde durch Anschlag allen Gastwirten und Vermietern von Sommerwohnungen kundgemacht, jüdischen Sommergästen einen Ferienaufenthalt nicht zu ermöglichen.«[253]

250 Volksruf, 4.3.1922, S. 5; 11.3.1922, S. 3.
251 Vgl. Fellner (wie Anm. 21), S. 160.
252 Vom 27.10. auf den 3.11. Als Veranstalter firmierte der Israelitische Frauenverein; dazu ebda., S. 157f.
253 »Jüdische Sommergäste unerwünscht«, Salzburger Chronik, 25.4.1924, S. 4; Fellner (wie Anm. 21), S. 102.

Erneut fällt auf, dass eine der größeren politischen Kräfte sich demonstrativ dagegenstellte. In welchem Ausmaß sich Eindeutiges und Zweideutiges miteinander verweben konnten, zeigen Ereignisse in Mattsee, jener Landgemeinde, die in diesem Zusammenhang häufiger in Erscheinung tritt. Es lohnt sich, darauf näher einzugehen. Die Affäre, die man sich im Juni 1921 dem Komponisten Arnold Schönberg gegenüber leistete, indem man ihn angeblich aufforderte nachzuweisen, kein Jude zu sein, schlug Wellen.[254] Die offen und tolerant wirkende Vermarktung als Badeort und Sommerfrische ohne judenfeindliche Beimengung wurde schon erwähnt; ebenso die gleichzeitig zu Tage tretende ideologische Judenfeindlichkeit – in Gestalt des Gemeindearztes.[255] Sie sprach auch aus offiziellen Schriftstücken der Gemeinde.[256] Einerseits war also unbestritten, dass sich Mattsee als »judenreine« Sommerfrische verstand.[257] Nicht eindeutig zu klären ist, inwieweit in den Jahren 1920/21 die Initiative von einheimischen Judengegnern oder von betont »arischen« Gästen ausging, die in ihrer Mehrzahl aus Wien gekommen sein dürften. Ziemlich wahrscheinlich ist, dass sich beide im Wettstreit um die offensichtlich begrenzten Sommerwohnungen verbündeten und die maßgeblichen Kräfte in der Gemeindeführung für sich gewinnen konnten. Schon 1920 hätte man vor dem Hintergrund der herrschenden Reisebeschränkungen und Versorgungsprobleme auf deutsch-arische Gäste in »Aufnahmsbedingungen« gepocht und anschließend der Bevölkerung per Aushang am Stiftsplatz gedankt. 1921 bestand nach wie vor ein Konflikt zwischen Hunderten Sommerfrischlern, wie es heißt, auf der einen und Wohnungsmangel auf der anderen Seite. Umso dankbarer war man, dass der Gemeinderat am 19. Juni einen Aufruf an die Vermieter beschloss, Mattsee wie im Vorjahr »judenfrei« zu halten. Ihm wurde dafür prompt erneut öffentlich der Dank ausgesprochen. Die Politik der Gemeindeväter entsprach im Übrigen genau der Devise, die das »Volksblatt« im März des Jahres propagiert hatte, nämlich solange »Ariern« den Vorzug zu geben, als genügend Zimmerbestellungen vorlägen. Dieselbe Zeitung lieferte drei Monate später eine Interpretation des Matt-

254 Ausführlich Harald Waitzbauer (in diesem Band). Die bisherige Literatur stützt sich meist auf die nicht unproblematische Version bei Eberhard Freitag: Arnold Schönberg in Selbstzeugnissen und Bilddokumenten. Reinbek 1973, S. 111f., die den Vorfall des Jahres 1921 mit einer Briefstelle Schönbergs aus dem Jahr 1923, die sich auf einen anderen Fall bezieht, koppelt. Siehe Arnold Schönberg: Briefe. Mainz 1958, S. 90ff. Beispiele: Lichtblau (wie Anm. 13), S. 466; Robert S. Wistrich: Die Juden Wiens im Zeitalter Kaiser Franz Josephs. Wien – Köln – Weimar 1999, S. 513f. In einer Darstellung des Ortes findet sich nur die Formulierung: »Nach einer vorübergehenden Beeinträchtigung durch die beiden Weltkriege nahm der Fremdenverkehr einen weiteren Aufschwung.« Hannes Maringer: Kleines Mattseebuch. Unser Ort einst und jetzt. Mattsee 1994, S. 76. Ebenda werden für 1927 1.420 Gäste bzw. 40.000 Übernachtungen ausgewiesen. Bereits 1901 wurde in Tirol in ironischer Weise vorgeschlagen, alle Gäste sollten farbige Ausweise erhalten, damit man ihre Konfession schnell eruieren könne; Hackl (wie Anm. 170), S. 373.

255 Siehe Anhang Nr. 1.

256 Erwähnt wird eine Verordnung zur Vermietung von Wohnungen; Lichtblau (wie Anm. 13), S. 465f.

257 Im Folgenden Salzburger Chronik, 5.7.1921, S. 1f. Vgl. auch das NSDAP-Blatt »Volksruf« vom 2.7.1921; zit. in Feingold (wie Anm. 21), S. 192f.

seer Geschehens, die überrascht.[258] In Mattsee auf Urlaub weilende Gäste – auch solche, die »die gemeinderätliche Ahnenprobe« glücklich überstanden hätten – seien mit dem Hinweis an die Neue Freie Presse in Wien herangetreten, dass die Mehrheit keineswegs mit den »unerquicklichen« Verhältnissen sympathisiere. Dahinter stünde »der Terrorismus einzelner Elemente«, besonders einer Person, die »ohne Rücksicht auf den Saisonverein und die Mehrzahl der einheimischen Bevölkerung« agiere. Ausdrücklich wird das Kollegiatsstift, das niemals einer religiösen Intoleranz das Wort geredet habe, in Schutz genommen: »... der Antisemitismus in Mattsee entspringt anderen Motiven, vor allem dem politischen Ehrgeiz eines seit kurzem ansässigen Mannes, der von einem christlichsozialen Nationalrats- oder Landtagsmandat träumt ...« Auch das mag nur ein Teil der Wahrheit sein. Vor allem schafft es nicht die offizielle Haltung der Gemeinde aus der Welt. Die judenfeindliche Partei selber verriet, dass die Lage so eindeutig nicht war. Schon 1920 habe es Mühe gekostet, Juden fern zu halten. Im Jahr darauf drohe Mattsee zu einer »Judenkolonie«, einem »Eldorado der Juden« zu werden. Außer Schönberg wären mehrere andere »Judengesichter« im Ort aufgetaucht. Gewichtiger ist, dass – worauf der Gemeindebeschluss zu Beginn mit ausdrücklicher Entrüstung hinweist – einzelne Vermieter sich um das besondere Image des Ortes offenbar wenig kümmerten, dass die Personenkonstellation von Anfang an delikat war. Niemand anderer als die Tochter eines prominenten großdeutschen Salzburger Politikers war gewissermaßen schuld an der Anwesenheit der Gäste. Sie war mit Schönbergs Bruder verheiratet. Dazu kam, dass »stramm« national Gesinnte, die sogar Wert darauf legten, als Antisemiten zu gelten, sich für Juden einsetzten, zumindest bei Künstlern eine Ausnahme machen wollten, um Mattsee vor dem Ruf, kunstfeindlich zu sein, zu bewahren. Um auf die andere Seite zu wechseln: Alban Berg schrieb in den Tagen dieses »Rummels« den bezeichnenden Satz: »Die ganzen österreichischen Sommerfrischen sind voll von Juden und die ganze Bevölkerung antisemitisch, aber nie würde es dieser einfallen, den Juden auch nur ein Haar zu krümmen.«[259] Auf jeden Fall verschwand Mattsee in den folgenden Jahren nicht aus den lokalen Schlagzeilen. Die aufgeregten Meldungen bezeugen gleichzeitig, dass in einem gewissen Ausmaß sowohl seitens der Vermieter als auch jüdischer Gäste der offiziellen Gemeindelinie, jedenfalls den erklärten Zielen des Antisemitenbundes zuwidergehandelt

---

258 Im Folgenden Salzburger Volksblatt, 11.7.1921, S. 4.

259 Brief v. 28.6.1921. Alban Berg: Briefe an seine Frau. Wien – München 1965, S. 473f. Vgl. auch die Briefe vom 30.6.1921. Schönberg wich schließlich Mitte Juli an den Traunsee aus, sichtlich verbittert über die Atmosphäre in Mattsee, wenngleich mit dem Zusatz: »Geschehen ist uns sonst nichts.« Arnold Schönberg an Emil Hertzka, 16.7.1921, zit. n. Waitzbauer (in diesem Band). Seine Kompositionstechnik dürfte keine Rolle gespielt haben, wenngleich man ihr in Salzburg distanziert gegenüberstand. Erwartungsgemäß strikt dagegen der nationalsozialistische »Volksruf«, »Die musikalische Ueberfremdung Salzburgs«, Volksruf, 16.5.1925, S. 1f. Differenzierter, wenngleich ebenfalls von einem erklärt »völkischen« Gesichtspunkt aus, argumentierten andere; z. B. W. Hummel: Die musikalische Überfremdung Salzburgs. In: Der Männerchor. Nachrichtenblatt, 1, 1925, S. 5f.

wurde. Daran zu appellieren, es stehe der Ruf, eine der ältesten »judenreinen« Sommerfrischen zu sein, auf dem Spiel, nützte wenig. Kaum mehr, seinem Ärger öffentlich Luft zu machen, wenn jemand bereit war, eine Immobilie an einen jüdischen Interessenten zu verkaufen.[260] Zumindest ein weiteres Mal durfte man mit sich zufriedener sein. Durch ein »Ständchen« – von anderen Katzenmusik genannt –, dargebracht in der Nacht vom 13. auf den 14. August 1927, wobei angeblich »Juden hinaus, lasset es schallen von Haus zu Haus!« gesungen wurde, schafften es Jugendliche, jüdische Gäste zur Abreise zu bewegen. Das reichte für die Schlagzeile: »Abgeschlagener Judenangriff auf Mattsee«. Die Vermieterin – aus der Sicht der Besen-Leute natürlich eine gewissenlose Quartierfrau und Verräterin an der Rassenreinheit – bezeugte neuerlich die eingeschränkte Gültigkeit der »Grundsätze von Mattsee«.[261] Obendrein musste man dieses Mal die Kritik der »Chronik« einstecken, was Anlass gab, auch in ihren Reihen einen Verräter zu vermuten.[262]

Was diese größeren und kleineren Vorfälle für den jüdischen Gast bedeuteten, ist eine andere Frage. Bezeichnend ist, dass eine der führenden Tageszeitungen in den späten zwanziger Jahren den Leserbrief eines jüdischen Amerikaners, der mit dem Auto nach Salzburg gekommen war, ohne Kürzung abdruckte. Darin war nicht von der Sommerfrische, aber vom Vorkämpfer gegen jüdische Sommerfrischler, dem »Eisernen Besen«, die Rede, den dieser Gast durch Zufall in die Hand bekommen hatte: »Zuerst war ich sprachlos, daß es möglich ist, in einer Stadt, die internationale Fremden-Propaganda macht, so eine Zeitung zu dulden, mit solcher Sprache, die eine Schande für die Sprache ist, sowie die Zeitung als solche eine Kulturschande für Salzburg ist.«[263] Er habe die sonst schöne Stadt sofort verlassen.

Jüdische und nichtjüdische Reaktionen

Ignoranz, Resistenz, Widerstand – welcher der drei Begriffe am ehesten auf die Mehrzahl der Fälle zutrifft, ist schwer zu sagen. Am wenigsten der des Widerstandes. Wenn es dazu kam, dann fast ausschließlich seitens der Opfer selbst.[264] Sie setzten sich gegen den Sommerfrischen-Antisemitismus und sein Umfeld mehrfach zur Wehr, in der Öffentlichkeit und hinter den Kulissen. Dem am nächsten kamen Akte deutlicher Solidarität von nichtjüdischer Seite: 1923 im Fall der allerdings nicht mit dem Fremdenverkehr in

260 Der Eiserne Besen, 7.5.1924, S. 6.

261 Ebda., 20.8.1927, S. 3.

262 Salzburger Chronik, 16.8.1927, S. 5. Vgl. oben Anm. 175.

263 Salzburger Volksblatt, 8.7.1929, S. 8; Fellner (wie Anm. 21), S. 108.

264 Für Deutschland Barbara Suchy: The Verein zur Abwehr des Antisemitismus. In: Yearbook of the Leo Baeck Institute, 28, 1983, S. 205–239; 30, 1985, S. 67–103. Für Österreich Toury (wie Anm. 83), Brigitte Hamann: Der Verein zur Abwehr des Antisemitismus. In: Macht der Bilder (wie Anm. 79), S. 253–263.

direktem Zusammenhang stehenden Veranstaltung des Israelitischen Frauenvereines, eindeutig beim Stimmverhalten der Sozialdemokraten in Oberndorf 1924, da und dort bei Einzelpersonen, wenn z. B. jüdische und nichtjüdische Schüler gemeinsam antisemitische Angreifer verprügelten.[265] Eine Grenzziehung ist schwierig: zwischen den für Fremdenverkehr verantwortlichen Vertretern aus Wirtschaft und Politik, die sich bemühten, Störungen zu unterbinden und den Fremden ein gastliches Land zu bieten; einzelnen Hoteliers, Gastwirten und Zimmervermietern, die dem judenfeindlichen Beschluss des Gemeinderates, dem Drängen oder Drohen des Antisemitenbundes die kalte Schulter zeigten oder sich schlau darüber hinwegsetzten; jenen, die im Stillen für sich und für ihre Gäste bemüht waren, über die Runden zu kommen.

Da auf jüdischer Seite weder im Selbstverständnis als Bürger und Jude noch in der Reaktion auf den Antisemitismus eine einheitliche Haltung existierte,[266] ist auch bei entsprechenden Erlebnissen am Urlaubsort nicht von einer solchen auszugehen. Zunächst zu der privaten, sich weniger nach außen wendenden und öffentlich sichtbar gewordenen. Kurz nach der Ermordung Walter Rathenaus wurde Stefan Zweig vorgeschlagen, ein norddeutsches Seebad aufzusuchen. Er vertraute am 29. Juni 1922 einem Brief an: »Ich lasse mich nicht pardonnieren und ›dulden‹, besonders dort wo ich bezahle. Lieber in ein Bad mit 700 000 galizischen Juden! Das habe ich nicht nötig – da lieber nach Marienbad oder Italien (…).« Er könne jetzt auf zwei Meilen keine »alldeutschen Jungens« sehen.[267] Denen konnte er in Salzburg durchaus begegnen. Dennoch hat er, wie wir wissen, Salzburg als Wohnsitz geliebt und bis 1934 nicht aufgegeben, der Stadt noch 1933 poetisch gehuldigt.[268] Bereits im Exil: »Nun ist Anpassung an das Milieu des Volkes oder des Landes, inmitten dessen sie wohnen, für Juden nicht nur eine äußere Schutzmaßnahme, sondern ein tief innerliches Bedürfnis. Ihr Verlangen nach Heimat, nach Ruhe, nach Rast, nach Sicherheit, nach Unfremdheit …« Zu diesem späten Zeitpunkt für sich selbst, bitter: »So gehöre ich nirgends mehr hin, überall Fremder und bestenfalls Gast …«[269] Während Zweig den Gang ins Exil nicht überlebte, kehrte sein Schriftstellerkollege Zuckmayer nach dem Krieg als Besucher zurück und versicherte, in Henndorf, dessen Nähe zu Salzburg ihn vor »Verbauerung« geschützt habe, nie wirklich enttäuscht worden zu sein, sich dort beheimatet gefühlt und die Erfahrung gemacht zu haben, dass die Einheimischen an der »Judenfrage« wenig Interesse zeigten.[270] Aus dem Kreis der unbekannteren jüdischen Salzburger und Sommerfrischler liegen vergleichsweise wenig Selbstzeugnisse vor.[271] Einer

265 Bezeugt, wenngleich ohne Zeitangabe, bei Ellmauer (wie Anm. 21), S. 182.

266 Gaisbauer (wie Anm. 97), S. 20ff;, unterscheidet mindestens fünf Verhaltensformen.

267 Zweig (wie Anm. 108), S. 70f. Ähnlich Schönberg im Mai 1923: »Glauben Sie, daß jemand wie ich sich ablehnen lässt? (…) ich lasse mich nicht beleidigen!« Schönberg (wie Anm. 254), S. 92f.

268 Stefan Zweig: Salzburg. In: Ders.: Auf Reisen. Frankfurt am Main 1993, S. 347–356.

269 Zweig (wie Anm. 11), S. 9, 27.

270 Zuckmayer (wie Anm. 96), S. 11, 31f., 47.

271 Gesammelt in Ellmauer (wie Anm. 21).

Familie, die in einem Gasthof in Parsch wohnte, war – vom »Eisernen Besen« – der Vorwurf gemacht worden, den hungernden Salzburgern das Essen wegzunehmen: »Da waren wir wirklich gekränkt. Wir alle waren sehr unglücklich und empört, dass man uns das vorwirft, weil wir uns in Parsch wie Einheimische gefühlt haben. Wenn man zehn Jahre immer dorthin kommt, ist das wie ein Zuhause, und die Hochleitners waren eben unsere Freunde.« Im Haus der Gastgeber habe man »... nie empfunden, dass wir als Juden verachtet werden, im Gegenteil, wir waren mit der Familie und den Kindern des Gasthofes eng befreundet«.[272] Ein anderer berichtet, dass die Familie zwar nur wenige, aber doch einige nichtjüdische Freunde hatte; dass der Zugang zum Deutschen Schulverein wegen des Arierparagraphen verschlossen, zum sozialdemokratischen Arbeiterturnverein und den Naturfreunden jedoch offen gestanden habe. »... ich muß ihnen sagen, ich war sehr glücklich dort.«[273] Was ein anderer empfand, von den Deutschen Turnern abgelehnt zu werden, nach achtstündigem Aufstieg den Zutritt zum Bettenlager des Alpenvereinshauses auf dem Hochkönig verweigert zu bekommen, kommt nicht zum Ausdruck, was es bewirkte in den Worten: »... daß man sich zum Teil wehren muß, indem man zeigt: Ich kann genausogut und besser Schifahren als du ... Die meisten haben sich einschüchtern lassen ... Man hat ihnen zeigen müssen, daß man es kann!«[274] Auch diese Sicht und Bewertung der Dinge repräsentiert zweifellos nicht das Ganze. Von einer ganz anderen Zielsetzung geleitet und ungleich verzerrter ist das Bild im Spiegel eines Hetzblattes, wie es der »Eiserne Besen« war. Zieht man diese Brechung in die Betrachtung mit ein, liefert auch er reichlich Belege für Schritte, die gegen ihn und seine Pläne unternommen wurden, und damit dafür, wie wenig sich Juden, teilweise auch ihre nichtjüdischen Zeitgenossen, haben einschüchtern lassen. Das konnte im Privaten und unpolitisch geschehen, indem man persönlichen Kontakt pflegte. Manchmal ergab sich daraus naturgemäß mehr. Auf der Bühne der Berufsantisemiten hörte sich das so an: »Wenn ich das germanische blondgelockte, kaum der Schule entwachsene Mädel sehe, wie es mit dem hebräischen schwarzlockigen Hakennasenbuben kichert und scherzt, sich von diesem Ausbund der Sinnlichkeit zunächst spazieren führen, dann ins Kaffeehaus oder Bar (sic!) zerren läßt, wo mit dem Teufelstrunk ihr Geist benebelt und sie schließlich in der Wohnung des fremdrassigen Verführers das Opfer desselben wird, da könnte ich an diesem Elend zum Mörder werden ...«[275]

Das Mädel von einem Juden ausgespannt zu sehen verletzte den Mann im »Arier« doppelt. Zum Mörder wollte er dennoch nicht gleich werden. Eine Alternative war, die Geschlechtsgenossen zu Hilfe zu rufen: »Burschen heraus! ... lasset es schallen von Haus zu Haus!«[276] Mitglieder des 1919 gegründeten Jugendbundes »Hatikwah« agierten bewusst

---

272 Ebda., S. 42f.

273 S. 270.

274 S. 180.

275 Der Eiserne Besen, 10.9.1923, S. 3.

276 Ebda., 4.5.1926, S. 1.

politisch, entfernten antisemitische Plakate und erwiderten auf Drohungen eines NS-Blattes: »Wir geben dem *Volkssturm* und der Salzburger Polizei zu bedenken, daß wir doch nicht so rechtlos sind wie sie meinen ...«[277] Wenn es stimmt, was der »Eiserne Besen« in seiner zweiten Salzburger Nummer berichtet, nützte ein anderer jüdischer Salzburger dessen Erscheinen sofort zu einem Akt öffentlicher Demonstration. Er kaufte einen ganzen Stoß des Blattes auf und warf ihn anschließend in die Salzach.[278] Wenige Wochen später war von Salzburg aus ein Teil der Wiener Blätter informiert und seitens der »Union« eine Klage bei der Salzburger Staatsanwaltschaft eingereicht.[279] Die sozialdemokratische und deutsch-liberale Presse in Salzburg leistete eher »Juda« als dessen Gegnern Schützenhilfe, so zumindest in deren Augen.[280] Zu Protest, Klagsdrohung oder förmlicher Anzeige kam es aber meist nur auf Initiative jüdischer Bürger, auch in Provinzorten,[281] auf gesamtösterreichischer Ebene, einmal sogar aufgrund von Beschwerden ausländischer Touristen unter Mithilfe des Landesverbandes Bayern des »Central-Vereines«.[282] Man überlegte, Salzburg auf eine schwarze Liste zu setzen, womit der Zuzug jüdischer Gäste aus dem Ausland, wie man meinte, zum Erliegen käme. Dass das einen katastrophalen Schaden bedeutet hätte, gab auch das Landesverkehrsamt warnend zu bedenken. Gelegentlich wurde gegen den Salzburger »Stürmer« Protest von arisch-christlicher Seite laut, was den Angegriffenen ebenso erboste wie verwirrte.[283] Er kam nicht immer ungeschoren davon.[284] Dass der Erfolg oft hinter den Erwartungen der Kläger zurückgeblieben sein dürfte, ist in diesem Zusammenhang weniger wichtig als die Tatsache der Entschlossenheit zur Gegenwehr.[285] Zu solcher kam es mitunter bei konkreten Vorkommnissen auch in Fremdenverkehrsorten. Mehrmals Anlass gaben die nach 1930 wieder stärker werdenden Aktivitäten der Nationalsozialisten.[286] Meist ging es um anti-

277 Jüdische Nachrichten, 12.11.1920, S. 5; zit. n. Monika Koller – Hanns Haas: Jüdisches Gemeinschaftsleben in der Ersten Republik. In: Feingold (wie Anm. 21), S. 174.

278 Der Eiserne Besen, 1.10.1923, S. 4.

279 Die angeblich abgewiesen wurde; vgl. ebda., 15.11.1923, S. 2.

280 12.2.1924, S. 1.

281 Z. B. 1926 in Tamsweg gegen »Kauft nicht bei Juden«-Plakate; 11.12.1926, S. 4.

282 Dazu zusammenhängend Fellner (wie Anm. 21), S. 108f; Quellenbasis: Landesarchiv Salzburg (im Folgenden: SLA), Rehrl-Briefe 1929, K. 23, Nr. 1367.

283 Der Eiserne Besen, 16.5.1930, S. 5; 23.1.1931, S. 5.

284 Bericht über Verurteilung zu einer Geldstrafe infolge einer Anzeige von Walter und Paul Schwarz, ebda., 12.3.1932, S. 1.

285 Rückblickend die »Union« 1937: »Unsere Ortsgruppe in Salzburg hatte ein scharfes Auge auf dieses Hetzblättchen und veranlasste wiederholt unser Einschreiten bei den Zentralbehörden. Die Staatsanwaltschaften in Wien und Salzburg fanden sich jedoch zum Einschreiten nicht veranlasst.« Festschrift-Union (wie Anm. 10), S. 18.

286 Allgemein Franz Schausberger: Ins Parlament, um es zu zerstören. Das »parlamentarische« Agi(ti)eren der Nationalsozialisten in den Landtagen Wien, Niederösterreich, Salzburg und Vorarlberg nach den

semitische Plakate, die für Veranstaltungen warben und mit Aufschriften wie »Fremdländer und Juden haben keinen Zutritt« versehen waren. 1932 protestierten in Bad Gastein jüdische Kurgäste, ebenso ein persönlichen Belästigungen ausgesetzter Vertreter der Sportklinik Radstadt-Bad Gastein: »Ja, wer bezahlt denn einmal Alles, wenn keine Gäste mehr nach Gastein und Österreich kommen?«[287] Bemerkenswert, dass hier selbst der Parteiobmann einen Rückzieher machte und verkündete, sofern er sich als Gast benehme, wäre der NSDAP jeder Kurgast, welcher Nation oder Konfession immer, »und sei es auch aus Palästina«, willkommen.[288] 1933 verfasste ein Sommergast, der in Bad Gastein in einer Apotheke zwei Angestellte sagen hörte, es wäre nicht schade, wenn alle Juden aufgehängt würden, eine Eingabe an das Bundeskanzleramt. In der Folge intervenierte die Kurdirektion und der Apothekeninhaber verbot dem Personal das »Politisieren« in der Apotheke. Die Beschwerde eines jüdischen Gastes in Henndorf brachte 1932 eine weniger eindeutige Konstellation an den Tag.[289] In einem Gasthaus war eine jüdische Familie einquartiert. Am 4. Juni wollten die Nationalsozialisten im Haus eine Versammlung abhalten. Der Wirt erlaubt das »wegen den (sic!) Sommergästen« nicht. Am 20. August hielten ca. 200 Nationalsozialisten aus Salzburg und Umgebung bei Henndorf eine Nachtübung ab. Aussage steht gegen Aussage: ein anonymer Beschwerdeführer behauptet Zwischenfälle, eine »intensive« Umfrage, insbesondere auch bei »semitischen« Sommergästen, ergibt nichts dergleichen, so die amtliche Niederschrift der Bezirkshauptmannschaft. Weniger umstritten sind Reaktions- und Verhaltensweisen anderer Couleur. Jahre vorher, am 18. September 1921, hielt im Salzburger Kurhaus der einen Monat zuvor gegründete Antisemitenbund einen ersten großen »Antisemitentag« ab.[290] Prominente Redner – die Nationalräte Clessin und Jerzabek – aus Wien waren gekommen. Der stellvertretende Landeshauptmann, Mitglied der christlichsozialen Partei, wünschte einen guten Verlauf. Zunächst läuft alles nach Plan. Dann tauchen unter sozialdemokratischer Führung neue Leute auf. Bald wechselt das Podium den Vorsitz. Der Vorsitzende soll geohrfeigt worden, Stühle und Fenster sollen in Brüche gegangen, der Streit schließlich noch außerhalb des Gebäudes fortgesetzt worden sein. Doch auch diese Geschichte kippt. Die »Roten« werden erwartungsgemäß beschuldigt, wieder als »Judenschutztruppe« agiert zu haben. Sie sind bemüht, genau diesen Eindruck zu zerstreuen. Nicht der Antisemitismus sei auf der Tagesordnung gestanden, sondern ein Angriff auf Republik und Arbeiterschaft von legitimistischer, Hohenzollerischer Seite. Von einzelnen Kommunisten ist belegt, dass sie

---

Landtagswahlen 1932. Wien – Köln – Weimar 1995. Zu deren Treiben im Salzkammergut Quatember (wie Anm. 125), S. 64ff.

287 Schreiben an Bundeskanzleramt v. 13.6.1932; AVA, BKA, Inneres 22 (Salzburg), K. 5121/1928–32/174.317.

288 Gemeinderat Ing. Anton Wintersteiger. Vgl. Polizeibericht 16.9.1932, SLA, Präsidialakten, K. 227/1932/32 C; Fellner (wie Anm. 21), S. 184, u. Krisch in diesem Band.

289 Gendarmeriebericht und Niederschrift v. 26.8. u. 3.9.1932, SLA, PA, K. 227, 1932/32 bzw. Fellner (wie Anm. 21), S. 184; jetzt auch Strasser (wie Anm. 94), S. 40ff.

290 Im Folgenden Fellner (wie Anm. 21), S. 159.

bei Veranstaltungen der NSDAP Anfang der dreißiger Jahre – in Saalfelden, Bad Gastein – aufstanden, sich gegen die Rassenbekämpfung und für die »angegriffenen« Juden aussprachen, um dann auf das Thema der »russischen Arbeiterverhältnisse« überzugehen.[291] 1930/31 attackierten die Nationalsozialisten den Gemeindearzt von Bad Gastein, Anton Wassing, der auch lange Mitglied der Kurkommission gewesen war. Er war bei der Bevölkerung, die den jüdischen Ärzten überhaupt wohl gesinnt war, äußerst beliebt. Als der Angegriffene nach dem Prozess heimkehrte, bereitete ihm die Bevölkerung an seinem Wohnort einen triumphalen Empfang mit Fackelzug. Selbst nach dem März 1938 soll von dieser besonderen Atmosphäre noch etwas zu spüren gewesen sein.[292]

In der Sommerfrische – Nähe oder Distanz?

Allgemein wirkten die Umstände gegen zu große Nähe. Da waren einmal die unterschiedlichen Interessen, Lebens- und Arbeitsbedingungen bei Gastgebern und Bereisten auf der einen, den Gästen und Reisenden auf der anderen Seite. Das sprach im Sommer 1892 der jugendliche Hofmannsthal bei einem Feuerwehrfest in Strobl mit Blick auf das Idyll der Sommergäste an: »Dieses Strobl ist das unsere / Doch es gibt auch noch ein andres / Keine Sommerheimat sonnig …«[293] Zum anderen der herrschende kulturelle Code, der einer »Verständigung« zwischen Juden und Nichtjuden eine Barriere entgegensetzte. Doch sie war nicht immer gleich hoch. Manchmal fehlte sie. Arthur Schnitzler machte sie oft zum Thema. Er ging ihr auch in der Sommerfrische nach. Doch blieb viel Platz für anderes: »Wald gearb. – Bei Tisch Gespräch über Antisemitism. Roman. – Schlucht, Taisten …«[294] In breitem Ausmaß fehlte allerdings die wahrscheinlich entscheidende Voraussetzung: »von vornherein« der Überzeugung zu sein, dass eine solche Verständigung etwas Erstrebenswertes sei.[295] Erschwerend kam – wie an der Krise 1915–1923 deutlich wurde – ein großer materieller Druck hinzu. Anfängliche Zurückhaltung, Neugierde oder gar Euphorie der Einheimischen können in solchen Situationen rasch in Rückzugsverhalten, Ressentiment und offene Feindseligkeit umschlagen.[296] Das schloss (und schließt) die Möglichkeit zu Akzentverschiebungen in Wahrnehmung

---

291 Ebda., S. 188.

292 Siehe Krisch (in diesem Band).

293 Zit. n. Kos – Krasny (wie Anm. 103), S. 190.

294 Tagebucheintragung, 19.7.1907, Welsberg im Pustertal; zit. n. ebda., S. 137.

295 Hartmann (wie Anm. 104), S. 62ff.,157ff., eine der wenigen empirischen Untersuchungen zur Völkerverständigungsthese im Fremdenverkehr. Ähnlich Kulturkontakt (wie Anm. 104), S. 323ff; Astrid Kösterke: Urlaubsreisen und interkulturelle Begegnung. Untersuchungen zur Ansprechbarkeit der Deutschen auf Aspekte von interkultureller Begegnung im Urlaub, Ammerland 2000, S. 511. Für Salzburg/Bad-Gastein Ellmauer: Fremder (wie Anm. 18), S. 78.

296 Hahn – Kagelmann (wie Anm. 15), S. 173.

und im Verhalten je nach Stufe und Art des Kontaktes nicht aus.[297] Eine »extrem verkürzte« gegenseitige Wahrnehmung kennzeichnet die klassische Begegnungsform, die zwischen Gast und Kellnerin.[298] Kein Wunder, dass das Urteil, das Fremde und Einheimische übereinander abgeben, oft falsch ist, wie schon Leopold von Wiese lapidar festhielt.[299] In unserem Kontext gereichte das einer der beiden Seiten weit eher zum Schaden, betraf grundsätzlich aber beide. Dessen waren sich die hellsichtigeren Gäste, jüdische und nichtjüdische, bewusst. »Stadtleute begreifen ihn nicht, und er die Stadtleute nicht«, schrieb zur Jahrhundertwende Joseph August Lux über den Bauern.[300] Andere ahnten, dass sie das Landleben wie eine Kulisse wahrnahmen, vor der sie sich zum Teil in »absonderlicher« Kostümierung bewegten und auf die Einheimischen gönnerhaft-mitleidig herabblickten.[301] Die wenigsten dürften aber so ernsthaft wie Ernst Křenek um 1930 der Unsicherheit, die ihn als Eindringling in eine fremde Welt überfiel, nachgegangen sein und sich die Frage gestellt haben, woher sie überhaupt die Legitimation nahmen, »… nur aus Neugier zu reisen, sich in andrer Menschen Kreis zu drängen, nur um nachzuschauen, wie es da ist«.[302] Sofern diese um Gäste warben, bestand dazu kein Grund. Obendrein wussten auch die Bereisten, was sich gehörte. »Jessas, da kimmt der erst' Summerfrischler! Jetzt müass'n mir wieda a paar Monat treuherzi sei.«[303] Beim Wechsel von der Hinter- zur Vorderbühne[304] konnte schon einmal ein Missgeschick pas-

---

297 Adelheid Schrutka-Rechtenstamm: Kommunikationsmodelle im Tourismus.Versuch einer Analyse in zwei steirischen Regionen. In: Kulturkontakt (wie Anm. 104), S. 349–356, hier 353f; dies.: »Die Gäste fühlen sich wohl bei uns.« Begegnungen durch Tourismus. In: Tourismus und Regionalkultur (wie Anm. 67), S. 85–94, hier 90. Zu Varianten aufgrund spezifischer räumlicher Gegebenheiten oder besonderer Umstände der sozialen Interaktion: Ursula Wilhelm: Die soziale Beziehung zwischen Gastgebern und Gästen. Aufgezeigt am Beispiel zweier Fremdenverkehrszentren im Ötztal. Naturwiss. Diss. Innsbruck 1977; Heinz Fassmann – Helga Matuschek – Elisabeth Menasse (Hg.): Abgrenzen, ausgrenzen, aufnehmen. Empirische Befunde zu Fremdenfeindlichkeit und Integration, Klagenfurt 1999, S. 125, 141. Für Salzburg: Christian Salletmaier: Der Fremdenverkehr im Trumer Seengebiet. Tourismus und Zweitwohnsitze in einem stadtnahen Erholungsraum. Diss. Salzburg 1993, S. 202ff.

298 Wyss (wie Anm. 18), S. 7.

299 Wiese (wie Anm. 15), S. 2.

300 Joseph A. Lux: Naturempfinden und Touristik. In: Deutsche Alpenzeitung. Natur und Kunst, 6, 1906/07, S. 17–20, hier 17.

301 Nichtjüdische Zeugnisse in Schnöller – Stekl (wie Anm. 101), S. 123, 215, 269. In Hallstatt organisierten sich die Kultivierten zum Primitiven, meinte Peter Altenberg. Robert Musil stellte bei einem Aufenthalt in Tirol an sich Imbezillität fest; Plath (wie Anm. 103), S. 110, 138.

302 Zit. n. Georg Rigele: Ein Kontrapunkt zum Fremdenverkehr. Ernst Krenek und die österreichische Kulturpolitik 1928–1938. In: Tabor (wie Anm. 196), S. 242–251, hier 249. Die religiös bedingte Scheu, eine christliche Kirche zu betreten, wie sie in den östlichen Kronländern vorkam, dürfte in den westlichen Alpenländern kaum mehr eine Rolle gespielt haben. Beispiel dafür in Lichtblau (wie Anm. 53), S. 187.

303 So in der satirischen Zeitschrift Simplicissimus am 6.7.1908; zit. n. Wolfgang Hackl: »Sommerfrischler« und »Eingeborene«. Eine kulturgeschichtliche Lektüre des »Simplicissimus«. In: Gertrud M. Rösch (Hg.): Simplicissimus. Glanz und Elend der Satire in Deutschland. Regensburg 1996, S. 161–173, hier 172.

304 Siehe Anhang Nr. 4.

sieren. In der zur Anekdote verdichteten Darstellung eines satirischen Blattes: Zum Befremden der jüdischen Gäste spielen einheimische Kinder plötzlich nicht mehr mit deren Kindern. Darauf der »gutmütige« Hausherr: »No wissen S', dös san halt no Kinder, die können si no net so verstell'n wie wir Großen.«[305] Einige jüdische Salzburger vertreten in ihrer Erinnerung an die Zwischenkriegszeit auch die Meinung, während der Festspielsaison wäre der Antisemitismus unter den Teppich gekehrt worden, man habe aber auf der Hut sein müssen. Eine ungezwungene Atmosphäre sei nicht aufgekommen. Davon abweichend: Die Bevölkerung wäre antisemitisch gewesen, hätte diese Haltung aber nicht offen gezeigt, sogar gut versteckt.[306] Der seiner Wahlheimat Salzburg-Henndorf eng verbundene Carl Zuckmayer registrierte die »Durchzügler und Paradiesvögel«, die Salzburg nur in der Festspielzeit besuchten; die devisenstarken westlichen Touristen, die im Sommer Salzburg, im Winter Kitzbühel oder St. Anton zum »Amüsierland« machten.[307] Den Individualisten Stefan Zweig, selber ein leidenschaftlich Reisender, erschreckte von vornherein »die neue bureaukratische, maschinelle Form des Massenwanderns«, das zunehmende Gruppen- und Massenreisen.[308] Die meisten registrierten die Zwischentöne und Abgründe wohl weniger deutlich. Insgesamt dürften die jüdischen Gäste ihren Aufenthalt in einer der Salzburger Sommerfrischen nicht mehr und nicht weniger genossen haben als anderswo und zu manchem Ort ein ähnliches Heimatgefühl entwickelt haben wie die Familie Peter Altenbergs für Reichenau bei Payerbach an der Südbahn.[309] Einer, der als Schüler den Sommer gemeinsam mit einer jüdischen Familie in Aussee verbrachte, fühlte sich nach eigener Aussage »ziemlich« wohl.[310] Gastein wurde von jüdischen Gästen grundsätzlich gern besucht.[311] 1931/32 setzte sich der großdeutsche Bürgermeister persönlich für die Möglichkeit ritueller Schlachtungen ein. Zwischen Gästen und Hoteliers scheint freundschaftlicher Kontakt nicht selten gewesen zu sein. Zwar gab es Häuser, die Juden ablehnten, andere warben mit koscherer Küche. Der Juli hieß im Volksmund schlicht der »Judenmonat«. Fuhr die alte Frau Rothschild in einem Auto – mit getönten Scheiben – vorbei, versuchten Einheimische einen Blick ins Innere zu werfen. Vergeblich. Das hatte nichts mit ihr als Jüdin, sondern mit der distanzierten Wahrnehmung zu tun, die generell herrschte, zumal zwischen kleinen Angestellten und den am anderen Ende der sozialen Skala stehenden wohlhabenden Kurgästen. Ein Kurarzt hatte seinen Klienten in den 1890er Jahren in Aussicht gestellt: »Das gedrängte Beisammenleben vermittelt sehr oft Bekanntwerden, ja selbst innige Freundschaften – am

305 Simplicissimus, 29.11.1904; zit. n. Hackl (wie Anm. 303), S. 164.
306 Ellmauer (wie Anm. 21), S. 64, 229.
307 Zuckmayer (wie Anm. 96), S. 48, 137.
308 »Reisen oder Gereist-Werden« (1926). In: Zweig (wie Anm. 268), S. 259–263, hier 263.
309 Kos – Krasny (wie Anm. 103), S. 34.
310 Ellmauer (wie Anm. 21), S. 152.
311 Im Folgenden ebda., S. 19, 51f., 90; u. Krisch (in diesem Band).

meisten gemeinschaftliche Spaziergänge.«[312] So einfach dürfte es nicht immer gewesen sein. Wenn schließlich die Kur oder Sommerfrische zu Ende war und es darum ging, nach Hause zu fahren, änderte sich, wie Peter Altenberg einmal meinte, in einer Hinsicht wenig: »Komödie hier, Komödie dort vielleicht ...«[313]

Dreissiger Jahre – man hält am Gewohnten fest

Salzburgs Fremdenverkehr blieb nach 1929 von der Weltwirtschaftskrise und von der Erschütterung des politischen Gefüges in den Jahren 1933/34 nicht unberührt. Hart traf ihn die 1933 von Deutschland über Österreich verhängte 1000–Mark-Sperre, kam der Großteil der ausländischen Gäste doch traditionell aus diesem Nachbarland. Es gelang ihm, den Ausfall durch Rekrutierung neuer Märkte relativ rasch und gut auszugleichen, so dass die dreißiger Jahre nicht in das befürchtete Tief führten, das nur zu sehr an die kaum zwei Jahrzehnte zurückliegenden Kriegs- und Nachkriegsjahre erinnert hätte.[314] Trotz negativer Veränderungen im Gefolge des »ständestaatlichen« Experimentes[315] bewegte sich das Leben für die jüdischen Gäste weitgehend in den gewohnten Bahnen, zu denen der Antisemitismus einer nationalen Tradition gleich gehörte.[316] Dieser blieb ohne nennenswerte praktische Relevanz, wie ein Vergleich der Lage mit jener im Deutschen Reich schnell vor Augen führte. Was sich in Österreich veränderte, spornte die patriotische Gesinnung eher noch an.[317] Die Salzburger Kultusgemeinde appellierte am 12. März 1937 in einem Schreiben an den Landeshauptmann, in dem sie gegen die antisemitische Broschüre eines Lehrervereines protestierte, an das »geliebte« Land und an die »weltberühmte« Festspielstadt.[318] Sie operierte auf der für die bundesweite Vertretung kennzeichnenden staatsloyalen, patriotischen Linie: »Sei christlich zu Deinen Juden!«, so am 18. Februar 1938, »Du wirst Deine treuesten Bürger in ihnen haben.«[319] Dabei war eine Doppelbödigkeit nicht zu verkennen.[320] Staatsanwaltschaft, Behörden, Erklärungen

312 Pröll (wie Anm. 92), S. 15.

313 Zit. n. Plath (wie Anm. 103), S. 252.

314 Stadler (wie Anm. 14), S. 269ff; Dirninger (wie Anm. 24), S. 284ff; Hanisch (wie Anm. 24).

315 Sylvia Maderegger: Die Juden im österreichischen Ständestaat 1934–1938. Wien – Salzburg 1973; Anton Staudinger: Austrofaschistische »Österreich«-Ideologie. In: Emmerich Talos – Wolfgang Neugebauer (Hg.): »Austrofaschismus«. Beiträge über Politik, Ökonomie und Kultur 1934–1938. 4. Aufl. Wien 1988, S. 287–316, bes. 305ff.

316 Pauley (wie Anm. 1), S. 400.

317 Lichtblau (wie Anm. 201), S. 250ff; ders. (wie Anm. 192), S. 99, berichtet, die Wiener Kultusgemeinde habe angesichts der Tausendmarksperre ihre Mitglieder ausdrücklich zum Besuch österreichischer Sommerfrischen aufgefordert.

318 Fellner (wie Anm. 21), S. 186.

319 Zit. n. Maderegger (wie Anm. 315), S. 7.

320 Ebda., S. 115f; Pauley (wie Anm. 1), S. 320ff.

der politischen Spitze wiesen den Rassismus als Grundlage der Politik zurück und versicherten, dass gegen antisemitische Hetze vorgegangen werde. Bei untergeordneten Organen, in der Presse – anscheinend ab 1936 wieder stärker[321] – hörte und las man es oft anders. Solche Zwiespältigkeit war jedoch alles andere als neu. Selbst unter den zionistisch Gesinnten blieb die Zahl derjenigen, die das Land verließen, bis zuletzt verschwindend gering. »Wir wollten nur eines: einen Staat in Palästina! (...) Aber es ist einem in Österreich bis fast zum Schluß zu gut gegangen! Man war sehr für einen Judenstaat, aber nicht für sich selber.«[322] Ein anderer, der wie seine Mutter tatsächlich dorthin gegangen war, absolvierte 1936 dennoch am Arlberg die Schilehrerprüfung.[323] Eine genaue Untersuchung für Linz ergab: Krisenbewusstsein, das sich in einem praktischen Handeln niederschlug, lässt sich bei keiner der gefährdeten Gruppen feststellen. Motiv der meisten: man habe sich nicht wirklich bedroht gefühlt.[324]

Wenig Veränderung ist während der dreißiger Jahre auch im »Amüsierland« Salzburg zu erkennen. Die offizielle Fremdenverkehrswerbung setzte weiter auf Fremdenfreundlichkeit. Die Salzburger Festspiele behielten für manche ihren – wie immer gerechtfertigten – »jüdischen« Beigeschmack. Dass der oberste Repräsentant des Landes einmal trocken darauf hingewiesen haben soll, die Hauptsache wären schließlich die Valuten,[325] tat dem keinen Abbruch. Es fügte sich in die Werbelinie des Gesamtstaates, die mehr denn je auf eine kleinstaatliche, agrarische, barock-biedermeierliche Idylle zielte.[326] Dass sie auch einen österreichisch-nationalen, gegen den Nationalsozialismus gerichteten Akzent aufwies, mag nicht zuletzt auf manchen jüdischen Gast motivierend gewirkt haben.[327] Stefan Zweigs Idylle aus dem Jahr 1933,[328] Carl Zuckmayers Roman »Ein Sommer in Österreich«[329] bewegten sich auf anderem Niveau als der durchschnittliche Werbeprospekt. Dennoch hätte ein Leser keinem der beiden Werke den Ratschlag entnehmen können, nicht nach Salzburg zu kommen. Im Gegenteil. Das verbindet diese Werke mit dem nicht unbegabt, doch in vergleichsweise holpernd volkstümlichem Duktus verfassten »Skikurs auf englisch«, der 1935 im »Volksblatt« erschien.[330] Wer nur diesen Text kennt, käme an keiner Stelle auf die Idee, dass er denselben Verfasser hat wie das

321 Scholz-Heinisch (wie Anm. 240), S. 23. Aus der Sicht eines Zeugen David Herzog: Erinnerungen eines Rabbiners 1932–1940. Hg. v. Walter Höflechner. Graz 1995, S. 8.
322 Ellmauer (wie Anm. 21), S. 191.
323 Ebda., S. 276.
324 John (wie Anm. 130), S. 208–219.
325 Scope (wie Anm. 95), S. 205.
326 Rigele (wie Anm. 196), S. 254.
327 Hanisch (wie Anm. 156), S. 109.
328 Zweig (wie Anm. 268).
329 Carl Zuckmayer: Ein Sommer in Österreich. Erzählung. Wien 1937.
330 Salzburger Volksblatt, 14.12.1935, S. 5f. Es war einem gleichzeitig erschienenen Buch des Verfassers, Karl Springenschmid, entnommen. Damit vergleichbar, aus dem Blickwinkel einer Wienerin, Helene Tuschak: »Platzmusik. In der Sommerfrische«, ebda., 4.9.1931, S. 5f.

Elaborat, das 1937 den Protest der Kultusgemeinde auslöste, und dass der Autor sich nach dem Anschluss als Organisator der einzigen Bücherverbrennung auf österreichischem Boden, am 30. April 1938 auf dem Salzburger Residenzplatz, einen Namen machen würde.[331] Die überregionale bürgerliche Presse des Landes bot ihren Lesern weiterhin, was sie ihnen auch in den Jahren zuvor geboten hatte. Selbst bei verfänglichen, d. h. jüdischen, Themen mitunter nüchterne Berichte.[332] Gelegentlich einzelnen jüdischen Persönlichkeiten gegenüber sogar ein herzlich zugetanes Lob;[333] seinen Gästen im In- und Ausland signalisierend, bei allen Eigentümlichkeiten in Salzburg einer Weltstadt zu begegnen, zumindest »ein bisschen«, wie die vorsichtige »Chronik« einmal meinte.[334] Gleichzeitig widmete sie erklärten Judengegnern, dem in Salzburg verstorbenen Universitätslehrer August Rohling etwa, anerkennende Nachrufe;[335] spielte bei Gelegenheit, wie der Moissi-Affäre im Herbst 1931,[336] auf der ihr jeweils geläufigen Klaviatur. Sie brachte vor allem nach dem Machtwechsel im Deutschen Reich für die dort einsetzende neue »Judenpolitik« viel Verständnis auf.[337] Nach dem Verbot der NSDAP und der Beseitigung der parlamentarischen Demokratie in Österreich bewegte sie sich in einem veränderten Rahmen. Bei Störaktionen der nun illegalen Nationalsozialisten hatte sie sich entweder trocken auf das Faktische zu beschränken[338] oder die offizielle Regierungslinie zum Ausdruck zu bringen, was im Hinblick auf den Fremdenverkehr die Sorge um die für ihn lebenswichtige Ruhe ebenso einschloss wie die Distanzierung von den »terroristisch« gewordenen Gesinnungsgenossen: »... wieviel sich gewisse Kreise der Fremdenindustrie durch heimliche, schweigende und verschweigende Unterstützung der nationalsozialistischen Terrorwelle selbst geschadet haben, wird erst in ruhigeren Zeiten klarer erkannt werden.«[339] Die Zahlen gaben eindeutig einer Seite recht. Ende 1935 konnte man trotz »Ungunst der Zeit« auf einen sehr guten Sommer zurückblicken und die Hoffnung hegen, bei entsprechender Anstrengung »... wirklich *das* internationale Rei-

331 Fellner (wie Anm. 21), S. 232.

332 Z. B. über die Lokalisierung eines mittelalterlichen Ritualbades in Hallein; Salzburger Chronik, 6.7.1934, S. 9.

333 »Der Tiermensch Carl Zuckmayer«, Salzburger Volksblatt, 21.1.1935, S. 5f; »Ein Besuch bei Carl Zuckmayer in Henndorf«, ebda., 6.8.1935, S. 5.

334 Salzburger Chronik, 10.5.1932, S. 8.

335 Salzburger Volksblatt, 26.1.1931, S. 4. Vgl. Anm. 183 zu Josef Eder.

336 Die Affäre wurde Anfang September von den Nationalsozialisten durch eine Anfrage an den Landeshauptmann ins Rollen gebracht. Sie zog sich wochenlang durch die Presse. Anlass war die Anwesenheit des Schauspielers Alexander Moissi bei einer Geburt im Landeskrankenhaus. Er galt in antisemitischen Kreisen als Jude. Dazu Fellner (wie Anm. 21), S. 180f.

337 Vgl. etwa Salzburger Chronik, 3.4.1933, S. 1f; Salzburger Volksblatt, 20.5.1933, S. 4 u. 22.5.1933, S. 5f.

338 Z. B. Bericht über diverse Vorfälle in ganz Österreich, u. a. über einen Papierbölleranschlag auf das jüdische Kaufhaus Ornstein in der Stadt Salzburg. Salzburger Volksblatt, 6.2.1934, S. 10.

339 Salzburger Chronik, 8.7.1935, S. 3f.

seland (zu) werden«.[340] Nach der Abstiegsphase der Jahre vorher brachte dieses Jahr die Trendumkehr. Ein, zwei Saisonen später wurden die Spitzenwerte der zwanziger Jahre erreicht, teilweise sogar überschritten.[341] In den Fremdenverkehrsorten widerspiegelte sich der allgemeine Trend.[342] Der Weltruf Bad Gasteins war, wie man im Vorfeld der 500-Jahr-Feier 1936 zum Ausdruck brachte, unbestritten. Es ginge höchstens darum, noch den Winter für den Kurort nutzbar zu machen.[343] Im Salzkammergut, insbesondere in Bad Ischl, setzte man auf die erfolgreiche Kombination der Erinnerung an das kaiserliche Österreich, der Schönheit der heimischen Landschaft, der Nähe zu Salzburg, mit Blick auf die »Brüder« im deutschen Nachbarland, zugleich auf die jüdische Klientel,[344] für die es ein »streng« orthodoxes Haus im Angebot gab.[345] In St. Gilgen freute man sich über den Zuzug besten internationalen Publikums, wie man sagte.[346] Andernorts wurden schon wieder große Pläne für die Zukunft geschmiedet.[347] Zum mindesten hoffte man auf einen neuen Aufschwung.[348] Das einschlägig bekannte Mattsee verstand es nach wie vor, ohne judenfeindliche Note um Gäste zu werben. Neu war, dass es versuchte, aus dem Zufall, dass Bundeskanzler Dollfuß wenige Tage vor seiner Ermordung im Ort zu Besuch gewesen war, Kapital zu schlagen.[349] Natürlich blieben trotz oder auch wegen der neuen politischen Verhältnisse antijüdische Ambitionen nicht aus. Hier der Versuch, gegen das angeblich schamlose Treiben in einem vermeintlich jüdischen Ferienlager Propaganda zu machen,[350] dort mittels »arischer« Geschäftsanzeiger, die von Nationalsozialisten vor der Grenze an Zugreisende verteilt wurden.[351] So sehr sich damals auch die so genannten vaterländischen Kreise um Aufdeckung und Unterdrückung derartiger Bestrebungen bemühten, ruhte die Hauptlast weiterhin auf jüdischen Schultern. Das hatte bei einigermaßen greifbaren Vor-

340 Salzburger Volksblatt, 12.10.1935, S. 16f.

341 Stadler (wie Anm. 14), S. 287ff.

342 Vgl. Salzburger Land. Ein kleiner Reiseführer durch die Sommerfrischen, Kurorte und Seebäder. Hg. v. Landesverkehrsamt in Salzburg, o. O. 1937.

343 Salzburger Volksblatt, 7.12.1934, S. 8f., 29.10.1935, S. 9.

344 Ein Onkel des Historikers Walter Grab konnte 1935 noch selbstbewusst in Lederhose und Trachtenjanker in der Sommerfrische promenieren. Foto in Walter Grab: Meine vier Leben. Gedächtniskünstler, Emigrant, Jakobinerforscher, Demokrat. Köln 1999, S. 38.

345 Hans Tritschl: Illustrierter Führer durch das Salzkammergut. 2. Teil: Von Bad Ischl in das westliche Salzkammergut. Salzburg 1931, S. 77.

346 Salzburger Volksblatt, 20.1.1933, S. 5.

347 Z. B. in Mariapfarr im Lungau wegen der hohen Sonneneinstrahlung; »Salzburger Davos«. Salzburger Volksblatt, 1.3.1933, S. 5f.

348 So etwa im vergleichsweise unbedeutenden Neumarkt am Wallersee; Jakob Vogl: Neumarkter Heimatbuch, Neumarkt b. Salzburg 1930, S. 24.

349 Josef Holzinger: Das Drei-Seen-Gebiet von Mattsee. Mattsee, Obertrum, Seeham, Mattsee 1936, S. 45.

350 In Bischofshofen; Festschrift-Union (wie Anm. 10), S. 102.

351 1937 wurde derartiges Material in Bad-Gastein behördlich beschlagnahmt; Fellner (wie Anm. 21), S. 185. Zu Boykottaufrufen dieser Art in früheren Jahren siehe Maderegger (wie Anm. 315), S. 214.

fällen grundsätzlich die Chance auf Erfolg.[352] Diese verkleinerte sich, je mehr es um bloß Atmosphärisches, Elemente einer symbolischen Sprache ging. Judentum, Revolution und Bolschewismus zum Beispiel wurden nicht nur von judenfeindlich, sondern auch von judenfreundlich eingestellten Intellektuellen gern in einen Topf geworfen.[353] In Kreisen der Heimat- und Trachtenschutzbewegung gab die Gewohnheit »städtischer Sommerfrischler-Gschaftlhuber«, Trachtenmode zu tragen, Anlass zu Polemik.[354] So kam es, dass ein- und dasselbe Requisit – weiße Wadenstrümpfe – in ganz unterschiedlicher Bedeutung geschätzt wurde, von den einen als Bestandteil der Trachtenmode, von den anderen als Zeichen ihrer nationalsozialistischen Gesinnung. Konsequenterweise verboten diese bald nach ihrer Machtübernahme Juden das Tragen alpenländischer Tracht.[355]

1938 – Hoffnung für die einen, Ende für die anderen

Vieles von dem, was nach dem Anschluss geschah, erscheint wie die wörtliche Erfüllung früher Prophezeiungen. Ein Salzburger Beispiel aus dem Jahr 1889: »Die Wurzeln der Bewegung liegen … in der breiten Schichte der Bevölkerung; wird diese einmal aufgewühlt, dann hilft kein beschwörender Verstand, keine klärende Bildung mehr, denn ein bloßer Wahn genügt schon, den Menschen zum schrecklichsten der Schrecken zu machen, wie erst eine fest ausgeprägte Überzeugung?«[356] Die Schwäche des dahinter stehenden methodischen Ansatzes liegt darin, dass er über die Qualität von Prophezeiungen – in umgekehrter Richtung – nicht hinausgeht. Er täte das selbst dann nicht viel weniger, würde er die »Irrtümer« früherer Propheten in die Textur seiner Darstellung einweben, etwa den aus ungefähr der gleichen Zeit und von dem Wiener Antisemiten Joseph Deckert stammenden: »… das Heimatrecht, das die Juden vor 2000 Jahren in Wien besaßen, werden ihnen die Antisemiten von heute nicht rauben, – auch wenn sie Herren der Situation werden sollten, was gar nicht unmöglich ist.«[357] Möglicherweise haben damals solche Überlegungen den einen oder anderen jüdischen Bürger oder Gast heimgesucht. Sie zählten zu diesem Zeitpunkt aber sicher zu seinen geringsten Sorgen. Denn etwas Grundlegendes hatte sich seit dem März 1938 geändert: die politischen Spielregeln. Diese Veränderung wirkte sich rasch, unmittelbar und entscheidend auf ihn aus. Auch auf die Nichtjuden, unabhängig davon, ob ein Teil von ihnen nun zum ersten oder

352 Vgl. Protest gegen die, wie man meinte, ungerechtfertigte Entlassung dreier jüdischer Musiker aus der Kurkapelle Bad Gastein; Festschrift-Union (wie Anm. 10), S. 102.

353 Als Beispiel zwei Salzburger Theologen. Alois Mager: Zur Judenfrage. In: Katholische Kirchenzeitung, 74, 1934, S. 113–115; Josef Dillersberger: Der – ewige Jude. In: ebda., 77, 1937, S. 65f.

354 Kuno Brandauer 1936; auch im Folgenden Kammerhofer (wie Anm. 134), S. 271.

355 Fellner (wie Anm. 21), S. 231, u. ders. (wie Anm. 28).

356 Der Kyffhäuser, 31.3.1889, S. 101.

357 Deckert (wie Anm. 79), S. 403.

zum wiederholten Mal einen judenfeindlichen Part übernahm, nur als Komparse mithalf oder bereit war, eine tragende Rolle zu spielen.

Die Entwicklung nach dem 12. März in Salzburg, die nur mehr gestreift werden soll, ist durch grundsätzliche Übereinstimmung mit, aber auch einen markanten Unterschied zu derjenigen im übrigen Österreich, vornehmlich der in Wien, gekennzeichnet: Die Rituale der öffentlichen Erniedrigung, denen die jüdische Bevölkerung in der Bundeshauptstadt ausgesetzt wurde, sobald das »Volk« die Herrschaft auf der Straße an sich zu reißen vermochte,[358] fehlen in Salzburg weitgehend.[359] Ein kleiner Teil der jüdischen Bürger versuchte dennoch sofort, das Land zu verlassen. Die meisten taten es erst nach der Erfahrung des Novemberpogroms. Durch den Gauleiter wurde damals das Land offiziell für »judenrein« erklärt. Zu Beginn des Jahres 1939 war die jüdische Gemeinde praktisch aufgelöst. Für jüdische Gäste hatte sich in jedem Fall die seit den 1860er Jahren überwiegend freundliche Botschaft der Gastgeber ins Gegenteil verkehrt. Dass es keine jüdischen Gäste oder Sommerfrischler mehr hierher zog, war nicht verwunderlich. Ehe die ersten Kontingente der KdF-Urlauber die Fremdenverkehrsstatistik nach oben trieben, war dieses Besuchersegment verschwunden.[360] Es scheint, als hätten nicht alle Gastgeber Zeit gefunden, sich sofort in jeder Hinsicht auf die neuen Verhältnisse umzustellen. In einem Touristenführer für Zell a. See finden sich neben der nun üblichen Huldigung an die neue Zeit die freundlichsten Wünsche für »... einen recht angenehmen Erholungsurlaub und recht viel Vergnügen« im Stil der Zeit vorher und ohne dem jüdischen Thema auch nur ein Wort zu widmen.[361] Ganz ähnlich in einem anderen für den »Weltkurort« Bad Gastein. Die Besucher aus dem Reich finden allerdings eine Wortliste, in der »ostmärkische« Ausdrücke, vornehmlich für Speisen, erklärt werden.[362] Im Sommer hatte man dem jüdischen Publikum in der Presse auf vergleichsweise höfliche Art kundgemacht, nicht mehr in der Lage zu sein, es als Gast aufzunehmen, da die nun vorgeschriebenen separaten Kureinrichtungen nicht vorhanden seien. Wer noch da sei, könne seinen Aufenthalt unbehindert beenden.[363] Die Seekirchner wiederum hatten mit der Ehre, den Maibaum des Jahres 1938 für Berlin liefern zu dürfen, einen Werbeeffekt wie nie zuvor.[364] Tragik und Zynismus vereinten sich im Fall des bekannten Kaufhauses

---

358 Hans Safrian – Hans Witek: Und keiner war dabei. Dokumente des alltäglichen Antisemitismus in Wien 1938. Wien 1988. Allgemein jetzt Evan B. Bukey: Hitlers Österreich. Eine Bewegung und ein Volk. Hamburg 2000.

359 Günter Fellner: Die Verfolgung der Juden. In: Widerstand und Verfolgung in Salzburg 1934–1945. Eine Dokumentation. Bd. 2. Wien – Salzburg 1991, S. 432–473.

360 Stadler (wie Anm. 14), S. 290ff.

361 Führer durch die Bergstadt Zell am See und Umgebung. Hg. v. Stadtamt. Zell am See 1938, S. 5f.

362 Bad Gastein, Bad Hofgastein, Mallnitz mit Angaben für Autofahrer. 5. Aufl. Berlin 1939, S. 9.

363 »Richtlinien für jüdische Kurgäste in Badgastein«, Salzburger Zeitung, 18.6.1938, S. 7. Vgl. Fellner (wie Anm. 21), S. 232; Ellmauer: Fremder (wie Anm. 18), S. 20.

364 Müller (wie Anm. 216), S. 667.

Schwarz im Zentrum der Landes-, nun Gauhauptstadt. Nach seiner Arisierung beherbergte es u. a. das »Haus des Fremdenverkehrs«.[365]

Es ist wohl kein Zufall, dass ein französischer nichtjüdischer Journalist in der Zwischenkriegszeit die Möglichkeit in Betracht zog, Ahasver könne endlich zur Ruhe kommen.[366] In Österreich meinten von den größeren politischen Kräften nur die Sozialdemokraten, sein Los menschlich lösen zu können, allerdings um den Preis der Aufgabe seiner jüdischen Identität.[367] Die anderen blieben der Ansicht, Ahasver-Jude bedeute Ruhe- und Heimatlosigkeit, ewige Fremdheit.[368] Wenig half, dass die Sprecher der überwiegenden Mehrheit der jüdischen Bürger klarstellten: »Wir österreichischen Juden sind kein ›Volk ohne Land‹. Unser Heimatland – das kann nicht oft genug und deutlich gesagt werden – ist Oesterreich. Wir lieben dieses schöne Land, wir lieben es genauso wie unsere nichtjüdischen Mitbürger.«[369] Nach Salzburg kehrte Ahasver 1941 zurück, anders als 1874, 1912 und 1924, in seiner bisher hässlichsten Gestalt. Besichtigen konnten ihn die Salzburger im Kino.[370] Zur selben Zeit zeichneten sich erste dünne Risse in der neuen Fassade ab. Man begann, die »Preußen« mit scheelen Augen anzusehen und als die »Fremden« zu betrachten.[371] Aus der Henndorfer Schützenchronik geht hervor, wie Zuckmayer später mit Genugtuung berichtet hat, dass die Schlauheit einfacher Dörfler es verstand, den Ideologen ein Schnippchen zu schlagen. Eigentlich sollten die zwei von ihm für den Schützenverein gestifteten Stutzen nicht mehr benützt werden: »Sie werden aber doch abgeschossen, denn sie sind so gut wie die anderen, und den Ton kann keiner unterscheiden.«[372] Solcher Ungehorsam en miniature war freilich nicht in der Lage, Ahasver vor seinem Schicksal zu retten und die Große Politik gegen ihn zu ändern.

---

365 Gert Kerschbaumer: Tourismus im politischen Wandel der 30er und 40er Jahre. In: Weltbühne (wie Anm. 15), S. 120–128, hier 124. Es geht nicht hervor, ob durch Zufall oder bewusste Überlegung.

366 Albert Londres: Ahasver ist angekommen. Eine Reise zu den Juden im Jahre 1929. München 1998.

367 Viktor Adler: »Die sozialistische Gesellschaft wird Ahasver, den ewigen Juden, zu Grabe geleiten!« Zit. n. Lichtblau (wie Anm. 201), S. 245.

368 Maderegger (wie Anm. 315), S. 132ff; Pulzer (wie Anm. 236), S. 135; Scholz – Heinisch (wie Anm. 240), S. 45f., 71, 75.

369 Die Wahrheit, 30.1.1931, S. 3; zit. n. Pauley (wie Anm. 1), S. 302.

370 In Fritz Hipplers Film »Der ewige Jude«, gezeigt vom 8. bis 17. März 1941; Gert Kerschbaumer: Faszination Drittes Reich. Kunst und Alltag der Kulturmetropole Salzburg. Salzburg 1988, S. 195ff.

371 Kerschbaumer (wie Anm. 365), S. 126.

372 Carl Zuckmayer: Henndorfer Pastorale. 2. Aufl. München 1995, S. 117.

Anhang

Nr. 1:

Salzburg-Paradox
oder: Welchen Grund sollte ein Salzburger haben, Antisemit zu werden?

Falls das Bild der Regionalforschung zutrifft, ist Salzburg seit den 1880er Jahren und nach 1918 eines der Zentren des österreichischen Antisemitismus außerhalb Wiens. Eine Erklärung dafür ist ausständig. Praktisch alle Faktoren, die in der Forschung als förderlich genannt werden, fehlen.

– Der – zum Standardrepertoire der Antisemiten gehörende – beherrschende jüdische Einfluss in Wirtschaft, Politik, Gesellschaft und Kultur. Schon deshalb, da

- vor 1867 eine jüdische Bevölkerung nicht existierte und
- nach 1867 sich keine nennenswert ins Gewicht fallende ansiedelte.
- die zwischen 1867 und 1938 bestehende Gemeinde, kaum 200–300 Mitglieder zählend, zu keinem Zeitpunkt auch nur im Ansatz eine Dominanz ausübte, weder
- im Wirtschaftsleben, wogegen auch nicht die paar erfolgreicheren Familien, wie Schwarz oder Glaser, sprechen;
- noch im politischen Geschehen – es gab keinen einzigen jüdischen Politiker;
- noch in der Presse – es gab weder eine jüdische Zeitung noch einen jüdischen Herausgeber, Redakteur oder Journalisten.
- Relative Ausnahme ist die Kultur. Das trifft jedoch erst für die Zeit nach 1918 zu, als der Antisemitismus längst Teil des kulturellen Codes war. Die Salzburger Festspiele, ihre Protagonisten, ihr Umfeld an Künstlern und Gästen (Hofmannsthal, Reinhardt, Zweig, Zuckmayer) sind außerdem in keinen direkten Bezug zur hiesigen jüdischen Gemeinde zu bringen. Dazu kommt, dass von einer kurzen Zeit nach 1918 abgesehen sich alle maßgeblichen Kreise grundsätzlich für Festspiele und Fremdenverkehr aussprachen, da sie deren ökonomischen Wert anerkannten, nicht selten auch deren ideellen. Nur in Teilen der Presselandschaft mokierte man sich über den »semitischen« Anteil dieses für das Land zentralen Industriezweiges.

– Die meisten der üblichen Rahmenbedingungen: Es fehlen

- eine Universität, damit jüdische Professoren und jüdische Kommilitonen, über die man hätte klagen können. Die kleine katholische Fakultät, deren Lehrkörper zwar Antisemiten angehörten (Dillersberger), doch auch Gegner (Schöpf, Mager) dieser Geisteshaltung, kann mit den anderen Kaderschmieden der Judenfeindschaft, den Universitäten Wien, Graz und Innsbruck, nicht verglichen werden.
- eine Grenzlandlage, von der nie als Gefahr, eher als Hoffnung gesehenen Nähe zum Deutschen Reich abgesehen;
- eine nicht-deutsche nationale Minderheit, die einen Abwehrkampf im damaligen Verständnis gerechtfertigt hätte;

- eine konfessionelle Minderheit, mit der ein religiöser Streit hätte ausgefochten werden können. Bekanntlich wurden die Protestanten bereits im frühen 18. Jahrhundert des Landes verwiesen.
- ein sonstiger schwerer ökonomischer, sozialer oder politischer Konflikt, der Salzburg damals erschüttert und zugleich von vergleichbaren Kron- bzw. Bundesländern markant unterschieden hätte.

Nicht nur Historiker heute, sondern offenbar auch Zeitgenossen tun sich schwer. »Warum wurde ich Mitglied des Antisemitenbundes?«,[373] fragte sich 1924 ein Judengegner. Obwohl »Wahrheitssucher« und ehrlich um eine Antwort bemüht, vermag er keinen wirklichen Grund zu nennen. Er zählt eine Reihe von Umständen auf, die ebenso zu einem anderen Werdegang hätten führen können: Herkunft aus Wien, Besuch einer Schule, in der die Judenfrage aber nicht Thema war. Die Universität erwähnt er mit keinem Wort. Dann das Erleben des Weltkrieges, der Übergang zur Republik, das Wirken der Parteien, wobei er sich von linken wie »völkischen« enttäuscht fühlt. Seine Liste gipfelt in dem Zufall, ein Fordauto zu besitzen und deshalb auf Schriften Henry Fords zu stoßen, in deren Folge auf die »Geheimnisse der Weisen von Zion«. Da hätten sich die Schleier mit einem Mal gelüftet. Danach gab es nur mehr eins: Freund oder Gegner der Juden! Er, das ist keine verkrachte Existenz, kein verbitterter Absteiger, kein unsicherer Aufsteiger, sondern ein anerkannter Gemeindearzt, obendrein leitender Arzt einer Kuranstalt. Diese wirbt über Jahre hinweg in Prospekten um Gäste, in denen sich das positive Gutachten des berühmten Wiener Mediziners Dr. Eiselsberg einträchtig neben dem seines örtlichen Kollegen findet.[374]

Nr. 2:

KONJUNKTUREN DES ÖFFENTLICHEN ANTISEMITISMUS IN ÖSTERREICH 1860–1945

Tendenz	Nachlassen	Ansteigen
Periode	1860–1880	1881–1900
	1901–1915	1916–1923
	1924–1929	1930–1933
	1934–1937	1938–1945
Jahressumme 1860–1918	36 Jahre (61 %)	23 Jahre (39 %)
1860–1937	46 Jahre (59 %)	32 Jahre (41 %)
1918–1937	10 Jahre (53 %)	9 Jahre (47 %)

373 Der Eiserne Besen, 18.6.1924, S. 5.

374 Ferdinand Schwanninger: 16 Werbedrucksachen für das Moorbad Mattsee, (um 1932), (UB-Salzburg, Signatur 102580 I). Der Name des Arztes: Dr. Arnold Mannlicher. Er wurde 1925 stellvertretender Gauobmann des Antisemitenbundes. Ort des Geschehens: Mattsee. Vgl. Der Eiserne Besen, 1.5.1925, S. 4; Fellner (wie Anm. 21), S. 135.

Das Schema bezweckt naturgemäß nicht die Darstellung von Details und Varianten eines rund acht Jahrzehnte währenden Geschehens, sondern nur seiner Eckpunkte und Grundtendenzen. Es legt fünf Thesen nahe, wobei die Thesen drei und vier die erste und zweite These relativieren.

These 1: Die Jahre der relativen Abschwächung des Antisemitismus (46 Jahre) überwiegen deutlich die Jahre seiner Zunahme und Hochkonjunktur (32 Jahre).

These 2: Es sollte, bildlich gesprochen, keine längere Talfahrt zum März 1938 gesehen werden, noch weniger eine solche nach Auschwitz.

These 3: Es gab fast immer Versuche, die judenfeindliche Tendenz zu steuern. Selbst wenn man sie unberücksichtigt lässt, ist festzuhalten, dass die Entwicklung insgesamt weder linear noch in einem simplen Auf und Ab verlief. Sie gleicht eher einem spiralförmig verlaufenden, mehrfach gebrochenen, sich akkumulierenden Prozess. Der Eindruck entsteht, ein späteres Nachlassen habe nicht mehr zu einem vergleichbaren früheren Niveau zurückgeführt, auf Seiten des Publikums eine Gewöhnung an den Antisemitismus stattgefunden, auf Seiten seiner Verfechter eine Radikalisierung. Dafür liegen Zeugnisse auf unterschiedlicher Ebene vor: a) verbale Stellungnahmen, b) halboffene Phantasien in Form von Andeutungen und Vorschlägen zur Lösung der so genannten Judenfrage, c) Versuche, den Worten Taten folgen zu lassen. Das Bemühen der meisten Agierenden, sei es vor einem zuhörenden, sei es vor einem lesenden Publikum, war es, rhetorisch nicht hinter die Vorgänger zurückzufallen und als lau oder inkonsequent zu gelten.

These 4: Der Übergang von der konstitutionellen Monarchie zur demokratischen Republik brachte keine Anhebung, sondern ein Absenken des Toleranzniveaus gegenüber den jüdischen Österreichern mit sich. Darauf weist der Rückgang des Anteils der Schwächeperioden des Antisemitismus von 61 auf 53 % hin.

These 5: Dem absoluten Tiefpunkt (1938–1945) ging unmittelbar keine abwärts führende Periode voraus, die in einer angemessenen Relation zu dem, was folgen sollte, stünde.

Nr. 3:

Salzburg 1915–1923: Eine Kumulation von Krisen[375]

Erinnerungsraum	Erfahrungsraum
Napoleonische Kriege / Niedergang von Staat und Wirtschaft (1803–1816/50) Stabilisierung als Kronland (seit 1850) Wirtschaftlicher Aufstieg (seit 1860) • nicht zuletzt des Tertiären Sektors (Fremdenverkehr)	Erster Weltkrieg / Niederlage (1914–1918/23) • Materielle Not • Wirtschaftskrise • Zentralistische Kriegswirtschaft Staatskrise (1918–1921) • Zusammenbruch der Monarchie: Desintegration • Neubeginn als Republik: Integration – Legitimität?
Landesbewusstsein • langfristig (selbständiges Reichsfürstentum vor 1803) • mittelfristig (Kronland seit 1850) Kulturbewusstsein • Regionale Volkskultur • Mozartstadt (seit 1840) • Tourismusziel (seit 1860/90) • Salzburger Festspiele (nach 1920)	Verfassungsdebatte (1918–1921) • Zentralismus? • Föderalismus? Identitätskrise • politisch / national: SalzburgerInnen – ÖsterreicherInnen – Deutsche? • kulturell / mental: Salzburgmythos – Habsburgmythos – Judenmythos? Provinzstadt – Weltstadt?
Austreibung des »Fremden« • Juden 1498 • Protestanten 1731/32 Judenfernhaltung 1498–1867 Katholischer Antijudaismus Deutschnationaler Antisemitismus Furcht vor dem »Osten«	Kriegsflüchtlinge (1914–1918) Russische Oktoberrevolution (1917) Das »Rote« Wien (ab 1919) Räterepubliken in München und Ungarn (1919)

375 In Anlehnung an die Salzburger Landes- und Regionalforschung. Stellvertretend für viele seien für das 20. Jahrhundert Ernst Hanisch, für das 19. Jahrhundert Robert Hoffmann und Hanns Haas erwähnt.

1. Im knappen Jahrzehnt von 1915 bis 1923 überlagerten sich unterschiedliche, für die Menschen schmerzliche Entwicklungen: materielle, ökonomische, politische, staatsrechtliche, kulturelle, mentale. Sie sorgten für Irritation und beraubten die Zeitgenossen mancher lebenswichtigen oder liebgewordenen Bindung: »Brechen die Bindungen in kurzer Zeit zusammen, können leicht Aggressionen frei werden, die sich gegen alles Neue und Fremde wenden und rasch in totalitäre Muster umschlagen.«[376]
2. Das Schema berücksichtigt nur jene mittelbaren und unmittelbaren Faktoren, die für das Verhalten gegenüber Fremden und Gästen im Allgemeinen, gegenüber Juden im Besonderen relevant erscheinen.
3. Antisemitismus ist »das Gerücht von den Juden« genannt worden (Pinchas Lapide). Auch der Salzburg- und der Habsburgmythos trugen vielfach Züge eines Gerüchtes. Dass der Judenmythos in einer Reihe mit ihnen aufscheint, soll nicht vergessen lassen, dass er der mit Abstand ältere und folgenreichere war, in der hier zur Debatte stehenden Epoche als ein zentrales Medium für zahlreiche Stellungnahmen, Unterstellungen und Attacken diente, nicht zuletzt in der Auseinandersetzung um Gründung und Gestaltung der Salzburger Festspiele.
4. Möglicherweise hat zu seiner Lebendigkeit weniger die Anwesenheit als die außergewöhnlich lange Abwesenheit (1498–1867) von Juden auf Salzburger Boden beigetragen.[377]

Nr. 4

Die Sommerfrische als Bühne
(nach Erving Goffman[378])

<table>
<tr><th colspan="2">Ensemble</th><th colspan="2">Vorderbühne</th><th colspan="2">Ensemble</th></tr>
<tr><td colspan="2">Gast
Sommerfrischler
Fremder</td><td colspan="2">Illusionierung
Rollendistanz
Disziplin</td><td colspan="2">Gastgeber
Vermieter
Einheimischer</td></tr>
<tr><td colspan="2">Zugang zur</td><td colspan="2"></td><td colspan="2">Zugang zur</td></tr>
<tr><td colspan="3">Hinterbühne
Desillusionierung
Vertrautheit
Regression</td><td colspan="3">Hinterbühne
Desillusionierung
Vertrautheit
Regression</td></tr>
</table>

376 Hanisch (wie Anm. 118), S. 14.

377 »Ethnische Vorurteile sind (…) häufig verbreitet gegenüber Personen und Gruppen, zu denen überhaupt kein Kontakt besteht …« Friedrich Heckmann: Ethnische Minderheiten, Volk und Nation. Soziologie inter-ethnischer Beziehungen. Stuttgart 1992, S. 129.

378 Goffman (wie Anm. 17). Dieser dramaturgische Ansatz ruft in Erinnerung, dass wir dazu neigen, Rollen

1. In den Begriffen dieses Ansatzes ließe sich das Gesamtgeschehen zwischen 1860 und 1938 so zusammenfassen:
- Das offizielle Stück nach 1867 hieß: Juden sind Bürger wie alle anderen, Religion ist Privatsache – mit der Einschränkung, dass die katholische Religion bis 1918 als Staatsreligion privilegiert blieb und 1934 erneut hervorgehoben wurde.
- Gleichzeitig wurde in der privaten und zivilgesellschaftlichen Sphäre ein anderes Stück geprobt, auf einer Bühne, die einmal weiter, einmal weniger weit in den öffentlichen Raum hinausragte, dargeboten von Juden gegenüber zumindest skeptisch Gebliebenen, von Beherzteren, welche die Rolle des Antisemiten bereitwillig übernahmen. In ihrer Darbietung wurde den Juden die Gleichberechtigung wieder aberkannt, bekam Religion erneut, zusätzlich Rasse einen tragenden Part.
- Über Rollenverteilung, Verlauf und Ende des Stückes herrschte keine Einigkeit, weder unter den Schauspielern noch im Publikum, das unterschiedlich zahlreich zu den Vorstellungen erschien.
- Als im Frühjahr 1938 Theaterleitung, Regie, ein wesentlicher Teil des Ensembles und andere Maßgebliche den Eindruck hatten, unter den neuen Rahmenbedingungen eine annähernd kohärente Vorlage umsetzen zu können, erzielte ihre Inszenierung ungeahnten Beifall, jedenfalls zu Beginn. Doch selbst da war man sich über den weiteren Spielplan nicht einig.

2. Ort der direkten Interaktion der Ensembles ist die Vorderbühne. Sie verlangt den Ensemblemitgliedern (Darstellern) ein hohes Maß an Disziplin ab. Ein falsches Wort, ob judenfeindlich, ob den Einheimischen unpassend erscheinend, genügt, um die Vorstellung zu stören. Schutz- und Entlastungsraum bietet die Hinterbühne (z. B. die Küche des Wirtshauses, die gemieteten Privaträume). Der Zutritt zu ihr ist dem Publikum (anderen Ensemble) deshalb normalerweise verschlossen. Dort bietet sich die Möglichkeit, buchstäblich aus der Rolle zu fallen: aus der des freundlichen Gastgebers, des höflichen Gastes ... Hier herrschen eine Atmosphäre relativer Vertrautheit, Neigung zu Vulgarität und Regression. Mitunter kommt es zu einer regelrecht »rituellen Entheiligung« der Vorderbühne. Das kann heißen: Pinzgauer Kellner ziehen hinter den Kulissen über »typisch« jüdische Gäste her, diese über Salzburger Gojim.

---

zu spielen, meist je nach Publikum eine andere; Rolle und Selbst einander nicht wie Falsch und Wahr gegenüberstehen; jede Darstellung Teil einer weiteren, größeren Szenerie sein kann. »Ein Kunde in einem Laden, ein Klient in einem Büro, eine Gruppe von Gästen in der Wohnung des Gastgebers – sie alle geben eine Vorstellung und halten eine Fassade aufrecht ...«; ebda., S. 86. Eine stärkere Einbeziehung des »Bühnenaspektes« könnte auch die Antisemitismusforschung bereichern und dazu beitragen, von der Doppelgleisigkeit wegzukommen: auf der einen Seite antisemitische Tatbestände (meist Aussagen) aufzulisten, auf der anderen verschiedene Daten und Zeugnisse jüdischer Existenz. Dabei kommt das Geschehen »dazwischen« leicht zu kurz. Ihm widmen sich nicht nur Ansätze der Soziologie, sondern auch andere Fächer, wie Anthropologie, Kulturgeschichte, Kommunikationswissenschaft und Volkskunde.

3. Bei aller Disziplin und trotz strikter Grenzziehung sind Zwischenfälle auf Dauer nicht zu vermeiden, von absichtlich herbeigeführten ganz abgesehen. In den Krisenjahren 1915–1923 ist auf einheimischer Seite unschwer das Bestreben zu erkennen, kaum eine Gelegenheit auszulassen, um
- durch antisemitische Provokation auf der einen Seite Regeln zu verletzen, zumindest für jüdische Gäste, aber kaum minder für diejenigen, die an einer möglichst florierenden Fremdenverkehrswirtschaft interessiert sind;
- gleichzeitig eine Aufführung zu bieten, die vom eigenen Publikum erwartet wird.

Was im einen Fall einem Fehlverhalten gleichkommt, ist im anderen Wohlverhalten. Das gleiche ließe sich, verschärft, für das sagen, was sich nach dem März 1938 abspielte, wie die Umgangssprache treffend formuliert.

4. Eine Folge der Anwendung dieses Ansatzes wäre, die Kategorie Sommerfrische zumindest in zwei Unterformen zu trennen (siehe unten Variante 2 und 3).
- Variante 2 sticht in mehrfacher Hinsicht hervor. Besser als andere bot sie zumindest theoretisch die Chance, einander näher zu kommen. Durch die räumliche Nähe, die hohe Erwartung – des jüdischen Gastes einerseits, des nichtjüdischen Gastgebers andererseits – hielt sie aber auch das größte Potential für Konflikt und Enttäuschung bereit. Selbst eine penible Regelung und Beobachtung der Tabuzonen konnte nur eine mäßig stabile Grundlage schaffen. Störfälle wurden von antisemitischen Stimmungsmachern schon aus propagandistischen Gründen gesucht und aufgebauscht. Dass auch jüdische Quellen davon berichten, steht außer Zweifel.
- Variante 3 eröffnete einen anderen Weg. Man fuhr an einen fremden Ort, um dort wieder Herr im eigenen Haus zu sein. Traf man sich vornehmlich mit Verwandten, Freunden und Bekannten, veränderte sich, das soziale Netzwerk betreffend, nichts. Man verlängerte nur den (akkulturellen) Lebensstil von der Stadt auf das Land, von daheim in das zweite Zuhause. Sie war die finanziell kostspieligste Variante, emotional die sicherste, vielleicht auch dramaturgisch die Bühne mit den meisten Inszenierungsmöglichkeiten: vor sich selber, vor den Gästen, im eigenen Haus, vor den Hausnachbarn, den anderen Touristen, Kur- und Sommergästen am Ort. Von extremen Fällen abgesehen, die in den Konjunkturphasen des Antisemitismus wahrscheinlicher wurden, bot dieser Rahmen selbst bei relativ distanzierter bis feindseliger Umgebung einen ziemlich sicheren Aufenthalt, noch dazu in reizvoller Umgebung und unweit kultureller Anreize, z. B. der Salzburger Festspiele.
- Die erste Spielart (Variante 1) garantierte das weniger, sowohl den Gästen als auch den Gastgebern. Man kann annehmen, dass allein die Kürze des Aufenthaltes, die Möglichkeit, den Ort bei Bedarf rasch ohne großen Aufwand zu wechseln, die wahrscheinlich von vornherein geringere Erwartung an die Einheimischen und gefühlsmäßige Bindung an das örtliche soziale Netz einer zu großen Desillusionierung vorbeugten,

diese im Fall des Falles abschwächten. An die Variante 3 rückt sie heran, indem sie fern des Alltags zu Hause ebenfalls eher ein innerjüdisches Gesellschaftsleben begünstigte, wenngleich in bescheidenerem Rahmen.

Aspekte	1. Tagestourismus	2. Sommerfrische in Untermiete	3. Sommerfrische im Eigenheim
Quantitative			
Frequenz	unregelmäßig	regelmäßig	regelmäßig
Aufenthaltsdauer	kurz (1 Tag/wenige Tage)	lang (mehrere Wochen)	lang (Wochen, Monate)
Qualitative			
Soziale Interaktion			
Kontakt zu Gastgebern / Einheimischen	unpersönlich	persönlich	persönlich?
Tendenz / Ziel	Konsum (Sightseeing u.Ä.)	Familienanschluss	Ortsanschluss
Hinterbühne			
Zugang für Gast	verboten	möglich	erlaubt
Kontrolle durch	Gastgeber	Gastgeber / Gast?	Gast = Gastgeber
Konfliktpotential	gering	hoch	kein

Christian Strasser

Antisemitismus am Wallersee

Die Verfolgung jüdischer Sommergäste im Raum um den unweit der Stadt Salzburg gelegenen Wallersee war in mehrfacher Hinsicht besonders stark ausgeprägt: Im Hauptort der Region, dem Markt Seekirchen, agitierte die größte Ortsgruppe des Antisemitenbundes im Land Salzburg. Hier wohnte auch der deutschnationale Politiker Julius Sylvester, der den Antisemitismus in Salzburg belebt hatte. Im Nachbarort Henndorf wurde der erfolgreichste Bühnenautor seiner Zeit, der in Deutschland verfemte und emigrierte Autor und »Halbjude« Carl Zuckmayer, vertrieben und sein Besitz arisiert. In der dritten Seengemeinde, Neumarkt, wurde ein Hotelbesitzer von NS-Funktionären als Jude »denunziert« und zum Verkauf seines Besitzes weit unter Wert an eine Freundin Adolf Hitlers gezwungen.

Es ist nur auf den ersten Blick verwunderlich, dass gerade in der ländlichen Wallerseegegend, der Antisemitismus so stark ausgeprägt war, Propagandavorträge auf besonders fruchtbaren Boden fielen und sich zum Beispiel alle See-Anrainergemeinden mit Ausnahme von Henndorf bemüßigt sahen, sich als »judenreine« Sommerfrischen zu deklarieren.

Die ideologische Grundlage des Antisemitismus in dieser Gegend ist wie anderswo in der deutschen Bauernvereinsbewegung in den 1880er Jahren zu suchen, der von den politischen Ideen Georg Ritter von Schönerers genährt wurde. Die sozialen Nebenerscheinungen des Liberalismus lastete Schönerer den Juden an, ein Gedanke, der sich im ländlichen Raum mit der katholischen Judenfeindschaft verknüpfte. Gerade in Seekirchen stieß der Deutschnationalismus bei den begüterten Seekirchner Bauern auf großes Interesse.

Zu diesen ideellen Vorlagen kamen auch noch persönliche Begegnungen der ansässigen Bevölkerung mit Juden ab 1916 hinzu, die dem Antisemitismus möglicherweise Nahrung gegeben haben.

So setzte im Ersten Weltkrieg die massenhafte Auswanderung von Ostjuden vorwiegend aus dem Gebiet des heutigen Polen nach Österreich und Deutschland infolge der Blockade der Mittelmächte ein: »Kinder einer fremden Kultur, mit einem fremden Jargon, fremden Sitten und fremden Auffassungen«, notierte Richard Graf Coudenhove-Kalergi über die jüdischen Flüchtlinge aus dem Osten Europas.[1] Über zweihunderttau-

1 Heinrich Coudenhove-Calergi: Antisemitismus. Von den Zeiten der Bibel bis Ende des 19. Jahrhunderts. Wien/München 1992. S. 12 ff.

send Juden flüchteten nach Wien, wo sie verarmt auch illegale Wege beschreiten mussten, um ihr Leben zu fristen; einige Ostjuden wurden so rasch reich, was wiederum den Antisemitismus erblühen ließ. Ende Juni 1916 gelangten ca. 17.000 Flüchtlinge aus der Bukowina nach Salzburg, etwa die Hälfte davon Kinder, zumeist unter 14 Jahren, wie ein Zeitungsbericht vermeldete.[2] Sie wurden in den Kriegsgefangenenlagern Grödig und St. Leonhard untergebracht. Einige tausend der Geflohenen, darunter viele Juden, kamen auch in die Wallerseegegend. So erreichten am 30. Juni 1916 eintausend bukowinische Flüchtlinge Neumarkt; da sie kein Quartier erhielten, mussten sie vorerst in Eisenbahnzügen nächtigen.[3] Man kann annehmen, dass die verelendeten Flüchtlinge von der Bevölkerung von Anfang an mit Skepsis betrachtet wurden, auch wenn sich der Bahnhof in einigen Kilometern Entfernung von der Ortsmitte befand. Schon in Wien hatte sich keine Verwaltung, keine Partei für das Elend der großteils Obdachlosen, die sich vor allem in ihrem Äußeren und in ihren Gebräuchen von den Assimilierten unterschieden, interessiert. Ein größerer Teil dieser Menschen – etwa 800 – wurde von Neumarkt in das nur 1300 Einwohner zählende Henndorf weitergeleitet, wo am 26. August 1916 der Braubetrieb stillgelegt worden war.[4] Im alten Bräuhaus wurden die Flüchtlinge provisorisch untergebracht. Ein großer Teil der Flüchtlinge bestand aus ruthenischen Juden, von denen auch viele mit Pferd, Wagen und Vieh angereist waren.[5] Bald ergaben sich aber große Versorgungsprobleme. Ein Teil der in Neumarkt untergebrachten Juden wurde in das mit 30.000 Menschen überfüllte Sammellager nach Grödig weitergeschickt, von dort wurden am 11. August aber 129 Personen wieder nach Neumarkt zurückgesandt.[6]

In Seekirchen kam es zu Versorgungsengpässen bei der Milch; das »Salzburger Volksblatt« nahm hämisch darauf Bezug, dass »selbstverständlich auf die Versorgung der Flüchtlinge in erster Linie Bedacht genommen werden mußte« und erst durch eine Preiserhöhung die »Anforderungen der Einheimischen befriedigt« werden konnten.[7] In Seekirchen waren im Juli knapp 300 Flüchtlinge teils in Privatquartieren, teils in Massenquartieren (im Bräukeller und im Ortsteil Mies) untergebracht worden, »mit und ohne Kaftan«, wie die Zeitung vielsagend vermerkte. Vielleicht liegt in dieser Missstim-

2 Salzburger Volksblatt (im Folgenden SVB) v. 3.7.1916, S. 5

3 Johann Goiginger: Neumarkt am Wallersee. Die Entstehung seiner Landschaft und seine Geschichte. Neumarkt 1993. S. 85

4 Walburg Schobersberger: »Carl Mayr und sein Umkreis«. In: Alfred Stefan Weiß u. a. (Hg.): Henndorf am Wallersee. Henndorf am Wallersee 1992. S. 357

5 SVB v. 5.7.1916, S. 5

6 Johann Goiginger: Neumarkt am Wallersee. S. 85. Fellner weist jedoch nach, dass in den Jahren 1917 und 1918 der Anteil der ostjüdischen Flüchtlinge prozentuell nie 20 % überstieg, durchschnittlich eher bei 15 % lag. Deren Anteil wäre von den Nationalsozialisten immer verzerrt dargestellt worden. Vgl. Günter Fellner: Antisemitismus in Salzburg 1918–1938. Hausarbeit in Geschichte. Salzburg 1979. S. 87

7 SVB v. 16.8.1916, S. 5

mung – die »Gefährdung« der ohnehin schwachen und ab 1916 staatlich geregelten Lebensmittelversorgung durch die Juden – ein weiterer historischer »Grund« für den Antisemitismus in der Wallerseegegend, zumal in den letzten Kriegsjahren durch rigorose Aufbringungsmaßnahmen von Nahrungsmitteln durch Militär und Gendarmerie die Existenz der Bauernhöfe gefährdet wurde. Wenige Jahre später setzte mit der Gründung antisemitischer Vereine der Judenhass im Raum Wallersee jedenfalls voll ein.

»Falsche« Juden – die seltsame »Arisierung« des »Strand- und Seehotels« in Neumarkt am Wallersee

Eine unrühmliche Geschichte rankt sich um das »Strand- und Waldhotel am Wallersee«, dessen besonderes Schicksal in der Ortschronik nicht gewürdigt wurde: Sein Besitzer wurde 1938 als Jude »denunziert« und unter Druck gesetzt. Der Vorbesitzer, ein prominenter Nationalsozialist, ließ sich mit Gendarmeriegewalt als kommissarischer Verwalter bestellen. Das Ringen entschied aber eine enge Vertraute Adolf Hitlers für sich, die dem gepeinigten Eigentümer das Haus zum halben Wert abpresste.

Zunächst aber zum Werden der am Ostende des Sees gelegenen Gemeinde zur beliebten und in den dreissiger Jahren »judenreinen Sommerfrische«: Die heutige »Stadt« Neumarkt am Wallersee kann sich historisch nicht auf eine lebhafte kulturelle Tradition wie das benachbarte Henndorf berufen, das sich mit Namen wie Franz Stelzhamer, Richard Mayr und Carl Zuckmayer schmücken konnte; der Markt – immerhin einer der ältesten des Flachgaues (Erhebung 1366) – verfügte auch über keine Kulturmäzene wie Caspar Moser oder Carl Mayr, die in Henndorf um die Jahrhundertwende bekannte Persönlichkeiten von Bühne und Literatur einluden und anzogen.

Jedoch war Neumarkt mit seiner Nähe zur damaligen »Kaiserin-Elisabeth-Westbahn« (ab 1860, 1892 dann zweigleisig) entschieden günstiger an den öffentlichen Verkehr angebunden, ein Faktum, das sich auch bei der Entstehung des Fremdenverkehres auswirken sollte. Neumarkt wurde so zur »Pioniergemeinde« der Sommerfrische im Wallerseegebiet. Wie Henndorf lag der Ortskern allerdings mehr als einen Kilometer von Seeufer entfernt und hatte dadurch den Nachteil, im Vergleich zu Sommerfrischegemeinden im Salzkammergut nicht als klassischer Seenort gelten zu können; drei Brände in den Jahren 1879, 1887 und 1925 – bei Ersterem fielen 80 Objekte und damit fast das gesamte Ortszentrum in Schutt und Asche – hemmten die wirtschaftliche Entwicklung der Marktgemeinde auf Jahrzehnte.[8]

Eine Art »Bädertourismus« entstand erst mit der Aufnahme des privaten Autobusverkehrs der »LOBEG« (Lastauto- und Omnibusgesellschaft) vom Residenzplatz der Stadt Salzburg über Henndorf zur Endstation Neumarkt im Jahr 1927. Als vorletzten Halt er-

8 Johann Goiginger: Neumarkt am Wallersee. S. 83

reichte man nach 67 Minuten Fahrzeit die Station »Strandbad«. Immerhin 12 tägliche Kurse brachten Badegäste in die Wallersee-Ostbucht, wobei der erste Wagen den Platz vor dem Dom um 6.20 frühmorgens verließ und der letzte Kurs um Schlag 24.00 dort wieder eintraf.[9]

Dieses Jahr war auch die Geburtsstunde einer erweiterten Infrastruktur – es entstanden ein Strandbad, ein Strandhotel und ein Bootsverleih. Zwei Jahre später war die Zufahrt zum See auch für Bahnreisende erschlossen – ein Pendelbus verband den Bahnhof mit dem Wallerseestrand.

Erste Anfänge von Badeeinrichtungen gingen bis 1885 zurück, als der Verschönerungsverein zwei örtlich getrennte Badekabinen für Damen und Herren errichtete. Selbst die Badezeiten wurden damals von der Bezirkshauptmannschaft per Verordnung nach Geschlechtern getrennt geregelt.[10] 1912 kam dann das erste Strandbad mit 24 Kabinen und einem Laufsteg; die Anlage wurde 1921 und 1927 durch die »Wasserbadeaktion Genossenschaft m. b. H« großzügig erweitert.

Mit diesen Maßnahmen waren Versuche einhergegangen, den größten See des Bundeslandes Salzburg für die Personenschifffahrt erfahr- und damit erlebbar zu machen. Obwohl wie beschrieben keine Orte direkt am See lagen, wurde mit der Errichtung der Bahnstation »Wallersee« (1887, zwischen Seekirchen und Weng, in Zell am Wallersee – hier entstand 1926 eine Badeanstalt) eine erfolgversprechende Voraussetzung für einen Boots-Shuttledienst zu den Bädern in Neumarkt und Henndorf-Seebrunn geschaffen. Diese Versuche waren aber von Pech und Pleiten begleitet: ein riesiges, 27 Meter langes Dampfschiff lief erfolgreich in der Saison 1886, wurde dann aber von Dieben »seeuntüchtig« gemacht. Von 1895 bis 1926 liefen einige weitere Benzinboote.

Im Gegensatz zur Wallerseegemeinde Seekirchen, in der sich bereits 1922 ein eigener »Antisemitenbund« gegründet hatte, konnten sich die Antisemiten in Neumarkt erst recht spät bemerkbar machen. 1924 und 1925 war Neumarkt zwar in der Rubrik »Arische Sommerfrischenvermittlung« genannt worden, galt aber nicht als »judenrein«.[11] Und dies, obwohl im Mai 1925 bereits eine eigene Ortsgruppe des »Antisemitenbundes« existierte.[12] Dies rief das Antisemiten-Organ »Der eiserne Besen« auf den Plan, der 1927 an die Neumarkter appellierte: »Neumarkt ist leider trotz der vielen arischen Vereine nicht judenrein. Man sieht sie noch, die Herren aus dem Osten mit den mitgebrachten watschelnden Jüdinnen. Das ist eine Schande für Neumarkt und zwar schon deswegen, weil kein Ort in der nächsten Umgebung auch nur einen Juden aufnimmt.«[13]

9 In SVB v. 28.7.1927, S. 9
10 Johann Goiginger: Neumarkt am Wallersee. S. 203 ff.
11 Der Eiserne Besen (im Folgenden EB) v. 18.6.1924, S.5, v..26.6.1924, S.5, und v. 18.6.1925, S. 5
12 EB v. 1.5.1925, S. 4
13 EB v. 20.8.1927, S. 3

Das Strandbad von Neumarkt – erst 1929 galt der Markt als »judenrein«. (Postkarte)

Das Blatt empfahl das Beispiel Mattsee, das seit Jahren keine Juden mehr aufnähme, weshalb der Ort ausgebucht wäre. Die Judenhasser riefen die »christlichen und völkischen Vereine« Neumarkts auf, Juden zu entfernen. Wenn nicht, gäbe es in Salzburg und Seekirchen noch genügend Antisemiten, die das »promptest besorgen« würden, und schloss: »Nun Neumarkt, frisch auf, mache dich rein.« 1929 war es dann soweit: Die Antisemiten konnten Neumarkt als per Gemeinderatsbeschluss »judenreine Gemeinde« führen.[14]

Schon Jahre vorher schloss das »Volksempfinden« aber urlaubende Juden vom Lebensalltag der Gemeinde aus: »Dortselbst wollte in einem Gasthause ein Jude speisen, wurde aber so lange sitzen gelassen, bis er den Sachverhalt erkennend, selber das Weite suchte. Einem ebenfalls schon einlogierten Juden wurde am Marktplatze von einem Mitgliede des Bundes Oberland bedeutet, dass hier Juden nicht gern gesehen werden. Er verabschiedete sich nach zwei Tagen bei der Wirtin mit dem Bemerken, die Leute wären ihm hier zu ungebildet«, schrieb ein Antisemitenblatt über diese Vorfälle.[15] Noch 1931 erklärte sich Neumarkt stolz als »judenreine« Gemeinde.[16]

---

14 EB v. 13.7.1929, S. 1
15 EB v. 21.8.1924, S. 4/5
16 EB v. 10.7.1931, S. 4

Im Jahr 1934 blieb Neumarkt von nationalsozialistischen Übergriffen nicht verschont: Bombenanschläge richteten sich nicht nur gegen die Neumarkter Eisenbahner, sondern auch gegen die Westbahn und die Baumaschinen an der Bundesstraße. Die Kirche war durch durchschnittene Glockenseile und eine am Turm gehisste Hakenkreuzfahne betroffen. Ein geplanter Putschversuch von 50 Neumarkter SA-Männern misslang.[17]

1938 wurden mehrere Neumarkter verhaftet und in das Konzentrationslager Dachau gebracht, darunter der Fleischermeister und Gastwirt G. R. und dessen Sohn J. R., dessen Gasthof bereits 1934 mit Papierböllern beschossen worden war.[18] Durch die Gastgeberschaft von Sommerurlaubern gingen bereits in den dreißiger Jahren Bruchlinien – so trat M. K., Wirt des »Karlbräu«, nach dem Anschluss auch als NS-Bauernführer auf.

Dem Neumarkter Strandhotel, dem einzigen derartigen Haus am Ufer des Wallersees, stand ein sehr wechselhaftes Schicksal bevor: Am 15. Juli 1928 wurde das für örtliche Verhältnisse groß dimensionierte Haus eröffnet. Errichtet wurde der Beherbergungsbetrieb von den Neumarkter Bürgerfamilien des Rupert Winkler sen., der 1903 das benachbarte Seewirtshaus gebaut hatte, und Anton Hutticher. Die erste Saison verlief vielversprechend – das erste Seefest und die Kür einer Seekönigin hatten zahlreiche Gäste angezogen, die auch die neugeschaffene Segelschule nutzen konnten.

Bereits im Dezember 1930 brannte aber der schmucke, dreistöckige Holzbau ab und wurde in der Badesaison 1931 mit einer vergrößerten Badeanstalt, in leicht veränderter Gestalt, wiedereröffnet. Die Besitzer warben mit der Nähe zu Salzburg, dem »wärmsten Alpensee – 28° C«- und dem »feinsandigen Seeboden« am »Lido Salzburgs«. Geöffnet war das Hotel bereits ab 1. Mai. Der wirtschaftliche Erfolg blieb jedoch aus – zu kurz war die Badesaison, zu hoch waren die laufenden Kosten. Am 15. Mai 1936 wurde das Strandhotel gerichtlich versteigert.

Jener Mann, der den Zuschlag erhielt, war der ungarische Staatsbürger Ernst Bierling. Er forderte nach dem Krieg, im Jahr 1948, vom damaligen Besitzer gerichtlich bei der Restitutionskommission die Rückstellung der Liegenschaft. Diese sei ihm 1939, wie er behauptete, zum halben Marktwert auf Druck der Nationalsozialisten hin abgepresst worden, obwohl er selbst kein Jude sei. Erwerberin sei die Gattin des Besitzers des ehemaligen Platterhofes in Berchtesgaden, Frau E. B., gewesen, die wie ihr Mann, Korvettenkapitän B. B., eine persönliche Freundin Adolf Hitlers gewesen sei.

Das Restitutions-Verfahren dauerte volle zehn Jahre, bis Bierling schließlich vergleichshalber den Besitz zurückgestellt erhielt.

Weniger als das juristische Hickhack interessieren in Zusammenhang mit dieser »Arisierung« Details aus dem Verfahren, die Schlaglichter auf die politische Situation jener Zeit werfen.

---

17 DÖW. Schreiben des Gendarmeriepostenkommandos Neumarkt-Köstendorf an die Bezirkshauptmannschaft Salzburg betr. des Österr. Rotbuches v. 23.5.1946.

18 Ebda.

Am »Lido Salzburgs« – die Sommerfrische von Neumarkt lockte mit Anzeigen Gäste aus nah und fern.

Die folgenden Ausführungen entstammen vor allem dem umfangreichen Gerichtsakt.[19]

Bierling hatte am 20.8.1936 die Liegenschaft »Strand- und Waldhotel am Wallersee« samt Strandbadeanlage (das Grundstück war als Pachtgrund im Besitz des Landes Salzburg) ersteigert. Samt Investitionen war die Liegenschaft laut Rückstellungsantrag 150.000 Schilling wert, was dem gerichtlichen Schätzwert entsprach.[20]. Bierling weiter: »Nach dem Umbruch im Jahre 1938 hatte der frühere Besitzer des Strandhotels, R. W.

19 SLA, Ld. Ger., Karton 35, RK 111/54., Bierling Ernst. Im Folgenden bezeichnet als »Akt Bierling«. Die Namen von Ariseuren sind dem Autor bekannt, wurden im Text aber anonymisiert.

20 Akt Bierling. Rückstellungsantrag v. 31.12.1948, S. 2

jun., der selbst Illegaler war und nach dem Umbruch Bürgermeister der Gemeinde Köstendorf wurde, behauptet, ich sei Jude, hat sich durch den Gauwirtschaftsberater in Salzburg zum Kommissär einsetzen lassen, mich beziehungsweise meinen Schwager Josef Pinke, der das Hotel führte, kurzerhand aus dem Hotel entfernt und nun in der Folge alles getan, um den Verkauf des Hotels zu erzwingen. Mein Einwand, dass weder ich noch mein Schwager Josef Pinke Juden seien, nützte nichts.«[21]

Durch das Betreiben des Kommissars beim Gauwirtschaftsberater Dr. E. G. sei zuerst der Hypothekarkredit einer Dr. E. G. unterstellten Bank fällig gestellt, die Gewerbeberechtigung entzogen und dann das Pachtverhältnis des Strandbades gekündigt worden, wodurch die Benutzung des Sees durch Hotelgäste erschwert worden sei. Beim Kauf des Hotels wurde R. W. jedoch ausgebootet: Am 24. März 1939 wurde der Besitz nicht an den kommissarischen Verwalter, sondern an eine Frau E. B. um lediglich RM 67.000.– verkauft; der tatsächliche Wert der Liegenschaft hätte laut Bierling das Doppelte betragen. E. B. hätte durch die enge Bekanntschaft ihres Gatten, den ehemaligen Besitzer des Platterhofes am Obersalzberg bei Berchtesgaden, zu Adolf Hitler die besseren Karten gehabt. Ein Jahr später, am 3. Mai 1940, veräußerte E. B. das Hotel an einen Wiesbadener Verein, der 1948 noch Eigentümer war, um RM 130.000.–, also um etwa den doppelten Betrag.

In seiner Äußerung zum Rückstellungsantrag[22] im Verfahren ab 1948 bestritt der nunmehrige Besitzer, ein deutscher Kaufmanns-Erholungsverein, die Ausführungen Bierlings zur Gänze und wandte ein, dass das Hotel von Bierling bzw. dessen Schwager schlecht geführt und überschuldet gewesen sei, der Verkauf keine Verfolgungshandlung des »deutschen Nationalsozialismus« gewesen sei, da das Deutsche Reich wegen der guten Beziehungen zu Ungarn (Bierling war ungarischer Staatsbürger, Anm.) »auch jüdische Eigentümer schonte«.[23] In der Zeugenbefragung zur Beweisaufnahme[24] stellte sich der frühere Kommissar R.W. als »Opfer« dar: Durch seine Mitgliedschaft bei der NSDAP seit 1932 hätte er als »Staatsfeind« gegolten; deshalb sei er an die NSDAP-Ortsgruppe Neumarkt mit dem Ersuchen herangetreten, ihn zum kommissarischen Leiter zu bestellen, da die seinerzeitige Zwangsversteigerung des Hotels auf seine illegale Parteizugehörigkeit zurückzuführen gewesen sei. Er habe deshalb auch mit einer »Wie-

21 Ebda. Bierling bzw. sein Schwager, Josef Pinke, sahen sich bemüßigt, in einem Inserat ihre arische Abstammung zu verteidigen. Am 26.3.1938, kurz nach dem Anschluss, erschien im Salzburger Volksblatt auf Seite 18 ein mit »Warnung!« überschriebenes Inserat mit dem Wortlaut: »Wer behauptet oder verbreitet ich sei Jude oder Judenstämmling, wird von mir gerichtlich verfolgt, da ich nachweisbar Arier bin. Josef Pinke, Astoria.« Pinke betrieb im Hotel Astoria in der Stadt Salzburg eine bekannte Bar.

22 Akt Bierling. Äußerung der Antragsgegnerin v. 23.9.1949.

23 Ebda., S. 6

24 Akt Bierling. Protokoll zur Beweisaufnahme am BG Neumarkt v. 14.12.1949. Die Gemeinde Köstendorf, der R.W. vorstand, wurde im März 1938 aufgelöst und der Nachbargemeinde Neumarkt eingegliedert. Der Sitz der Doppelgemeinde »Neumarkt-Köstendorf« befand sich in Neumarkt.

Das Strandhotel Neumarkt wurde 1938 »arisiert« und 1939 zum halben Wert an persönliche Freunde Adolf Hitlers verkauft. Postkarte

dergutmachung« gerechnet. Jedoch hätte er nie behauptet, dass der Bierling Jude sei, aber: »In der Öffentlichkeit hat man wohl gehört, daß der Antragsteller Jude sei.«

Der Anwalt von Bierling, Dr. H. A., bestritt diese Äußerungen vehement: Der Vorbesitzer R. W., der seit 1937 ein benachbartes Gasthaus als Konkurrenzbetrieb führte, hätte sich als Ortsgruppenleiter und Bürgermeister »unter Gendarmerie-Assistenz mit Gewalt« des Hotels bemächtigt und die Eigentümer »ferngehalten«[25]. Über die Gauleitung sei es ihm gelungen, den Kommissar nach drei Monaten (von April bis August 1938, Anm.) wieder zu entfernen, »und zwar nachdem Bierling nachgewiesen hatte, daß er kein Jude war und die Ungarische Gesandtschaft um Hilfe gebeten hatte«. Bierling und Pinke hatten zuvor monatelang bei Gauleiter Bürckel in Wien interveniert, aber erst der zufällige Besuch des Wirtschaftsministers Dr. Hans Fischböck, bei dem die Eheleute Pinke ihr Leid klagten, brachte in der Folge die Aufhebung der erzwungenen Verwaltung. Die weiteren Schikanen auf Veranlassung der NSDAP hätten Bierling aber zum Verkauf des Strandhotels genötigt, zumal der Gauwirtschaftsberater dem Anwalt unmissverständlich erklärt hatte, »Bierling und Pinke müssen vom Wallersee fort«. Der Rechtsanwalt schloss mit der Bemerkung: »Ich bin überzeugt, daß da das Kesseltreiben gegen Bierling und

25 Akt Bierling. Verhandlung v. 21.4.1950

Pinke von R.W. ausgegangen ist. Denn man hat zunächst behauptet, daß sie Juden seien und dann, daß sie politische Gegner seien.«[26] Diese Ansicht vertrat die Rückstellungskommission auch in ihrem Teilerkenntnis vom 2.3.1951, dass nämlich Pinke als »sogenannter Systemling verschrien war und als Gegner der NSDAP galt«, der Antragsteller einer »politischen Verfolgung seitens des Nationalsozialismus unterworfen war«, die freie Käuferwahl hintertrieben und die Liegenschaft »weit unter den wahren Wert gedrückt« wurde. Im Zuge der weiteren Verhandlung kam zu Tage, dass der Ruf Pinkes, ein »Systemling« zu sein, vor allem daher rührte, dass in der Astoria-Bar in der Wolf-Dietrich-Straße bevorzugt Polizeidirektor, Sicherheitsdirektor und Landeshauptmann verkehrt hätten.[27] Die Nichterteilung der Schankkonzession an die nach dem »Anschluss« in die Judengasse verlegte Bar hätte Pinke zum Aufgeben gezwungen, da der Barbetrieb das Hotel am Wallersee mitfinanzierte. Das »Astoria« wurde daraufhin von »politisch Genehmen« übernommen und erfolgreich weitergeführt.

Pinke äußerte sich in seinem Beweisantrag zu den politisch motivierten Aktivitäten des Gauwirtschaftsberaters Dr. E. G.: »... war und ist dafür bekannt, dass er auch sonst gegen Wirtschaftstreibende im Lande Salzburg, die seiner prononcierten nationalsozialistischen Einstellung nicht zu Gesicht standen, einen rücksichtslosen Vernichtungskampf führte und er es verstand, sein Ziel restlos zu verwirklichen.«[28]

Zum wirtschaftlichen Misserfolg dürften auch die von R.W. angeblich unter Sommergästen verbreiteten Gerüchte beigetragen haben, dass Pinke und Bierling Juden seien.[29] Laut Josef Pinke hätte R. W. dadurch erreicht, dass Gäste das Hotel verließen; gegenüber seinen Parteigenossen hätte er ein Betretungsverbot des Hotels ausgesprochen.[30] Eine Vorsprache Pinkes beim Gauwirtschaftsberater soll mit dem Satz desselben geendet haben:« Sie gehören nicht zu den Nationalsozialisten und sollen aus Österreich hinaus nach Deutschland verschwinden«.[31]

Erst zehn Jahre nach Beginn des Verfahrens, am 12.12.1957, endete dieses durch einen Vergleich, in dem die Liegenschaft nach Zahlung einer Geldsumme an den vormaligen Besitzer zurückgestellt wurde, d. h. an seinen Erben, denn Ernst Bierling hatte den Abschluss des Verfahrens nicht mehr erlebt: er war im August 1956 verstorben.

Das Hotel brannte im September 1977 durch Blitzschlag ab und wurde nicht mehr wiederaufgebaut.

---

26 Ebda., S. 3

27 Akt Bierling. Beweisantrag Bierlings v. 10.2.1954

28 Ebda., S. 10

29 Akt Bierling. Aussage von Linda Pinke vor dem Amtsgericht Heidelberg v. 16.7.1954

30 Akt Bierling. Aussage von Josef Pinke vor dem Amtsgericht Heidelberg v. 16.7.1954

31 Ebda.

»Judenreine Sommerfrische« – die Gemeinde Seekirchen

Die mehrheitlich deutschkonservativ geprägte politische Landschaft Seekirchens war für den Antisemitismus in der Marktgemeinde ein guter Nährboden. Ende des 19. Jahrhunderts zählte die nahe des Südendes des Wallersees gelegene Gemeinde auch einen zeitweise glühenden antisemitischen Politiker, Julius Sylvester, zu ihren Bürgern. Ein von der Intelligenz des Ortes getragener Antisemitenverein tat sich mit besonderen Aktivitäten hervor.

Der Fremdenverkehr war in Seekirchen lange Zeit ein hinter Handel, Landwirtschaft und Gewerbe zurückfallender, bescheidener Wirtschaftszweig. Wie auch in anderen Orten in der Nähe von Seen schlug mit der Eröffnung der späteren Westbahn im Jahr 1860 die Geburtsstunde eines Sommertourismus, der 1914 mit einer Autobusverbindung auch den Nahverkehr aus der Stadt Salzburg besser erschließen konnte. Vor dem Ersten Weltkrieg und in den zwanziger Jahren gab es Versuche, den Wallersee für die Salzburger zum Gegenstück des Starnberger Sees der Münchener zu machen. Seekirchens Südufer des Sees blieb dabei aber immer vernachlässigt.[32]

So wurde im vom Ortskern Seekirchens weit abgelegenen Ortsteil Zell, direkt an der Bahn, 1923 auf der Liegenschaft von Dr. Julius Sylvester ein Strandbad errichtet, das auch den von Salzburg kommenden Bäder-Bahnfahrten als Ziel diente. Sylvester, als Abgeordneter zum Reichsrat ein bekannter Politiker der Ersten Republik, hatte seit seinem Zuzug nach Salzburg im Jahr 1886 die Stadt zu einem gesamtösterreichischen Zentrum der Bewegung im Geiste Georg von Schönerers gemacht. Auf dem Wege von Vereinen – etwa des »Salzburgischen Bauernvereins«, des »Schulvereins für Deutsche« (in Seekirchen seit 1886) und des »Deutschen Schulvereins« (seit 1905) – wurde der Antisemitismus Schönerers, der persönlich in Neumarkt (1885) und Seekirchen (1883) begeistert aufgenommen worden war, ins Volk gestreut.[33] Im gleichen Jahr wie Seekirchen zog eine Ortsgruppe »Neumarkt-Köstendorf« des deutschnationalen Schulvereins nach. Juden waren von der Mitgliedschaft selbstredend ausgeschlossen. Julius Sylvester, der als Vizebürgermeister der Stadt Salzburg auch als Obmann des »Germanenbundes« und des »Kyffhäuser-Bundes« fungierte, baute das »Zeller Schlösschen« zu einer Villa aus; er besaß auch in Seekirchen-Bayerham eine Gastwirtschaft und war als Inhaber eines Gasthofes und Strandbades somit direkt von der Frage der »judenreinen Sommerfrischen« betroffen.

---

32 Guido Müller/Paul Steiner: Die Entwicklung des Fremdenverkehrs. In: Heinz und Elisabeth Dopsch (Hg.): 1300 Jahre Seekirchen. Geschichte und Kultur einer Salzburger Marktgemeinde. Seekirchen 1996. S. 665 ff.

33 Hanns Haas: Alltag der Politik in den beiden Seekirchener Gemeinden von 1848 bis 1918. In: Heinz und Elisabeth Dopsch (Hg.): 1300 Jahre Seekirchen. S. 283 ff. Zur Person Sylvesters ist aber jedenfalls zu ergänzen, dass er sich später von seiner betont antisemitischen Haltung verabschiedete und sich in hoher politischer Funktion sogar für Belange der Juden einsetzte.

Badeort Zell am Wallersee bei Seekirchen – im Schlösschen wohnte der Politiker und »Pionier« des damaligen Antisemitismus in Salzburg, Julius Sylvester. Postkarte

Auch in Seekirchen wurden einzelne Bürger von der »Mode« Antisemitismus erfasst. Der Anteil der Juden an Sommerfrischegästen wurde aber weit überschätzt. Genährt wurden diese Fehlmeinungen von Zeitungsmeldungen, dass der Anteil der Juden bei Fremden bzw. »Erholungsbedürftigen« in von der Fremdenpolizei kontrollierten Urlaubsorten, unter anderem explizit auch in Seekirchen, bei 95 Prozent liege. Um die angebliche »Überfremdung« zu belegen, wies das »Volksblatt« darauf hin, dass der Anteil der Juden an der Gesamtbevölkerung nur bei 5 Prozent einzustufen sei.[34] Im März 1921 ließ sich der Marktgemeindeausschuss Seekirchens dazu herab, per Beschluss »Juden von der Saison fernzuhalten und abzuschieben«.[35] Ein Jahr später wurde diese Geisteshaltung auch institutionalisiert: Am 11. August 1922 schlug der Ortsgruppe Seekirchen des Vereines »Deutschösterreichischer Schutzverein Antisemitenbund« die Geburtsstunde durch Anzeige bei der Landesregierung Salzburg.[36] Der Verein war ein Ableger des im 8. Wiener Gemeindebezirk beheimateten Schutzvereines »Antisemitenbund«. Durch Nichtuntersagung der hinterlegten Statuten wurde der Verein am 11.8.1922 genehmigt und durfte seine »Tätigkeit« aufnehmen.

34 SVB v. 12.8.1919, S. 5
35 Archiv der Marktgemeinde Seekirchen (MAS) Beschluss v. 29. März 1921
36 SLA, LReg. Akten 1920–38 III/22 Kap. Vereinsbildung

Als Exponenten traten im achtköpfigen Vorstand der Vereinsobmann, der Seekirchener Gemeindearzt Dr. L. und ein B. V. auf, beide in Seekirchen wohnhaft. Sie waren laut den vorgedruckten Statuten verpflichtet, die »deutscharischen Staatsbürger« gegen das gesamte »Leben zersetzende, unterwühlende und erwürgende Semiten(Juden)tum« (Statutentext) zu sammeln. Dieser »Schutz« sollte durch »Feststellung der schon erfolgten Verjudung«, »Erstrebung von Schutzgesetzen«, »Reinigung und Befreiung des Schrifttums von der dieses heute so tieftraurig befleckenden Alleinherrschaft volksfremder Semiten(Juden)klüngel«, und so weiter, gewährleistet werden. Mitglieder konnten nach § 4 nur »Nichtjuden« sein.

Auf Ortsebene fielen dem Verein besondere Aufgaben zu: So sollten alle im »Ortsgebiete wohnenden Rassefremden (Juden)« verzeichnet werden. Die »Abhaltung von Vorträgen«, aber auch »Unterstützung aus dem Vermögen der Ortsgruppe an Mitglieder (...) die durch ihr Eintreten für den Vereinszweck erwiesenermaßen wirtschaftlich geschädigt wurden«.

Ein weiterer Vereinszweck ergab sich aus einer Zeitungsmeldung: nämlich das »Bestreben, die Sommerfrischen in Hinkunft judenrein zu halten«.[37]

Bei der Gründungsveranstaltung am 30. Juli 1922 leistete der Antisemitenbund der Stadt Salzburg im überfüllten Saal des Zaunerschen Bräuhauses »Geburtshilfe«: »Nach einer längeren Rede des Obmannes Koller (Salzburg), während welcher es gegen das Judentum zu erregten Äußerungen seitens der Bevölkerung kam, wurde ein Demonstrationszug gegen eine Gastwirtschaft, woselbst Juden Unterkunft gefunden hatten (dem Seekirchner »Postwirt«, Anm.), veranstaltet. Vor dem Gasthause kam es zu erregten Äußerungen; eine Abordnung überbrachte dem Gastgeber die Wünsche der Bevölkerung, die Juden raschest zu entfernen, da es sonst leicht zu unliebsamen Ereignissen kommen könnte. Die jüdischen Sommerfrischler reisten am Montag ab«, meldete das »Volksblatt«.[38] Der »Besen« meldete erfreut von der Veranstaltung, auch in Seekirchen »beginnt es helle zu werden und erst ringt sich der eiserne Wille durch, diese Orte von jüdischen Sommerfrischlern rein zu halten«.[39] Die Menge von mehreren hundert Personen sei wegen der Haltung der Gmachlwirtin »erbittert« gewesen, schreibt das Blatt, um aber zuversichtlich zu schließen: »Die Seekirchner wollen und werden von nun ab keinen Juden in ihrer Gemeinde dulden.«

Im selben Jahr schienen Sommerfrischler, egal welcher Herkunft, nicht sonderlich beliebt gewesen zu sein: Unter die Touristen mischten sich viele Hamsterkäufer aus Tschechien und Italien; diesem »unerwünschten Teile des Fremdenpublikums« habe man »zum Teile« die Teuerung zu danken, die Salzburg »wie eine böse Seuche« heimsuche, urteilte eine Zeitung über das »Gesindel«.[40]

---

37 SVB v. 1.8.1922, S. 5
38 SVB v. 5.8.1922, S. 4
39 EB v. 5.8.22, S. 6/7
40 SVB v. 8.8.1922, S. 4

Auch im darauf folgenden Jahr konnten sich die Antisemiten in der Gemeindestube durchsetzen: In der gesamten Sommersaison hätten Juden in Seekirchen keine Aufnahme gefunden.[41] Dies galt auch für das darauf folgende Jahr, als »das milde Klima, mäßige Preise, Badegelegenheiten« für »arische Sommerfrischler« gelobt wurden, mit dem Zusatz: »Vollkommen judenrein«.[42] Um diesem »Ruf« gerecht zu werden, veranstaltete der Seekirchner Antisemitenbund regelmäßige »Judenaustreibungen«, so auch im Juni 1924: der Bund »Jung Wandervögel« fragte um Überlassung der Schulräume während der Ferienzeit an, was ihm auch gewährt wurde. Über Rückfrage der Gemeinde, der »Bedenken« kamen, erhielt man die Antwort, dass die Gruppe fast vollständig jüdisch sei. Da keine Zeit zur Absage mehr vorhanden war, schritt der Zahlmeister des Seekirchner Antisemitenbundes, der Lehrer H., zur Tat, und trommelte mit mehreren Lehrerkollegen seine Geistesverwandten, bestehend aus Antisemitenbund, Nationalsozialisten und »Deutscher Turnerbund 1919«, zusammen. Was weiter geschah, meldete der »Besen«: »Der Vertreter des Ortschulrates erklärte den jüdischen Wandervögeln mit Rücksicht auf die Stimmung der Bevölkerung, sie möchten sofort Seekirchen verlassen, da in diesem Orte nur für Arier, nicht aber für Juden Platz sei.« Nach vier Stunden hätte der Zug nach Salzburg die »Abteilung ›Zwiebel- und Knoblauchjünger‹« (»Besen«, Anm.) wieder mitgenommen.[43]

Die Antisemiten bemühten sich aber, sich durch derartige Aktionen nicht den Unmut der Gastwirte zuzuziehen. Im Gegenteil, so wurde beteuert, hätte die Bekanntheit Seekirchens als »arische« Sommerfrische dafür gesorgt, dass der Fremdenverkehr gerade dadurch »massenhaft anschwelle«. Nach den Motiven für ihren Aufenthalt befragt, hätten die Fremden geantwortet, »daß sie sehr froh sind, endlich wieder einmal einen Ort gefunden zu haben, wo von jüdischen Grimassen nichts zu sehen« sei.[44] Die »Gauleitung Salzburg« des Antisemitenbundes würde dafür sorgen, dass die Sommerfrischen mit »arischem Publikum« versorgt würden.[45]

1925 war die Ortsgruppe Seekirchen bereits nach Salzburg-Stadt zur stärksten Gruppe im Antisemitenbund in Salzburg-Land geworden.[46]

Örtliches Zentrum für Erholungssuchende blieb lange Zeit ein Fluss-Strandbad, das am Abfluss des Wallersees, der Fischach, errichtet wurde, da der Anteil der Gemeinde am versumpften Seeufer in Ortsnähe recht klein war. Mit dieser immer wieder erweiterten Anlage konnten die Seekirchner in den zwanziger und dreißiger Jahren aber gegen die Bäder von Neumarkt und Henndorf nicht bestehen, da der Fluss recht seicht war. Der Zustrom von Gästen war derart mager, dass der Verschönerungsverein immer wieder mit großen finanziellen Schwierigkeiten kämpfte.

---

41 EB v. 10.9.1923, S. 4
42 EB v. 26.6.1924, S. 5
43 EB v. 7.8.1924, S. 5
44 EB v. 21.8.1924, S. 4
45 EB v. 1.5.1925, S. 2
46 EB v.1.5.1925, S. 4

Zum Unmut der Antisemiten frequentierten bekannte Juden aus der Stadt Salzburg das Strandbad im Seekirchner Ortsteil Zell, das durch die Bahn bequem erreichbar war. Der Schriftleiter des »Eisernen Besens«, Agfried (Alois) Aistleitner, erkannte bei der Fahrt an den See den Kaufmann Ornstein: »Weinstein, Pirak, diese Salzburger Sittenhelden und noch viele andere Jüngelachs standen nackt, nur mit Badehose bekleidet, vor dem Zuge, um die Neuankömmlinge abzuholen. Wir fragen nun ob es statthaft ist, in solchem Aufzuge öffentlich herumzulaufen? Wenn nicht, warum wurde nicht eine Anzeige gemacht. Oder soll damit eine Schaustellung mit jüdischen O-Beinen veranstaltet worden sein? Wir nennen dies einen Sittenskandal ersten Ranges. Behörden tuet Eure Pflicht. Wie wir erfahren, wird demnächst ein Ausflug des Jungdeutschen Ordens nach Wallersee veranstaltet, und wollen wir sehen, ob nicht die Hebräer von dem sonst judenreinen Wallersee verschwinden werden«.[47]

Welche pathologischen Züge der Rassenwahn annahm, macht sich in dem Versuch bemerkbar, den Juden die Ursache eines großen Fischsterbens im Wallersee zuzuschieben.[48] So führte der »Besen« aus, da »eine giftige Abwässer erzeugende Industrie nicht zu sehen ist, läßt sich dieser Übelstand, der mit einem großen volkswirtschaftlichen Schaden verbunden ist, auf keine andere Weise erklären, als dass in diesem Falle jüdische »Abwässer« der seit einiger Zeit in diesem See badenden Orn- und Weinsteins schuld daran sind. Die Besitzer der sündteuren Fischkarten planen für die nächste Zeit ein Haberfeldtreiben.«

Im Jahr 1931 kam die Tätigkeit des Antisemitenbundes, nicht zuletzt durch die »Konkurrenz« der gleich gesinnten NSDAP, in fast allen Ortsgruppen weitgehend zum Erliegen. 1932 wird auch die Vereinszeitung »Der eiserne Besen« eingestellt.

Henndorf als »Sammelpunkt jüdischer Literatur« – der Fall Zuckmayer

»Wenn Herr Zuckmayer die Wiesmühle wiederhaben will, so habe ich hierfür durchaus Verständnis und werde ihm keine Schwierigkeiten machen. Er möge aber andererseits bedenken, daß ich rund 20.000.– RM. dafür bezahlt habe und daß es bitter wäre, wenn ich zu allem Unglück auch noch dieses schöne Anwesen verlöre.« Dieses rührende Bitten aus dem Munde eines Ariseurs steht am Ende der Geschichte um die Entziehung der »Wiesmühl«, eines Landhauses in Henndorf am Wallersee, das 1938 dem bekannten Schriftsteller Carl Zuckmayer geraubt wurde.[49] Für Zuckmayer »bitter« war der Verlust

47 EB v. 5.6.1925, S. 3

48 EB v. 3.7.1925, S. 4

49 Brief von Hermann Petzoldt aus Berlin an Dr. Kurt Wagner in Henndorf v. 13.7.1946, den er mit der Wahrung seiner Interessen an der Wiesmühl beauftragte. Mit gleichem Datum sandte Petzoldt eine Vollmacht

des Hauses und seiner Heimat Henndorf; dieser Verlust war der tiefste Einschnitt in seinem Leben und in seiner Karriere als Romancier, Bühnen- und Drehbuchautor. Für ihn war die Wiesmühl das »schönste Haus der Welt«, in dem er noch »40 Jahre darin zu wohnen und eines Tages darin zu sterben« gedachte.[50] Dr. Hermann Petzoldt, der 1940 die Liegenschaft zu einem geringen Betrag erwarb, wird daher entschuldigen müssen, dass Zuckmayer hinsichtlich seines vorgebrachten Anliegens keine Bedenken plagten.

Zeitblende, vierzehn Jahre zuvor: Es war auch die Abgeschiedenheit Henndorfs von den Tourismuszentren, die Zuckmayer dazu bewog, 1926 die Wiesmühl zu erwerben. Seine Dichter-Kollegen Franz Stelzhamer und Sylvester Wagner hatten Jahrzehnte zuvor den Ruf Henndorfs als »Literatendörfchen« begründet. Und die stolze Brauerei- und Großgrundbesitzer-Dynastie der Mosers und Mayers hatte im Sommer Bohemiens und Künstler angezogen. Von Carl Mayr, einem Maler und Kostümbildner und Gastwirt des Braugasthofes, kaufte Zuckmayer die verfallene »Wiesmühl«, die er im Sommer 1926 renovieren ließ.

Bis 1932 sollte das Haus als Sommerdomizil und Ausgleich zum hektischen Getriebe der deutschen Theaterhauptstadt Berlin dienen, in der Zuckmayer eine großzügige Wohnung in bester Lage besaß. Aus dem Theatererfolg seines Stückes »Der fröhliche Weinberg« hatte Zuckmayer derart hohe Tantiemen erlöst, dass er sich den Kaufpreis ohne weiteres leisten konnte. Mit der Entlarvung der antisemitischen Phrasen und des deutschnationalen und revanchistischen Gedankengutes in diesem Stück hatte sich Zuckmayer aber den Zorn der NS-Hetzpresse in Deutschland zugezogen, die die »Schändung der völkischen Bewegung« konstatierte.[51] Zuckmayer wurde als »Halbjude« attackiert, da seine Großeltern mütterlicherseits jüdischer Abstammung waren.

Die Wiesmühl, die in den folgenden Jahren zu Zuckmayers »Schreiblabor« werden sollte, gelangte am 24.7.1926 in seinen Besitz bzw. den seiner Frau Alice, die auch als grundbücherliche Eigentümerin aufschien.[52] Auf der Gartenbank vor der Wiesmühl und im Arbeitszimmer des Dichters entstanden die Hauptwerke »Schinderhannes« (1927), »Katharina Knie« (1928), »Der Hauptmann von Köpenick« (1931), das Drehbuch zu dem Marlene-Dietrich-Erfolg »Der blaue Engel« (1930), Drehbücher für britische Erfolgsfilme wie »Rembrandt« (1937), Erzählungen, Novellen und Gedichte und vieles mehr.

Wie die anderen Orte am Wallersee, profitierte Henndorf als stadtnahe und preisgünstige Sommerfrische durch den Zuzug der Urlauber aus der Stadt Salzburg, aber

---

an seinen Nachbarn mit. Der Brief ist heute im Besitz von Emilie Kwisda, Wiesmühle, Henndorf am Wallersee. Die Geschichte der Arisierung ist ausführlich nachzulesen in: Christian Strasser: Carl Zuckmayer. Deutsche Künstler im Salzburger Exil 1933–1938. Wien/Köln/Weimar 1996.

50 Carl Zuckmayer: Second Wind. New York 1940. S. 4

51 SVB v. 11.2.1926

52 Grundbuchsgericht Neumarkt am Wallersee, EZ 63

auch aus Wien. Im Gasthaus »Bräu« und sechs weiteren Gasthöfen, in Privatzimmern trafen sich sommers Münchner und Wiener Maler, unter ihnen Alfred Kubin, sowie Tänzer, Schauspieler, Sänger, Komponisten, und Beamte und Ärzte, vor allem aus Wien. Ausschlaggebend waren die günstigen Nächtigungspreise (1 Schilling pro Nacht), der bis zu 26 Grad warme See und die Wandermöglichkeiten auf die umgebenden Berge bei allerdings einfacherer Infrastruktur, was die Zufahrt zum See und die Badeanstalt in Seebrunn im Vergleich zum Standard von Neumarkt betraf.

Im Gegensatz zu den beiden anderen Seeanrainergemeinden Neumarkt und Seekirchen konnte sich in Henndorf kein lokaler Ableger des Antisemitenbundes etablieren. »Im Wallerseegebiet ist ein Judenaufenthalt bereits unmöglich geworden«, jubelte das Kampfblatt des Antisemitenbundes im Jahr 1925.[53] Das entspricht jedoch nicht den Fakten, denn in den als »judenreine Sommerfrischen« angepriesenen Listen mit Ferienorten scheint Henndorf nie auf. Sehr wohl fühlten sich Sommergäste aber durch Versammlungen der NSDAP beeinträchtigt. 1932 kam es sogar zu Protesten von jüdischen Sommergästen an die Salzburger Landesregierung.

Konfrontationen dieser Art waren unvermeidlich, denn in den dreißiger Jahren rollten intensive Anwerbewellen der Nationalsozialisten durch den Flachgau. Im August 1932 fand ein Vortrag zur »Schande von Lausanne« in Henndorf statt, dem auch viele Sommergäste beiwohnten.[54] Im September kam es zu einer Massenschlägerei mit Zaunlatten als Waffen zwischen Neumarkter SA-Männern und Schutzbündlern in Henndorf mit zahlreichen Verletzten.[55] Eine Radiorede des »Führers« wurde im März 1933 so begeistert aufgenommen, dass tags darauf zahlreiche Hakenkreuzfahnen von den Häusern wehten.[56] Am Abend versammelten sich etwa 200 Personen vor einem brennenden Hakenkreuz, da der Fackelzug behördlich untersagt worden war. Die NS-Ortsgruppe Henndorf konnte zahlreiche Neuaufnahmen melden.

»Im Namen vieler Bewohner und Sommergäste« richtete ein jüdischer Sommergast, ein Herr Goldschmied aus Wien, am 22. August 1932 einen Beschwerdebrief an die Landesregierung, in dem es hieß:

»In der Nacht vom 20. zum 21., auch vom 21. zum 22. d.M. war Henndorf der Schauplatz wüsten Treibens seitens der »Nazi-Soci«-Partei, dieser uniformierten Buben. Samstag auf Sonntag wurde beim »Metzgerwirt« hier bis 12 Uhr nachts auf offenem Platze (vor dem Hause Nr. 45 waren Bänke und Tische aufgestellt) gesungen, gelärmt, und gejohlt als wenn diese Leute allein auf der Welt wären; dann begann eine »Nachtübung« – dieser Bande. Bis in den Morgen des Sonntags wurde die Ruhe durch Hornsignale, Kommandorufe und dem Getrampel marschierender Abteilungen gestört. (...) Müssen

53 EB v. 20.3.1925, S. 2
54 Alpenwacht v. 13.8.1932
55 Alpenwacht v. 17.9.1932, S. 3
56 Alpenwacht v. 19.3.1933, S. 10

sich Bewohner – Einheimische wie die vielen Sommergäste – solche Tumulte ruhig gefallen lassen, dass man eine ganze Nacht kaum ein Auge schließen kann (...)? Und dies im Interesse? – des Fremdenverkehres? – des Landes das für Fremdenverkehr so viel Propaganda und Reklame macht! (...) Diese freche Bande veranstaltet am Sonntag in Lechners Gasthaus eine Versammlung – nach dieser nächtlichen Ruhestörung also noch eine Hetzversammlung – denn anders kann man diese Versammlungen einfach nicht nennen. Es wird daher gebeten, die Landesregierung möchte dafür sorgen, daß in Zukunft die ruhigen, friedliebenden Bewohner von solchen nächtlichen Ruhestörungen verschont bleiben – was übrigens doch auch im Interesse des Fremdenverkehrs und daher auch der Sommerparteien gelegen wäre-.«[57]

Der örtliche Revierinspektor der Gendarmerie, Josef Losert, untersuchte den Vorfall und antwortete, nicht unbeeinflusst von der Übermacht der Ruhestörer, an seine vorgesetzte Dienststelle wie folgt:

»Es hätte am 4. Juni 1932 im Gasthause Wagner eine Versammlung der Nationalsozialisten stattfinden sollen, die aber vom Gastwirt in seinen Lokalitäten wegen den Sommergästen nicht geduldet wurde.

Irgendwelche Anfeindungen von Seite der Nationalsozialisten gegen die Juden sind während der ganzen Saison bis jetzt noch nicht vorgekommen.

Am Samstag den 20. August 1932 kamen von Salzburg und Umgebung gegen 200 Nationalsozialisten in Henndorf zusammen, die während der Nacht vom Samstag auf Sonntag in Fenning, Gemeinde Henndorf beim Wallersee eine Nachtübung »Der Kampf um den Stab« veranstalteten. Es ist aber hiebei zu keinerlei Zwischenfällen gekommen und die Übung in aller Ruhe verlaufen. Sonntag nachts kam es zwischen einem gewissen Alois Zuckerstätter, der nach seiner Gesinnung Kommunist sein dürfte und vor kurzem aus Deutschland nach seinen Heimatort Henndorf zurückkehrte und zwischen Nationalsozialisten, die von dem angeheiterten Zuckerstätter angestänkert wurden, zu Auseinandersetzungen, die aber sogleich geschlichtet wurden. (Wegen des Vorfalles Sonntags nachts kommt gegen die Beteiligten eine seperate Anzeige.)

Es ist der hiesigen Bevölkerung und auch den noch anwesenden Sommergästen von einer Anfeindung von Seite der hiesigen Nationalsozialisten nichts bekannt und wurde auch gegenüber den hiesigen Sicherheitsorganen keinerlei Beschwerde geführt.«[58]

In der Landesregierung war man aber durch diesen Bericht nicht zufriedengestellt. Anfang September führten Beamte eine Erhebung im Ort durch, die eine Befragung des Bürgermeisters Simon Schwaiger und des Postenkommandanten einschloss. Beide stellten den Ausdruck »wüstes Treiben der NSDAP« in Abrede; der Tumult wurde mit der

57 Akt der Landesamtsdirektion Salzburg Zl. 1932 32C/9321 im Salzburger Landesarchiv

58 Schreiben des Gendarmeriepostens Henndorf Zl. 953 an das Bezirksgendarmeriekommando Salzburg v. 26.8.1932

Bemerkung herabgespielt, »daß bei einer größeren Menschenansammlung auch stärkere Geräusche verursacht werden«.[59] Die Nazi-Versammlung sei ordnungsgemäß angemeldet gewesen und in »vollständiger Ruhe« verlaufen. Eine intensive Umfrage auch bei »semitischen Sommergästen« ergab laut Kontrollbericht keine Beanstandung, so dass die Behauptungen als »völlig grundlos« bezeichnet werden müssten.

Tatsächlich war, wie das nationalsozialistische Organ »Alpenwacht« vermeldete, der Schriftleiter der antisemitischen Hetzschrift »Der Eiserne Besen«, Sepp Koller, in Henndorf aufgetreten: »Mehrere Neubeitritte zur Partei und Bauernschaft waren der Erfolg der Werbeaktion.«[60] Der Kämpfer für die »deutsch-christliche arische Volkssache« bereiste die Lande, »um unser (…) in Ketten schmachtendes Volk gegen seine hebräischen Peiniger in hunderten von Volksversammlungen aufzurütteln«.[61] Carl Zuckmayer schien von diesen Vorgängen in der Gemeinde nur scheinbar unberührt. In seiner Autobiographie schreibt er, die »ländliche Gemeinschaft« sei zu diesem Zeitpunkt »noch in voller Blüte« gewesen. Nur fünf Tage, bevor Nazis nachts um sein Haus streiften, war ein großes Fahnenfest der Prangerschützen zu Ende gegangen, das zu Ehren Zuckmayers ausgerichtet worden war.[62] Die nationalsozialistischen Umtriebe erwähnt er in diesem Zusammenhang mit keinem Wort. Durch die Nähe Zuckmayers zu diesem Verein gerieten die Henndorfer Schützen ins Kreuzfeuer – und wurden als »Judenverein« beschimpft.[63] Die NSDAP wollte nach dem Anschluss die Fahne beschlagnahmen, diese wurde jedoch rechtzeitig versteckt. Die gestifteten Pranger-Stutzen durften nicht mehr abgefeuert werden.

In der erwähnten Autobiographie schildert Zuckmayer das Umsichgreifen des Nationalsozialismus aus einer dörflichen Perspektive eines Einheimischen.[64] Er war sicher, dass der Erfolg im Kampf gegen die Juden von der tief liegenden Überzeugung der Propagandisten herrührte: »Der Antisemitismus war natürlich der raffinierteste, weil wirksamste psychologische Schachzug der Nationalsozialisten, an den ihre Führer und Wegbereiter aber auch wirklich glaubten.« Zuckmayer schildert ein persönliches Erlebnis, als ihn ein Waldbauer einmal fragte, ob die »Juden« wirklich so schlimm seien, weil alle auf ihnen herumschimpften. »Der Jud war etwas, wovon man in Märchenbüchern gelesen hatte, wie vom Zauberer und der Hexe.«[65] Aber »der propagandierte Antisemitismus tat seine Wirkung, indem er jedem Trottel den Genuß verschaffte, jemanden ›unter ihm‹ zu verachten«, so Zuckmayer.[66]

59 Niederschrift der Bezirkshauptmannschaft Salzburg v. 3.9.1932 in Henndorf
60 Alpenwacht v. 3.9.1932, S. 6
61 Ebda. v. 8.11.1929, S. 1
62 Carl Zuckmayer: Als wärs ein Stück von mir. Horen der Freundschaft. Frankfurt am Main 1966. S. 35 f.
63 Aus einem Gespräch des Autors mit Vinzenz Greisberger v. 12.1.1993 in Henndorf
64 Carl Zuckmayer: Als wärs … S. 24 ff.
65 Ebda., S. 27
66 Ebda., S. 28

Seit seinem ersten Stück »Der fröhliche Weinberg« (1926) rassistisch angefeindet – der »Halbjude« Carl Zuckmayer: »Antisemitismus war der raffinierteste Schachzug der Nazis.« Foto: Susanne Hoeller

Diese Verachtung verspürte Zuckmayer schon relativ früh auch in Salzburg: Bereits 1921 begann sich die in Salzburg ansässige NS-Presse auf den Sommerfrischler einzuschießen: Als Handlanger von »Filmjuden, die diesen Dreck ins Volk schleudern, nachdem der Jude Zuckmayer ein Theaterstück daraus machte« – gemeint war der „Schinderhannes« –, wurde ein Salzburger Kinobesitzer im »Volksruf« gebrandmarkt, der im »Mirabellkino« dieses »jüdische Produkt« aufführte.[67] Der Theaterintendant des Salzburger Theaters, Hermann Wlach, wurde nach der Aufführung von Zuckmayers Erfolgsstück »Katharina Knie« im Jahr 1932 derart »angeschossen«, dass er schließlich seinen Hut nahm. Dessen Programmwahl hätte »jüdische« Künstler bevorzugt: »Es gibt doch genug arische Künstler, die diesem Judenpack vollkommen ebenbürtig sind«, trommelte etwa das NS-Kampfblatt »Alpenwacht«.[68]

Zuckmayers düstere Vorahnungen sollten sich 1933 erfüllen: Nach der Machtübernahme Hitlers brannten im Mai 1933 auch seine Bücher, der »Stürmer« hetzte gegen

---

67 Volksruf v. 13.3.1921
68 Alpenwacht v. 2. Ostermond 1933, S. 3

den »gefragten Halbjuden Zuckmayer«.[69] Aber erst im Sommer 1936 wurde Zuckmayers in Druck befindlicher Roman »Salwàre oder Die Magdalena von Bozen« von der Reichsschrifttumskammer (RSK) verboten.[70] Im August 1936 wurde Zuckmayer in die RSK-Verbotslisten aufgenommen.

Im Frühjahr 1933 war Zuckmayer mit einigen Habseligkeiten wie jedes Jahr nach Henndorf gezogen – es blieb aber nicht bei dem einen Sommer: die Wiesmühl sollte ihm bis 1938 unfreiwillig sein Hauptwohnsitz als »erstes Exil« verbleiben: »Ich wollte kein Emigrant werden. Ich wurde es, weil mir nichts anderes übrigblieb.«

Aber auch in Salzburg war der Ungeist bereits auf fruchtbaren Boden gefallen: Von den Hängen der Stadt Salzburg leuchteten nachts weitum sichtbar die Hakenkreuzfeuer. In der Salzburger NS-Presse, etwa dem »Landbündler«, wurde Zuckmayer unter dem Titel »Ein jüdischer Frechdachs« als »Literaturhebräer« verunglimpft, der bereits die »Auskehr« des »Judenstämmlings« vorwegnahm.[71] Zuckmayer versuchte, sich von diesen Drohungen nicht beeinflussen zu lassen. Da sein Absatzgebiet Deutschland mit der Vertragskündigung durch Ullstein im August 1934 weggefallen war, musste Zuckmayer fieberhaft für den kleinen österreichischen Markt und für das Ausland arbeiten, um finanziell halbwegs über die Runden zu kommen. So erarbeitete er das Stück »Der Schelm von Bergen« für das Burgtheater (1933), das Sanskritdrama »The Golden Toy« für das Coliseum in London, die Erzählungen »Herr über Leben und Tod« und »Ein Sommer in Österreich« sowie vier Drehbücher für den Produzenten Alexander Korda in England.

In den folgenden Jahren wurde die Wiesmühl zum Treffpunkt des »Henndorfer Kreises«, wie man die denkbar inhomogene Besucher- und gelegentliche Bewohnerschar bezeichnete: Verbannte Schriftstellerkollegen, Proponenten des NS-Regimes, Widerstandskämpfer, Juden und Antisemiten. Zum »Zuckmayerschen Haustross« zählte man den von den Nazis verfolgten Ödön von Horvath, der die Sommer 1936 und 1937 in der Wiesmühl verbrachte und dort unter anderem »Jugend ohne Gott« schrieb. Der in Deutschland verbotene Autor Franz Theodor Csokor schrieb im Gartenhaus der Wiesmühl sein Erfolgsdrama »3. November 1918« über den Untergang der Habsburgermonarchie. Der Schauspieler Werner Krauss, der immer wieder durch antisemitische Ausfälle auffiel (und die Hauptrolle im übelsten antisemitischen Hetzfilm, »Jud Süß«, verkörperte), gehörte dem Präsidialrat der Reichstheaterkammer an. Zuckmayers Freund, der berühmte Schauspieler Emil Jannings, war Ausschussvorsitzender für künstlerische Fragen in der größten deutschen Filmfirma »TOBIS« und pflegte enge Beziehungen zu den höchsten NS-Machthabern, etwa zu Göring. In der Wiesmühl verkehrten aber auch der Schriftsteller Alexander Lernet-Holenia, die später wie Zuckmayer enteigneten Eugenie Schwarzwald (Haus am Grundlsee), Eleonora Jessenski und Mendels-

69 VB v. 3.11.1932, II. Beibl., auch VB v. 13.10.1932, II. Beibl.

70 RSK an Fa. Fleischer, Leipzig, v. 18.8.1936. In: Dossier Zuckmayer im Bundesarchiv Berlin

71 Der Landbündler (Organ des Salzburger Landbundes) v. 22.4.1926, S. 3

sohn (Schloss Kammer), Stefan Zweig (Paschingerschlössl), die Exilanten und Dichter Alexander Moritz Frey und Jakob Haringer, Johannes Freumbichler, für dessen Bauernroman »Philomena Ellenhub« sich Zuckmayer erfolgreich einsetzte, und viele berühmte Namen wie Hans Albers, Heinz Hilpert, Marlene Dietrich, Grete Wiesenthal, die aus Deutschland ausgewiesene US-Journalistin Dorothy Thompson, Bruno Frank, Franz Werfel und Alma Mahler, der Verleger Gottfried Bermann-Fischer, Erich Maria Remarque und die später von den Nazis gehenkten Hitler-Attentäter von 1944, Theodor Haubach und Helmuth James von Moltke.

Im Jahr 1934 konnte Zuckmayer das Zusammenbrechen des NS-Putschversuches in Henndorf beobachten – sein Freund und Gendarm verhaftete die vom örtlichen Molkereibesitzer geführten Attentäter, unter denen sich auch Zuckmayers Gärtner befand. Zu seiner eigenen, kaum als jüdisch wahrgenommenen Identität hatte der christlich erzogene Zuckmayer ein lockeres Verhältnis: »Gaudeamus Isidor, Juddebuwe summus!«, hieß es in einem von der Gestapo abgefangenen Spottgedicht an einen deutschen Freund. Dennoch blieb er vor antisemitischen Überfällen nicht verschont: Zwei seiner geliebten Hunde gingen an vergifteten Fleischpaketen, die über den Zaun geworfen wurden, elendiglich zugrunde. In der »Wiesmühl« wurden wiederholt die Fenster eingeschlagen, ein beliebter Zeitvertreib der Nationalsozialisten.[72]

Einige eigentlich der Sommerfrische dienende Vereine, etwa der Seglerverein »Nibelungen – Ortsgruppe Wallersee«, waren getarnte illegale Naziverbindungen.[73] Ihnen gehörten prominente Nationalsozialisten an, die nach dem geplatzten Putsch entweder verhaftet wurden oder in die »Legion« nach Deutschland abtauchten.

Um seinen Verbleib in Österreich angesichts der immer kritischer werdenden Verhältnisse abzusichern, stellte Zuckmayer am 14. April 1937 den Antrag auf Verleihung der österreichischen Staatsbürgerschaft.[74] Das »Heimatrecht« der Gemeinde Henndorf war ihm bereits im Februar 1936 zuerkannt worden.[75] Dieses Verfahren wurde nach langem hin und her noch positiv abgeschlossen, sogar die Bundesregierung hatte zugestimmt.[76] Den abholbereiten Pass ließ Zuckmayer jedoch liegen, da ihn Lackner warnte, dass er bei Betreten der Polizeidirektion in den Anschlusstagen verhaftet werden würde.[77]

In diesen Tagen befand sich Zuckmayer in Wien, um den Proben zu seinem Stück »Bellman« mit Paula Wessely, Ernst Lothar und Attila Hörbiger im Burgtheater beizuwohnen. Als er am 11. März mittags auf die Straße trat, war der »Hexensabbat des Pöbels« (Zuckmayer) losgebrochen. Er solle sich nicht »wie ein elender jüdischer Flücht-

---

72 Aus einem Gespräch des Autors mit Hans Lackner v. 26.8.1993 in Salzburg
73 SVB v. 11.10.1934, S. 8. Vgl. mit SVB v. 5.8.1938, S. 9
74 Aufnahmeantrag von Zuckmayer Zl. 1220/R.D. v. 14.4.1937 (SLA)
75 Protokoll des Gemeindetages Henndorf v. 9.2.1936, Zl. 210. Gemeindearchiv Henndorf (GAH)
76 Bundeskanzleramt für Inneres, 169.232–6/1937 zu. Zl. 1.220/R-RD. v. 30.4.1937 (SLA)
77 Aus einem Gespräch des Autors mit Hans Lackner v. 26.8.1993 in Salzburg

ling« benehmen und »ohne Not weglaufen«, riet ihm noch Jannings unter Verweis auf höchste Kreise.[78] Wie gefragt Zuckmayer noch war, hätte er in der Theaterdirektion erfragen können: dort erschienen die Schauspieler Erik Frey und Robert Horky, um unter Verweis auf Zuckmayers »teilweise jüdische Abstammung« die Absetzung des Zuckmayer-Stückes zu verlangen. Direktor Lothar quittierte augenblicklich sein Amt. Erst am Morgen des 15. März gelang Zuckmayer mit der Bahn via Feldkirch die Flucht – dank seines forschen Auftretens konnte er nach seiner kurzen Verhaftung nach Zürich in die Freiheit weiterreisen.

Was dann folgte, waren Jahre des Exils in der Schweiz und in Amerika, wo Zuckmayer als Farmer in Vermont arbeitete und ihn eine Schreibhemmung befiel, die sich erst mit seinem Nachkriegserfolg »Des Teufels General« wieder löste.

Zuckmayers Henndorfer Wohnhaus, die »Wiesmühl«, wurde am 12. März 1938 von der SA durchsucht und seine Korrespondenz auf der Suche nach kompromittierendem Material beschlagnahmt. Dabei verschwanden auch einige Wertgegenstände.[79] Ein großer Teil der Möbel blieb aber zurück. Zuckmayers Wiener Wohnung wurde am 16. März beschlagnahmt und komplett ausgeräumt. Sein Wiener Bankkonto verfiel der Beschlagnahme.

In Henndorf verschwanden auch Kleider, Pelze, Silbersachen und Schmuck – an diesen Dingen bedienten sich auch Ortsbewohner. Zuckmayers Auto wurde eingezogen und von der SS als Ordonnanzwagen zweckentfremdet, seine Tiere, darunter ein zahmer Rehbock, zum Teil beschlagnahmt und in den Tiergarten Hellbrunn überführt. Zuckmayer selbst und dessen Familie war den Behörden aber abhanden gekommen. »Soviel hieramts bekannt ist«, meldete der Gemeindesekretär von Henndorf, solle sich Zuckmayer angeblich in London aufhalten. Um hinzuzufügen: »Gleichzeitig wird auch bemerkt, dass Karl Zuckmayer als Jude gilt.«[80] Aus London protestierte der Autor mit geheuchelter Naivität gegen die Beschlagnahme: »Soeben erfahre ich, daß das meiner Frau gehörige Haus »Wiesmühle« (…) beschlagnahmt worden sei. Ich muß annehmen, daß es sich bei dieser Information um einen Irrtum handelt, denn ich kann mir keinen wie immer gearteten Grund zu einer solchen Maßnahme vorstellen. (…) Nach Erfüllung meiner Vertragspflicht beabsichtige ich, wie alljährlich in mein Henndorfer Heim zurückzukehren.«[81] Der Brief wurde nicht beantwortet, sondern sofort an die Gestapo Salzburg weitergeleitet. Diese meldete dem Gauleiter der NSDAP, Friedrich Rainer, am 15. Oktober Folgendes: »Dem Schriftsteller Carl Zuckmayer, Halbjude, (…) wurde (…) beschlagnahmt: 1 Landhaus mit Inventar in Henndorf bei Salzburg, Wert unbekannt, 1

78 Albrecht Joseph: Porträts 1. Carl Zuckmayer und Bruno Frank. Aachen 1993. S. 212 f.

79 Christian Strasser: Carl Zuckmayer. S. 229 ff.

80 Schreiben der Gemeindevertretung Henndorf an die Bezirkshauptmannschaft Salzburg v. 20.4.1938 (SLA)

81 Zuckmayer an die Salzburger Landesregierung v. 24.3.1938, Zl. Exhib. 1498/Präs–1938 in Präsidialakten (PA) (SLA)

Blockhaus in Henndorf mit Inventar, Wert unbekannt, Schmuck und Wertgegenstände, Wert unbekannt. Das Blockhaus wird z. Z. benutzt, das Landhaus dagegen nicht.«[82] Dieses Unrecht, da Zuckmayer gar nicht grundbücherlicher Eigentümer seines Hauses war, sondern seine Gattin Alice, wurde durch eine Verordnung vom 18.11.1938 »saniert«, die den Reichsstatthalter zur Einziehung des volks- und staatsfeindlichen Vermögens ermächtigte.[83] Am 5.11.1938 wurde der Gestapo Berlin die Beschlagnahme gemeldet, ergänzt um »zwei Hunde, einen Rehbock, einige Enten und eine Badehütte in Henndorf«.[84] Zuckmayer zeigte sich ob dieser Vorgänge verbittert, wie aus einem Brief an Emil Jannings hervorgeht: »Das Haus ist verschlossen, versiegelt und bewacht, die Hunde sind bei der Ederin (Haushälterin, Anm. des Autors), die auch täglich den Rehbock und die Enten und sogar das Gärtche versorgt. Man hat nach ›Schriften‹ gesucht und Wagenladungen voll alter und neuerer Manuskripte nach Salzburg abgefahren.«[85] Der bis zuletzt ambivalente Zuckmayer setzt noch auf eine »Rückkehr«, die er »dringendst und brennend« erhoffe, dass man ihn wieder »als deutschen Dichter« anerkenne, »anders geht es nicht, ich kann nicht in Henndorf von der Luft leben und mich außerdem scheel ansehen lassen«.

In Henndorf hatte unterdessen ein Tauziehen um den Besitz eingesetzt. Um die Wiesmühl stritten sich die Ortsgruppe der NSDAP Henndorf mit der SA, der NSDAP-Brigade 8 in Salzburg und der Hitlerjugend, Bann Flachgau 583. »Da gibt es keine Apellationen und kein Recht und keine Wahrheit mehr, man ist blindlings ausgeliefert, wenn einem ›Komissar‹ das Haus gefällt, in dem man dreizehn Jahre gelebt hat, so erklärt Er einen zum Staatsfeind und nimmt sich's einfach. Ich werde nie drüber weg kommen, daß man das mit unserem Volke machen kann…«, beklagte sich Zuckmayer bei seinem Schweizer Kollegen Cäsar von Arx.[86]

Im November wurde ein Mietvertrag der Wiesmühl durch die NSDAP aktenkundig, die ein befristetes Vorkaufsrecht erhielt.[87] Ein halbes Jahr später fiel der Besitz der N. S. V. (»Nationalsozialistische Volkswohlfahrt«) zu – »wegen hinterlassener Steuerschulden«, begründete der Bürgermeister.[88] In der vorhin zitierten Aufstellung der Gestapo fanden sich aber lediglich 8,35 Reichsmark ausständiger Grundsteuer! Im Juni 1940 wurde das Eigentumsrecht am Besitz Wiesmühl dem Deutschen Reich einverleibt. Drei

82 Aufstellung des eingezogenen Vermögens, erstellt durch Gestapo Salzburg, in einem Schreiben an Dr. Friedrich Rainer v. 15.10.1938. PA 2.4081/8-Präs–38 v. 1.12.1938, PA K.346/1938/9 (SLA)

83 RGBl I, S. 1620, GBl. Nr. 589/1938

84 Gestapo Salzburg an Gestapo Berlin v. 5.11.1938, B.Nr.II E3–642/38, Archiv des Außenamtes Bonn

85 Carl Zuckmayer an Emil Jannings v. 20.4.1938

86 Zuckmayer an Cäsar von Arx, undatiert. Nr. 308, Brief Nr. 16, Nachlass Cäsar von Arx, Zentralbibliothek Solothurn. Die Orthographie entspricht dem Original.

87 Finanzamt Salzburg an den Gauwirtschaftsberater der NSDAP Gau Salzburg v. 7.11.1939, sowie Rückschreiben v. 9.11.1939 (GAH)

88 Bürgermeister der Gemeinde Henndorf Nr. 1745 an Landrat Salzburg v. 18.5.1940 (GAH)

Der Dichter Carl Zuckmayer vor seinem 1938 »arisierten« Henndorfer Haus »Wiesmühl«. Foto: International Photo Service

Monate später durfte sich der Berliner Rechtsanwalt Dr. Hermann Petzoldt als neuer Besitzer des Anwesens betrachten. Er hatte lediglich 17.400 RM dafür erlegt – der damalige Wert des Besitzes betrug aber ein Mehrfaches.[89] Petzoldt war Justiziar des Ullstein-Verlages, in dem Zuckmayers Werke erschienen waren. Mit der Charakterisierung »Die Wiesmühl, bis zum Umbruch der Sommersitz des Schriftstellers Carl Zuckmayer und damit der Sammelpunkt jüdischer und freimaurerischer Literatur …« meldete das »Volksblatt« den Verkauf.[90]

Lange konnte sich der Verlagsjurist nicht seines Landsitzes erfreuen – die Wiesmühl wurde für »Bombenfrischler« (Unterkunft für ausgebombte Familien, Anm.) beschlagnahmt, dem Hausherr verblieb nur ein mit Hausrat vollgestopftes Zimmer.

Nur mit großen Schwierigkeiten erhielt Zuckmayer sein Haus 1948 zurück – der Vorbesitzer hatte einen Mietvertrag abgeschlossen, der von Zuckmayer erst wieder mühsam

89 Verkaufsurkunde Nr. 328/1940 des Bezirksgerichtes Neumarkt am Wallersee v. 5.6.1940, Archiv des BG Neumarkt a.W.

90 SVB v. 25.7.1940

gelöst werden konnte – er wohnte aber keinen Tag darin und verkaufte es 1950 wieder. Der Dichter ließ sich schließlich in Saas Fee in der Schweiz nieder, wo er drei Jahrzehnte später hochgeehrt verstarb.

Seinen Verlusttraum beschrieb er literarisch so: »Mein Herz aber hängt an jenem Haus im Dorfe. Nicht weil es mir gehört hat, sondern weil ich ihm gehört habe, ihm und dem Grase und dem rauschenden Wasser. Es war ein volles, in sich geschlossenes Leben. Es war vollendet wie ein Traum, und es verschwand wie ein Traum.«[91]

---

91 Carl Zuckmayer: Second Wind. S. 6 f.

Harald Waitzbauer

Arnold Schönberg ist in Mattsee unerwünscht

Schönberg und Mattsee – Einleitung

Die Vertreibung des österreichischen Komponisten Arnold Schönberg (1874–1951), Begründer der »2. Wiener Schule« und der »Zwölftonmusik«, aus dem Salzburger Sommerfrischeort Mattsee im Sommer 1921 ist in der Musikgeschichte sowie in der Lebensgeschichte Schönbergs ein bekanntes sowie in der einschlägigen Literatur immer wieder zitiertes Ereignis. Die Salzburger Landesgeschichte hingegen schenkte dieser frühen antisemitischen Aktion bisher kaum Aufmerksamkeit, ebenso wie das Thema »Sommerfrischen-Antisemitismus in Salzburg« für die Zeit zwischen 1918 und 1938 keine gebührende Beachtung fand. Tatsächlich hat eine Reihe Salzburger Urlaubsorte in der Zeit nach dem Ersten Weltkrieg den Versuch unternommen, Sommerfrischler jüdischer Herkunft von ihrem Gemeindegebiet fern zu halten. Sowohl das antisemitische Hetzblatt »Der eiserne Besen« als auch das der »Union deutschösterreichischer Juden« nahe stehende Wochenblatt »Die Wahrheit« veröffentlichten regelmäßig Listen mit Orten und Fremdenverkehrsbetrieben, die Juden als Gäste ablehnten. Einer dieser Sommerfrische-Orte mit betont antisemitischer und deutschnationaler Tourismusausrichtung war die Gemeinde Mattsee im nördlichen Flachgau.

Der gegenständliche Beitrag geht auf die näheren Umstände von Arnold Schönbergs erwünschter und erzwungener Abreise aus seinem Sommerdomizil Mattsee ein. Es berichteten zwar bereits frühere Publikationen über das Mattsee-Ereignis, schrieben jedoch nur kursorisch und z. T. auch nicht ganz korrekt von »einem wüsten Pogrom«[1], »handgreiflichem Antisemitismus«[2], »antisemitischen Kundgebungen«[3] und dergleichen. Tatsächlich lief die Sache weit subtiler ab. Schönberg und all die anderen Unerwünschten wurden (noch) nicht mit physischer Gewalt vertrieben, sondern mussten einem antisemitisch besetzten Psychoterror weichen. Wie aber noch zu sehen sein wird, ist die Geschichte auch nicht einfach in »gut« und »böse« einzuteilen. Bei genauerem Hinhören werden etliche Zwischentöne laut.

Mehrere Zeitungsartikel, die damals das Thema aufgriffen, sowie eine umfangreiche Korrespondenz innerhalb des Schönberg'schen Freundeskreises ergeben ein diffe-

---

1 Eberhard Freitag: Arnold Schönberg in Selbstzeugnissen und Dokumenten. Reinbek 1973, S. 110/111
2 Ebda.
3 H. H. Stuckenschmidt: Schönberg. Leben Umwelt Werk. Zürich 1974, S. 249

renziertes Bild der Ereignisse. Das Archiv der Marktgemeinde Mattsee erwies sich für die Aufarbeitung dieser unrühmlichen Episode der Gemeindegeschichte als wenig ergiebig. In den aus dieser Zeit erhaltenen Dokumenten der Gemeinde bzw. des Saison-Vereins wird auf die antijüdischen Maßnahmen der Zwischenkriegszeit mit keinem Wort eingegangen. Es ist zwar öfter darüber geschrieben worden, dass die Gemeindevertretung von Mattsee im Juni 1921 einen so genannten »Arierparagraphen« erlassen hätte (der Inhalt dieses Beschlusses wurde in der Tageszeitung »Salzburger Chronik« veröffentlicht), in den Gemeinderatsprotokollen jener Zeit ist darüber nichts nachzulesen. Allerdings sind die Protokolle der Jahre 1920 bis 1922 in einem Schnellhefter abgelegt, so dass eine nachträgliche Entfernung der betreffenden Blätter nicht weiter auffallen würde.

Sommerfrischen-Antisemitismus in Salzburg

Kurz nach dem Ende des Ersten Weltkrieges sah sich die jüdische Bevölkerung in Österreich mit einer neuen Spielart des Antisemitismus konfrontiert: Menschen jüdischer Herkunft waren in einer Reihe von Sommerfrischeorten unerwünscht. Die antisemitische Stimmung, die teilweise bis ins letzte Gebirgsdorf getragen wurde, hatte bereits um 1920 jene Ausmaße erreicht, die den ersten Maßnahmen gegen Juden in Deutschland im Jahr 1933 in nichts nachstanden. »Juden unerwünscht!«, »Nur für Arier!«, »Judenreine Sommerfrische!« oder einfach »Hintertupfing judenfrei!« lauteten die Bezeichnungen, die Gemeindeämter, Touristen-, Verkehrs-, Saison- und Verschönerungsvereine sowie Gastronomie- und Beherbergungsbetriebe als Losung in die österreichische Fremdenverkehrswelt der Nachkriegszeit hinausposaunten. Der »Sommerfrischen-Antisemitismus« war allerdings nur *eine* Facette der nach dem Ersten Weltkrieg sprunghaft angestiegenen Ressentiments gegenüber Juden.

Der Antisemitismus in den österreichischen Urlaubsorten entsprang einer diffusen Mischung aus traditioneller Judenablehnung, Schuldzuweisung für den verlorenen Krieg, Deutschnationalismus und krausen Rassentheorien. Dazu kamen während des Weltkrieges unliebsame Begegnungen mit jüdischen Kriegsflüchtlingen aus Galizien, der Bukowina und Russland. Die kritische Ernährungslage im ersten Nachkriegsjahr, in deren Folge in einzelnen Bundesländern und Gemeinden Aufenthaltsbeschränkungen und -verbote für Fremde ausgesprochen wurden, eine allgemeine Xenophobie und Neid gegenüber den »reichen« und »neureichen« jüdischen Sommergästen aus der Stadt taten ein Übriges: Der Jude als Sündenbock für alle Unbilden der Menschen.

In den zwanziger Jahren waren es in Österreich (ohne Wien und das Burgenland) etwa 70 Gemeinden, in denen Juden als Sommergäste nicht erwünscht waren. Im Land Salzburg verbaten sich zwischen 1920 und 1930 zeitweise neun Gemeinden und ein Ortsteil die Anwesenheit von Juden, in drei weiteren Gemeinden wurden Juden in manche Fremdenverkehrsbetriebe nicht eingelassen. Es handelte sich dabei neben Mattsee um die Gemeinden Seekirchen, Oberndorf, Seeham, Mittersill, Tamsweg, Neumarkt am Wallersee, St. Johann im Pongau, Wald im Pinzgau sowie den Ortsteil Abtenau-Bad. In Zell am See und Bad Gastein firmierten jeweils drei Fremdenverkehrsbetriebe und in Niedernsill ein Betrieb als »nur für Arier« zugänglich.[4]

Antisemitismus war in Salzburg in beinahe allen Bevölkerungskreisen und -schichten anzutreffen, galt nicht als verwerflich und war durchaus gesellschaftsfähig. Den Antisemitismus fand man nicht nur unter den Parteigängern des deutschnationalen Lagers, sondern er war auch in weiten Teilen der christlichsozialen Wählerschaft verwurzelt. Diese Grundeinstellung als Speerspitze gegen das Judentum zu bündeln machte sich der »Antisemitenbund« zur Aufgabe. Die Gründung der Ortsgruppe Salzburg des 1919 ins Leben gerufenen Antisemitenbundes erfolgte im August 1921. Bis 1926 konnte der Antisemitenbund in zahlreichen Landgemeinden weitere Ortsgruppen etablieren, selbstverständlich auch in all jenen Orten, in denen Juden zu unerwünschten Personen erklärt wurden. Auffällig war die starke Präsenz des Antisemitenbundes im nördlichen Flachgau sowie in Teilen des Pinzgaues.

Sprachrohr des Antisemitenbundes wurde die Wochenzeitung »Der eiserne Besen«, ein aggressives und primitives Hetzblatt der untersten Schublade. In »zivilisierterer« Art und Weise zeigten auch das deutschnationale »Salzburger Volksblatt« und die klerikalkonservative »Salzburger Chronik« deutlich antisemitische Tendenzen. Vor diesem Hintergrund ist der Aufenthalt und die Vertreibung von Arnold Schönberg und seiner Familie sowie einem Teil seiner Schüler zu sehen.

Sommerfrischeort Mattsee

In einer Broschüre über den »See-Badeort Mattsee bei Salzburg«, herausgegeben 1898 vom Saison-Verein des Ortes, wurde die Gemeinde als ideales Sommerfrischeziel für urlaubsbedürftige Städter präsentiert. Da war die Rede von kräftigender und nervenstärkender Luft, von frischem, gesundem Quellwasser und einem ausgezeichneten Klima. Zwar dürfe sich der Gast keinen Badeort im modernen Stil mit Hotels, Kurhäusern und Wandelbahnen erwarten. Doch wer dem »aufregenden Treiben der Stadt für einige Wochen entrinnen und in ländlicher Zurückgezogenheit inmitten einer herrlichen Natur dem Körper und Geiste die ersehnte Erholung zutheil werden lassen will, der findet bei einem Sommeraufenthalte in Mattsee gewiss seine Rechnung«.[5]

4 Zell am See: Villa Olga, Villa Schmittental, Gasthof Traube; Bad Gastein: Haus Reichl, Hotel Schillerhof, Hotel Krone; Niedernsill: Gasthaus Hutter

5 See-Badeort Mattsee bei Salzburg. Mattsee 1898, S. 4

Den Beginn des Fremdenverkehrs in Mattsee kann man um das Jahr 1870 ansetzen. Die Entwicklung hin zum gut gehenden Sommerfrischeort verlief allerdings weit weniger stürmisch als in anderen Teilen des Kronlandes Salzburg. Die Mode- und Nobelsommerfrischen des Landes lagen am Wolfgangsee und Zeller See. Die Umgebung des Wolfgangsees konnte durch ihre landschaftliche Schönheit und durch ihre Nähe zur kaiserlichen Sommerresidenz in Ischl punkten, Zell am See durch seine ausgezeichnete Seenlage und sein wunderschönes Gebirgspanorama im Vorgarten der Hohen Tauern. Dagegen hatte die Salzburger Seenlandschaft des Alpenvorlandes weit weniger pittoreske Ansichten zu bieten. Diesen Umstand hatte bereits der Verfasser der ersten Mattsee-Broschüre, Heinrich Wallmann, festgestellt, als er das Drei-Seen-Land rund um Mattsee als »nicht großartig und überraschend«[6] bezeichnete. Obertrumersee, Mattsee und Grabensee waren (wie auch der Wallersee) in der Regel von sumpfigem Gelände umgeben und kaum zugänglich. Die meisten »See«orte lagen daher auch gar nicht direkt am See, sondern versetzt im Hinterland. Mattsee bildete davon eine Ausnahme. Die reizvolle Lage des uralten Ortes (bereits um das Jahr 770 erstmals urkundlich erwähnt) zwischen dem Obertrumer See und dem Mattsee sowie den Erhebungen Schlossberg und Wartstein bescherte der Gemeinde die natürlichen Voraussetzungen für einen beschaulichen Fremdenverkehrsort.

Die ersten beiden Sommergäste kamen 1868 nach Mattsee und waren »Herr Director Schmid sammt Frau aus Salzburg«[7]. Ein Jahr darauf wurde das Ehepaar Schmid durch Generalmajor von Ghilain und Oberstleutnant von Wormansky vermehrt. Auf Initiative des gebürtigen Mattseer Arztes und Landeskundlers Heinrich Wallmann entstand 1869 das erste »Strandbad«, eine einfache Badehütte am Seeufer. Ein Jahr später fand eine Erweiterung des bescheidenen Angebots statt: Mit der Errichtung einer größeren Badeanstalt »von 11 Klafter Länge und 3 Klafter Breite mit mehreren Kabinen und passenden Einrichtungen«[8] versuchte man einen größeren Gästekreis anzusprechen. 1871 erschien Wallmanns Broschüre »Mattsee und seine Umgebung«, wodurch, so eine Gedenkschrift aus dem Jahr 1892, »das Unternehmen in den weitesten Kreisen bekannt und dadurch wesentlich gefördert (wurde)«.[9] Wallmann wünschte sich von der Bevölkerung *»ein zuvorkommendes höfliches Benehmen gegen Fremde«*[10], wodurch den anreisenden Sommerfrischlern »der Aufenthalt in Mattsee angenehm gemacht werden und denselben eine ebenso angenehme Erinnerung an Mattsee stets wach bleiben (soll)«.[11] Zwischen 1870 und 1881 verzeichnete das Mattseer Strandbad, das nach seinem Mentor »Wallmannsbad« benannt

6 Heinrich Wallmann: Mattsee und seine Umgebung. Wien 1871
7 Gedenkschrift zur zehnjährigen Gründungsfeier des Saison-Vereines Mattsee. Wels 1892, S. 1
8 Heinrich Wallmann: Mattsee und seine Umgebung. Wien 1871, S. 15
9 Gedenkschrift zur zehnjährigen Gründungsfeier des Saison-Vereines Mattsee. Wels 1892, S. 2
10 Heinrich Wallmann: Mattsee und seine Umgebung. Wien 1871
11 Ebda.

wurde, etwa 4.000 Besuche durch Einheimische und 26.600 Besuche durch Fremde, das waren im Durchschnitt 2.500 Badebesuche pro Saison. Seit 1882 kümmerte sich ein »Saison-Verein« um die Hebung des Mattseer Fremdenverkehrs. Anlässlich seines zehnjährigen Jubiläums konnte der Verein folgende Erfolgsbilanz ziehen: Zwischen 1882 und 1891 hatten etwa 40.000 Personen das Strandbad besucht, jährlich kamen etwa 250 (Dauer)sommergäste nach Mattsee, dazu gesellten sich noch zirka 350 Tagestouristen.

Mattsee blieb trotz erhöhter Publikumsfrequenz ein einfacher Sommerfrischeort. Mangels Fünf-Stern-Qualitäten blieb nicht viel mehr übrig als die Vorteile ländlicher Einfachheit hervorzuheben: Man könne, hieß es in einer Werbebroschüre, »aus jeder Wohnung mehr oder weniger allsogleich ins Freie oder in den Wald gelangen«, »Toilettenzwang herrscht hier in keiner Weise« und die junge Damenwelt liebe es, »das moderne Stadtkleid mit dem kleidsamen und zudem billigen Bauernanzug zu vertauschen«.[12] Das hieß, in puncto Unterhaltung waren »die Familien in Ermanglung von Vergnügungs-Localen, Curhäusern etc. mehr oder weniger auf sich angewiesen«.[13]

Die Urlauber kamen in der Regel aus dem Mittelstand und hielten sich zumindest vier Wochen in Mattsee auf. Die meisten Sommerfrischler stammten aus dem Raum Wien und reisten mit der Eisenbahn an. Zur besseren Erreichbarkeit der Mattseer Sommerfrische machten die aus der Hauptstadt kommenden Schnellzüge während des Sommers im Bahnhof Seekirchen Station. Von dort wurden die ankommenden Sommerfrischler mit einem »Post-Omnibus«, einem Pferdewagen für sechs bis acht Personen, nach Mattsee kutschiert. Durch die Umbenennung des Bahnhofs von »Seekirchen« auf »Seekirchen-Mattsee« wurde der Ortsname für vorbeifahrende Eisenbahnpassagiere werbetechnisch günstig ins Bild gerückt.

Nähere Informationen über die Sommergäste sind rar, da von den damals erstellten Fremden-Listen nur wenige Jahrgänge erhalten geblieben sind. So sind laut Fremdenliste Nr. 2 aus dem Jahr 1906 zwischen 14. Juni und 12. Juli 229 Sommerfrischler angekommen (darunter 44 Personen Dienstpersonal), die zu über 80 Prozent aus Wien anreisten. Sicherlich befanden sich unter den Sommerfrischlern auch jüdische Gäste, worauf auch etliche Namen hinweisen (Rosenfeld, Rosenbaum, Ornstein, Kohn, Blau u. a.). Über das Verhältnis zwischen jüdischen Gästen und nichtjüdischen Gastgebern bzw. jüdischen und nichtjüdischen Gästen können anhand einiger retrospektiver Zeitungsbeiträge nur Mutmaßungen angestellt werden. Der Zugang zur jüdischen Gästeschicht war sicher ambivalent und wahrscheinlich irgendwo zwischen Akzeptanz und Ablehnung angesiedelt. Eine grundsätzliche Haltung des Saison-Vereins zu dieser Frage ist nicht ersichtlich. In diesem Zusammenhang ist einer Zeitungsnotiz aus dem Jahr 1921 zu entnehmen, dass »in den früheren Jahrzehnten, wo Mattsee es noch nötig hatte, Reklame zu machen, immer nur in ausgesprochen antisemitischen Blättern: im »Deutschen Volksblatt« und in der

---

12 See-Badeort Mattsee bei Salzburg. Mattsee 1898, S. 4

13 Ebda.

Jüdische Flüchtlinge aus Galizien vor einem Bauernhaus im Mattseer Ortsteil Obernberg während des Ersten Weltkrieges; auf der Rückseite des Fotos der handschriftliche Vermerk: „Weltkrieg 1914 bis 1918 – Juden Flüchtlinge wurde die Stube voll Läuse.“ © Heimatmuseum Mattsee

»Reichspost« annonciert (wurde)«.[14] Demgegenüber wird in einem im Salzburger Volksblatt veröffentlichten Leserbrief[15] darauf verwiesen, dass der eigentliche Entdecker und Förderer der Mattseer Sommerfrische der jüdische Wiener Schriftsteller Balduin Groller[16] gewesen sei, der sogar zum Ehrenmitglied des Saison-Vereins ernannt worden war.

Der Erste Weltkrieg bedeutete eine Zäsur. In der Folge griff eine verstärkte Abneigung gegen das Judentum und ein offener Antisemitismus auch in Mattsee um sich. Aufgrund der nicht gänzlich gesicherten Verpflegungsmöglichkeit für Touristen wurden in der Saison 1920 Verkehrs- und Aufenthaltsbeschränkungen für Gäste verfügt. Bereits in diesem Jahr versuchte Mattsee, seinen Besucherkreis auf nichtjüdische Sommergäste einzugrenzen. Unter Punkt 1 der an Interessenten verschickten Aufnahmebedingungen hieß

14 Salzburger Chronik 5.7.1921

15 Salzburger Volksblatt 11.7.1921

16 Balduin Groller (eigentlich Adalbert Goldscheider), 1848–1916, war Journalist und Schriftsteller und schrieb zahlreiche und zu seiner Zeit viel gelesene Unterhaltungs- und Kriminalromane; Groller war lange Zeit Vizepräsident des Journalisten- und Schriftstellervereins »Concordia«; in den spärlichen Mattseer Gäste-Unterlagen scheint der Name Groller jeweils in den Jahren 1894 und 1906 auf.

es, dass in Mattsee ausschließlich Deutsch-Arier Aufnahme fänden.[17] Aufgrund dieser apodiktischen Forderung sei es gelungen, den Ort »judenrein« zu halten, »*obwohl es […] infolge der bekannten Judenzudringlichkeit Mühe kostete, die Juden ferne zu halten*«.[18]

Arnold Schönberg in Mattsee

Die Wahl Mattsees als Sommerfrische-Ort für die Familie Schönberg erfolgte aufgrund verwandtschaftlicher Beziehungen. Arnold Schönberg wählte Mattsee zum Sommeraufenthalt auf Vermittlung seiner Schwägerin Berta (»Bertl«) Schönberg. Berta war Opernsängerin und hatte 1917 Arnold Schönbergs Bruder Heinrich geheiratet. Berta Schönbergs Vater war der zeitweilige Salzburger Bürgermeister und Landeshauptmann-Stellvertreter Max Ott.[19] Die Familie Ott besaß seit 1911 ein Haus in Mattsee, das nach Max Otts Ehefrau Eleonore, eine Mattseerin, »Villa Nora«[20] genannt wurde. Seit damals wurde das Haus von der Familie als Sommerdomizil genutzt. Es war Berta Schönberg, die sich mit Erfolg darum bemühte, der Familie ihres Schwagers für die Sommersaison 1921 ein längerfristig zu beziehendes Quartier zu besorgen. Da sich auch ein Teil von Schönbergs Schülern angesagt hatte, reservierte Bertl für diese einige Privatzimmer.

Arnold Schönbergs Schwägerin »Bertl« Ott und Bruder Heinrich Schönberg; Bertl Ott organisierte 1921 die Unterkünfte für die Familie Schönberg und Schönbergs Schüler in Mattsee. ©Arnold Schönberg Center Wien

Am Donnerstag, dem 2. Juni 1921, traf Arnold Schönberg mit Frau Mathilde, geb. Zemlinsky, und Tochter Gertrude von

17 Vgl. Salzburger Chronik 5.7.1921

18 Ebda.

19 Bürgermeister der Stadt Salzburg 1912–1919 und 1927–1935, Landeshauptmann-Stellvertreter 1918

20 Später Villa »Alexy«, heutige Adresse Burghard-Breitner-Weg 1; die Villa »Nora« wurde damals von den Mattseern auch »Judentempel« genannt.

Mödling bzw. Wien kommend in Mattsee ein und bezog das von Schwägerin Bertl reservierte »Zimmerhanslhaus« der Katharina Stockner in Vorderwartstein Nr. 65.[21] Eine nicht näher datierte Wohnungs-Liste des Saison-Vereins bezeichnete die Unterkunft der Schönbergs als »sehr freundliche Wohnung«[22] mit 2 Zimmern, 1 Küche, 4 Betten und 1 Garten. Das hübsche Haus mit den großen Zimmern, der Ort und die landschaftliche Umgebung behagten der Familie sehr. Sie fühlte sich wohl. Bis auf gelegentlich unternommene Spaziergänge arbeitete Schönberg den ganzen Tag an der 3. Auflage seiner »Harmonielehre«[23], war in ständigem Kontakt mit dem Wiener Verleger Emil Hertzka von der Universal Edition und erledigte seine umfangreiche Korrespondenz. Am 11. Juni traf Schönbergs Schüler, der Freund und spätere Ehemann von Tochter Gertrude, Felix Greissle[24], in Mattsee ein und bezog im Haus Nr. 35[25] Quartier. Auf einer Postkarte an Alban Berg schilderte Greissle die Sommerfrischen-Idylle in bunten Farben und schrieb in Bezug auf den Komponisten: »Von Schönberg kann ich Ihnen nur das Beste berichten. Er ist gut gelaunt.«[26] Außer Greissle hielten sich zunächst (wahrscheinlich) Schönbergs Schüler Othmar Steinbauer[27], Walter Seligmann[28] und Fritz Kaltenborn[29] in Mattsee auf.

Fürsorglich erkundigte sich Schönbergs Schüler Anton von Webern um den 18. Juni brieflich nach dem Wohlergehen seines Lehrers: »Wie geht es dir u. den deinen in Mattsee? Bist du zufrieden mit deiner Wohnung, deinem Arbeitsraum, allen anderen Verhältnissen (Kost, Spazierwege u.s.w.)? Bitte vielmals, schreibe mir ein paar Zeilen darüber. Greissle berichtete, dass du jetzt an der Harmonielehre arbeitest. Wie fühlst du dich gesundheitlich?«[30] Zu diesem Zeitpunkt braute sich über dem Himmel von Mattsee bereits das Unheil zusammen. Noch einmal schrieb Webern einen Anteil nehmenden Brief an seinen Lehrer Schönberg: »Wir freuen uns sehr darüber, dass es dir und deiner Familie

21 Heute Burghard-Breitner-Weg 16

22 Wohnungs-Liste des Saison-Vereines Mattsee bei Salzburg. O. J.

23 Die 1. Auflage erschien 1911

24 Felix Greissle, geboren 1894 in Wien, war 1920/21 Schüler Schönbergs, anschließend als Vorstandsmitglied und Musiker im Wiener Verein für musikalische Privataufführungen tätig, emigrierte 1938 in die USA, arbeitete dort zunächst als Lektor bei Musikverlagen und später als Theorie- und Kompositionslehrer an der Columbia University und an der Philadelphia Academy of Music. Greissle starb 1982 in New York.

25 Früher Stiftshaus mit Pfarrhofverwaltung, heutiges Apothekerhaus am Stiftsplatz

26 ÖNB, Musiksammlung, F 21 Berg 795/1, Postkarte Felix Greissle an Alban Berg

27 Othmar Steinbauer (1895–1962), Musiktheoretiker und Komponist; 1921 Privatschüler Schönbergs, war Geiger in Konzerten des Wiener Vereins für musikalische Privataufführungen, gründete 1923 mit Max Deutsch die Gesellschaft für moderne Musikaufführungen Berlin, war 1924 bis 1928 Lehrer in Wien, anschließend bei der Wiener Kammerkonzert-Vereinigung tätig und arbeitete ab 1935 im Instrumentenmuseum des Staatlichen Instituts für Musikforschung in Berlin.

28 Walter Herbert Seligmann war 1919 bis 1922 Privatschüler Schönbergs; sonst sind keine näheren Daten bekannt.

29 Über Fritz Kaltenborn ist nichts Näheres bekannt; war 1919 bis 1922 Privatschüler Schönbergs und ab 1923 vielleicht Lehrer und Dirigent in der Schweiz.

30 LC, Brief Anton von Webern an Arnold Schönberg, undatiert (ca. 18.6.1921)

Das Ehepaar Schönberg, Aufnahme von 1922; © Arnold Schönberg Center Wien

so gut in Mattsee gefällt u. die Lebensverhältnisse so günstig sind. Ich danke auch herzlichst für die Ausflugskarte. Nun habe ich doch eine ungefähre Vorstellung von dem Ort: es muss prachtvoll dort sein. Warst du schon baden? (Die letzten Wochen war es wohl auch bei euch sehr kalt.) Ruderst du? Ich hab mich auf der Landkarte über die Lage des Ortes informiert. – Bist du nun endlich die Zahnschmerzen los? So eine Qual!«[31]

Als Schönberg den Brief Weberns erhielt, war die Sommerfrischen-Welt an den Gestaden Mattsees nicht mehr heil. Zumindest nicht für Schönberg und andere Sommerfrischler jüdischer Herkunft. Soweit rekonstruierbar, stand das antijüdische Edikt der Gemeinde in ursächlichem Zusammenhang mit dem Aufenthalt Schönbergs. Bei »den Schönbergs« handelte es sich nicht um eine Person oder Familie, sondern um eine relativ große Gruppe von Menschen. Dieser Umstand dürfte so manchen Gemeindehonoratioren nicht behagt haben. Da ein regelrechtes Aufenthaltsverbot für Juden gesetzlich nicht gedeckt war, beschritt die Gemeindevertretung einen verschlungeneren Weg. In einem Aufruf, der öffentlich ausgehängt wurde, wurden die Vermieter von Ferienwohnungen aufgefordert, diese nicht an Juden zu vermieten, nicht ohne den Vermietern die Rute ins Fenster zu stellen: Bei Nichtbefolgung seien Schikanen der »deutsch-arischen Bevölkerung« zu erwarten!

31 LC, Brief Anton von Webern an Arnold Schönberg, 26.6.1921

Der Inhalt dieses Aufrufs lautete: »Der Gemeindeausschuß von Mattsee hat in seiner Sitzung vom 19. ds. einstimmig seiner Entrüstung Ausdruck gegeben, dass einzelne Vermieter von Sommerwohnungen in Mattsee dieselben Juden überließen und dadurch den allbekannten Ruf Mattsees als »judenreine Sommerfrische« schwer geschädigt haben. Überdies hat der Gemeindeausschuß in eben dieser Sitzung den einstimmigen Beschluß gefaßt, an die Vermieter von Sommerwohnungen in Mattsee einen Aufruf zu erlassen, enthaltend das Ersuchen, den Ort Mattsee wie im Vorjahre so auch heuer »judenfrei« zu halten. Die gefertigte Gemeindevertretung richtet daher an die gesamte Bevölkerung von Mattsee das dringende Ersuchen, den Beschluß der freigewählten Gemeindevertretung willig Folge zu leisten, damit unserem schönen Orte Mattsee die Folgen einer etwaigen Verjudung, den Mietern und Vermietern Schikanen jeder Art durch die deutsch-arische Bevölkerung erspart bleibe. Mattsee, am 20. Juni 1921.«[32] Nachdem dieser Aufruf in Mattsee die Runde gemacht hatte, reagierten einige Sommerfrischler mit einer Kundmachung: »Die Sommerfrischler Mattsees danken der Gemeindevertretung für ihre stramme antisemitische Verlautbarung und geben der Erwartung Ausdruck, dass die Bewohner Mattsees auch in Zukunft in erster Linie den deutsch-arischen Stammesgenossen gastliche Aufnahme gewähren.«[33]

Wie reagierte Arnold Schönberg auf diesen Affront? Der feinfühlige Komponist war, wie aus verschiedenen Quellen hervorgeht, sehr getroffen, aufgebracht und entrüstet über diesen Angriff auf das Judentum und alles Jüdische in seiner Gesamtheit sowie auf die Quasi-Aufforderung, den Ort zu verlassen. Was in der Zeit von 20. Juni von 5. Juli 1921 geschah und welche Absichten Schönberg verfolgte, ist nur bruchstückhaft erkennbar und z. T. auch widersprüchlich. Es scheint, dass Schönberg aufgrund der Kundmachung zunächst beschloss, Mattsee den Rücken zu kehren. Angeblich sei er seitens der Gemeinde auch aufgefordert worden, nachzuweisen, dass er kein Jude sei. Wobei nicht klar ist, ob er tatsächlich dieser Aufforderung Folge leistete (er war evangelisch getauft), die Quellen sind hier widersprüchlich. Schönberg wollte aufgrund dieser demütigenden Behandlung in einer ersten Reaktion mit seiner Familie abreisen, noch einige Tage in der Stadt Salzburg verbringen und anschließend nach Mödling heimkehren. In diesem Zusammenhang war es sein ausdrücklicher Wunsch, die Angelegenheit nicht an die Öffentlichkeit dringen zu lassen, weil, wie er im Nachhinein an seinen Verleger schrieb, »meine Privatangelegenheiten gehen die Oeffentlichkeit nichts an«.[34]

In diesen Tagen wurde Schönberg mit der Überarbeitung der »Harmonielehre« fertig. Am Ende des Vorworts zur 3. Auflage heißt es: »Mattsee bei Salzburg, 24. Juni 1921.«

---

32 Zit. in Salzburger Chronik 5.7.1921; sehr ähnlich, aber im Wortlaut nicht ganz ident wird der Aufruf in der Wiener Tageszeitung »Die Reichspost« vom 6.7.1921 wiedergegeben.

33 Zit. in Salzburger Chronik 5.7.1921

34 WStLB, Brief Arnold Schönberg an Emil Hertzka 8.7.1921

Auf Sommerfrische; das Bild aus den frühen zwanziger Jahren entstand vermutlich am Traunsee.
© Arnold Schönberg Center Wien

Zwei Tage später traf ein weiterer Schüler Schönbergs, Josef Polnauer[35], in Mattsee ein. In einem Telefonat mit Alban Berg am 30. Juni teilte er diesem mit, dass es in Mattsee »*anfangs ziemlich aufregend gewesen sein (soll), jetzt aber wieder ruhig (ist)*«.[36] Zu diesem Zeitpunkt hatten sich die Turbulenzen offensichtlich etwas gelegt, so dass Schönberg seine Meinung änderte und doch beabsichtigte, in Mattsee zu bleiben. Grund für die Beruhigung war u. a. eine Intervention von Berta Schönbergs Vater, dem deutsch-nationalen Salzburger Politiker Max Ott, der sich für den Verbleib Schönbergs einsetzte und den Drahtziehern der Kampagne Unduldsamkeit und Feindseligkeit vorwarf. Es sah so aus, als würde sich die ganze Angelegenheit wieder beruhigen. Der Aufenthalt in Mattsee wäre durch die Vorkommnisse zwar getrübt gewesen, aber letzten Endes doch nicht abgebrochen worden.

Schönbergs Anliegen, die Sache nicht an die Öffentlichkeit gelangen zu lassen, erfüllte sich nicht. Am 30. Juni erschien unter dem Titel »Der Taufschein des Komponisten« in der Wiener Tageszeitung »Neue Freie Presse« eine Pressenotiz. Darin wurde berichtet, dass Arnold Schönberg durch Dokumente nachzuweisen hatte, dass er kein Jude sei, da der Aufenthalt von Juden in Mattsee nicht gestattet sei. Aufgrund dieses Affronts hätte sich Schönberg entschlossen, Mattsee zu verlassen. Die Zeitung kommentierte dazu: »Aber die Frage bleibt offen, ob die Bundesgesetze just in Mattsee im Salzburgischen in so ungenierter Weise außer Kraft gesetzt werden dürfen.«[37] Schönberg, der die Sache lieber unter Ausschluss der Öffentlichkeit hinter sich gebracht hätte, war sehr verärgert über diesen Zeitungsartikel: »Wahrscheinlich hat irgend ein Sommerfrischling das auf dem Gewissen, dass ich jetzt unschuldig durch alle Zeitungen des In- und Auslandes geschleift werde.«[38] Sofort nach Erscheinen der »Neuen Freien Presse« rief Josef Polnauer bei Alban Berg in Wien an und erklärte ihm, dass die Pressemitteilung nicht stimme; unklar bleibt, ob es sich tatsächlich um eine Falschmeldung handelte oder ob das Dementi als ein Teil von Schönbergs Verschleierungskampagne zu werten ist.

Dadurch erhielt die Auseinandersetzung, die gerade dabei war wieder einzuschlafen, eine neue Dynamik. Das Thema wurde von der Presse aufgegriffen. Bereits einen Tag später, am 1. Juli, druckten die beiden Salzburger Tageszeitungen, das deutschnationale »Salzburger Volksblatt« und die klerikal-konservative »Salzburger Chronik«, den Artikel aus der »Neuen Freien Presse« ab. In ihrer Ausgabe vom 2. Juli legte das nationalsozialistische Salzburger Wochenblatt »Volksruf« noch ein hetzerisches Schäuferl nach. Das Blatt nahm unter dem Titel »Die Judenkolonie von Mattsee« weniger Arnold Schönberg als vielmehr dessen Schwägerin Berta aufs Korn, die sich um die Beschaffung der Quartiere gekümmert hatte: »Diese Frau läuft sich die Füße wund, um für ihre jüdische Verwandtschaft Sommerfrischen aufzutreiben und überbietet die Preise derart, daß arische

35 Josef Polnauer (1888–1969), Schüler, Assistent und Mitarbeiter Schönbergs, während der NS-Zeit in Österreich untergetaucht; Musiktheoretiker und Theorielehrer.

36 Alban Berg. Briefe an seine Frau. München-Wien 1965, S. 476

37 Neue Freie Presse 30.6.1921

38 WStLB, Brief Arnold Schönberg an Emil Hertzka, 8.7.1921

Sommergäste keine Unterkunft finden können und oft Juden Platz machen müssen.«[39] Dass hier ein anderer, weit aggressiverer Ton angeschlagen wurde, wird auch daraus ersichtlich, dass der »Volksruf« diesen Artikel als »zweite Warnung« verstanden wissen wollte, und »*das, wenn diese nichts fruchtet, eine dritte Warnung ziemlich deutliche Formen annehmen wird.*«[40] Im Schlusssatz wurde beinahe unverhohlen an die Gewaltbereitschaft nationalsozialistischer Parteigänger appelliert: »Wenn die Frau Ott-Schönberg für solche Erniedrigungen unseres Volkes kein Verständnis besitzt, so sollen unsere Mattseer ihr beweisen, daß sie nach wie vor auf deutsche Ehre und Volksbewußtsein etwas halten!«[41]

Am Sonntag, dem 3. Juli, traf ein weiterer Schüler Schönbergs, Josef Rufer[42], in Mattsee ein. Am selben Tag schrieb Webern einen Brief an Schönberg, in der irrigen Meinung, dass die ganze Sache ausgestanden sei. »Mein liebster Freund, Wie bin ich froh, daß diese unerhörte unglaubliche Sache in Mattsee so ausgegangen ist. Wenn du wirklich deswegen hättest aufgeben müssen, was du endlich nach Jahren wieder erreicht hattest: in Ruhe zu arbeiten, so ein Gedanke, zum irrsinnig werden! Polnauer hat uns viel erzählt. Ich freue mich so, daß du es dort so schön hast und erflehe, daß dich nun nichts, nichts mehr stört.«[43]

Weberns Flehen wurde nicht erhört. Am 5. Juli erschien in der »Salzburger Chronik« auf Seite 1 ein langer Beitrag zur Causa »Schönberg/Mattsee«. Offiziell handelte es sich dabei um eine »Zuschrift«, die die Zeitung aus Mattsee erhalten hatte. Der Schreiber, offensichtlich in Mattsee wohnhaft, versuchte den Lesern aus der Sicht des Antisemiten zu erklären, dass ein »judenreiner« Sommerfrischeort nur von Vorteil sei. Der Autor geht auf die alte antisemitische Tradition des Ortes ein, auf die antijüdische Einstellung der Bevölkerung und auf die Erwartungshaltung der »deutsch-arischen« Sommerfrischler, hier keine Juden anzutreffen. Zum Thema »Schönberg« schrieb der Insider: »Heuer wurde nun durch den Schwiegersohn des Herrn Ott, der Komponist Schönberg aus Prag hier eingeschmuggelt. Daß ein Jude gewöhnlich nicht allein kommt, sondern gleich einen ganzen Anhang mitbringt, ist eine bekannte Erscheinung und als solche auch bekannt. Kaum war Schönberg hier angekommen, sah man auch schon mehrere Judengesichter, so daß die Gefahr naherückte, dass der Ort Mattsee seinen früheren Ruf als judenrein verlieren könnte.«[44] Es folgten neben antisemitischen Platitüden der Wortlaut

---

39 Volksruf 2.7.1921

40 Ebda.

41 Ebda.

42 Josef Rufer (1893–1985), Komponist, Autor und Lehrer; 1919–1922 Schüler Schönbergs, 1925–1933 Assistent Schönbergs an der Preußischen Akademie der Künste in Berlin; 1928–1940 Musikkritiker; nach 1945 Lehrtätigkeit an mehreren Musikhochschulen, ab 1957 mit der Katalogisierung des Schönberg-Nachlasses und Herausgabe der Schönberg-Gesamtausgabe beschäftigt. In der von ihm herausgegebenen Publikation »Arnold Schönberg. Berliner Tagebuch« von 1974 geht Rufer z. T. detailliert auf die Mattseer Vorkommnisse ein.

43 LC, Brief Anton von Webern an Arnold Schönberg, 3.7.1921

44 Salzburger Chronik 5.7.1921

des bereits erwähnten Gemeindebeschlusses, die Kundmachung der Sommerfrischler, eine weinerliche Klage über den verjudeten österreichischen Kunst- und Kulturbetrieb sowie ein Seitenhieb auf Ex-Bürgermeister Max Ott. Der Beitrag endete pathetisch mit dem Satz »Mattsee wird immer seinen größten Stolz dareinsetzen, als judenrein zu gelten und es auch zu sein.«[45]

Ein Sommerfrischler, der sich als »arisch« bezeichnete, machte Schönberg postalisch auf diesen Zeitungsartikel aufmerksam. Dem Komponisten wurde eine mit 5. Juli datierte Postkarte folgenden Inhalts zugestellt:

»An den berühmten Komponisten A. Schönberg z. Z. leider in Mattsee
Mattsee den 5. Juli 1921.
Hochberühmter Meister!?
Wenn Sie sich für die Judenfrage in Mattsee interessieren lesen Sie den Artikel in der heutigen Chronik über dieselbe; wird Ihnen zur Beachtung jedenfalls empfohlen.
Ein arischer Sommerfrischler«[46]

Diese Fortsetzung der antisemitischen Kampagne veranlasste Arnold Schönberg schließlich, sich nach einer anderen Sommerfrische umzusehen. Die Stimmung war einfach unerträglich geworden. An seinen Verleger Emil Hertzka schrieb er am 8. Juli, dass er Mattsee in nächster Zeit verlassen dürfte. (»Die Gründe dafür werden Sie ja schon durch die ekelhafte Pressenotiz erfahren haben.«)[47] Ein Schüler Schönbergs, Josef Travnicek[48], nahm mit der Pädagogin Eugenie Schwarzwald[49] Kontakt auf und bat sie, für Schönberg ein Haus im Salzkammergut ausfindig zu machen. Die Suche endete im oberösterreichischen Traunkirchen am westlichen Ufer des Traunsees, wo die »Villa Josef« der Baronin Anka Löwenthal in Traunstein 29 angemietet wurde. Die Übersiedlung war nicht ohne Mühe, da Schönberg seinen Aufenthalt für mehrere Monate geplant hatte und dementsprechend Gepäck bei sich hatte. Am 14. Juli trafen Arnold Schönberg und seine Fami-

45 Ebda.

46 LC, anonyme Postkarte an Arnold Schönberg, 5.7.1921

47 WStLB, Brief Arnold Schönberg an Emil Hertzka, 8.7.1921

48 Josef Travnicek (1898–1975), Künstlername Trauneck, 1918–1922 Schüler Schönbergs, 1922–1925 Kapellmeister in Prag, 1928–1932 Musikdirektor der Oper in Sondershausen, emigrierte 1933 nach Südafrika und war bis 1956 Leiter des von ihm gegründeten Sinfonieorchesters; kehrte später nach Österreich zurück.

49 Eugenie Schwarzwald, geb. Nußbaum (1872–1940), aus Polupanowka in Galizien, eröffnet 1903 in Wien eine Koedukationsvolksschule, die 1905 das Öffentlichkeitsrecht erhält; 1909 Gründung eines vierklassigen Realgymnasiums, 1911 Eröffnung eines achtklassigen Mädchengymnasiums (»Schwarzwaldschule«); 1914 bis 1918 Einrichtung von Gemeinschaftsküchen und Erholungsheimen, Hilfsprogramme für Flüchtlingskinder; 1917 hält Arnold Schönberg in der Schwarzwaldschule ein Seminar über Komposition ab; 1920 Kauf der Villa »Seeblick« am Grundlsee; nach dem Ersten Weltkrieg engagiert sich Schwarzwald für die Errichtung von Jugendwerkstätten, Ferienkolonien und anderen Sozialprogrammen; 1938 Emigration in die Schweiz, Schließung der Schwarzwaldschule, Liquidierung des Vermögens; Eugenie Schwarzwald stirbt 1940 in Zürich.

Wiedergefundene Idylle: Familie Schönberg am Traunsee. ©Arnold Schönberg Center Wien

lie sowie sein Schülerkreis in Traunkirchen ein. Gleich darauf meldete er sich bei Emil Hertzka: »Liebster Freund, nun sind wir seit 14. hier. Es war zum Schluß sehr häßlich in Mattsee. Die Leute dort haben mich scheinbar so verachtet, wie wenn sie meine Noten kannten. Geschehen ist uns sonst nichts.«[50] An Webern schrieb er, dass er durch die antisemitischen Ereignisse in Mattsee 14 Arbeitstage verloren hatte, sowie Nerveneinbuße und große Auslagen hatte. Webern beschwerte sich bei Alban Berg über die antisemitischen Umtriebe (»Es ist zum rasend werden, daß das wieder sein mußte.«)[51] und drückte seine Empörung darüber in einem Brief an Schönberg aus (»Also wirklich! Du mußtest fort von Mattsee. Es ist unerhört! Sei versichert meiner heftigsten Empörung gegen solche Verhältnisse. Das ist unselig!«)[52]. In Traunkirchen bestand offensichtlich ein anderes Klima. Arnold Schönberg blieb dort bis spät in den Herbst hinein.

Für Mattsee war die Causa Schönberg mit der Übersiedlung des Komponisten erledigt. Die Antisemiten konnten jubeln. Hier stellt sich die Frage, wer für diese antijüdische Kampagne eigentlich verantwortlich war. Die Gemeindevertretung? Der Bürgermeister?

---

50 WStLB, Brief Arnold Schönberg an Emil Hertzka, 16.7.1921
51 ÖNB, Musiksammlung, F 21, Brief Anton von Webern an Alban Berg, undatiert (ca. 20.7.1921)
52 LC, Brief Anton von Webern an Arnold Schönberg, 21.7.1921

Antisemitische Sommerfrischler aus Wien? Und: Wie war die Stimmung in Bezug auf Antisemitismus in Mattsee im Allgemeinen? Wahrscheinlich lag die Verantwortlichkeit bei einer Person oder einer kleinen Gruppe von Personen, die versuchte, Stimmung gegen jüdische Sommerfrischler zu machen. Es gibt in diesem Zusammenhang Leserzuschriften an die »Neue Freie Presse« und an das »Salzburger Volksblatt«, die sich mit dem Thema auseinandersetzten. In der Zuschrift eines Mattseer Sommergastes an die »Neue Freie Presse« stellte dieser fest, »daß die Mehrzahl der dortigen Sommerfrischler, auch jener, welche die gemeinderätliche Ahnenprobe glücklich überstanden haben, keineswegs mit den unerquicklichen Verhältnissen sympathisiert«.[53] Die antisemitische Hetze sei von außen in den stillen Ort getragen worden. Verantwortlich dafür sei eine bestimmte Person aus Wien, die sich als Diktator von Mattsee aufspiele, sich ohne Rücksicht auf den Saison-Verein und die Mehrzahl der einheimischen Bevölkerung anmaße, die Vergebung der Sommerwohnungen zu kontrollieren, und Sommergäste, bei denen sie eine jüdische Herkunft vermutet, von der Teilnahme an den Regatten auszuschließen. Ähnlich das Schreiben an das »Salzburger Volksblatt«: Der Antisemitismus in Mattsee entspringe »vor allem dem persönlichen Ehrgeiz eines seit kurzem ansäßigen Mannes, der von einem christlich-sozialen Nationalrats- oder Landtagsmandat träumt«.[54]

Manches deutete darauf hin, dass es sich bei der genannten Person um den Mattseer Sprengelarzt Dr. Arnold Mannlicher handelte. Mannlicher stammte aus Wien und verbrachte bereits als Jugendlicher gemeinsam mit seinen Eltern regelmäßig seinen Urlaub in Mattsee. Aus dem Jahr 1901 ist ein Abschiedsgedicht Mannlichers an Mattsee überliefert, in Mattsee lernte Mannlicher auch seine spätere Ehefrau kennen. Im Jahr 1912 eröffnete Arnold Mannlicher in Mattsee eine Arztpraxis, die er bis 1935 führte. Die politische Ausrichtung Mannlichers lässt sich in seinem Engagement für den »Antisemitenbund« erkennen. Der »Deutschösterreichische Schutzverein Antisemiten-Bund«, so der vollständige Vereinsname, war 1919 in Wien gegründet worden und formulierte als Vereinszweck »die möglichst vollständige Sammlung aller deutscharischen Staatsbürger Deutschösterreichs in gemeinsamer, lückenlos geschlossener Abwehrreihe behufs einiger Führung des Notwehr- und Selbsterhaltungskampfes des deutschösterreichischen Volksganzen gegen das Semitentum«.[55] Die Gründung der Salzburger Ortsgruppe des Antisemitenbundes fand im August 1921 statt, zwischen 1922 und 1926 folgten Ortsgruppengründungen in mehreren Landgemeinden. Die Gründung der Ortsgruppe Mattsee fand im Frühjahr 1925 statt, zu diesem Zeitpunkt schien Mannlicher bereits als Bezirksleiter des Antisemitenbundes (des ehemaligen Gerichtsbezirks Mattsee) auf, im Mai 1925 wurde er zum Obmannstellvertreter des Gauvereins gewählt.[56] Allerdings be-

53 Neue Freie Presse 9.7.1921

54 Salzburger Volksblatt 11.7.1921

55 Zit. in Günter Fellner: Antisemitismus in Salzburg 1918–1938. Veröffentlichungen des Historischen Instituts der Universität Salzburg. Wien-Salzburg 1979, S.129

56 Der eiserne Besen 1.5.1925

richtete Mannlicher in dem im Juni 1924 im »Eisernen Besen« abgedruckten Artikel »Warum ich Mitglied des Antisemitenbundes wurde!«[57], dass er erst im Herbst 1923 ein überzeugter Anhänger des Antisemitismus wurde, demnach als der gesuchte Verantwortliche wiederum weniger in Betracht käme.

Mattsee als »judenreine« Sommerfrische

Nach der Schönberg-Affäre konnte sich Mattsee seinen Ruf als antisemitische, judenreine, judenfreie oder arische Sommerfrische (je nachdem) erhalten. Angeblich prangte damals am Eingang zum Strandbad eine Tafel mit der Mitteilung, dass Juden innerhalb der Badeanstalt unerwünscht seien. Sowohl antisemitische Hetzblätter als auch jüdische Zeitungen veröffentlichten regelmäßig Listen mit Sommerfrischen, die Juden keinen Aufenthalt gewähren wollten, die einen triumphierend, die anderen warnend. Mattsee schien in den zwanziger Jahren immer in diesen Listen auf. Erst 1931 tauchte in der jüdischen Wochenzeitung »Die Wahrheit« erstmals eine Liste antisemitischer Sommerfrischen auf, in der Mattsee nicht genannt wurde.[58]

Traurig die Kampagnen gegen Juden, die von der antisemitischen Presse stolz der Öffentlichkeit präsentiert wurden. So etwa im Jahr 1924, als von einem Hausverkauf an einen jüdischen Interessenten berichtet wurde. Der »Eiserne Besen« nahm die Sache zum Anlass, den Antisemiten in Mattsee zu empfehlen, »sofort an die Gründung einer Bundesortsgruppe zu schreiten und das dazu nötige Material sofort von der Gauleitung Salzburg des A.B., Goldgasse 10/2, zu verlangen.«[59] Im Juli 1924 klagte dasselbe Blatt darüber, dass die Durchführung des »Judenparagraphen« in Mattsee offensichtlich nicht so genau genommen werde, und drohte, Vermieter mit jüdischen Gästen namentlich zu nennen.[60] Die bereits pathologisch anmutende Bespitzelungs- und Denunziationsfreude betreffend jüdische Sommergäste konnte im August 1924 endlich wieder einen Treffer landen: Der Wohnungsvermieter der Familie Blau[61] wurde aufgefordert, »seine sauberen Gäste auszurangieren, da wir ansonsten gezwungen wären, mit dem Namen des Betreffenden herauszufahren«.[62]

Die Gründung einer Ortsgruppe des Antisemitenbundes in Mattsee 1925 und damit verbundene verstärkte antisemitische Aktivitäten trugen sicherlich dazu bei, dass sich jüdische Sommerfrischler von Mattsee fern hielten. Dementsprechend hieß es im August

---

57 Der eiserne Besen 18.6.1924

58 Die Wahrheit 3.7.1931

59 Der eiserne Besen 7.5.1924

60 Der eiserne Besen 17.7.1924

61 Hier könnte es sich um eine alteingesessene Wiener Sommerfrischefamilie handeln, da bereits in der Fremden-Liste des Jahres 1909 eine Familie Blau aufscheint.

62 Der eiserne Besen 28.8.1924

1925 in der »Salzburger Chronik«, wie gut Mattsee daran tue, den Ort judenrein zu halten. Es sei dies für Mattsee die beste Reklame.[63] Eine ernsthafte Radikalisierung fand mit der Vorgangsweise gegen jüdische Gäste aus Wien im Sommer 1927 statt. Nach der »Entdeckung« einer jüdischen Urlauberfamilie wurde diese in der Nacht vom 13. auf 14. August quasi aus dem Ort vertrieben. Junge Mitglieder des Union-Yachtklubs zogen vor das Haus der Urlauber und veranstalteten ein nächtliches Schreikonzert. Im Sprechchor forderten sie: »Juden hinaus, lasset es schallen von Haus zu Haus!« Die Familie verließ den Ort am nächsten Tag in der Früh. Während der »Eiserne Besen« dieses Ereignis wie eine gewonnene Schlacht feierte (Überschrift: »Abgeschlagener Judenangriff auf Mattsee!«)[64], war man sich in den beiden Salzburger Tageszeitungen zwar über die Motivation der nächtlichen Attacke einig, beiden Blättern war aber die aggressive Vorgangsweise doch nicht ganz geheuer. Das »Salzburger Volksblatt« brachte nur eine kurze Notiz und qualifizierte den Vorfall als »Radau-Antisemitismus«[65] ab und in der »Salzburger Chronik« hieß es abschließend: »Mag es auch zu begrüßen sein, daß Mattsee nun wieder rein und treu seinem alten Grundsatz ist, so muß doch auf alle Fälle eine derartige Methode antisemitischer Arbeit [sic!] verurteilt werden.«[66]

Bis 1931 wurde Mattsee in den einschlägigen Sommerfrischen-Listen als »judenrein« geführt, was nicht unbedingt bedeutet, dass sich anschließend die Lage gebessert hätte. Die Gemeinde wurde im Gegenteil zu einem bevorzugten (Urlaubs)ort späterer hoher NS-Funktionäre. 1927 übernahm Franz Hueber die Mattseer Notariatskanzlei. Hueber hatte 1920 Görings Schwester Paula geheiratet, war in der österreichischen Innenpolitik am äußerst rechten Rand angesiedelt und übernahm im Dritten Reich hohe Justizfunktionen. Im Sommer 1932 verbrachte die Familie Seyß-Inquart erstmals ihre Ferien in Mattsee und erwarb hier später ein Haus. Ebenfalls Eigentümer eines Hauses in Mattsee war der Wiener Universitätsprofessor Oswald Menghin, nach dem Anschluss Österreichs an das Dritte Reich von Mai 1938 bis zu deren Auflösung im April 1939 Minister für Inneres und kulturelle Angelegenheiten der »österreichischen Landesregierung«.

Das Mattsee-»Erlebnis« behielt Arnold Schönberg in bleibender Erinnerung und prägte nachhaltig sein Verhältnis zum Judentum. Vor Mattsee maß er seiner jüdischen Herkunft nicht allzuviel Bedeutung bei. Die Tatsache jedoch, dass er, manchmal andeutungsweise, oft brutal, an die »Zweitklassigkeit« seiner Herkunft erinnert wurde, bewog ihn, sich mit dem Judentum verstärkt auseinanderzusetzen. 1933 kehrte er in Paris in die jüdische Religionsgemeinschaft zurück und emigrierte anschließend in die USA.

63 Salzburger Chronik 14.8.1925
64 Der eiserne Besen 20.8.1927
65 Salzburger Volksblatt 17.8.1927
66 Salzburger Chronik 16.8.1927

Abkürzungen

LC Library of Congress, Washington D.C.
ÖNB Österreichische Nationalbibliothek
WStLB Wiener Stadt- und Landesbibliothek

Quellen

Zeitungen

Alpenwacht
Arbeiter-Zeitung
Der eiserne Besen
Die Reichspost
Salzburger Chronik
Salzburger Volksblatt
Der Volksruf
Die Wahrheit

Ungedruckte Quellen

Schriftliche Mitteilungen des Landesgendarmeriekommandos Salzburg, der Ärztekammer für Salzburg, der Notariatskammer für Salzburg

Archiv der Marktgemeinde Mattsee: See-Badeort Mattsee, Fremden-Liste Nr. 2 und 3/1906, Nr. 1–4/1909

Archiv der Marktgemeinde Mattsee: Wohnungs-Liste des Saison-Vereines Mattsee bei Salzburg. Salzburg o.J.

The Library of Congress, Washington D.C., Music Division (Arnold Schoenberg Collection): Briefkorrespondenzen Arnold Schönberg, Heinrich Schönberg, Alban Berg und Anton von Webern

Marktgemeinde Mattsee: Gemeinderatsprotokolle 1920–22

Österreichische Nationalbibliothek, Musiksammlung, Fonds 21: Postkarte Felix Greissle an Alban Berg, Brief Anton von Webern an Alban Berg

Salzburger Landesarchiv: Grundbuch Mattsee Bd. I und V

Wiener Stadt- und Landesbibliothek, Handschriftensammlung: Briefkorrespondenzen Arnold Schönberg an Emil Hertzka

Gedruckte Quellen

Berg, Alban. Briefe an seine Frau. München-Wien 1965

Czeike, Felix: Historisches Lexikon Wien in 5 Bänden. Band 2. Wien 1993

Fellner, Günter: Antisemitismus in Salzburg 1918–1938. Veröffentlichungen des Historischen Instituts der Universität Salzburg. Wien-Salzburg 1979

Festschrift zur Feier des 50jährigen Bestandes der Union österreichischer Juden. Wien 1937

Freitag, Eberhard: Arnold Schönberg in Selbstzeugnissen und Dokumenten. Reinbek 1973

Gedenkschrift zur zehnjährigen Gründungsfeier des Saison-Vereines Mattsee. Wels 1892

Hanisch, Ernst: Zur Frühgeschichte des Nationalsozialismus in Salzburg (1913–1925). In: MGSL 117, 1977, S.371–410

Hanisch, Ernst: Die Salzburger Presse in der Ersten Republik 1918–1938. In: MGSL 128, 1988, S.345–364

Holzinger, Josef: Das Drei-Seen-Gebiet von Salzburg. Mattsee – Obertrum – Seeham. Mattsee o.J. (1936)

Lind, Jakov: Selbstporträt. Frankfurt/M. 1971

Mäckelmann, Michael: Arnold Schönberg und das Judentum. Der Komponist und sein religiöses, nationales und politisches Selbstverständnis nach 1921. Hamburger Beiträge zur Musikwissenschaft Band 28. Hamburg 1984

Maringer, Hannes: Kleines Mattseebuch. Unser Ort einst und jetzt. Mattsee 1994

Mattsee und Seeham mit ihren Umgebungen, Ausflügen und Seebädern. Salzburg 1885

Österreichisches biographisches Lexikon 1815–1950. Hrsg. von der Österreichischen Akademie der Wissenschaften. II. Band. Graz-Köln 1959

Reich, Willi: Arnold Schönberg oder Der konservative Revolutionär. München 1974

Ringer, Alexander L.: Arnold Schoenberg. The Composer as Jew. Oxford 1990

Rosar, Wolfgang: Deutsche Gemeinschaft. Seyss-Inquart und der Anschluß. Wien-Frankfurt-Zürich 1971

Rufer, Josef (Hg.): Arnold Schönberg. Berliner Tagebuch. Mit einer Hommage à Schönberg vom Herausgeber Josef Rufer. Frankfurt/M.-Berlin-Wien 1974

Salzburger Amtliches Adreßbuch. Band 2. O.O. o.J. (Salzburg 1927)

Salzburgischer Geschäfts-, Volks- und Amts-Kalender für das Jahr 1923

Scharenberg, Sointu: Überwinden der Prinzipien. Studien zu Arnold Schönbergs Lehrtätigkeit 1902–1951. Phil. Diss. Hochschule für Musik und Theater Hannover 1997

See-Badeort Mattsee bei Salzburg. Mattsee 1898

Stephan, Rudolf: Arnold Schönberg. In: Schultz, Hans Jürgen (Hg.): Es ist ein Weinen in der Welt. Hommage für deutsche Juden unseres Jahrhunderts. Stuttgart 1990, S.169–190

Streibel, Robert (Hg.): Eugenie Schwarzwald und ihr Kreis. Wien 1996

Stuckenschmidt, H.H.: Schönberg. Leben Umwelt Werk. Zürich 1974
Wallmann, Heinrich: Mattsee und seine Umgebung. Wien 1871

Ich danke Therese Muxeneder (Arnold Schönberg Center Wien), Josef Gmeiner (Musiksammlung der Österreichischen Nationalbibliothek), Johann Hofbauer (Marktgemeinde Mattsee) und Rupert Felber (Archiv der Marktgemeinde Mattsee) für deren Hilfsbereitschaft und Unterstützung.

Laurenz Krisch

Bad Gastein: Die Rolle des Antisemitismus in einer Fremdenverkehrsgemeinde während der Zwischenkriegszeit

Vorbemerkungen

Dieser Aufsatz stellt den Versuch dar, für die Zwischenkriegszeit einen möglichen Antisemitismus für die Fremdenverkehrsgemeinde Bad Gastein zu rekonstruieren, wobei davon ausgegangen werden muss, dass Antisemitismus in verschiedenen Ausprägungen auftreten kann. Ob das Verhalten der nichtjüdischen Bevölkerung gegenüber den im Ort wohnenden Juden bzw. den jüdischen Gästen freundlich, latent antisemitisch oder offen antisemitisch ist, hängt von mehreren Faktoren ab. Dazu zählen religiöse Gründe, politische und wirtschaftliche Gegebenheiten, aber auch persönliche Kontakte mit jüdischen Mitbürgern und Gästen. Zudem ist noch von Interesse, in welchen Berufen die Bad Gasteiner Juden tätig waren, um zu sehen, ob es in Bad Gastein einen so genannten »Konkurrenz-Antisemitismus« in bestimmten Berufsfeldern gab. Des Weiteren soll in dieser Studie untersucht werden, inwieweit der persönliche Profit und der persönliche Kontakt zu den jüdischen Mitbürgern und Gästen das antisemitische Denken und Handeln hemmten. Zu Beginn des 20. Jahrhunderts war man in Bad Gastein den Juden gegenüber relativ tolerant. So befand sich beispielsweise 1911 die erste koschere Restauration des Landes Salzburg in Gastein.[1] Um die Entwicklung des Antisemitismus, der nach dem Anschluss Österreichs an das Deutsche Reich 1938 auch in Bad Gastein offen zutage trat, rekonstruieren zu können, ist zunächst eine Bestandsaufnahme Bad Gasteins in Bezug auf Bevölkerungszusammensetzung sowie die wirtschaftlichen und die politischen Gegebenheiten für die Zwischenkriegszeit erforderlich.[2] Anschließend sollen die Entwicklungsschritte hin zum antisemitischen Handeln 1938 aufgezeigt werden, indem die Arbeit in folgende drei Bereiche gegliedert wird: »Judenfreundliche« Phase in Bad Gastein (1919 bis 1929); Ansteigen des Antisemitismus in Bad Gastein ab 1930 (Wirtschaftskrise und Aufstieg des Nationalsozialismus) und offener Antisemitismus nach dem Anschluss Österreichs an das Deutsche Reich.

---

1 Gert Kerschbaumer: Das Rabbinat Adolf Altmann 1907–1914. In: Marko M. Feingold, Ein ewiges Dennoch. 125 Jahre Juden in Salzburg. Wien/Köln/Weimar 1993. S. 73–130, hier S. 109.

2 In dieser Studie soll nur der Wahlsprengel »Ort« betrachtet werden, da sich der Großteil der jüdischen Gäste dort aufhielt und auch fast alle jüdischen Bewohner im Zentrum wohnten, obwohl zum Gemeindebereich neben dem eigentlichen Ort auch noch die Außenbezirke Badbruck und Böckstein zählen.

Als Quellen wurden neben Zeitzeugenberichten auch allgemeine Literatur und Salzburger Zeitungen herangezogen sowie diverse Bestände des Salzburger Landesarchives, des Bezirksgerichtes Gastein und des Gemeindearchives von Bad Gastein ausgewertet. Die Ergebnisse dieser hier vorliegenden Studie sollen einen Beitrag zur historischen Antisemitismusforschung leisten, um Erkenntnisfortschritte zur Erklärung von antisemitischen Einstellungen zu erzielen.

Antisemitismus – Versuch einer Typologisierung

Einen wichtigen Erklärungsansatz für die Antisemitismusforschung bilden die wirtschaftlichen Verhältnisse. Nach der so genannten »Krisentheorie«[3] hängt nämlich die Intensität antisemitischer Äußerungen und Haltungen wesentlich von den ökonomischen Verhältnissen ab. Demnach sei in Krisenzeiten ein Ansteigen antisemitischer Haltungen und Äußerungen zu beobachten, wohingegen in Konsolidierungsphasen der Wirtschaft antisemitische Agitationen zurückgingen. Der wirtschaftliche Aspekt ist auch eine wichtige Erklärungsvariable für den frühen Antisemitismus der Deutschnationalen, wie Hanns Haas feststellte. Demnach sprach der antisemitische Deutschnationalismus im ausgehenden 19. Jahrhundert vor allem das beamtete Bürgertum sowie die Handels- und Gewerbetreibenden an, die sich in einer wirtschaftlich schwierigen Lage befanden. Obwohl der Anteil der jüdischen Bevölkerung in Salzburg gering war, wurde von Salzburgs Kleinbürgern die Schuld an dieser Misere den jüdischen Industriellen zugeschoben.[4] Der Konkurrenzneid bestimmter Berufsgruppen, die im Zuge der Industrialisierung und der Wirtschaftskrise nach dem Ersten Weltkrieg zu den Verlierern zählten, muss auch bei einer Betrachtung für den Antisemitismus in der Ersten Republik berücksichtigt werden. Von nationalsozialistischer Seite erfolgten in Salzburg bereits in den zwanziger Jahren zahlreiche Boykottaufrufe und Attacken gegen jüdische Kaufhäuser und das »jüdisch« geleitete sozialdemokratische Genossenschaftswarenhaus GEWAH[5]. Die schlechte Versorgungslage in Salzburg führte nach dem Ersten Weltkrieg zu einer von breiten Bevölkerungsschichten getragenen Ablehnung alles »Fremden«, insbesondere der jüdischen Sommergäste, die angeblich den hungernden Salzburgern alles wegessen würden.[6] Dies

---

3 Albert Lichtblau: Antisemitismus – Rahmenbedingungen und Wirkungen auf das Zusammenleben von Juden und Nichtjuden. In: Handbuch des Politischen Systems Österreich. Erste Republik 1918–1933, hg. v. Tálos, Dachs, Hanisch, Staudinger. Wien 1995. S. 454–471, hier S. 460.

4 Hanns Haas: Von liberal zu national. Salzburgs Bürgertum im ausgehenden 19. Jahrhundert. In: Politik und Gesellschaft im alten und neuen Österreich. Festschrift für Rudolf Neck zum 60. Geburtstag, Band I, hg. v. Isabelle Ackerl, Walter Hummelberger und Hans Mommsen. Wien 1981. S. 109–132, hier S. 119 ff.

5 Gert Kerschbaumer: Die Erste Republik und der Ständestaat. In: Marko F. Feingold, Ein ewiges Dennoch. 150 Jahre Juden in Salzburg. Wien/Köln/Weimar 1993. S. 131–170, hier S. 149.

6 Günther Fellner: Antisemitismus in Salzburg 1918–1938. Wien/Salzburg 1979. S. 97 ff.

führte unter anderem auch dazu, dass in den frühen zwanziger Jahren einige Fremdenverkehrsorte auf jüdische Gäste sogar ganz verzichteten. So war bereits 1921 die Sommerfrische Mattsee »dank des Verhaltens der Bevölkerung judenrein«[7]. Für den Antisemitismus des katholischen Lagers stellte Rupert Klieber fest, dass die Juden einerseits »als Vorhut aller kirchen- und religionsfeindlichen Entwicklungen betrachtet«[8] wurden, und andererseits führte man alle wirtschaftlichen und sozialen Missstände dieser Zeit auf die »Wuchergesinnung« der Juden zurück.[9] Nach Ansicht des Historikers Albert Lichtblau darf man dabei nicht übersehen, dass es die katholische Kirche war, die einen »Keil zwischen die katholische und jüdische Bevölkerung« trieb, indem sie die Juden als »Gottesmörder« bezeichnete.[10] Die evangelische Kirche, die ebenfalls die Juden als »Mörder Christi«[11] ansah, spielte in Österreich infolge ihrer Diasporasituation kaum eine Rolle[12].

Der Faktor »Politik« ist deshalb für diese Untersuchung wichtig, da die drei politischen Lager in der Ersten Republik – die Deutschnationalen, die Christlichsozialen und die Sozialdemokraten – unterschiedliche antisemitische Positionen vertraten. Für das deutschnationale Lager nach dem Ersten Weltkrieg war der Antisemitismus ein wesentlicher Programminhalt. So appellierte beispielsweise am 18. September 1921 der großdeutsche Nationalrat Heinrich Clessin anlässlich des vom Antisemitenbund in Salzburg abgehaltenen Antisemitentages an das Volksbewusstsein ohne Rücksicht auf die Parteipolitik und kündigte einen großdeutschen Antrag an, der auf die Erklärung der Juden als Rasse abzielte.[13] In ihren Mitteilungen vom 30. September 1921 veröffentlichten die Großdeutschen »einen haßerfüllten Aufruf des Antisemitenbundes gegen die Juden und die Sozialdemokratie«.[14] Aber auch die christlichsoziale Partei gebärdete sich in den ersten Nachkriegsjahren ausgesprochen antijüdisch, wie z. B. der »Salzburger Chronik« vom 16./17. Februar 1919 zu entnehmen ist: »Die Christlichsoziale Partei bekämpft seit ihrem Bestande aus nationalen, wirtschaftlichen und kulturellen Gründen die Juden-

7 »Volksruf«, 2.7.1921, zit. nach Alma Scope, Das Ambiente der Salzburger Festspiele. In: Marko F. Feingold, Ein ewiges Dennoch. 150 Jahre Juden in Salzburg. Wien/Köln/Weimar 1993. S. 191–207, hier S. 193.

8 Rupert Klieber: Politischer Katholizismus in der Provinz, Salzburgs Christlichsoziale in der Parteienlandschaft Alt-Österreichs. Wien/Salzburg 1994. S. 206.

9 Ebda.

10 Lichtblau (wie Anm. 3), S. 460. Vgl. dazu auch John Weiss: Der lange Weg zum Holocaust, Die Geschichte der Judenfeindschaft in Deutschland und Österreich. Hamburg 1997. S. 20 f.

11 Weiss (wie Anm. 10), S. 18.

12 Der Anteil der römisch-katholischen Bevölkerung betrug 1934 in Österreich über 90 %, im Bundesland Salzburg fast 97 %. Eine Analyse der Volkszählungen von 1900, 1910 und 1934 zeigt für Bad Gastein folgende Protestantenanteile: 1900 waren acht von 1645 Einwohnern evangelisch; 1910 waren es 25 von 2323 und 1934 bekannten sich 126 von 3319 Bewohnern zum evangelischen Glauben.

13 »Salzburger Volksblatt«, 20. 9. 1921, S. 4; vgl. dazu Richard Voithofer: Drum schließt Euch frisch an Deutschland an ... Die Großdeutsche Volkspartei in Salzburg 1920–1936. Wien/Köln/Weimar 2000. S. 141.

14 Vgl. Voithofer (wie Anm. 13), S. 141.

herrschaft über das christliche Volk. Sie ist und bleibt unentwegt antisemitisch.«[15] Antisemitische Äußerungen wurden sogar von sozialdemokratischer Seite vor allem gegen kapitalistische Juden gemacht[16], der kleine einheimische jüdische Kaufmann blieb davon aber in der Regel verschont. Als ab Juli 1920 in Österreich die Sozialdemokraten nicht mehr an der Regierung beteiligt waren und nur noch Parteien an der Macht waren, die in ihren Programmen eindeutig judenfeindliche Positionen vertraten, erlaubten die Staatsbehörden direkte antisemitische Propaganda und Organisationen[17]. So konnte 1921 auch in Salzburg eine Ortsgruppe des »Antisemitenbundes« gegründet werden, der »ein Sammelbecken des christlichsozialen und deutschnationalen Nachkriegsantisemitismus«[18] war. Das »Feindbild Jude« hat demnach verschiedene Ursachen und ist in den verschiedenen politischen Lagern unterschiedlich ausgeprägt.

Einen wesentlichen Auftrieb erhielt der Antisemitismus auch durch die von den deutschnationalen Bevölkerungskreisen getragene Überzeugung der »vermeintlich wertvolleren deutschen Rasse«. Als Träger dieses Deutschbewusstseins entwickelte sich der deutschvölkische Turnverein, dessen Mitglieder sich in den frühen dreißiger Jahren mehrheitlich zur nationalsozialistischen Partei bekannten. Der Deutsche Turnerbund (1919) war ideologisch streng deutschnational ausgerichtet:

»Das Ziel des Verbandes und aller seiner Vereine ist die Schaffung und Stärkung geistiger und körperlicher Tüchtigkeit und des Stammesbewusstseins im deutschen Volke. Als Grundlage für die völkische Erziehung dienen … die drei arischen Weistümer ›Rassenreinheit‹, ›Volkeseinheit‹ und ›Geistesfreiheit‹«[19].

Wolfgang Weber charakterisiert den Weg des DTB (1919) zur NSDAP folgendermaßen: Anfang der zwanziger Jahre bestand ein Naheverhältnis des DTB zur Großdeutschen Volkspartei. Anschließend (Ende der zwanziger Jahre) schwenkten sie zur Heimwehr und einige Jahre später gab es bereits gute Kontakte zur NS-Bewegung[20]. Mit der Wirtschaftskrise zu Beginn der dreißiger Jahre und dem Aufstieg des Nationalsozialismus verschärften sich die politischen Gegensätze, die wiederum zu einer Zunahme der verbalen Attacken gegenüber den jüdischen Mitbürgern führten. Im Folgenden sollen die oben

15 Zit. nach Kerschbaumer (wie Anm. 5), S. 137.

16 Dieter A. Binder: Der »reiche Jude«, Zur sozialdemokratischen Kapitalismuskritik und zu deren antisemitischen Feindbildern in der Ersten Republik. In: Geschichte und Gegenwart, 4. Jg., S. 43–53.

17 Geduldet, geschmäht und vertrieben, Salzburger Juden erzählen, hg. v. Daniela Ellmauer, Helga Embacher und Albert Lichtblau. Salzburg/Wien 1998. S. 11.

18 Lichtblau (wie Anm. 3), S. 455.

19 Wolfgang Weber, Von Jahn zu Hitler, Politik- und Organisationsgeschichte des Deutschen Turnens in Vorarlberg 1847–1938. Konstanz 1995, S. 25.

20 Ebda., S. 26–28.

angeführten allgemeinen Aussagen anhand der Mikrostudie des Ortes Bad Gastein untersucht werden.

Soziale, politische und wirtschaftliche Verhältnisse Bad Gasteins in der Zwischenkriegszeit

Bevölkerungszusammensetzung des Wahlsprengels Bad Gastein 1919

Zur Charakterisierung der Bevölkerungszusammensetzung zu Beginn der Ersten Republik zog ich die Wählerlisten der 718 Wahlberechtigten zur Gemeindevertretung von 1919 des Wahlsprengels Bad Gastein »Ort«[21] heran, in denen neben den Namen der Wähler auch deren Geburtsdatum und Beruf verzeichnet sind[22]. Aus der Berufsangabe sind die Schichtzugehörigkeit, die Berufsstellung und der Wirtschaftssektor bzw. das Arbeitsmilieu ablesbar. Ich verwende für die vorliegende Arbeit das Klassifikationsmodell von Reinhard Schüren, das sich in der Praxis bereits bewährt hat.[23] Schüren teilt die Berufe nach drei Kriterien (Berufsschicht, Berufsstellung und Wirtschaftssektor bzw. Arbeitsmilieu) ein. Bei meinen Untersuchungen habe ich in Abweichung zu Schüren die berufslosen Ehegattinnen in die Schicht der Ehegatten gereiht und ebenso in deren Wirtschaftsbereich. Eine Zuordnung zur Berufsstellung war allerdings nicht möglich. Zudem habe ich alle im Hotelbereich tätigen Personen, wie z. B. Hoteliers, Gastwirte, Zimmermädchen, Köche, Kellner, aber auch Hotelkutscher, Hoteltischler und Hotelelektriker dem Dienstleistungssektor »Häusliche Dienste« zugeordnet.

Von den 718 Wahlberechtigten (332 Männer und 386 Frauen) waren 1919:

24,9 % zwischen 21–30 Jahre
24,4 % zwischen 31–40 Jahre
25,1 % zwischen 41–50 Jahre
13,8 % zwischen 51–60 Jahre und
11,8 % älter als 60 Jahre

---

21 Die Gemeinde Bad Gastein besteht aus den drei Wahlsprengeln: Bad Gastein »Ort«, Böckstein und Badbruck.

22 GA, Wahlakte 1919.

23 Reinhard Schüren: Soziale Mobilität, Muster, Veränderungen und Bedingungen im 19. und 20. Jahrhundert. St. Katharinen 1989, hier insbesondere S. 33–35 und S. 313–361. Jeder Beruf wird mit einem dreistelligen Code versehen, wobei die erste Nummer die Berufsschicht darstellt, die zweite Nummer die Stellung im Beruf und die dritte den Wirtschaftsbereich. Alle Auswertungen erfolgten mit dem Tabellenkalkulationsprogramm »Excel 2000«.

Bezüglich der Berufsschichtzugehörigkeit ergibt sich folgendes Bild:[24]

Untere Unterschicht	28,3 %
Mittlere Unterschicht	7,9 %
Obere Unterschicht	28,8 %
Untere Mittelschicht	22,1 %
Obere Mittelschicht	8,5 %
Oberschicht	4,4 %

Bad Gastein wies also 1919 einen relativ hohen Anteil an den obersten Berufsschichten auf sowie ein ausgeprägtes Mittelschichtmilieu.

Nach der Stellung im Beruf:[25]

Lohnarbeiter (inkl. unselbständige Meister und Gesellen [8,2%])	34,3 %
Hausrechtlich eingebundene Arbeiter	22,0 %
Selbständige (inkl. Handwerksmeister und Freiberufler)	25,1 %
Angestellte	12,0 %
Beamte	6,7 %

Nach der Zugehörigkeit zu einem Wirtschaftssektor bzw. zum Arbeitsmilieu:[26]

1. Landwirtschaft	9,6 %
2. Häusliche Dienste (Chauffeur, Hoteltischler, Kutscher, Gastwirt, Hotelier)	38,6 %
3. Handwerk	8,5 %
4. Manufaktur, Fabrik, Industrie	3,6 %
5. Handwerk, Heimgewerbe, Ind.	8,2 %
6. Handel, Banken, Vers., Transport	6,2 %
7. Freiberufler, Professions	1,4 %
8. Öffentlicher Dienst	23,9 %
Somit: Primärer Sektor	= 9,6 %
Sekundärer Sektor (3,4,5)	= 20,3 %
Tertiärer Sektor (2,6,7,8)	= 70,1 %

Der Tertiäre Sektor – und innerhalb dieses Sektors der Bereich »Häusliche Dienste« (= Fremdenverkehr) – dominierte eindeutig.

24 35 Wahlberechtigte konnten nicht zugeordnet werden: Pensionisten, Haushalt.

25 208 Wahlberechtigte konnten nicht zugeordnet werden: Pensionisten und 157 berufslose Ehegattinnen.

26 73 Wahlberechtigte konnten nicht zugeordnet werden: Taglöhner, Pensionisten, Hilfsarbeiter.

Resümee: Der eigentliche »Ortsbereich« von Bad Gastein wurde demnach 1919 zum Großteil von Personen bewohnt, die direkt im Tourismusbereich tätig (fast 40 %) bzw. im öffentlichen Dienst (Post, Bahn, Lehrer, Gemeinde) beschäftigt waren (24 %). Weiters gehörten 12,9 % der Bewohner den obersten Berufsschichten an, zu denen vor allem die bürgerlichen Hoteliers und Freiberufler (Ärzte und Rechtsanwälte) zählten.

Bevölkerungszusammensetzung des Wahlsprengels Bad Gastein 1931

Die Zahl der Wahlberechtigten hatte sich von 1919 bis 1931 mehr als verdoppelt und lag nun bei 1446 Personen. Mit dieser großen Fluktuation war nach Meinung des hiesigen Ortspfarrers Josef Rauter auch die Gefahr einer Überfremdung gegeben, wie er im Seelsorgsbericht von 1927 beklagte. Demnach »besteht die hiesige Bevölkerung nur mehr etwa aus 25 % gebürtigen Gasteinern (wovon kaum 5 % hier angestammten Familien zugehören), während 75% (!) fremde sind. Einen Lokalpatriotismus im guten Sinne gibt es hier nicht«[27]. Für die Charakterisierung der Bevölkerungszusammensetzung gegen Ende der demokratischen Ersten Republik analysierte ich die Wählerlisten für die Gemeinderatswahl 1931 für den Wahlsprengel »Bad Gastein Ort«[28].

Von den 1446 Wahlberechtigten (704 Männer und 742 Frauen) waren 1931:

32,7 % zwischen 21–30 Jahre
27,6 % zwischen 31–40 Jahre
16,2 % zwischen 41–50 Jahre
13,1 % zwischen 51–60 Jahre und
10,3 % älter als 60 Jahre

Der Vergleich mit 1919 zeigt, dass sich der Anteil der »Jungwähler bis 30 Jahre« von 24,9 % auf 32,7 % wesentlich erhöht hat. Ebenso stieg der Wähleranteil der »31–40-jährigen« von 24,4 % auf 27,6 %. Hingegen sank der Wähleranteil der »41–50-jährigen« von 25,1 % auf 16,2 %!

---

27 KAS, Seelsorgsbericht der Pfarre Badgastein für 1927. In: Seelsorgsbericht 12/44, 1. Teil – SSB Dekanat Taxenbach (1920–1935), 18.1.1928, S. 1–3.

28 GA, Wahlakte 1931. Hiezu muss bemerkt werden, dass für die 81 Wähler des Kötschachtales, die auch zum Wahlsprengel »Bad Gastein Ort« gehören, die Wählerlisten von 1926 herangezogen werden mussten, da für 1931 dieser »Kötschachtal«-Akt fehlte.

Bezüglich der Berufsschichtzugehörigkeit ergibt sich folgendes Bild:[29]

Untere Unterschicht	23,8 %
Mittlere Unterschicht	8,4 %
Obere Unterschicht	31,7 %
Untere Mittelschicht	24,0 %
Obere Mittelschicht	7,1 %
Oberschicht	5,0 %

Bad Gastein wies 1931 einen fast gleich hohen Anteil an den obersten Berufsschichten auf wie 1919. Die untersten Schichten hingegen nahmen gegenüber 1919 prozentuell ab. Gleichzeitig erfolgte ein Ansteigen des schon 1919 stark ausgeprägten Mittelschichtmilieus, was eindeutig als Aufstieg der untersten Schichten zu einem »Kleinbürgertum« zu deuten ist.

Nach der Stellung im Beruf:[30]

Lohnarbeiter (inkl. unselbständige Meister und Gesellen [7,3 %])	43,3 %
Hausrechtlich eingebundene Arbeiter	10,8 %
Selbständige (inkl. Handwerksmeister und Freiberufler)	22,4 %
Angestellte	16,6 %
Beamte	6,8 %

Nach der Berufsstellung hat sich gegenüber 1919 eine Umschichtung innerhalb des Arbeitssektors ergeben – weg vom dienstrechtlich gebundenen Arbeiter (Gesinde) hin zum normalen Lohnarbeiter. Der Bereich der Selbständigen ging um fast 3 % zurück, wohingegen der Angestelltensektor prozentuell gestiegen ist. Dies ist möglicherweise ein Zeichen der sich anbahnenden Wirtschaftskrise, wonach viele Menschen ein gesichertes Einkommen dem risikoreichen Unternehmertum vorzogen.

Nach der Zugehörigkeit zu einem Wirtschaftssektor bzw. zum Arbeitsmilieu:[31]

1. Landwirtschaft	6,3 %
2. Häusliche Dienste (Chauffeur, Hoteltischler, Kutscher, Gastwirt, Hotelier)	39,4 %
3. Handwerk	11,3 %
4. Manufaktur, Fabrik, Industrie	2,4 %

29 24 Wahlberechtigte konnten nicht zugeordnet werden: Pensionisten, Haushalt.

30 376 Wahlberechtigte konnten nicht zugeordnet werden: Pensionisten und 271 berufslose Ehegattinnen.

31 133 Wahlberechtigte konnten nicht zugeordnet werden: Taglöhner, Pensionisten, Hilfsarbeiter.

5. Handwerk, Heimgewerbe, Ind.	6,8 %
6. Handel, Banken, Vers., Transport	10,2 %
7. Freiberufler, Professions	2,2 %
8. Öffentlicher Dienst	21,4 %
Somit: Primärer Sektor	= 6,3 %
Sekundärer Sektor (3,4,5)	= 20,5 %
Tertiärer Sektor (2,6,7,8)	= 73,2 %

Die Analyse der Wahlberechtigten von 1931 im Hinblick auf die erlernten Berufe in den jeweiligen Wirtschaftsbereichen zeigt, dass prozentuell gesehen die Anzahl der Beschäftigten im Primären Sektor gegenüber 1919 abnahm. Der Tertiäre Sektor hingegen dominierte 1931 mit 73,2 % noch deutlicher als zwölf Jahre zuvor (70,1 %). Das Ansteigen dieses Sektors ist aber nicht auf eine Zunahme der »Häuslichen Dienste« (= Fremdenverkehr) zurückzuführen, sondern auf ein Ansteigen der Bereiche »Handel, Banken, Versicherung, Transport«, »Freiberufler« und »Öffentlicher Dienst«. Aus der Tatsache, dass der Anteil der Wahlberechtigten im »Fremdenverkehrsbereich« gegenüber 1919 mit 39,4 % nahezu unverändert geblieben ist, kann man somit auf Schwierigkeiten im Tourismus schließen, obwohl die Wirtschaftslage 1931 verglichen mit der von 1919 noch wesentlich besser war.

Resümee: Der Ort Bad Gastein ist für den untersuchten Bereich durch eine relativ stark ausgeprägte höhere Bürgerschicht vor allem im Tourismusbereich gekennzeichnet. Zudem waren fast 3/4 der Bevölkerung im Tertiären Sektor tätig. In dem Seelsorgsbericht für 1927 beschrieb der hiesige Ortspfarrer Rauter seine grobe Schätzung über die Bevölkerungszusammensetzung: Demnach bestand die Bevölkerung »zu etwa 20 % aus Bürgern (Hoteliers, Gewerbetreibenden, Kaufleute), zu 10% aus Landsleuten (Bauern und bäuerliche Dienstboten), zu 30 % aus Beamten und Angehörigen freier Berufe, sowie aus 40 % Arbeitern aller Kategorien (gewerbliche und Transportarbeiter, Hausgehilfen u.s.w.)«[32]. Diese Umstände deuten darauf hin, dass die Großdeutsche Volkspartei – ähnlich wie in der Stadt Salzburg[33] – auch hier ein großes Wählerpotential aufweisen konnte. Der relativ hohe Anteil an Arbeitern (1919: 56,3 %; 1931: 54,1 %) zeigt, dass auch die Sozialdemokratische Partei nicht unbedeutend war. Denkbar schlechte Voraussetzungen schienen für die Christlichsozialen zu bestehen, da der Anteil des Primären Sektors nur eine untergeordnete Rolle spielte (1919: 9,6 %; 1931: 6,3 %).

32 KAS, Seelsorgsbericht der Pfarre Badgastein für 1927 (wie Anm. 27).

33 Vgl. dazu Ernst Hanisch: XI. Die Erste Republik. In: Geschichte Salzburgs Band II/2, hg. v. Heinz Dopsch und Hans Spatzenegger. Salzburg 1988. S. 1057–1120, hier S. 1085: demnach hatte die Großdeutsche Volkspartei zu Beginn des Jahres 1929 in der Stadt Salzburg folgende Mitgliederstruktur: 56,9 % waren Selbstständige in Handel, Gewerbe, Industrie und freien Berufen und 39 % öffentliche und private Angestellte.

Wie gering der katholische Glaube in der Bevölkerung Bad Gasteins verankert war, zeigt wiederum der bereits angeführte Seelsorgsbericht des Ortspfarrers Rauter für 1927. Demnach »fehlen hier auch die für die Seelsorge so wertvollen Haus- und Familientraditionen fast gänzlich«.[34] Möglicherweise stammten aber viele Arbeiter im Gastgewerbe aus dem bäuerlichen Bereich, was jedoch aufgrund des vorhandenen Materials nicht nachweisbar war. Der prozentuell höhere Anteil an jüngeren Wählern 1931 gegenüber 1919 könnte sich positiv für das Ansteigen der Nationalsozialistischen Partei ausgewirkt haben, die nach Meinung vieler zeitgenössischer Beobachter von dieser Wählerschicht bevorzugt wurde[35].

Wirtschaftliche Lage in Bad Gastein zwischen 1919 und 1938

Wie schon eingangs erwähnt, ist die wirtschaftliche Situation ein wichtiger Faktor für die Intensität des Antisemitismus. Eine genaue Analyse der wirtschaftlichen Faktoren würde den Rahmen dieser Untersuchung übersteigen, deshalb wurden für eine kurze Darstellung der ökonomischen Verhältnisse in Bad Gastein hier nur eine Fremdenverkehrsstatistik und eine Bautenstatistik verwendet.

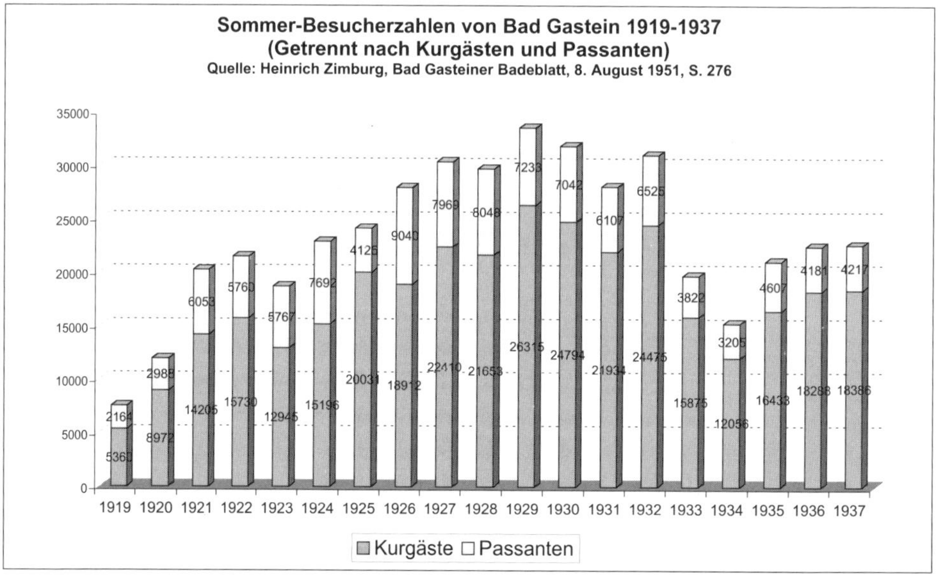

34 Vgl. KAS, Seelsorgsbericht der Pfarre Badgastein für 1927 (wie Anm. 27).

35 Vgl. dazu: Jürgen W. Falter: Hitlers Wähler. München 1991. S. 146 – 154. Falter konnte die Behauptung, dass jüngere Wähler in Deutschland gegenüber der NSDAP besonders anfällig gewesen seien, aber nicht eindeutig nachweisen.

Diese Fremdenverkehrsstatistik zeigt deutlich die Konjunkturschwankungen während der Zwischenkriegszeit. Der Ernährungskrise nach 1918 folgte bis 1922 ein kurzfristiger Aufschwung, der 1923 durch die Markinflation jäh gebremst wurde. Ab 1924 kam die Scheinkonjunktur der Nachkriegsjahre, welche ihren Höhepunkt im Jahre 1929 erreichte. Die so genannte Weltwirtschaftskrise war die Folge, die sich im Jahr 1931 in der Besucherzahl widerspiegelt. Der Besucherrückgang 1931 wurde durch die 100 Mark-Verordnung des Deutschen Reiches noch verstärkt. Am deutlichsten zeigt sich der Knick im Jahre 1933 als Folge der Tausend-Mark-Sperre »Hitlerdeutschlands«. Wie zu erkennen ist, gelang es in den kommenden Jahren den Ausfall der deutschen Urlauber durch Gäste aus dem In- und Ausland teilweise zu kompensieren.

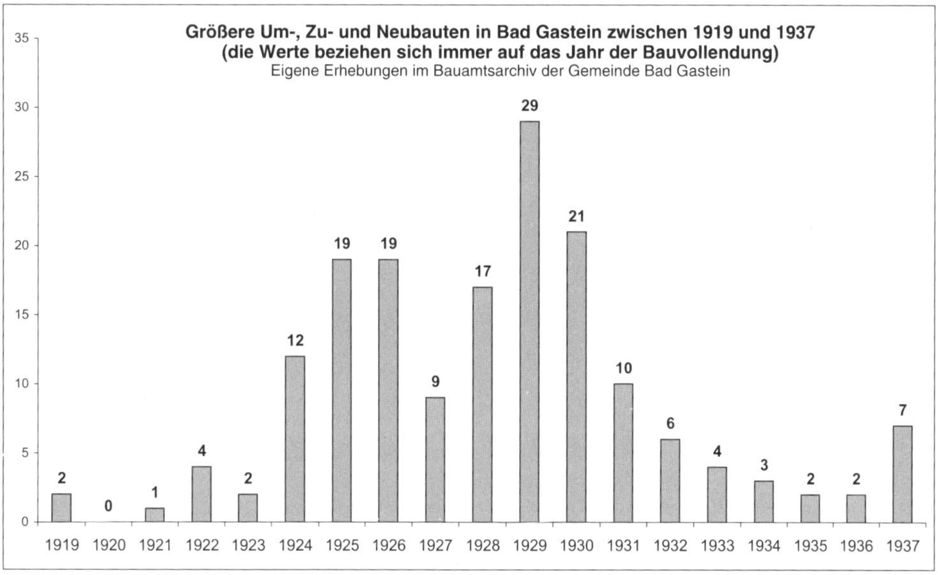

Aus der hier dargestellten Bautenstatistik, der die Bauvollendungsdaten zugrunde liegen, erkennt man deutlich, dass die großen Um-, Zu- oder Neubauten immer nach einer guten Saison in Angriff genommen wurden. Die gesamte Baubranche war also von der Wirtschaftslage außerordentlich stark abhängig. Immerhin waren nach Angaben des Ortspfarrers im Winter etwa 1000 Arbeitskräfte verschiedener Branchen mit der Um- und Ausgestaltung der Hotels und sonstigen Kureinrichtungen befasst.[36] In noch größerem Ausmaß jedoch war die Hotellerie von Wirtschaftsdepressionen betroffen. Wurden die Großbauten durch Fremdkapital finanziert, so führten nachfolgende schlechtere Fremdenverkehrseinnahmen dazu, dass die Kredite nicht mehr zurückgezahlt werden konnten. Die Anzahl der »Geschäftsaufsichten«, Konkurse und Ausgleiche nahm insbe-

36 Vgl. KAS, Seelsorgsbericht der Pfarre Badgastein für 1927 (wie Anm. 27).

sondere in den Jahren 1933 und 1934 zu. Aber auch das Gastgewerbepersonal war in Krisenzeiten mit Arbeitslosigkeit bedroht. Immerhin benötigte die Tourismusbranche in guten Saisonen im Sommer ca. 4000 zusätzliche Hotelangestellte und sonstiges Saisonpersonal[37]. Welche Auswirkungen diese ökonomischen Variablen auf die politische Landschaft hatten, soll im Folgenden gezeigt werden.

Politische Lage in Bad Gastein zwischen 1919 und 1938

Wahlanalysen für den Wahlsprengel »Bad Gastein Ort«[38]

Um feststellen zu können, in welchem politischen Umfeld die Parteien nach dem Ersten Weltkrieg agierten, sollen zunächst die Ergebnisse der Reichstagswahlen von 1907 und 1911 und das Landtagswahlergebnis von 1909[39] für den »Ort« Bad Gastein dargestellt werden. Zu diesen Wahlen waren bereits alle männlichen österreichischen Staatsbürger, die das 24. Lebensjahr vollendet hatten, wahlberechtigt.

	Christlichsoziale	Sozialdemokraten	Liberale/Deutschnationale
Reichstagswahl 1907	30 Stimmen	Nicht kandidiert	133 Stimmen
Landtagswahl 1909	44 Stimmen	60 Stimmen	101 Stimmen
Reichstagswahl 1911	28 Stimmen	72 Stimmen	85 Stimmen

Die Liberalen waren also in allen drei Wahlgängen eindeutig die stimmenstärkste Partei, wohingegen die Christlichsozialen unbedeutend blieben.

Für die ersten Nationalratswahlen und Landtagswahlen von 1919 liegen für Bad Gastein keine nach Wahlsprengeln gegliederten Ergebnisse vor, so dass eine Analyse dieser Wahlen für diese Studie nicht in Betracht kommt. Das schlechte Abschneiden der Vor-

37 Ebda.

38 In dieser Studie wurden nicht alle zur Verfügung stehenden Wahlen der Zwischenkriegszeit herangezogen, weil die Wahlergebnisse in der Regel nur für die ganze Gemeinde Bad Gastein veröffentlicht wurden, in dieser Analyse aber lediglich der Wahlsprengel »Bad Gastein Ort« untersucht werden soll. Es gelang, einige Wahlergebnisse des Ortes aus Zeitungen und Wahlakten des Gemeindearchives Bad Gastein herauszufiltern – allerdings nur auf Basis der gültigen abgegebenen Stimmen, so dass die Nichtwähler hier nicht berücksichtigt werden konnten.

39 Um das Landtagswahlergebnis 1909 mit den beiden Reichstagswahlen von 1907 und 1911 vergleichen zu können, wurden die Stimmen der Steuerkurie (Städte und Märkte) III vom 11. Mai 1909 mit denen der Allgemeinen Kurie IV vom 3. Mai 1909, in dem alle bisher vom Wahlrecht ausgeschlossenen Männer wählen durften, zusammengezählt. Vgl. dazu »Salzburger Volksblatt«, 11.5.1909, S. 8 und »Salzburger Chronik«, 15.5.1907; 4.5.1909; 13.5.1909; 15.5.1909; 14.6.1911.

läuferorganisation der Nationalsozialisten in Bad Gastein ist aber bemerkenswert. Während die »Deutsche Arbeiterpartei« bei den Nationalratswahlen am 16. Februar 1919 im Land Salzburg immerhin 7,14 % erreichte (in der Stadt Salzburg erzielte sie sogar 13,95 %)[40], stimmten in der Gemeinde Bad Gastein nur 4 von 1192 Wählern bzw. einige Monate später bei den Landtagswahlen 16 von 1058 für die DAP. Der Faktor »Nationalsozialisten« spielte also in der Frühphase der Ersten Republik in Bad Gastein überhaupt keine Rolle.

1920	Gültige Stimmen	Christlichsoziale	Sozialdemokraten	Großdeutsche
Nationalratswahl[41]	536	139	164	233
Ergebnisse in %	100%	25,9%	30,6%	43,5%

Die Analyse der Bevölkerungsstruktur von 1919 legte bereits den Schluss nahe, dass die Großdeutschen im Wahlsprengel »Bad Gastein Ort« stark abschneiden würden. Obwohl die Großdeutschen bei den Nationalratswahlen 1920 mit den Nationalsozialisten und dem Nationalen Bauernbund gemeinsam kandidierten[42], ist aufgrund der vorhergehenden Wahlen klar, dass innerhalb dieser Wahlgemeinschaft in Bad Gastein fast alle Stimmen den Großdeutschen gegolten haben.

1923	Gültige Stimmen	Christlich-soziale	Sozial-demokraten	Großdeutsche	Sonstige
Nationalratswahl[43]	695	264	235	194	2
Ergebnisse in %	100%	38%	33,8%	27,9%	0,3%

Für die Nationalratswahlen im Oktober 1923 verzichteten die Nationalsozialisten auf eine Kandidatur. Die Großdeutschen, die diesmal ein Bündnis mit dem Landbund eingingen, zählten in »Bad Gastein Ort« zu den Wahlverlierern.

Eine Zäsur der bisherigen Wahlergebnisse bildete die Gemeindevertretungswahl von 1926. Der Ausgang dieser Wahl fand deshalb großes Medieninteresse, da der langjährige amtierende sozialdemokratische Bürgermeister Heinrich Wilhelmi infolge interner Differenzen seine Partei verlassen hatte und dadurch Neuwahlen notwendig wurden, bei denen er überraschenderweise als Spitzenkandidat des »nichtmarxistischen Bürgerblocks«[44]

40 Ernst Hanisch: Zur Frühgeschichte des Nationalsozialismus in Salzburg (1913–1925). In: MGSL 117 (1977), S. 371–410, hier S. 383.

41 »Salzburger Volksblatt«, 18.10.1920, S. 2.

42 »Volksruf«, 26.9.1920, S. 3.

43 GA, Wahlakte 1923 und »Salzburger Wacht«, 22.10.1923, S. 2.

44 Die »nichtmarxistischen« Parteien bildeten bei den Gemeindevertretungswahlen von 1926 in Bad Gastein eine Einheitsliste mit der Bezeichnung »Unpolitische Arbeitsgemeinschaft aller Berufsstände«.

nominiert wurde. Die Sozialdemokraten führten daraufhin einen harten Wahlkampf, in dem sie ihrem »abtrünnigen« ehemaligen Parteigenossen vorwarfen, »nicht mit Herz und Verstand Sozialdemokrat«[45] gewesen zu sein.

1926	Gültige Stimmen	Sozialdemokraten	Einheitsliste (Bürgerblock)
Gemeinderatswahl[46]	1074	532	542
Ergebnisse in %	100%	49,5%	50,5%

Wie obige Tabelle zeigt, konnten die Sozialdemokraten 1926 ihr bisher bestes Wahlresultat seit Bestehen der Ersten Republik im »Wahlsprengel Ort« erzielen. Offensichtlich war vielen bürgerlichen Wählern die Kandidatur eines ehemaligen Sozialdemokraten als Listenführer des »Bürgerblocks« nicht recht, wie auch das »Salzburger Volksblatt« in seiner Wahlanalyse feststellte[47]. Vermutlich haben zudem die infolge des Konjunkturaufschwungs hier schon ortsansässigen 250 wahlberechtigten Bauarbeiter zum Wahlsieg der Sozialdemokraten beigetragen[48].

1927	Gültige Stimmen	Christlich-soziale	Sozial-demokraten	Großdeutsche und Nat.soz.	Sonstige
Landtagswahl[49]	982	190	476	311	5
Ergebnisse in %	100%	19,3%	48,5%	31,7%	0,5%

Die Ergebnisse der Landtagswahlen 1927 zeigen für Bad Gasteins Sozialdemokraten im Wahlsprengel »Ort« nur geringfügige Einbußen gegenüber den letzten Wahlen von 1926. Da die »nichtmarxistischen« Parteien 1926 noch gemeinsam als »Bürgerblock« kandidierten, werden für sie die Vergleichswerte von 1923 herangezogen. Demnach mussten die Christlichsozialen starke Stimmenverluste hinnehmen, während das »deutschnationale Lager« der gemeinsam kandidierenden Großdeutschen und Nationalsozialisten zu den Wahlgewinnern zählte. Diesmal kann das relativ gute Abschneiden der Wahlgemeinschaft aber nicht mehr ausschließlich auf die Wählerschicht der Großdeutschen zurückgeführt werden, da die Nationalsozialisten seit Gründung ihrer Ortsgruppe in Bad Gastein am 12. Februar 1925[50] bereits im selben Jahr bei ihrer ersten

45 »Salzburger Wacht«, 20.3.1926, S. 9.

46 GA, Wahlakte 1926 und »Salzburger Wacht«, 30.3.1926, S. 1.

47 »Salzburger Volksblatt«, 22.3.1926, S. 5.

48 »Salzburger Wacht«, 30.3.1926, S. 1.

49 GA, Wahlakte 1927, sowie Land Salzburg, Ausweis über die Ergebnisse der Nationalratswahlen 1930 mit Gegenüberstellung zu den Landtagswahlen 1927 und den Nationalratswahlen 1927 (Zaunrith'sche Buchdruckerei, Salzburg o. J.), S. 44. Additionsfehler in den offiziellen Wahlergebnislisten konnten vom Autor korrigiert werden.

50 »Volksruf«, 28.2.1925, S. 5.

Gemeinderatswahl 112 Stimmen auf sich vereinigen konnten und damit sogar ein Mandat erhielten[51].

Als 1927 drei Wochen nach den Landtagswahlen die Nationalsratswahlen abgehalten wurden, konnten in Bad Gastein die Sozialdemokraten im Wahlsprengel »Ort« mit ca. 47 % ihre Spitzenstellung neuerlich behaupten. Die »antimarxistische« Einheitsfront erzielte im Wahlsprengel »Ort« 52,4 % der gültigen Stimmen[52].

1928	Gültige Stimmen	Christlichsoziale	Sozialdemokraten	Vereinigte Nationale Parteien
Gemeinderatswahl[53]	1117	199	486	432
Ergebnisse in %	100%	17,8%	43,5%	38,7%

Bei den Gemeindevertretungswahlen 1928 erzielten zwar die Sozialdemokraten wieder die relative Mehrheit, verloren aber wesentliche Stimmenanteile an die »Vereinigten Nationalen Parteien«, zu denen sich die Großdeutschen, Landbündler und Nationalsozialisten zusammengeschlossen hatten.

Die Nationalratswahlergebnisse von 1930 sind deshalb für diese Studie aufschlussreich, da sie erstmals die wahre Stärke der Nationalsozialisten (Hitlerbewegung) zeigen, die unabhängig von den Großdeutschen (die gemeinsam mit dem Landbund als »Nationaler Wirtschaftsblock Dr. Schober« kandidierten) eine eigene Liste führten. Eine weitere nationale Bewegung stellte der »Heimatblock« dar, der bisher überparteilich agierte. Für den Wahlsprengel »Bad Gastein Ort« ergaben sich folgende Werte:

Nationalratswahl 1930[54]	Stimmenanzahl	Prozent der gültigen Stimmen
Christlichsoziale	219	19,5%
Sozialdemokraten	358	31,9%
Kommunisten	18	1,6%
Nationaler Wirtschaftsblock Dr. Schober (GD und LB)	222	19,8%
Heimatblock	201	17,9%
Nationalsozialisten (Hitlerbewegung)	86	7,7%
Sonstige	17	1,5%
Gültige Stimmen	1121	100%

51 »Volksruf«, 4.4.1925, S. 4. Das Wahlergebnis bezieht sich hier auf den gesamten Gemeindebereich Bad Gastein (inklusive Böckstein und Badbruck).

52 Land Salzburg, Ausweis (wie Anm. 49), S. 45.

53 GA, Wahlakte 1928.

54 Land Salzburg, Ausweis (wie Anm. 49).

Während die Christlichsozialen wie schon in den vorhergehenden Wahlgängen ungefähr 20 % aller gültigen Stimmen erzielten, mussten die Sozialdemokraten einen Rückgang von über 11 Prozentpunkten hinnehmen. Die nationalen Parteien erreichten in Bad Gastein »Ort« bei diesen Wahlen mit 45,4 % aller gültigen Stimmen den Höchststand seit Bestehen der Ersten Republik. Das Resultat ähnelt stark dem Wahlergebnis der Nationalratswahlen von 1920.

Als im Jahr darauf in Bad Gastein wieder Gemeindevertretungswahlen stattfanden, ergab sich annähernd das gleiche Bild für die drei politischen Lager. Die christlichsoziale Partei erhielt wieder 20 % der gültigen Stimmen, die Sozialdemokraten konnten ihren Wähleranteil mit 31 % halten und die nationalen Parteien erreichten 48,5 %. Innerhalb der deutschnationalen Parteien gab es allerdings eine starke Verschiebung zugunsten der NSDAP (Hitlerbewegung), wie nachfolgende Tabelle zeigt:

Gemeindevertretungswahl 1931[55]	Stimmenanzahl	Prozent der gültigen Stimmen
Christlichsoziale	243	19,7%
Sozialdemokraten	385	31,2%
Kommunisten	8	0,6%
Heimattreue Volksgemeinschaft[56]	424	34,3%
Nationalsozialisten (Hitlerbewegung)	175	14,2%
Gültige Stimmen	1235	100%

Für die letzte Wahl in der Ersten Republik, der Landtagswahl von 1932, wurde in den Zeitungen das Ergebnis für die Gesamtgemeinde Bad Gastein mit allen drei Sprengeln in Summe veröffentlicht. Für diese Studie wäre allerdings eine Liste des Wahlsprengels »Bad Gastein Ort« erforderlich gewesen. Durch Aufzeichnungen in der Gendarmeriechronik Böckstein, in der zumindest die Ergebnisse von 1932 für Böckstein notiert wurden, konnte durch Rückrechnung der Wahlsprengel Böckstein herausgefiltert werden, so dass die vorliegende Tabelle die Summe der beiden übrigen Wahlsprengel (»Bad Gastein Ort« und »Badbruck«) zeigt.

55 GA, Wahlakte 1931.

56 Die »Heimattreue Volksgemeinschaft« war ein Zusammenschluss des Schoberblockes mit dem Heimatblock der Novemberwahlen von 1930. Vgl. dazu »Salzburger Volksblatt«, 30.3.1931, S. 1.

Landtagswahl 1932[57] Ergebnisse für Bad Gastein Ort und Badbruck	Stimmenanzahl	Prozent der gültigen Stimmen
Christlichsoziale	293	20,2%
Sozialdemokraten	336	23,2%
Kommunisten	108	7,5%
Großdeutsche Volkspartei	84	5,8%
Heimatschutz	197	13,6%
Nationalsozialisten (Hitlerbewegung)	427	29,5%
Sonstige	2	0.1%
Gültige Stimmen beider Sprengel zusammen	1447	100%

Alle Parteien außer der NSDAP und den Kommunisten mussten demnach Stimmenverluste hinnehmen.[58] Die stimmenstärkste Partei in diesen beiden »addierten« Wahlsprengeln wurde eindeutig die NSDAP mit 29,5 %. Da die Nationalsozialisten 1931 im Wahlsprengel »Bad Gastein Ort« bei den letzten Wahlen 175 der 1235 gültigen Stimmen (=14,2 %) erhielten, im ländlichen Ortsteil Badbruck hingegen nur 10 von 435 gültigen Stimmen (=2,3 %), ist anzunehmen, dass der Prozentsatz der Nationalsozialisten im eigentlichen Ortsbereich eher höher liegen dürfte als dieser »Durchschnittswert« von 29,5 %. Dieser Wahlerfolg ist nicht nur mit dem wirtschaftlichen Konjunkturrückgang erklärbar, der häufig als Nährboden für die Radikalisierung angesehen wurde. Entscheidend war insbesondere in kleinen Orten vor allem ein »fähiger Lokalpolitiker« in Verbindung mit einem aggressiv geführten Wahlkampf, um vor allem Protestwähler ansprechen zu können[59]. Mit dem Gemeindeangestellten Ing. Anton Wintersteiger hatten die Bad Gasteiner Nationalsozialisten zweifellos eine solche Persönlichkeit im Ort.

Resümee: Die Parteienlandschaft entsprach in der Ersten Republik ziemlich genau den Erwartungen, die sich aus der Zusammensetzung der Bevölkerung ergaben. Demnach war das deutschnationale Lager sehr stark ausgeprägt und erreichte besonders in Krisenzeiten Spitzenwerte. So erhielten die Großdeutschen in der unmittelbaren Nachkriegs-

57 SLA, Karton 105, Rehrl-Akten Landtagswahl 1932. Die »Rehrl-Akten« und die Salzburger Tageszeitungen liefern allerdings keine genauere Aufschlüsselung der Wahlergebnisse nach Wahlsprengeln.

58 Das gilt sicherlich auch für die Christlichsozialen, die in dieser Analyse nur scheinbar besser gegenüber den letzten Wahlen 1931 abschnitten, da infolge fehlender Wahlakte der traditionell christlichsozial dominierte Wahlsprengel »Badbruck« mitberücksichtigt werden musste. Was die Sozialdemokraten betrifft, so waren diese im Wahlsprengel »Badbruck« meist stärker vertreten als im »Ortsbereich«, somit erfolgte der Rückgang um 8 Prozentpunkte vermutlich auch im Ortsbereich.

59 Laurenz Krisch: Die Wahlerfolge der Nationalsozialisten in der Spätphase der Ersten Republik im Pongau und im Pinzgau. Eine empirische Analyse zur Struktur der NSDAP-Wählerschaft. In MGSL 140 (2000), S. 215–267, hier S. 245–248.

zeit 43,5 % der gültigen Stimmen. In der Folgezeit pendelte sich das deutschnationale Lager auf ca. 30 % ein, Ab Ende der zwanziger Jahre konnten die nationalen Parteien wieder an ihre unmittelbaren Nachkriegswahlergebnisse anschließen, wobei aber die Zuwächse innerhalb dieses Lagers zum Großteil auf die Stimmen des Heimatschutzes und der Nationalsozialisten zurückzuführen sind. Die Sozialdemokraten erreichten in den späten zwanziger Jahren ihre besten Wahlergebnisse. Mit Fortdauer der Wirtschaftskrise verloren sie wieder viele Anhänger. Was das katholisch-konservative Lager anbelangt, so konnten sich die Christlichsozialen im Ortsbereich Bad Gasteins nie richtig etablieren. Ihr Stimmenanteil bewegte sich zumeist zwischen 11 % und 20 %, eine Ausnahme bildete lediglich das Jahr 1923, als sie 38 % der gültigen Stimmen auf sich vereinigen konnten. Dieser kurzfristige »Höhenflug« ist unter Umständen auf den Gastarbeiterstreik vom Juni desselben Jahres zurückzuführen.[60]

Auswirkungen der sozialen, wirtschaftlichen und politischen Faktoren auf das Verhalten der Bad Gasteiner »Nichtjuden« gegenüber den jüdischen Gästen und jüdischen Einheimischen

»Judenfreundliche« Phase in Bad Gastein in der Zeit des wirtschaftlichen Aufschwungs (1919 bis 1929)

Während in vielen Orten Salzburgs antisemitische Bewegungen gegen jüdische Sommergäste lautstark auftraten und sogar Gemeinderatsbeschlüsse gefasst wurden, dass Juden unerwünscht seien[61], gab es derartige Entschlüsse in Bad Gastein nicht. Dies könnte natür-

60 Gendarmeriechronik Bad Gastein, Eintragung vom 23.6.1923. Demnach kam es am 23.6.1923 anlässlich eines Streiks von ca. 1500 Hotel-, Gast- und Kaffeehausangestellten in Bad Gastein zu mehreren Ausschreitungen. Vgl. dazu auch »Salzburger Volksblatt«, 25.6.1923, S. 5. Darin berichtet ein Bad Gasteiner Hotelier, dass »der Streik vor allem auf sozialdemokratische Hetzereien und besonders auf die Tätigkeit des Angestelltenführers Kraupner zurückzuführen« sei.

61 Anlässlich der Ortsgruppengründung des Antisemitenbundes in Seekirchen frohlockte der nationalsozialistische »Volksruf« am 5.8.1922, dass es »an vielen Orten, so in Mattsee, Tamsweg im Lungau, in Mittersill sowie in Seekirchen beginnt ... helle zu werden und es ringt sich der eiserne Wille durch, diese Orte von jüdischen Sommerfrischlern rein zu halten«. 1923 beschloss auch die Marktgemeinde St. Johann i.P., dass im Sommer nur arische Gäste aufgenommen werden (»Volksruf«, 23.6.1923, S. 5). In Oberndorf fassten am 17.4.1924 die Christlichsozialen und Großdeutschen allerdings gegen die Stimmen der Sozialdemokraten den Beschluss, »daß ihnen ein Zuzug jüdischer Sommerfrischler nicht erwünscht sei.« (»Der eiserne Besen«, 30.4.1924, S. 3). Im selben Jahr erklärte auch Neumarkt am Wallersee eine »arische Sommerfrische« zu sein (»Der eiserne Besen«, 18.6.1924, S. 5). 1927 bekannten sich bereits acht Orte im Bundesland Salzburg offen dazu, auf jüdische Gäste zu verzichten: St. Johann im Pongau, Mattsee, Mittersill, Neumarkt am Wallersee, Seeham, Seekirchen, Tamsweg im Lungau und Wald im Oberpinzgau (»Der eiserne Besen«,

lich damit zusammenhängen, dass die Sozialdemokratische Partei in der Gemeinde von 1919 bis 1931 immer die Mehrheit hatte und den Bürgermeister stellte[62]. Bad Gastein schien in diesen Jahren von jüdischen Gästen besonders gerne besucht worden zu sein, wie den diversen Zeitungsmeldungen der Salzburger Lokalpresse zu entnehmen ist. Demnach sollen sich 1919 fast ausschließlich jüdische Gäste in Bad Gastein befunden haben. Das »Salzburger Volksblatt« spricht von 90 Prozent Juden, die abfällig »Kriegsgewinnler« genannt wurden[63]. Der nationalsozialistische Landtagsabgeordnete Hans Prodinger bezeichnete Gastein in einer Landtagssitzung im Zusammenhang mit den Einreisebewilligungen an »Tausende und Abertausende von Juden, die sich im Lande breitgemacht haben«, als »Neupalästina«[64]. Seiner Ansicht nach gab es dort »nur Juden, und es ist nicht anzunehmen, daß es sich um lauter kranke Leute handelt«. In der unmittelbaren Nachkriegszeit wurden auch in der Kurkommission von bürgerlicher Seite antisemitische Äußerungen offen artikuliert. So äußerte sich beispielsweise der Vertreter der Ärzte Dr. N. N. anlässlich der Sitzung vom 5. September 1919 über die schlecht verlaufene Saison dahingehend, dass Gastein als Sommerfrische deklassiert worden sei. Als Beispiel nannte er die Errichtung einer Spielhölle, die »auf den Besuch auch zweifelhafter, nach Gastein nicht passender Elemente hin(weise)«[65]. Noch drastischere Worte fand anlässlich der darauffolgenden Sitzung am 12. September 1919 ein Vertreter der Hotellerie: »Statt der Reichsdeutschen sei Gastein ... von den oft fragwürdigsten kriegsgewinnerischen Existenzen besucht worden, sehr zum Schaden des Ortes.«[66] Wirtschaftlich aber war man von diesen Gästen abhängig, da die reichsdeutschen Gäste von den »deutsch-österreichischen« Konsulaten keine Aufenthaltsbewilligungen erhielten. Die Hoteliers von Bad Gastein waren über dieses Vorgehen der Regierung empört. Als der sozialdemokratische Bürgermeister und Vorsitzende der Kurkommission schließlich nach Wien fuhr, um beim Staatsamte des Äußeren wegen dieser »unerhörten, den Ort schwer schädigenden Vorgänge bei den Konsulaten« vorzusprechen, wurde »der Bürgermeister des Weltkurortes Badgastein beim Staatsamte – einfach nicht vorgelassen ... Ein derartiger Skandal sei sogar im monarchistischen Regime nicht vorgekommen.«[67] Hier zeigt sich deutlich der Peripherie-Monopole-Konflikt, wonach Wien als eine bedrohliche, verjudete Metropole angesehen wurde[68]. Aber

21.5.1927, S. 3 f). Zudem wurde auch Zell am See von »jüdischen« Wiener Montagsblättern vorgeworfen, auf jüdische Sommerfrischler zu verzichten (»Volksruf«, 18.6.1927, S. 5).

62 Diese Aussage steht nicht in Widerspruch zu den oben angeführten Wahlanalysen, da zur Gemeinde Bad Gastein neben dem Sprengel »Badbruck« und dem Sprengel »Ort« auch der »Arbeiter«-Sprengel »Böckstein« zählt, in dem eindeutig das »linke« Lager dominierte.

63 »Salzburger Volksblatt«, 30.8.1919, S. 5.

64 Verhandlungen des Salzburger Landtages der 1. Session der 1. Wahlperiode, 19.11.1919, S. 947

65 FV, Kurkommissionssitzungsprotokoll vom 5.9.1919, S. 84.

66 FV, Kurkommissionssitzungsprotokoll vom 12.9.1919, S. 88.

67 Ebda.

68 Lichtblau: Antisemitismus (wie Anm. 3), S. 461.

auch in den folgenden Jahren besuchten überwiegend jüdische Gäste den Ort[69]. Als im Sommer 1923 die Gemeinde Bad Gastein einem ausländischen Unternehmer die Konzession zum Betreiben einer Spielbank im Ortszentrum bewilligte und dafür über eine Milliarde Kronen kassierte, veröffentlichten die antisemitischen Hetzschriften »Volksruf« und »Der eiserne Besen« einen Leserbrief, in dem die Spieler dem jüdischen »internationalen Weltschiebertum« zugerechnet wurden[70]. Die einheimische Bevölkerung jedoch stand diesem Spielbankbetrieb durchaus positiv gegenüber – hatte doch die Gemeinde die erhaltenen Gelder zum Bau eines Wohnhauses und einer neuen Feuerwehrzeugstätte verwendet[71]. Regelmäßig erschienen polemische Attacken der nationalsozialistischen Zeitung »Volksruf« gegen diese Sommerfrischler[72]. Häufig wurden sie mit dem Stereotyp »Kriegsgewinnler« versehen und zudem der Lächerlichkeit preisgegeben. So zitiert das Blatt beispielsweise aus der Kurliste von Bad Gastein jüdische Namen, die sie als »duftenden Strauß Gasteiner Kurpflanzen«[73] bezeichnete. Einen Eindruck über die antisemitische Grundstimmung der Nationalsozialisten im Ort geben auch Leserbriefe in dieser Zeitung. Einer dieser Schreiber ordnet die Kurlisten »nach Farben, Gattung und Eigenschaften« und ergeht sich in Vorwürfen, dass die jüdischen Gäste im Ort »Schieber, Kriegs- und Revolutionsgewinnler« seien[74]. In einem anderen »Brief aus Bad Gastein« werden anlässlich der Kriegerdenkmalenthüllung diese Gäste als Fremdlinge bezeichnet, die sich dieser feierlichen Stunde nicht so recht bewusst gewesen seien: »Während wir den toten Kameraden still und stramm ein ewiges Gedenken widmeten, standen abseits auf geweihtem, heiligen Boden Rassenfremde, die kauernd und schmatzend ihr Frühstück verzehrend den Hut auf dem Kopfe die heilige Handlung als ein Schaustück ohne Wohllust und Behagen teilnahmslos mitansahen. ... Euch lieben Gasteinern danken viele einstige Krieger für diese Stunden kameradschaftlichen Beisammenseins, trotzdem uns verschiedene Fremdlinge an das öde Dasein und Schmarotzertum mit Unbehagen an die Gegenwart zurückriefen.«[75]

---

69 Der evangelische Domprediger Vits aus Berlin schrieb in einem Bericht vom 9.9.1920, dass »Gastein ... in diesem Jahr überwiegend von Juden besucht (war), die etwa neun Zehntel aller Kurgäste ausmachten«. Zit. in: Heinrich Garrets: Die Christophorus-Kapelle in Bad Gastein. Bad Gastein 1941. S. 122.

70 »Volksruf«, 1.9.1923, S. 4 und »Der eiserne Besen«, 10.9.1923, S. 3.

71 Gendarmeriechronik Bad Gastein, Eintragung vom 31.8.1923 und GA, Sitzungsprotokoll des Gemeindeausschusses Bad Gastein vom 22.9.1923, S. 4–6. Vgl. dazu auch SLA, Rehrl-Briefe 1923, Nr. 396, Brief des Salzburger Landeshauptmannes Dr. Franz Rehrl an seinen Tiroler Amtskollegen Dr. Franz Stumpf am 4.7.1923. Darin schreibt er, dass »in Badgastein ... die Majorität der Gemeinde für den Betrieb der Spielbank eingenommen (sei) und ... auch der Klerus keinerlei Gegenaktionen in die Wege geleitet« habe.

72 »Volksruf«, 29.8.1920, S. 1. Darin schreibt der nationalsozialistische Gewerkschaftssekretär aus Wien Walter Gattermayer: »Wir bluten aus tausend Wunden und gierig saugt die jüdische Kapitalistenbestie das Blut des Volkes, mästet sich und verpraßt das, was der unter seiner Leitung stehende Bankkapitalismus dem Volke herauspreßt in Kurorten und Vergnügungsstätten (Zell am See – Gastein)«.

73 »Volksruf«, 5.9.1920, S. 3.

74 »Volksruf«, 8.7.1922, S. 1. »Gasteiner Brief«.

75 »Volksruf«, 4.8.1923, S. 5 f.

Offensichtlich fühlten sich die jüdischen Gäste in Bad Gastein zu dieser Zeit keinem allzu breiten aggressiven Antisemitismus ausgesetzt, denn ansonsten wären sie nicht über Jahre hinweg hierher gefahren. Die Bürgerlichen zeigten wenig Interesse, ihr finanzielles Standbein durch judenfeindliche Äußerungen zu gefährden, obwohl sie sich als zumeist großdeutsche Wähler »für die Wahlzeiten ein antisemitisches Mäntelchen um(legten)«[76]. Im Alltag hielten sie auch von übertriebenem nationalen Empfinden weniger, wie der Vorwurf des »Volksrufes« belegt. Demnach »glänzten« die Bürger Gasteins durch ihre Abwesenheit anlässlich der Heldenehrung im November 1923 – »Ist das großdeutsch? national? sozial?«, fragte sich der »Volksruf« tags darauf[77]. Ein weiteres Indiz für den gering zu Schau getragenen Antisemitismus bildet die auffallend späte Gründung einer Ortsgruppe der NSDAP in Bad Gastein. Während beispielsweise in Zell am See[78], Saalfelden[79] und Bischofshofen[80] die Nationalsozialisten schon bald nach dem Ersten Weltkrieg zur Bildung von Ortsgruppen schritten, kam es in Bad Gastein erst am 12. Februar 1925 zu einer Gründung.[81] Wie wenig Interesse die Bad Gasteiner an offenem Antisemitismus zu dieser Zeit hatten, zeigt sich außerdem darin, dass hier nie ein Antisemitenbund bestanden hat[82]. Auffallend ist auch, dass in einem »Spendenausweis« für den Antisemitenbund, den das judenfeindliche Salzburger Wochenblatt »Der eiserne Besen« am 15. Oktober 1923 veröffentlichte, unter den 106 Spendern aus dem Land Salzburg, von denen der Großteil mehr als 1000 Kronen spendete, nur ein Bad Gasteiner Name mit einer Spende von 200 Kronen aufscheint. Dies ist aber nicht auf eine generelle Spendenmüdigkeit der Gasteiner Bürgerlichen zurückzuführen, denn gerade deren Gebefreudigkeit für soziale Anliegen wurde vom hiesigen katholischen Ortspfarrer gelobt[83]. Für das aufgeklärte Handeln der einhei-

76 »Salzburger Chronik«, 17.10.1920, S. 3. Der Vorwurf, dass die Großdeutschen sich für die Wahlzeiten ein antisemitisches Mäntelchen umlegten, erschien in einem Wahlaufruf der christlichsozialen Partei anlässlich der Nationalratswahl 1920: »Deutsche und Antisemiten, laßt euch also durch das antisemitische Mäntelchen der Großdeutschen nicht irre machen und wählt geschlossen die christlichsoziale Partei.«

77 »Volksruf«, 10.11.1923, S. 5.

78 »Volksruf«, 20.7.1919, S. 3. Demnach erfolgte in Zell am See am 5. Juli 1919 die Gründung der Ortsgruppe der nationalsozialistischen Arbeiterpartei.

79 In Saalfelden fungierte Signalmeister Franz Awecker als Ortsgruppenobmann. Vgl. dazu Hanisch: Zur Frühgeschichte des Nationalsozialismus in Salzburg (wie Anm. 40), S. 382.

80 Die Gründung der Ortsgruppe der nationalsozialistischen Partei erfolgte in Bischofshofen im November 1919 (»Volksruf«, 26.12.1920, S. 3).

81 »Volksruf«, 28.2.1925, S. 5. In diesem Zusammenhang wird Bad Gastein als »Salzburgs Jerusalem« bezeichnet, was darauf hindeutet, dass viele jüdische Gäste den Kurort weiterhin frequentieren.

82 Sicherheitsdirektion für das Bundesland Salzburg, Vereinskataster der kk. Bezirkshauptmannschaft St. Johann, Nr. 375 und 385; sowie SLA, BH-St. Johann, Vereinssatzungen 351–500, Nr. 375. Demnach bestanden im Pongau nur zwei Ortsgruppen des Antisemitenbundes. Der erste »Deutschösterreichische Schutzverein Antisemiten-Bund«, nämlich die Ortsgruppe »Pongau« mit Sitz in Bischofshofen wurde am 18. Juni 1922 gegründet. 1923 folgte St. Johann als eigenständige Ortsgruppe.

83 KAS, Seelsorgsbericht der Pfarre Badgastein für 1927 (wie Anm. 27). Darin schreibt Pfarrer Rauter: »Schließlich sei noch einer Eigenschaft gedacht, die die hiesige Bevölkerung – namentlich die Bürgerschaft – besonders

mischen nichtjüdischen Hoteliers gegenüber Juden spricht, dass man sie aus wirtschaftlichen Gründen als seriöse Geschäftspartner betrachtete. »Der eiserne Besen« sah das hingegen anders und sprach von »traurigen Zuständen«. So heißt es am 21. Februar 1924, dass Bad Gastein »fast durchwegs von der hebräischen Rasse heimgesucht wird« und zudem »sich aber das Judentum in diesem Tale schon stark sesshaft« macht. Am 30. April 1924 äußert der Schreiber die Befürchtung, dass »Badgastein … der vollständigen Verjudung« entgegengeht, weil »arischer Besitz durch gewissenlose Volksgenossen in jüdische Hände übergeht«. Angeblich sollen von den 25 neuen Geschäften viele »jüdisch« gewesen sein. Tatsache ist, dass 1924 eine Filiale des »jüdisch« geleiteten sozialdemokratischen Genossenschaftswarenhauses GEWAH in Bad Gastein eröffnet wurde, weshalb der Eigentümer des Hauses von nationalsozialistischer Seite beschuldigt wurde, »der bodenständigen Kaufmannschaft eine Konkurrenz auf den Hals gesetzt«[84] zu haben. Den Vorwurf des sorglosen Umganges mit »arischem Grundbesitz« musste sich von der Zeitschrift »Der eiserne Besen« auch ein renommierter deutschnationaler Hotelier in Bad Gastein gefallen lassen, als er »förmlich heiligen deutschen Grund und Boden an den Wiener koscheren Juden Kreisky« verkaufte[85]. Wie einer Reportage des Blattes »Der eiserne Besen« vom 21. August 1924 zu entnehmen ist, hatten offenbar viele Gasteiner Bürger auch kein Problem damit, sich in einer neu eröffneten Bar aufzuhalten, die von einem jüdischen Geschäftsmann aus Meran gepachtet wurde. Wie gering praktisches antisemitisches Handeln in dieser Zeit selbst unter den deklarierten Nationalsozialisten ausgeprägt war, zeigt ein Beitrag in der Zeitung »Der eiserne Besen«, in dem sich der Berichterstatter über die Zustände in Bad Gastein beklagt, denn selbst »Herren, die das Hakenkreuz tragen, kaufen bei der ›Gewah‹ ein (und) bei Krankheitsfällen besuchen sie die jüdischen Ärzte«[86]. Dies zeigt deutlich, dass persönliche wirtschaftliche Vorteile, wie z. B. billige Einkaufspreise oder bessere Qualität und Dienstleistungen, ideologische Vorurteile in den Hintergrund drängen können.

Es bestanden aber in Bad Gastein auch Vereine, die dezidiert antisemitisch auftraten. Zum einen wurde im Oktober 1923 ein Alldeutscher Verband gegründet, aus dessen Satzungen eindeutig hervorgeht, dass sich ihre Mitglieder gegen die »Vorherrschaft des volksfremden Judentums« richteten. Selbstverständlich konnten nur »alle völkisch gerichteten, arischen Deutschen« in diesem Verein Mitglieder werden. Als Obmann fungierte ein 33-jähriger verheirateter Bahn-Assistent.[87] Wenn man die antisemitische Grundstimmung in

---

auszeichnet. Es ist ein gewisser, stark ausgeprägter caritativer Sinn, der zweifelsohne einen Aktivposten in der Bilanz der ansonsten nicht mit glänzenden Erfolgen gekrönten hiesigen Seelsorge darstellt. Den Armen gegenüber sind die Gasteiner vornehm und weitherzig. Noblesse zeigen sie übrigens auch der Kirche gegenüber«.

84 »Der eiserne Besen«, 21.2.1924, S. 4.

85 »Der eiserne Besen«, 5.4.1929, S. 5.

86 »Der eiserne Besen«, 21.2.1924, S. 4. Auch in einem späteren Bericht über Bad Gastein spricht das Blatt vom »beschämende(n) Verhalten mancher mit Hakenkreuz gezierter Herren …, die sich recht arisch gebärden und bei der Gewah ihre Einkäufe besorgen« (»Der eiserne Besen«, 30.4.1924, S. 4).

87 SLA, BH. St. Johann, Vereinssatzungen 351–500, Nr. 407 vom 29.10.1923. Wie viele Mitglieder in Bad Gastein dem Alldeutschen Verband tatsächlich angehörten, konnte nicht eruiert werden.

einem Ort erfassen will, muss selbstverständlich auch das Vorhandensein eines deutschvölkischen Turnvereines berücksichtigt werden. Dieser wurde in Bad Gastein im Jahre 1899 gegründet. Bad Gasteins »Turngemeinde Jahn« gehörte von Anfang an nicht zu den liberalen, sondern zu den deutsch-völkischen Turnvereinen, wie den 1907 vom Obmann des örtlichen Turnvereines gehaltenen Eröffnungsworten zur 7. Hauptversammlung des Turnvereines Bad Gastein zu entnehmen ist: »Jeder Turner bekenne sich als Deutscher und nenne sich deutsch-völkisch, d. h. Freund und Verteidiger des deutschen Volkstums; jedoch darf er sich nicht mit Worten allein begnügen, sondern muß es auch durch die Tat beweisen. Es gilt auch heute, da unser Volkstum von manchem Feinde bedroht ist, es zu schützen, es rein zu erhalten. Die Geschichte lehrt uns, dass die Völker verfallen und untergehen oder dahinsiechen, wenn das nordische, arische Blut in ihnen versiegt. … Deutsche Treue, deutsche Offenheit, deutscher Mut müssen die Tugenden unserer Jugend, unserer Nachkommen sein … ein Wesensmerkmal des deutschen Volkes (war) seine Liebe zu Gesang und Tonkunst … auch das Turnerkleid (birgt) etwas Ehrwürdiges in sich … Mit Stolz trugen unsere Vorfahren, mit Stolz tragen heute noch Deutsche, die von dem Ungeheuer der Mode noch nicht ganz ergriffen sind, ihre Volkstracht, mit Stolz sollen auch wir deutsche Turner bei allen Vereinsfesten unser Festkleid tragen … Neben dem Kleide, oder noch viel mehr, zeigt das WORT unseren Mitmenschen wer wir sind. ›In der Sprache ehrt sich das Volk‹.«[88] 1910 zählte der Verein bereits 31 ausübende Mitglieder. Ein Jahr später gab es 26 ausübende Turner, 13 Zöglinge und 38 unterstützende Mitglieder des Turnvereines. Den Arierparagraphen führte der Verein zwischen 1907 und 1918 ein.[89] Einen starken Aufschwung erlebte in Bad Gastein der Turnverein erst, als der aus Radstadt scheidende Bezirksturnwart Hugo Schoß im Dezember 1928 als eigener Turnlehrer angestellt wurde. Ein weiterer Grund für diesen Aufwärtstrend war auch das Angebot einer unentgeltlichen Stellenvermittlung für die Vereinsmitglieder, das dafür sorgte, dass den »arbeitslosen Turnbrüdern und -Schwestern Arbeit und Brot verschafft«[90] wurde. So zählte der Verein im August 1929 bereits 400 Mitglieder[91], während es 1928 nur 63 ausübende Mitglieder waren, wie einem Schreiben des d.v. Turnvereines an den »Turnrat des christl. Deutschen Turnvereines« vom 19. Jänner 1929 zu entnehmen ist. Die Bedeutung des Turnvereines in den frühen zwanziger Jahren sollte man daher bei der Betrachtung des Umganges mit Juden nicht überbewerten. Zudem wurde der Verein in dieser Zeit von Per-

88 Archiv des Turnvereins Bad Gastein.

89 SLA, BH-St. Johann, Vereinssatzungen 151–350, Nr. 152, 5.11.1907, S. 1 und 7, Grundgesetz für den Turnverein. Badgastein. »Als Mitglied des Turnvereines kann jeder unbescholtene, deutsche Mann (arische Abstammung) der das 17. Lebensjahr vollendet hat, aufgenommen werden.« Das Datum der Einführung des Arierparagraphen ergibt sich aus der Tatsache, dass sich in den ursprünglichen Vereinssatzungen ein Beilagezettel mit der Einführung des Arierparagraphen befindet, der mit derselben Schreibmaschine geschrieben ist, wie das Original. Zudem waren Frauen noch nicht als Vereinsmitglieder zugelassen.

90 »Gasteiner Blatt«, 5. 7. 1930, S. 5 und 20. 9. 1930, S. 4.

91 »Gasteiner Bote«, 14. 8. 1929, S. 2.

sonen geführt, die dem gemäßigten deutschnationalen bürgerlichen Lager angehörten und von denen daher ein scharfer Antisemitismus nicht zu erwarten war.

Resümee: Der Antisemitismus in der Phase des wirtschaftlichen Aufschwung während der Zwanzigerjahre trat in Bad Gastein, abgesehen von den Parolen der zahlenmäßig noch unbedeutenden Nationalsozialisten, nicht offen zu Tage. Dieses Ergebnis der Untersuchung deckt sich somit mit der in der historischen Antisemitismusforschung vorgeschlagenen »Krisentheorie«. Demnach wird antisemitisches Verhalten in Zeiten der Konsolidierung der Wirtschaft abgeschwächt. In Wahlkampfzeiten jedoch wurde das Thema »Antisemitismus« auch von den Sozialdemokraten immer wieder aufgewärmt, um gegen den Kapitalismus aufzutreten. So äußerte sich 1925 der sozialdemokratische Landeshauptmannstellvertreter Robert Preußler in Bad Gastein anlässlich einer Wählerversammlung der NSDAP über die Juden und die jüdischen Großbanken dahingehend, »daß auch seine Partei die Schädlichkeit dieser Banken in Bezug auf unser gesamtes Wirtschaftsleben, auf das Äußerste verurteile, auch den zugewanderten Ostjuden als Volksschädling bezeichne, … dass aber der bodenständige Jude ein ganz braver und reeller Kaufmann sei, den so mancher christlicher Jude noch übertreffe«.[92] In ähnlicher Weise argumentierte indirekt auch 1929 der Bad Gasteiner sozialdemokratische Bürgermeister Walter Lassnig anlässlich einer nationalsozialistischen Versammlung, als er die Wahltaktik der politischen Gegner dahingehend charakterisierte, »dass die Bürgerschaft von Badgastein zwar antisemitelt, wenn es gegen die Sozialdemokratie geht, andernfalls aber dem Judentum in jeder Form entgegenkommt.«[93]

Ansteigen des Antisemitismus in Bad Gastein ab 1930 (Wirtschaftskrise und Aufstieg des Nationalsozialismus)

Als direkte Folge der Wirtschaftskrise von 1929 kam es auch in Bad Gastein zu den bereits aufgezeigten geänderten politischen Machtverhältnissen. Demnach mussten alle drei demokratischen Großparteien (Sozialdemokraten, Christlichsoziale und Großdeutsche) Wählerstimmen an die radikaleren Parteien (Kommunisten, Heimatblock und Nationalsozialisten) abgeben. Die Sozialdemokraten verloren bei den Gemeindevertretungswahlen 1931 in Bad Gastein ihre Mehrheit und mussten den Bürgermeisterposten dem großdeutschen Kurhausbesitzer Josef Mühlberger überlassen. Insbesondere der Aufstieg der Nationalsozialisten führte zu verstärkten Verbalattacken gegenüber den Juden. Immer häufiger äußerten sich hiesige Nationalsozialisten negativ über das Judentum[94],

92 »Volksruf«, 4.4.1925, S. 6.

93 »Volksruf«, 16.11.1929, S. 4.

94 So bezeichnete beispielsweise der Turnlehrer des örtlichen deutsch-völkischen Turnvereins in einem Aufsatz im »Volksruf« den Pinzgauer Ort Lofer als »noch nicht vergiftet von der Weltstadtpresse, von dem jüdi-

wobei sich die Attacken zunächst aber nicht gegen die ortsansässigen jüdischen Ärzte und auch nicht gegen die jüdischen Kurgäste richteten, sondern eher allgemein gehalten waren. Auch die Großdeutschen »antisemitelten« wieder im Wahlkampf 1930, als nämlich der Gastredner einer großdeutschen Versammlung behauptete, »daß der Schoberblock eine vollständig judenreine Wahlgemeinschaft sei«[95]. In derselben Versammlung stellte ein roter Bauarbeiter als Redner fest, »daß Nationalsozialisten und Heimatblock immer gegen Juden sind«[96]. Besonders aggressiv traten die Nationalsozialisten auf, als im Februar 1930 bekannt wurde, dass der in Böckstein wohnhafte jüdische Bad Gasteiner Gemeindearzt mehrere Abtreibungen durchgeführt hatte und dabei eine Patientin verstorben war. Man warf ihm vor, dass er »das keimende Leben der Arier zerstört«[97]. Dieser Arzt war aber bei vielen Einheimischen so beliebt, dass man ihm sogar, nachdem er vom Prozess heimgekehrt war, in Böckstein einen triumphalen Empfang mit Fackelzug bereitete, »an dem sich selbst Schulkinder beteiligt haben sollen«[98].

Einen wichtigen Einschnitt im Umgang mit den Juden bildeten die Ergebnisse der Landtagswahlen vom 24. April 1932, die mit einem erdrutschartigen Wahlerfolg der Nationalsozialisten endeten. So verkündeten die Bad Gasteiner Nationalsozialisten anlässlich einer Versammlung am 15. September 1932 auf ihren Plakaten, dass den Juden der Zutritt verboten sei. Nachdem sich einige jüdische Kurgäste aber darüber beschwert hatten, zog der hiesige Ortsgruppenleiter Ing. Anton Wintersteiger das Verbot zurück und erwiderte darauf: »Der NSDAP ist jeder Kurgast, welcher Nation und Konfession (er) angehört und sei er auch aus Palästina, willkommen, vorausgesetzt, daß er sich als Gast benehme.«[99] Der Grund für diesen Rückzug Wintersteigers dürfte darin liegen, dass er zu der Zeit im Bauamt der Gemeinde beschäftigt war und sich vermutlich die jüdischen Kurgäste beim hiesigen großdeutschen Bürgermeister beschwert haben dürften. Dieser Bürgermeister war übrigens während seiner Amtszeit stets bemüht, Bad Gastein nach außen hin nicht antisemitisch erscheinen zu lassen. Dies wird auch deutlich, als er sich dafür einsetzte, dass in Bad Gastein rituelle Schlachtungen stattfinden dürfen[100], obwohl der Salzburger Landeshauptmann Dr. Franz Rehrl am 25. Mai 1931 eine Verordnung »zur Hintanhaltung von Tierquälerei« erlassen hatte[101].

---

schenWeltstadtleben« (»Volksruf«, 29.3.1930, S. 4). Es gab aber bei den Gasteiner Turnern auch den Fall, dass »ein alter Turner, – der noch dazu führend ist, – für sich und seine Familie zum jüdischen Kleiderhändler geht und dort für deutsche Buben womöglich Turneranzüge machen läßt.« (»Der eiserne Besen«, 20.3.1931, S. 6).

95 »Salzburger Volksblatt«, 5.11.1930, S. 7.

96 »Gasteiner Blatt«, 8.11.1930, S. 4.

97 »Der eiserne Besen«, 7.2.1930, S. 4.

98 »Salzburger Volksbote«, 15.2.1931, S. 12.

99 SLA, Präsidialakte 1932 – 32C/461, Bericht des exponierten Kriminalbeamten in Badgastein über die Versammlung der NSDAP vom 15.9.1932 an die Landesamtsdirektion in Salzburg.

100 GA, 46 – G3 2334/31, Brief des Bürgermeisters von Bad Gastein am 8. Juli 1931 an die Bezirkshauptmannschaft St. Johann i. Pg.

101 Kerschbaumer: Die Erste Republik und der Ständestaat (wie Anm. 5), S. 168.

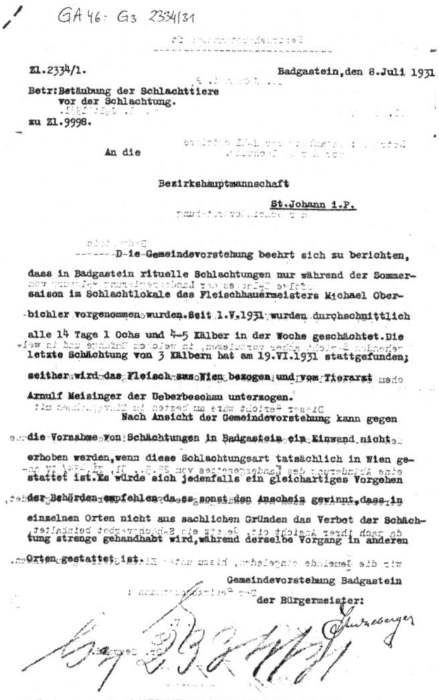

GA 46- G3 2334/31

Zl.2334/1. Badgastein, den 8.Juli 1931

Betr: Betäubung der Schlachttiere
vor der Schlachtung.

zu Zl.9998.

An die

Bezirkshauptmannschaft

St.Johann i.P.

D-ie Gemeindevorstehung beehrt sich zu berichten, dass in Badgastein rituelle Schlachtungen nur während der Sommersaison im Schlachtlokale des Fleischhauermeisters Michael Oberbichler vorgenommen wurden. Seit 1.V.1931 wurden durchschnittlich alle 14 Tage 1 Ochs und 4-5 Kälber in der Woche geschächtet. Die letzte Schächtung von 3 Kälbern hat am 19.VI.1931 stattgefunden; seither wird das Fleisch aus Wien bezogen und vom Tierarzt Arnulf Meisinger der Ueberbeschau unterzogen.

Nach Ansicht der Gemeindevorstehung kann gegen die Vornahme von Schächtungen in Badgastein ein Einwend nicht erhoben werden, wenn diese Schlachtungsart tatsächlich in Wien gestattet ist. Es würde sich jedenfalls ein gleichartiges Vorgehen der Behörden empfehlen da es sonst den Anschein gewinnt, dass in einzelnen Orten nicht aus sachlichen Gründen das Verbot der Schächtung strenge gehandhabt wird, während derselbe Vorgang in anderen Orten gestattet ist.

Gemeindevorstehung Badgastein
der Bürgermeister:

Abb. 1: Rituelle Schlachtungen in Bad Gastein – Juli 1931. Quelle: GA 46 – G3, Nr. 2334/31.

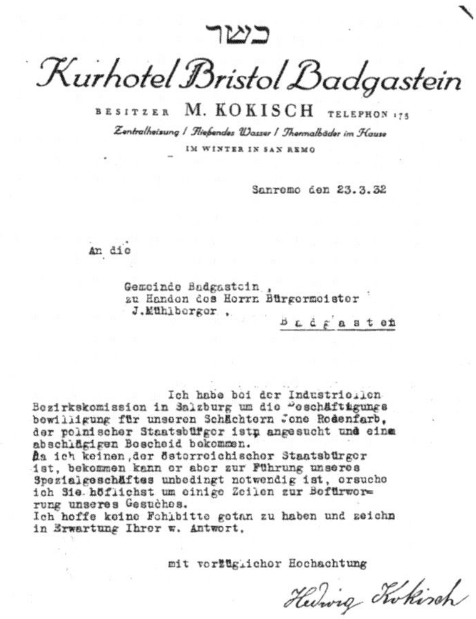

כשר

Kurhotel Bristol Badgastein

BESITZER M. KOKISCH TELEPHON 175

Zentralheizung / Fließendes Wasser / Thermalbäder im Hause

IM WINTER IN SAN REMO

Sanremo den 23.3.32

An die

Gemeinde Badgastein,
zu Handen des Herrn Bürgermeister
J.Mühlberger.
Badgastein

Ich habe bei der Industriellen Bezirkskomission in Salzburg um die Beschäftigungs bewilligung für unseren Schächtern Jone Rodenfarb, der polnischer Staatsbürger istp angesucht und eine abschlägigen Bescheid bekommen.
Da ich keinen, der österreichischer Staatsbürger ist, bekommen kann er aber zur Führung unseres Spezialgeschäftes unbedingt notwendig ist, ersuche ich Sie höflichst um einige Zeilen zur Befürworrung unseres Gesuches.
Ich hoffe keine Fehlbitte getan zu haben und zeichn in Erwartung Ihrer w. Antwort.

mit vorzüglicher Hochachtung

Hedwig Kokisch

Abb. 2: Ansuchen von Frau Hedwig Kokisch um Beschäftigungsbewilligung für einen polnischen Schächter für ihr koscheres Restaurant im März 1932. Quelle: Gemeindearchiv Bad Gastein – GA 49 – P 908/32.

Offensichtlich war dieses persönliche Engagement des Bad Gasteiner Bürgermeisters mit ein Grund dafür, dass dem hiesigen Fleischhauer diese Schlachtungen weiterhin erlaubt wurden, nachdem der Einspruch der israelitischen Kultusgemeinde beim Verwaltungsgerichtshof erfolgreich verlaufen war.[102] In einem anderen Fall befürwortete der Bürgermeister 1932 das Ansuchen der jüdisch-orthodoxen Hotelbesitzerin, die ein koscheres Restaurant hier im Ort führte, in dem es darum ging, für einen polnisch-jüdischen Schächter eine Aufenthaltsbewilligung zu erhalten.[103]

Es gab aber auch antisemitische Handlungsweisen des Ortes, die so offensichtlich waren, dass es größter diplomatischer Bemühungen seitens des Bürgermeisters bedurfte, den wirtschaftlichen Schaden in Grenzen zu halten. Als nämlich im Mai 1932 die Kurkommission, deren Vorsitzender der Bürgermeister war, die drei jüdischen Musiker nicht mehr in das Orchester der Kurmusik aufnahm, war die Reaktion des »jüdischen« Wochenblattes »Der Morgen – Wiener Montagblatt« auf diesen Vorfall entsprechend heftig: Es be-

102 GA, 46 – G3 2334/31, Schreiben der Landesregierung Salzburg vom 4.8.1931 an die Gemeinde Bad Gastein.
103 GA, 49 – P 908/32, Schreiben des Bürgermeisters von Bad Gastein am 30.3.1932 an die jüdische Hotelierin.

titelte seinen Bericht vom 17. Mai 1932 mit: »Kurmusik Bad Gastein. Ist künftig gänzlich judenrein« und betonte: »Diese drei Musiker sind also während des Sommers stellenlos, und zwar offenbar nur deswegen, weil der Kurkommission wohl die jüdischen Gäste, nicht aber jüdische Musiker passen.« Drei Wochen später triumphierte das Blatt, dass die Kurkommission aufgrund des erschienenen Artikels mit zwei der drei zurückgewiesenen Musiker wieder in Verhandlungen wegen einer Neueinstellung getreten sei. »Zu diesem Entschluss wird nicht bloß der Artikel des ›Morgen‹, sondern die daraus zwangsläufig erfolgte Abbestellung einer Reihe von Kurgästen beigetragen haben, die sich gesagt haben, daß sie die reinrassige Gesellschaft in Bad Gastein unter sich lassen wollen.«[104] Die Reaktion auf die Entlassung der drei jüdischen Musiker wurde aber auch von der jüdischen Rundschau in Berlin mit Sorge beobachtet, so dass es höchsten diplomatischen Geschickes des Bürgermeisters bedurfte, um mögliche Boykotte jüdischer Gäste aus Deutschland zu verhindern. Der Bad Gasteiner Bürgermeister Mühlberger beteuerte in seinem Schreiben an die Schriftleitung des deutschen Verlages vom 5. Juli 1932, »daß (in Bad Gastein, Anm. L.K.) von den berüchtigten antisemitischen Tendenzen herzlich wenig zu spüren ist und daß kein einziger Kurgast aus diesem Grunde einen Anlaß zur Klage gehabt hat.« Dieser Briefwechsel macht deutlich, dass der noch in den zwanziger Jahren nur latent vorhandene Antisemitismus nun verstärkt zu Tage trat, wenngleich wirtschaftliche Aspekte ihn noch abzuschwächen vermochten. Von den Bad Gasteiner Hoteliers haben sich seit 1931 nur drei wirklich als nationalsozialistisch »geoutet«[105], indem sie ihre Häuser als »arische Kurhäuser« anpriesen, während die übrigen Bad Gasteiner Hoteliers entweder aus menschlichen oder/und aus wirtschaftlichen Gründen jeden Kurgast gleich welcher Nation und Rasse aufnahmen. Die einzigen, die sich in der Folgezeit wirklich aggressiv gegenüber Juden gebärdeten, waren die Nationalsozialisten. Dies wurde besonders in ihren Versammlungen deutlich, in denen Redner häufig judenfeindliche Themen aufgriffen. Ihre antisemitische Einstellung wurde immer offenkundiger. So verteilte beispielsweise der Bad Gasteiner Ortsgruppenleiter der NSDAP Ing. Anton Wintersteiger

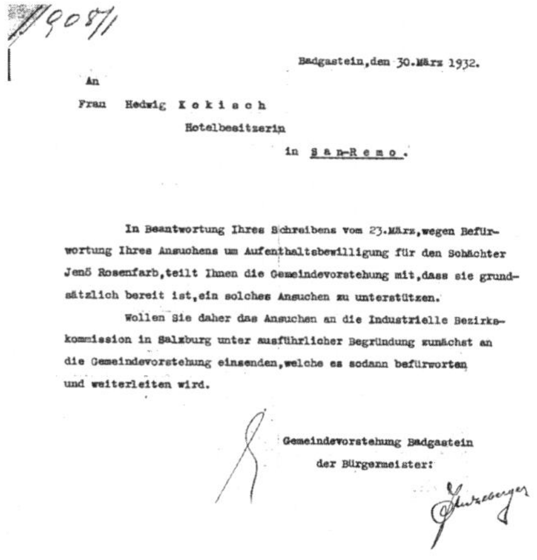

908/I

Badgastein, den 30. März 1932.

An

Frau Hedwig K o k i s c h

Hotelbesitzerin

in S a n-R e m o.

In Beantwortung Ihres Schreibens vom 23. März, wegen Befürwortung Ihres Ansuchens um Aufenthaltsbewilligung für den Schächter Jenö Rosenfarb, teilt Ihnen die Gemeindevorstehung mit, dass sie grundsätzlich bereit ist, ein solches Ansuchen zu unterstützen.

Wollen Sie daher das Ansuchen an die Industrielle Bezirkskommission in Salzburg unter ausführlicher Begründung zunächst an die Gemeindevorstehung einsenden, welche es sodann befürworten und weiterleiten wird.

Gemeindevorstehung Badgastein

der Bürgermeister:

Abb. 3: Befürwortungsschreiben des Bad Gasteiner Bürgermeisters – März 1932. Quelle: GA 49 – P 908/32.

104 »Der Morgen« – Wiener Wochenblatt, 6.6.1932, S. 10.

105 Es sind dies drei »Arische Kurhäuser« mittlerer Kategorie. Vgl. dazu: »Der eiserne Besen«, 10.7.1931, S. 4 und »Jüdische Wochenschrift – Die Wahrheit«, 3.7.1931, S. 5.

anlässlich einer NS-Versammlung in einem dieser »arischen Kurhäuser« am 28. April 1933 ein Rundschreiben an alle Versammlungsteilnehmer mit der Aufschrift »Kauft nicht bei Juden«. Diese Aufforderung richtete sich sowohl an alle Parteigenossen als auch an deren Familienangehörigen. Er wies darauf hin, dass es »beschämend (sei) immer wieder oft sogar von Nichtmitgliedern darauf aufmerksam gemacht zu werden, daß Nationalsozialisten oder deren Familienmitglieder oder von ihnen Beauftragte bei Juden kaufen. Auch die marxistischen Konsumvereine und Warenhäuser gehören in diese Kategorie.«[106] Offensichtlich hatten auch viele hiesige Nationalsozialisten zu dieser Zeit noch kein stark ausgeprägtes antisemitisches »Gewissen« entwickelt. Die geplante Einführung der 1000-Mark-Sperre seitens des Deutschen Reiches[107] führte in Bad Gastein zunächst zu Ratlosigkeit. Ein Vertreter der Kurkommission glaubte in einer Stellungnahme an die Wiener Allgemeine Zeitung vom 16. Mai 1933 nicht an die Verwirklichung der »Grenzsperre«, denn schließlich würde »was Gastein betrifft … eine Boykottaktion auch die eigenen Parteigänger treffen, denn hier gibt es mehrere Kurhausbesitzer, die sich zum Nationalsozialismus bekennen.«[108] Einige Tage später stellte die »Wiener Allgemeine Zeitung«, die ein starkes jüdisches Leserpublikum aufwies, die Behauptung auf, dass Bad Gastein reichsdeutsch eingestellt sei und daher von ihrem Leserkreis nicht besucht werden sollte.[109]

Die Gasteiner Nationalsozialisten verteilten als Reaktion auf die 1000-Mark-Sperre am 30. Mai 1933 an Straßenpassanten Broschüren mit der Aufschrift »Fremdenverkehrswerbung in Österreich«[110]. Darin wird behauptet, dass die Verfolgung der Nationalsozialisten durch die österreichischen Behörden die Ursache sei, »das Fernbleiben der Reichsdeutschen ist die Wirkung«. In dieser Broschüre wird auch ein Foto von zwei bärtigen Juden gezeigt mit dem gehässigen Untertitel »Wer in Österreich erwünscht ist«. Die Schuld für die den Tourismus so schädigende Grenzsperre wurde von den hiesigen Nationalsozialisten ausschließlich der österreichischen Regierung angelastet. Diese Einstellung zeigt sich auch aus dem Inhalt eines Flugblattes, welches am 29. Mai 1933 in Dorfgastein gefunden wurde.[111] Diese Vorfälle sowie das nachfolgende Verbot der

106 SLA, BH St. Johann i. Pg. J16–1933, 5215/33, Bericht des Gendarmeriepostens Bad Gastein vom 29.4.1933 an die BH St. Johann.

107 Die 1000-Mark-Sperre war eine gegen Österreich gerichtete Wirtschaftssanktion Adolf Hitlers, wonach jeder deutsche Staatsbürger, der nach Österreich reisen wollte, eine Grenzübertrittsgebühr von 1000 Mark entrichten musste. Als Folge dieser Wirtschaftsblockade versiegte der Besucherstrom aus dem Deutschen Reich fast gänzlich.

108 »Wiener Allgemeine Zeitung«, 16.5.1933, S. 1.

109 »Wiener Allgemeine Zeitung«, 19.5.1933, S. 3, sowie FV, Kurkommissions-Protokolle 1931–1933, Sitzung vom 22. Mai 1933, S. 2.

110 SLA, BH St. Johann i. Pg. J19–1933, 7037/33, Bericht des Gendarmeriepostens Hofgastein vom 31.5.1933 an die BH St. Johann. Einige dieser Broschüren fand man im November 1933 anlässlich von Hausdurchsuchungen bei Bad Gasteiner Nationalsozialisten.

111 SLA, BH St. Johann i. Pg. J19–1933, 6996/33, Flugzettel »Grenzsperre gegen Oesterreich!« vom 29.5.1933.

NSDAP in Österreich[112] führten in Bad Gastein zu einem Radikalisierungsschub in der Einstellung gegenüber den jüdischen Gästen und jüdischen Einheimischen. So erhielten im August 1933 aus Wien kommende jüdische Gäste, die im Hotel eines christlichsozialen Gemeindevertreters ihr Quartier bezogen hatten, Drohbriefe, in denen ihnen mitgeteilt wurde, dass das Hotel, in dem sie derzeit wohnten, »demnächst vergast wird« – unterschrieben wurden die Briefe mit einem verkehrten Hakenkreuz[113]. Diese Aktion zielte sowohl gegen den vaterländisch eingestellten Hotelier als auch gegen dessen jüdische Kurgäste, da die anderen Gäste, die zu dieser Zeit im Hotel wohnten, keine derartigen Schreiben erhielten.[114] Ein anderer Drohbrief an einen jüdischen Kurgast eines Hotels macht ebenfalls den gestiegenen, offenen Antisemitismus deutlich.[115] Die Aggressionen richteten sich nun auch gegen die im Ort ansässigen Juden. So wurde beispielsweise im Juni 1933 das Pelzgeschäft des Juden Horowitz beschädigt. Als Täter konnten Bad Gasteiner SS-Männer ermittelt werden.[116]

Das judenfeindliche Verhalten löste dementsprechend auch bei den jüdischen Gästen Reaktionen aus. So berichtete das »Gasteiner Blatt« am 12. August 1933, dass sich im Juni zwei jüdische Kurgäste in einem Ausflugskaffeehaus telefonisch erkundigten, »ob dort noch Deutsche wären, wenn nicht dann wollten sie hinauskommen«. Angeblich benutzten diese beiden Damen die durch den Ausfall der reichsdeutschen Gäste hervorgerufene wirtschaftliche Notlage der hiesigen Tourismusbetriebe auch dazu, hohe Preisreduktionen[117] zu verlangen. Noch augenfälliger wird die Reaktion der jüdischen Gäste auf das antisemitische Umfeld in der Tatsache, dass sie alle »arischen Veranstaltungen« des Kurorchesters sabotierten, wie einem Schreiben des örtlichen Musikdirektors Fritz Recktenwald an die Gemeindevorstehung zu entnehmen ist.[118] Seiner Ansicht nach hat sich bei der Veranstaltung mit dem jüdischen Sänger Schmidt gezeigt, dass »ganz Judea es als Ehrenpflicht an-

112 Nachdem in Krems am 19. Juni 1933 Nationalsozialisten einen Zug christlicher Turner mit Handgranaten überfielen, verbot die österreichische Regierung die NSDAP.

113 SLA, BH St. Johann i. Pg. J16–1933, 10230/33, Bericht des Gendarmeriepostens Bad Gastein vom 9.8.1933 an die BH St. Johann.

114 Der Schreiber der Drohbriefe entnahm die Adressen vermutlich aus den Kurlisten. In der Kurliste Nr. 95 der Gemeinde Bad Gastein wurden die Gästeankünfte vom 28. und 29. Juli 1933 veröffentlicht. Bezeichnend ist, dass die übrigen anreisenden Gäste keine jüdischen Namen hatten.

115 Dieser Kurgast erhielt folgenden anonymen Brief am 18.8.1933: »Schaun Sie jüdische Sau, Schwein, daß Sie bald verschwinden. Das Konzentrationslager wartet schon auf Sie.« SLA, BH St. Johann i.Pg. J16–1933, 10943/33, Bericht des exponierten Kriminalbeamten aus Bad Gastein vom 25.8.1933 an die BH St. Johann.

116 SLA, BH St. Johann i.Pg. J16–1933, 10828/33, Bericht des exponierten Kriminalbeamten aus Bad Gastein vom 25.8.1933 an die BH. St. Johann.

117 Dieses Verhalten mancher jüdischer Gäste löste bei einem Hotelier in Bad Gastein 1937 folgende Stellungnahme aus: »Was wir im übrigen Sommer mit all den die Depression ausnützenden Judenpublikum erleben bringt einem wirklich leicht in Pogromstimmung.« (SLA, BH St. Johann, 1937, J16/10493 – 22)

118 GA, 50 – D3, 2460/33, Schreiben des Musikdirektors des Kurorchesters Bad Gastein vom 25.8.1933.

gesehen hat, den aus dem Hitler Deutschland ausgewiesenen zu unterstützen und zu ehren«[119]. Offensichtlich kamen aber weiterhin jüdische Gäste gerne nach Bad Gastein, wie einem strafrechtlichen Rechtfertigungsschreiben eines deklarierten nationalsozialistischen Hoteliers wegen abfälliger Äußerungen gegenüber dem Heimatschutz zu entnehmen ist. Demnach gibt er zu, sich abfällig über die Juden geäußert zu haben, »da sie seiner Ansicht nach dieses Jahr (1933, Anm. L.K.) in Gastein in so hoher Zahl vertreten waren (und) ... wenn nächstes Jahr wieder so viele Juden hierher kämen, Gastein die guten alten Gäste verlieren würde. Tatsächlich haben sich (angeblich, Anm. L.K.) alle arischen Kurgäste darüber beschwert, daß sie einige Promenaden nicht mehr begehen könnten, weil es von Juden geradezu wimmelte.«[120]. Die jüdischen Gäste wurden aber von vielen Hoteliers als ganz normale Gäste angesehen, mit denen man häufig freundschaftlichen Kontakt pflegte. So erzählte eine strenggläubige, christlichsoziale Kurhausbesitzerin: »Wir haben viele Juden gehabt ... vor dem Krieg – Juden als Gäste ... und nette Leute, ein Kohlenhändler Weizenblatt mit Frau, die haben jedes Weihnachten meine Buam ... – uns is nia rosig gegangen, bei unserer schlechten Zeit – ... einen Karton geschickt, da war der ganze Christbaumbehang als Schokoladesachen drin. Mein Man hat einen Kümmellikör gekriegt und i hob a Früchtebrot gekriegt. Haben sie uns jedes Weihnachten geschickt – es hat guate und nette Juden gegeben und man hat schon a bissl trauert, wenn man so erfahren hat – jo wer woaß ob die no unterkommen sind.«[121] Sie konnte sich außerdem an eine deutsche jüdische Dame erinnern, die bei ihnen einmal in die Küche gekommen sei und dort weinend ihr Herz ausschüttete: »Ich muß ihnen was sagen, ich bin eine Jüdin und wir werden doch so verfolgt.« Dieselbe Interviewpartnerin berichtete aber auch von anderen Erfahrungen mit jüdischen Gästen: »Es hat schon a arge gegeben – die wos so furchtbar gehandelt haben – wenn'st die Rechnung gmacht hast, die gsagt haben, so viel bezahle ich und mehr bezahle ich nicht.«[122] Es gab auch freundschaftliche Kontakte zwischen einheimischen Kindern und jüdischen Gästekindern, wie einem Gespräch mit einer anderen Zeitzeugin zu entnehmen ist. Sie erinnerte sich an die Zeit, während der sie »als Kinder im E-Werk gewohnt haben und heraußen hat es die Villa N. N. gegeben und da waren die K.-Kinder und der Dr. K. war Arzt – (die waren) im Sommer da – im Winter waren's in Wien. Und da war der Walter und die Trude K., des waren Judenkinder mit denen ham ma gspüt. ... Die sind im Jahre 1937 wieder gekommen im Sommer, sie sagten wir gehen nach Amerika.«[123]

119 Ebda.

120 SLA, BH St. Johann, J16–1933, 11408/33, Rechtfertigungsschreiben des Hoteliers N. N. Vom 19.9.1933 an die BH St. Johann.

121 Interview mit Frau N. N. 1 (geb. 1908) am 28.6.1997 – ihre Familie wurde wegen der christlichsozialen Einstellung in den ersten Anschlusstagen von vielen Nationalsozialisten beschimpft. Ihr Schwager war der Begründer des Bad Gasteiner christlich-deutschen Turnvereines und wurde am 13.3.1938 in »Schutzhaft« genommen.

122 Ebda.

123 Interview mit Frau N. N. 2 (geb. 1918) am 17.8.1999.

Die Auswirkungen der Grenzsperre für den Bad Gasteiner Fremdenverkehr zeigt nachfolgende Tabelle[124]:

	1928	1929	1930	1931	1932	1933	1934	1935	1936	1937
Deutsche Sommerbesucher	15689	15399	16000	12715	16141	1909	352	657	1158	2890
In % aller Sommergäste[125]	52,8%	45,9%	50,2%	45,3%	52,1%	9,7%	2,3%	3,1%	5,2%	12,8%

Aus dieser Tabelle wird der dramatische Gästerückgang aus dem Deutschen Reich ab 1933 deutlich ersichtlich. Eindringlich schildert das nationalsozialistische Wochenblatt »Alpenwacht« im Juli 1934 die Notlage: »In Bad Gastein sind statt 6000 Kurgästen nur 200. Im ersten Haus … sind 95 Angestellte, dafür aber als Gäste der König der Belgier, noch zwei Gäste und zwei als Gäste einquartierte Kriminalbeamte. In den anderen Hotels ebenfalls volles Personal, aber nur 7–8 Gäste. Der Verbrauch ist allgemein sehr stark zurückgegangen.«[126]

Es ist anzunehmen, dass die eher deutschnational, insbesondere die eindeutig nationalsozialistisch ausgerichteten Hoteliers die schwersten wirtschaftlichen Einbußen erleiden mussten, auch deshalb, weil die jüdischen Gäste diese Häuser mieden. Immerhin veröffentlichte die jüdische Wochenschrift »Die Wahrheit« für ihre Leser in Wien gelegentlich Listen von Sommerfrischeorten und Beherbergungsbetrieben, in denen jüdische Gäste als »unerwünscht« bezeichnet wurden. Um diese These zu prüfen, habe ich im Folgenden untersucht, welche Hotels von den Sanktionen am härtesten betroffen waren. Dafür habe ich die Anzahl der Kurgäste von verschiedenen Bad Gasteiner Kurhäusern bzw. Hotels analysiert und zur besseren Vergleichbarkeit die drei seit 1931 deklarierten »arischen Kurhäuser« und einen weiteren eindeutigen »NS-Betrieb« herangezogen, weiters drei von jüdischen Besitzern geführte Kurhäuser, ein »vaterländisches« Hotel und zwei großdeutsche Hotels[127].

124 Vgl. dazu Heinrich Zimburg: Rückblick auf Bad Gasteins Sommersaison der letzten fünfzig Jahre. In: Bad Gasteiner Badeblatt, 8.8.1951, S. 275–281, hier S. 279.

125 Eigene Berechnungen. Zu den Sommergästen zählen sowohl die Kurgäste als auch die Passanten, die Bad Gastein während der Zeit vom 1.5. bis 31.10. besucht haben.

126 »Alpenwacht« – Folge 17, Juli 1934, S. 8.

127 Die Tabelle beruht auf eigenen Berechnungen. Als Datenquelle dienten die Kurlisten der Jahre 1929, 1931, 1933, 1934 und 1937, in denen neben den Namen der Kurgäste auch der Wohnort und das Hotel angeführt sind. In dieser Untersuchung konnten aus den Kurlisten lediglich die Kurgäste erfasst werden, da die Passanten den einzelnen Hotels nicht zurechenbar sind.

		1929		1931		1933		1934		1937	
Hotel[128]	Zimmer 1929	Kurgäste	davon Deutsche	Kurgäste	davon Deutsche	Kurgäste	davon Deutsche	Kurgäste	davon Deutsche	Kurgäste	davon Deutsche
NS 1	60	384	45%	209	34%	147	8%	97	5,2%	152	9,0%
NS 2	24	210	77%	184	75%	147	8%	79	2,5%	178	34,0%
NS 3	27	173	63%	140	50%	80	8%	63	8,0%	67	1,5%
NS 4	18	136	60%	142	61%	123	29%	110	4,6%	176	38,0%
Jüd. 1	32	187	41%	160	27%	120	0%	110	4,5%	181	4,4%
Jüd. 2	33	243	65%	182	48%	133	15%	93	1,1%	131	3,8%
Jüd. 3	25	170	55%	104	36%	43	9%	37	0,0%	74	5,4%
Vaterl	56	290	28%	356	25%	274	12%	233	3,0%	294	10,5%
GD 1	40	240	65%	229	63%	129	30%	68	11,8%	141	28,0%
GD 2	24	202	31%	123	26%	82	10%	47	0,0%	64	7,8%

Nachfolgende Grafik verdeutlicht, dass alle Hoteliers und Kurhausbesitzer von den Folgen der 1000-Mark-Sperre stark betroffen waren:

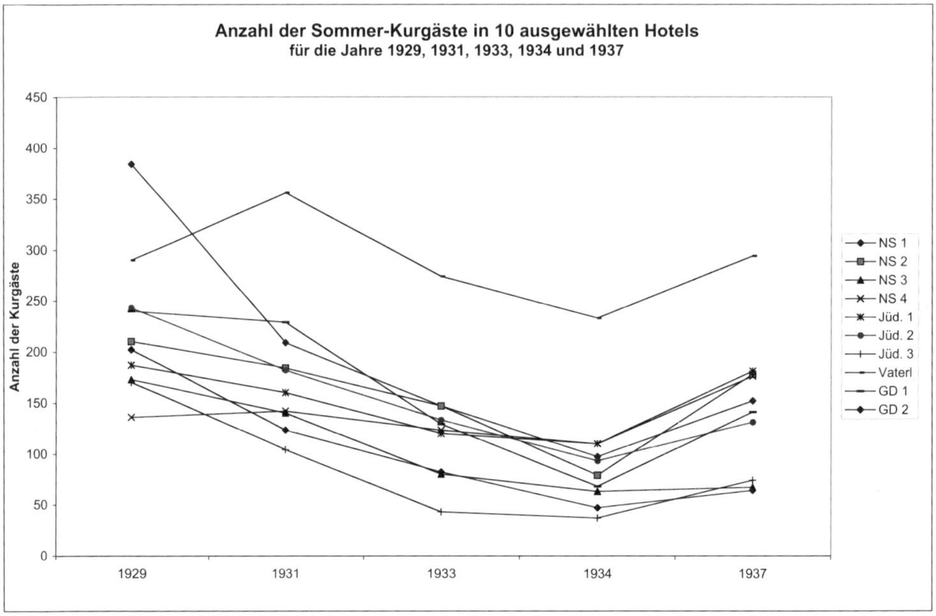

128 NS 1, 2 und 3 sind die drei »arischen Kurhäuser«, die sich schon 1931 als solche bezeichnet haben (vgl. Anm. 105); NS 4 gehörte ebenfalls einem Nationalsozialisten. Jüd. 1, 2 und 3 sind drei jüdische Kurhäuser; Vaterl = im Besitz eines »Vaterländischen« und GD 1 und 2 sind zwei »großdeutsche Hotels«.

Besonders starke Frequenzrückgänge ergaben sich bei den drei deklarierten »arischen Kurhäusern« und bei den beiden untersuchten großdeutschen Betrieben. Aber auch die jüdischen Hoteliers waren von der Grenzsperre betroffen. Es fällt jedoch auf, dass das jüdische Hotel »Jüd. 1« im Vergleich zu den beiden anderen jüdischen Kurhäusern einen geringeren Gästeschwund zu verzeichnen hatte. Dies liegt vermutlich daran, dass dieses Haus ein deklariert koscheres Hotel war und somit jüdische Gäste verstärkt ansprechen konnte. Der »typisch vaterländische« Betrieb konnte seine Gästezahlen kurzfristig sogar erhöhen. Die Ursache lässt sich nicht allein damit erklären, dass dieser Hotelier bisher prozentuell einen relativ geringen Anteil an deutschen Reisenden aufwies. Ein weiterer Grund könnte sein, dass jüdische Urlauber vermehrt dieses Haus aufsuchten, was auf eine Gästeumschichtung innerhalb des jüdischen Kurpublikums hinweisen würde.

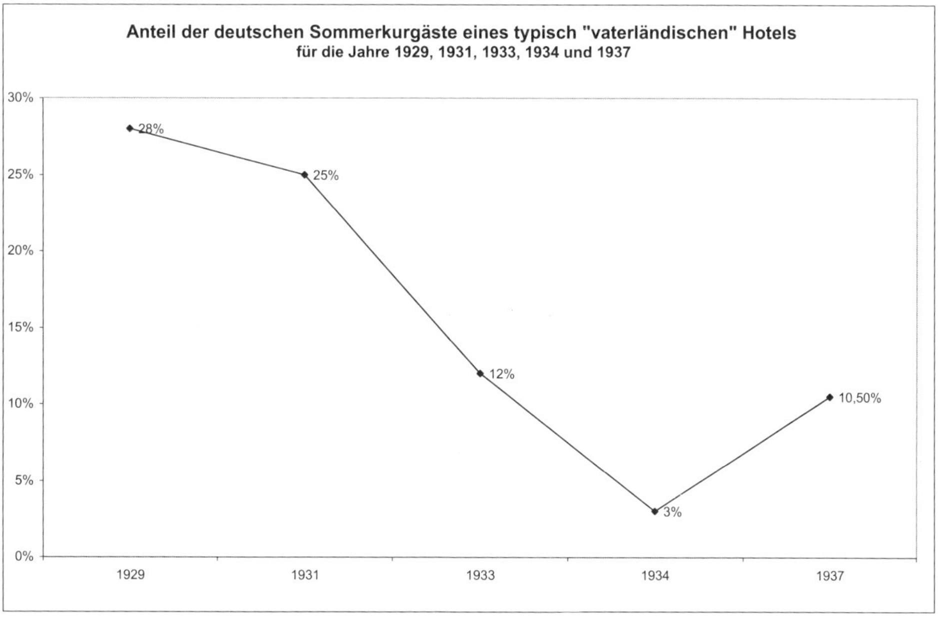

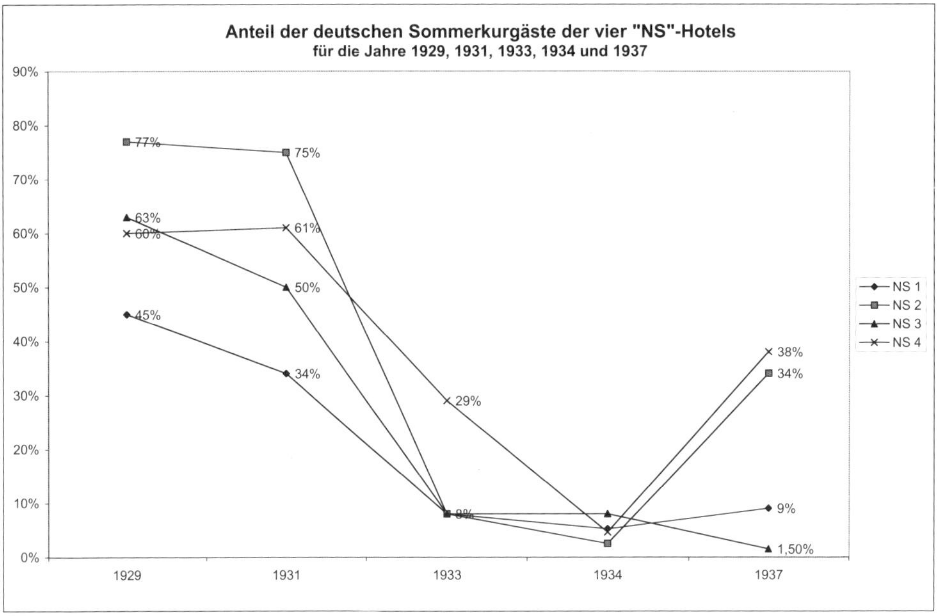

Für die vier nationalsozialistischen Hoteliers zeigt sich, dass sie überdurchschnittlich stark vom deutschen Reisepublikum abhingen. Die Grenzsperre traf sie daher besonders hart, was sie aber nicht daran hinderte, ihrer Gesinnung treu zu bleiben und die Schuld bei der österreichischen Regierung zu suchen. Als mit dem Juliabkommen 1936 auch die Aufhebung der Grenzsperre vereinbart wurde, profitierten diese Betriebe erwartungsgemäß am meisten. Es kursierten nämlich 1937 Listen, die den deutschen Reisenden in Freilassing überreicht wurden, aus denen hervorging, welche Häuser in Bad Gastein zu bevorzugen bzw. welche zu meiden sind[129]. Für die beiden Hotel »NS 2« und »NS 4« zeigt sich auch ganz deutlich, dass sie 1937 eine überdurchschnittlich hohe deutsche Gästefrequenz aufwiesen. Warum in das Hotels »NS 1« weiterhin kaum deutsche Gäste kamen, liegt vielleicht darin begründet, dass das deutsche Kurpublikum in diesem Haus schon immer unterrepräsentiert war. Was das Hotel »NS 3« anbelangt, so lässt sich das Jahr 1937 deshalb nicht mit den anderen Jahren vergleichen, weil der ehemalige nationalsozialistische Eigentümer infolge Konkurses seinen Besitz 1934 verloren hatte.

129 SLA, BH St. Johann 1937 – J16/10493, Abschrift der Listen. Das Original befindet sich im Österreichischen Staatsarchiv – K. 5129 – AVA Inneres 22 (Slg.) Nr. 343571 (in kopierter Form auch im DÖW – E 21275).

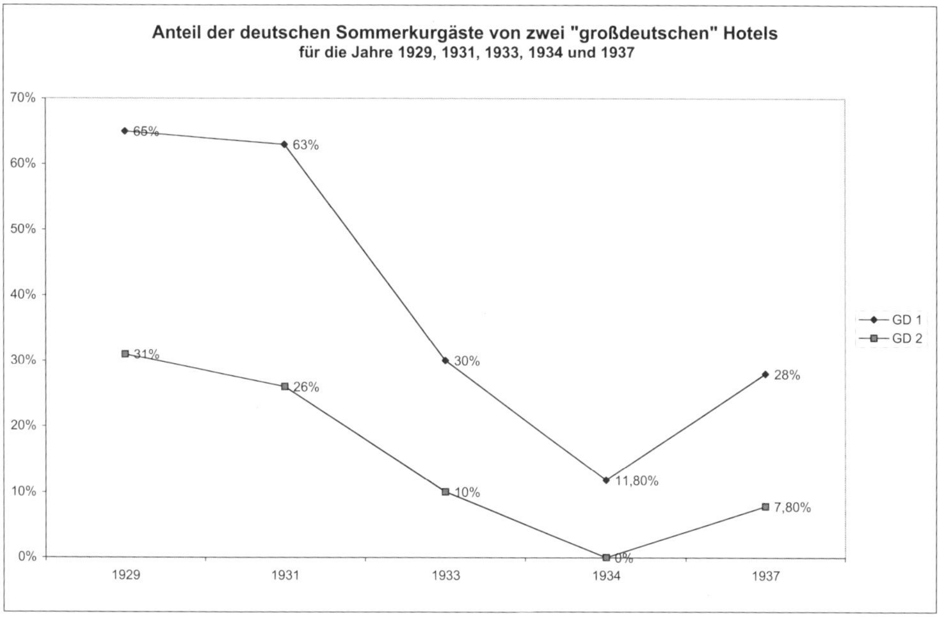

Die Grafik für das großdeutsche Hotel »GD 1« zeigt ein ähnliches Bild wie das der vier »NS«-Hoteliers. Dies liegt möglicherweise daran, dass auch das Hotel »GD 1« in der Liste der zu bevorzugenden Kurhäuser aufschien. Zudem war es im Ort bekannt, dass der Besitzer 1934 als »Geisel« für nicht aufgeklärte NS-Terroranschläge in Bad Gastein in das Anhaltelager nach Wöllersdorf kam.[130] Von diesem Hotelier sind einige Briefe erhalten, die er an deutsche Kurgäste nach seiner Rückkehr aus dem Anhaltelager verfasste. Darin beschreibt er die drückende Wirtschaftslage. Aufgrund seiner Äußerungen ist klar erkennbar, dass jüdische Gäste aus politischen Gründen sein Haus verlassen hatten und andere Häuser hier in Bad Gastein aufsuchten. In einem Brief beklagt er sich, dass »unter dem internationalen jüdischen Publikum ... in den letzten Sommern vor dem Besuch (seines Hotels) ... direkt gewarnt« wurde.[131] Aus einem anderen Schreiben erfahren wir, dass »die bisherigen Sommergäste gegen (sein Hotel) eine offene Boykottbewegung betrieben und sogar alte, nur jüdisch aussehende Stammgäste ... auf der Promenade befragt (wurden), wie sie denn in so einem Hause wohnen könnten«.[132]

130 SLA, Akten des Landesgerichtes Salzburg, Vr 1336/34, Bericht des Gendarmeriepostens Bad Gastein am 23. Juni 1934 an das Bezirksgericht Hofgastein: Als anlässlich eines ausländischen Journalistentreffens am 22. Juni 1934 in Bad Gastein nationalsozialistische Aktionen durchgeführt wurden, »erteilte der Herr Sicherheitsminister am 22.6.1934 ... den tel. Befehl, 10 prominente Nat. Soz. Führer ... festzunehmen« die dann großteils in das Anhaltelager nach Wöllersdorf überstellt wurden.

131 SLA, BH St. Johann 1937 – J 16, 10493/37, Weihnachtsbriefe an deutsche Stammgäste (Brief 8) – 1934.

132 Ebda. Brief an einen deutschen Kurgast (Brief 9) – 1934.

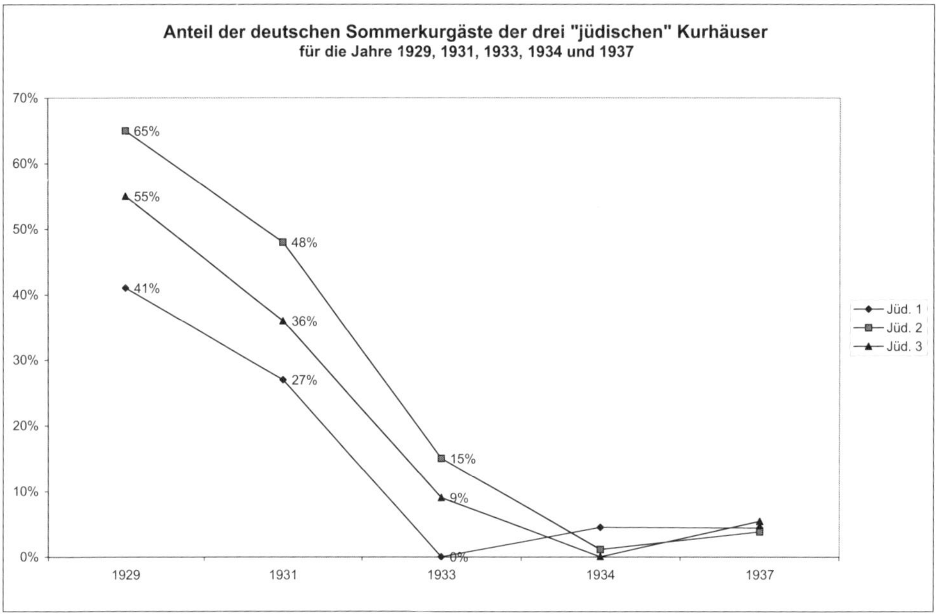

Aus dieser Grafik ist erkennbar, dass 1929 die jüdischen Hoteliers z. T. sogar überdurchschnittlich viele Gäste aus dem Deutschen Reich beherbergten. Der Anteil sank auf fast null Prozent und konnte auch nach 1936 kaum erhöht werden. Die Erklärung liegt auch hier auf der Hand. Schließlich war es den deutschen Reisenden aufgrund der »Fremdenverkehrslisten« bekannt, dass es sich um jüdische Häuser handelte.

»Fremdenverkehrslisten 1937«

Ausgehend von diesen Ergebnissen über die Gästestruktur einzelner ausgewählter Hotels stellt sich die Frage, ob es in Bad Gastein einen Konkurrenz-Antisemitismus gab. Als Grundlage zur Beantwortung dieses Problemkreises sollen nun die »Fremdenverkehrslisten«[133] analysiert werden. Es ist dies eine vierseitige Liste mit dem Titel »Volksbewusste deutsche Gäste des Kurortes Badgastein«, auf der fast alle Geschäftsleute und Ärzte verzeichnet sind, die man bevorzugen bzw. meiden sollte. Verständlicherweise rief die Verbreitung dieser Schriften im Juli 1937 in den vaterländischen Bevölkerungskreisen größte Beunruhigung hervor. Nach Mitteilung des Gendarmeriepostens von Bad Gastein entstanden dadurch im Kurort die »wildesten« Gerüchte: »So wurde unter anderem erzählt, daß sich reichsdeutsche Gestapoagenten im Kurorte herumtreiben und

133 Vgl. Anm. 129.

solche Listen verteilen, dabei aber auch gleichzeitig überwachen, ob sich die reichsdeutschen Kurgäste auch wirklich an die Liste halten und nur jene Häuser und Geschäfte aufsuchen, die ihnen als zu bevorzugen in den Listen bezeichnet werden.«[134] Gleichzeitig fürchtete man in Bad Gastein, auch als »verjudet« zu gelten, was bei den reichsdeutschen Besuchern den Eindruck erwecken könnte, »es sei dies tatsächlich der Fall«.[135] Ob diese Sorge begründet war, lässt sich am besten anhand einer Analyse dieser Liste zeigen:

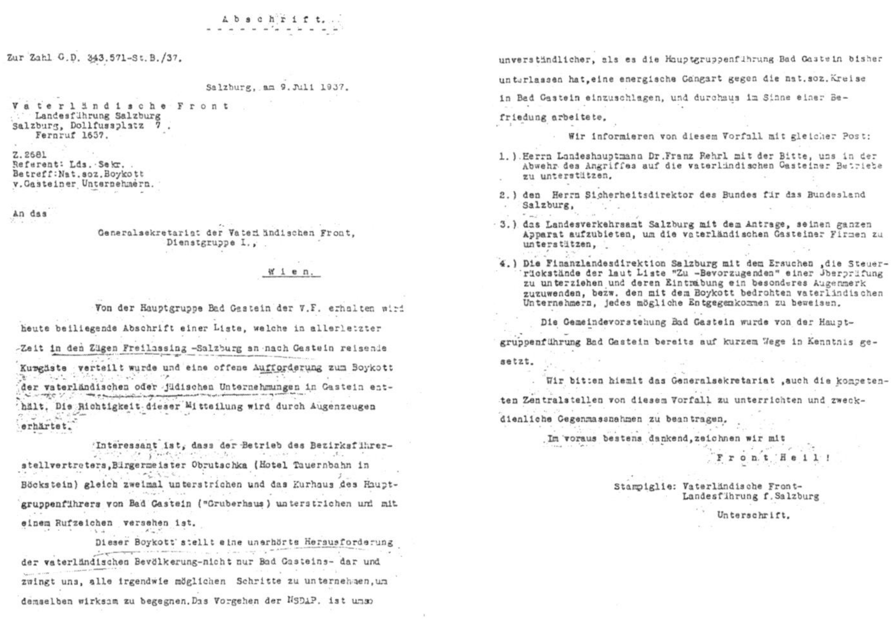

Abschrift.

Zur Zahl G.D. 343.571-St.B./37.

Salzburg, am 9. Juli 1937.

Vaterländische Front
Landesführung Salzburg
Salzburg, Dollfussplatz 7.
Fernruf 1637.

Z. 2681
Referent: Lds. Sekr.
Betreff: Nat.soz. Boykott v. Gasteiner Unternehmern.

An das

Generalsekretariat der Vaterländischen Front,
Dienstgruppe I.,

Wien.

Von der Hauptgruppe Bad Gastein der V.F. erhalten wird heute beiliegende Abschrift einer Liste, welche in allerletzter Zeit in den Zügen Freilassing -Salzburg an nach Gastein reisende Kurgäste verteilt wurde und eine offene Aufforderung zum Boykott der vaterländischen oder jüdischen Unternehmungen in Gastein enthält. Die Richtigkeit dieser Mitteilung wird durch Augenzeugen erhärtet.

Interessant ist, dass der Betrieb des Bezirksführerstellvertreters, Bürgermeister Obrutschka (Hotel Tauernbahn in Böckstein) gleich zweimal unterstrichen und das Kurhaus des Hauptgruppenführers von Bad Gastein ("Gruberhaus) unterstrichen und mit einem Rufzeichen versehen ist.

Dieser Boykott stellt eine unerhörte Herausforderung der vaterländischen Bevölkerung-nicht nur Bad Gasteins- dar und zwingt uns, alle irgendwie möglichen Schritte zu unternehmen, um demselben wirksam zu begegnen. Das Vorgehen der NSDAP. ist umso unverständlicher, als es die Hauptgruppenführung Bad Gastein bisher unterlassen hat, eine energische Gangart gegen die nat.soz. Kreise in Bad Gastein einzuschlagen, und durchaus im Sinne einer Befriedung arbeitete.

Wir informieren von diesem Vorfall mit gleicher Post:

1.) Herrn Landeshauptmann Dr. Franz Rehrl mit der Bitte, uns in der Abwehr des Angriffes auf die vaterländischen Gasteiner Betriebe zu unterstützen,

2.) den Herrn Sicherheitsdirektor des Bundes für das Bundesland Salzburg,

3.) das Landesverkehrsamt Salzburg mit dem Antrage, seinen ganzen Apparat aufzubieten, um die vaterländischen Gasteiner Firmen zu unterstützen,

4.) Die Finanzlandesdirektion Salzburg mit dem Ersuchen, die Steuerrückstände der laut Liste "Zu -Bevorzugenden" einer Überprüfung zu unterziehen und deren Eintreibung ein besonderes Augenmerk zuzuwenden, bezw. den mit dem Boykott bedrohten vaterländischen Unternehmern, jedes mögliche Entgegenkommen zu beweisen.

Die Gemeindevorstehung Bad Gastein wurde von der Hauptgruppenführung Bad Gastein bereits auf kurzem Wege in Kenntnis gesetzt.

Wir bitten hiemit das Generalsekretariat, auch die kompetenten Zentralstellen von diesem Vorfall zu unterrichten und zweckdienliche Gegenmassnahmen zu beantragen.

Im voraus bestens dankend, zeichnen wir mit

Front Heil!

Stampiglie: Vaterländische Front-
Landesführung f. Salzburg

Unterschrift.

Abb. 4: »Fremdenverkehrslisten« 1937 (Quelle: DÖW – E 21275 = Österr. Staatsarchiv – K. 5129 – AVA Inneres 22 (Slg) Nr. 343571)

Auf diesen Listen sind insgesamt 78 Hotels und Gasthäuser (davon 64 im Ortszentrum), 8 Kaffeehäuser, 14 Ärzte, 5 Zahnärzte, 11 Transportunternehmen sowie 69 sonstige Geschäftsleute aufgezeichnet. Manche dieser Unternehmer sind fett hervorgehoben. Demnach sollten von den deutschen Urlaubsgästen die Betriebe bevorzugt werden, die zumindest eine deutschnationale Gesinnung haben, jene aber, die vaterländisch eingestellt oder jüdisch waren, sollten gemieden werden. Die jüdischen Betriebe sind gesondert vermerkt, manche noch handschriftlich hinzugefügt worden.

134 SLA, BH St. Johann i. Pg. 1937 -J16/10493, Bericht des Bad Gasteiner Gendarmeriepostenkommandos vom 12.7.1937 an die BH St. Johann.

135 Ebda.

»Fremdenverkehrs-listen« 1937	Zu bevorzugen	Stark zu bevorzugen	Zu meiden		Stark zu meiden	
			Vater-ländisch	Jüdisch	Vater-ländisch	Jüdisch
Hotels und Gasthäuser	38	5	21	4	7	3
Kaffeehäuser	5	-	2	1	-	-
Ärzte	5	-	1	8	-	-
Zahnärzte	1	-	1	3	-	-
Transportunternehmen	7	-	4	-	-	-
Sonstige Geschäftsleute	42	-	5	17	3	2

Abb. 5: Der Dirigent Arturo Toscanini mit seinem jüdischen Gasteiner Kurarzt Dr. Eisenschimmel am 7. September 1937 an der Wasserfallbrücke in Bad Gastein (Foto: Gasteiner Museum – Aufnahme H. Wolfsbauer).

In der Hotelbranche waren nur 7 von 78 Hotels- und Gasthäusern jüdisch geführt, und im Bereich der Kaffeehäuser wurde eines von 8 als jüdisch beurteilt. Für die Gastronomiebranche war demnach der Konkurrenz-Antisemitismus kaum ein Thema. Bei den Transportunternehmen war überhaupt kein jüdischer Betrieb gemeldet. Anders hingegen stellte sich die Lage für die nichtjüdischen Ärzte und Zahnärzte dar. Immerhin waren 8 der 14 aufgelisteten Ärzte und 3 von 5 Zahnärzten Juden, die schon seit vielen Jahren in Bad Gastein ihre Praxis ausübten[136]. Bezeichnend erscheint in diesem Zusammenhang die Tatsache, dass vier der fünf »zu bevorzugenden« Ärzte schon als »illegale Nationalsozialisten« bekannt waren[137].

Von den »sonstigen« 69 Geschäftsleuten waren immerhin fast 28 % Juden, die während der Sommermonate in Bad Gastein Schmuck, Pelze, Teppiche und Bilder verkauften[138]. Während in der »Teppich- und Bilderbranche« die jüdischen Ge-

136 Der älteste hier ansässige jüdische Arzt Dr. Anton Wassing kam schon 1885 nach Bad Gastein. Fünf der acht jüdischen Ärzte waren bereits 1912 in Bad Gastein tätig (vgl. Liste der Kurgäste in Passanten, Bad Gastein 1912). Zwei der drei jüdischen Zahnärzte betrieben ihre Ordination seit 1928 im Ort (Kurliste 1928).

137 NS-Registrierungslisten der Gemeinde Bad Gastein von 1947: Nr. 105, 340, 515, 560. Kopien davon befinden sich im Privatbesitz.

138 Mindestens sieben dieser 19 jüdischen Geschäftsleute betrieben ihre »Sommerbetriebe« schon seit Jahren

schäftsleute für die ortsansässigen einheimischen Unternehmer keine Konkurrenz bildeten, waren die Bereiche »Schuhe, Schneider, Mode, Pelze, Wäsche und Schmuck« einem starken Wettbewerbsdruck ausgesetzt. Die nationalsozialistische Wochenschrift »Alpenwacht« berichtete darüber schon im Juli 1934, wonach »die arischen Geschäftsleute (in Bad Gastein, Anm. L.K.) … unter der Schleuderkonkurrenz jüdischer Firmen, wie der Gewah u. a.« leiden würden[139]. Dies hinderte aber auch noch 1936 selbst die fanatischen Gasteiner Nationalsozialisten nicht, bei der Gewah einzukaufen.[140] Besonders verwerflich betrachtete ein örtlicher Hotelier das Verhalten mancher deutscher Reisender, die offensichtlich auch noch 1937 bei Juden einkauften.[141]

Offener Antisemitismus nach dem Anschluss Österreichs an das Deutsche Reich

Mit der Machtergreifung der Nationalsozialisten in Österreich im März 1938 änderte sich auch in der Gemeinde Bad Gastein die Haltung gegenüber den Juden schlagartig. Man war jetzt nicht mehr an den jüdischen Gästen interessiert. So blieb beispielsweise eine Anfrage eines langjährigen polnischen Kurgastes vom 16. Mai 1938 bezüglich eines möglichen Aufenthaltes in Bad Gastein durch einen Gemeindebeamten mit einem in roter Farbe versehenen Vermerk »Jüdin! a.a.!« (ad acta, Anm. L.K.) unerledigt.[142] Zudem sah sich der Ort nicht mehr in der Lage, jüdische Kurgäste aufzunehmen. Das »Gasteiner Blatt« meldete am 25. Juni 1938, dass es »in der kurzen Zeit nicht möglich (war), die für die Juden notwendigen separaten Kuranlagen zu schaffen.«

Aber auch den jüdischen Geschäftsleuten wurde durch offene antisemitische Aktionen »mitgeteilt«, dass sie hier nicht mehr erwünscht seien. So musste eine jüdische Geschäftsfrau, die in Bad Gastein schon seit 11 Jahren ein Damenwäsche- und Modegeschäft betrieb, ihren Laden mit zwei großen Zetteln »jüdisches Geschäft« kennzeichnen. Als ihr außerdem in der Nacht vom 24. auf 25. Mai 1938 noch drei große Schaufenster-

hier, wie dem amtlichen Telefonbuch (Amtliches Teilnehmer-Verzeichnis) des Jahres 1934 zu entnehmen ist.

139 »Alpenwacht«, Folge 17 – Juli 1934, S. 8.

140 SLA, Akte des Landesgerichtes Salzburg, VR 606/36 – Auszug aus dem Vernehmungsprotokoll vom 6.4.1936, S. 6a, darin gibt eine wegen NS-Betätigung verhaftete als sehr fanatisch bekannte Nationalsozialistin zu ihrer Entlastung an: »Einen Umgang mit der vaterländisch gesinnten Bevölkerung habe ich nicht vermieden, dafür aber, daß unsere Bekannten nationalsozialistisch eingestellt sind, kann ich nicht … ich kaufte bei der ›Gewah‹, einem jüdischen Unternehmen und bei dem vaterländisch gesinnten Kaufmann Herbeck ein.« Diese Angaben wurden damals auch vom Bad Gasteiner Postenkommandanten bestätigt (S. 17).

141 SLA, BH St. Johann 1937 – J16/10493, Bericht des Gendarmeriepostens Bad Gastein an das Bezirksgericht, Rechtfertigungsbericht eines wegen NS-Betätigung angeklagten Bad Gasteiner Hoteliers vom 11.7.1937 bezüglich eines am 22.4.1937 geschriebenen Briefes (18) an einen deutschen Kurgast.

142 GA, P4 – 1398/38.

scheiben eingeschlagen wurden, wandte sie sich in vollkommener Verkennung der geänderten politischen Lage an die Ortsgruppenleitung der NSDAP um Hilfe, da sich die Versicherung weigerte, den entstandenen Gesamtschaden von RM 550,– zu zahlen. Dort wurde ihr aber nur lakonisch mitgeteilt, »daß man auf Grund dieser und ähnlicher Vorfälle die jüdischen Geschäfte in Badgastein zu sperren gedenkt«.[143] Dieses Vorhaben scheint auch schon innerhalb kürzester Zeit verwirklicht worden zu sein, denn einem Ansuchen eines Geschäftsinhabers vom 8. Juni 1938 bezüglich Vermietung seines Lokales an einen jüdischen Unternehmer versagte der NS-Bürgermeister Josef Wörther die Genehmigung mit folgenden Worten: »Auf ihre Anfrage, betreffend die Vermietung Ihres Geschäftslokales in Badgastein an einen Juden wird Ihnen mitgeteilt, daß Ihr Vorhaben seitens der nat. soz. Gemeinde-Verwaltung aus grundsätzlichen Erwägungen niemals eine Zustimmung erfahren wird.«[144] Einem anderen jüdischen Unternehmer, der seit vielen Jahren während der Sommermonate in Gastein ein Schmuckgeschäft betrieb, wurde am 15. Juni 1938 mitgeteilt, »daß auch in Badgastein Juden unerwünscht sind, gleich in welcher Eigenschaft sie sich hier aufzuhalten gedenken«.[145]

Etwas vorsichtiger verhielt sich die Gemeinde gegenüber den jüdischen Hausbesitzern. Man versuchte durch Drohungen und finanzielle Drangsalierungen die jüdischen Eigentümer zum Verkauf ihrer Häuser zu bewegen. In Bad Gastein befand sich auch ein koscheres Hotel, welches bereits seit 1911 im Besitz der polnischen Familie Kokisch stand. Da Deutschland 1938 mit Polen noch nicht im Kriegszustande war, konnte man dieser polnischen Familie den Besitz nicht so einfach wegnehmen wie in anderen Fällen, »da immerhin Repressalien zu befürchten waren«[146]. Das Gespräch des Bad Gasteiner nationalsozialistischen Bürgermeisters Josef Wörther mit zwei Familienmitgliedern dieses Hotels bezüglich des Verkaufes verlief folgendermaßen[147]: Die beiden Damen waren überzeugt davon, dass »in Gastein … niemand etwas gegen uns (hat)«. Diese Aussage bestätigte der Bürgermeister: »Ja, das gebe ich zu. Sie haben aber das Unglück von jüdischer Rasse zu sein.« Hierauf drohte der Bürgermeister den beiden damit, dass sie sich doch endlich darüber klar werden müssen, »daß Sie das Haus verkaufen müssen, denn ich werde Ihnen ja jetzt das Thermalwasser absperren und dazu sehen, dass es immer weniger wert wird«. Da die Familie aber immer noch nicht verkaufen wollte, wurde der Weg über die Zwangsversteigerung gewählt. Demnach hat die Gläubigerbank die auf dem Hotel pfandrecht-

---

143 SLA, Arisierungsakten – VMS – Ar 012/45/71, Schreiben der Modegeschäftsinhaberin vom 28.5.1938 an den Reichskommissär.

144 GA, P4 – 1645/38.

145 GA, M1 – 1742/38, Antwortschreiben des Bürgermeisters der Gemeinde Bad Gastein am 15.6.1938 auf ein Ansuchen eines Wiener Goldwarenhändlers vom 12.6.1938.

146 SLA, Landesgericht Salzburg – Rückstellungsakten 9/52, S. 34, Aussage eines Zeugen am 23.9.1948 anlässlich des Rückstellungsverfahrens.

147 SLA, Landesgericht Salzburg – Rückstellungsakten 9/52. Das Gespräch vom 15.7.1938 mit dem Nazi-Bürgermeister wurde von zwei Familienmitgliedern des koscheren Hotels protokolliert.

lich sichergestellte alte Schuld fällig gestellt, so dass die Familie laut Urteil vom 6. September 1938 RM 188.231,– samt Zinsen und Prozesskosten zahlen sollte[148]. Am 29. Oktober 1938 erschienen um 12 Uhr mittags im Hotel ein Gendarm und zwei SA-Männer, die den polnischen Besitzern die Pässe abnahmen und ihnen ankündigten, dass sie innerhalb von drei Stunden von Bad Gastein abgeschoben würden[149]. Nina Lieberman, die Tochter des 1938 vertriebenen Salzburger Rabbiners Margulies, erinnert sich auch an diesen Vorfall: »The Kokisches were either Polish or Stateless at that time, and were due to be deported by the Nazi regime to the Polish border. It so happened that the day of the deportation order was a Saturday, the Jewish Shabbat. My father, who was the rabbi of Salzburg, received a frantic call from the woman to please intercede with the Gestapo so that they did not have to travel on the Shabbat. My father was able to get the Gestapo to wait until after sundown!«[150] Zwei betroffene Familienmitglieder verfassten unmittelbar danach ein Gesprächsprotokoll. Demnach konnte der Termin auf Intervention des Rabbiners von Salzburg bis sieben Uhr abends verschoben werden. »Wir packten, unter ständiger Beaufsichtigung der SA einige Privatsachen ein und wurden dann um 7 Uhr abends in das Polizeigefangenenhaus nach Salzburg abgeschoben.[151] Dort blieben wir in Haft bis Montag den 31. Oktober 1938 ... Da wir kurz vorher schon durch unsere chilenischen Verwandten die Einreise bekommen hatten ... verwies man uns ... nach Wien, wo man uns ... eine Aufenthaltserlaubnis bis 10. Dezember erteilte.«[152] Schließlich landete diese Familie »in Chile, wo sie einflussreiche und wohlhabende Verwandte hatte, die sie herzlich willkommen hießen und ihnen halfen, sich wieder im Hotelgeschäft zu etablieren«.[153] Die Zwangsversteigerung des Hotels in Bad Gastein erfolgte dann in Abwesenheit der Eigentümer am 22. Juli 1939. Das Objekt wurde schließlich von der Polizeiverwaltung des Deutschen Reiches um RM 194.100,– erworben[154].

Gegenüber den langjährigen jüdischen Ärzten in Bad Gastein hingegen gab man sich seitens der NS-Führung auffallend gemäßigt. Man hatte offensichtlich Hemmungen genauso aggressiv aufzutreten, schließlich musste man die Stimmungslage in bestimmten

---

148 SLA, Landesgericht Salzburg – Rückstellungsakten 9/52, S. 12.

149 SLA, Landesgericht Salzburg – Rückstellungsakten 9/52, Gedächtnisprotokoll bezüglich des 29.10.1938, verfasst von den beiden polnischen Damen anlässlich ihrer Ausweisung aus Österreich.

150 Brief von Nina Lieberman, Woodstock, New York, vom 18. Juni 1997 an den Autor.

151 Die Fahrt nach Salzburg musste sich die jüdische Familie übrigens selbst bezahlen, wie aus einer Gebührenabrechnung des sie begleitenden Bad Gasteiner Gendarmen zu entnehmen ist. SLA, Präsidialakte 1939 – 27b/5.

152 SLA, Landesgericht Salzburg – Rückstellungsakten 9/52, Gedächtnisprotokoll.

153 Geduldet, geschmäht und vertrieben. Salzburger Juden erzählen, hg. v. Daniela Ellmauer, Helga Embacher und Albert Lichtblau (Wie Anm. 17), Nina J. Liebermann, S. 234.

154 SLA, Landesgericht Salzburg – Rückstellungsakten 9/52, S. 51. Vgl. dazu auch: BG, TZ 186/49. Die Rückstellung erfolgte am 11. November 1948, allerdings mussten die wiedereingesetzten Eigentümer dem Ariseurer (»Deutsches Reich – Polizeiverwaltung«) den Betrag von S 194.100,- samt 2 % Zinsen ab 22.7.1939 binnen drei Monaten bezahlen.

Abb. 6: Dr. Anton Wassing (Foto: Gasteiner Museum)

Bevölkerungskreisen berücksichtigen, die den jüdischen Ärzten gegenüber ausgesprochen positiv eingestellt waren. Die Einstellung der Einheimischen und der Umgangston der öffentlichen Machtträger sollen an dem jüdischen Kurarzt Dr. Anton Wassing exemplarisch dargestellt werden: Dr. Wassing wurde 1860 als Sohn eines Kaufmannes in Wien geboren. Mit 25 Jahren kam er als junger Arzt nach Bad Gastein und erhielt dort zunächst die Stelle eines Hilfsarztes im Badehospiz. Ferner wurde ihm als Gemeindearzt die Leitung des Ortskrankenhauses übertragen, das die Gemeinde 1898 erbaut hatte. In diese Zeit fiel auch der Bau seiner Villa (1896–1898) an der Kaiserpromenade[155], die er nach Plänen des Architekten Josef Wessicken vom Baumeister Angelo Comini errichten ließ[156]. Das Grundstück kaufte er vom damaligen Bürgermeister Carl Straubinger[157]. Dr. Anton Wassing hatte mit seiner ebenfalls jüdischen Gattin Charlotte drei Söhne, die alle in Bad Gastein geboren wurden (Hans 1888, Ernst 1890 und Franz 1901)[158], und eine Tochter. Nachdem 1904 seine Frau starb, beschloss er, die Tätigkeit des Gemeindearztes zurückzulegen, während des Winters nach Wien zu übersiedeln, wo er eine neue Praxis begann, und lediglich während der Sommermonate als Kurarzt weiterhin in Bad Gastein zu verbleiben.[159] Fünf Jahre nach dem Tode seiner Frau Charlotte heiratete er 1909[160] deren Schwester Pauline. Unter seinen Kurgästen befand sich auch König Leopold I. von Belgien, der ihn durch die Verleihung des Ritterkreuzes des

155 Dieses Haus ist das bis vor kurzem von geistlichen Schwestern geführte Kurhaus »Goldeck«.

156 Laurenz Krisch: Angelo Comini – der bedeutendste Baumeister in der Geschichte Bad Gastein. In: MGSL 137 (1997), S. 241–278, hier S. 247.

157 Heinrich Zimburg: Obermedizinalrat Dr. Anton Wassing. In: Bad Gasteiner Badeblatt, 21.8.1960, S. 371–373, hier S. 373.

158 Die Angaben sind dem Geburten- und Taufbuch des katholischen Pfarrarchives der Pfarre Bad Gastein entnommen. Für alle drei ist das mosaische Glaubensbekenntnis angegeben.

159 Zimburg (wie Anm. Folge 157), S. 372. Vgl auch Josef Schneyer: Obermedizinalrat Dr. Anton Wassing. 50 Jahre Arzt und Kurarzt in Bad Gastein. In: Bad Gasteiner Badeblatt, 21.8.1935, S. 1 f.

160 SLA, Landesgericht Salzburg – Rückstellungsakten RK 1948, 15/48, Todeserklärung von Pauline Wassing vom 8.6.1948.

Abb. 7: Villa Dr. Wassing in Bad Gastein (Foto: Privatbesitz)

Leopoldordens für seine Verdienste auszeichnete. Dr. Wassing erhielt noch zahlreiche andere Auszeichnungen. So wurden ihm in Anerkennung seiner Verdienste als Gemeindearzt der Franz-Josefs-Orden und 1930 in Anerkennung seiner 45-jährigen Tätigkeit als Arzt in Gastein der Titel »Obermedizinalrat« verliehen[161]. Seit 1902 war er durch viele Jahre hindurch bis 1930 Mitglied der Kurkommission[162]. Er erfreute sich im Ort nach einer Schilderung des damaligen Kurdirektors Heinrich von Zimburg bei den Gasteiner Einheimischen größter Beliebtheit. »Dr. Wassing stand nämlich in dringenden Fällen jedem Kranken, ob arm oder reich, zu jeder Stunde zur Verfügung. Diese Hilfsbereitschaft, welche bei armen Leuten immer unentgeltlich erfolgte, öffnete ihm das Herz der Gasteiner und diese dankten ihm seine Menschenfreundlichkeit damit, daß sie ihn den Kurgästen empfahlen.«[163] Er war aber nach Ansicht Zimburgs auch bei seinen Kollegen sehr geschätzt, was darin begründet sein dürfte, dass er »fast bei allen Familien der Gasteiner Kurärzte als Hausarzt«[164] fungierte. In ähnlich lobenden Worten äußerte sich auch der Gendarmerieposten Bad Gastein am 11. Oktober 1935 in einer Stellungnahme an die Be-

161 SLA, Rehrl-Briefe 1930, Nr. 1388 vom 16.9.1930.
162 FV, Kurkommissionsprotokolle Bad Gastein 1928–1930, Sitzung vom 23.8.1930, S. 1.
163 Zimburg (wie Anm. 157), S. 373.
164 Ebda.

zirkshauptmannschaft St. Johann bezüglich einer Ehrung anlässlich des 50-jährige Berufsjubiläums dieses »verdienstvollen« Arztes[165]. Aber auch seine Söhne waren im Ort gut bekannt. Sie waren Mitglieder des Deutsch-Österreichischen Alpenvereins (Sektion Gastein)[166] und führten dementsprechend häufig größere Bergtouren in der Umgebung durch, wie einer Eintragung aus dem Gipfelbuch der 3000 m hohen Tischlerspitze aus dem Sommer 1928 zu entnehmen ist, die sie gemeinsam mit zwei einheimischen Bergführern bestiegen.[167] Der älteste Sohn, Dr. Hans Wassing, inzwischen Primar in Paterson in Nordamerika, fungierte 1930 in New York als Multiplikator für den Kurort Bad Gastein unter den amerikanischen Ärzten, wofür ihm der sozialdemokratische Bürgermeister Walter Lassnig namens der Kurkommission herzlich dankte[168]. Über die Beliebtheit des Arztes Dr. Anton Wassing gibt es zahlreiche Aussagen von Zeitzeugen. Eine ehemalige sozialdemokratische Arbeiterturnerin, die mit einem revolutionären Sozialisten verheiratet war, charakterisierte ihn mit folgenden Worten: »Er … war so ein Arbeiterarzt – a jedem oitn Weibl hot der gholfn – der hot keinem Hund was getan – nur war er a Jud – oba wiss'ns, ein Mensch rein bis zur Seele.«[169] Eine andere Frau, die seit 1930 jeden Sommer bis 1938 in der Villa des Dr. Wassing als Köchin gearbeitet hatte, erinnerte sich: »Des war mein bester Posten – waren sehr nette feine Leute … Der Dr. Wassing hat in Gastein einen guten Ruf gehabt. In der Systemzeit (zwischen 1933 und 1938, Anm. L.K.) hat der Wassing Kinder genommen, wo sie essen konnten. … Den Wassing haben noch viele Leute gedeckt (nach dem Anschluss 1938, Anm. L.K.) – hat ihn ja alles gekannt als guten Menschen … Er ist (als Arzt zu seinen Patienten) auch in der Nacht gekommen, da hat er von den Leuten, weil er gesehen hat, daß sie eh nix haben – hat er nix verlangt!«[170] Weiters schilderte sie den netten Zusammenhalt innerhalb der Familie des Arztes: »Sie haben oft musiziert. Die zwei Alten haben vierhändig Klavier gespielt, der Ernst (jüngere Sohn, Anm. L.K.) das Cello, der Franzi, der jüngste Sohn hat Klarinette geblasen. … Die Leute sind oft bis zur Terrasse gestanden.« Diese ehemalige Köchin erzählte aber auch ihre Erlebnisse während der Systemzeit im Hotel, denn nicht alle Einheimischen waren dem Kurarzt, der für sie »ois wia a Vota woar«, so wohlgesonnen: »Ein gewisser Teil war schon Nationalsozialisten. … Die Gartenmöbel haben sie uns weg und neben den Kaiserhof obigwixt – des war, da war no ka Hitler da bei uns. … Und einmal habens die Fenster zusammenghaut – da sind Gäste dagewesen.«[171] Den Anschluss schilderte sie folgendermaßen: »Im Mai 1938 sind wir noch in die Saison gegangen. Die arische Führung war der jüngste Sohn (er hatte nämlich eine arische Frau) … Diese Frau hat das Haus geführt.«

165 SLA, Präsidialakte – PA 1a/314.
166 Offensichtlich hatte die Sektion Gastein zu dieser Zeit noch nicht den »Arierparagraphen« eingeführt.
167 Angemerkt sei hier, dass einer der beiden Bergführer der spätere Ritterkreuzträger Alois Gugganig war.
168 FV, Kurkommissionsprotokolle Bad Gastein 1928–1930, Sitzung vom 23.8.1930, S. 4.
169 Interview mit Frau N. N. 3 (geb. 1910) am 22.6.1999.
170 Interview mit Frau N. N. 4 (geb. 1911) am 13.3.1999.
171 Ebda.

Und wieder betonte sie »weil er (der Wassing) sehr viel für Gastein geleistet hat, drum sind ihm ja sehr viele beigestanden«. Der Rückhalt war aber nur bis zum Juni 1938 gegeben, denn zu diesem Zeitpunkt musste das Haus ohne Rücksicht auf die anwesenden Gäste – »Mir hom's Haus voller Leute gehabt«[172] – über Nacht gesperrt werden. Die Folge war ein langwieriges Arisierungsverfahren, weil nicht sicher war, ob der mittlerweile 78-jährige Kurarzt Dr. Anton Wassing den gesamten Besitz seiner arischen Schwiegertochter vermachen würde, die sich von ihrem Mann getrennt hat, sich aber noch scheiden lassen müsste, damit der Besitz wieder »arisch« wäre. Der mit der Familie des Arztes gut bekannte spätere Arisierer war aber davon überzeugt, dass »nach dem guten Verhältnis, das bis zur Trennung in der Familie geherrscht hat, anzunehmen (ist), dass die Übernahme des Hauses durch die arische Schwiegertochter eine … Tarnung ist.«[173] Die Gemeinde hatte größtes Interesse an der Arisierung, da sie nur über diesen Umweg ein dringend benötigtes öffentliches Gebäude billig erhalten konnte[174]. Trotz all dieser Wirren schien auch der NS-Bürgermeister dem alten Dr. Wassing in gewisser Hinsicht entgegen kommen zu wollen, wie einem Brief des Arztes Dr. Anton »Israel« Wassing vom 29. Juni 1939 an den Bürgermeister zu entnehmen ist. Darin schreibt er: »Ich hätte vielleicht die Möglichkeit, mit meiner Gattin zu meinem Sohne Dr. Hans Wassing nach Nordamerika fahren zu können, und Herr Bürgermeister waren selbst aus Anlass der Unterredung vom Dezember 1938 so freundlich, darauf hinzuweisen, dass mir die Gemeinde als ihrem langjährigen Arzte vergönnen würde, dieses Ziel zu erreichen.«[175] Am 2. Mai 1940 war es schließlich so weit. Dr. Anton Wassing »verkaufte« sein Haus in Bad Gastein um RM 80.000,–. Von den vereinbarten RM 80.000,– erhielt er aber lediglich RM 7.000,– auf ein gesperrtes, mit der Bezeichnung «Entjudungserlös Dr. Anton Wassing« versehenes Konto[176]. Über sein weiteres Schicksal ist bekannt, dass er am 17. Mai 1941 im Rothschildspital in Wien an »Lungenentzündung und Herzschwäche« verstorben ist[177]. Während die drei Söhne das »Hitler-Regime« noch rechtzeitig verlassen konnten,[178]

---

172 Ebda.

173 SLA, Arisierungsakten VMS – Ar 053/45/113, Brief des späteren Arisierers vom 21. 7. 1938, S. 5a und 5b.

174 Die Arisierung der Villa des Dr. Anton Wassing war zugunsten eines Bad Gasteiner Hoteliers gedacht, der dafür der Gemeinde sein zentral gelegenes Hotel verkaufen sollte.

175 GA, K2 630/39, Schreiben des Dr. Anton Wassing aus Wien an den Bad Gasteiner Bürgermeister am 29.6.1939.

176 BG, TZ 270/40, Kaufvertrag vom 2.5.1940 und Bescheid der Vermögensverkehrsstelle in Salzburg vom 10.5.1940. Demnach wurden an das Finanzamt Innere Stadt in Wien zur »Sicherstellung der Reichsfluchtsteuer« RM 49.668,- erlegt, und RM 20.750,- mussten innerhalb eines Monats »zum Zwecke der Berichtigung der … sichergestellten Judenvermögensabgabe« bezahlt werden. Unter Berücksichtigung diverser Gemeindeabgaben (RM 2.438,19) verblieben dem »Verkäufer« lediglich RM 7.143,10, wovon er »nach Erteilung der erforderlichen Genehmigung« RM 7.000,- ausbezahlt erhalten sollte.

177 Schreiben des Präsidiums der Israelitischen Kultusgemeinde Wien vom 29.10.1996 an den Autor.

178 BG, TZ 709/59, Kaufvertrag vom 30.6.1959. Demnach wohnten Dr. Hans Wassing und Ernst Wassing in den USA und Franz Wassing in Venezuela.

wurde seine zweite Frau Pauline am 24. September 1942 aus ihrer Wiener Wohnung nach Theresienstadt deportiert und am 8. Juni 1948 für tot erklärt, »wobei ausgesprochen wurde, dass sie den 8. Mai 1945 nicht mehr überlebt hat«.[179] Am 16. September 1949 schließlich erhielten die drei Söhne (die Tochter Anna war bereits 1927 verstorben[180]), sowie eine Nichte von Dr. Anton Wassing im Zuge des Rückstellungsverfahrens wieder ihren ehemaligen Besitz zurück[181].

Resümee: Mit dem Anschluss Österreichs an das Dritte Reich waren jüdische Gäste plötzlich nicht mehr erwünscht. Den jüdischen Geschäftsleuten gegenüber wollte man zunächst nicht ganz so rigoros auftreten, da man die Reaktion der Bevölkerung nicht klar einschätzen konnte. Nach einigen Monaten aber wagte man auch hier, den Juden ihre Besitztümer wegzunehmen, obwohl man gewissen angesehenen jüdischen Persönlichkeiten gegenüber zunächst noch Hemmungen hatte. Die Arisierungen von jüdischen Häusern erfolgten zumeist zugunsten des Deutschen Reiches (Wehrmacht, Polizei, SS, Gemeinde), deshalb war der Druck auf die jüdischen Hoteliers und Villenbesitzer eher anonymer Art, so dass das Hemmnis des »Sich-persönlich-Kennens« entfiel. Dies hinderte aber einige Bad Gasteiner SA-Leute nicht, am 9. November 1938 in der so genannten »Reichskristallnacht« den aggressivsten Antisemitismus, den es je in Gastein gegeben hat, gegenüber jüdischen Einrichtungen offen zu demonstrieren.

Reichskristallnacht

Den Auslöser zu den Ausschreitungen vom 9. November 1938 im ganzen Deutschen Reich bildete das Attentat des 17-jährigen polnischen Juden Herschel Grynszpan auf den Deutschen Legationssekretär Ernst von Rath in Paris[182]. Diesen Anschlag nahm Goebbels zum Anlass, »eine großangelegte Aktion gegen Juden im gesamten Reichsgebiet in die Wege zu leiten.«[183] Hunderte Synagogen, Geschäfte und Wohnungen wurden daraufhin im ganzen Reich von marodierenden SA-Leuten angezündet und vernichtet. Al-

179 BG, TZ 111/50. Vgl. auch SLA, Landesgericht Salzburg – Rückstellungsakten RK 1948, 15/48, Todeserklärung von Pauline Wassing vom 8.6.1948.

180 SLA, Landesgericht Salzburg – Rückstellungsakten RK 1948, 15/48.

181 BG, Katastralgemeinde Wildbad Gastein, S. 215.

182 Hans-Jürgen Döscher: Reichskristallnacht, Die November Pogrome 1938. Augsburg 1998. S. 77 ff. Grynszpan beging diese Tat aus Verzweiflung über das Schicksal seiner Eltern, die zusammen mit 17.000 polnischen Juden am 29. Oktober 1938 in einer ersten Massendeportation nach Polen geschickt wurden, dort von den Polen aber nicht ins Land gelassen wurden und deshalb im Niemandsland zwischen den beiden Staaten hungernd und frierend ausharren mussten.

183 Günter Fellner: Die Verfolgung der Juden. In: Widerstand und Verfolgung in Salzburg 1934–1945 Band 2, hg. v. DÖW. Wien/Salzburg 1991. S. 432–439, hier S. 436.

lein in Wien wurden 42 jüdische Bethäuser durch Brandlegung größtenteils zerstört.[184] Die große Mehrheit der Bevölkerung war nach Meinung von Günter Fellner jedoch gegen die Demolierungen, weil sie als Vernichtung »deutschen« Volksvermögens angesehen wurden[185]. Auch in Salzburg kam es zu Ausschreitungen von Angehörigen der SA. So verwüsteten in der Nacht des 10. November 1938 in der Stadt ungefähr 30 bis 50 SA-Leute die jüdische Synagoge der Stadt und eine Reihe von jüdischen Geschäften.[186] Der größte Teil der Bevölkerung wurde von diesen Aktionen vollkommen überrascht. Wie einem Bericht des Führers des SD-Unterabschnitts von Salzburg an den SD-Führer des SS-Oberabschnitts Donau in Wien zu entnehmen ist, erfolgte die Durchführung der Ausschreitungen »lediglich von Formationsangehörigen (zumeist der SA, Anm. L.K.), die von ihren Vorgesetzten dazu befohlen wurden. Es ist unrichtig, wenn in den Zeitungen von einer spontanen Volksbewegung gesprochen wird, derartige Nachrichten nimmt die Bevölkerung mit einem leisen Lächeln auf.«[187] Am nächsten Tag meldete die »Salzburger Landeszeitung« auch aus Hallein und aus Bad Gastein Übergriffe.[188] Demnach wurden »in Badgastein ... von den Aktionen unter anderem betroffen das Hotel »Bristol«, das der polnischen Jüdin Kokisch gehört, das Kurhaus »Cäcilia«, das sich in Besitz des aus Berlin stammenden Juden Burger befindet, das Kurhaus Dr. Wassing und die Villa des Professor Hatschek; auch das Zahnatelier des Juden Süß, die Geschäfte Steininger, Posele, Horowitz und Rosenberg blieben nicht unverschont.« Personen kamen dabei nicht zu Schaden, da zu diesem Zeitpunkt keine Juden mehr im Ort wohnten. Sie waren mittlerweile entweder ausgewandert oder nach Wien übersiedelt. Über das Schicksal von drei Gasteiner jüdischen Bürgern, die nach Wien gezogen waren, ist bekannt, dass sie das »Nazi-Regime« nicht überlebten[189].

---

184 Herbert Rosenkranz: Verfolgung und Selbstbehauptung. Die Juden in Österreich 1938–1945. Wien 1978. S. 159.

185 Fellner: Die Verfolgung der Juden (wie Anm. 183), S. 437.

186 Bericht des Führers des SD-Unterabschnitts Salzburg an den SD-Führer des SS-Oberabschnitts Donau in Wien betreffend die »Reichskristallnacht« in Salzburg, 10. November 1938 – Nach: Salzburgs wiederaufgebaute Synagoge. Festschrift zur Einweihung. Salzburg 1968. S. 160. Vgl. dazu auch Widerstand und Verfolgung in Salzburg 1934–1945 Band 2, hg. v. DÖW. Wien/Salzburg 1991. S. 451 f. und Nationalsozialismus und Krieg. Ein Lesebuch zur Geschichte Salzburgs, Band 2, hg. von Roland Floimair. Salzburg 1993. S. 140.

187 Bericht des Führers des SD-Unterabschnitts Salzburg an den SD-Führer des SS-Oberabschnitts Donau in Wien betreffend die »Reichskristallnacht« in Salzburg, 11. November 1938 – Nach: Salzburgs wiederaufgebaute Synagoge, Festschrift zur Einweihung. Salzburg 1968. S. 162. Vgl. dazu auch Widerstand und Verfolgung in Salzburg 1934–1945 (wie Anm. 186), S. 453 f. und Nationalsozialismus und Krieg (wie Anm. 186), S. 142. und Ernst Hanisch: Gau der guten Nerven. Die nationalsozialistische Herrschaft in Salzburg 1938–1945. Salzburg 1997. S. 75.

188 »Salzburger Landeszeitung«, 10.11.1938, S. 1. Vgl. dazu auch: Widerstand und Verfolgung in Salzburg (wie Anm. 186), S. 452.

189 Pauline Wassing (geb. 11.4.1870) wurde 1942 nach Theresienstadt deportiert, von wo sie nicht mehr zurückkehrte (BG, TZ 111/50. Vgl. auch SLA, Landesgericht Salzburg – Rückstellungsakten RK 1948,

Im Folgenden soll nun überprüft werden, ob die Akteure dieser Handlungen so wie in Salzburg auch in Bad Gastein örtliche SA-Leute waren, die von ihren Vorgesetzten dazu verleitet wurden. Des Weiteren soll untersucht werden, ob die einheimische Bevölkerungsmehrheit von diesen Maßnahmen wusste bzw. wie sie darauf reagierte. Die verschiedenen Zeitzeugen werden hier danach eingeteilt, welchem politischen Lager sie damals angehörten.

Dass offensichtlich auch die meisten Nationalsozialisten Bad Gasteins nichts von den geplanten Zerstörungen jüdischer Geschäfte ahnten und mit Verwüstungen und Plünderungen nicht einverstanden waren, geht aus mehreren Zeitzeugeninterviews hervor. Zunächst kommt ein ehemaliger SA-Mann[190] zu Wort. Er berichtete, wie »sie« das Modeverkaufshaus des Juden »Kreisky« angezündet haben. Die Täter, die seiner Ansicht nach »alles Auswärtige (waren), die da gearbeitet haben«, hat man, so betont er, aber nie erwischt. Dann spricht er noch den wirtschaftlichen Schaden an: »Wenn man es denen weggenommen hätte und den armen Leuten gegeben hätte, da wäre was gemacht gewesen – hunderte von Anzügen« wurden dort verbrannt. Die Akteure dieser Vandalenakte waren aber mit Sicherheit hiesige SA-Leute, wie einem Gedenkprotokoll bezüglich einer Beschwerde des Ariseurs[191] einer demolierten jüdischen Villa bei der Gemeinde wegen dieser Vorgänge zu entnehmen ist, da die »Villa (die er vor kurzem gekauft hatte, Anm. L. K.) … schwer beschädigt sei, ja, daß sogar Einrichtungsgegenstände gestohlen worden seien«.[192] Der Beschwerdeführer behauptete, »daß der Ortsgruppenleiter mit der SA- diese Zerstörungen durchführte. … daß ihm dies ein Mann gesagt habe, vermutlich der Hausmeister der Villa.«[193] Diese Villa wurde besonders schwer in Mitleidenschaft gezogen, wie die damals beschäftigte Hausbesorgerin 1949 im Zuge des Rückstellungsverfahrens angab. Demzufolge wurden »sämtliche Fensterscheiben der Villa zertrümmert, die Türfüllungen eingeschlagen und das Treppengeländer im Innern des Hauses herausgerissen … Außerdem (wurden) sämtliche Möbelstücke der Villa sowie eine wertvolle Bi-

15/48, Todeserklärung von Pauline Wassing vom 8.6.1948). Marie Hatschek (geb. 28.3.1869) wurde am 9. August 1948 für tot erklärt, nachdem »sie den 8.5.1945 nicht überlebt hat« (SLA, Landesgericht Salzburg – Rückstellungsakten RK 1947, 40/47, Einantwortungsurkunde vom 9.8.1948). Johanna Kreisky (geb. 8.2.1893) wurde am 31.8.1942 aus ihrer Wiener Wohnung nach Minsk abgeschoben. Auch sie überlebte den 8.5.1945 nicht (BG, TZ 164/44 und TZ 255/49).

190 Interview mit Herrn N. N. 5 (geb. 1914) am 31.3.1999 – dieser Zeitzeuge war von 1935 bis 1942 SA-Mann und außerdem seit 1938 Mitglied der NSDAP (Registrierungsliste Nr. 56).

191 Der Ariseur dieser Villa war ein deutscher Nationalsozialist, der sechs Tage zuvor mit der ehemaligen jüdischen Besitzerin Marie Hatschek (sie war die Witwe eines jüdischen Universitätsprofessors) einen »Kaufvertrag« abschloss. Vgl. dazu: SLA, Arisierungsakte AR 045/45/105, Schreiben des Rechtsanwaltes Alexander Bayer aus München an das Reichswirtschaftsministerium vom 14.8.1939 für seinen Mandanten. Offenbar hatten die SA-Leute die Villa in Unkenntnis des Kaufüberganges erheblich demoliert.

192 SLA, Arisierungsakte AR 045/45/105, Gedenkprotokoll über eine Vorsprache des Herrn Dipl. Ing. N. N. im Amte der Gemeinde Bad Gastein in Sachen »Villa N. N.« am 12.11.1938, S. 18 a.

193 Ebda.

bliothek herausgeworfen und teilweise verbrannt.«[194] Dieselbe Hausbesorgerin wird von einer Interviewpartnerin in diesem Zusammenhang als verzweifelt beschrieben; sie soll anlässlich der Verwüstungen durch die SA-Leute, die gerade das Inventar vor dem Hause verbrannten, gesagt haben: »I hob nur Strohsäcke, gebt's ma wenigstens a paar so Matrazen. Na ham's gsagt, wos von an Juden, do kriagst ka Matrazen.«[195] Auch ein ehemaliger illegaler Hitlerjunge, der in seiner Eigenschaft als gelernter Schlosser am nächsten Tag zu dieser stark demolierten Villa gehen musste, behauptete, dass dafür die SA verantwortlich gewesen sei. Zudem stellte er entsetzt fest, dass »alles eingehaut war. ... dort (waren) so schöne Einlegemöbel, des hams alles mit di Zappi (Hacke, Anm. L. K.) weg – zusammengehaut.«[196] Von einem SA-Mann, der zu diesem Zeitpunkt nicht im Ort war, erfahren wir, dass »man keinerlei Feindschaft zu ihnen (den jüdischen Ärzten und Hotelbesitzern, Anm. L.K.) hatte ... Von selber hättens auch dem Kreisky (dessen Verkaufsbude an der Erzherzog Johann Promenade angezündet wurde, Anm. L.K.) nix dan – es war ein Befehl ... bei dem hams ja einkauft ... er war Textil (billig).«[197] Ein damals 33-jähriger Handwerker, der schon in der illegalen Zeit mit den Nationalsozialisten sympathisierte, erinnerte sich an diese Verwüstungen, dass »oben im Judenhaus (koscheres Hotel, Anm. L.K.) ois zsammghaut homb, wos do is gwesen. ... Hot neamb wos gwisst, wos die SA vorghobt hot. ... Uns homb die Juden – uns persönlich nix in Weg g'legt.«[198] Eine andere Nationalsozialistin, die damals in einer Bäckerei gearbeitet hatte, berichtete, dass manche Bürger diese Zerstörungen für Plünderungen genutzt hätten: »Unser Lehrbub ist in der Früh mit Gebäck hingegangen und hat gesehen, daß sie alles hinunntergeschmissen haben. ... Er ist heimgekommen und hat a Tuchent mitghobt und da N. N. (Chef der Firma, der auch Nationalsozialist war, Anm. L. K.) hat ihn sofort auffig'jogt damit und hot gsogt: ›untersteh di und nimm da wos‹ – daraufhin hot er's wieder zurücklegen müssen.«[199] Diebstähle von jüdischen Gütern sind auch von einem anderen jüdischen Kurhaus dokumentiert. Demnach hat der Hausmeister K. verschiedene Gegenstände daraus gestohlen. Die Erlaubnis dazu erteilte ihm angeblich bei der »Judenaktion« am 10. November 1938 ein SA-Mann.[200]

---

194 SLA, Landesgericht Salzburg – Rückstellungsakten RK 1947, 40/47, S. 63: Erhebungsbericht des Gendarmeriepostens Bad Gastein vom 13.10.1949.

195 Interview mit Frau N.N.1 (geb. 1908), am 28.6.1997 (wie Anm. 121).

196 Interview mit Herrn N.N. 6 (geb. 1920) am 21.3.1997.

197 Interview mit Herrn N.N. 7 (geb. 1912) am 25.4.1997 – dieser Zeitzeuge war vor 1938 ein Sozialdemokrat, der sogar 1936 wegen seiner Tätigkeit als »Revolutionärer Sozialist« mehrere Monate eingesperrt wurde. Seit Mai 1938 war er Mitglied der örtlichen SA (Registrierungsliste Nr. 205).

198 Interview mit Herrn N. N. 8 (geb. 1905) am 19.4.1997 – dieser Zeitzeuge war aber nachweislich nie Mitglied der NSDAP. Sein damaliger Arbeitgeber war ein bekannter illegaler Nationalsozialist.

199 Interview mit Frau N. N. 9 (geb. 1918) am 22.11.1977 – sie war seit Herbst 1940 Mitglied der NSDAP – Registrierungsliste Nr. 345.

200 Widerstand und Verfolgung in Salzburg (wie Anm. 186), S. 454. Frühmeldung Gestapo Salzburg Nr. 1 vom 1. Dezember 1939.

So wie die meisten örtlichen Nationalsozialisten von der aggressiven Vorgangsweise der SA-Leute überrascht wurden, wussten die befragten ehemaligen Sozialdemokraten ebenfalls nichts von den geplanten Aktionen und verurteilten diese insbesondere wegen der Zerstörungen an Wirtschaftsgütern, aber auch aus menschlichen Gründen. Mit Entsetzen erinnerte sich ein seit jeher sozialdemokratisch eingestellter Hilfsarbeiter an die Verwüstungen an dem koscheren Hotel: »Do homs an Bledsinn gmocht, die Lebensmittel beim Fenster obigschüttet – a Kistn Zucker homs aussi ghaut, Meisäck (Mehlsäcke, Anm. L.K.) homs aussighaut auf'd Strossn – des woar a Unsinn – die ondern hättens braucht.«[201] Dieses Hotel wurde besonders »gründlich« verwüstet, wie einem Zeugenprotokoll von 1948 anlässlich der Rückstellung zu entnehmen ist. Demzufolge war »alles kurz und klein geschlagen (worden), oder weggeschleppt worden ... und sozusagen nur die Mauern blieben, (es hat) eher den Eindruck einer Ruine gemacht«[202]. Einen genaueren Einblick in die Motive der Täter der Reichskristallnacht gibt eine ehemalige Sozialdemokratin. Sie bezeichnet diese Akteure als »Stoßtrupp – so junge Leit, di gor koa Hirn ghobt hom«. Im Verlaufe des Gespräches nannte sie auch einige Namen von Gasteinern, die an den Handlungen beteiligt waren. Von einem weiß sie, dass er ihrem Mann am nächsten Tag bei der Arbeit erzählte: »Oh ..., heit homma a Gaude g'hobt die Nocht – homma die Judenbiacha vabrennt ... homma beim N. N. s'gonze Gschirr obighaut über die Stiagn« worauf mein Mann verständnislos antwortete: »Hobt's sinst nix ztuan ghobt?«[203]. Eine Interviewpartnerin aus dem katholisch-konservativen Lager, deren Schwager als Vertreter des Ständestaates zu den »Verfolgten« zählte, war selbst Opfer von verbalen Aggressionen radikaler Nationalsozialisten. »Mir hom uns nia was angeschaut (gemeint sind die Verwüstungen der Reichskristallnacht, Anm. L. K.), mir hom oiwei Angst ghabt, dass sie uns die Fenster einhauen.«[204] Ein anderer diesem Lager nahe stehender aus dem kleinbürgerlichen Milieu stammender Zeitzeuge äußerte sich über die Ausschreitungen gegenüber den jüdisch-koscheren Hoteliers: »Die Kokisch waren feine Leit – i bin mit zwei Dirndln in di Schui gonga ... Da haben sie eine Literatur Bibliothek im Garten verbrannt ... viele Leit hom scho (damals) gsogt: muaß des sein?«[205] Eine Gesprächspartnerin, die in den frühen dreißiger Jahren während der Sommermonate bei einem Gasteiner jüdischen Arzt als Kindermädchen beschäftigt war und deren Mutter zudem von diesem kostenlos behandelt wurde, war »über die Zerstörungen entsetzt«, sie hatte die Familie des Arztes ja persönlich gut gekannt.[206]

---

201 Interview mit Herrn N. N. 10 (geb. 1908) am 7.3.1998.

202 SLA, SLA, Landesgericht Salzburg – Rückstellungsakten RK 1952, 9/52, Protokoll vom 23.9.1948, Zeugenaussage eines 67-jährigen Notars über die Arisierung des koscheren Hotels in Bad Gastein, S. 36.

203 Interview mit Frau N. N. 3 (geb. 1910) am 22.6.1999 (wie Anm. 169).

204 Interview mit Frau N. N. 1 (geb. 1908), am 28.6.1997 (wie Anm. 121).

205 Interview mit Herrn N. N. 11 (geb. 1911) am 6.10.1995 – dieser Zeitzeuge war nachweislich kein Nationalsozialist.

206 Interview mit Frau N. N. 12 (geb. 1916) am 3.9.1997.

Resümee: Es scheinen also auch in Bad Gastein hiesige SA-Leute gewesen zu sein, die diesen Vandalismus auf Befehl der Vorgesetzten durchführten. Für viele der beteiligten jungen Männer ging es vielleicht gar nicht oder nicht nur um antisemitisches Rowdytum, sondern auch um eine »Hetz und Gaudi«. Mit Sicherheit kann angenommen werden, dass die Bevölkerungsmehrheit von den geplanten Terrorakten nichts gewusst hatte. Im Allgemeinen verurteilten auch die Nationalsozialisten hier die Aktionen vor allem vom Standpunkt der Vernichtung von wertvollen Gütern, die man selbst dringend benötigt hätte. Da sich zu diesem Zeitpunkt keine Juden mehr in Gastein aufhielten, wurden von den Interviewpartnern die menschlichen Aspekte, sofern nicht intensivere persönliche Kontakte zu den jüdischen Opfern bestanden, in der Argumentation gegen die antisemitischen Handlungen kaum angesprochen.

Abkürzungen

BG	Bezirksgericht Gastein
DAP	Deutsche Arbeiterpartei
DÖW	Dokumentationsarchiv des österr. Widerstandes
DTB (1919)	Deutscher Turnerbund
FV	Archiv des Fremdenverkehrsverbandes Bad Gastein
GA	Gemeindearchiv der Gemeinde Bad Gastein
KAS	Konsistorialarchiv Salzburg
MGSL	Mitteilungen der Gesellschaft für Salzburger Landeskunde
SLA	Salzburger Landesarchiv

Helga Embacher

Jüdische »Gäste« im Gasteinertal nach 1945

In der Zusammensetzung der Kurgäste im Gasteinertal widerspiegelt sich das österreichische politische System. Als mit dem »Anschluss« vom März 1938 die »Tausend-Mark-Sperre« aufgehoben wurde, schaffte Bad Gastein nahtlos den Übergang von der Ferienresidenz der Ständestaats-Prominenz zum beliebten Treffpunkt mehr oder weniger bedeutender Nazis.[1] Das Jahr 1938 bedeutete auch das Ende der jüdischen Kur- und Sommergäste. Während des Novemberpogroms 1938 wurden nicht nur in der Stadt Salzburg die Synagoge und jüdische Geschäfte demoliert, auch in Bad Gastein zerstörten Nationalsozialisten jüdische Geschäfte. Fünf Kurhäuser wurden »arisiert«, darunter das Hotel Bristol, das von der streng religiösen Familie Kokisch geführt wurde.[2] Am 12. November 1938, drei Tage nach dem Novemberpogrom, wurde der »Mustergau« Salzburg für »judenrein« erklärt.[3] Mit dem fortschreitenden Zweiten Weltkrieg wandelte sich der »Reichsgau Salzburg« zum »Lazarettgau«, das einst koscher geführte Hotel Bristol zur Polizeikuranstalt »Haus Ostmark«.[4] Am 1. Jänner 1942 wurden die Hotels Badeschloss, Austria, Bismarck, Cäcilia, Straubinger und Lindenhof als Wehrmachtslazarett beschlagnahmt, die Umwidmung weiterer Hotels folgte. Als am 10. Mai 1945 die amerikanische Armee Bad Gastein besetzte, hielten sich dort neben Soldaten auch viele Berufsdiplomaten, wie der japanische Botschafter, sowie der mit Hitler sympathisierende Großmufti von Jerusalem auf. Der Ort wurde vom allgemeinen Flüchtlingsstrom erfasst und beherbergte bald 17.000 Menschen, wovon die »Einheimischen« nur ca. 4.500 ausmachten. Bereits 1946 trafen wieder jüdische Gäste ein.[5]

Wie hier gezeigt werden wird, waren die »Einheimischen« wenig erfreut über die Zuweisung von einigen Tausend überlebenden Juden aus Osteuropa, die in den renom-

---

1 Daniela Ellmauer: Fremder/Gast. Zur Genese von Selbst- und Fremdbildern im Tourismus am Beispiel Bad Gastein. Diplomarbeit am Institut für Geschichte der Universität Salzburg. Salzburg 1996. S. 20.

2 Salzburger Landeszeitung, 7.3.1939; Albert Lichtblau arbeitet im Rahmen der Österreichischen Historikerkommission über »Arisierung und Rückstellung in Salzburg«, wobei er auch auf Bad Gastein eingehen wird.

3 Günter Fellner: Die Verfolgung der Juden. In: Dokumentationsarchiv des österreichischen Widerstandes (Hg.): Widerstand und Verfolgung in Salzburg 1934–1945, Bd.2. Wien 1991. S. 432–473.

4 Ellmauer: Fremder/Gast, S. 21; Gert Kerschbaumer: Tourismus im Wandel der 30er und 40er Jahre. In: Hanns Haas, Robert Hoffman, Kurt Luger (Hg.): Weltbühne Naturkulisse. Zwei Jahrhunderte Salzburg-Tourismus. Salzburg 1994. S. 127.

5 Ellmauer: Fremder/Gast, S. 22; Heinrich Zimburg: Die Geschichte Gasteins und des Gasteiner Tales. Wien 1984. S. 363 ff.

miertesten Hotels einquartiert wurden. Die Grenzen zwischen Antisemitismus, konkreten Interessengegensätzen und Konflikten aufgrund der Fremdheit der jeweiligen Anderen waren jedoch nicht immer eindeutig auszumachen. Erfreut zeigten sich die Gasteiner hingegen darüber, dass jüdische Kurgäste trotz der 1938 erfolgten Vertreibung das Gasteinertal wieder zum Kurort auswählten. Unter ihnen befanden sich auch prominente Persönlichkeiten. Im Unterschied zu den jüdischen DPs (Displaced Persons) galten sie als »gute Gäste«. Allmählich kehrten auch ehemalige ÖsterreicherInnen, die 1938 aus dem Land flüchten mussten, als Urlaubsgäste in das Gasteinertal zurück. Der Rückkehr in die ehemalige Heimat als Feriengast kam, wie hier näher ausgeführt werden soll, große emotionale Bedeutung zu. Auch wenn sich Bad Gastein von einem Sommerkurort zu einem vom Massentourismus geprägten Fremdenverkehrsort gewandelt hatte, betrachteten EmigrantInnen den Ort mitunter als einen zeitlosen Kurort, versetzt in die Zeit der k.u.k Monarchie, die »gute alte Zeit« für die jüdische Bevölkerung. Diese Imagination erlaubte ein Ausklammern der NS-Zeit und somit eine erste Annäherung an Österreich. Die während des Bundespräsidentenwahlkampfes 1986 ausgelösten Diskussionen um Österreichs Mitbeteiligung und Mitverantwortung am Nationalsozialismus,[6] verbunden mit einer Zunahme des österreichischen Antisemitismus, machten vielen Vertriebenen die Rückkehr nach Österreich unmöglich bzw. vermittelten ihnen das Gefühl, dass ihre Versöhnungsbemühungen mit Österreich gescheitert waren. Auch in Bad Gastein wurde ihnen der österreichische Antisemitismus in Erinnerung gerufen, wo, wie abschließend noch ausgeführt werden soll, ein Hotelier einem israelischen Sommergast die Aufnahme in seinem Haus verwehrt hatte.

Nach der Shoah lebten in Österreich nur mehr einige Tausend Jüdinnen und Juden,[7] die Antisemitismusforschung sprach von einem Antisemitismus ohne Juden. Gastein

6 Während des äußerst emotional geführten Präsidentschaftswahlkampfes von 1986 lebte die in den späten 40er und frühen 50er Jahren im Zusammenhang mit den Entschädigungsverhandlungen geführte und danach weitgehend verdrängte Diskussion um Österreichs Mitbeteiligung an der NS-Herrschaft erneut auf. Kurt Waldheim, der Kandidat der ÖVP, wurde vor allem im Ausland zum »Symbol für eine entsetzliche Epoche der Geschichte«. Zwar konnte der WJC seinen Vorwurf, dass es sich bei Waldheim um einen Kriegsverbrecher handeln würde, nicht beweisen, doch widerlegte dessen verhängnisvolle Verteidigung, er habe als Soldat in der Deutschen Wehrmacht »nur seine Pflicht getan«, letztendlich die weitverbreitete Auffassung von Österreich als erstem Opfer Hitlers und rückte die Frage der Mitbeteiligung von Österreichern an den Gräueltaten des Zweiten Weltkrieges in den Vordergrund. Der österreichische Bundespräsident wurde zum »Symbol für ein opportunistisches Sich-Arrangieren, für ein bequemes Verdrängen, des Weglügens und Vergessens«, und die seit 1945 mühsam aufgebaute österreichische »Lebenslüge« konnte nach außen hin nicht mehr aufrechterhalten werden. Richard Mitten: The Politics of Antisemitic Prejudice. The Waldheim Phenomenon in Austria. 1992; Gerhard Botz: Lebenslüge – das stimulierende Prinzip. Eine Auseinandersetzung mit neuen Verfechtern der österreichischen »Opferthese«. In: Europäische Rundschau, 1/1996, S. 29–45. Michael Gehler: »... eine grotesk überzogene Dämonisierung eines Mannes...«. In: Michael Gehler, Hubert Sickinger (Hg.): Politische Affären und Skandale in Österreich. Von Mayerling bis Waldheim. Wien – Thaur – München 1995, S. 614–665.

7 Die Wiener jüdische Gemeinde zählte kaum mehr als 10.000 Mitglieder, die Salzburger nur einige hundert.

zählte somit zu den wenigen Orten, wo konkrete Begegnungen und auch offene Konflikte zwischen Juden und Nichtjuden stattfanden. Wie gezeigt werden wird, lagen auch hier der gegenseitigen Wahrnehmung Stereotypen vom jeweiligen »Anderen« zugrunde. Wie Daniela Ellmauer aufzeigte, kommt in den Erinnerungen der Bad Gasteiner dem jüdischen Gast ein besonderer Stellenwert zu und das Fremdbild »Jude« unterscheidet sich in mehrfacher Hinsicht von jenem des »Deutschen«, »Wiener«, »Schweden«, »Russen« oder »Araber«. Schon quantitativ übersteigen die Aussagen über die jüdischen Gäste die jeder anderen Gruppe von Touristen oder Stereotypen. Einen Grund dafür vermutet die Historikern darin, dass für Juden eine breite Vorurteilsbasis existierte, die dann individuell ausgefeilt werden konnte.[8] Auch alle anderen Gäste wurden stereotypisiert, doch war die Wahrnehmung jüdischer Gäste zudem vom Nachwirken der in Österreich lange tabuisierten österreichischen NS-Vergangenheit geprägt. Doch auch jüdische Gäste brachten »ihr« Bild von Österreich und speziell Bad Gastein mit, das sich mitunter als äußerst ambivalent erweisen konnte.

1. Ungebetene jüdische Gäste: Desplaced Persons (DPs) in den unmittelbaren Nachkriegsjahren

Mitte Oktober 1946 quartierte die UNRRA in Bad Gastein Tausende jüdische, vielfach lungenkranke Überlebende aus osteuropäischen Ländern ein, wo sie sich für die Weiterreise in die USA oder nach Palästina erholen sollten. Acht erstklassige Hotels[9] wurden mit 1.500 bis 2.000 jüdischen DPs aus Osteuropa belegt. Bis September 1947 wurden ständig neue Flüchtlinge eingewiesen, die Hotels bis auf das Fünffache überbelegt.[10] Alicia Appleman, die als junges Mädchen in Ostpolen, versteckt in Getreidefeldern und Wäldern, ständig auf der Flucht vor der Gestapo, polnischen Kollaborateuren, Russen und Ukrainern überlebt hatte, erinnert sich an ihre Ankunft.

»Badgastein war genau so, wie der amerikanische Arzt in Linz es geschildert hatte. Das Städtchen hatte ein sehr gesundes Klima mit reiner Bergluft und sah aus wie die Ansichtspostkarte von einer alpinen Bilderbuchlandschaft. Die Hauptstraße von Badgastein war von Hotels gesäumt, die reizvoll am Hang lagen und von der Fahrbahn aus leicht zugänglich waren. Die Straße führte über eine Brücke, unter der ein kleiner Fluß mit einem

---

Vgl. Helga Embacher: Neubeginn ohne Illusionen. Juden in Österreich nach 1945. Wien 1995; Dies.: Neubeginn ohne Illusionen. In: Marco Feingold (Hg.): Ein ewiges Dennoch. 125 Jahre Juden in Salzburg. Wien-Köln-Weimar 1993. S. 285 ff.

8 Ellmauer: Fremder/Gast, S. 115.

9 In der Arbeiterzeitung vom 21.8.1946, S. 1 wurden beispielsweise Söntgen, Austria, Straubinger, Badeschloß, Viktoria, Elisabeth Hof sowie das Cafe Sponfeldner genannt.

10 Thomas Albrich: Exodus durch Österreich. Die jüdischen Flüchtlinge 1945–1948 (Innsbrucker Forschungen zur Zeitgeschichte 1). Innsbruck 1987. S. 53.

herrlichen Wasserfall verlief. Das Wasser unter der Brücke war seicht und floß schäumend durch das felsige Flußbett den Berg hinunter, wo es in einer kleinen Grasniederung verschwand. Die ortsansässigen Badgasteiner lebten nicht an der Hauptstraße, sondern in zahlreichen kleinen Häusern, die über all die Hänge verstreut waren, auf denen das Städtchen lag. All das sah ich von dem UNRRA-Lastwagen aus, der unsere fünfzehnköpfige Gruppe von Linz nach Badgastein brachte. Der Lastwagen hielt bei der Brücke an, um die Leute aussteigen zu lassen, die dem Hotel Austria zugeteilt worden waren. Ich sollte ins Hotel Straubinger gehen, das nur ein paar Meter hinter der Brücke lag. Die UNRRA hatte vier Hotels gemietet und daraus Wohnheime für Verschleppte und Vertriebene gemacht.«[11]

Die in Bad Gastein untergebrachten zumeist jugendlichen Flüchtlinge waren Teil einer enormen Fluchtbewegung. Aufgrund der nationalsozialistischen Ausrottungspolitik und des auch nach 1945 oft gewalttätigen Antisemitismus in Osteuropa (in Polen wurden beispielsweise in Kielce Juden nach ihrer Rückkehr getötet) konnte ihnen Osteuropa nicht mehr zur Heimat werden. Kaum jemand wollte in Europa bleiben, in dem Juden einen überdimensionalen Friedhof sahen. Lebten 1937 auf diesem Kontinent inklusive der Sowjetunion rund 20 Millionen Jüdinnen und Juden, so wurden 1946 weniger als vier Millionen gezählt.[12] Da Salzburg an der Schnittstelle der amerikanischen Zonen in Österreich und Deutschland lag, entwickelte sich das Bundesland nach Kriegsende zur Drehscheibe des jüdischen Flüchtlingsstromes aus Mittel- und Osteuropa. Zwischen 1945 und 1948 zogen über 200.000 – zum Großteil illegal – durch Österreich, Tausende lebten in Stadt und Land Salzburg in Flüchtlingslagern.[13] Da auch in den unmittelbaren Nachkriegsjahren die meisten Länder weiterhin ihre Grenzen für Juden geschlossen hielten, organisierte die *Bricha*, eine jüdische Fluchtbewegung, illegale Transporte nach Palästina. Mit ihrer Hilfe gelangten jüdische Überlebende auf schwierigen Hochgebirgstouren, wie z. B. über die Krimmler Tauern,[14] nach Italien oder nach Frankreich und von dort mit Schiffen nach Palästina.[15] In Palästina übten die Engländer bis zur Ausrufung des jüdischen Staates im Mai 1948 die Mandatsmacht aus und hatten, um arabische Pro-

11 Alicia Appleman: Alicia. Überleben, um Zeugnis zu geben. Aus dem Amerikanischen von Ursula Maria Mässner. Bern und München 1989.S. 301–302.

12 Bernhard Wasserstein: Vanishing Diaspora. The Jews in Europe Since 1945. Cambridge-Massachusetts 1996.

13 Yehuda Bauer: Flight and Rescue. Brichah. New York 1970. S. 262.

14 Der höchste Grenzübergang der Bricha war der Krimmler Tauernpass auf 2.600 m Höhe. Im Juni 1998 wurde beim Krimmler Tauernhaus, das den Flüchtlingen als Raststation diente, eine Bronzetafel enthüllt. Vgl. Thomas Albrich (Hg.): Flucht nach Eretz Israel. Die Bricha und der jüdische Exodus nach 1945. Innsbruck 1998. Vorwort.

15 Thomas Albrich: Die zionistische Option. Israel und die Überlebenden des Holocaust in Österreich. In: Albrich (Hg.): Flucht nach Eretz Israel, S. 279.

teste einzudämmen, die jüdische Einwanderung durch ein strenges Quotensystem reglementiert.

Wie in anderen Orten, wie Braunau, Salzburg, St. Wolfgang oder Bad Ischl,[16] in denen jüdische Flüchtlinge in Hotels, Schulen oder Kasernen einquartiert waren, kam es auch in Bad Gastein zu zahlreichen Konflikten zwischen der einheimischen Bevölkerung und jüdischen DPs. 1946 verurteilte beispielsweise nach einer Streiterei ein Militärgericht zwei junge Männer aus Böckstein. Der Konflikt entzündete sich in einem Cafe in Bad Gastein, nachdem die Böcksteiner drei junge jüdische Mädchen mehrmals zum Tanz aufgefordert hatten. Dies missfiel offensichtlich deren jüdischen Begleitern und die Gruppe verließ das Lokal. Gefolgt von den Böcksteinern kam es vor der Tür zu Handgreiflichkeiten. Ein Jude wurde mit Füßen getreten und mit den Worten: »Du Saujude, wenns't liegen bleibs't und dich die Ratten fressen – mir ist's gleich!« beschimpft. Die Verurteilten sahen darin jedoch keinen »Rassenhass«, sondern bloß »a Wirtshausgschicht«.[17] Wenig Zweifel an ihrer judenfeindlichen Haltung ließ die Leiterin eines Bad Gasteiner Kurhauses, die offen gegenüber ihren Angestellten meinte: »Na wartn'S nur, in ein paar Jahren kommt es wieder so weit, daß die Saujuden ausgerottet werden. Ich werde jeden einzelnen aufhängen, aber ganz langsam, damit er net gleich krepiert.« Die in Bad Gastein einquartierten Juden beschimpfte sie als »Diebsgesindel« und »Bagasch« und verwehrte ihnen den Zutritt zu ihrem Haus.[18]

Obwohl Juden nur einen kleinen Prozentsatz der insgesamt halben Million von Flüchtlingen in Österreich ausmachten, hatte ihre Ankunft in Österreich, vor allem in Orten, wo die Zahl der Flüchtlinge jene der Einheimischen überstieg, eine Welle von Fremdenfeindlichkeit und Antisemitismus zur Folge, alte antijüdische Stereotype lebten wieder auf.[19] Willy Verkauf-Verlon, der die nationalsozialistische Verfolgung in Palästina überlebte, erinnerte sich, im Zug von Salzburg nach Bad Gastein für die jüdischen DPs die Bezeichnung »Hitlers Unvollendete« gehört zu haben.[20] In Fremdenverkehrsorten wie Bad Gastein oder Bad Ischl zeigte die Bevölkerung auch aus wirtschaftlichem Interesse wenig Verständnis für deren Einquartierung, da sie ihrer Meinung nach nicht nur die für eine Ankurbelung des Fremdenverkehrs benötigten Hotelbetten belegten, son-

16 Auch in Bad Ischl wurden Hotels beschlagnahmt und ging zudem das Gerücht um, dass die Zuteilung an Frischmilch gestoppt und nur mehr Trockenmilch ausgeteilt werden würde. 1947 fand die so genannte Bad Ischler »Milch-Demonstration« statt, in der der Abzug der jüdischen DPs gefordert wurde, wobei auch Antisemitismus laut wurde. Vgl. Margit Reiter: »In unser aller Herzen brennt dieses Urteil.« Der Bad Ischler »Milch-Prozeß« von 1947 vor dem amerikanischen Militärgericht. In: Gehler, Sickinger (Hg.): Politische Affären und Skandale in Österreich, S. 323–345.

17 Salzburger Tagblatt, 28.5.1946.

18 Ebda.

19 Embacher: Neubeginn ohne Illusionen, S. 59–73.

20 Willy Verkauf-Verlon: Situationen. Eine autobiographische Wortcollage. Wien 1983. S. 70.

dern auch als Gefahr für die öffentliche Sicherheit galten.[21] Doch nicht nur die einheimische Bevölkerung drängte die amerikanische Besatzungsmacht zum Abzug der jüdischen Bevölkerung, auch die jüdischen Gäste wollten so schnell wie möglich aus Österreich weg. Für sie war Österreich kein Urlaubs-, sondern Feindesland. Sie benahmen sich fordernd, einige drangen in Bad Gastein gewaltsam in Geschäfte ein oder bedienten sich in den Feldern und Obstgärten mit Früchten und Gemüse.[22] Will man die Konflikte, die aus dem Zusammenleben zwischen jüdischen DPs und »Einheimischen« resultierten, analysieren, so muss man sich auch der Probleme bewusst sein: Häufig ohne konkrete Perspektiven für ihr weiteres Leben, befanden sich die Flüchtlinge in Bad Gastein in einer Art Warteposition. Zum Nichtstun verurteilt (jüdische DPs waren der Arbeitspflicht enthoben), ließen sie sich treiben, viele fanden im Zionismus eine letzte Hoffnung, an den sie sich klammerten. Stundenlang saßen sie in den Hotellobbies, nicht nur um, wie es ihnen angelastet wurde, Schwarzmarkt zu betreiben, sondern auch in der Hoffnung, Überlebende aus der Heimat zu treffen und vom Schicksal ihrer Familie zu erfahren. In den unmittelbaren Nachkriegsjahren erwies sich gerade die Ungewissheit über das Schicksal der Familie, Verwandten und Freunde als besonders quälend.[23] Der italienische Schriftsteller und Holocaust-Überlebende Primo Levi schilderte in seinem Roman *Wann, wenn nicht jetzt* den zwischen ihnen bestehenden Pakt, nicht über die Vergangenheit zu reden, da damit auch schmerzhafte Erinnerungen an die umgekommene Familie verbunden gewesen wären. Einzelne plagten auch Schuldgefühle, überlebt zu haben.[24] Diskutiert wurde auch, wie man mit den aufgestauten Rachegefühlen umgehen sollte. In den Konzentrations- und Vernichtungslagern hatten viele jahrelang davon geträumt, sich nach der Befreiung an ihren Peinigern zu rächen, als es dann soweit war, erwiesen sie sich dazu als unfähig.[25] Die Österreicher galten nicht als erste Opfer von Nazideutschland, sondern als Nazis und Antisemiten, die deutsche Sprache, auch wenn sie von vielen Flüchtlingen beherrscht wurde, wurde als Sprache der Mörder betrachtet. Uniformen, selbst wenn es sich dabei nur um jene des Briefträgers handelte, ließen mitunter Erinnerungen an die SS aufleben.[26] Jüdische DPs beurteilten die österreichische

21 Juden wurden nicht nur für den Schwarzmarkt, sondern auch für die Prostitution und die Ausbreitung der Geschlechtskrankheiten verantwortlich gemacht. Albrich: Exodus durch Österreich, S. 187; Embacher: Neubeginn ohne Illusionen. In: Feingold (Hg.): Ein ewiges Dennoch, S. 302 ff.

22 Norbert Ramp: »Die D.P bezahlen alle Preise…« Vorurteile und Konflikte zwischen Einheimischen und jüdischen DPs in Salzburg und Oberösterreich. In: Albrich (Hg.): Flucht nach Eretz Israel, S. 137–161; Albrich: Exodus durch Österreich, S. 187.

23 Appleman: Alicia, S. 305.

24 Primo Levi: Wann, wenn nicht jetzt? Roman. München 1989.

25 Einige Überlebende gehörten der »Aktion Rache« an, die nach dem Krieg bekannte Nationalsozialisten ermordete; diese Gruppe ist jedoch bis heute weitgehend unbekannt und verfügte auch nach dem Krieg über wenig Einfluss. Vgl. ZEITmagazin, Anfang Dezember 1997, S. 8–15.

26 Helga Embacher: Exil als neue Heimat. In: Feingold (Hg.): Ein ewiges Dennoch, S. 435–459.

Bevölkerung primär durch die Brille der Shoah, was, wie die Erinnerungen von Alicia Appleman zeigen, mitunter zu einer verzerrten Wahrnehmung, zu falschen Einschätzungen führen konnte.

»Angesichts der Schönheit des Städtchens und seiner Umgebung hatte ich erwartet, daß auch die Hotelzimmer hübsch und einladend sein würden. Statt dessen waren sie total ausgeräumt und dann mit zweistöckigen Etagenbetten ausgestattet worden. Die Betten bestanden aus schlichten Holzbrettern, an denen man ständig riskierte, sich einen Splitter einzujagen, und waren so konstruiert, daß sie knarrten, wenn man sich draufsetzte, und ächzten, wenn man aufstand. Die Fußböden und Wände waren bar aller Teppiche und Bilder, und die Zimmer sahen trostlos und verlassen aus. Es war, als ob die Besitzer erwartet hätten, daß irgendwelche Untermenschen ihre Hotels bewohnen sollten und darum alle Anzeichen von Gemütlichkeit aus den Zimmern entfernt hatten, die uns dort möglicherweise hätten willkommen heißen können. Für mich zumindest war dies ein Hinweis darauf, was die Österreicher von uns hielten. Ich hatte ohnehin nicht die Absicht, mich mit irgendeinem von ihnen einzulassen, weil ich wußte, daß viele von ihnen Nazis waren und Hitler begrüßt hatten. Aber es war das Land, in dem mein Vater geboren war, und obwohl ich es mir nicht eingestehen mochte, war ich auf dieses Land doch neugierig.

Ich wollte mich von dem ersten schlechten Eindruck nicht weiter beeinflussen lassen und beschloß, in unserer Unterkunft gewisse Veränderungen vorzunehmen. Ich war in ein Zimmer eingewiesen worden, das bereits mit einem jungen Mädchen und einem jungen Ehepaar belegt war. Ich nahm das obere Bett ab und stellte es neben das Fenster. Das Ehepaar hatte eine Decke um sein Etagenbett gehängt, um ungestörter zu sein, doch die beiden blieben nur über Nacht und wurden durch zwei Damen mittleren Alters ersetzt, die es mir gleichtaten und ihre Betten ebenfalls getrennt aufstellten. Die Folge war, daß unser Zimmer mit Betten vollgestopft war.[27]

Enttäuscht von den ihr zugewiesenen Wohnverhältnissen, machte Alica die Österreicher für die ungemütlichen und lieblos eingerichteten Hotelzimmer verantwortlich, wobei sie allerdings darüber hinwegging, dass diese bereits während des Krieges als Massenquartiere für Soldaten gedient hatten und dementsprechend abgenutzt waren. Österreicher wieder sprachen jüdischen Überlebenden aufgrund der abgelebten Hotelzimmer jegliche »Wohnkultur« ab.[28] Moritz Einziger, ein Wiener Jude, der das Konzentrationslager Buchenwald überlebt hatte und nach 1945 für den Joint[29] arbeitete, beschrieb die Problematik der in Bad Gastein untergebrachten Juden und Jüdinnen:

27 Appleman: Alicia, S. 301.

28 Demokratisches Volksblatt, 17. 9. 1947.

29 Joint: Abkürzung für American Joint Distribution Committee, die größte jüdisch-amerikanische Hilfsorganisation.

»Die Juden wollten dort nicht bleiben. Sie haben das Klima nicht vertragen, wenn ich hingekommen bin, gab es nur ein einziges Thema – weg. Sie haben Hotels beschädigt. Ich habe es zum Teil verstanden, aber nicht gutgeheißen. Aber wenn einer im Lager war und das alles erlebt hat, hat er eine Wut gehabt und sie haben Sessel zerschnitten. Der Sessel kann nichts dafür und auch nicht der Eigentümer, aber verstehen kann ich es. Die haben nicht hingepaßt in die Hotels, das war nichts für sie nach dem Lager.«[30]

In den Erinnerungen der Bad Gasteiner wurden jüdische DPs primär mit Schwarzmarktgeschäften assoziiert.[31] Die jüdischen Flüchtlinge wurden sowohl von der UNRRA als auch von amerikanischen jüdischen Hilfsorganisationen mit Lebensmitteln und Zigaretten versorgt, die sie am Schwarzmarkt zum Teil weiterverkauften oder eintauschten. Vereinzelte jüdische DPs galten auch als »renommierte« Schwarzhändler. Obwohl in den Nachkriegsjahren ein Großteil der österreichischen Bevölkerung am Schwarzmarkt partizipierte, wurde er Juden besonders angelastet, wobei auch alte antisemitische Stereotype auflebten. Prof. Siegfried Altmann, der ehemalige Leiter des jüdischen Blindeninstitutes in Wien und 1950 Delegierter des *World Jewish Congress* in Wien, gab in diesem Zusammenhang ein Gespräch mit Kardinal Innitzer wieder. Wie er ausführte, habe er diesen gebeten, in einem Kirchenbrief oder Rundschreiben Antisemitismus als unmoralisch zu verurteilen. Der Kardinal habe jedoch das Gespräch schnell auf Gastein gelenkt, wo in letzter Zeit wegen des Schleichhandels viel Aufhebens gemacht worden sei. Wild gestikulierend habe er das Verhalten von jüdischen Schleichhändlern nachgeahmt und deren Sprache imitiert. – »Es gibt Worte, die Taten sind«, konstatierte Altmann.[32] In der *Arbeiterzeitung* gab ein »Genosse« nach seinem Urlaub in Bad Gastein ein differenziertes Bild vom dortigen Schwarzmarkt.

»Auch dort ein peinliches Bild armer Menschen, die den ganzen Tag nichts zu tun haben, als wartend herumzulungern. Viele von ihnen treiben Schleichhandel (sie trieben es so arg, daß die Amerikaner ihnen schließlich die zusätzlichen Rationen eingestellt haben) und in letzter Zeit kommen auch Überfälle vor. Es sind genug unsympathische Österreicher dort, heimische und aus Wien »verlagerte« Nazi, Schieber und Fresser. Aber die heilsame Ablehnung dieser heimischen Parasiten wird völlig zurückgedrängt durch die Abneigung gegen die vielen und viel stärker sichtbaren Fremden.«

Finanzminister Eugen Margarétha zog aus eigenen Beobachtungen in Bad Gastein den Schluss, dass die Schwarzmarkttätigkeit der jüdischen DPs dem von den Rationierungen betroffenen Fremdenverkehr zugute kommen würde, da jüdische Überlebende »Liebes-

30 Interview mit Moritz Einziger, Wien 1987.

31 Dazu vgl. auch Ramp: »Die D.P. bezahlen alle Preise…«, S. 139 ff.

32 Jüdisches Echo, Oktober 1990, S. 52.

gaben«, die sie von den jüdischen Hilfsorganisationen erhielten, unter die Gäste bringen würden.

»Entweder bringen die Gäste Lebensmittel mit (...) oder sie verschaffen sich diese bei den zahlreichen jüdischen Flüchtlingen – es leben noch etwa 1000 im Hotel Straubinger (...) wo die vor dem Hotel ihren schwarzen Markt abhalten. Dort sprechen sie die »Neulinge« an und offerieren alles, Butter, Kondensmilch, Schokolade (...) Kaffee, Eier. Die Dinge spielen sich ganz ungeniert und in aller Öffentlichkeit ab. Sobald man mit seinem Hausjuden bekannt geworden ist, kommt er ins Hotel und bringt prompt, was man bestellt hat.«[33]

Der Großteil der Bad Gasteiner teilte jedoch keinesfalls die Sicht des Finanzministers und forderte den Abzug der DPs. Im September 1947 verlegte die US-Militärregierung die jüdischen Flüchtlinge in das neu errichtete Sammellager Ebelsberg bei Linz. Dahinter stand auch die Überlegung, dass Großlager kostengünstiger zu führen seien. Die in Gasteiner Hotels untergebrachten Juden befürchteten von einer Verlegung jedoch eine Verschlechterung. Einige wollten ihren Abtransport verhindern, indem sie damit drohten, das Hotel Straubinger und Europa in die Luft zu sprengen.[34] Ende September 1947 wurden die Lager in Bad Gastein geschlossen, 1954 dann das letzte jüdische DP-Lager in Österreich aufgelöst. 1948 wurde in Bad Gastein allerdings ein Erholungsheim für Tbc-kranke Juden eröffnet, das als gut geführt galt.

Der Weg nach Israel konnte jedoch noch zur Odyssee werden, wie es auch Alicia Appleman erfahren musste. Nachdem sie über den Tod ihrer Familie und Verwandten Gewissheit erlangt hatte, schloss sie sich in Bad Gastein einer zionistischen Jugendbewegung an. Vor der israelischen Küste wurde ihr Schiff jedoch von den Engländern abgefangen und die Flüchtlinge bis zur Gründung des israelischen Staates 1948 in einem Anhaltelager auf Zypern festgehalten. In Israel erwartete Alicia 1948 der erste arabisch-israelische Krieg.[35]

2. Willkommen: »Reiche Juden« in den fünfziger Jahren

Nach Abzug der jüdischen DPs wurde der Schaden der seit Jahren als Massenquartier benutzten Hotels auf 12 bis 15 Millionen Schilling (ca. 872.074,– bis 1.090.092,– Euro)

---

33 Alois Brusatti (Hg.): Zeuge der Stunde Null. Das Tagebuch Eugen Margaréthas 1945–1947. Linz 1990. S. 199 f., zitiert nach Ramp: »Die D.P. bezahlen alle Preise ...«, S. 141.

34 Albrich: Exodus durch Österreich, S. 158.

35 Das Schiff Exodus wurde beispielsweise 1947 in Haifa von den Briten abgefangen und musste entlang der europäischen Küste eine lange Irrfahrt antreten, bis die über 4.500 Flüchtlinge, großteils Frauen und Kinder, in Hamburg erneut in ein Lager gebracht wurden. Dazu vgl. Yoram Kaniuk: Das Meer teilte sich. Der Kommandant der Exodus. München 1999.

geschätzt.[36] Doch bereits 1948 verzeichnete Bad Gastein ein Nächtigungsplus, 1950 erreichte der Ort wieder seine Besucherzahl aus der Zeit vor der »Tausend-Mark-Sperre«.[37] Damit war auch eine Umstrukturierung verbunden. Mit Hilfe von Marshallplangeldern erfolgte 1949-1951 der Bau der Stubnerkogel-Seilbahn, weitere Schilifte folgten. Die Ankurbelung des Wintertourismus führte zu einer ganzjährigen Auslastung der Hotels und Freizeiteinrichtungen, der Massentourismus hielt in Bad Gastein Einzug. Der Ort wurde weiterhin aber auch mit Glitter, Eleganz und, vor allem auch bei jüdischen Kurgästen, mit dem Flair der Monarchie assoziiert. Auch jüdische Stammgäste kehrten wieder zurück. Wie es Daniela Ellmauer formulierte, fühlten beide Seiten die Brisanz der Tatsache, dass die Überlebenden nun sozusagen in das »Haus des Henkers« auf Kur kommen. Die gemeinsame Vergangenheit durfte jedoch nicht offen thematisiert werden, zumindest oberflächlich gesehen gaben sich die jüdischen Gäste mit den Unschuldsbeteuerungen der »Einheimischen« zufrieden.[38]

Auch prominente Funktionäre von jüdischen Organisationen verbrachten ihren Urlaub in Bad Gastein. Ernest Stiassny, ein ehemaliger Wiener, der 1938 in die USA flüchten konnte und zwischen 1950 und 1952 in Wien das Büro des *World Jewish Congress*[39] leitete, berichtete bereits 1950 vom *Fundsraising* jüdischer Organisationen, das diese aufgrund der vielen prominenten und als spendenfreudig eingestuften jüdischen Gäste in Bad Gastein durchführten. Bei einer Cocktailparty, an der rund 50 Personen, unter anderen auch der frühere ägyptische Premierminister teilnahmen, wurden 1950 beispielsweise 3.000 Schilling (218 Euro) gesammelt. Jüdische »Damen« gründeten ein eigenes *ladies committee*, um in Bad Gastein für den WJC zu sammeln. Mit dem Musiker Jehudi Menuhin planten sie ein Benefizkonzert.[40] Nahum Goldmann, der Vorsitzende des Jüdischen Weltkongresses und Präsident der Jewish Agency, stieg häufig im »Kaiserhof« ab.[41] Goldmann wirkte während der Entschädigungsverhandlungen mit der BRD als Vorsitzender der jüdischen Organisationen, die im *Committee for Jewish Claims against Germany* zusammengefasst waren. 1952 verzeichnete man mit dem Abschluss des Luxemburger Abkommens einen bedeutenden Verhandlungserfolg. Auch während der Verhandlungen zwischen Österreich und den internationalen jüdischen Organisationen, die

36 Salzburger Nachrichten, 17.8.1947.

37 Ellmauer: Fremder/Gast, S. 26.

38 Ellmauer: Fremder/Gast, S.119.

39 Der WJC wurde noch vor dem Zweiten Weltkrieg in den USA gegründet. Eine gewisse Bedeutung kam ihm während der Entschädigungsverhandlungen mit der BRD 1952 zu, da Nahum Goldmann als Präsident des WJC den Vorsitz der Verhandlungen führte. Seit den sechziger Jahren kam ihm wenig politische Bedeutung zu.

40 Ernest Stiassny vom 22.8.1950 an Dr. F.R. Bienenfeld, WJC London, Central Zionist Archives Jerusalem, C2/1742.

41 Zu Goldmann vgl. Nahum Goldmann: Das jüdische Paradox. Zionismus und Judentum nach Hitler. Frankfurt am Main 1983.

sich von 1953 bis 1961 hinzogen, fungierte Goldmann als Vorsitzender des *Committee for Jewish Claims on Austria*. Offizielle Treffen mit österreichischen Politikern verband er häufig mit einem Besuch in Bad Gastein. Von dort verschickte er während der Entschädigungs- und Restitutionsverhandlungen Briefe an jüdische Organisationen oder an führende Politiker,[42] und jüdische Funktionäre besuchten Goldmann im Hotel »Kaiserhof«, wo offensichtlich wichtige Besprechungen stattfanden.[43]

So vehement die jüdischen DPs abgelehnt wurden, so dringend brauchte man in den fünfziger Jahren die wohlhabenden jüdischen Gäste. Wie aus der Untersuchung von Daniela Ellmauer hervorgeht, wurden jüdische Gäste nunmehr als »gesundheitsbewusste Rasse« und somit als eine bedeutende Kundenschicht eingestuft. Man gestand ihnen auch Eigenheiten zu, wie die Einhaltung des Sabbats. Religiöse Gäste mussten in Hotels ihre Rechnung erst am Sonntag bezahlen, da sie nach jüdischem Gesetz am Sabbat kein Geld bei sich tragen durften.[44] Das Stereotyp vom jüdischen Schwarzhändler wurde allmählich vom reichen Juden und der reichen, schönen und äußerst gepflegten Jüdin abgelöst. Als interessant erwies sich dabei, dass die von Ellmauer befragten Einheimischen für sich in Anspruch nahmen, Juden aufgrund äußerer Merkmale und Gerüche (z. B. Parfüms) erkennen zu können. Wurden beispielsweise »Araber« durch Requisiten festgemacht und exotisiert, so waren viele der Meinung, jüdische Gäste aufgrund besonderer körperlicher Zeichen, Gerüche oder Sprache, also durch Stereotype und imaginierte körperliche Attribute festmachen zu können.[45] Wiederholt wurden das gepflegte Äußere der reichen jüdischen Frauen, ihre Perücke, ihr Schmuck und ihr Parfüm als »Erkennungsmerkmale« hervorgehoben. Die Männer wurden vielfach als religiöse Menschen wahrgenommen. Ellmauer verwies auch auf ein gewisses Konkurrenzverhältnis, das sich zwischen jüdischen Gästen und »Einheimischen« in den fünfziger Jahren hinsichtlich des Devisenhandels herauskristallisierte. Einige jüdische Gäste tauschten Gold und Dollar, ein Geschäft, das in Tourismusorten traditionellerweise die »Einheimischen« für sich beanspruchten.[46]

Das Zusammentreffen zwischen Juden und »Einheimischen« funktionierte, solange die Zeit zwischen 1938 und 1945 nicht thematisiert wurde. Dies brachte auch ein Witz zum Ausdruck, der in Israel weit verbreitet war: »Gibt es in Österreich noch Anti-

42 Vgl. exemplarisch Brief von Dr. Nahum Goldmann vom 26. 6. 1960 an Dr. Georg Weis, dem Leiter der Sammelstellen für erbloses jüdisches Vermögen in Wien; Dr. Wilhelm Krell, Amtsdirektor der Wiener Israelitischen Kultusgemeinde, vom 21.7.1960 an Nahum Goldmann, Hotel »Kaiserhof«, Central Zionist Archives Jerusalem, Z6/1314.

43 Saul Kagan vom 15.7.1960 an Nahum Goldmann, Hotel »Kaiserhof«, Central Zionist Archives Jerusalem, Z6/1315.

44 Ellmauer: Fremder/Gast, S. 120.

45 Ellmauer: Fremder/Gast, S. 115.

46 Ellmauer: Fremder/Gast, S. 118 ff.

semitismus?« Worauf die Anwort lautete: »Nicht während der Saison.«[47] Juden und Nichtjuden folgten offensichtlich einem unausgesprochenen Agreement, wonach über die NS-Zeit geschwiegen werden sollte. Wie Daniela Ellmauer am Beispiel einer KZ-überlebenden Jüdin schilderte, konnte die Situation gelegentlich außer Kontrolle geraten. Unter Alkoholeinfluss brach beispielsweise die Frau das Tabu und konfrontierte die Hotelangestellten mit ihrer Geschichte.

»Wir haben eine gehabt, die haben wir immer »Grace Kelly« genannt. Denn die war wunderschön, hat wunderschöne blonde Haare gehabt. Und dann ist sie einmal bei uns an der Bar gesessen (...) und hat ein bisserl zu viel gekippt, was sie eigentlich sonst nie getan hat. Dann war sie so ein bisserl betrunken. Man hat dann schon eher mit jemandem geredet. Es hat sich dann herausgestellt, sie war Jüdin. Aber eine tolle Frau. War Amerikanerin, also nach Amerika [emigriert]. Und wir haben eben gesagt: »Mensch, Sie schauen so toll aus! Und wir bewundern Sie so!« – Und da zieht sie die Perücke herunter... Sie hat den ganzen Kopf voller Narben gehabt! Die Nummer eingestanzt, eine zweite Nummer eingestanzt [sie zeigt auf den Unterarm]. Sie war so beeindruckend. Wir haben hinter der Bar einen kleinen Hocker gehabt und ich hab mich hinsetzen müssen und hab so geweint, daß ich mich überhaupt nicht mehr beruhigen hab können.«[48]

Die unter den Teppich gekehrte Vergangenheit konnte auch als eine nicht intendierte Handlung, als Ausdruck einer vielen Österreichern unbewussten Distanzlosigkeit zum oder Teilidentifikation mit dem Nationalsozialismus an die Oberfläche gelangen. Diese Tatsache demonstrierte ein Artikel im ersten *Gasteiner Badeblatt*, wozu am 21. August 1952 das Österreichische Generalkonsulat in New York dem Bundeskanzleramt für Auswärtige Angelegenheiten in Wien folgende Mitteilung machte:

»Die Informationsabteilung beehrt sich das erste Blatt des Bad Gasteiner Bade-Blattes vom 13. August 1952 anverwahrt in Vorlage zu bringen und zu berichten, daß ein amerikanischer Kurgast, der dieses Jahr seinen Urlaub in Bad Gastein verbrachte, hier die Tatsache beanstandet hat, daß auf Seite zwei des Blattes ein Bild Hermann Goerings unter die prominenten Kurgäste von Bad Gastein aufgenommen worden ist. Es darf hinzu gefuegt werden, daß der genannte Amerikaner kein frueherer Oesterreicher oder sonstiger frueherer europaeischer Staatsbuerger ist.«[49]

---

47 Interview mit Peter Aran, Jerusalem 1994 (Interviewerinnen: Helga Embacher und Margit Reiter); Vgl. auch Interview mit Hugo Schwarz, Salzburg 1993 (Interviewer: Albert Lichtblau und Michael John).

48 Ellmauer: Fremder/Gast, S. 120 f.

49 Österreichisches Staatsarchiv, BKA, Pol II, USA. 1952.

Auch wenn jüdische Gäste die »Einheimischen« kaum direkt mit ihrer Vergangenheit konfrontierten, reagierten sie äußerst sensibel auf offene antisemitische Vorfälle, selbst wenn diese in der Landeshauptstadt stattfanden. Als 1951 Berichte und Bilder von alten jüdischen KZ-Überlebenden, die in Salzburg während einer Demonstration gegen die Aufführung eines Filmes des Regisseurs Veit Harlan, bekannt durch seinen NS-Propagandafilm »Jud Süß«, von der Polizei blutig geschlagen wurden,[50] durch die internationale Presse gingen, stornierten Gäste ihren Urlaub in Bad Gastein. Am 28. Mai 1951 schrieb Gustav W. an die Direktion des Grand Hotel de l'Europe:

»Aus den hiesigen Zeitungen habe ich zu meinem großen Bedauern und mit Kopfschütteln von den jüngsten antisemitischen Ausschreitungen in Salzburg zur Kenntnis genommen und ich habe ebenfalls mit Bedauern konstatiert, dass das dortige Volk aus dem letzten Krieg nichts gelernt hat. Wir dagegen haben die Lehre gezogen, in absehbarer Zeit Österreich von unseren Ferienplänen und Reisen zu streichen.«[51]

Gustav W. und seine Freunde ließen sich auch von einer Entschuldigung der Bad Gasteiner Kurverwaltung nicht umstimmen.[52]

3. Rückkehr in die Zeit der k.u.k. Monarchie

Der Großteil der Vertriebenen konnte sich in den frühen fünfziger Jahren noch keinen Urlaub in Österreich leisten. Sie kamen erst in den siebziger Jahren und entsprachen auch weder dem Image der jüdischen DPs noch dem der reichen, orthodoxen Sommergäste. Auffallend an ihnen war ein israelischer oder amerikanischer Reisepass und ihr manchmal antiquiert anmutendes österreichisches Deutsch. Für dieses Phänomen zeigten die Österreicher jedoch erst in den achtziger Jahren eine gewisse Sensibilität.

Wie wir aus zahlreichen Autobiographien und Interviews mit vertriebenen Österreichern wissen, fiel vielen aufgrund der erlebten Verfolgung, Demütigung und Ermordung ihrer Familien die Rückkehr nach Österreich sehr schwer, vielen war sie bis heute nicht möglich.[53] Wien, wo vor dem Krieg der Großteil der rund 200.000 österreichischen Juden lebte, wirkte auf Überlebende wie eine Geisterstadt und rief Erinnerungen an er-

50 Dazu vgl. Gert Kerschbaumer: Die Zweite Republik. In: Feingold (Hg.): Ein ewiges Dennoch, S. 353 ff.

51 Gustav W. vom 28.5.1951 an die Direktion des Grand Hotel de l'Europe, Central Zionist Archives Jerusalem.

52 Gustav W. vom 22.6.1951 an die Kurverwaltung Bad Gastein, Central Zionist Archives Jerusalem.

53 Zur Problematik der Rückkehr vgl. Albert Lichtblau: »Man kann einen Menschen aus der Heimat vertreiben, aber nicht die Heimat aus dem Menschen«. In: Zeitgeschichte, 7/8 (1990/91), S. 198–208; Helga Embacher: »Eine Heimkehr gibt es nicht? – Remigration nach Österreich«. In: Exilforschung. Ein internationales Jahrbuch. Band 19 (2001), Jüdische Emigration. S. 187–209.

mordete Freunde und die eigene Verfolgung wach. Vertriebene näherten sich der österreichischen Hauptstadt daher oft über den Umweg der Sommerfrische. Bevor sie sich nach Wien wagten, besuchten sie »unbelasteten Orte«, wie Bad Ischl, Bad Gastein oder Baden bei Wien. Diese wurden als Kurorte der Kaiserzeit erinnert und nostalgisiert. Die Kaiserzeit galt bei vielen Juden, auch wenn sie bereits nach 1918 geboren waren, als die »gute alte Zeit«, die Zeit der jüdischen Emanzipation, wirtschaftlicher Erfolge und kultureller Entfaltung. Alles was danach kam, war schlechter und mündete schließlich in eine furchtbare Katastrophe.[54] Als es dem aus Wien geflüchteten und von Heimweh geplagten Schriftsteller Leo Perutz 1950 erstmals möglich war, nach Österreich zu fahren, besuchte er das Salzkammergut. Nach Wien wagte er sich erst bei einem späteren Besuch, denn die einstige Heimatstadt hatte sich in seiner Erinnerung mit Vertreibung und Pogromen festgesetzt. In Israel träumte er von einem Haus mit einem Fenster zur Klagemauer und einem zum Wolfgangsee.[55] Zu diesem tradierten Kaisermythos hielt auch der österreichische Emigrant Edmund Schechter, der mit seiner Frau seinen Urlaub in Bad Gastein verbrachte, in seinen in den USA verfassten Memoiren fest:

»Die alte Monarchie hatte zahlreiche Kurorte. Die Österreicher, wie die meisten Europäer, liebten diese Kurorte und glaubten an die Wirkungen der diversen Kuren. (...) Sie nahmen Bäder, tranken Mineralwasser, genossen die Spaziergänge, entspannten sich und fühlten sich besser. Entweder hatte die Kur tatsächlich geholfen, oder nur die Entspannung und der Glaube an eine Besserung, aber niemand kümmerte sich darum, was genau die Ursache war.

Bis heute kann in Österreich der Einfluss des »goldenen Zeitalters« der Habsburger beobachtet werden. Das Wort »Kaiser« ist in Österreich noch immer ein Synonym für »großartig«, beste Qualität und höchste Wertschätzung. Viele österreichische Hotels führen den Titel »Kaiser« oder »Kaiserin« in ihrem Namen. In Bad Gastein, einem berühmten Kurort südlich von Salzburg, heißen die zwei berühmtesten Hotels Kaiserhof and Elisabethpark (Elisabeth war die Frau von Kaiser Franz Joseph). (...) *Kaisersemmerln* sind die Aristokraten des Wiener »*Gebaeck*« (breakfast rolls), und *Kaiserschmarrn* ist noch immer die bedeutendste Wiener *warme Mehlspeise* (warm deserts). Als sich vor einigen Jahren der in Boston lebende Odin, ein Mitglied meiner Fraternity, über eine

54 Albert Lichtblau: Als hätten wir dazugehört. Österreichisch-jüdische Lebensgeschichten aus der Habsburger Monarchie. Wien-Köln-Weimar 2000; David Rechter: The Jews of Vienna and the First World War. London 2001; Robert S. Wistrich: The Jews of Vienna in the Age of Franz Joseph. New York 1989; Marsha L. Rozenblit: The Jews of Vienna, 1867–1914: Assimilation and Identity. Albany 1984; Dies.: Reconstructing a National Identity. The Jews in Habsburg Austria during World War I. Oxford, 2001; Adolf Gaisbauer: Davidstern und Doppeladler. Zionismus und jüdischer Nationalismus in Österreich 1882–1918. Wien 1988.

55 Vgl. Schalom Ben-Chorim: Das Haus mit den zwei Fenstern. Erinnerungen an Leo Perutz. In: Shmuel Bahagon (Hg.): Recht und Wahrheit bringen Frieden. Festschrift aus Israel für Niels Hansen. Gerlingen 1994. S. 56–63.

schlechte Klempnerarbeit aufregen musste, gab er folgenden Kommentar von sich: »Seit der alte Kaiser tot ist, klappt nichts mehr.«

Aber am besten kommt das Wort »Kaiser« in den täglichen Kurkonzerten zum Ausdruck, die meine Frau und ich besuchten, als wir einige Wochen in Bad Gastein auf Kur verbrachten. Dabei handelt es sich um einen alten österreichischen Brauch, der in den Kurorten entstand: zwei Mal täglich finden dort auf dem Hauptplatz Konzerte statt. Der Dirigent, der vielleicht Ende der 20 und zumindest zwei Generationen nach der Kaiserzeit geboren war, stellte sein Programm mit folgenden Worten vor: »Meine Damen und Herren, ich hoffe, Sie werden die Musik genießen, zumal wir mit einem strahlenden Kaiserwetter gesegnet sind.«[56]

Die Annäherung an Österreich erfolgte vielfach über ein imaginiertes, zeitversetztes Österreich, die österreichische Gegenwart und dessen Mitverantwortung am Nationalsozialismus blieben somit ausgeklammert. Die Liebe zur Monarchie wurde mitunter auch an die nächste Generation vererbt.[57]

Da vor allem in den Nachkriegsjahren die Mehrheit der Vertriebenen Österreich sehr negativ gegenüberstand und vielfach auch zu dessen Boykott aufrief, sahen sich jene, die von Heimweh geplagt so schnell wie möglich in der alten Heimat einen Urlaub verbringen wollten, gezwungen, ihre Rückkehr zu rechtfertigen. Dazu flüchteten ehemalige Österreicher in Israel oder in den USA nicht nur in die Zeit der Monarchie, sondern akzeptierten auch die österreichische Opferthese. Diese beruhte auf der »Moskauer Deklaration«, die von den Alliierten 1943 erlassen wurde. Demnach galt Österreich als erstes Opfer der nationalsozialistischen Aggressionspolitik, wobei es allerdings auch aufgefordert wurde, die Verantwortung zu übernehmen, die es für die Teilnahme am Krieg an der Seite Deutschlands zu tragen habe. In erster Linie sollte die österreichische Bevölkerung damit zum Widerstand animiert werden. Nach 1945 instrumentalisierten österreichische Politiker aus außenpolitischen Überlegungen (Abschluss des Staatsvertrages, Zurückweisen von Restitutions- und Entschädigungszahlungen) die »Moskauer Deklaration«, wobei die Mitverantwortungsklausel weggelassen wurde.[58] Der Historiker Ernst Hanisch sprach von einer »Halbwahrheit« der Opferthese.[59] Wie auch der 1935 in Tel Aviv geborene israelische Diplomat Avi Primor festhielt, unterschieden Israeli vielfach bis zur »Waldheim-Af-

56 Edmund Schechter: Viennese Vignettes. Personal Recollections. New York–Washington–Atlanta–Los Angeles–Chicago 1983. S. 131–133 (übersetzt von Helga Embacher).

57 Tamara Gerstenfeld, Besuch in der Stadt meines Vaters. In: Helga Embacher, Ernst Fürlinger, Josef Mautner: Salzburg Blicke. Salzburg 1999. S. 25–29.

58 Robert H. Keyserlingk: Austria in World War II. An Anglo-American Dilemma. Kingston 1988; Günter Bischof: Die Instrumentalisierung der Moskauer Erklärung nach dem 2. Weltkrieg. In: Zeitgeschichte, 20 (1993), S. 356–366.

59 Ernst Hanisch: Der lange Schatten des Staates. Österreichische Gesellschaftsgeschichte im 20. Jahrhundert. Wien 1994.

färe« zwischen Österreich als Opfer- und Deutschland als Täterstaat. Erst danach sei ihnen bewusst geworden, dass vor allem die »Wiener, als die besseren Antisemiten« galten.

»Ich war dreiundzwanzig Jahre alt, als ich zum ersten Mal deutschen Boden betrat, wenn auch nicht im buchstäblichen Sinn. Die Autoreise mit Freunden quer durch Europa, die ich damals unternahm, führte uns auf dem Weg nach Frankreich auf der Strecke zwischen Salzburg und Innsbruck für kurze Zeit durch bayrisches Gebiet (...) Wir fuhren, ohne unterwegs zu halten, bemüht, diesen Teil der Route möglichst schnell hinter uns zu bringen. Von dem Augenblick an, da wir an der Grenze deutsche Uniformen sahen, wurde im Auto kein Wort gesprochen. Wir verspürten Anspannung und Beklommenheit, und obwohl es Winter war, fühlte ich mich verschwitzt, wie in feuchtheiße Tücher gehüllt. Erleichterung kam erst beim Passieren der Grenze zu Österreich auf, wir waren erlöst.«[60]

Auch die noch in Palästina geborene Yaffa S. weigerte sich bis in die achtziger Jahre, die BRD zu betreten, doch genoss sie mit ihrem Mann Nathan, einem vertriebenen Wiener, den Urlaub im Gasteinertal. Das Ehepaar stieg seit Mitte der siebziger Jahre jedes Jahr im selben Zimmer im Hotel Alpina in Bad Hofgastein ab. Deutschland assoziierte Yaffa mit dem Bösen schlechthin und es wäre ihr unmöglich gewesen, ihren Mann auch nur auf eine Geschäftsreise in die BRD zu begleiten. Sie wartete lieber in Österreich auf seine Rückkehr. Erst im Zuge der Diskussionen um Kurt Waldheim änderte sie ihr Österreichbild bzw. kehrte sich dieses um: Wie viele andere Jüdinnen und Juden bewertete sie Österreich nunmehr als antisemitischer als Deutschland, vor allem deshalb, da sich Österreich zu seiner Geschichte und somit Verantwortung nicht bekennen wollte.[61] Im Unterschied zu anderen Vertriebenen, die nach der »Waldheim-Affäre« ihren Urlaub in Österreich stornierten, kehrte das Ehepaar S. trotz Waldheim weiterhin jeden Sommer nach Bad Hofgastein zurück. An Österreich liebten sie die grüne, üppige Landschaft und das Essen, vor allem den Apfelstrudel; Yaffa hatte von ihrer Wiener Schwiegermutter die »Wiener-Küche« gelernt und sie verwöhnte Nathan in Israel mit österreichischen Gerichten. Das Ehepaar suchte im Gasteinertal aber auch Erholung von der angespannten politischen Situation in Israel. Nathan hatte als Soldat an sämtlichen Nahostkriegen teilgenommen, auch Yaffa war 1948 im ersten israelisch-arabischen Krieg Soldatin. In den folgenden Kriegen musste sie um das Leben ihres Mannes, später ihrer Söhne und mittlerweile bereits ihrer Enkelkinder bangen.[62] Obwohl selbst aus Wien vertrieben und Mitglied der israelischen Arbeiterpartei, nahm Nathan während der Diskussionen um Kurt Waldheim eine sehr differenzierte Haltung ein, die er auch in einem Leserbrief in der Kronenzeitung kundtat. Aufgrund seiner eigenen Erfahrungen als Soldat wehrte er sich

60 Avi Primor: »... mit Ausnahme Deutschlands«. Als Beobachter Israels in Bonn. Berlin 1997. S. 27.
61 Gespräch mit Yaffa S., Bad Hofgastein, 15.7.1989.
62 Interview mit Nathan und Yaffa S., Bad Hofgastein 1989.

gegen eine pauschale Verurteilung der Soldaten in der Deutschen Wehrmacht. Er legte Wert auf die Unterscheidung zwischen Massenmördern und Menschen, »die beim Militär gedient hatten«, und warnte davor, Waldheim ohne konkrete Beweise zu verurteilen. Einen Brief an die Autorin schloss er mit folgenden Worten:

»Verschiedene Menschen haben verschiedene Meinungen und es ist wichtig, tolerant zu sein und die Meinung anderer Menschen zu achten. Zum Schluß, trotz allem, ist für mich Österreich ein sehr schönes Urlaubsland und auch die Österreicher die ich kenne, sind im Großen und Ganzen sympathisch.«[63]

Obwohl er als Mitglied der Arbeiterpartei auch an der israelischen Politik Kritik übte und sich sehnlichst einen Frieden wünschte, definierte er sich als einen hundertprozentigen Israeli, der in Österreich geboren wurde und das Land und die Menschen sehr gerne hatte.[64]

Während Nathan um eine äußerst differenzierte Haltung bemüht war, versetzte die »Waldheim-Affäre« vielen Vertriebenen vor allem deshalb einen furchtbaren Schock, da damit ihr auf vielen Illusionen aufgebautes Österreichbild zusammengebrochen ist und sie sich zur Auseinandersetzung mit der österreichischen Realität, unter anderem mit dem österreichischen Antisemitismus, gezwungen sahen. Während einige ihre nach 1945 mühsam vollzogene Annäherung an Österreich als gescheitert betrachteten und fortan ihre alte Heimat boykottierten, sahen andere über die österreichischen Menschen hinweg und reduzierten ihre Österreichliebe auf die Landschaft und das Essen, mit denen sie sich versöhnt zeigten.

4. Ausläufer der »Waldheim-Affäre« in Bad Gastein

Die in Österreich auf einem äußerst emotionalen Niveau geführte Diskussion um die NS-Vergangenheit von Bundespräsident Kurt Waldheim blieb auch in Bad Gastein nicht ohne konkrete Auswirkungen. Im Jänner 1988 teilte die Familie Weghofer, Besitzer der Pension Charlotte, dem Israeli Ammon Lev-Er mit, dass es ihr unmöglich sei, Israelis Gastfreundschaft zu gewähren. Begründet wurde diese abschlägige Antwort mit dem »unmenschlichen Verhalten des Staates Israel«. Die Familie Weghofer setzte dabei, wie es die Wochenzeitschrift *profil* ausdrückte, zu einem historischen Diskurs an:

»Für uns Österreicher der Nachkriegsgeneration sind Dachau, Mauthausen, Auschwitz und andere Greuelorte Teil einer von manchen noch zu bewältigenden Vergangenheit. Gegenwart ist für uns Gaza, Westjordanland, Jerusalem, die Bombardierung der Zivil-

63 Nathan S. vom 2.10.1988 an Helga Embacher, Privatbesitz.
64 Nathan S. vom 12.2.1988 an Helga Embacher, Privatbesitz.

bevölkerung in anderen Ländern, die Errichtung von Konzentrationslagern in besetzten Gebieten. Der Gedanke, möglicherweise einen israelischen Soldaten zu beherbergen, der mit Maschinenpistolen in deren eigenem Land geschossen hat, ist uns unerträglich.«[65]

Doch weniger das Verhalten der israelischen Armee, als vielmehr Israels Kritik an Bundes präsident Kurt Waldheim bildete den Anlass dieses Schreibens, wie auch der Herrn Lev-Er angebotene Kompromiss verdeutlichte. Dieser sollte sich »für die Verleumdungen und Beleidigungen unseres demokratisch gewählten Bundespräsidenten in Ihren zum Teil staatlichen Medien« entschuldigen. Danach könne er der Familie wieder schreiben.[66]

Das offizielle Israel hat während der Wahl von Kurt Waldheim ein relativ zurückhaltendes Verhalten gezeigt, vor allem auch aufgrund des Ausbruchs der 1. Intifada. Vom Vorgehen des *World Jewish Congress* mehr oder weniger in die österreichische Angelegenheit hineingezogen, wurde Michael Elizur, der israelische Botschafter in Wien, nach der Bundespräsidentenwahl zu Konsultationen zurückberufen. Einen Tag nach der Angelobung Waldheims kehrte er jedoch wieder zurück und blieb bis zu seiner Pensionierung im Oktober 1986 in Wien. Bis zum Ende der Legislaturperiode Bundespräsident Waldheims besetzte Israel die Botschaft allerdings nur mehr mit einem Geschäftsträger, der sich von Beginn an um eine Schadensbegrenzung bemüht zeigte. Auch unterhalb der offiziellen Ebene bestanden weiterhin vielfältige Beziehungen, auf beiden Seiten bemühte man sich um eine Normalisierung. In Österreich wurde im Allgemeinen jedoch wenig zwischen den Reaktionen amerikanischer Juden und Israel differenziert, vielmehr lebte das Stereotyp von der jüdischen Weltverschwörung auf.[67] Wie viele andere Österreicher oder Bürger der BRD wollte die Familie Weghofer Österreich bzw. Waldheim damit entlasten, indem sie die israelische Politik gegenüber den Palästinensern mit jener der Nationalsozialisten gleichsetzte.

Für den Salzburger Fremdenverkehr erwies sich das Vorgehen der Familie Weghofer als Katastrophe, vor allem da Bad Gastein damals auch mit Hotelpleiten konfrontiert war. Israelische Gäste waren vor allem während der Zwischensaison willkommen, wobei es sich um ältere Menschen, vielfach um aus Europa vertriebene Juden handelte. Gemeinde und Kurverwaltung sahen sich daher genötigt zu kalmieren.[68] Der Vorfall in Bad Gastein wurde zu einer österreichischen Angelegenheit. Landesrat Arno Gasteiger (ÖVP) reagierte mit einem Entschuldigungsschreiben an Ammon Lev-Er, der für den Fremdenverkehr zuständige Minister Robert Graf zeigte sich fassungslos und sprach von einer Ungeheuerlichkeit. Weghofer wollte seine »Privatmeinung« jedoch nicht zurückneh-

---

65 Andreas Weber: Die Ferien des Herrn L. In: profil, Nr. 7, 19. 2. 1988.

66 Ebda.

67 Helga Embacher und Margit Reiter: Gratwanderungen. Die Beziehungen zwischen Österreich und Israel im Schatten der Vergangenheit. Wien 1998. S. 256 ff.

68 Ellmauer: Fremder/Gast, S. 121 f.

men, denn, wie er meinte, hätte ihn Post aus ganz Österreich in seiner Auffassung bestärkt.[69] So etwa ein Schreiben von Hans Zinhober:

»Ich freue mich, daß Sie den Mut hatten diese Absage auszusprechen. Im Prinzip habe ich nichts gegen Juden, aber es gibt überall schwarze Schafe. Und wenn man die dauernden Beschuldigungen der Österreicher wegen der Konzentrationslager und deren Folgen gegenüber stellt, wo doch der größte Teil der Bevölkerung noch nicht auf der Welt war, so finde ich die Haltung unserer Politiker als Volksvertreter in keiner Weise vertretbar.«[70]

Andere kritisierten den Gasteiner Bürgermeister für dessen Entschuldigung an den abgewiesenen israelischen Gast.[71]

»Jawohl, wir sollten uns besinnen, daß wir Österreicher sind. Österreicher, die stolz auf ihr Vaterland und auf ihre Vergangenheit sein können. Darum ist es mir unverständlich, daß, wenn ein Privatmann einem anderen Privatmann seine persönliche Meinung kund tut, ein Bürgermeister, ein Landesrat und sogar ein Minister sich damit öffentlich befassen. (…) Wie tief ist Österreich gesunken, daß wir zum Fußabstreifer der Welt werden, wer hat sich bei uns entschuldigt, als ein Angehöriger des israelischen Parlaments[72] unsere Nationalflagge öffentlich zerrissen hat?«[73]

In Israel beschäftigten sich fast alle bedeutenden Tageszeitungen mit diesem Vorfall in Bad Gastein. In der englischsprachigen *Jerusalem Post* vom 25. Februar 1988 forderte ein Leserbriefschreiber die Israelis dazu auf, ihren geplanten Urlaub in Österreich zu stornieren. Die Direktoren der Airtour-Israel zogen ihre Buchung für März 1988 im Parkhotel Bellevue, wo sie ihre Jahrestagung abhalten wollten, aufgrund von ausführlichen Berichten in den auflagenstarken Tageszeitungen *Yedioth Acharonot*, *Davar* und *Haaretz* zurück. Ehemalige NS-Opfer, die das Land trotz aller Umstände liebten, fühlten sich aufgrund ihrer einschneidenden Erfahrungen von 1938 durch das Schreiben der Familie

69 Andreas Weber: Die Ferien des Herrn L. In: profil, Nr. 7, 19. 2. 1988; Salzburger Nachrichten, 20.2.1988 sowie 2.3.1988; Pongauer Nachrichten, 25.2.1988.

70 Hans Zinober, 22.2.1988 an Wolfgang Weghofer; wesentlich geschmackloser drückte es Willy Markowitz (Lienz-Osttirol) in seinem Schreiben vom 22.2.1988 an den Bad Gasteiner Bürgermeister aus: Er war bestürzt, dass sich dieser »bei so einem Gesindel von Dreck-Schwein Israelis« entschuldigte. Die Israelis seien »bezüglich der Behandlung der Palästinenser noch die größeren Schweine als zu Hitlers Zeit. Es ist nur schade daß ER nicht alle vernichtet hat.« Gemeindearchiv Bad Gastein.

71 Dkfm. Ing. Alfred Högn aus Königsbrunn, 21.2.1988, Gemeindearchiv Bad Gastein.

72 Damit war der orthodoxe extrem nationalistische Abgeordnete Rabbi Meir Kahane gemeint, der in der Knesseth eine rot-weiß-rote Fahne zerriss, dabei jedoch wenig Zustimmung fand. Vgl. Embacher, Reiter: Gratwanderungen, S. 259.

73 Birgit Gollhofer, Bergheim, vom 19.2.1988, Gemeindearchiv Bad Gastein.

Weghofer an die nationalsozialistische Verfolgung erinnert. Wie Meir Efrati dem Bad Gasteiner Bürgermeister mitteilte, habe er geplant, mit seiner Frau den Urlaub in Bad Gastein zu verbringen, da sein Schwager sehr begeistert zurückgekommen sei. Aufgrund des Vorfalles sei es ihm aus psychologischen Gründen jedoch nicht möglich:

»Ich bin von den Nazis schwer mißhandelt worden und von der Gestapo stundenlang verhört worden, meine Frau ist ins Lager verschickt worden. Der Gedanke, in ihrer Stadt im Kurhaus, Cafe oder Hotel angepöbelt zu werden, ist so erschütternd für uns, daß wir es vorziehen, woanders hin zu reisen. Ich nehme an, daß nicht alle Menschen dort so denken und sprechen, aber unter keinen Umständen möchten wird uns dieser Gefahr ausliefern. Nach allem, was wir durchgemacht haben. Ich möchte Ihnen das nur zur Kenntnis bringen.«[74]

Für Hugo Gad Sella, der 1912 in Innsbruck zur Welt kam und 1939 ins KZ Buchenwald transportiert wurde, hatte das Schreiben der Familie Weghofer sein jahrelanges Bemühen um eine »Wiederversöhnung der österreichischen und deutschen Nachkriegsgeneration mit unserer Jugend in Israel« zunichte gemacht.[75] Benedikt Friedman, der den Nationalsozialismus in Österreich als Zwangsarbeiter überlebte, wählte eine andere Strategie und lud die Familie Weghofer zu einem Urlaub nach Israel ein: »Meine Frau und ich laden Sie ein. Wir bieten Ihnen unbezahlte Gastfreundschaft in Israel. Ich bürge, daß niemand in Israel Sie anpöbeln wird.«[76]

Da Touristen nicht nach ihrem Religionsbekenntnis registriert werden, kann der Boykott jüdischer Gäste nicht mit konkreten Zahlen gemessen werden. Bad Gasteiner erinnerten sich jedoch, dass damals ehemalige Kurgäste nur mehr zu einem Tagesausflug anreisten, wovon sich einige provozieren ließen. – »Sie sitzen alle in Bad Reichenhall und kommen einmal her, um zu zeigen, sie sind in der Nähe, aber nicht in Österreich.«[77]

Die Generation der aus Österreich und Deutschland vertriebenen Juden geht ihrem Ende zu. In letzter Zeit konnte allerdings eine Wurzelsuche der zweiten Generation beobachtet werden. Für diese Amerikaner ist Österreich nicht nur das *Sound of Music*-Land, sondern auch die frühere Heimat ihrer Eltern oder Großeltern.[78] Im Bewusstsein der jüngeren Israeli kommt Österreich im Allgemeinen jedoch nur mehr wenig Bedeutung zu. Wenn nicht gelegentlich Waldheim oder Jörg Haider die Schlagzeilen der Medien

---

74 Meir Efrati, vom 24. 2. 1988 an den Bad Gasteiner Bürgermeister; vgl. auch Schreiben von Rosi Czapnik vom 2.2.1988 an den Direktor der Kurverwaltung sowie von D. Ekstein vom 23.2.1988 an das Verkehrsbüro, Gemeindearchiv Bad Gastein.

75 Hugo Gad Seller an die Familie Weghofer, Gemeindearchiv Bad Gastein.

76 Zu Benedikt Friedman vgl. auch Benedikt Friedman: »Iwan, hau die Juden«. St. Pölten 1989.

77 Ellmauer: Fremder/Gast, S. 121 f.

78 Dazu vgl. Helen Epstein: Where She Came From. A Daugther's Search For Her Mothers History Boston – New York – Toronto London 1997.

dominieren und Österreich als Naziland porträtiert wird, wird Österreich auch in Israel mit *Sound of Music* und Schifahren assoziiert.[79] Damit wird auch Gastein als Schiort und kaum mehr als Kaiserkurort wahrgenommen, wobei politische Ereignisse in Österreich dieses Bild jederzeit wieder ändern können.

79 Embacher, Reiter: Gratwanderungen, S. 283 ff.

Harald Waitzbauer

»San die Juden scho' furt?« Salzburg, die Festspiele und das jüdische Publikum

Mythos Salzburger Festspiele. Der Zauber des internationalen Festivals in der Ersten Republik, bei dem sich »tout monde« ein Stelldichein gab, und wie er in die Gegenwart projiziert wird, währte in Wahrheit nur drei Jahre: 1935, 1936 und 1937. In diesen Jahren waren die Salzburger Festspiele kultureller Exportartikel des österreichischen Ständestaates, das besondere Kulturereignis des »besseren deutschen Staates«, als der sich Österreich gegenüber dem Ausland damals zu verkaufen suchte. Das Weltläufige des Festspielpublikums und das Weltläufige der Künstler (Größen, die oft wenig miteinander gemein hatten) standen in all den Jahren im Gegensatz zur Salzburger Einwohnerschaft und ihrer Einstellung zu diesem alljährlich im Sommer stattfindenden Spektakel. Die Salzburger dachten in provinziellen Bahnen, nahmen in ihrer Mehrheit gegenüber Fremden eine skeptische bis ablehnende Haltung ein, brachten kulturellen Ereignissen, die »weltläufig«-großstädtisch waren und daher von auswärts kamen, zumindest ein gehöriges Misstrauen entgegen, und sie waren antisemitisch eingestellt. Eine Mischung, die sich mit den hehren Vorstellungen von Kunstschaffenden nicht gut vertrug. Allerdings war während der glanzvollen Festspielsaisonen der Jahre 1935 bis 1937 von Judenfeindlichkeit wenig zu spüren, Mitwirkende ebenso wie Besucher lebten in einer Art Ausnahmezustand, in dem sich Salzburg in den Sommermonaten befand. Das hässliche Gesicht des Antisemitismus zeigte sich erst wieder nach Saisonende.

Doch von Anfang an: Die Gründungsproponenten der Salzburger Festspiele hätten sich scheinbar keinen ungünstigeren Zeitpunkt aussuchen können, um groß angelegte Musik- und Theaterfestspiele in Szene zu setzen. Im Juni 1917 wurde die »Salzburger Festspielhaus-Gemeinde« gegründet, elf Monate darauf, im Mai 1918, die polizeiliche Vereinsanmeldung durchgeführt. In einer Legende zur Vereinsanmeldung an die Polizeidirektion wurde der überregionale und internationale Gedanke der geplanten Festspiele formuliert: Salzburg, die Welt-Kunstzentrale! »Die Bedeutung des Vereines«, hieß es darin, »ist in kultureller und volkswirtschaftlicher Beziehung eine ganz außerordentliche. Er strebt mit dem Baue des österreichischen Festspielhauses die Errichtung einer Welt-Kunstzentrale auf österreichischem Boden an. Das österreichische Kunstleben soll den ihm gebührenden ersten Platz im internationalen Kunstleben einnehmen.«[1] Die

1 Zit. n. Edda Fuhrich, Gisela Prossnitz: Die Salzburger Festspiele, Band 1, 1920–1945. Salzburg und Wien 1990. S. 12

Festspiele sollten ein »Friedenswerk« werden, schrieb Max Reinhardt im September 1918, *»eine Triumph-Pforte österreichischer Kunst«.*[2]

Im September 1918 herrschte in Salzburg Hunger und Aufruhr. Während die Menschen immer hohlwangiger und niedergeschlagener durch Salzburgs Straßen schlichen, dachte Reinhardt bei der Salzburger Festspielszene an eine Stätte »abseits vom Alltagsgetriebe und an einen Ort, der durch natürliche und künstlerische Schönheit so ausgezeichnet erscheint, daß die Menschen in den sommerlichen Ruhetagen, befreit von ihren Sorgen und Mühen, gerne hinpilgern«.[3] Das kommende Festspielhaus, wurde ein anderes Mal postuliert, »soll nach dem Kriege die Annäherung der Völker durch die versöhnende und bezwingende Macht der Kunst anbahnen und fördern«.[4] Die bittere Armut eines Großteils der Bevölkerung war der reale Begleiter der Festspielidee. Stefan Zweig, seit 1917 Hausherr des Paschingerschlössls auf dem Kapuzinerberg, zeichnete die Situation unmittelbar nach Kriegsende düster und deprimierend:

»Jeder Gang in die Stadt hinab war damals erschütterndes Erlebnis; zum erstenmal sah ich einer Hungersnot in die gelben und gefährlichen Augen. Das Brot krümelte sich schwarz und schmeckte nach Pech und Leim, Kaffee war ein Absud von gebrannter Gerste, Bier ein gelbes Wasser, Schokolade gefärbter Sand, die Kartoffeln erfroren; [...] Jeder Schritt durch die Straßen, wo die Auslagen wie ausgeraubt standen, der Mörtel wie Grind von den verfallenen Häusern herabkrümelte und die Menschen, sichtlich unterernährt, sich nur mühsam zur Arbeit schleppten, machte einem die Seele verstört.«[5]

Noch zur ersten Festspielsaison 1920 waren 80 Prozent aller Salzburger Stadtkinder unterernährt. In dieser Atmosphäre stand der Beginn der Salzburger Festspiele im August 1920 unter keinem guten Stern. In der Ablehnung der fremden Gästeschar änderte sich die Meinung der Salzburger auch in den darauf folgenden Jahren nur unwesentlich. Ludwig Ullmann, (jüdischer) Journalist der »Wiener Allgemeinen Zeitung«, beschrieb die in Salzburg zu Beginn der zwanziger Jahre herrschende Atmosphäre anhand einer Anekdote:

»Man saß, nächtens im Basar. Frevelnde Fremdlinge, die teils spielend, teils schreibend, Salzburgs ›strammen‹ Boden schändeten. Da tat sich, gegen Mitternacht, schüchtern die Kaffeehaustüre auf. Ein Gamsbarthut, darunter ein rauschender Vollbart, lugten herein. Ein vertraulicher Wink zum Oberkellner: ›San die Juden scho' furt?‹«[6]

Die xenophobe Einstellung der Einwohnerschaft – gepaart mit einem latenten oder auch öffentlich bekundeten Antisemitismus – fand in den wirtschaftlich trostlosen Nach-

2 Zit. n. Josef Kaut: Festspiele in Salzburg. Salzburg 1965. S. 20

3 Ebda.

4 Ebda.

5 Stefan Zweig: Die Welt von Gestern. Frankfurt am Main 1988. S. 332

6 Wiener Allgemeine Zeitung 19.8.1930. S. 5

kriegsjahren neue Nahrung. Ernst Hanisch meint zu diesem Thema treffend, dass sich (1922) in der Volksphantasie die enormen Preissteigerungen mit der Anwesenheit der Fremden verknüpft hätten.[7] Fremde waren generell nicht erwünscht. Der Schriftsteller Erwin Rainalter schrieb in einem Zeitungsfeuilleton zum selben Thema:

»Und die Bewohner dieser Stadt, die Salzburger, wie stellen sie sich dazu? [...] sie murrten, weil sie sich bedroht fühlten, bekämpften im voraus die Fremden, die kommen würden, und bewiesen, daß Österreich trotz der Revolution das alte geblieben ist, indem sie sich auf einen altösterreichischen Wahlspruch besannen, daß man seine Ruh' haben wolle.«[8]

Einen weit schärferen Ton schlug in diesem Zusammenhang das nationalsozialistische Wochenblatt »Volksruf« an, für das der Fremdenverkehr ausschließlich von Juden bestritten wurde. »Es kommen also die ›neuen Reichen‹«, schrieb der »Volksruf« im August 1921, »zu 90 Prozent aus Abrahamssonnen!«[9] Und weiter unten im selben Artikel: »Ein Fremdvolk hat sich hier breit gemacht, gekennzeichnet durch die semitische Hackennase[!], das mongolische Schlitzauge, die negerhafte Wulstlippe und das negroide Wuschelhaar. [...] Mitten im herrlich schönen Vorland der Alpen, wo die Tiefebene in Ehrfurcht den Saum der stolzen Bergesriesen küßt, ›eine Horde der Wüste‹.«[10] Auch wenn die behaupteten 90 Prozent völlig aus der Luft gegriffen waren, genügte bereits ein weit geringerer Anteil an Juden, die ohnedies vorhandenen antijüdischen Ressentiments zu schüren. Das primitive Hetzblatt »Der eiserne Besen«, das Verlautbarungsorgan des »Antisemitenbundes«, wandte sich verbal am radikalsten »gegen die Ueberflutung Salzburgs durch das jüdische Schieber- und Wuchertum [...]«.[11] Auch die klerikal-konservative »Salzburger Chronik« beklagte »das offenkundige und vielfach unerträgliche Uebergewicht des Judentums in unserem ganzen Fremdenwesen«.[12] Und sogar Stefan Zweig schrieb in einem Brief vom August 1919: »Es gibt keinen Juden, der jetzt nicht in Salzburg ist, und seit Reinhardt da ist, sammelt sich das Volk wie schwarze Fliegen.«[13]

Die Touristen der ersten Nachkriegsjahre wurden als Kriegsgewinnler, Spekulanten, Schieber, Schwarz- und Schleichhändler verdächtigt, von denen die meisten dem Judentum zugeordnet wurden. Wer sonst sollte in Zeiten wie diesen über so viel Geld verfü-

7 Ernst Hanisch: Wirtschaftswachstum ohne Industrialisierung: Fremdenverkehr und sozialer Wandel in Salzburg 1918–1938. In: MGSL 125, 1985. S. 824
8 Salzburger Volksblatt 2.8.1921
9 Volksruf 27.8.1921
10 Ebda.
11 Der eiserne Besen 19.3.1921
12 Salzburger Chronik 12.8.1922
13 Zit. bei Ernst Hanisch: Wirtschaftswachstum ohne Industrialisierung: Fremdenverkehr und sozialer Wandel in Salzburg 1918–1938. In: MGSL 125, 1985. S. 821
Vgl. zu dieser Thematik den Beitrag »Antisemitismus im Wallerseeraum«

gen? (Zum Teil hatten die Salzburger mit ihren Vermutungen nicht Unrecht.) Neben der spürbaren Ablehnung des auswärtigen Publikums gedachte man aber durchaus am Geschehen zu partizipieren – vor allem in finanzieller Hinsicht. Böse Zungen behaupteten, die Salzburger wollten nur abkassieren und die Fremden nach Festspielende möglichst schnell weiterhaben. Elsa Bienenfeld, Journalistin für das »Neue Wiener Journal«, beschrieb die Salzburger Atmosphäre eindeutig: »Die Salzburger schimpfen. Ihre Vorstellungen vom Fremdenverkehr konzentrieren sich in dem Wunsch: von den Fremden leben und sie hinauswerfen.«[14] So wurden die Juden in einer Zeit des anwachsenden Antisemitismus für jene Teile der Salzburger Bevölkerung, die an der fröhlichen Scheinwelt der reichen Touristen in den frühen zwanziger Jahren nicht teilhaben konnten, zum Inbegriff des Feindbildes.[15] Dieser Umstand konnte sich in der Sprache des nationalsozialistischen »Volksruf« u. a. folgendermaßen anhören:

»[…] denn dieses jüdische Kriegs- und Revolutionsgewinner-Gesindel kauft alles auf, verteuert die notwendigsten Lebensmittel, hamstert und verschiebt und die einheimische Bevölkerung hungert und darbt.«[16]

Der »Eiserne Besen« assistierte mit der Vision eines judenfreien Festspieltourismus:

»Es möge sich nur jemand vorstellen: Ein Sommer in Salzburg ohne fettgefressene watschelnde Jüdinnen und ohne dickbäuchige, krummnasige, sich frech gebärdende Juden, die nicht mehr mauschelnd und schreiend durch die Gassen und Straßen unserer Stadt ziehen, oder im Auto sich breit machen und höhnend unsere weibliche Jugend begaffen, in den Gast- und Kaffeehäusern nicht mehr Kulturhebung aufführen, unsere alten, historischen Kulturstätten bewitzeln und anderes mehr.«[17]

Der mehrfach aus Kreisen der Bevölkerung gemachten Behauptung, der Fremdenverkehr habe eine untragbare Teuerung hervorgerufen, kam die Landesregierung 1922 insofern entgegen, als sie die Fremdenverkehrssaison am 3. September einfach für beendet erklärte. Der Schlusssatz des offiziellen Communiqués lautete: »Es dürfte sich daher empfehlen, daß das fremde Publikum sich auf die Abreise vorbereitet.«[18]

Als von den Salzburgern schließlich erkannt wurde, dass die Festspiele und der daraus resultierende Fremdenverkehr eine wirtschaftlich interessante, sprich finanziell lukrative Seite hatten, legte sich das fremden- und judenfeindliche Klima während der Sommer-

---

14 Neues Wiener Journal 17.8.1922

15 Vgl. Ulrike Kammerhofer-Aggermann: »Volk in Tracht ist Macht!« Von der Trachtenmode zur heiligen ererbten Vätertracht. In: Trachten nicht für jedermann? Heimatideologie und Festspieltourismus dargestellt am Kleidungsverhalten in Salzburg zwischen 1920 und 1938. Salzburger Beiträge zur Volkskunde, Band 6. Salzburg 1993. S. 273

16 Volksruf 12.8.1922

17 Der eiserne Besen 22.3.1924. S. 1

18 Zit. bei Josef Kaut: Festspiele in Salzburg. Salzburg 1965. S. 325

monate – um nach dem Ende der Fremdensaison wieder von neuem zu erwachen. Die Tochter des Rabbiners der jüdischen Gemeinde in Salzburg, Nina Margulies, die von 1922 bis 1938 in der Mozartstadt wohnte, erinnerte sich rückblickend, dass »nur in den zwei Monaten der Festspielsaison die Einwohner ihren Antisemitismus unter den Teppich (kehrten).«[19] In seltenen Fällen schlug sogar der »Eiserne Besen« einen für seine Verhältnisse moderaten Ton an, wenn es in der Postille etwa hieß, dass man sich an durchziehenden Sommerfrischlern, die der jüdischen Rasse angehören, »schließlich und endlich nicht stoßen«[20] werde.

Es war verständlich, dass in dieser zur Normalität des Salzburger Alltags international besetzten Gegenwelt der Festspiele Juden sowohl als Mitwirkende als auch als Besucher auftraten. Damaligen Presseerzeugnissen sind immer wieder die Namen von schillernden, reichen und interessanten Persönlichkeiten zu entnehmen, die jüdischer Herkunft waren, spätere Beiträge – wie jener von Josef Kaut[21] – berichteten über jüdische Festspielmitwirkende. Allerdings nahm die Öffentlichkeit von der Anwesenheit jüdischer Gäste im Einzelnen kaum Notiz. Künstlerschar und Publikum jüdischer Herkunft blieben – soweit im Nachhinein nachvollziehbar – von antisemitischen Angriffen weitgehend unbehelligt, die Attacken antisemitischer Presseerzeugnisse richteten sich weitgehend gegen »die Juden« im Allgemeinen, ohne einzelnen Personen – bis auf wenige Ausnahmen – besondere Aufmerksamkeit zu schenken. Es schien tatsächlich so, als ob die Salzburger – wie sich Nina Margulies erinnerte – ihren Antisemitismus in den zwei Monaten der Festspielsaison einfach unter den Teppich kehrten.

Neben Max Reinhardt befand sich einzig der erste Jedermann-Darsteller Alexander Moissi im Visier antisemitischer Zeitungsschreiber. Als in Triest geborener Sohn eines Albaners und einer Italienerin wurde Moissi jahrelang fälschlicherweise als Jude tituliert, was den kosmopolitischen Schauspieler nicht übermäßig tangierte. Besonders in den Jahren 1920 und 1921 schoss sich die antisemitische Presse auf den »Juden Moissi« ein. »Wenn die Festspielhausgemeinde einen ungestörten Verlauf ihrer Veranstaltungen haben will«, so etwa der nationalsozialistische ›Volksruf‹, »dann darf ›Moissi‹ nicht mitwirken, geschieht dies trotzdem, dann werden wir für seine Entfernung aus Salzburg sorgen. […] Im Interesse des Juden ›Moissi‹ selbst geben wir ihm den Rat ›abfahren‹.«[22] Ungeachtet dieser Drohungen blieb Moissi in der Stadt und spielte erfolgreich die Partie des Jedermann bis einschließlich 1931. In diesem Jahr wurde gegen Moissi ein weiteres Mal eine Medienkampagne gestartet. Anlass war die Bitte Moissis, für ein geplantes Buch

19 Daniela Ellmauer u. a. (Hg.): Geduldet, geschmäht und vertrieben. Salzburger Juden erzählen. Salzburg 1998. S. 229

20 Der eiserne Besen 31.7.1925

21 Josef Kaut: Jüdische Künstler in Salzburg. In: Karin Mendel-Karger (Hg.): Salzburgs wiederaufgebaute Synagoge. Festschrift zur Einweihung. Salzburg 1968. S. 93–102

22 Volksruf 6.8.1921

zu Studienzwecken einer Entbindung im Salzburger St.-Johanns-Spital beiwohnen zu können sowie die Entsprechung dieser Bitte durch den Krankenhausleiter Ernst von Karajan, dem Vater Herbert von Karajans. Der Vorfall wurde bekannt und von den Nationalsozialisten weidlich ausgeschlachtet. Aufgrund der fortwährenden Angriffe gegen die Person Moissis wandte sich Moissis Ehefrau, die Schauspielerin Johanna Terwin-Moissi »An die Frauen Salzburgs!« mit einer inhaltlich bemerkenswerten Erklärung, die vom »Salzburger Volksblatt« veröffentlicht wurde:

»[...] Ich zweifle auch keinen Augenblick, daß die scharfe Verurteilung hauptsächlich die Folge der Entstellung ist, die einerseits meinem Manne häßliche Absichten unterschiebt, anderseits gar nicht die Tat selbst, sondern den ›Juden‹ Moissi attackiert. Ich habe vor mir eine Anzahl solcher Angriffe in den verschiedenen Zeitungen des deutschen Sprachgebietes. Ihre Titel lauten:

›Der Jude Moissi vergnügt sich!‹
›Ein jüdischer Schauspieler darf einer Entbindung beiwohnen!‹
›Unerhörte Sauerei! Moissi-Moses als Geburtshelfer!‹
›Die Entbindung einer Christin als Schauspiel für den Juden!‹
›Wer hat dem Jedermann-Komödianten Moissi-Moses die Türe zum Entbindungszimmer geöffnet?‹
›Die Entbindung einer Frau läßt nicht zu, einen schmierigen, lüsternen Juden zu unterhalten‹ usw.

Wie aus dieser kleinen Auslese ersichtlich, gilt der Zorn in erster Reihe dem ›Juden‹ und nur nebenbei der Anwesenheit bei der Entbindung, über die man ja verschiedener Ansicht sein mag. Es ist bekannt, daß Moissi als geistiger Mensch über jeder Rassen- oder Konfessionsfrage steht, und daß selbst der irrige Vorwurf, ein Jude zu sein, ihn nicht berühren könnte. Nur aus rein sachlichen Gründen und um der Entstellung zu begegnen [...] sei hiemit festgestellt, daß sowohl Alexander Moissi als auch ich selbst, rein arischer Abstammung sind, was durch die entsprechenden Dokumente, vor allem durch Alexander Moissis erliegenden Taufschein [...] jederzeit erweisbar ist.«[23]

Wie nicht anders zu erwarten, wurden die Angriffe gegen Moissi in den einschlägigen Blättern unvermindert fortgesetzt.

Besonders exponiert war in dieser Atmosphäre, in der Fremden und Juden nur bedingt Raum gewährt wurde, die Person Max Reinhardts. Max Reinhardts Persönlichkeit, die heute untrennbar mit der erfolgreichen Entwicklung der Salzburger Festspiele in der Zwischenkriegszeit verbunden ist, forderte eben in dieser Zeit zu kontroversen Meinungsäußerungen heraus. Reinhardt war wohlhabend und erfolgreich, er war Kosmopolit, Künstler und Jude, und er besaß weltweit Kontakte zu Menschen aus der Finanzwelt, der Aristokratie und der Kultur. Für die Protagonisten des Kulturereignisses bedeutete

23 Salzburger Volksblatt 2.10.1931

die Person Max Reinhardts ein renommiertes Zugpferd für die Idee der Salzburger Festspiele. Seine Gegner fanden in der vom Salzburger Alltag abgehobenen Lebensweise stets genügend Stoff, Reinhardt und sein Tun anzugreifen, wobei Reinhardts jüdische Herkunft immer wieder ins Spiel gebracht wurde. In diesem Zusammenhang wird auch immer wieder eine Passage aus einem Brief Hugo von Hofmannsthals an Richard Strauss vom September 1922 zitiert: »Reinhardt zum Präsidenten nehmen diese Spießbürger nie: sie hassen ihn, sie hassen ihn drei- und vierfach, als Juden, als Schloßherrn, als Künstler und einsamen Menschen, den sie nicht begreifen.«[24]

Besonders angriffslustig zeigten sich wie nicht anders zu erwarten der »Volksruf« sowie »Der eiserne Besen«, die in ihren Artikeln konsequent vom »Juden«, »Oberjuden« und »Hebräer Reinhardt« schrieben oder ihn als »Juden Max Goldmann« (nach seinem Taufnamen) bezeichneten. Beliebte Themen waren Reinhardts Lebensstil im Zusammenhang mit Schloss Leopoldskron, private Ereignisse, die sich öffentlichkeitswirksam verkaufen ließen wie z. B. die Scheidung von seiner ersten Frau, Geschichtchen und Skandälchen rund um seine Festspielinszenierungen sowie die vermeintliche oder tatsächliche Ablehnung seiner Person von (weiten?) Teilen der Salzburger Bevölkerung.

Der Glamour von Reinhardts Festlichkeiten, die von schillernden Persönlichkeiten besucht wurden, veranlasste zahlreiche in- und ausländische Berichterstatter zu stimmungsvollen Reportagen über die Reinhardt'schen Empfänge sowie die Salzburger Gesellschaftssaison, »die mit den großen Tagen von Monte Carlo, mit Biarritz, Deauville, Montreux und, wo sich sonst der Geld-, Geburts- und Geistesadel zu versammeln pflegt, getrost konkurrieren kann«[25], wie die Wiener Zeitung »Die Stunde« enthusiastisch berichtete. Auf der anderen Seite waren es gerade der herrschaftliche Besitz und die dort veranstalteten Festivitäten, welche die Vertreter der deklariert antisemitischen Presse zu Hetzartikeln herausforderten, sei es über den aufwendigen Lebensstil, über scheinbare Bereicherungsversuche auf Kosten der Allgemeinheit oder über die angeblich schlechte Behandlung von Mietern eines im Besitz Reinhardts befindlichen Hauses. Der von Max Reinhardt tatsächlich erfolgte Versuch, den vor dem Schloss gelegenen Leopoldskroner Weiher zu erwerben, wurde im »Eisernen Besen« folgendermaßen kommentiert:

»Da nun der semitische Egoismus und Machtdünkel keine Grenze kennt, will der jüdische Schloßherr von Leopoldskron noch den dortselbst vorhandenen Weiher in seinen Besitz bringen und diesen samt dem Schloß mit einer hohen Mauer umgeben, damit sich Juda und seine Trabanten eine unsichtbare Tummelstätte schaffen können.«[26]

Ein gefundener Anlass für antisemitische Hetzartikel gegen Reinhardt fand sich in seinem Vorhaben, die Kollegienkirche in der Salzburger Innenstadt als Aufführungsort der Fest-

24 Zit. bei Josef Kaut: Festspiele in Salzburg. Salzburg 1965. S. 350
25 Die Stunde 2.8.1930
26 Der eiserne Besen 30.10.1925

spiele zu nutzen. Das Hofmannsthal-Werk »Das Salzburger große Welttheater« konnte im Sommer 1922 in der Barockkirche noch ungehindert über die Bühne gehen, Erzbischof Ignaz Rieder hatte nach geringfügigen Änderungswünschen des Manuskripts seine Zustimmung erteilt. Einzelne antisemitische Zwischenrufe wie die angeblich schlechte Behandlung von Statisten aus Altersheimen, die lang andauernde ermüdende Proben bei minimaler Entlohnung über sich ergehen lassen müssten, oder die Mitteilung im »Volksruf«, dass er mit aller Kraft Bestrebungen unterstützen werde, »welche darauf abzielen, die Hebräer zum Verlassen Salzburgs zu zwingen«[27], gingen in der übrigen Berichterstattung noch unter. Zwei Jahre später, die Festspiele fielen in der Saison 1924 aus, taten sich die Hetzer keinen Zwang mehr an und wandten sich mit dem Argument, dass Juden nicht in christlichen Gotteshäusern inszenieren dürften, an die Öffentlichkeit. Da war von »rauchenden Jüdinnen in unseren christlichen Gotteshäusern« die Rede, »die aus allen Ländern zusammengetrieben wurden«.[28] »Diese Oberjuden«, so hieß es weiter, »können wir entbehren!«[29] Einige Monate später setzte dasselbe Blatt noch eins drauf und schrieb:

»[...] weil es dem sittsamen Empfinden der Mehrheit unseres Volkes widerspricht, wenn man Gotteshäuser in Komödienhäuser umwandelt, in denen rassenfremde und religionsfeindliche Elemente uns ihre undeutschen Künste darbieten. Jüdische Dichter, Direktoren, Spielkräfte, rauchende ausländische und sich frech gebärdende Jüdinnen, darauffolgender Hohn und Spott über Salzburger Ehrbegriffe, das ist zu viel in so kurzer Zeit in den Tagen der Schmach unseres gesamten deutschen Volkes, welches durch die Schuld der Judenrasse so unendlich tief erniedrigt wurde.«[30]

Kritik an der Inszenierung sowie am Aufführungsort kam übrigens auch von Karl Kraus, der in der »Fackel« regelmäßig gegen Max Reinhardt und Hugo von Hofmannsthal polemisierte. Ebenfalls klagte Kraus über Reinhardts scheinbare Blindheit am politisch rechten Auge und schrieb, dass sich auf Schloss Leopoldskron das Leben vollziehe, »ohne Ahnung, daß es auch so etwas wie Antisemitismus gibt, ja, daß nicht weit von Salzburg unschuldige und wertvolle Glaubensgenossen [...] entehrt und zertreten werden«.[31]

Mag Max Reinhardt vom Salzburger Antisemitismus in den zwanziger Jahren nur am Rande berührt worden sein, so änderte sich die Situation mit der zunehmenden politischen Radikalisierung und dem stetigen Aufstieg des Nationalsozialismus. Ein Beispiel dafür bietet die Affäre rund um die Beschmierung der Tafel »Max-Reinhardt-Platz«. Aufgrund seiner Verdienste um die Salzburger Festspiele wurden Reinhardt im zehnten Jahr seiner Tätigkeit zahlreiche Ehren zuteil. Unter anderem wurde im Juli 1930 der Platz vor

27 Volksruf 12.8.1922
28 Der eiserne Besen 22.3.1924
29 Ebda.
30 Der eiserne Besen 15.8.1924
31 Kaut: Festspiele in Salzburg. S. 279.

dem Festspielhaus »zum äußerlichen Zeichen des Dankes der Stadt«[32] nach ihm benannt. Dass die Straßentafel bald nach ihrer Anbringung in antisemitischer Absicht beschmiert worden sei, wurde unterschiedlich wiedergegeben: Während die auflagenstärkste Tageszeitung »Salzburger Volksblatt« das Thema in ironischem Ton abhandelte und schrieb, dass die Salzburger »angeblich die Tafel Max-Reinhardt-Platz gelegentlich besudeln (wovon in Salzburg aber kein Mensch etwas weiß!)«[33] und abfällig von einer Hetze durch den »Wiener orientalischen Journalismus«[34] sprach, wurde sowohl im »Eisernen Besen« als auch in der »Wiener Allgemeinen Zeitung« von der Schmieraktion berichtet – wenn auch von einander entgegengesetzten Standpunkten. Der »Eiserne Besen« erwähnte die Aktion in einem hasstriefenden Artikel über die Platzbenennung nach Reinhardt. Die Zeitung schreibt davon, viele Salzburger seien darüber empört, dass nach dem »Abgott aller Speichellecker« (= Reinhardt) ein Platz benannt wurde und »die Straßentafeln ›Max Reinhardtplatz‹ mit schwarzer Lackfarbe überstrichen (werden)«[35], und weiter:

»Es wird nötig sein, zu jeder Tafel einen Wächter der Schließgesellschaft hinzustellen, falls man sie nochmals anbringt, denn es ist nicht anzunehmen, daß eine Wiederholung der Anschwärzung ausbleibt! Jedenfalls ist die Blamage groß für die Gemeinde und ihren Hausjuden Reinhardt.«[36]

Ganz anders Ludwig Ullmann, der in der »Wiener Allgemeinen Zeitung« berichtete, dass die Tafel eines Nachts – »treu und stark, deutsch bis ins Mark!« – mit Kot beschmiert wurde.[37]

Aufgrund von Reinhardts vermehrten Auslandsaufenthalten fand 1932 die letzte größere Festivität in Leopoldskron statt. Die politische Stimmung in und um Salzburg – die Stimmengewinne der Nationalsozialisten in der Stadt bzw. die Machtübernahme Hitlers in Deutschland – mag sicherlich ein Mitgrund für diese Entwicklung gewesen sein. In einer Wiener Zeitung heißt es dazu, dass gegen Reinhardt eine regelrechte Volksstimmung zu beobachten sei, »unerklärlich und unbegreiflich, aber jedenfalls vorhanden. Und zweifellos im Schatten eines unsichtbaren großen Hakenkreuzes.«[38]

Als in der ersten Jahreshälfte 1934 in Salzburg illegale Nationalsozialisten eine Reihe von Bomben- und Böllerattentaten verübten, blieb auch das Schloss Leopoldskron davon nicht verschont: Am 6. Juni kam es zu einem Bombenanschlag. Die deutsche Schriftstellerin Annette Kolb (1870–1967) vermerkte den Anschlag in ihrem Buch »Festspieltage in Salzburg«:

---

32 Zit. n. Edda Fuhrich, Gisela Prossnitz: Die Salzburger Festspiele, Band I, 1920–1945. Salzburg und Wien 1990. S. 98

33 Salzburger Volksblatt 23.7.1932

34 Ebda.

35 Der eiserne Besen 15.8.1930

36 Ebda.

37 Wiener Allgemeine Zeitung 19.8.1930

38 Wiener Allgemeine Zeitung 23.7.1932

»Zur Festung war indes auch Leopoldskron geworden. Ein Trupp von Soldaten umlagerte das Tor. Des Nachts Pfiffe, plötzlich Scheinwerfer durch den Park, und wer die Terrasse betrat, hatte alsbald einen Wächter zur Seite, welcher den Himmel musterte. Denn Sprengstoffe, – dem Schloßbesitzer und seinen Gästen zugedacht –, hatten kürzlich Löcher und Lücken in das Portal und in die Steinfliesen der Halle gerissen.«[39]

Die Zeit des autoritären Ständestaates ließ den Antisemitismus unter der offiziellen Oberfläche verschwinden – und die Zahl jüdischer Besucher und Künstler stieg. Ernst Hanisch bemerkt dazu, dass sich eine Art innerjüdische Solidarität zugunsten von Salzburg auswirkte: »Reiche US-Juden besuchten die Salzburger Festspiele aus Protest gegen Hitler.«[40] Zahlreiche Künstler, darunter auch jüdische, fanden nach ihrer Emigration aus dem nationalsozialistischen Deutschland Aufnahme bei den Festspielen. In diese Periode fallen auch die rauschenden Festspielmonate mit einem internationalen Publikum, weitgehend ohne deutsche Staatsbürger. Die Festspiele erwarben sich den Ruf, so noch einmal Hanisch, »antinationalsozialistische, projüdische, politische Demonstrationen«[41] zu sein. Der Zauber des internationalen Festivals in den Jahren 1935, 1936 und 1937 bedeutete ein verzweifeltes gesellschaftliches und kulturelles (Über)lebenszeichen Österreichs für die Welt.

So genannte reichsdeutsche Gäste waren zunächst durch die Tausend-Mark-Sperre und nach deren Aufhebung durch die 10-Mark-Mitnahmebeschränkung in ihrer Reisefreude nach Österreich stark beeinträchtigt. Erich Kästner war einer von vielen, die die scheinbar leichtlebige Atmosphäre im sommerlichen Salzburg literarisch verarbeiteten. Seine Jubelsätze bezogen sich auf den Festspielsommer 1937:

»Kunst und Wirklichkeit, Theater und Leben: überall sonst sind's zwei getrennte Sphären. Hier bilden beide ein unlösbares Ganzes. Sollte das der Grund sein, daß hier, wie schon die römischen Kolonisten meinten, das Glück wohnt?«[42]

Doch diese Aussage, die sicherlich nicht kritiklos hinzunehmen ist, war nur mehr eine Reminiszenz auf eine nicht mehr existierende Zeit in einem nicht mehr existierenden Land: Das Buch erschien 1938 und konnte nur mehr in der Schweiz gedruckt werden.

---

39 Annette Kolb: Festspieltage in Salzburg, 1937. S. 10/11

40 Ernst Hanisch: Wirtschaftswachstum ohne Industrialisierung: Fremdenverkehr und sozialer Wandel in Salzburg 1918–1938. In: MGSL 125, 1985. S. 830

41 Ernst Hanisch: Salzburg. In: Erika Weinzierl u. a. (Hg.): Österreich 1918–1938. Geschichte der Ersten Republik. I. Band. Graz-Wien-Köln 1983. S. 26

42 Erich Kästner: Der kleine Grenzverkehr oder Georg und die Zwischenfälle. München 1988. S. 86

Jutta Hangler

Schloss Fuschl. Beutegut des NS-Außenministers

Am Vermögensentzug rund um Schloss Fuschl, heute in erster Linie bekannt als Gourmettempel und Luxushotel für internationale Festspielgäste der Stadt Salzburg und Geschäftsleute, wird in der aktuellen Arisierungsdebatte die nationalsozialistische Enteignungspolitik und Korruption in der NS-Zeit beispielhaft aufgezeigt.[1] Ging es etwa um den persönlichen Vorteil, stellten NS-Größen die propagierte Einheit des Deutschen Volkes hintan: Damit NS-Außenminister Joachim von Ribbentrop ungestört mit seinen Gästen um die Sommerresidenz flanieren konnte, erzwangen Reichsstatthalterei und Auswärtiges Amt ab 1940 den Verkauf von angrenzenden Grundstücken ortsansässiger Liegenschaftseigentümer.[2] Einem breiteren Seherkreis von zeitgeschichtlichen Filmdokumentationen ist Ribbentrops Beutegut aus der ZDF-Reihe »Hitlers Helfer« bekannt, worin die ursprüngliche Hälfteeigentümerin von Schloss Fuschl, Hedwig Remiz, in einer deutschsprachigen BBC-Rundfunkausstrahlung aus dem Jahr 1941 über die Entziehungsmaßnahmen des Auswärtigen Amtes berichtete.[3] Die nationalsozialistische Salzburger Landesregierung hatte allerdings bereits 1938 auf das Vermögen zugegriffen, noch bevor der Reichsaußenminister sein Interesse anmeldete. Nach dem Ende der NS-Herrschaft in Österreich dauerten die Auseinandersetzungen über die Rückstellung und Rückabwicklung der Ribbentrop'schen Sommerresidenz bis in die späten 1950er an.

Zwangsenteignung von Schloss Fuschl

Das im 15. Jahrhundert erbaute Jagdschloss stand seit 1929 im Eigentum des Ehepaars Baron Gustav Edler von Remiz und seiner Ehefrau Hedwig, die in großem Umfang in die Innenausstattung, d. h. Möbel sowie Bilder, und in die Renovierung des Schlosses investierten.[4] Den österreichischen Adelstitel hatte die Familie während der Regentschaft

1 Franz Bajohr: Parvenüs und Profiteure. Korruption in der NS-Zeit. Frankfurt am Main 2001. S. 69f.

2 Schreiben des Auswärtigen Amtes, Nr. U. St.S.-D.-Nr. 6861 an Gauleiter Scheel vom 25.9.1942. In: SLA, RSTH, Bd. RSTH 114/1943.

3 Heinrich Billstein, Matthias von Hellfeld, Guido Knopp: Ribbentrop der Handlanger. In: ZDF (Hg.): Hitlers Helfer, Folge II. Berlin 1998.

4 Leopold Ziller: Fuschl am See. Heimatbuch einer jungen Fremdenverkehrsgemeinde. Fuschl 1970. S. 22. Vgl. Bestandsaufnahme für Schloss Fuschl nach dem Stand von Oktober 1938. In: SLA, RSTH, V/A 90/1942.

von Josef II. erworben.[5] Der »k.u.k. Oberstleutnant in der Reserve« und ehemalige Schlossherr gilt heute als Gönner der Gemeinde Hof[6], damals – im Zuge der Machtübernahme der Nationalsozialisten in Österreich – wurde er Mitte Juni 1938[7] als »gehässiger aktiver Feind und Schädiger der nationalsozialistischen Bewegung« verhaftet, der »insbesondere die Parteigenossen in der Gemeinde Hof, zu der Fuschl gehört, verfolgt und geschädigt« hat.[8] Gauleiter Friedrich Rainer rechtfertigte später die Enteignung – Schloss und weitere zugehörige Liegenschaften – mit der politischen Rolle des Barons im vorangegangenen christlichsozialen Regime als »Heimatschutz- und Legitimistenführer«.[9] Gustav Remiz war aktiv im Land Salzburg für die Wiederherstellung der Monarchie eingetreten.[10] Im Juli 1938 wurde der Baron als Schutzhäftling, ohne gerichtliches Verfahren allein auf polizeiliche Weisung, im Konzentrationslager Dachau interniert.[11]

Erst ein paar Tage vor Erlass der *Verordnung über die Einziehung volks- und staatsfeindlichen Vermögens im Lande Österreich* im November 1938 erbat Gauleiter und Landeshauptmann Rainer die Übergabe der Schlossverwaltung beim *Ministerium für Wirtschaft und Arbeit in Wien*,[12] das am Beginn der NS-Herrschaft österreichweit für die Administration der Bundesgebäude und der von proklamierten Feinden der nationalsozialistischen Bewegung eingezogenen Liegenschaften zuständig war.[13] Im Vergleich zum gegenständlichen Objekt wurde die Verwaltungskompetenz der Landeshauptmannschaft Salzburg bei Schloss Leopoldskron schon mit der Einziehung zugunsten des Landes Österreich im Grundbuch festgeschrieben.[14] Zu Schloss Fuschl ersuchte der Salzburger Gauleiter schließlich Anfang Dezember 1938 – wie im Gesetz bestimmt – den Reichs-

5 Hans von Stratowa (Hg.): Wiener Genealogisches Taschenbuch, Bd. VII. Wien 1937. S. 147f.

6 Leopold Ziller: Fuschl am See. Ein Dorf im Wechsel der Zeit. Fuschl 1997. S. 55f.

7 Rückstellungsantrag, Rk 40/51–1, vom 24.11.1951. In: ÖSTA/AdR, BMF, Finanzprokuratur, Zl. VI/12541 (X/10688).

8 Schreiben des Gauleiters Rainer an Reichsminister Lammers vom 18.8.1939. In: SLA, RSTH, I/12, 8/1939.

9 Schreiben von Gauleiter Rainer an Reichsminister Dr. Wilhelm Frick vom 25.8.1939. In: SLA, RSTH, I/12, 8/1939. Aktenvermerk der Reichsstatthalterei Salzburg vom 12.10.1939. In: ebda.

10 Vgl. Günther Buchstab: Fritz Thyssen (1873–1951). In: Jürgen Aretz (Hg.): Zeitgeschichte in Lebendbildern. Münster 1999, Bd. 9. S. 127.

11 Verwaltungstechnisch notwendig war dieses Prozedere, weil die Beschlagnahme nicht vor dem Erlass der *Verordnung über die Einziehung volks- und staatsfeindlichen Vermögens im Lande Österreich* im Grundbuch eingetragen worden war. Vgl. §7, Gesetz über die Einziehung volks- und staatsfeindlichen Vermögens vom 14. Juli 1933, RGBl. I 1933. S. 479f; vgl. hiezu auch Gesetz über die Einziehung kommunistischen Vermögens vom 26. Mai 1933, I RGBl. 1933, S. 293. Einziehungserkenntnis der Geheimen Staatspolizeileitstelle Salzburg, II E 3–2094/38 vom 15.4.1939. In: Schreiben von Gauleiter Rainer an das Amt des Reichsstatthalters Wien vom 2.12.1939. In: ÖSTA/AdR, Reichsstatthalterei, SIIG, Zl. 331/39–80.

12 RGBl. I 1938. S. 1620. Schreiben von Gauleiter Rainer an das Amt des Reichsstatthalters Wien vom 2.12.1939. In: ÖSTA/AdR, Reichsstatthalterei, SIIG, Zl. 331/39–80.

13 Vgl. z. B. Bestand: ÖSTA/AdR, MfWuA, Zl. 15513-R/38.

14 Briefentwurf vom Gauleiter und Landeshauptmann Salzburg an Reichskommissar Gauleiter Josef Bürckel vom Juli 1939. In: SLA, RSTH, I/15, 11/1939.

2 Ansichten von Schloss Fuschl; Fotos: Bildarchiv ÖNB

statthalter in Österreich, Arthur Seyß-Inquart, um Einziehung des begehrten Gutes.[15] Diese Kompetenz für das Land Österreich war allerdings schon an das *Ministerium für innere und kulturelle Angelegenheiten* abgetreten worden,[16] das nunmehr von der Geheimen Staatspolizeileitstelle Salzburg einen Nachweis volks- und staatsfeindlichen Handelns forderte. Die Verordnung bedingte einen solchen Feststellungsbescheid als Grundlage aller nach ihrem Erlass erfolgenden Vermögensentziehungen.[17] Mitte April 1939

15 RGBl. I 1938. S. 1620. Schreiben von Gauleiter Rainer an das Amt des Reichsstatthalters Wien vom 2.12.1939. In: ÖSTA/AdR, Reichsstatthalterei, SIIG, Zl. 331/39–80.

16 Schon im Dezember 1938 war ein eigenes Referat im *Ministerium für innere und kulturelle Angelegenheiten* zur Bearbeitung aller innenpolitischen Einziehungsangelegenheiten eingerichtet worden, vgl. Erlass des Reichsstatthalters vom 1. Dezember 1938, Betrauung der Abt. III des Ministeriums für innere und kulturelle Angelegenheiten mit der Einziehungsbefugnis und den Aufgaben einer Feststellungsbehörde, In: ÖSTA/AdR, Reichsstatthalterei, Zl. 264848-I/1a/38. Zl. 1771. Vgl. ÖSTA/AdR, MfWuA, Zl. RSTH III/3 – 96042 – R/39.

17 Ab Februar 1939 wurde die Einziehungsbefugnis der Geheimen Staatspolizei übertragen. Erlass vom 7.2.1939, B. Nr. SIIG – 41/V/39, vgl. Erlass des Inspekteurs der Sicherheitspolizei, B. Nr. S II G – 1084/39

beschied die Geheime Staatspolizei Salzburg dann die Vermögensentziehung zu Lasten von Gustav und Hedwig Remiz aufgrund der oppositionellen Rolle des Barons.[18] Im Vergleich hierzu erging im selben Jahr zu Schloss Prielau bei Zell am See[19], das im Eigentum einer nach den Nürnberger Rassegesetzen[20] »Jüdin« stand, vorerst noch ein ablehnender Bescheid der Geheimen Staatspolizei an die Salzburger Landesregierung.[21]

Widerstand gegen den Zugriff des Gaus auf das Fuschler Jagdschloss hatte Hedwig Remiz schon im Jahr 1938 gesetzt. »Sie nützte hiezu alle Beziehungen aus, die ihr als Enkelin August Thyssens in reichem Maß zur Verfügung standen, aber ohne Erfolg«, wird ihr Rechtsanwalt 1952 der Rückstellungskommission darlegen.[22] August Thyssen war der Begründer des gleichnamigen deutschen Konzerns der Montanindustrie.[23] Beispielsweise ein Onkel der Baronin, der Generaldirektor der Vereinigten Stahlwerke[24] Fritz Thyssen, war bis zu seiner Flucht in die Schweiz im September 1939 Abgeordneter des Deutschen Reichstags.[25] Aus der Sicht der Grundbuchsüberlieferung griff die Geheime Staatspolizei unterschiedlich auf die vier Liegenschaften zu, die zum Jagdschloss zählten. Zwei Liegenschaften, Fischerhaus und Fischsetz am Fuschlsee, wurden beschlagnahmt, wodurch Verfügungen der Eigentümer über die Liegenschaft nur noch mit Zustimmung der Geheimen Staatspolizei möglich waren – de facto war also eine Verfügungsgewalt nicht mehr gegeben. Diese Beschlagnahme erfolgte aufgrund der *Zweiten Verordnung zum Gesetz über die Wiedervereinigung Österreichs mit dem Deutschen Reich* Ende September 1938, die den Reichsführer SS und Chef der Deutschen Polizei, Heinrich Himmler, zu recht-

in Wien vom 28. Juli 1939 zur Einziehung von Vermögen, Sachen und Rechten zu Gunsten einer anderen Rechtsperson als dem Land Österreich durch die Staatspolizeileitstellen. In: SLA, RSTH, I/12, 15/1939.

18 Verwaltungstechnisch notwendig war dieses Prozedere, weil die Beschlagnahme nicht vor dem Erlass der *Verordnung über die Einziehung volks- und staatsfeindlichen Vermögens im Lande Österreich* im Grundbuch eingetragen worden war. Vgl. §7, Gesetz über die Einziehung volks- und staatsfeindlichen Vermögens vom 14. Juli 1933, RGBl. I 1933. S. 479f, vgl. hiezu auch Gesetz über die Einziehung kommunistischen Vermögens vom 26. Mai 1933, I RGBl. 1933, S. 293. Einziehungserkenntnis der Geheimen Staatspolizeileitstelle Salzburg, II E 3–2094/38 vom 15.4.1939. In: Schreiben von Gauleiter Rainer an das Amt des Reichsstatthalters Wien vom 2.12.1939. In: ÖSTA/AdR, Reichsstatthalterei, SIIG, Zl. 331/39–80.

19 Vgl. ÖSTA/AdR, MfWuA, VVST, Vermögensanmeldungen, Zl. 5976.

20 RGBl. I 1935. S. 1146. Der Sammelbegriff *Nürnberger Rassegesetze* beinhaltet zwei Verordnungen, d. s. das *Reichsbürgergesetz* und das *Gesetz zum Schutze des Deutschen Blutes und der deutschen Ehre*.

21 Feststellungsbescheid der Geheimen Staatspolizei, Staatspolizeileitstelle Salzburg, B Nr. II E 3 – 277/39, an die Salzburger Landesregierung vom 10. Juli 1939 zur Eigentümerin von Schloss Prielau. In: ÖSTA/AdR, Reichsstatthalterei, SIIG, Zl. 223/39–804.

22 Schriftsatz der Antragsteller im Rückstellungsverfahren beim Landesgericht Salzburg, Rk 40/51–8, vom 28.3.1952. In: ÖSTA/AdR, Finanzprokuratur, Zl. VI/12541 (Gzl. X/10688).

23 Hans von Stratowa (Hg.): Wiener Genealogisches Taschenbuch, Bd. VII. Wien1937. S. 147f. Gothaisches Genealogisches Taschenbuch. Wien 1938; Hermann A. C. Degener (Hg.): Wer ist's. Berlin 1935. S. 1609.

24 Hermann A. C. Degener (Hg.): Wer ist's. Berlin 1935. S. 1609.

25 Günther Buchstab: Fritz Thyssen (1873–1951). In: Jürgen Aretz (Hg.): Zeitgeschichte in Lebendbildern. Münster 1999, Bd. 9. S. 127.

lich sanktionierenden Maßnahmen »auch außerhalb der sonst hierfür bestimmten gesetzlichen Grenzen« ermächtigte.[26] Aufgrund desselben Rechtstitels verhängte die Geheime Staatspolizei über das Hüttergut und das Jagdschloss ein Belastungs- und Veräußerungsverbot.[27] Damals hatte die Gauleitung der Familie Remiz ein Geschäft vorgeschlagen, vorbei an den Ansprüchen des Deutschen Reichs an volks- und staatsfeindlichem Vermögen in Österreich:[28] Im Falle eines »freiwilligen« Verkaufs würde der Gau Hedwig Remiz' Tochter[29] eine Abschlagzahlung über die Hälfte des Kaufpreises belassen. Die von der Gauleitung Salzburg vorgesehene Widmung der zweiten Hälfte eines etwaigen Kauferlöses spiegelt einen der Gründe wider, warum die Veröffentlichung der Verordnung über die Einziehung von volks- und staatsfeindlichem Vermögen im Vergleich zur Übernahme anderer gesetzlicher Regelungen des Deutschen Reichs eine Zeitspanne von acht Monaten beanspruchte.[30] Die österreichischen Gauleitungen forderten nämlich eine Zweckbindung der Erlöse aus entzogenem Vermögen zur »Wiedergutmachung von den Schäden, die nationalsozialistische Kämpfer in Österreich erlitten haben«.[31] Diesem Anspruch folgend sah der Gau diese zweite Hälfte »für die Wiedergutmachung des durch Herrn Remitz [sic!] in Salzburg entstandenen Schadens« vor. Hedwig von Remiz lehnte einen Verkauf jedoch ab.[32] Nach Ausstellung des Einziehungserkenntnisses zugunsten des Landes Österreich fuhr die Baronin erfolglos fort, bei verschiedenen Behörden und NSDAP-Stellen zu intervenieren: Das Landesgericht Salzburg wies etwa einen Einspruch gegen die Übertragung des Liegenschaftseigentums an

26 RGBl. I 1938. S. 262.

27 Vgl. Grundbuchsauszüge in: SLA, RSTH, I/12, 15/1939.

28 Vgl. Bestand ÖSTA/AdR, BKA/SR, Ministerium für innere und kulturelle Angelegenheiten, Gzl. 101023/39–40.

29 Baroness Dagmar Berg stammte aus der ersten Ehe der Baronin Remiz mit Baron Tassilo von Berg (1918–1923), vgl. Fn 23.

30 Vgl. für Deutschland: Gesetz über die Einziehung kommunistischen Vermögens, RGBl. I 1933. S. 293; Gesetz über den Widerruf von Einbürgerungen und die Aberkennung der deutschen Staatsangehörigkeit, RGBl. I 1933. S. 480; Gesetz über die Einziehung volks- und staatsfeindlichen Vermögens, RGBl. I 1933. S. 479.

31 Protokoll von Staatskommissar Dr. Wimmer zu einer Besprechung im Reichsinnenministerium in Berlin am 9. August 1939 zur Einziehung volks- und staatsfeindlichen Vermögens im Lande Österreich. In: ÖSTA/AdR, BKA/SR, Ministerium für innere und kulturelle Angelegenheiten, Zl. 212.197/38 (Gzl. 101023/39–40).
Vgl. Protokoll zur Besprechung im Reichsinnenministerium in Berlin am 2.9.1938. In: ÖSTA/AdR, BKA/SR, Ministerium für innere und kulturelle Angelegenheiten, Zl. 221.562/38 (Gzl. 101023/39–40); Schreiben des Reichsfinanzministers, 0–1353 A 4–1476 V, an Reichsinnenminister Frick vom 15.9.1938. In: ÖSTA/AdR, BKA/SR, Ministerium für innere und kulturelle Angelegenheiten, Zl. 221.562/38 (Gzl. 101023/39–40). Vgl. hiezu den Bestand der NS-Wiedergutmachungsstelle (4 Kartons) und der NS-Vermittlungsstelle (46 Kartons) im Österreichischen Staatsarchiv/Archiv der Republik.

32 Schreiben des Gauleiters Rainer an Reichsminister Lammers vom 18.8.1939. In: SLA, RSTH, I/12, 8/1939.

das Land Österreich im Sommer 1939 ab, weil eine Zusage von Hitlers »persönlichem Adjutanten«, Obergruppenführer Wilhelm Brückner[33], von der Klägerin nicht schriftlich nachgewiesen werden konnte.[34] Gustav Remiz verstarb im August desselben Jahres im 51. Lebensjahr im Konzentrationslager Dachau. Die näheren Umstände seines Todes sind allerdings nicht bekannt.[35]

Den Eigentumsanspruch auf das Jagdschloss gab die Salzburger Landesregierung mit der Auflösung der politischen Einheit des Landes Österreich durch die Ostmarkgesetzgebung nicht auf. Dadurch wurde der Gau Salzburg ein selbständig verwalteter Reichsgau, der direkt den Reichsministerien in Berlin unterstellt war.[36] Im Sommer 1939 wählte Martin Bormann vom NSDAP-Parteibüro im Auftrag Adolf Hitlers eine Sommerresidenz für den Reichsaußenminister Joachim von Ribbentrop in der Nähe des Obersalzbergs aus, das eingezogene Schloss mit den Fischereirechten am Fuschlsee.[37] Zu diesem Zeitpunkt hatte Ribbentrop den Höhepunkt seiner Karriere erreicht, nämlich aufgrund einer Vereinbarung zur gegenseitigen diplomatischen und militärischen Unterstützung zwischen Deutschland und Italien[38] und seines Mitwirkens am Zustandekommen des deutsch-sowjetischen Nichtangriffspakts. Beide Vereinbarungen dienten der Vorbereitung des Polenfeldzugs.[39] Noch im Zuge der Verhandlungen zur Übertragung des Jagdschlosses informierte Gauleiter Rainer den anfangs mit der Abwicklung der Eigentumsübertragung betrauten Chef der Reichskanzlei, Hans Heinrich Lammers, über den Handel mit dem Reichsaußenministerium: »Es soll sohin mir überlassen bleiben, die Auseinandersetzungen mit der Familie Remitz [sic!] und mit den Wiedergutmachungsansprüchen innerhalb des Reichsgaus Salzburg zu Ende zu führen.«[40] Finanziert sollten diese Ansprüche mittels Kaufgeschäft zwischen dem Reichsgau Salzburg und Reichs-

---

33 Vgl. Andreas Altenburger: http://www.lexikon-der-wehrmacht.de/Personenregister/BruecknerW.htm. Stuttgart, 26.2.2002.

34 Beschluss des Landesgerichts Salzburg vom 17.7.1939. In: ÖSTA/AdR, RSTHA, SIIG, Zl. G–331/39–80. Im Weiteren lehnte der Reichsführer SS und Chef der Deutschen Polizei, Heinrich Himmler, eine Aufhebung des Einziehungserkenntnisses gegen Hedwig von Remiz ab. Schreiben des Gauleiters Rainer an Reichsminister Lammers vom 18.8.1939. In: SLA, RSTH, I/12, 8/1939.

35 Rückstellungsantrag, Rk 10/51–1, vom 24.11.1951. In: ÖSTA/AdR, Finanzprokuratur, Zl. VI/12541 (X/10688).

36 Gesetz über den Aufbau der Verwaltung in der Ostmark (Ostmarkgesetz) vom 14.4.1939, RGBl. I 1939. S. 777. Später, im März 1940, ging durch die Neunte Verordnung zum Ostmarkgesetz das gesamte Liegenschaftseigentum des Landes Österreich auf das Deutsche Reich über.

37 Schreiben der Reichsstatthalterei Salzburg vom 4.11.1939 an den Oberfinanzpräsidenten Innsbruck. In: SLA, RSTH, I/12, 8/1939.

38 Hermann Weiß: Stahlpakt 1940. In: Wolfgang Benz (Hg.): Enzyklopädie des Nationalsozialismus. München 1998. S. 745f.

39 Kurt Pätzold: Deutsch-sowjetischer Nichtangriffspakt. In: Wolfgang Benz (Hg.): Enzyklopädie des Nationalsozialismus. München 1998. S. 430f.

40 Schreiben des Gauleiters Rainer an Reichsminister Lammers vom 18.8.1939. In: SLA, RSTH, I/12, 8/1939.

außenminister Ribbentrop werden:[41] Diese Art der Eigentumsübertragung wurde gewählt, »da es [dem Reichsaußenminister] aus optischen Gründen zweckmäßig erscheint, nicht unmittelbar mit der Auseinandersetzung über beschlagnahmtes [Anm. d. Verf.: gleichbedeutend mit entzogenes] Vermögen befaßt zu sein«.[42] Der Kaufpreis über 300.000,– RM wurde für eine »gnadenweise«[43] Zuwendung von 100.000,– RM an die Familie Remiz, und zwar die Tochter aus erster Ehe der Baronin, und für eine Zahlung von 200.000,– RM an das Land Salzburg veranschlagt.[44] Im Vergleich dazu hatte das Ehepaar Remiz das Anwesen 1929 um 400.000,– S gekauft, 1936 mit dem Hüttergut noch Baugrund und Grünland hinzuerworben und in Einrichtung und Bausubstanz des Schlosses großzügig investiert – so etwa durch einen Anbau mit Terrasse beim Schloss, den Umbau eines Wirtschaftsgebäudes in ein Jägerhaus, die Anlegung eines Schlossgartens und die Instandsetzung der Fischereianlagen.[45] Offensichtlich lag der mit dem Auswärtigen Amt frei vereinbarte Kaufpreis unter dem tatsächlichen Marktwert. Zum Anspruch der Landesregierung führte Friedrich Rainer aus:

»Es bestand jedoch [Anm. d. Verf.: zum Zeitpunkt der Einziehung zugunsten des Landes Österreich] zwischen dem [Anm. d. Verf.: mit 30.4.1939 – im Zusammenhang mit der Ostmarkgesetzgebung – abberufenen] Reichsstatthalter Dr. Seys-Inquart [sic!] und mir Einvernehmen darüber, daß das Schloß zur Wiedergutmachung politischer Schäden im Reichsgau Salzburg verwendet werden wird und sohin diese eingezogene Vermögensmasse dem Reichsgau Salzburg zugute kommen sollte.«[46]

---

41 Schreiben von Gauleiter Rainer an Reichsminister Dr. Wilhelm Frick vom 25.8.1939, Schreiben des Reichsstatthalters Rainer an Reichsminister Lammers vom 18.8.1939. In: SLA, RSTH, I/12, 8/1939.

42 Schreiben des Gauleiters Rainer an Reichsminister Lammers vom 18.8.1939. In: SLA, RSTH, I/12, 8/1939.

43 Ebd.

44 Aktenvermerk der Reichsstatthalterei Salzburg vom 12.10.1939. In: SLA, RSTH, I/12, 8/1939.

45 Schreiben des Grundbuchführers des Amtsgerichts St. Gilgen an die Reichsstatthalterei vom 25.7.1939. In: SLA, RSTH, I/15, 11/1939. Der Umrechnungskurs Schilling in Reichsmark betrug 1938 1:1.
Mit dem Ankauf weiterer Grundstücke um insgesamt ca. 35.000 S, dem Hüttergut 1936 und weiterer angrenzender Parzellen 1937, erweiterte das Ehepaar Remiz das Anwesen von 44,6492 auf 57,5565 ha. Der gesamte Grundbesitz umfasste 57,5 Hektar, davon 30 Hektar Waldfläche, worauf neben dem viergeschossigen Schloss mit Anbau das zweigeschossige Jägerhaus und drei Wohn- und Wirtschaftsgebäude errichtet waren. Die Grundfläche des Schlosses betrug 255 qm, des Anbaus 24,05 qm. Das Jägerhaus wies eine Grundfläche von 237,5 qm auf. Die Auflistung des Inventars aus dem Eigentum des Ehepaars Remiz umfasst – wie in den Bestandsaufnahmen aus der NS-Zeit üblich –, keine genaueren Angaben zu Stil, Entstehungsjahr und Ausführendem. Vgl. Bestandsaufnahme für Schloss Fuschl nach dem Stand von Oktober 1938. In: SLA, RSTH, V/A 90/1942. Konkrete Aussagen zur Wertekette bzgl. Liegenschaftstransaktionen zw. 1933 u. 1967 wird der Bericht der Historikerkommission der Republik Österreich aus dem Endbericht zu: J. Hampler, G. Hödl, G. Melinz: Jüdischer Immobilienbesitz zw. »Arisierungsstrategien und Rückstellungsverfahren« enthalten.

46 Schreiben des Gauleiters Rainer an Reichsminister Lammers vom 18.8.1939. In: SLA, RSTH, I/12, 8/1939.

In die Übertragung der schuldenfreien Liegenschaften an den Reichsgau Salzburg willigten Reichsfinanz- und Reichsinnenministerium im Oktober 1939 ein.[47] Zu diesem Zeitpunkt war in allen Reichsgauen der Ostmark noch die Abwicklungsstelle des Finanzministeriums des Landes Österreich mit der reichsweiten Verwaltung eingezogener Liegenschaften zuständig, das diese Kompetenz vom Ministerium für Wirtschaft und Arbeit im Februar übernommen hatte. Zuvor war das Finanzministerium nur für die Verbuchung eingezogenen Vermögens im Landeshaushalt verantwortlich gewesen.[48] Dorthin richtete die Behörde des Reichsstatthalters Rainer[49] das Gesuch um Veranlassung der grundbücherlichen Übertragung an den Reichsgau Salzburg bei den damaligen Amtsgerichten Thalgau und Fuschl.[50] Erst im Mai 1940 ging bis zum Ende der NS-Ära die Verwaltungskompetenz für Liegenschaften, die als volks- und staatsfeindliches Vermögen zugunsten des ehemaligen Landes Österreich eingezogen worden waren, an die jeweiligen Oberfinanzpräsidenten der Reichsgaue, so für den Reichsgau Salzburg an das Oberfinanzpräsidium Innsbruck über.[51] Die »Wiedergutmachungsforderungen« wurden vom Deutschen Reich etwa in einer alle Reichsgaue der Ostmark betreffenden Lösung durch

---

47 Schnellbrief des Reichsministers der Finanzen, LG 1400 Sal – 46 I, und des Reichsministers des Inneren, SI V 1 – Nr. 2456/39–212 an den Gauleiter und Landeshauptmann in Salzburg vom 20.10.1939. In: SLA, RSTH, I/12, 8/1939. Vgl. weiters Beschluss des Grundbuchsgerichts Thalgau vom 18.12.1939. In: SLA, RSTH, I/12, 6/1945. Als rechtliche Grundlage der Vermögensübertragung gab der Schnellbrief des Reichsfinanz- und des Reichswirtschaftsministers §15 des Gesetzes über den Aufbau der Verwaltung in der Ostmark (Ostmarkgesetz) vom 14.4.1939, RGBl. I 1939. S. 777, an. Vgl. zur allgemeinen Übertragung des Vermögens des Landes Österreich an das Deutsche Reich die Erste Durchführungsverordnung zum Ostmarkgesetz, §12, RGBl. I 1939. S. 995. Zur späteren Regelung der unentgeltlichen Übertragung von eingezogenem »volks- und staatsfeindlichem« Vermögen an lokale Selbstverwaltungskörperschaften den Führererlass vom 29. Mai 1941. In: Institut für Zeitgeschichte München, MA 437.

48 Vgl. Erlass des Reichsstatthalters Seyß-Inquart vom 16. Februar 1939, Durchführungsvorschriften über die Verwaltung und Verwertung von zu Gunsten des Landes Österreich eingezogenen Vermögenschaften. In: ÖSTA, AdR, BKA/SR, Ministerium für innere und kulturelle Angelegenheiten, Zl. 400999/38 (Gzl. 101023/39–40), bzw. ÖSTA, AdR, Reichsstatthalterei, (Gzl. 1771). Gesetz über den Aufbau der Verwaltung in der Ostmark (Ostmarkgesetz) vom 14.4.1939, RGBl. I 1939. S. 777, Erlass des Reichsfinanzministers, o 400–1139 IV Lie, vom 11.4.1940, Erlass des Reichsfinanzministers, o 4400 Ö–1125 IV Lie, vom 17. 5. 1940, Erlass des Reichsfinanzministers, LG 6011 – 565 I, vom 5. 7. 1940. In: ÖSTA/AdR, MfWuA/KST (Gzl. 155312-R/38).

49 Erst mit 1.9.1939 führte Friedrich Rainer die Bezeichnung Reichsstatthalter, vgl. Personenregister. In: Wolfgang Benz (Hg.): Enzyklopädie des Nationalsozialismus. München 1998. S. 872.

50 Schreiben des Reichsstatthalters Rainer an das Wiener Finanzministerium vom 4.11.1939. In: SLA, RSTH, I/12, 8/1939.

51 Vgl. Schreiben des Reichsministers der Finanzen, LG 6011–565 I, vom 5.7.1940. In: ÖSTA/AdR, Beschlagnahmte Vermögen 1940/Mappe 200.

52 Vgl. §15 (1) RGBl. I 1938. S. 1711. Doch schon vor der Einführung einer solchen Auflage durch die Verordnung über den Einsatz jüdischen Vermögens wurden derartige Abgaben etwa von der Vermögensverkehrsstelle beim Ministerium für Wirtschaft und Arbeit des Landes Österreich oder von lokalen Parteistellen eingehoben, so etwa von den Käufern jüdischer Firmen und Liegenschaften. Vgl. zu Kontrollmaßnahmen hinsichtlich jüdischen Vermögens auch: *Verordnung über die Anmeldung des Vermögens von Juden vom*

die Widmung von Arisierungsauflagen[52], einem staatlichen Gewinn aus den Verkäufen jüdischer Firmen und Liegenschaften, in einen Fonds befriedigt.[53]

Gegen den Verkauf an den Reichsaußenminister urgierte die Witwe Hedwig Remiz beim Reichfinanzministerium in Berlin wiederum erfolglos:[54] Der Vertrag wurde im Dezember 1939 mit den Unterschriften von Joachim von Ribbentrop und Friedrich Rainer besiegelt. Eigentümerin war mit dem Übergabetag 10. Juli 1939 nunmehr eine Stiftung namens »Haus Fuschl« mit einem Stiftungsvermögen von 300.000 RM, der Joachim von Ribbentrop vorstand und deren Geschäfte von Martin Luther, Staatssekretär im Auswärtigen Amt und Vertrauter Ribbentrops, geführt wurden.[55] Stiftungszweck war das Zurverfügungstellen der stiftungseigenen Liegenschaften »für staatliche Repräsentations- und Erholungszwecke«.[56] Das Stiftungsvermögen stammte allerdings aus Mitteln des Auswärtigen Amtes und nicht aus dem Privatvermögen des Reichsaußenministers.[57] Von der neuen Eigentümerin, der Stiftung Haus Fuschl, wurde 1939 ein Wachhaus für die SS erbaut, vom Salzburger Reichsstraßenbauamt 1941 ein zwei Kilometer langer Promenadenweg angelegt. Im weiteren errichtete die Stiftung ein Bootshaus am Fuschlsee und investierte in das Jägerhaus, das Hütterergut und das Fischerhaus durch Schaffung neuer Wohnräume. Der bereits bestehende Schlossanbau wurde in den Jahren 1943/44 aufgestockt, stand aber bei Übernahme durch die US-Besatzung noch im Rohbau. Ein zusätzlich angelegtes Wasserreservoir diente in der Hauptsache der Versorgung später zugekaufter Liegenschaften.[58] Selbst über den Kaufvertragsabschluss hinaus kämpfte Ba-

---

26.4.1938, RGBl. I 1938. S. 414f. *Gesetz über die Bestellung von kommissarischen Verwaltern und kommissarischen Überwachungspersonen*, GBl. LÖ Nr. 26/1938.

53 Später sollten alle Gewinne direkt dem Deutschen Reich zukommen. Vgl. Anordnung des Reichskommissars für die Wiedervereinigung Österreichs mit dem Deutschen Reich vom 12.12.1938 zu einem Erlass des Beauftragten für den Vierjahresplan. Schreiben des Staatskommissars in der Privatwirtschaft, W 7458 Ed/Mil, an den Reichskommissar für die Wiedervereinigung Österreichs mit dem Deutschen Reich vom 2.1.1939; Schreiben des Reichskommissars für die Wiedervereinigung Österreichs mit dem Deutschen Reich, III 1/Mg., an die Gauleitung Oberdonau vom 10.01.1939. In: ÖSTA/AdR, »Bürckel«/Materie, Zl. 2160/11. Geheimer Erlass des Beauftragten für den Vierjahresplan vom 10.12.1938, zit. nach: Joseph Walk: Das Sonderrecht für Juden im NS-Staat, 2. Aufl. Heidelberg 1996. S. 265.

54 Schreiben der Reichsstatthalterei Salzburg an Hedwig von Remiz mit 28.2.1940. In: SLA, RSTH I/7, 2/1940.

55 Gemäß §6 der *Verordnung über die Einziehung volks- und staatsfeindlichen Vermögens im Land Österreich* vom 19.11.1938, RGBl. I 1938. S. 1620, haftete das Land Salzburg für etwaige Schulden aus der Liegenschaft. Vgl. hierzu auch Schuldenklausel im Kaufvertrag zwischen Reichsstatthalter Rainer, 13.12.1939, und Außenminister Ribbentrop, 9.12.1939. In: SLA, Landeshauptmannschaft Salzburg, Zl. 4873/6.

56 Vgl. §3 der Stiftungsurkunde vom 1.9.1939. In: ÖSTA/AdR, BMF, Finanzprokuratur, Zl. VI/12541 (Gzl. X/10688).

57 Schreiben der Sammelverwaltung Salzburg (Deutsches Eigentum) an das Bundesministerium für Finanzen am 30.4.1951. In: ebd.

58 Vgl. Antrag auf Aufhebung der Beschränkung der Rechte der Eigentümerin auf jene einer öffentlichen Verwalterin an die Rückstellungskommission bei Landesgericht Salzburg vom 29.12.1955; Gegenäußerung der

ronin Remiz den Vermögensentzug an und wies auch die Zahlung von 100.000,– RM an ihre Tochter ab, so in einem Gesuch an Adolf Hitler vom April 1940: »Ich kann es aber vor mir und vor meinem Kinde nicht verantworten, dieses Angebot anzunehmen.«[59] Der Chef der Reichskanzlei ließ die Bittstellerin wissen: »Ich weise Sie ferner darauf hin, daß die Zuwendung von RM 100.000,– an Ihre Tochter aus erster Ehe nicht als Entschädigung für eine Ihnen etwa zugestoßene unbillige Härte, sondern als großzügiger Ausgleich zu Gunsten Ihrer Tochter von der verfügenden Stelle vorgenommen worden ist.«[60] Trotz des Abratens der Mutter nahm die vorzeitig in Ungarn für mündig erklärte Tochter schließlich die Schenkung an.[61] Mit der Genehmigung der Devisenstelle Wien, die aufgrund des Devisengesetzes vom Dezember 1938 für Geschäfte mit Ausländern[62] erforderlich war, wurde der Betrag im Mai 1941 auf ein Auswanderer-Sperrkonto bei der *Kreditanstalt – Wiener Bankverein* überwiesen.[63] Aus der Wiedergutmachungstranche für die Reichsstatthalterei Salzburg erlagen im Dezember 1944 insgesamt 207.642,32 RM auf einem Sonderkonto der Reichsgaukämmerei.[64] Über die spätere Verwendung dieses Betrages ist bisher nichts bekannt.

Erzwungener Verkauf von landwirtschaftlich genutzten Liegenschaften[65]

Über den Ankauf von umliegenden Liegenschaften kommunizierte insbesondere Ribbentrops Vertrauter, Unterstaatssekretär Martin Luther, mit Rainers Nachfolger, dem Reichsstatthalter und Gauleiter Gustav Adolf Scheel.[66] Martin Luther vertrat etwa das Auswärtige Amt bei der Wannseekonferenz, wo die anstehenden Organisationsfragen zur

Stiftung »Haus Fuschl« zum Verfahren, Rk 40/51, vom 18.12.1952; Schriftsatz der Antragsteller im Rückstellungsverfahren, RK 10/51, vom 28.3.1952. In: ebda.; Vgl. SLA, RSTH, Bd. RSTH 23/1941; RSTH LV 105.

59 Zit. nach: Schriftsatz der Antragsteller im Rückstellungsverfahren, RK 10/51, vom 28.3.1952. In: ÖSTA/AdR, BMF, Finanzprokuratur, Zl. VI/12541 (Gzl. X/10688).

60 Ebda.

61 Ebda.

62 »Ausländer im Sinne dieses Gesetzes sind natürliche und juristische Personen, die ihren Wohnsitz oder gewöhnlichen Aufenthalt, Sitz oder Ort der Leitung im Ausland haben;« §5(2), GBl. LÖ 1938, Nr. 189.

63 Gesetz über die Devisenbewirtschaftung vom 12.12.1938, RGBl. I 1938. S. 1734. Stellungnahme der Öffentlichen Verwaltung der Stiftung »Haus Fuschl« zum Rückstellungsantrag von Hedwig Remiz und der Verlassenschaft nach Gustav Remiz aus dem Jahr 1951, RK 40/54–6, vom 8.2.1952. In: ÖSTA/AdR Finanzprokuratur, Zl. VI/12541 (X/10688).

64 Reichsstatthalterei an die Vermögensverwaltung des Reichsgaus Salzburg mit 19.12.1944. In: SLA, Landeshauptmannschaft Salzburg, Zl. 4873/6.

65 Die Namen sämtlicher Liegenschaften wurden aus Datenschutzgründen geändert.

66 Schreiben des Auswärtigen Amtes, U-St.S.-D.-Nr, 5567, an Reichsstatthalter Dr. Scheel vom 13.2.1942. In: SLA, RSTH, Bd. RSTH 23/1941. Schreiben von Unterstaatssekretär Martin Luther an Gauleiter Scheel vom 11.9.1942. In: LSA, RSTH, Bd. RSTH 114/1943.

Vernichtung der europäischen Juden besprochen wurden, so auch die Beteiligung des Auswärtigen Amtes an der »Endlösung in den vo[m Deutschen Reich] besetzten und beeinflußten europäischen Gebieten«.[67] Friedrich Rainer war im November 1941 als Reichsstatthalter nach Kärnten gewechselt, Gustav Adolf Scheel als ehemaliger Reichsstudentenführer und Inspekteur der Sicherheitspolizei und des Sicherheitsdienstes in Stuttgart zum Reichsstatthalter für Salzburg berufen worden.[68] Gegen die geplante »Arrondierung« von Schloss Fuschl widersetzte sich allerdings die Mehrzahl der Verhandlungspartner.

Mit der Schaffung einer Sicherheitszone rund um das Schloss hatte das Auswärtige Amt aber schon 1940 begonnen, damals willigte etwa der Eigentümer des Lebernquellengutes in den Tausch gegen ein Hotel in Kössen bei Kufstein ein – allerdings nachdem er gemeinsam mit seinem Sohn vor die Geheime Staatspolizei geladen worden war.[69] Derartige Geschäfte verhandelte dann von Seiten des Reichsaußenministeriums ein Vertreter der Reichsstatthalterei – in manchen Fällen aber auch Staatssekretär Martin Luther selbst –,[70] für die NSDAP der Leiter der zuständigen NSDAP-Ortsgruppe Hof und in Vertretung der Stiftung ihr jeweiliger Wirtschaftsverwalter.[71] Auch der Betreiber der Katzenstättenmühle verkaufte Wald und Landwirtschaft schon im Oktober 1940, blieb dort samt Familie wohnen, wurde schließlich von der Stiftung als Waldaufseher angestellt und vom Wehrdienst freigestellt. Zudem erwarb seine Ehefrau aus einem Kaufpreisanteil ein Gasthaus in Hallein. Im Auftrag der Reichsstatthalterei suchte dieser Landwirt die sich widersetzenden Bauern auf, um ihnen die Ausweglosigkeit ihrer Situation aufzuzeigen: »Sie müssen sich zum Tausch oder Verkauf entschließen, sonst kriegt's die Stiftung auf anderem Weg«, wird der Bauer nach dem Ende der NS-Herrschaft in Österreich vor Gericht einen Beamten der Reichsstatthalterei zitieren.[72] Im darauf folgenden Jahr kaufte die Stiftung weitere Grundstücke an, so eine Liegenschaft in Thalgau-Egg,[73] und tauschte angrenzende Grundstücke beispielsweise gegen Wald- und Wie-

67 Protokoll zur »Wannseekonferenz« vom 20.1.1942. In: Haus der Wannsee-Konferenz (Hg.): http://www.ghwk.de/protdt.htm.

68 Personenregister. In: Wolfgang Benz (Hg.): Enzyklopädie des Nationalsozialismus. München 1998. S. 872ff.

69 Urteil der Rückstellungskommission des Landesgerichts Salzburg vom 29.11.1956. In: ÖSTA/AdR, Finanzprokuratur, Zl. VI/12541 (X/10688).

70 Zeugeneinvernahmeprotokoll der Rückstellungskommission, Rk 78/52–29, vom 28.1.1955. In: ebd.

71 Schreiben des Auswärtigen Amtes, Nr. U. St.S.-D.-Nr. 6861, an Gauleiter Scheel vom 25.9.1942. In: SLA, RSTH, Bd. RSTH 114/1943. Äußerung des Abwesenheitskurators der Stiftung »Haus Fuschl« an die Rückstellungskommission beim Landesgericht Salzburg, Rk 44/47, vom 4.11.1952; Bericht des Bundesministeriums für Finanzen, Zl. 165.075–35b/51, an die Finanzprokuratur vom 10. 5. 1951. In: ÖSTA/AdR, Finanzprokuratur, Zl. VI/12541 (X/10688).

72 Zeugeneinvernahme der Rückstellungskommission Salzburg vom 27.5.1955 zu RK 78/52; vgl. auch Aussagen eines anderen Zeugen im Protokoll der Rückstellungskommission, Rk 78/52–29, vom 28.1.1955. In: ebda.

73 Vgl. Erkenntnis der Rückstellungskommission, Rk 36/47, vom 1.10.1948. In: SLA, Rückstellung / Bezirkshauptmannschaften / VMS VIIIc, Kt. 11.

senflächen aus dem dazuerworbenen Bestand der Katzenstättenmühle.[74] Über das Zustandekommen des Kaufvertrags mit dem Betreiber des Vorderebnerguts über einen Teil seiner Grundstücke werden 1949 der ehemalige Ortsgruppenleiter von Hof und der ehemalige Gutsverwalter der Stiftung aussagen, dass das Geschäft nur auf der außergewöhnlichen Initiative des Verkäufers beruhte: Der Ortsgruppenleiter soll sogar persönlich bei einem Besuch in Berlin bei Staatssekretär Martin Luther im Interesse des Verkaufswilligen interveniert haben.[75]

Im Herbst 1942 schloss Staatssekretär Luther aus dem Widerstand weiterer Landwirte, »daß diese schwarzen Brüder von den Pfaffen in übelster Weise aufgewiegelt und an der Umsiedlung [Anm. d. Verf.: auf Ersatzgüter] verhindert [sic!] werden«.[76] Die NS-eigene Blut und Boden-Philosophie klammerte der Vertreter des Auswärtigen Amts in seinem Schreiben an Reichsstatthalter Scheel aus, womit die NS-Propaganda neben der Schaffung eines neuen Lebensraums im Osten an eine tiefe Verbundenheit der Bauern mit der Scholle appellierte.[77] Schließlich, Ende November 1942, willigte ein weiterer Landwirt in den Tausch des Zuberergutes gegen den gleichwertigen Uiberaggerhof in Anif ein. Letzterer gehörte zum entzogenen Liegenschaftsvermögen des Benediktinerstiftes St. Peter in Salzburg.[78] Nachdem sich die Verhandlungen schon drei Jahre lang hinzogen, mahnte der Wirtschaftsverwalter der Stiftung »Haus Fuschl« die Kooperation der Reichsstatthalterei ein: »Ich darf in diesem Zusammenhange gewiß nochmals darauf verweisen, welche überaus große Bedeutung die Anwesenheit des Herrn Reichsaußenministers von Ribbentrop für den Gau Salzburg hat.«[79] Zu diesem Zeitpunkt hatte Ribbentrops Auswärtiges Amt allerdings bereits seinen Einfluss weitgehend verloren und Ribbentrop den Tiefpunkt seiner NS-Politikerkarriere erreicht: Denn der Außenminister war aus dem inneren Kreis der NS-Entscheidungsträger ausgeschieden.[80] Der Ge-

74 Urteile der Rückstellungskommission beim Landesgericht Salzburg, Rk 207/48, vom 23.2.1943; Rk 205/48, vom 23.2.1949; Rk 206/48–6, vom 23.2.1949; Rk, 204/48–7, vom 23.2.1949; in: ebda.

75 Beweisaufnahme vor dem Bezirksgericht St. Gilgen als Rechtshilfegericht vom 26.4.1949; Beweisaufnahme vor dem Bezirksgericht Thalgau als Rechtshilfegericht vom 20.5.1949. In: ebda.

76 Schreiben des Auswärtigen Amtes, Nr. U. St.S.-D.-Nr. 6861, an Gauleiter Scheel vom 25.9.1942. In: SLA, RSTH, Bd. RSTH 114/1943.

77 Vgl. Uffa Jensen: Blut und Boden. In: Wolfgang Benz (Hg.): Enzyklopädie des Nationalsozialismus. München 1998. S. 399f.

78 Verfügung der Geheimen Staatspolizei, IV B–406/41, vom 6.1.1942, zit. nach: Schreiben der Finanzprokuratur, Zl. 3224/52-VI, an das Finanzministerium vom 11.4.1952; Urteil der Rückstellungskommission Salzburg, Rk 89/54–43, vom 4.3.1955. In: ÖSTA/AdR, BMF, Finanzprokuratur, Zl. VI/12541 (Gzl. X/10688).

79 Schreiben DI Rudolf Haag an die Gauleitung Salzburg, Nr. R. St. 416–1943, vom 12.2.1943. In: ebda. Diskutiert wurde etwa der Tausch mit Waldgrundstücken des Stiftes St. Peter und des Klosters Nonnberg, deren Vermögen in das Eigentum des Gaus Salzburg übergegangen war. Vermerk des Gaukämmerers vom 3.8.1943. In: SLA, RSTH, Bd. 80/43.

80 Noch im September 1940 allerdings – vor dem Überfall auf die Sowjetunion im Jahr 1941 – war Joachim von Ribbentrop am kriegsrelevanten Abschluss eines Nichtangriffspakts zwischen Japan, der Sowjetunion

schäftsführer der Stiftung, Martin Luther, verlor schließlich einen Konkurrenzkampf mit dem Minister, fiel damit in Ungnade und wurde im Konzentrationslager Sachsenhausen interniert.[81] Reichsstatthalter Scheel kooperierte weiterhin mit dem Auswärtigen Amt in Berlin und verkaufte dieser Organisation als Beauftragter des Reichsfinanzministers etwa im April 1943 das Gießhamgut, das als staats- und volksfeindliches Vermögen wie der Uiberaggerhof dem Benediktinerstift St. Peter entzogen worden war.[82]

Noch im Februar 1945 suchte die Stiftung um Änderung ihrer Urkunde bei der Reichsstatthalterei an. Das Dokument sollte um Liegenschaften erweitert werden: das Oberhöfnergut, das Hochstädtnergut, das Zuberergut, das Vorderebnergut, die Katzenstättenmühle, das Lebernquellengut, das Gießhamgut, das Hohlweggut, weitere See- und Waldgrundstücke in den Katastralgemeinden Hof, Fuschl, Egg, Koppel und Hallwang.[83] Nach Aussage des ab November 1941 tätigen Wirtschaftsverwalters der Stiftung »Haus Fuschl« behielt »der einzige Hochstädtnerbauer seinen ganzen Besitz in der Sperrzone«.[84] Vor der Rückstellungskommission wird der Landwirt 1955 dennoch aussagen, dass man ihm bis zum Ende der NS-Ära mehrmals mit Enteignung gedroht hatte.[85]

Nichtigkeit der Entziehung volks- und staatsfeindlichen Vermögens

Nach dem Ende der NS-Herrschaft und der Unabhängigkeitserklärung Österreichs wurden Vermögensübertragungen, die im Zusammenhang mit der NS-Machtübernahme zustande gekommen waren, auf der Grundlage des *Bundesgesetzes über die Nichtigerklärung von Rechtsgeschäften und sonstigen Rechtshandlungen, die während der deutschen Besetzung Österreichs erfolgt sind*, vom Mai 1945 aufgehoben.[86] Die Besatzungsmacht, vertreten durch das Amt des US-Hochkommissärs, stellte das Vermögen der Stiftung »Haus

und Deutschland beteiligt gewesen. Bernd-Jürgen Wendt: Außenpolitik. In: Wolfgang Benz (Hg.): Enzyklopädie des Nationalsozialismus. München 1998. S. 82.

81 Hannah Arendt: Eichmann in Jerusalem. Ein Bericht von der Banalität des Bösen, 3. Aufl. Leipzig 1990. S. 264. Paul Seabury: Die Wilhelmstraße. Frankfurt am Main 1956. S. 197. Über den Zeitpunkt von Luthers Tod herrscht allerdings Unklarheit: Entweder verstarb der ehemalige Staatssekretär noch in Haft oder kurz nach Kriegsende in Freiheit.

82 Urteil der Rückstellungskommission des Landesgerichts Salzburg, Rk 69/47–15, vom 11.10.1948. In: ÖSTA/AdR, BMF, Finanzprokuratur, Zl. VI/12541 (Gzl. X/10688).

83 Schreiben der Stiftung »Haus Fuschl« an die Salzburger Reichsstatthalterei vom 22.2.1945. In: SLA, RSTH, I/12, 6/1945.

84 Zeugeneinvernahmeprotokoll der Rückstellungskommission, Rk 78/52–29, vom 28.1.1955. In: ÖSTA/AdR, BMF, Finanzprokuratur, Zl. VI/12541 (Gzl. X/10688).

85 Ebda.

86 Bundesgesetz vom 15. Mai 1945, BGBl. Nr. 106/1946.

Fuschl« als deutsches Eigentum von 1945 bis 1955 unter öffentliche Verwaltung.[87] Ihr Vorstand, Joachim von Ribbentrop, wurde im Nürnberger Prozess als NS-Verbrecher zum Tod durch Erhängen verurteilt und 1946 hingerichtet.[88] Die Finanzprokuratur der Republik Österreich[89] beaufsichtigte zur Wahrung öffentlicher Interessen die Rückstellungsverfahren bis 1955,[90] die alle schließlich nach dem Dritten Rückstellungsgesetz zu Ende geführt wurden.[91] Damit wurde das Stiftungsvermögen ähnlich wie jene Vermögenswerte behandelt, die bis zum Ende der NS-Zeit an Private übertragen worden waren, und nicht wie jene Vermögenswerte, die bis zur Einbringung eines Rückstellungsantrags durch die ursprünglichen Eigentümer oder ihre Erben in die Verwaltung oder in das Eigentum der Republik Österreich übergegangen waren.[92] Vor Gericht vertraten Abwesenheitskuratoren die Stiftung »Haus Fuschl« bis 1956,[93] die zur Weiterführung der Verwaltung 1954 wiedererrichtet worden war: Das Österreichische Bundesministerium des Inneren erließ eine Geschäftsordnung, auf deren Grundlage ein Kuratorium und ein Geschäftsführer beim Amt der Salzburger Landesregierung eingesetzt wurden. Der jeweilige Salzburger Landeshauptmann saß nunmehr der Organisation vor.[94]

Genutzt wurde Schloss Fuschl unmittelbar nach dem Ende der NS-Herrschaft in Österreich als Erholungsheim für US-Offiziere und wurde 1946/47 seiner heutigen Bestimmung als Hotel durch Verpachtung zugeführt.[95] Der Antrag auf seine Rückstellung,

87 Bescheid des Finanzministeriums zu Wiederaufnahme der öffentlichen Verwaltung zum Gutsbesitz Fuschl, Zl. VS 183.878 15 a/50, vom 2.6.1950, vgl. Stellungnahme der Öffentlichen Verwaltung der Stiftung »Haus Fuschl« zum Rückstellungsantrag von Hedwig Remiz und der Verlassenschaft nach Gustav Remiz aus dem Jahr 1951, RK 40/54–6, vom 8.2.1952; Aufhebung der öffentlichen Verwaltung durch Bescheid des Landeshauptmanns, Zl. XII/1–2179/55, vom 18.4.1955, vgl. Schreiben des ehemaligen Abwesenheitskurators der Stiftung »Haus Fuschl« an die Finanzprokuratur vom 7.8.1957 . In: ÖSTA/AdR, BMF, Finanzprokuratur, Zl. VI/12541 (Gzl. X/10688). Vgl. Verwaltergesetz, BGBl. 1946, Nr. 157.

88 Vgl. Joachim von Ribbentrop: Zwischen London und Moskau. Erinnerungen und letzte Aufzeichnungen. Leonie 1954.

89 Vgl. §1 (3) des Prokuraturgesetzes vom 12.9.1945, STGBl. 1945, Nr. 172.

90 Schreiben des Bundesministeriums für Inneres, Zl. 204.789–36/68, an die Finanzprokuratur vom 8.7.1968; Schreiben des Bundesministeriums für Finanzen, Zl. 203.466–33/55, an die Finanzprokuratur vom 26.2.1955; Erlass des Bundesministeriums für Finanzen, Zl. 15.087–16/52, vom 4. 3. 1952, vgl. Schreiben der Finanzprokuratur, Zl. 19415/52, an die Rückstellungskommission beim Landesgericht Salzburg. In: ÖSTA/AdR, BMF, Finanzprokuratur, Zl. VI/12541 (Gzl. X/10688).

91 Aufhebung der öffentlichen Verwaltung durch Bescheid des Landeshauptmanns, Zl. XII/1–2179/55, vom 18.4.1955, vgl. Schreiben des ehemaligen Abwesenheitskurators der Stiftung »Haus Fuschl« an die Finanzprokuratur vom 7.8.1957. In: ebda.

92 Vgl. BGBl. 1946, Nr. 156; BGBl. 1947, Nr. 53.

93 §276 ABGB.

94 Erlass des Bundesministeriums des Inneren, Zl. 116.606–10/54, vom 30.9.1954, zit. nach: Schreiben des Kuratoriums der Stiftung »Haus Fuschl«, Zl. IV a – St–73/1968, an die Finanzprokuratur vom 3.12.1968. In: ÖSTA/AdR, BMF, Finanzprokuratur, Zl. VI/12541 (Gzl. X/10688).

95 Antrag auf Aufhebung der Beschränkung der Rechte der Eigentümerin auf jene einer öffentlichen Verwal-

der innerhalb gesetzlich bestimmter Fristen von der ursprünglichen Eigentümerseite gestellt werden musste, erfolgte zum Jagdschloss Fuschl erstmals von Hedwig Remiz und dem Verlassenschaftskurator[96] ihres verstorbenen Mannes Gustav Remiz auf der Grundlage des Ersten Rückstellungsgesetzes bei der Finanzlandesdirektion Salzburg im Jahr 1947.[97] Doch 1950 hob das Bundesministerium für Finanzen den Rückstellungsbescheid auf: Verfahrenstechnisch musste ein Rückstellungsverfahren nach dem Dritten Rückstellungsgesetz wie für alle Liegenschaften im Privateigentum geführt werden, weil die Stiftung »Haus Fuschl« anders als etwa das ehemalige »Deutsche Reich« eine selbständige juristische Person war. Vielmehr lag aber die Aufhebung im Interesse der Finanzverwaltung der Republik Österreich, denn im Bescheid der Finanzlandesdirektion waren die Rückerstattung von Investitionen und die Rückzahlung einer Entschädigung über 100.000,– RM nicht behandelt worden.[98] Schloss Fuschl wurde wieder der öffentlichen Verwaltung unterstellt und das Eigentumsrecht der Stiftung »Haus Fuschl« an den vier Liegenschaften im Grundbuch wieder hergestellt.[99] Im November 1951 beantragten der Pflegschaftskurator der teilentmündigten, weil »in Geisteskrankheit verfallenen« Hedwig Remiz gemeinsam mit dem Verlassenschaftskurator nach Gustav Remiz erneut die Eröffnung eines Rückstellungsverfahrens nach dem Dritten Rückstellungsgesetz beim Landesgericht Salzburg.[100] Im Dezember 1952 urteilte auch die Rückstellungskommis-

---

terin an die Rückstellungskommission bei Landesgericht Salzburg vom 29.12.1955; Gegenäußerung der Stiftung »Haus Fuschl« zum Verfahren Rk 40/51, vom 18.12.1952. In: ebda.

96 Rückstellungsanträge konnten durch die ursprünglichen Eigentümer, ihre Erben oder deren gesetzliche Vertreter, Bevollmächtigte, Nachlassverwalter, Abwesenheits- bzw. Verlassenschaftskuratoren bei den zuständigen Behörden – Finanzlandesdirektion und Rückstellungskommissionen – eingebracht werden. Vgl. z. B. §14, BGBl. 1947, Nr. 53.

97 Die Naturalrückstellung erfolgte mittels Bescheid der Finanzlandesdirektion Salzburg. Etwa sah diese Rechtsgrundlage nicht die Abfindung von Gebarungsüberschüssen aus der Bewirtschaftung während der NS-Zeit vor, da die Republik Österreich nicht Rechtsnachfolgerin des Deutschen Reichs war, vgl. BGBl. 1946, Nr. 156. Die Verwaltung jener entzogenen Liegenschaften im Eigentum des Deutschen Reichs oder im Eigentum der Republik Österreich war durch das Behördenüberleitungsgesetz auf die Finanzlandesdirektionen übergegangen. StGBl. 1945, Nr. 94.

98 Bescheid zur Wiederaufnahme der öffentlichen Verwaltung zum Gutsbesitz Fuschl durch Bescheid des Finanzministeriums, Zl. VS 183.878 15 a/50, vom 2.6.1950,vgl. Gegenäußerung der Öffentlichen Verwaltung »Haus Fuschl« zum Rückstellungsantrag von 1951, Rk 40/51–6, vom 8.2.1952. In: ÖSTA/AdR, BMF, Finanzprokuratur, Zl. VI/12541 (Gzl. X/10688).

99 Berufungsbescheid des Bundesministeriums für Finanzen, Zl. VS 198.669–8/50, auf Antrag der Finanzprokuratur; Rückstellungsakt der Finanzlandesdirektion Salzburg, Zl. 27/6-IV–1947, vgl. Rückstellungsantrag vom 24.11.1951; Bescheid der Finanzlandesdirektion Salzburg zur Wiederaufnahme des Verfahrens, Zl. 27/6-IV R/47, vom 12.5.1950, vgl. Gegenäußerung der öffentlichen Verwaltung »Haus Fuschl« zum Rückstellungsantrag 1951, Rk 40/51–6, vom 8.2.1952. In: ebda.

100 Auch für Hedwig Remiz, die beschränkt entmündigt worden war, war vom Pflegschaftsgericht Innere Stadt in Wien ein Kurator mit der Einbringung eines Rückstellungsantrags beauftragt worden (Beschluss 4 P 150/51 vom 22.10.1951). In einem Schriftsatz vom April 1954 bezeichnet ihr Rechtsvertreter den

sion über die Naturalrückgabe des Realbesitzes Schloss Fuschl, die Rechte der neuen Alleineigentümerin Hedwig Remiz waren jedoch im Sinne der Finanzprokuratur bis zum endgültigen Abschluss des Verfahrens zur Absicherung von Ausgleichsansprüchen auf jene einer öffentlichen Verwalterin beschränkt.[101] Das machte einen Verkauf unmöglich.[102] Im April 1954 sprach sich das Gericht auch gegen die von der Finanzverwaltung urgierte Rückzahlung von 100.000,– ÖS aus: Denn laut Urteil der Rückstellungskommission war dieser Betrag nicht zur freien Verfügung der Eigentümerin gelangt, sondern gegen ihren ausdrücklichen Willen ausbezahlt worden.[103] Zum Einspruch gegen diese Entscheidung nutzte die Stiftung »Haus Fuschl« den Instanzenzug bei der Rückstellungsoberkommission beim Oberlandesgericht Linz und schließlich bei der Obersten Rückstellungskommission beim Obersten Gerichtshof in Wien. Beide Gerichte bestätigten den Spruch des Salzburger Landesgerichtes.[104] Dennoch war Ende Dezember 1955 noch keine Einigung über die gegenseitigen Ansprüche erzielt worden, d. h. über die Gegenverrechnung von entzogenen Erträgnissen, Investitionen und aufgelaufenen Kosten. Bis dahin waren der Eigentümerin Kosten für die rechtsfreundliche Vertretung von zirka 70.000,– S entstanden. Der Forderung der Rückerstattung von Investitionen, so einem neu errichteten Wachhaus, durch die Stiftung »Haus Fuschl« entgegnete Frau Remiz mit dessen Symbolik: »Es wird niemand verwundert sein, daß mich das Begehren sonderlich berührt, das Wachhaus jener SS bezahlen zu sollen, deren Auftreten in Österreich ich die Verschleppung und Liquidierung meines Gatten in Dachau zu verdanken habe.«[105] Den Zeitwert der Investitionen während der NS-Zeit hatte die Stiftung 1952

Grund, Hedwig Remiz sei in Geisteskrankheit verfallen. Die Berufung eines Verlassenschaftskurators zur Durchführung des Rückstellungsverfahrens für die Erbengemeinschaft nach Gustav Remiz erfolgte durch das Bezirksgericht Thalgau mit 22.2.1951 (GZ S 34/47), vgl. Rückstellungsantrag, RK 10/51–1, vom 24.11.1951; vgl. auch: Schriftsatz der Antragstellerin zu Rk 40/51, vom 22.4.1954. In: ebda.

101 Über einen Erbrechtsstreit entschied der Oberste Gerichtshof im Mai 1953 zugunsten der Witwe. Urteil des Obersten Gerichtshofs, Zl. 2 Ob 1005/52, vom 13.5.1953, vgl. Schreiben der Öffentlichen Verwaltung (Deutsches Eigentum) an das Amt der Salzburger Landesregierung vom 14. 8. 1953; Einantwortungsurkunde des Bezirksgerichts Thalgau, Zl. A 34/47/253. vom 14.8.1953, zit. nach: Schreiben der Öffentlichen Verwaltung (Deutsches Eigentum) an das Amt der Salzburger Landesregierung vom 28.9.1953. In: ebda.

102 Zur Eigentumsbeschränkung: §23 (2), BGBl. 1947, Nr. 54; § 5 (3,4), BGBl. 1946, Nr. 157; §6 (3) des Verwaltergesetzes, BGBl. 1946, Nr. 157; §§1, 2(f), 3(b) der Delegierungsverordnung, BGBl. 1946, Nr. 157; §1 der Durchführungsverordnung zum Verwaltergesetz, BGBl. 1947, Nr. 7.

103 Vgl. § 6(1) des Dritten Rückstellungsgesetzes, BGBl. 1947, Nr. 54. Eine Auszahlung von 100.000,– S an die Republik Österreich hatte die Finanzlandesdirektion allerdings am 12.5.1950 beschieden, gleichzeitig mit der Bewilligung der Wiederaufnahme des Verfahrens. Vgl. Gegenäußerung der Öffentlichen Verwaltung »Haus Fuschl« zum Rückstellungsantrag 1941, Rk 40/51–6, vom 8.2.1952. In: ÖSTA/AdR, BMF, Finanzprokuratur, Zl. VI/12541 (Gzl. X/10688).

104 Urteil der Obersten Rückstellungskommission, Rkv 71/55, vom 17.6.1955. In: ebda.

105 Antrag auf Aufhebung der Beschränkung der Rechte der Eigentümerin auf jene einer öffentlichen Verwalterin an die Rückstellungskommission bei Landesgericht Salzburg vom 29.12.1955. In: ebda.

mit mindestens 500.000,– ÖS beziffert, die nach dem Ende der NS-Zeit getätigten Investitionen mit 1,6 Millionen ÖS.[106] Ein später geschlossener Vergleich schien nach Ansicht der Finanzprokuratur im Interesse der Stiftung, da der errechnete Aktivsaldo vom Wert der Investitionen im Jahr 1956 und nicht wie nach ständiger Judikatur üblich vom seinerzeitigen Anschaffungswert ausging. Das seit März 1955 nicht mehr zuständige Amt empfahl dem Innenministerium, die Übereinkunft in dieser Form stiftungsbehördlich zu genehmigen.[107] Jedoch ist über die Entscheidung des Innenministeriums und über die letztendlich vereinbarten, monetären Ausgleichszahlungen in einem später geschlossenen Generalvergleich nichts bekannt. Allerdings soll Hedwig Remiz auf die Rückstellung verschiedener Mobilien verzichtet haben.[108]

Ein Teil der Schlosseinrichtung war nämlich 1945 vom US-Militär als Vermögen der Familie Ribbentrop beschlagnahmt, nach Glasenbach verbracht, schließlich 1951 der Landesregierung Salzburg zur Verwahrung übergeben und vom Bundesministerium für Finanzen unter öffentliche Verwaltung gestellt worden. Das in Österreich verbliebene Vermögen der Familie Ribbentrop fiel 1952 der Republik Österreich aufgrund eines Urteils des Volksgerichts Graz zu. Erst dann stellte Hedwig Remiz' Rechtsvertretung Antrag auf Rückstellung verschwundener Bilder und Silbergegenstände, zuerst bei der Finanzlandesdirektion Salzburg. Die Übernahme der Auflistung von der US-Militärverwaltung begründete die Eigentümerin damit, dass sie 1938 keine Verwaltungsakten aus dem Jagdschloss mitnehmen konnte. Infolge war es etwa der Finanzlandesdirektion Salzburg auf der Grundlage des Zweiten Rückstellungsgesetzes[109] nicht möglich zu klären, ob Reichsaußenminister Ribbentrop vor dem Verfall seines Vermögens an die Republik Österreich tatsächlich persönlich Eigentümer dieser Mobilien gewesen war.[110] Im darauf folgenden Verfahren nach dem Dritten Rückstellungsgesetz vor der Rückstellungskommission beim Landesgericht Salzburg entgegnete die Stiftung etwa, dass manche der begehrten Bilder erst in den Jahren 1940/41 entstanden waren und daher aus dem Vermögen des ehemaligen Reichsaußenministers Joachim von Ribbentrop

---

106 Gegenäußerung der Stiftung »Haus Fuschl« zum Rückstellungsverfahren, Rk 10/51, vom 18.12.1952. In: ebda.

107 Schreiben der Finanzprokuratur an das Bundesministerium für Inneres, Zl. 41.612–10A/56, vom 1.3.1956. In: ebda.

108 Vergleich zur Aufhebung aller gegenseitigen Ansprüche, Rk 7/55, vom 26.7.1956; Antrag auf Aufhebung der Beschränkung der Eigentumsrechte der Antragstellerin auf die Stellung eines öffentlichen Verwalters, Rk 7/55, vom 31.7.1956. Beschluss zur Löschung der Einleitung des Rückstellungsverfahrens zur Aufhebung der Beschränkung der Eigentumsrechte auf jene eines öffentlichen Verwalters durch die Rückstellungskommission beim Landesgericht Salzburg, Rk 7/55, vom 18.10.1956. In: ebda.

109 BGBl. 1947, Nr. 53.

110 Bescheid der Finanzlandesdirektion Salzburg, Zl. 1/3 IVR–1954, vom 12.3.1954; im April 1954 stellte die ursprüngliche Eigentümerin einen diesbezüglichen Rückstellungsantrag bei der zuständigen Rückstellungskommission nach dem Dritten Rückstellungsgesetz. Rückstellungsantrag über Bilder und Silbergegenstände an die Rückstellungskommission beim Landesgericht Salzburg, Rk 40/51–41, vom 22.4.1954. In: ÖSTA/AdR, BMF, Finanzprokuratur, Zl. VI/12541 (Gzl. X/10688).

stammten.[111] Ob Hedwig Remiz dennoch einen Teil dieser Mobilien zurückerhalten hat bzw. inwieweit Kunstgegenstände im Vermögen der Republik verblieben sind, ist nach dem aktuellen Untersuchungsstand noch nicht geklärt.

Nichtigkeit weiterer Kauf- und Tauschverträge aus der NS-Zeit

Ebenfalls zu den Grundstücken, die im Hinblick auf die Arrondierung des Anwesens großteils von den umliegenden, ortsansässigen Liegenschaftseigentümern erworben worden waren, wurden bis zum Ende der fünfziger Jahre Rückstellungsverfahren nach dem Dritten Rückstellungsgesetz geführt.[112] Auf »Anerkenntnis« des Rückstellungsanspruchs durch den ersten Abwesenheitskurator der Stiftung urteilte die Rückstellungskommission beim Landesgericht Salzburg in der Regel ab 1948 gleichermaßen nach Vorgabe der US-Militärverwaltung: Die Stiftung »Haus Fuschl« musste die zuerworbenen Liegenschaften zurückstellen und erhielt dafür von den ursprünglichen Eigentümern den zur freien Verfügung erhaltenen Kaufpreis zurückerstattet.[113]

Auch die Ringtausche wurden rückgängig gemacht, so etwa das eingetauschte Zuberergut samt Inventar mit Urteil der Rückstellungskommission beim Landesgericht Salzburg im August 1948 an den ursprünglichen Eigentümer in natura zurückgegeben. Zur Abgeltung nutzbringender Investitionen einigte man sich in einem Vergleich auf eine Abschlagzahlung an die Stiftung. Der gegengetauschte Uiberaggerhof fiel ebenfalls durch Urteil der Rückstellungskommission wieder an das Benediktinerstift St. Peter, das wiederum dem ursprünglichen Eigentümer des Zubererguts Instandsetzungskosten ausglich.[114] Gegen die Rückzahlung des Kaufpreises an die Stiftung wehrte sich allerdings das Stift, dessen als staats- und volksfeindlich entzogenes Vermögen weiterveräußert worden war. Denn der Kaufschilling war auf ein Sonderkonto bei der Reichsstatthalterei erlegt worden, das dem Stift nach dem Ende der NS-Herrschaft in Österreich zur Verfügung gestellt wurde.[115] Solche Kontoguthaben verringerten sich aufgrund des *Wäh-*

---

111 Dazu zog der bestellte Abwesenheitskurator auch die Witwe Anneliese von Ribbentrop als Zeugin heran. Äußerung zum Schriftsatz der Antragstellerin vom 22.4.1954. In: ebda.

112 Vgl. *Bundesgesetz über die Nichtigerklärung von Rechtsgeschäften und sonstigen Rechtshandlungen, die während der deutschen Besetzung Österreichs erfolgt sind*, vom Mai 1945, BGBl. Nr. 106.

113 Vgl. Urteil der Rückstellungskommission beim Landesgericht Salzburg, Rk 36/47, vom 11.08.1948. In: SLA, Rückstellung / Bezirkshauptmannschaften / VMS VIIIc, Kt. 11.

114 Urteil der Rückstellungskommission beim Landesgericht Salzburg, Rk 89/54–43, vom 4.3.1955. In: ÖSTA/AdR, BMF, Finanzprokuratur, Zl. VI/12541 (Gzl. X/10688).

115 Urteil der Rückstellungskommission beim Landesgericht Salzburg, Rk 80/47–12, vom 16.4.1948, vgl. Schreiben der Finanzprokuratur, Zl. 3224/52-VI, an das Bundesministerium für Finanzen vom 11.4.1952. In: ebda.

rungsschutzgesetzes vom Dezember 1947, da sechzig Prozent davon dem österreichischen Bundesschatz gutgeschrieben wurden.[116] Nach der damals gängigen Rückstellungsrechtssprechung forderte die Stiftung Haus Fuschl, dass das Stift diese Währungseinbuße tragen sollte,[117] verzichtete aber schließlich Mitte der fünfziger Jahre darauf.[118]

Die Frage der Rechtmäßigkeit des Erwerbs wird in diesen Verfahren erst bei Einsprüchen der ursprünglichen Eigentümer in den Fünfzigern thematisiert, denn eine negative Urteilsfindung darüber war gleichbedeutend mit der Verpflichtung des Erwerbers, der Stiftung »Haus Fuschl«, auf Ausfolgerung der Erträgnisse für den gesamten Nutzungszeitraum. Indikatoren eines solchen redlichen Erwerbs waren die »freie Auswahl des Käufers« und die »Angemessenheit des Kaufpreises«.[119] Eine dieser Erwerbungen der Stiftung beurteilte das Landesgericht Salzburg als rechtmäßig, weil zumindest die Angemessenheit des Kaufpreises gegeben war.[120] Demgemäß stellte die Rückstellungskommission zu einer anderen Erwerbung fest, »daß in dem Umstand, daß sich die Stiftung bei der Vorbereitung der Vermögensentziehung der Gestapo bediente, an sich noch nicht ein unredlicher Erwerbsvorgang erblickt werden kann«.[121] Die Art des Eigentums-

---

116 BGBl. Nr. 250. Unter dem ersten Abwesenheitskurator der Stiftung Schloss Fuschl wurden alle Tauschverträge gleichermaßen rückabgewickelt: Etwa aufgrund von Urteilen der Rückstellungskommissionen wurden gleichwertige Liegenschaften gegenseitig in natura rückgetauscht und zusätzlich bei Kaufvertragsabschluss erbrachte finanzielle Leistungen rückerstattet. Dabei konnten auch Schadensersatzansprüche zuerkannt werden. Vgl. Urteil der Rückstellungskommission beim Landesgericht Salzburg, Rk 44/48, vom 19.10.1948, und Vergleich vor der Rückstellungskommission, Rk 142/49-3, vom 5.5.1950; Urteil der Rückstellungskommission beim Landesgericht Salzburg, Rk 207/48, vom 23.2.1949, vgl. auch Urteil Rk 205/48–6 vom 23.2.1949; in: SLA Rückstellung/Bezirkshauptmannschaften, VMS VIII c, Kt. 11.

117 Vgl. Rkv 200/48 vom 11.12.1948, vgl. Ludwig Viktor Heller/Wilhelm Rauscher (Hg.): Die Rechtsprechung der Rückstellungskommissionen, 4. Bd. Wien 1949. Nr. 290.

118 Schreiben des Bundesministeriums für Inneres, Zl. 55.338–10A/56, an die Finanzprokuratur vom 26.3.1956. In: ÖSTA/AdR, BMF, Finanzprokuratur, Zl. VI/12541 (Gzl. X/10688).
Auch im Falle des Schlaugenhammergutes bestand die Stiftung 1948 auf die Rückzahlung des Kaufpreises durch das Stift St. Peter. Vgl. Urteil der Rückstellungskommission des Landesgerichts Salzburg, Rk 69/47–15, vom 11.10.1948. In: ebda.

119 Georg Graf verweist auf eine verwandte, bestehende Rechtsregelung über die Ausschüttung sämtlicher Erträgnisse im Sinne einer Rückabwicklung von Verträgen in §§1431ff und §§329ff ABGB. Georg Graf: Arisierung und keine Wiedergutmachung. Kritische Anmerkungen zur jüngeren österreichischen Rechtsgeschichte. In: Peter Muhr (Hg.): Philosophie-Psychoanalyse-Emigration. Festschrift für Kurt Rudolf Fischer zum 70. Geburtstag. Wien 1992. S. 70f.

120 Urteil der Rückstellungskommission beim Landesgericht Salzburg, Rk 78/52–37, vom 27.5.1955. In: ÖSTA/AdR, BMF, Finanzprokuratur, Zl. VI/12541 (Gzl. X/10688).

121 Urteil der Rückstellungskommission Salzburg, Rk 1/56, vom 29.11.1956. In: ebda. Die Rückstellungskommission beim Landesgericht Salzburg stellte 1955 zu den Vertragsabschlüssen der Stiftung allgemein fest, dass diese zwar »mit Nachdruck auf den Bedarf der erforderlichen Grundstücke hingewiesen, im großen und ganzen aber, wie die Mehrzahl der vernommenen Zeugen bekundet, nicht mit Gewalt oder politischen Zwangsmitteln wie Drohungen mit politischer Verfolgung, Konzentrationslager oder Einziehung zum Wehrdienst gearbeitet [hat]«. Urteil der Rückstellungskommission beim Landesgericht Salz-

wechsels klassifizierte dieses Gericht als von der NS-Herrschaft unabhängige: *»Die Schaffung von Sicherheitszonen um Regierungsgebäude, besonders in politischen Krisenzeiten, sind auch in nichtautoritären Staaten gebräuchlich und stellen keine typische n.s. Einrichtung dar.«*[122] Allerdings beschränkte die Rückstellungsoberkommission beim Oberlandesgericht Linz die Redlichkeit des Erwerbs in einem verwandten Verfahren vorerst nicht auf den Indikator Angemessenheit des Kaufpreises: Die Umstände des Verkaufs würden nicht für eine wirklich freie Willensbildung sprechen, auch wenn der Kaufpreis für damalige Verhältnisse angemessen war.[123] Sicherheitszonen schätze dieses Gericht als *»ein in demokratischen Staaten ungebräuchliches und mit wirklich demokratischen Prinzipien kaum verträgliches Vorgehen«*[124] ein. Die höchste Instanz, die Oberste Rückstellungskommission, bestätigte allerdings die Rechtsprechung der Salzburger Rückstellungskommission in allen Punkten so etwa hinsichtlich der Freiwilligkeit: *»Die Drohung mit Enteignung allein ist […] für den NS [d.h. Nationalsozialismus] nicht charakteristisch. [..] Die Angst muss infolge des Vorgehens des Vertragspartners berechtigt oder zumindest verständlich gewesen sein und die freie Willensbildung der Eigentümer durch konkrete Ereignisse im Zusammenhang mit der Machtergreifung ausgeschaltet haben. […]«*[125] Mit dieser Begründung entschied das Höchste Gericht 1957 – nach dem Abschluss des Staatsvertrags – gegen die Naturalrückgabe eines im Eigentum der Stiftung verbliebenen Grundstücks aus dem Grundstücksbestand der Katzenstättenmühle.[126] Dieses Grundsatzurteil war nunmehr bindend für alle weiteren diesbezüglichen Urteile der Rückstellungsoberkommission und der Rückstellungskommission.[127]

---

burg, Rk 78/52–37, vom 27.5.1955. In: ebda. Beispielsweise prozessierten die Erben des ursprünglichen Eigentümers vom Lebernquellengut neun Jahre lang hinsichtlich der gegenseitigen Ausgleichszahlungen nach Naturalrückstellung der Liegenschaft. Ihr Vater hatte das Gut bereits 1940 an die Stiftung veräußert. Die Ausschüttung der entgangenen Erträgnisse während des Entzugs durch die Stiftung entfiel, weil das Gericht den Erwerb als redlich beurteilte, Urteil der Rückstellungsoberkommission beim Landesobergericht Linz, Rkb 55/56 zu Rk 1/56–138. In: ebda.

122 Urteil der Rückstellungskommission Salzburg, Rk 1/56, vom 29.11.1956. In: ebda.

123 Urteil der Rückstellungsoberkommission beim Oberlandesgericht Linz, Rkb 39/55 zu Rk 78/52–41. In: ebda.

124 Urteil der Rückstellungsoberkommission beim Oberlandesgericht Linz, Rkb 39/55 zu Rk 78/52–41; vgl. hierzu auch das Urteil der Rückstellungsoberkommission bezüglich der Frage der Redlichkeit des Erwerbs, Rkb 55/56, vom 17.9.1957. In: ebda.

125 Urteil der Obersten Rückstellungskommission beim Obersten Gerichtshof, Rkv 32/57, zu Rk 78/52. In: ebda.

126 Urteil der Obersten Rückstellungskommission beim Obersten Gerichtshof, Rkv 32/57, zu Rk 78/52. In: ÖSTA/AdR, BMF, Finanzprokuratur, Zl. VI/12541 (Gzl. X/10688).

127 Vgl. zur Redlichkeit: »die Ausschaltung der freien Käuferwahl [ist] für sich allein noch nicht die Annahme der Nichteinhaltung der Regeln des redlichen Verkehrs«, Urteil der Rückstellungsoberkommission, Rkb 55/56 zu RK 1/56–138, vom 17.9.1957. In: ebda.

Conclusio

Zur Rückabwicklung der ab 1940 zugekauften Liegenschaften wechselte die Leitlinie »Rückstellung der Liegenschaften gegen Rückzahlung des Kaufschillings« analog mit der Berufung eines neuen Abwesenheitskurators im Jahr 1952: Der Erfolg seines Handelns im Sinne der Wertsicherung zugunsten der ursprünglich Ribbentrop'schen Stiftung gipfelte in dem Urteil des Obersten Gerichtshofs, das im Hinblick auf die Rückabwicklung eines Kaufvertrags zu Ungunsten des ursprünglichen Eigentümers – übrigens eines ehemaligen NSDAP-Mitglieds – richtete. Der gleiche Bauer hatte allerdings gegen Rückzahlung des Kaufpreises Ende der Vierziger sehr wohl einen Teil seines ursprünglichen Liegenschaftsbestands mit Urteil der Rückstellungskommission zurückerhalten.[128] Die Definition von Nötigung zu einem Vertragsabschluss im Zusammenhang mit der nationalsozialistischen Herrschaft in Österreich war damit einem Wandel während der gesamten Dauer der Rückstellungsrechtsprechung des ursprünglichen zu Ungunsten des Vertragsabschließenden unterworfen.[129] Wenngleich die Eigentümer der umliegenden Liegenschaften anders als das Ehepaar Remiz und das Benediktinerstift St. Peter den erzielten Erlös wertsichernd anlegen konnten. Jene ursprünglichen Eigentümer, die nicht ihr Grundstück direkt mit der Stiftung gegen ein anderes eintauschten, zahlten im Gegenzug für eine Naturalrückstellung auf der Grundlage der Rückstellungsgesetzgebung lediglich die ursprünglich erhaltene Kaufpreissumme in Schilling – ungeachtet der zwischenzeitlich inflationären Abwertung – zurück. Der Anspruch auf die Ausschüttung der durch die Stiftung erwirtschafteten Erträgnisse wurde allerdings anders als im Fall des Verfahrens zu Schloss Fuschl durch die Gerichte abgewiesen, weil sie den Erwerb der umliegenden Liegenschaften durch die Stiftung als rechtschaffen bewerteten.[130]

---

128 Etwa war in einem Vergleich zwischen Stiftung »Haus Fuschl« und dem Zubererbauern 1947 der Verzicht auf Rückerstattung des Kaufpreises an die Stiftung nicht ausdrücklich hervorgehoben worden, man einigte sich lediglich im Zusammenhang mit der Nutzung einer neu errichteten Wasserleitung auf eine Zahlung von 15.000,– S an die Stiftung. Aufgrund eines weiteren Vergleichs zahlte die Stiftung dem Zubererbauern 35.000,– S für Instandsetzungsaufwendungen nach einem Bombenschaden und beide Parteien verzichteten auf jegliche weitere Ansprüche. Erst der 1954 neu eingesetzte Abwesenheitskurator forderte die Rückzahlung des Kaufschillings vom Zubererbauern, der ihn aber nie zur freien Verfügung erhalten hatte. Vergleich, Rk 101/48–26, vom 3.12.1949; Vergleich, Rk 80/47, vom 20.11.1952; Bericht der Öffentlichen Verwaltung (Deutsches Eigentum) in Salzburg an das Bundesministerium für Finanzen vom 25.8.1952; Antrag der Stiftung »Haus Fuschl« auf Fortsetzung des Verfahrens, Rk 101/48, vom 30.6.1954. Zur Parteienstellung der Finanzverwaltung vgl. Erlass des Bundesministeriums für Finanzen, Zl. 196.032–35–51, vom 17.10.1951. In: ÖSTA/AdR, BMF, Finanzprokuratur, Zl. VI/12541 (Gzl. X/10688).

129 Vgl. Fußnote 119.

130 Vgl. zur staatlichen Preisregulierung während der NS-Zeit in Österreich: z. B. GBl. LÖ 1938, Nr. 53; GBl. LÖ Nr. 54/1938, Nr. 55/1938.

Am Beispiel des Schicksals von Gustav Remiz sei erinnert, dass der Schaden von sozialer Ausgrenzung bis hin zur bürokratisch-industriell organisierten »Vernichtung« von Menschen nich »wiedergutgemacht« werden kann.

Im Dezember 1967 verfügte die wiedererrichtete Stiftung »Haus Fuschl«[131] über zerstreutes Liegenschaftsvermögen, in der Hauptsache Waldgrundstücke, darunter neben einem Wald und rückgetauschten Grundstücken aus dem ursprünglichen Bestand der Katzenstättenmühle auch nach dem Ende der NS-Zeit zugekauftes Liegenschaftsvermögen.[132] Der Hauptanteil an Gewinnen aus dem Stiftungsvermögen resultierte allerdings aus Wertpapierveranlagungen, die mit rückgezahlten Kaufschillingen im Zuge der Rückstellungsverfahren finanziert worden waren.[133] Über Widmungsabsichten dieses Vermögens an rassistisch oder politisch Verfolgte der NS-Zeit durch die Salzburger Landesregierung ist nach dem aktuellen Forschungsstand nichts bekannt. Allerdings betrieb die Stiftung Ende der 1960er mit Erfolg eine Umwidmung ihres Vermögens zum Zweck der bäuerlichen Weiterbildung.[134]

131 Vgl. Stiftungs- und Fondsreorganisationsgesetz, BGBl. 1954, Nr. 197; Salzburger Landesgesetzblatt 1955, Nr. 24/5. Zur Regelung der Frage erblosen Vermögens, das über einen Fonds an Verfolgte ausgeschüttet wurde, vgl. Auffangorganisationengesetz, BGBl. 1957, Nr. 73.

132 Aktenvermerk der Finanzprokuratur, VI/12541/156, zu einer Besprechung im Amt der Salzburger Landesregierung vom 29.7.1968 sowie Protokoll der 55. Sitzung des Kuratoriums der Stiftung »Haus Fuschl« vom 12.12.1967. In: ebda.

133 Aktenvermerk der Finanzprokuratur zu einer Besprechung mit dem zuständigen Sachbearbeiter der Salzburger Landesregierung vom 11.11.1968. In: ebda.

134 Schreiben der Finanzprokuratur, Zl. 63.396–6/68, an das Bundesministerium des Inneren vom 31.1.1969 und Schreiben des Bundesministeriums für Inneres, Zl. 204.789–36/68, an die Finanzprokuratur vom 8.7.1968. In: ebda.

Albert Lichtblau

»Ein Stück Paradies ...«
Jüdische Sommerfrischler in St. Gilgen

1. Ausgerechnet St. Gilgen?

»Das ganze herrliche Salzkammergut, das Semmeringgebiet, sogar Tirol, soweit es einigen Komfort bot, waren von österreichischen, tschechoslowakischen und ungarischen Juden überflutet gewesen; in Ischl, Gmunden, Wolfgang, Gilgen, Strobl, am Attersee und in Aussee erregte es direkt Aufsehen, wenn Leute auftauchten, die im Verdacht standen, Arier zu sein. Die christliche Bevölkerung, zum Teil weniger im Überfluß schwelgend, zum Teil auch großen Geldausgaben konservativer gegenüberstehend, fühlte sich nicht ohne Unrecht verdrängt und mußte mit den billigeren, aber auch weniger schönen Gegenden in Niederösterreich, Steiermark oder in entlegenen Tiroler Dörfern vorliebnehmen. Das war seit der Judenvertreibung anders geworden.«[1]

Der 1925 von einem Nationalsozialisten ermordete jüdische Schriftsteller und Journalist Hugo Bettauer veröffentlichte 1922 seinen visionären Roman »Die Stadt ohne Juden«, aus dem das vorangegangene Zitat stammt. Bettauer sah in dem Roman die Vertreibung der Juden aus Wien voraus und widmete ein Kapitel der Sommerfrische. Eingewoben in eine Liebesgeschichte zwischen einem Juden und einer Nichtjüdin, die sich heimlich treffen wollen – er wohnt in St. Wolfgang und sie in St. Gilgen – beschreibt er den Niedergang der Sommerfrischengemeinden durch die Vertreibung der jüdischen Gäste. Alleine dieses knappe Zitat verweist auf den hohen Stellenwert der Sommerfrische für das damalige Leben der jüdischen Erholungssuchenden, aber auch die Bedeutung der jüdischen Gäste für die Orte selbst.[2]

St. Gilgen übt seit der zweiten Hälfte des 19. Jahrhunderte eine große Anziehungskraft auf Städter aus, die hier das finden, was ihnen in ihren Metropolen abgeht. Es ist kein Zufall, dass die Familie des früheren deutschen Bundeskanzlers Helmut Kohl alljährlich nach St. Gilgen auf Urlaub kam oder der letzte österreichische Bundeskanzler der Zwischenkriegszeit, Dr. Kurt Schuschnigg, hier seinen Sommer verbrachte. Doch

---

1 Hugo Bettauer: Die Stadt ohne Juden. Ein Roman von übermorgen. Frankfurt am Main/Berlin 1988. S. 64 f.

2 Vgl. auch Michael Brenner: Zwischen Marienbad und Nordeney. Der Kurort als »Jewish space«. In: Gisela Dachs (Hg.): Jüdischer Almanach des Leo Baeck Instituts. Ort und Räume. Frankfurt am Main 2001. S. 119–137.

Sommerfrische St. Gilgen/Salzkammergut, Aufnäher (Privatarchiv Christiane Arnbom)

St. Gilgen/Salzkammergut von Station Billroth. Postkarte aus dem Jahr 1905

damit sind wir schon wieder mitten im Thema: Bundeskanzler Schuschnigg mietete sich in der Villa Morawitz ein, die jüdischen Besitzern gehörte.

Wer je die Muße gefunden hat, sich der Landschaft rund um den Wolfgangsee hinzugeben, wird vielleicht ein »Stück des Paradieses« gefunden haben, wie es in einem Werbetext heißt. Der Werbetext reduziert das Stück Paradies jedoch sehr schnell auf die aktuellen Bedürfnisse nach »Freiräumen für Erholung, Sport und Kultur«.[3] Früher wurde das Leben im Sommerfrischen-Paradies noch anders begriffen: Kartenspielen,[4] wandern

3 Der Text entstammt: http://home.nikocity.de/lehnemanns/strobl.htm

4 Beeindruckende Quellen diesbezüglich sind das Tagebuch bzw. die »Briefe aus dem Elternhaus« von Wilhelm Blaschczik [Privatarchiv Familie Bronomo]. Wilhelm Blaschczik hat in seinem Tagebuch jeden Tag kurz protokolliert. Anhand dieser Quelle lässt sich der Tagesablauf in der Sommerfrische sehr genau rekonstruieren, und Kartenspiel gehörte zu den beliebten Beschäftigungen. Ein Beispiel vom Aufenthalt in St. Gilgen: »Mi. 10.8. [1927] Plombergstein m. Hella, MM, Lisl, Hocks u. Schaller. Tarok m. Franz Hock u. Schaller. Tennis m. Mitzi G., Schaller u. Henderson.« Diese Quelle war eine wichtige Grundlage für: Marie-Therese Arnbom: Bürgerlichkeit nach dem Ende des bürgerlichen Zeitalters? Eine Wiener Familienkonfiguration zwischen 1900 und 1930. Wien 1990 [unveröff. Diplomarbeit].

bzw. flanieren, baden, essen & trinken, tanzen, einander besuchen, erholen, eventuell auch ein bisschen Sport wie Tennis.

Aber nicht das in den paradiesischen Bann nehmende Naturschauspiel oder die Palette von Namen berühmter Sommergäste waren der Ansporn, einen Aufsatz über die jüdischen Sommerfrischler in St. Gilgen zu schreiben, sondern viel traurigere Gründe, die sich wohl kaum für einen Werbetext eignen. Bei einer Forschungsarbeit über die so genannten »Arisierungen« fiel mir auf, dass es, abgesehen von der Stadt Salzburg, nur zwei Regionen im Land Salzburg gab, in denen zahlreiche jüdische Familien über Hausbesitz verfügten: das Gasteinertal und das Salzkammergut, und dort allen voran St. Gilgen am Wolfgangsee. Mehr als 30 Liegenschaften waren im Besitz jüdischer Eigentümer und von tatsächlichem bzw. versuchtem Vermögensentzug durch die Nationalsozialisten betroffen. Darunter befanden sich einige der schönsten Villen des Ortes, etwa das heutige Hotel Billroth.[5]

---

5 St. Gilgen Nr. 209 u. 210: EZ (=Einlagezahl des Grundbuches) 112 KG (=Katastralgemeinde) St. Gilgen (Hoffmann Helene [Die Schreibweise der Namen wechselt sehr oft je nach Akt. Ich verzichte hier jedoch meist darauf, sie aufzulisten])
EZ 189 u. 319 KG St. Gilgen Nr. 118 (Dr. Hollo Zoltan)
St. Gilgen Nr. 2 u. 102: EZ 2 KG St. Gilgen (Kaufmann Oskar, Kaufmann Felix)
St. Gilgen Nr. 114: EZ 160 KG Gschwand, St. Gilgen (Lassner Oskar)
St. Gilgen Nr. 121: EZ 198 KG St. Gilgen (Lenhart Emilie, Frank Alice)
Unterburgau Nr. 14: EZ 31 u. 41 Unterburgau, St. Gilgen (Maneles Franziska)
Unterburgau Nr.1, 7, 9, 11: EZ 2 Unterburgau (Marmorek Cornelia, Panz [Pantz] Anna, Sonnenthal Klara, Nemetschke Johanna, Horn Therese)
EZ 355 KG St. Gilgen (Mendel Helene)
EZ 338 KG St. Gilgen (Neumann-Ditterswald Maria)
Ried bei St. Wolfgang: EZ 63 KG Ried am Wolfgangsee (Pantzer [Panzer] Max [Ludwig], Pantzer [Panzer] Basil)
EZ 87 Gschwand, St. Gilgen (Pessl [Peßl] Helene)
Unterburgau: EZ 37 KG Unterburgau (Neumann Franziska)
St. Gilgen, Aich, Im Winkel 37: EZ 81 KG Winkl (Koballe Maria, Ummert Theresia, Koballe Karl, Koballe Friedrich)
EZ 100 KG Unterburgau (Schereschewsky Maria, Pöllach Franziska)
EZ 69, 72 u. 83 KG Ried (Schreyer Josef Johannes, Schreyer Avanna)
St. Gilgen, Grazerstr. 164: EZ 247 KG St. Gilgen (Skutetzky Hans, Skutetzky Ernst)
EZ 170 KG Gschwand (Stein Hermine Agnes, Stein Josef)
St. Gilgen, Steinkluftstr. 213: EZ 337 KG St. Gilgen (Steinreich Gertrude)
St. Gilgen, Grazerstr. 146: EZ 273 KG St. Gilgen (Weinberger Hermine, Weinberger Elisabeth, Weinberger Kay, Ollerenschow Robert)
St. Gilgen Nr. 64: EZ 170 KG St. Gilgen (Morawitz [Harden] Leonie, Morawitz Edgar von, Fevrier Funghini Eleonora, Morawitz Mercy Thomás von, Urban-Emmerich Hugo Karl, Urban-Emmerich, Hans Edgar)
St. Gilgen Nr. 189: EZ 291 KG St. Gilgen (König Gabriele)
St. Gilgen Nr. 162 u. 163: EZ 196 u. 345 KG St. Gilgen (Kestranek Wilhelm, Dr., Gross Johanna, Miller [-Haunsfeld] Margarethe)
EZ 212 KG St. Gilgen (Leitner Hans)
St. Gilgen, Nr. 222 u. 229: EZ 279 u. 357 KG Gt. Gilgen (Herz Jora, Herz-Kestranek Stephan, Dr.)

Ein anderer Grund sollte ebenfalls erwähnt werden: Im Rahmen eines Buchprojektes mit Miguel Herz-Kestranek hatte ich beobachten können, wie die Sommerfrischenkultur in St. Gilgen von manchen der ehemaligen jüdischen Familien immer noch gelebt und geradezu verbissen zelebriert wird. Nur ein Beispiel: An einem wunderbaren Sommerabend nahmen wir den Fotografen Peter Basch mit nach St. Gilgen zu Miguel Herz-Kestranek. Er kommt jedes Jahr aus New York nach St. Gilgen.[6] (Bei einem Besuch in seiner New Yorker Wohnung wird er mir ein Foto mitgeben, das ihn als Kind in St. Gilgen zeigt.)[7] Basch hatte sich als Fotograf berühmter Frauen einen Namen gemacht. Am selben Abend war die aus Wien stammende und nun in London lebende Autorin Hella Pick ebenfalls zugegen.[8] Sie kam mit ihrer Freundin aus dem Ausseerland und trug ein bezauberndes Dirndl und viel Schmuck. Jausen, Abende oder wie immer geartete Treffen bei Miguel Herz-Kestranek sind stets ein Vergnügen. Einerseits ist es die illustre Mischung von Persönlichkeiten, andererseits ist es seine stichelige Art, die Besucher bald in ausgedehnte und kontroverse Diskussionen verstrickt. An diesem Abend kam es zu einer Polarisierung der weiblichen und männlichen Welt. Auf die Frage, ob Peter Basch auch Aktfotografien von Männern anfertigen würde, meinte er, bei Frauen würde ein schöner Körper ausreichen, doch bei Männern müsse es schon mehr sein. Damit waren die Fronten gezogen und die Argumente flogen, geschmückt von kunstvoll-heftiger Polemik, hin und her. Als Hintergrund des ungleichen Schlagabtausches – der New Yorker Fotograf blieb mit seiner exponierten Haltung in der Minderheit – plätscherte der See beständig ans Ufer, so als wollte er sagen: es gibt auch noch etwas, das über die zwischen den Geschlechtern pulsierende Macht des Gemüts hinausgeht.

Bei Erzählungen von Emigranten, die seit ihrer Vertreibung nicht mehr in Österreich leben, aber doch das Österreichische tief in sich eingeprägt überleben ließen, scheint es, als könnte es früher so oder so ähnlich in der Sommerfrische zugegangen sein. Die jüdischen und nichtjüdischen Sommergäste trafen sich einmal hier, dann wieder dort, sie tranken gerne, aßen voller Genuss, besprachen alle möglichen und unmöglichen Neuigkeiten, philosophierten über Gott und die Welt und sprangen ab und zu ins Wasser. Mit einem Wort: das Leben in der Sommerfrische wurde in vollen Zügen genossen. Gewürzt wurde es mit so manchen Affären, die sich wie von selbst ergaben. Flirts waren dauernd angesagt und somit ergab sich der Stoff für Gerüchte und Gespräche wie von selbst. Es ist kein Zufall, dass der jüdische Lieddichter Peter Herz in seinem Lied »Fahr' nach St. Gilgen« über den Heiratsmarkt in der Sommerfrische fabulierte:

---

6 Vgl. z. B. Miguel Herz-Kestranek: Mit Éjzes bin ich versehen. Erlebtes, Erdachtes und Erlachtes. Wien 1998. S. 179.

7 Interview mit Peter Basch, am 6. Oktober 2001 in New York.

8 Hella Pick: Und welche Rolle spielt Österreich? Vom besetzten Grenzland zum offenen EU-Staat: die Alpenrepublik im internationalen Blickfeld. Wien 1999; Hella Pick: Simon Wiesenthal. A Life in Search of Justice. Boston 1996.

Peter Basch als Kind in St. Gilgen (Foto: Privatarchiv Peter Basch)

»Fesch sind die Buama
und schön sind die Deanderln in Loden
und Seidenbrokat,
doch etwas Spezielles was ganz Originelles
gibt's dort
und drum hört's meinen Rat:
Fahr nach St. Gilgen zur Sommerszeit!
Mäderl, sei g'scheit, dort wird gefreit!
An jedem Eck steht dort fesch und stramm
zur Auswahl ein Herr Bräutigam!
Und wird es Abend, am Mozartplatz raunt
er Dir zu:
›Übers Jahr, mein Schatz, mach'n wir den
Sprung in die Eh',
in St. Gilgen, in St. Gilgen am Wolfgangsee!‹
Juche!«[9]

Hermann Leopoldi, von dem die Musik dazu stammt, war mit seiner damaligen Partnerin Betja Milskaja öfter in St. Gilgen, und die beiden unterhielten dort die Sommergäste mit Leopoldis spitzfindigen Wienerliedern. Der Sommerhit »Fahr nach St. Gilgen« hielt sich aber nur zwei Saisonen lang, denn die sich zur »arischen Rasse« zählenden St. Gilgener und Gäste fanden den auf jüdische Abstammung verweisenden Stammbaum der Urheber des Liedes nicht vereinbar mit ihrem herrenrassistischen »arischen« Anspruch.[10]

Überhaupt sprechen einige Indizien dafür, dass das selbstverständliche Zusammenleben von jüdischen und nichtjüdischen Sommergästen bzw. der St. Gilgener Ortsbevölkerung in den zwanziger und dreißiger Jahren angeschlagen wurde und die Landschaftsidylle nur mehr eine täuschend verführerische Requisite für eine bereits Schatten werfende Bedrohung darstellte. Ein Beispiel dafür ist der 1901 gegründete Union-Yacht-Club in St. Gilgen, der – wie viele andere von Nationalisten dominierte österreichische

9 Fahr' nach St. Gilgen. Musik: Hermann Leopoldi; Worte: Peter Herz.

10 Vgl. Leopold Ziller: Vom Fischerdorf zum Fremdenverkehrsort. Geschichte von St. Gilgen am Aber-(Wolfgang-)See, 2. Teil (1800–1938). O. O. 1988². S. 162. Am Rande sei bemerkt, dass den Nazis das Wienerlied und die Operette wegen der vielen jüdischen Kulturschaffenden suspekt war. Sie hielten selbst den Mitschöpfer von »Im Weißen Rössl«, Ralph Benatzky, irrtümlich für einen Juden. Vgl. Fritz Hennenberg: Es muß was Wunderbares sein … Ralph Benatzky. Zwischen >Weißem Rössl< und Hollywood. Wien o. J. S. 207.

Sportvereine – einen so genannten Arierparagraphen einführte, d. h. Sportler jüdischer Herkunft konnten nicht länger Mitglieder sein. Damit hatte das Gift des antisemitischen Apartheidsgedankens auch in der malerischen kleinen Sommerfrischengemeinde des Salzkammerguts Einzug gehalten. Dass die 2001 herausgegebene Festschrift des Union-Yacht-Clubs die Chance nicht wahrnahm, sich auch dieser dunklen Seite der eigenen Geschichte zu widmen, sondern eine darüber hinwegblickende Jubelschrift herausgab, ist bedauerlich.[11]

»St. Gilgen ist ja als Judendorf verschrien gewesen«, meinte der Ortschronist Leopold Ziller.[12] »Die Sommergäste waren ja Juden durch die Bank, aber treue St. Gilgener Gäste.«[13] Das folgende Zitat macht deutlich, dass den Ortsansässigen die Religion der Gäste zunächst wohl nebensächlich erschien, denn für die Ortsbewohner waren die Gäste zunächst einmal Wiener.

»Früher hat man sich nicht darum gekümmert, ob das Juden oder Christen waren, sie waren Wiener, nicht wahr. Aber durch den Arierparagraph ist man aufmerksam geworden. … Auf einmal sind sie Juden gewesen und haben sich in Misskredit [gebracht] gefühlt.«[14]

Dauerhaft ansässig war nur eine einzige jüdische Familie in St. Gilgen, Arthur Mendl und seine Frau, Helene Mendl [auch: Mendel]. Arthur Mendl wurde 1894 in Saaz (Böhmen) geboren und betrieb in St. Gilgen ein Uhrengeschäft und ein »Lohnkraftwagengewerbe«.

»Mendl war ein freundlicher Mann, der auch mit dem Friseur Mayr ein Taxigeschäft eröffnete, das ihm in schwierigen Zeiten einen Nebenverdienst brachte.«[15]

Leopold Ziller erinnert sich daran, dass sich die Mendls in der Kirche zu St. Gilgen taufen ließen. In der NS-Zeit wurde Arthur Mendl verhaftet, und in einem Gestapo-Akt heißt es zu seiner Person:

»Arthur Mendel hatte sich in der Verbotszeit der NSDAP [in Österreich war die Partei ab 1933 verboten – A.L.] bei der nationalsozialistischen Bevölkerung von St. Gilgen verhaßt gemacht. Es konnte ihm nachgewiesen werden, daß er eine Boykott-Liste jener arischen Geschäftsleute zusammenstellte, die ihm als Nationalsozialisten bekannt waren, oder s. E. mit dem Nationalsozialismus sympathisierten. Mit dieser Liste beteilte er seine jüdischen Rassegenossen und stellte sie ihm bekannten Gegnern des Nationalsozialismus zur Verfügung.«[16]

11 100 Jahre Union-Yacht-Club Wolfgangsee, St. Gilgen 2001.
12 Interview mit Leopold Ziller, geb. 1913, in St. Gilgen am 28. März 2001.
13 Interview mit Leopold Ziller, geb. 1913, in St. Gilgen am 28. März 2001.
14 Interview mit Leopold Ziller, geb. 1913, in St. Gilgen am 28. März 2001.
15 Leopold Ziller: Wie ich die NS-Zeit ertrug und überlebte. O. O., o. J. [unveröff. Typoskript]. S. 18.
16 Salzburger Landesarchiv, VMS, Karton 93: Ar 186/45/372.

Die Nazis nahmen bittere Rache an Arthur Mendl, der noch vor dem Novemberpogrom 1938 in das KZ Buchenwald eingeliefert wurde. Den Mendls gelang dennoch die Flucht nach England, wo sie den Krieg überlebten. Ihr Grundstück wurde von der Gemeinde St. Gilgen »arisiert« und nach Kriegsende an Helene Mendl zurückgestellt.[17]

Es geht mir in diesem Beitrag nicht um eine allumfassende Geschichte der jüdischen Sommerfrischler in St. Gilgen und schon gar nicht um eine Erfassung von mehr oder weniger bekannten Gästenamen. Das würde den Platz eines Buches benötigen. Mir geht es vielmehr darum, verschiedene Blickwinkel aufzuzeigen. Deswegen sollte dieser Aufsatz wie das Betrachten von Fotografien verstanden werden. Jeder thematische Abschnitt hat seinen ganz eigenen Stellenwert, und vieles kann nur angedeutet werden, etwa die faszinierende Geschichte der »Zinkenbacher Malerkolonie«.

In den dreißiger Jahren trafen sich regelmäßig jüdische und nichtjüdische Künstler um Ferdinand Kitt und Ernst Huber in der so genannten »Zinkenbacher Malerkolonie« beim »Adamsbauern«. Obwohl die Sturmwolken aus NS-Deutschland schon nach Österreich herüberzogen, befassten sie sich vor allem mit Landschaftsmalerei. Auf Initiative von Christina Steinmetzer wurde eine Ausstellung über diese Kolonie in der alten Volksschule installiert, die bereits öffentlich zugänglich ist.[18]

Eine der bekanntesten Sommergäste St. Gilgens war die Schriftstellerin Marie v. Ebner-Eschenbach. Die Familie ihrer jüdischen Freundin Ida Fleischl v. Marxow zählte damals zu den immer wiederkehrenden Sommergästen.[19] In den Tagebuchaufzeichnungen der Schriftstellerin, die viel vom Wetter erzählen, taucht »Ida« beständig auf, etwa in der Eintragung von Dienstag, dem 2. Juli 1889: »Lange Tarokp[artie] b. Ida«, bzw. in jener von Donnerstag, dem 18. Juli 1889: »Nachm. mit Ida zu Liechtenstein und zu Billroth.«[20] Die Schriftstellerin registrierte auch aufmerksam die antisemitischen Exzesse in Galizien, die Dreyfus-Affäre in Frankreich und die Wahlniederlage der Antisemiten in Deutschland. Nachdem Ida Fleischl v. Marxow 1899 gestorben war, kam Marie v. Ebner-Eschenbach nicht wieder zur Sommerfrische nach St. Gilgen.[21]

1893 wurde St. Gilgen endlich vom Bahnnetz erfasst und die Lücke zwischen Salzburg und Bad Ischl geschlossen. Die Sommerfrischenkultur begann sich aber bereits im Vorfeld zu entfalten. Beispielsweise ließ der Hoftheatermaler Johann [Jan] Kautsky (1827–1896) eine Villa erbauen, die 1888 fertig wurde. Er heiratete Minna Jaich, die als Minna Kautsky eine bedeutende Schriftstellerin der Sozialdemokratischen Arbeiter-

17 Salzburger Landesarchiv, Rückstellungsakten, RK 242/48. Vgl. auch Grundbuch EZ 355 KG St. Gilgen.

18 Vgl. auch Salzburger Nachrichten vom 12. Dezember 1996. S. 3.

19 Vgl. z. B. Fremden-Liste der Sommerfrische St. Gilgen am Abersee 1887: Frau von Fleischl-Marxow Ida, Privat aus Wien – Pochlin 89; Exzellenz Baronin Ebner-Eschenbach Marie geb. Gräfin Dubsky aus Wien – Villa Kotzian 2.

20 Marie von Ebner-Eschenbach: Tagebücher V, 1898–1905. Tübingen 1996. S. 765.

21 Leopold Ziller: Vom Fischerdorf zum Fremdenverkehrsort. S. 84 ff.

bewegung wurde.[22] Ihr gemeinsamer Sohn Karl Kautsky, ein wichtiger marxistischer Theoretiker, verbrachte ebenfalls manche Sommer in St. Gilgen. Mit den Gästen jüdischer Herkunft tauchte jedoch ein Problem auf, das den Sommerfrischenorten die lokalen, ausschließlich katholischen Traditionen ins Wanken brachte. Johann Kautsky starb 1896 in St. Gilgen, und es musste schnell gehandelt werden. Die Familie wünschte eine Beerdigung in St. Gilgen, aber die Ortsbevölkerung lehnte die Bestattung des »Heiden« auf dem »christlichen Gottesacker« ab. Mit bischöflicher Sondererlaubnis konnte das Begräbnis trotz der Empörung in St. Gilgen durchgeführt werden. Der aus weißem Marmor bestehende Grabstein, der das Antlitz des Verstorbenen zeigte, wurde zerschlagen:

»Als der Maurer Rußbacher das Grabmal aufrichtete und kurze Zeit später den Friedhof verließ, hat ein Ministrant in einem unbeachteten Augenblick den Maurerhammer in das verhaßte Gesicht Kautskys geschlagen, daß die Nasenspitze davonsprang. Der Bub behielt sein Geheimnis viele Jahre in seinem Herzen, der Maurer aber hatte viel Scherereien bei Gericht, da man ihm die Schuld an dem Zerstörungswerk zuschreiben wollte.«[23]

Kautskys Villa gehörte später einer jüdischen Besitzerin, wurde König Villa genannt und 1939 vom NSV (= NS Volkswohlfahrt e.V.) »arisiert«.

2. NS-Zeit

2.1. Sonderfall Salzkammergut

Das Salzkammergut reizte die raffgierigen Profiteure des Nationalsozialismus in außergewöhnlichem Maße. Erstens waren die Sommerfrischenorte allgemein beliebt, zweitens bot das Salzburger Land angesichts von Hitlers Berghof in Berchtesgaden eine Möglichkeit, in der Nähe des »Führers« zu sein. Auch wenn es keine Liegenschaft in jüdischem Besitz war, so zeigt das Beispiel des Schlosses Fuschl, mit welcher Härte und Brutalität sich die nationalsozialistische Elite – in diesem Fall war es der Außenminister Joachim von Ribbentrop – zu bereichern vermochte. Der enteignete Besitzer von Schloss Fuschl, Baron Gustav von Remiz, kam im KZ Dachau um.

An St. Gilgen fanden gleich mehrere KZ-Kommandanten Gefallen und bedienten sich mit einem beachtlich plumpen Selbstverständnis vom Eigentum anderer. Der von 1936 bis 1939 in Dachau fungierende KZ-Kommandant Hans Loritz ließ sich in St. Gil-

22 Vgl. Christa Gürtler u. Sigrid Schmid-Bortenschlager: Eigensinn und Widerstand. Schriftstellerinnen der Habsburgermonarchie. Wien 1998. S. 63 ff.

23 Leopold Ziller: Vom Fischerdorf zum Fremdenverkehrsort. S. 107 f.

gen eine Luxusvilla von KZ-Häftlingen bauen.[24] Einer seiner Nachfolger, Alex Piorkowski, wollte sich ein Haus in St. Gilgen aneignen, das zuvor in jüdischem Besitz war.[25] Es handelte sich um den Besitz von Maria Neumann-Ditterswaldt. Hinter den Kulissen versuchte der Salzburger Gauleiter, das Grundstück seinem SS-Kameraden Piorkowski zuzuschanzen, obwohl dies zu diesem Zeitpunkt auch nach NS-Gesetzen eine illegale Transaktion gewesen wäre. Als die Liegenschaft im August 1941 von der Geheimen Staatspolizei Wien beschlagnahmt wurde und die Arisierung damit verhindert schien, schrieb der KZ-Kommandant an den Salzburger Reichsstatthalter in jovialem Ton:

»Gauleiter,
nach Rücksprache mit Ihnen versprachen Sie mir den Kauf des oben erwähnten zu arisierenden Grundstückes.«[26]

Piorkowski verlangte, dass sein SS-Kollege, der Salzburger Reichsstatthalter und Gauleiter SS-Brigadeführer Gustav Adolf Scheel, nun für ihn in Berlin intervenieren solle, was dieser auch tatsächlich tat. Zu diesem Zeitpunkt hätten eigentlich öffentliche Körperschaften das Vorkaufsrecht bei den zu arisierenden Liegenschaften gehabt, doch der korrupte KZ-Kommandant Piorkowski schaffte es, einen Verzicht aller in Frage kommenden Salzburger Körperschaften zu erwirken. Piorkowski erhielt den Zuschlag dennoch nicht, die Liegenschaft ging an das Deutsche Reich (Reichsfinanzverwaltung).[27]

In Folge des Novemberpogroms 1938 wurde auf Verfügung des »Beauftragten für den Vierjahresplan«, Hermann Göring, die Arisierung des Hausbesitzes an das Ende des antijüdischen Raubzuges gestellt, d. h. danach durfte nur jener Hausbesitz arisiert werden, für den in Einzelfällen zwingende Gründe vorlagen.[28] Für das Salzkammergut machte der Reichswirtschaftsminister jedoch eine Ausnahme, womit die zwingenden Gründe für diese Region gegeben waren. In einem Schreiben an die mit der Administration der »Arisierungen« betraute Vermögensverkehrsstelle Wien vom 8. Februar 1939 hieß es, dass »die Veräußerung der jüdischen Grundstücke in den Fremdenverkehrsorten des Salzkammergutes« von ihr angeordnet und durchgeführt werden kann, falls die Grundstücke

24 Vgl. Dirk Riedel: Der »Wildpark« im KZ Dachau und das Außenlager St. Gilgen. Zwangsarbeit auf den Baustellen des KZ-Kommandanten Loritz. In: Dachauer Hefte, 16. Jg., Heft 16, November 2000. S. 54–70.

25 Vgl. Frank Bajohr: Parvenüs und Profiteure. Korruption in der NS-Zeit. Frankfurt am Main 2001. S. 92 f. Vgl. auch Salzburger Landesarchiv, Karton 90, Ar 205/45/432. Vgl. Bescheid der FLD vom 11.11.1947, Zl 42/2-IV R/47, eingelegt in Karton 11/ Sbg. Umgbg.

26 Piorkowski an Rainer vom 20. Sept. 1941. In: Salzburger Landesarchiv, RSTH, BdRSTH 40/1942.

27 Vgl. auch Salzburger Landesarchiv, VMS, Karton 90, Ar 205/45/432.

28 Institut für Zeitgeschichte München, Lösener Handakten, Bd. 3, Bl. 246-249 (Geheimer Schnellbrief des Beauftragten für den Vierjahresplan an die Reichsminister), zitiert in: Jutta Hangler: Die Villen «Neu-Jerusalems«. Die Arisierung von Immobilieneigentum am Beispiel des Kurortes Bad Ischl. In: Mitteilungen des Oberösterreichischen Landesarchivs, Band 19. Linz 2000. S. 259-296.

von den jüdischen Eigentümern nicht mehr bewohnt werden, leer stehen und die jüdischen Eigentümer die deutsche Staatsbürgerschaft besitzen.[29] Im Sommer 1939 führte die Vermögensverkehrsstelle eine Erhebung der noch in jüdischem Besitz befindlichen Liegenschaften der Fremdenverkehrsorte durch.[30] Mit vordergründigen Argumenten wurde zur Eile bei der Arisierung gedrängt. Schon 1938 hätten die großen Fremdenverkehrsgemeinden des Salzkammergutes ein so genanntes »Judenverbot« ausgesprochen, welches verhindern sollte, dass die nicht ortsansässigen jüdischen Besitzer ihre Häuser bewohnten. Einerseits hätte dies, so ein Brief der Vermögensverkehrsstelle an das Reichswirtschaftsministerium, positive Folgen für den Fremdenverkehr gehabt, andererseits standen die betroffenen Häuser leer und konnten nicht benutzt werden, weswegen Verfallsschäden entstanden seien. Die zuvor zitierte Ausnahmeregelung für das Salzkammergut dürfte der Vermögensverkehrsstelle nicht mehr in Erinnerung gewesen sein, da in dem mit 9. Oktober 1939 datierten Brief die Frage gestellt wird, ob angesichts der besonderen Verhältnisse der Fremdenverkehrsgemeinden des Salzkammergutes »Arisierungen« durchgeführt werden könnten.[31] Das Reichswirtschaftsministerium bekräftigte in einem mit 8. November 1939 datierten Schreiben, dass die Vermögensverkehrsstelle die »Arisierung« der Grundstücke in den Fremdenverkehrsorten des Salzkammergutes unter den zuvor genannten Bedingungen anordnen könne.[32]

Im Umfeld von Außenminister Ribbentrop gab es offensichtlich ein heftiges Interesse, sich nach jüdischem Besitz in der Umgebung von Schloss Fuschl umzusehen. Der persönliche Referent des Salzburger Reichsstatthalters Scheel schrieb am 4. Juni 1943 an den Bürgermeister von St. Gilgen, dass einige Herren »aus der Umgebung des Herrn Reichsaußenministers von Schloß Fuschl nach Gilgen (Bürgermeisteramt) kommen, um sich die Villa Tonder, die Villa Billiter und die Villa Panzer in Ried bei Wolfgang zu besehen«.[33] Am Tag zuvor hieß es in einem Brief an den Gesandten von Dörnberg, Chef des Protokolls im Auswärtigen Amt: »Um die wenigen in St. Gilgen zur Verfügung stehenden Villen ist ein ungeheurer Kampf entbrannt.«[34] Ein Verkauf von »feindlichen Vermögen« an Private – Dörnbergs Schwager war an einer der Liegenschaften interessiert – durfte nicht mehr durchgeführt werden. Außerdem, so der Brief, lege der Reichsaußenminister »auf eines oder mehrere Objekte« Wert. Knapp zuvor wurde ein Erlass des

29 Der Reichswirtschaftsminister an die Vermögensverkehrsstelle vom 8. Feb. 1939. In: OÖLA, Arisierungsakten, Schachtel 36. (Ich danke Jutta Hangler für diesen Hinweis.)

30 Diese Rückmeldungen waren eine wichtige Quelle, um zu überprüfen, ob alle Fälle erfasst worden sind. Vgl. Salzburger Landesarchiv, BH-Salzburg-Umgebung, Karton 296, 3.337/6: Pollak Otto, Gemeindemeldungen.

31 Vermögensverkehrsstelle an Reichswirtschaftsministerium vom 9. Oktober 1939 [Abschrift]. In: Salzburger Landesarchiv, BH-Salzburg-Umgebung, Karton 296, 3.337/6: Pollak Otto, Gemeindemeldungen.

32 Salzburger Landesarchiv, RSTH, BdRSTH 7/1941.

33 Salzburger Landesarchiv, RSTH, BdRSTH 84/1943.

34 Salzburger Landesarchiv, RSTH, BdRSTH 84/1943.

Reichsfinanzministers ausgegeben, demzufolge der Verkauf von Grundstücken aus eingezogenem oder verfallenem Vermögen mit sofortiger Wirkung einzustellen sei und Ausnahmen grundsätzlich nicht zugelassen würden. Insofern war die Ausnahmeregelung für das Salzkammergut spätestens ab diesem Zeitpunkt obsolet geworden.[35]

Auch die Gemeinde St. Gilgen wollte am Kuchen des antijüdischen NS-Raubzuges mitnaschen, und der damalige Nazibürgermeister Johann Kogler war noch in den 1995 erschienenen Erinnerungen darauf gleichsam stolz, dass es ihm damals gelungen war, die Villa Kaufmann, die dem Präsidenten der rumänischen Nationalbank Oskar Kaufmann gehört hatte, für die Gemeinde zu arisieren. Er schreibt: »Hier waren wir ganz besonders bedacht, diesen Besitz für die Gemeinde zu Fremdenverkehrszwecken zu erwerben.«[36] Er stellt dies insofern als einen Erfolg für St. Gilgen dar, als sich zwei Reichminister und ein Beauftragter für Südost für diesen Besitz interessiert hätten.

2.2. Interventionen am Beispiel der Villa Billiter in St. Gilgen

Interventionen von oberster Stelle waren im von Patronage geprägten Nationalsozialismus an der Tagesordnung, so auch bei der »Arisierung« von Villen im Salzkammergut. Geheimrat von Halem, Generalkonsul in Mailand, wollte unbedingt die Villa Billiter in St. Gilgen »arisieren«.[37] Im Frühjahr 1940 war er sowohl vom Salzburger Reichsstatthalter und Gauleiter als auch vom Regierungspräsidenten auf die Villa Billiter in St. Gilgen aufmerksam gemacht worden. Damals war von Halem noch stellvertretender Chef des Protokolls im Auswärtigen Amt und suchte mit der »Arisierung« der Villa in St. Gilgen die Nähe zu Außenminister Ribbentrop. Zunächst sei er der einzige Bewerber gewesen, erst 1941 seien zwei Mitbewerber hinzugekommen, der Gesandte Hencke vom Auswärtigen Amt und der Kommandant des KZ Dachau. Die beiden potentiellen »Ariseure« seien aber aus Loyalität ihm gegenüber zurückgetreten. Andere kamen später hinzu, beispielsweise Generaloberst Guderian, der angeblich die Villa Billiter zu einem Preis von 23.000,– RM kaufen wollte, und Major Theodor von Hoffmann-Ostenhof, der zum Zeitpunkt seines Arisierungswunsches dem Bataillon der Waffen-SS Z.B.V. zugeteilt war. Für ihn intervenierte der Reichsleiter Baldur von Schirach.[38]

Von Halem hatte mit ständig wechselnden Arisierungs-Behörden zu tun: Reichsinnenministerium, Reichsministerium für Wissenschaft, Kunst und Volksbildung, Reichs-

---

35 Salzburger Landesarchiv, RSTH, BdRSTH 84/1943: Zuschrift des Oberfinanzpräsidenten Innsbruck vom 2.6.1943, betr. Reichsfinanzminister Erl. v. 16.II.1943 o 5300-60 VI.

36 Josef Kogler: Chronik der Familie Kogler. St. Gilgen 1995. S. 27.

37 Eine Beschreibung der Villa und ein Foto befinden sich in: Salzburger Landesarchiv, RSTH, BdRSTH 84/1943.

38 Salzburger Landesarchiv, RSTH, BdRSTH Abt. I, Karton 5, BdRHSTH 85/1943, Arisierung. Hoffmann-Ostenhof, Theodor von, Major. Bewerbung um die Villa Billiter in St. Gilgen 1943.

Jean Billiter mit seinem Vater beim Schachspiel (Foto: Privatarchiv Otto Billiter)

Innenansicht der Villa Billiter (Foto: Privatarchiv Otto Billiter)

finanzministerium, Geheime Staatspolizei in Salzburg und Wien, Finanzamt Moabit-West in Berlin, Reichskommissar für die Behandlung feindlichen Vermögens (Berlin), Bürgermeister von St. Gilgen, Veräußerungstreuhänder, der die Villa verkaufen sollte, und Oberfinanzpräsident von Innsbruck. All das führte nicht zum ersehnten Ziel der »Entjudung«. Von Halem trieb beim Reichsinnenministerium sogar die Ausbürgerung Jean Billiters voran, um so die Beschlagnahme und den »Arisierungsvorgang« zu beschleunigen. Die dafür übliche Bekanntmachung im Deutschen Reichsanzeiger und Preußischen Staatsanzeiger erfolgte am 16. August 1941. Damit war die juristisch vordergründige Grundlage dafür gegeben, dass das Eigentum Jean Billiters dem Deutschen Reich »verfiel«. Die Verfallserklärung erschien im selben Blatt am 8. November 1941. Ab 1. Jänner 1941 pachtete von Halem ein zur Villa gehörendes Seegrundstück mit Schiffshütte, auf das wir später nochmals zurückkommen werden. Doch es half alles nichts, denn obwohl er sich schon als Besitzer wähnte, kam er nicht zum Zug. Auch eine Befürwortung durch den Chef der Präsidialkanzlei des »Führers« und Reichskanzlers, Staatsminister Dr. Meißner, half nichts. Als sich die Lage derart verändert hatte, dass ein Verkauf ausgeschlossen war, bewarb sich von Halem um die Pacht der Villa, ebenfalls vergeblich. Der Witwe des verstorbenen Reichsministers Hans Kerrl, Marga Kerrl, wurde der Vorrang gegeben.[39] Für sie hatte Reichsminister Franz Seldte beim Salzburger Reichsstatthalter Scheel interveniert.[40]

3. Der retrospektive Blick in Autobiographien

Nach dem Ende des Zweiten Weltkrieges dauerte es einige Jahre, bis die Vertriebenen bei den Rückstellungskommissionen mittels eines Prozessverfahrens versuchen konnten, das geraubte Eigentum zurückzuerhalten. Diese Prozesse mussten in Österreich direkt mit den »Ariseuren« geführt werden. In den meisten Verfahren, in denen private »Ariseure« involviert waren, kam es zum Vergleich, bei dem die Investitionen der »Ariseure« abzugelten waren, auch wenn diese nicht im Interesse der jüdischen Besitzer lagen. Die »Ariseure« argumentierten durch die Bank, dass die Häuser baufällig und diese Investitionen deswegen erforderlich gewesen seien. Inventar, das gestohlen worden war, war nicht Gegenstand dieser Prozesse. Nur die wenigsten, wie Stefan Herz-Kestranek, kehrten aus dem Exil nach Österreich zurück. Die Häuser und Grundstücke gelangten zwar zum größten Teil wieder in den Besitz der jüdischen Familien, aber sie mussten bald wieder verkauft werden, da der Erhalt aus der Distanz des Asyllandes, in dem die Vertriebenen Zuflucht gefunden hatten, oft zu aufwendig war. Und wer kam in den ersten Nach-

39 Salzburger Landesarchiv, RSTH, BdRSTH 85/1943.

40 Franz Seldte an Scheel vom 27. Mai 1943. In: Salzburger Landesarchiv, RSTH, BdRSTH 81/1943. Vgl. auch Josef Kogler: Chronik der Familie Kogler. S. 25.

kriegsjahren schon gerne in das Land, in dem die Mörder von Freunden und Verwandten lebten, auf Sommerfrische zurück? Deswegen befasse ich mich für die Zeit nach dem Zweiten Weltkrieg vor allem mit den Erinnerungen an die Sommerfrische, die als »Topos« in sehr vielen Autobiographien zur Beschreibung eines friedlichen, ehemals heimatverbundenen Lebensgefühls dienen.[41]

Zuvor sollte jedoch noch erwähnt werden, dass in der ehemaligen Kestranek-Villa, gemeint ist jene von Vilmos Kestranek, vom *American Joint Distribution Comittee* 1946 ein Kinderheim für jüdische Waisenkinder, deren Eltern im Nationalsozialismus umgebracht worden waren, eingerichtet wurde. Die Kinder konnten dort zwei bis drei Wochen bleiben und es sollte ihnen an diesem wunderschönen Ort dabei geholfen werden, ihre Vergangenheit zu »vergessen«.[42]

3.1. Richard Beer-Hofmann

Eines der eindrucksvollsten und irritierendsten Dokumente autobiographischer Literatur ist »Paula. Ein Fragment« von Richard Beer-Hofmann (1866–1945). Beer-Hofmann verarbeitete darin auf sehr persönliche und literarische Art mit feinsinnigen, facettenreichen Beobachtungen die eigene Vergangenheit und den Verlust seiner geliebten Frau Paula, die während der Flucht in der Schweiz verstorben war. Der österreichisch-amerikanische Anthropologe Matti Bunzl bezeichnet diesen Roman treffend »fragmented geography of nostalgia«.[43] Das Buch erschien erstmals 1949 posthum in einer bibliophilen Ausgabe des Kunsthändlers Otto Kallir in New York. In dem Kapitel »Herbstmorgen. Alt-Aussee, 21. September 1935, sieben Uhr früh, am Fenster« beschreibt Beer-Hofmann seinen Aufenthalt mit Paula in Fürberg. Um der Qualität dieses Textes gerecht zu werden, möchte ich ihn ausführlich für sich selbst sprechen lassen:

»Am frühen Nachmittag, ehe noch aus St. Gilgen, gegenüber von uns, Sommergäste ins Wirtshaus kommen, sind wir schon auf einem kleinen Wiesenhang abseits, der sanft zum Ufer sich senkt, hinab begleitet von einer dichtverwachsenen mannshohen Hecke aus reich blühendem weißdoldigem Holler, dornigen Berberitzen mit noch hellgelben Blütentrauben, und wilden Rosen, die mit den Spitzen ihrer überhängenden Zweige schon ins Wasser des Sees tauchen. Wenn wir vom Wirtshaus zum Hang hinübergehen, darf ich meinen alten, blau-grün schottischen weichen Plaid und mein Lodencape hinü-

41 Albert Lichtblau: Die Chiffre Sommerfrische als Erinnerungstopos. Der retrospektiv-lebensgeschichtliche Blick. In: Sabine Hödl/ Eleonore Lappin (Hg.): Erinnerung als Gegenwart. Jüdische Gedenkkulturen. Berlin/Wien 2000. S. 89–128.

42 Salzburger Nachrichten vom 1. Juni 1946. Vgl. auch National Archives, Washington, Folder 63 »USFA-Camp«.

43 Matti Bunzl: Modes of Nostalgia and Figurations of »Austria« in the *Exil(auto)biographien* of Richard Beer-Hofmann and Stefan Zweig. In: Donald G. Daviau (Hg.): Austria in Literature. Studies in Austrian Literature, Culture, and Thought. Riverside, CA 2000. S. 49.

bertragen. Aber das übrige trägt sie selbst, denn es schickt sich nicht, findet sie, daß ich den weißen, hoch gefüllten Daunenpolster, den die Wirtin uns geliehen, trage, oder den grellroten Sonnenschirm mit der breiten buntgedruckten Blumenborte, den wir drüben in St. Gilgen gekauft haben. Von dort ist auch ihr ›Dirndl-Kleid‹ aus blaßrotem, weißgepunktetem Kattun, die hellblaue grobfädige Leinenschürze, das weiße kurzärmlige – ein wenig zu große – Hemdleibchen mit dem gezogenen – zu weiten – runden Halsausschnitt, und die schweren, bäuerischen, ganz aus Holz geschnitzten Schuhe, die sie nur nachmittags nimmt, weil wir auf dem Weg zu unserm Wiesenhang einen feucht durchsickerten, unter unsern Schritten nachgebenden Rasenstreifen überqueren.«[44]

3.2. Painful Joy: Freda Ulman Teitelbaum

In einem Kurs für autobiographisches Schreiben verfasste die 1924 in Wien geborene und nun in Kalifornien lebende Freda Ulman Teitelbaum ihre Erinnerungen, die schließlich unter dem Titel »Vienna Revisited« veröffentlicht wurden. Die Großeltern waren noch in Galizien geboren und erst kurz vor dem Ersten Weltkrieg nach Wien übersiedelt, die Familie blieb religiös, wenn auch nicht orthodox. Der Text ist im autobiographischen Genre insofern ungewöhnlich, als die Autorin ihre erstmals 1983 unternommene Rückreise nach Österreich mit ihren Erinnerungen an das Leben bis zur Vertreibung verwebt. Auf dieser Reise wurde sie von ihrer Tochter Marcia begleitet. Wie viele Rückreisende benötigt sie die Orte in der österreichischen Provinz, um sich langsam dem eigentlichen, von den Erinnerungen an die NS-Zeit sehr viel belasteteren Ziel, der ehemaligen Heimatstadt Wien, anzunähern. Insofern ist ihre Reise mit den diversen Annäherungsorten charakteristisch: Sie flog mit ihrer Tochter nicht direkt nach Österreich, sondern näherte sich dem Land über Italien, genauer gesagt Venedig, langsam an. Und dann folgten weitere, vorsichtige Schritte: Velden am Wörthersee, Bad Gastein, St. Gilgen, und erst danach wagte sie es, nach Wien zu fahren.

Kaum in Österreich angekommen, entwickelte sie ein ausdifferenziertes Sensorium für Details, für Geräusche, die Landschaft und das Verhalten der Menschen. Es fiel ihr in St. Gilgen sofort auf, dass der Hoteldirektor von allen als »Herr Direktor« angesprochen wurde. Und der Kellner, der mit ihrer Tochter ziemlich plump flirtete, ist ihr ebenfalls ein paar Zeilen wert.

Das Wort »Heimweh« drückt die Ambivalenz aus, die Vertriebene in ihrer Beziehung zu dem Land empfinden, aus dem sie ausgestoßen wurden. Sie sind oft hin- und hergerissen zwischen angenehmen und schmerzhaften Erinnerungen. Die Vermischung dieser gegeneinander ankämpfenden Emotionen umschreibt Freda Ulman Teitelbaum mit dem Begriff »painful joy«. Ausgelöst wurde diese in St. Gilgen empfundene, für Emi-

---

44 Richard Beer-Hofmann: Paula. Ein Fragment. Paderborn 1994. S. 145 f.

granten sehr spezifische Gefühlsform vom Anblick der Berge, Seen, den Geräuschen, Kinderlärm, dem Vogelgesang:

»Suddenly the impact of it all struck me. It made me want to cry, and perhaps I should have left myself give expression to the almost painful joy of drinking it all in. There was the pure joy of seeing the landscape of my childhood, a dream come true, but this was tempered by the gut-wrenching pain of having been forced to leave all that I loved, all that was integral part of me.«[45]

Ein Traum versetzte sie in einen depressiven Zustand, die Tage in St. Gilgen erlebte sie wie in Zeitlupe. Die Wahrnehmung von Zeit hatte sich gravierend verändert, der Aufmerksamkeitspegel vervielfachte sich durch die emotionale Anspannung. Bei den Spaziergängen fielen ihr die Kriegerdenkmäler auf, und sie versuchte sich vorzustellen, was die Menschen gefühlt hatten, als sie Adolf Hitler ihr Leben »gaben«.

4. Begegnungen

Der folgende und abschließende Abschnitt meines Beitrages beruht auf *Oral History*-Interviews.[46] Eine kurze methodenkritische Anmerkung sei vorangestellt: Bei den Erinnerungen der Emigranten an die Sommerfrische handelt es sich sehr oft um nostalgisch gefärbte Geschichten, die sich ins Gedächtnis eingeprägt haben. Die Sommerfrischen-Erinnerungen haben für die jüdischen Überlebenden eine wichtige Funktion in der Strukturierung ihrer Biographien: Mit ihnen können sich die ehemaligen Österreicher vergewissern, dass es tatsächlich ein schönes, ein wunderbares Leben in Österreich vor dem Nationalsozialismus gegeben hatte und dass es keine Schande ist, dieses Land einmal geliebt zu haben. »Liebe« ist ein Wort, das in diesem Kontext oft verwendet wird. Von der Gedächtnisforschung wissen wir, dass Erinnerungen sich mit der Zeit verändern, Dimensionen werden etwa größer gesehen, und so ist es auch mit den Gefühlen. Negatives kann vom Positiven überblendet werden, wenn es der Gestaltung der eigenen biographischen Identitäten dient. Insofern schildern die Erinnerungen der Emigranten an das Leben in der Sommerfrische meistens paradiesische Zustände. Wenn ich also aus Interviews und Gesprächen zitiere, so geht es nicht darum, nachzuweisen, dass es tatsächlich genauso »schön« gewesen war, sondern es geht vielmehr darum, zu zeigen, wie im Jahr 2001 dieser spezifische lebensgeschichtliche Aspekt der Vergangenheit in den Erinnerungen dargestellt wird.[47]

45 Freda Ulman Teitelbaum: Vienna Revisited. Santa Barbara 1995. S. 28.

46 Dieser Beitrag hätte ohne die Hilfe von Marie-Therese Arnbom und ihrer Familie völlig anders ausgesehen. Sie halfen mit Kontakten, Ideen und langen Gesprächen.

47 Mit den Erinnerungsmustern habe ich mich mehrfach befasst, vgl. Albert Lichtblau: Die Chiffre Sommerfrische.

4.1. New York – John Grossmann

Im Oktober 2001 arbeitete ich im Leo Baeck Institute in New York, dessen administrativen Bereich man sich z. T. wie ein Großraumbüro mit Stellwänden vorstellen kann. Während ich vertieft in meine Arbeit am Schreibtisch saß, hörte ich von der nächsten Koje ein lebhaftes Gespräch eines älteren Herrn, dessen Englisch einen Wiener Akzent zeigte. Und ein Wort wiederholte er beständig in seinem Redefluss: »Salzkammergut«. Diese Gelegenheit musste ich natürlich beim Schopf packen, ging hin und fragte, was es denn mit dem Salzkammergut auf sich habe. Ein Schwall von Begeisterung folgte, und ich vereinbarte mit John Grossmann, so der Name des Salzkammergut-Propagandisten, ein Interview. John wurde als Johann Großmann 1926 in Wien geboren. Sein Vater war Jude, die Mutter Nichtjüdin. Der Wiener Schmäh ist ihm trotz vieler Stationen in seinem Leben nicht abhanden gekommen, denn er bezeichnet sich selbst als »eine richtige Promenadenmischung«. In der Nazizeit erkannte die Mutter zum Glück rechtzeitig die Gefahr und schickte ihn nach Italien, danach gelang es ihm, nach Großbritannien zu entkommen. Seine Mutter, die in Italien hängen blieb, traf er erst nach dem Zweiten Weltkrieg in Argentinien wieder. Dort und in Uruguay lebte er bis zu seiner Pensionierung, 1993 übersiedelte er mit seiner aus Uruguay stammenden Frau nach New York. Obwohl ihm die Folgen einer schweren Krankheit beim Sprechen anzumerken sind, arbeitet er, wie viele andere Emigranten, als Volontär am Leo Baeck Institute, einem Archiv für deutschsprachige Juden, in dem auch wertvolle Archivalien zur österreichischen Geschichte liegen. John überreichte mir sofort den Ausdruck einer Internetseite mit Fotos des Salzkammergutes. Als Kind war er mit seiner Schulklasse im Sommer mehrmals dort gewesen, in Strobl, Ried und Ischl. Er kenne sich da besser aus als in Wien, behauptet er. Überhaupt kommt seine Abneigung gegen die Wiener immer wieder zum Vorschein: »Die drehen sich herum und haben immer Ausreden.« Er traut ihnen nicht über den Weg. In Wien hat er, wie viele andere aus Wien stammende Vertriebene, ein ungutes Gefühl. Die NS-Zeit ist für die aus Österreich stammenden Vertriebenen eben vor allem mit Wien verbunden, aber nicht mit dem restlichen Österreich, obwohl sich die Menschen dort nicht unbedingt besser gegenüber den bedrohten Juden verhielten.

Den Menschenschlag im Salzkammergut glorifiziert John Grossmann: »Die Leute sind nett.« Trotz des Versuches meinerseits, seine Vorurteile gegenüber den Wienern und der österreichischen Landbevölkerung zu relativieren, beharrt er darauf. Nazis will er im Salzkammergut in den dreißiger Jahren nur unter Deutschen gesehen haben, er will sich sein Bild von den anständigen Menschen im Salzkammergut von mir durch nichts gefährden lassen.

Bis 1995, vor seiner Krankheit, nutzte John jede Geschäftsreise, um ins Salzkammergut zu fahren und kam jedes Jahr wieder. Er ist einer jener Menschen, die diese Landschaft wie selbstverständlich als »Paradies« bezeichnen. Eine derartige Landschaft gäbe es eben nirgendwo anders. Und natürlich ist er – wie die meisten Vertriebenen – dem österreichischen Essen verfallen. Auf die Frage danach platzt es heraus: »Uff, ich fress' es!« Salzburger Nockerl könne er auf einen Sitz verdrücken, und er wundert sich zugleich, wie die Österreicher dieses üppige, cholesterinhaltige Essen, ohne großen Schaden zu nehmen, überleben.[48] Wenn ich zuvor von »Liebe« sprach, dann ist John Grossmann sicher jemand, der zur Zeit unter dem mit Heimweh verbundenen Liebeskummer leidet, da er sich nach seiner Krankheit die Reise ins österreichische »Paradies« nicht mehr zutraut. Aber via Internet hält er sich über die Vorgänge im Salzkammergut am Laufenden und wird wohl weiterhin im fernen New York den Amerikanern vom vergötterten Salzkammergut vorschwärmen.

4.2. Familie Billiter und Pollak-Fleischner-Karplus

»Mündliche Geschichte« produziert Wissen und Erkenntnisse, die auf andere Weise verloren wären. Eigentlich vermeide ich es eher, das Drumherum eines Interviews genauer zu beschreiben, aber manche Begegnungen erwiesen sich als derart spannend, dass ich es den Lesern nicht vorenthalten möchte. Das Interview bei der Familie Billiter gehört zu jenen Zufällen, von denen ein Historiker meist nur träumt. Lange bevor ich mit den Interviews im Sommer 2001 begann, versuchte ich vergeblich herauszufinden, ob ehemalige jüdische Sommerfrischler immer noch nach St. Gilgen kommen. Niemand konnte mir auf Anhieb Namen nennen, der Sommer schien für mein Anliegen ohne Erfolg zu vergehen. Vergeblich lauschte ich auf der Terrasse des Hotels Billroth nach den aus New York, Montevideo und Tel Aviv vertrauten Emigranten-Sprachklängen des gleichsam in Aspik konservierten altösterreichisch-Wienerischen.

Dank der Hilfe des Gemeindearchivars Augustin Kloiber kam ich in Kontakt zu Otto Billiter, einem Neffen des bereits verstorbenen Jean Billiter, der mit seiner Gemahlin Edith Billiter jene wunderschöne Villa besessen hatte, die – wie zuvor beschrieben – in der NS-Zeit ein begehrtes Objekt war. Ich bedauerte es natürlich, dass ich niemanden von der früheren Generation mehr antreffen konnte, war aber trotzdem froh, jemanden aus der Familie gefunden zu haben.

Als wir den Termin vereinbarten, hieß es, ein weiterer Besuch sei angesagt. Der 22. August 2001 war ein wunderschöner Sommertag, ideal zum Baden. Die Villa ist inzwischen nicht mehr im Besitz der Familie, sondern nur mehr ein kleines, am Ufer gelegenes, in den See hinausragendes Haus. Augustin Kloiber war bereits dort, und die Billiters hatten schon alte Fotos vorbereitet, die vom Glanz früherer Zeiten zeugen. Kaum angekommen, das Tonband für das Interview aufgestellt, kam der angesagte Besuch, eine Familie aus den USA: zwei Mädchen in Badeanzügen, deren Eltern – Lynn Garland mit ihrem Mann – und die Großmutter, Elizabeth Fleischner-Rosenman. Mit Frau Fleischner-Rosenman geriet

48 Interview mit John Grossmann, geb. 1926 in Wien, am 11. Oktober 2001 in New York.

Edith Billiter im Dirndl
(Foto: Privatarchiv Elizabeth Fleischner-Rosenman)

Elizabeth Fleischner-Rosenman in St. Gilgen
(Foto: Albert Lichtblau)

ich sofort in eine Konfliktsituation, denn sie wollte auf keinen Fall von mir auf Tonband aufgenommen werden. Die anderen meinten schon flehentlich, ich solle das Gerät doch wegstellen, aber als Historiker habe ich gelernt, dass Beharrlichkeit und Durchsetzungsvermögen manchmal vonnöten sind, um an Informationen zu gelangen. Beim Hin und Her, das sich mit dem eigentlichen Vorstellen vermischte, kam heraus, dass es ein Buch über den Urgroßvater von Elizabeth Fleischner-Rosenman gibt. Ich fragte, ob es sich dabei um jenes handle, auf dem Albert Pollak am Titelbild zu sehen sei. »Ja!« Damit hatte ich nun einen Trumpf in der Hand, denn ich bin Mitherausgeber dieses Buches.[49] Und somit war der Bann gebrochen, und ich durfte das Tonband mitlaufen lassen. Urgroßvater Albert Pollak spielt in der Geschichte der Juden in Salzburg eine äußerst wichtige Rolle. Er gilt als der erste Jude, der sich 1867 in Salzburg nach Jahrhunderte dauernder Verbannung der Juden in der Stadt ansiedelte und es dort als k.k. Hofantiquar zu lokalem Ruhm brachte.

Schon 1993 erzählte die Enkelin von Albert Pollak, Erna Karplus-Sporer, in einem Interview von ihrer Cousine Ditti (= Edith Billiter): »Meine Cousine in Gilgen war die

49 Daniela Ellmauer, Helga Embacher u. Albert Lichtblau (Hg.): Geduldet, geschmäht und vertrieben. Salzburger Juden erzählen. Salzburg 1998.

Lieblingscousine von jedem und die Lieblingstante.«[50] Nach dem Zweiten Weltkrieg kamen die in den USA lebenden Familienmitglieder immer wieder nach St. Gilgen auf Besuch, so auch Elizabeth Fleischner-Rosenman mit ihrem Ehemann, ihrer Mutter und ihren Töchtern.

Der Vater von Jean Billiter, der Pariser Bankier Josef Billitzer – der Name wurde erst 1908 auf Billiter geändert –, war mit einem der wohl berühmtesten St. Gilgener befreundet, dem seit 1883 in St. Gilgen weilenden Arzt Theodor Billroth. Automatisch waren sie auch mit der Familie Frisch, die seit 1882 als die Pioniere der Sommerfrischler an diesem Ort gelten können, befreundet.[51] Josef Billitzer erwarb 1898 die Villa in St. Gilgen.[52] Sein Sohn, Jean Billiter, wirkte als Chemiker und Assistent von Adolf Lieben am II. Chemischen Universitätslaboratorium der Universität Wien. Er gilt als einer der Pioniere der technischen Elektrochemie und wurde vor allem für seine Erfindung, die »Siemens-Billiter-Zelle«, in Fachkreisen berühmt.[53]

An jenem Augustnachmittag 2001 wurde ich Zeuge eines Ereignisses, das ich bislang nur aus Erzählungen kannte. Elizabeth Fleischner-Rosenman zeigte ihren Enkelkindern den Ort, den sie einst so liebte, St. Gilgen. Auch sie schwärmt von Edith Billiter, jeder in der Familie habe sie bewundert. »Ditti« sei eine moderne, selbständige Frau gewesen, sehr elegant, intelligent, belesen und mutig. Im Nationalsozialismus flüchtete Edith mit ihrem Mann zuerst nach Paris, dann in die USA und kehrte nach Kriegsende nach Österreich zurück, wo das Paar abwechselnd in Salzburg, Wien und St. Gilgen lebte. Geschichten tauchen auf: über »Ditti«, die immer mit Schwimmflügerl schwimmen ging, über Tobi, den Dackel, das ständige Zigarettenrauchen mit elegantem Filter und die davon hinterlassenen Löcher in den Textilien, über die eleganten Dirndlkleider, ihren Befehlston, die Bridgerunden. Jemand vom Ort hatte für die Billiters gearbeitet, Burgl Prager. Auf meine Frage, ob dies ein Dienstmädchen oder eine Hausbesorgerin war, wird betont, sie sei mehr als das gewesen. Sie habe die Tante bedient und verwöhnt und sei allen eine Freundin gewesen.

Und worin bestand das Jüdische? Die Billitzers seien getauft gewesen, wenn auch nicht in die Kirche gegangen wurde. Überhaupt hätten viele in ihrer Familie Christen geheiratet. Es wurden also Dirndl, Lederhosen und Steireranzug getragen, die jüdische Religion schien bereits verabschiedet, aber in einem unterschieden sich die Sommerfri-

50 Interview mit Erna Karplus-Sporer, geb. 1907 in Wien, am 8. August 1993 in Salzburg.

51 Zur Familie Frisch vgl. vor allem: Karl von Frisch: Erinnerungen eines Biologen. Berlin/Heidelberg/New York 1973; Karl von Frisch: Fünf Häuser am See. Der Brunnwinkel. Werden und Wesen eines Sommersitzes. Berlin/Heidelberg/New York 1980. Zu Theodor Billroth vgl. Dietmar Grieser: Nachsommertraum im Salzkammergut. Eine literarische Spurensuche. Frankfurt am Main/Leipzig 1996. S. 130 ff.

52 Vgl. Leopold Ziller: Häuserchronik der Gemeinden St. Gilgen und Strobl am Aber-(Wolfgang-)See. St. Gilgen/Strobl 1990. S. 110.

53 Vgl. Jean Billiter. Zur Verleihung der Auer-Medaille am 21. Oktober 1950. In: Österreichische Chemiker-Zeitung, 51. Jg., Nov. 1950. S. 217–220.

Elizabeth Fleischner-Rosenman mit Tochter Lynn, Schwiegersohn Merrik, Enkelkindern Rebecca und Jessica und Otto Billiter in St. Gilgen, August 2001 (Foto: Albert Lichtblau)

schler von den Einheimischen, in der Sprache. Auch »Ditti« hatte keinen Dialekt gesprochen und sich auf dieser Ebene nicht ihrem ländlichen Umfeld angepasst.

Lynn Garland, die Tochter von Elizabeth Fleischner-Rosenman, wirkte enttäuscht, St. Gilgen habe sich sehr verändert. Früher habe es weniger Touristen und Souvenirgeschäfte gegeben. Trotzdem: Allen war anzumerken, dass sie sich an einem besonderen Ort, einem Familienort befanden, einem Ort, der mit »happy time« einen wertvollen Platz in den Erinnerungen der Familie ausfüllt.[54]

Elizabeth Fleischner-Rosenman spricht auch von »Liebe«:

»I really love the countryside. … Und wie kann man Salzburg nicht gern haben? Es ist die schönste Stadt der Welt!«

Wien hingegen habe sie weniger gerne, obwohl sie mehrfach dort war. Ihre Mutter Risa Fleischner kam nach Kriegsende oft mit nach St. Gilgen und trug natürlich immer ein Dirndl. Sogar in den USA trug sie am Land ein Dirndlkleid. Sie habe sich in St. Gilgen nur von »Mehlspeisen« ernährt. Was in Bad Ischl der »Zauner« ist, scheint in St. Gilgen

54 Lynn Garland: »I have good memories and it's a beautiful spot, nothing more profound than that … It is special, because it's related to the family.«

das Café Nannerl zu sein. Und es geht weiter: Elizabeth Fleischner-Rosenman hatte jetzt, im August 2001, den Auftrag, für ihre Enkelkinder Lederhosen mit nach Amerika zu nehmen. Eine Nebenbemerkung zur kulinarischen »Heimat«-Verbundenheit der Familie: Ihre Tante Erna Karplus lässt sich bis heute jede Weihnachten vom Bad Ischl »Zauner« Stollen schicken und verschenkt sie an ihre Familie.

Abschließend besichtigten wir das Bootshaus und alles erinnerte an früher. Auch hier fiel das Zauberwort: »a paradise«.

4.3. »Das war das Schönste auf der Welt.« Die Familie Schereschewsky

Am Rande einer Konferenz in England im September 2001 war es mir möglich, ein Interview mit Doris Percival zu führen, die in einem wunderschönen Londoner Stadtteil nahe der Victoria Station lebt. Wir hatten erst kurz zuvor Kontakt aufgenommen, und Frau Percival war sofort hellauf von der Idee begeistert, ein Interview über St. Gilgen zu geben. Sie ist 1920 in Wien als Tochter von Maria Franziska und Arnold Schereschewsky geboren. Alljährlich verbrachte die Familie ihre Sommerfrische in St. Gilgen, wo ihr der so genannte Plomberghof gehörte.

Doris Percival hatte schon eine Unmenge an Dokumenten und Fotografien vorbereitet. Sie ist eine quirlige, 81-jährige Dame, dabei kann sie nur mit zwei Stöcken gehen, die Folge eines schweren Autounfalls in Frankreich. Kurz zuvor war sie mit ihrem Mann in St. Gilgen gewesen. In ihrem Erzählstrom springt sie beständig zwischen Geschichten und Namen hin und her. Kaum taucht ein neuer Name auf, schon schweift sie ab, denkt darüber nach, mit wem diese Person damals zusammen, warum sie berühmt war und was aus deren Kindern geworden ist. Das Interview wird zu einem »Who is Who« österreichischer und englischer Kulturschaffender, und die Auflistung scheint unerschöpflich.

Doris Percival ermöglicht mir auch eine Begegnung, die ich mir immer schon gewünscht habe. In nahezu allen Interviews über die Sommerfrische wird vom Dienstpersonal erzählt, das von der Stadt mit aufs Land kam. Verhielten sich die Bediensteten während des Nationalsozialismus loyal, dann blieben ihnen die vertriebenen jüdischen Familien in lebenslanger Dankbarkeit verbunden, so auch Doris Percival. Ihre Köchin, Christl Permoser, lebt 88-jährig in St. Gilgen.

Was führte in den zwanziger und dreißiger Jahren den Unmut der Bevölkerung gegen die Sommerfrischler herbei? Bei neutraler Beobachtung der sozialen Beziehungen zwischen den jüdischen Familien und der Ortsbevölkerung fällt auf, dass zwischen ihnen nur selten Freundschaften geschlossen wurden. Die Beziehungen waren eher geschäftlicher Natur, man begegnete einander im Geschäft bzw. weil Arbeiten am Haus zu erledigen waren. Die soziale Distanz zwischen den Wiener Bürgern und der Ortsbevölkerung schien eine unüberwindbare Kluft. In Wien waren die einzelnen Wohnbezirke sozial kartierte Bewegungsräume der einzelnen Schichten, die nur aus funktionalen Gründen

Plomberghof (Foto: Doris Percival)

überschritten wurden (derartige Orte waren etwa der Wiener Prater und die Fußballplätze). In den Sommerfrischenorten hingegen verdichtete sich das Leben der unterschiedlichen sozialen Schichten auf engstem Raum: Arm und Reich, Ortsansässige und »Wiener« lebten sehr nahe nebeneinander. Deswegen wundert es nicht, dass Geschichten über diese Differenz in St. Gilgen nach wie vor bekannt sind. Etwa jene von den Kaufleuten, die für die Wiener Sommergäste eine teure Wurst besorgen mussten, die sie sich selbst nie hätten leisten können. Die Sommergäste kamen, kosteten die Wurst zuerst und entschieden sich erst danach, ob sie diese überhaupt kaufen wollten. Diese Selbstverständlichkeit des Kostens tat weh. Oder die Geschichten von Hausbesitzern, die ihre Wohnungen während des Sommers vermieteten und jene Zeit unter widrigen Umständen auf engstem Raum zusammengepfercht verbrachten. In den Kindheitserinnerungen des Ortschronisten von St. Gilgen, Leopold Ziller – er nennt sich darin »Heini« –, taucht der Aspekt der sozialen Distanz auf:

»Es ist klar, daß sich ein Gutteil der freien Stunden in den Ferien am Seeufer abspielt. Hätten doch andere Kinder Heini richtig beneiden können um diesen wunderbaren See, an dessen Ufer sich der Heimatort ausbreitet und den Grund darstellt, daß zur Sommerszeit so viele Gäste und Villenbewohner hier sich wohl fühlen. Der See zieht aber Heini eigentlich nur wenig an. ... Denn weder ist er des Schwimmens mächtig noch darf er einmal in einem schwankenden Kahn mitfahren. Das sind die Vergnügungen der Sommerfrischler und nicht eines armen Schülers, der sich auch danach sehnt, manchmal sich dem kühlenden Wasser an den heißen Sommertagen hingeben zu können. Nur selten darf Heini die Badeanstalt benützen, entweder in Ermangelung einer Badehose oder weil ihm einfach das Geld hiezu fehlt.«[55]

Sehr oft holten sich die Wiener Familien ihr Dienstpersonal aus den Sommerfrischenorten. So auch die Schereschewskys, die Christl Permoser fanden. Sie arbeitete gemeinsam mit ihrer Schwester, Fanny, im Haushalt der Schereschewskys in Wien und St. Gilgen. »Das war mein Leben, meine Jugend«, sagt Christl Permoser über diese 10 Jahre heute noch mit verzückten Augen.

Die Erinnerungen von Frau Permoser drängen sehr schnell zum furchtbarsten Erlebnis. Während des Zweiten Weltkrieges arbeitete sie in Rumänien für die Wehrmacht, und beim Rückzug geriet das Lastauto, auf dem sie saß, unter Beschuss. Die rechte Hand wurde von Granatsplittern getroffen. Sie wäre beinahe verblutet, der Arm wurde ihr bei vollem Bewusstsein abgeschnitten. Erst nachdem sie diese furchtbare Szene bildhaft dargestellt hatte, konnten wir uns den weniger beschwerten Abschnitten ihres Lebens wieder zuwenden.

Christine Permoser wuchs unter ärmlichsten Verhältnissen im Brunnwinkel auf, sie besuchte nur vier Klassen Volksschule. Der Vater war ein Zimmermann und die Mutter, übrigens eine Tschechin, arbeitete im Sommer bei den »reichen Gästen«, ebenfalls bei einer jüdischen Familie, den Königs. Die Mutter sei treu geblieben, habe dort gekocht und im Haushalt mitgeholfen. Doch im Winter hatten die Eltern kaum Arbeit. Manchmal schnitt der Vater Eis für die Eiskeller der Gasthöfe. Die Armut ging so weit, dass sich die Permosers kein Obst kaufen konnten. Gab es ein Gewitter, so liefen die Kinder in aller Früh auf die Straße, um dort Obst zu klauben. Schuhe wurden nur in der Schule und an Sonntagen getragen, ansonsten gingen die Kinder barfuß, um das teure Schuhwerk zu schonen. Die Armut war nur dadurch erträglich, weil andere auch arm waren. Und deswegen kann sie ihre Kindheit eine glückliche nennen.

Wie groß die soziale Distanz zu den Sommergästen war, lässt sich nachträglich nur schwer nachempfinden. Andererseits wurden diese Gäste zu einem wichtigen ökonomischen Faktor: sie ließen bauen, beschäftigten eine Reihe von Ortsansässigen und verhalfen der Region zur Etablierung einer auf Tourismus zugeschnittenen Ökonomie. Außerdem stellten sie vielfache Beziehungen zwischen dem Ort und der Hauptstadt her, die hilfreich waren, denn viele fanden dort einen Arbeitsplatz, so auch Christine Permoser. Zunächst war sie in Wien bei zwei alten Damen im Dienst. Die Mutter habe sie halt hergegeben, meint sie im Interview. Sie litt unter bitterem Heimweh, weinte viel, wagte sich

55 Leopold Weber [=Ziller]: Kindheit und Jugendzeit des Heinrich Z. Eine nicht ganz alltägliche Biographie. O. O. 1972 [unveröff. Typoskript]. S. 77 f.

vor lauter Angst nicht alleine die Stadt zu erkunden und kehrte zurück nach St. Gilgen. Dort war bekannt, dass die »kleine Permoser« recht gut mit Kindern umgehen konnte.

»Und bei der Dorli war's dasselbe. Wir saßen grad beim Essen, meine Mutter war nicht da. ... Da haben wir einen Schmarr'n gehabt und haben alle aus der Brotpfanne gegessen. Da kommt eine Frau herein, sie lächelt so und kommt dann zu uns zum Tisch hin. Und da schaut sie so, sagt sie: ›Ach, ich hab gehört, sie haben eine Tochter, die kinderliebend ist.‹ Da hat der Vater gesagt: ›Jo, do sitzt sie!‹«[56]

Dass es sich bei den Schereschewskys um eine jüdische Familie handelte, sei nie ein Thema gewesen, und ihr war dies auch egal. »Ich habe mich einfach wohl gefühlt. Ich habe mich nie fremd gefühlt«, sagt Christine Permoser, und es scheint, als habe sie die schönsten Jahre ihres Lebens tatsächlich bei der Familie Schereschewsky verbracht. Mit ca. 14 Jahren trat sie bei den Schereschewskys in den Dienst und blieb bei ihnen, bis die Familie 1938 das Land fluchtartig verlassen musste. Christine Permoser hatte wirklich Glück, wurde »lieb« behandelt, und niemand schimpfte mit ihr. Das Arbeiten nahm sie für selbstverständlich hin, weswegen sie ihr nie schwer fielen. Das Jahr über lebte sie mit der Familie in der großen Wohnung in Wien hinter dem Rathaus, und den Sommer über kehrte sie zurück nach St. Gilgen auf den Plomberghof. Zuerst war sie »nur« Kindermädchen für die acht Jahre jüngere Doris, doch als eine Köchin entlassen wurde, lernte sie das Kochen. Doris, die immer gern aß, war ständig bei ihr in der Küche, und die beiden dürften einiges an Schabernack getrieben haben. Da sie die Schereschewskys wie ein Familienmitglied behandelten, wurde die Köchin auch mit ins Kino genommen, ja sogar zu Konzerten.

Die Sommerfrische kam bei bürgerlichen Familien fast einer Übersiedlung gleich. Alles Wichtige wurde eingepackt und mitgeschleppt – Bettwäsche, Geschirr, Lebensmittel, Tücher, Badesachen –, schlichtweg alles, was man zum Leben am Land zu benötigen glaubte. In der Sommerfrische wohnte Christl Permoser zunächst weiterhin bei ihren Eltern. In aller Früh stieg sie mit einem Rucksack mit dem Einkauf vom Vortag beladen den steilen Graben hinauf zum Plomberghof und deckte den Frühstückstisch. Danach wurden die Zimmer und Betten gemacht, alles aufgeräumt, der Tisch gedeckt, das Essen serviert, gemeinsam mit ihrer Schwester Fanny Geschirr gespült. Sie seien rasch fertig gewesen und danach ins Dorf gelaufen. Fürs Bügeln und Waschen, Schuhputzen, Putzen gab es jemand anderen, der Einkauf wurde geliefert.

Es seien ständig junge Leute auf Besuch gekommen, und die Beziehungen wurden als ganz natürlich empfunden: »Na, heut bist wieder fesch. Hast a fesche Lederhosen!«

Die Männer trugen Lederhosen, zu Feierlichkeiten und am Sonntag einen Steireranzug, die Frauen waren immer in Dirndln gekleidet. Eines durfte die Köchin nicht: im Dialekt sprechen. Noch heute erzählt sie ihre Erinnerungen in einer ganz eigenen Spra-

56 Interview mit Christine Permoser, geb, 1912 in St. Gilgen, am 20. September 2001 in St. Gilgen.

Seite aus dem Fotoalbum von Dorli Percival

che. Einen Konflikt zwischen der St. Gilgener Bevölkerung und den Wienern mag sie nicht sehen. Aber die Wiener Familien seien unter sich geblieben.

Der Abschied von der Familie im Nationalsozialismus sei schrecklich gewesen. Die Wiener Wohnung wurde durchsucht, während sie alleine dort war. Der Sohn der Familie, Martin Schereschewsky, wurde verhaftet und musste danach das Land blitzartig verlassen. Am Vorabend gab es noch Wiener Schnitzel, alle weinten.

Nach der Rückkehr aus der Kriegsgefangenschaft wurde Christine Permoser im Gemeindeamt von St. Gilgen angestellt und brachte sich selbst die dafür erforderlichen Kenntnisse bei, lernte mit einer Hand die Schreibmaschine zu betätigen. Wann immer

Vera Schereschewsky, Daisy Byk mit dem Maler Gerstenbrand (Foto: Doris Percival)

Doris Percival nach St. Gilgen kam, besuchte sie das frühere Kindermädchen. Und sie sind einander inniglich verbunden geblieben, bewundern sich gegenseitig. Die »Dorli« sei ein »kluges Menschenkind«, sagt Christl Permoser über ihre lebenslang andauernde Zuneigung für ihren früheren Schützling.

Als wir ihre Fotoalben durchsehen, kommt Doris Percival vom Hundertsten ins Tausendste. Fotos von ihrem 80. Geburtstag mit Kindern und den in Dirndl und Tracht gekleideten Enkerln, die alle im Sommer 2000 nach St. Gilgen fuhren und zum Plomberghof mitkommen mussten. Als sie selbst ein Kind war, fuhren sie nicht nur nach St. Gilgen, sondern auch nach Zell am See zum Schloss Prielau ihres Onkels Hugo von Hofmannsthal. Der Schriftsteller war mit Gertrude von Hofmannsthal, einer Schwester der Mutter von Doris Percival verheiratet. Pausenlos blitzen Namen berühmter Persönlichkeiten auf, die sich am Plomberghof einfanden, die Hofmannsthalkinder, Karajan, berühmte Schauspieler wie Marlene Dietrich, die den Plomberghof kaufen wollte, usw. Mit Onkel Hugo war sie bei einer Jedermann-Aufführung der Salzburger Festspiele, wobei sie sich vor dem Teufel irrsinnig fürchtete. Damals war sie aber »wahnsinnig stolz«.[57]

»Ich war in alle verliebt«, rutscht es ihr wie selbstverständlich heraus. Ihre Schwester sei mit allen beieinander gewesen, es hätte viele Flirts gegeben: »Ja, das war das Wich-

57 Ein weiterer Strang war die Kuffner-Familie, die Besitzer der Ottakringer Brauerei.

tigste.« Die von ihr verehrten Männer nennt sie jeweils »mein Held«. Aus dem Wulst an Geschichten und Geschichterln ist es schwer herauszufinden, wie sich der Alltag für ihre Familie abgespielt hat. Ständig fällt ihr wieder was ein – etwa das Schloss Mittersill von Hugo Pantz, wo sie auch sehr oft waren.

Großvater Schereschewsky soll als kleiner Bauernbub in der Hoffnung auf ein besseres Leben zu Fuß von Russland nach Wien gekommen sein, erhielt eine Stellung in einem Schuhgeschäft, und der Rest klingt wie im Märchen: schlussendlich wurde er reich und Besitzer einer Schuhfabrik. Nach St. Gilgen sei er aufgrund seiner Freundschaft zu Prof. Frisch gekommen, der bereits in Brunnwinkel ein Anwesen hatte und seine Freunde reihenweise davon überzeugte, sich in St. Gilgen nach einem Erholungsplatz umzuschauen. In St. Gilgen hätten sich ihre Eltern kennen gelernt, so Doris Percival. Die Mutter war damals am Berghof in Unterach.

Das Leben in St. Gilgen schweißte zusammen. Doris Percival erinnert sich daran, dass sich die sommerfrischenden »Damen« während des Jahres in Wien wöchentlich zu einer so genannten St. Gilgener Jause trafen. In St. Gilgen trafen sie sich natürlich auch jede Woche in den verschiedenen Häusern bei Kaffee und Kuchen.

Und das Jüdische? Anscheinend spielte es auch hier keine Rolle, sie selbst habe nie etwas von Antisemitismus gespürt, ist die erste Reaktion auf die Frage. Außerdem sei sie nach ihrer Geburt katholisch getauft worden, worüber sich ihre Kinder in England später geärgert hätten. Sie sei nur selten in die Kirche gegangen. Dass die Familie jüdisch war, darüber hatte sie bis zum Nationalsozialismus nie nachgedacht.

Doris Percival gehört zu denjenigen, die ihren früheren Sommerfrischenort nach wie vor abgöttisch lieben. Und diese Liebe rührt vom früheren Leben her. Vermutlich konnten die Kinder und Jugendlichen in der Freiheit der Sommerfrische wichtige Lebenserfahrungen sammeln, eine Selbständigkeit entwickeln, von der sie nach wie vor profitieren. Vieles konnte dort für das spätere Leben erlernt werden, außerdem war alles näher, spürbarer und erlebbarer als im abgeschotteten bürgerlichen Leben der Großstadt. Die Kinder und Jugendlichen konnten in Wien den Tag kaum erwarten, an dem die Schule endlich zu Ende war und mit dem Beginn der Sommerferien der Haushalt aufs Land transferiert wurde. Mit der »Schnackerlbahn« seien sie nach St. Gilgen gefahren.

»Der erste Blick auf's Haus, das war das Schönste auf der Welt. Und ich war schon wild in dem Moment, wie ich den F. gesehen hab [der das Haus unterm Jahr betreute und dort wohnte – A.L.] und den Ochsen. Und beim Gotthalmseder habe ich immer schon ein Wurstbrot gekauft!«[58]

Wie hat der Alltag in der Sommerfrische aus Sicht der Erinnerungen von Doris Percival ausgesehen? Es begann mit einem »herrlichen« Frühstück. Sie hätten ja – anders als die meisten anderen Sommerfrischler – keine Villa, sondern ein altes Bauernhaus gehabt.

58 Interview mit Doris Percival, geb. 1920 in Wien, am 10. September 2001 in London.

Gegessen wurde am »Riesentisch« in der von Bauernmöbeln bestückten Stube. Apropos Bauernmöbel, und schon galoppiert sie zum nächsten Thema: Ihr Vater habe sie gesammelt, und sein »großer Freund« Jean Billiter war ihm dabei behilflich. Zurück zum Tagesablauf: Die »Jeunesse Dorée« habe sich beim Gotthalmseder Bankerl zum Gabelfrühstück getroffen – heißer Leberkäs, Semmeln und süßsaure Gurkerln. »Unentwegt waren Mahlzeiten überall.« Manchmal besuchten sie die so genannte Obenauer Mutter im Altenhaus, dort gab es Schmarrn und Zwetschkenröster, Kletzenbrot. Nach dem Gabelfrühstück ging es zur Ratzvilla oder zu den Wintersteins zum Baden.

Unentwegt hätten die Leute Partys gegeben. Die Fabers (von der Firma Faber Castell) hätten Cocktail Partys eingeführt, und so wurde schon in der Früh am Strand ein G'spritzter getrunken, das sei neu gewesen: »Es war sehr glamorous.«[59]

Umfangreiche Abhandlungen könnten über die Darstellung des Regens in den Tagebüchern, Briefen, Gästebüchern und Gedichten zusammengestellt werden. Die Mutter von Doris Percival führte ein Wetterbuch, mit dem sie beweisen konnte, dass es gar nicht so arg mit dem dauerhaften Regen im Salzkammergut war, wie allgemein angenommen wurde. Trotzdem: Als sie nach England geflüchtet war, gefiel Doris Percival das Land vor allem wegen des Regens, und diese Liebesaffäre mit dem Asylland hat direkt etwas mit der Liebesaffäre zu St. Gilgen zu tun.

Die Frauen trugen die Dirndlkleider nur in der Sommerfrische, nie in Wien. Die Stoffe wurden in den Geschäften von St. Gilgen gefunden oder bei Lanz in Salzburg. In Wien hatten die Schereschewskys eine Hausschneiderin, aber es gab auch eine in St. Gilgen, bei der sie schneidern ließen. Und dann hatten noch die Hofmannsthals eine »herrliche« Schneiderin aus Aussee. Die modernen Sachen, die heute getragen werden, kann Doris Percival nicht leiden. Ihre Liebe zu Salzburg geht so weit, dass sie sogar noch im Sommer 1938 unbedingt hinfahren wollte, allen Warnungen zum Trotz. Nach St. Gilgen durfte sie nicht mehr, deswegen fuhr sie zum Schloss Prielau, trug ihr Dirndl und tat alles, was für sie bereits verboten war. Auch nach England nahm sie sich ihr Gilgener Dirndl selbstverständlich mit.

Nach dem Krieg kam Doris Percival immer wieder nach St. Gilgen zurück und meint, »es geht eigentlich genauso weiter«. Nun sind es andere, neue und alte Freunde, die St. Gilgen zu einem Fixpunkt in ihrem Jahresablauf werden ließen. »Und jetzt ist St. Gilgen so scheußlich und so verbaut und so grausig. Aber kaum ist man am Plomberghof oder in der Obenau oder geht zu Fuß über die Zeppezau, ist es so wie es immer war.«

59 Jenny Castell war mit Otto Frisch verheiratet.

4.4. Die Salzkammergut-Krankheit in der Zweiten Generation: Der Fall Miguel Herz-Kestranek

Wie überall an den anderen Sommerfrischenorten kreierten die Großstädter ein Leben unabhängig von jenem der örtlichen Traditionen: Erholung, Schwimmen, Segeln, Bergsteigen, Dilettantenaufführungen von Theaterstücken, Konzertabende, Liebesaffären und Wortwitz wurden an den verschlafenen Ort importiert. Die Gästebücher zeugen von der Ausgelassenheit, Spontanreime finden sich in Hülle und Fülle, genauso wie gewitzte Zeichnungen. Alles deutet darauf hin, dass diese Art des Sommers ein riesiger Spaß war, voller Ausgelassenheit und sozialer Beziehungen. Und der Ort profitierte vom Reichtum und der Wohltätigkeit der Städter.

War St. Gilgen in der Kaiserzeit wegen der Nähe des Kaiserdomizils Bad Ischl attraktiv, wurde nach dem Zusammenbruch der Monarchie die Attraktivität durch die neue Festspielstadt Salzburg gesichert. Die Kultur war den Gästen aus Wien im Sommer nachgefolgt, und so manche »Größe« des Kulturlebens, etwa Marlene Dietrich, warf den Glanz der Prominenz auch auf das kleine St. Gilgen.

Die fast etwas krankhaft wirkende Liebe vieler Wiener Juden zu dem Ort, an dem sie ihre Sommer verbrachten, um sich zu regenerieren, wurde schon mehrfach analysiert. Hier soll nun der Frage nachgegangen werden, wie sich dieses Phänomen auf die nachkommende, nach 1945 geborene Generation übertrug. Der in Wien und St. Gilgen lebende, 1948 geborene Schauspieler Miguel Herz-Kestranek eignet sich durch viele öffentliche Stellungnahmen ideal als Subjekt der Analyse. Die Liebe seines Vaters zu St. Gilgen hat er voll in sich aufgenommen, aber auch die von der Exilerfahrung gebrochene Liebe und das Bewusstsein, diese Liebe verlieren zu können. Wer immer sich an eine Liebe krampfhaft geklammert hat, weiß, wie schmerzhaft sie dadurch wird.

Der Patriarch der Familie war Vilmos Kestranek, Zentraldirektor der Prager Eisenindustriegesellschaft und anderer Unternehmen. Er ließ sich 1908 eine der schönsten herrschaftlichen Villen des Ortes bauen. Sie ist von einem weitläufigen Park umgeben. Um seine Person ranken sich Legenden. So heißt es, die Ischlerbahn habe seiner Familie den Waggon des Kaisers zur Verfügung gestellt, die Frauen seien in Sänften den Berg hochgetragen worden. Der weit verzweigte Familienclan folgte dem Patriarchen und versorgte sich mit eigenen Villen und Häusern.

Der Vater von Miguel Herz-Kestranek, Stefan, wurde 1909 geboren. Seine Familie war bereits zum Katholizismus übergetreten. Stefans »Papa« fungierte ab 1927 als leitender Direktor der Alpine Montangesellschaft. Der Österreichischen Industriellenkammer stand er als Präsident vor, er war Kunstmäzen, Kunstsammler usw. Stefan, ein Freund von Ernst Starhemberg, schloss sich der faschistischen Heimwehr an und war schon deswegen im Nationalsozialismus gefährdet. Die verdrängten jüdischen Wurzeln der Familie schienen ihm 1938, zum Zeitpunkt der Flucht in die Schweiz, vergleichsweise weniger relevant. Aus dem Exil in Frankreich und ab Ende 1941 in Uruguay schrieb er höchst interessante

Briefe an seine Eltern, die von der Historikerin Marie-Therese Arnbom und Miguel Herz-Kestranek als Kaleidoskop der Gefühle einer Exil-Identität herausgegeben wurden. Die Briefe sind durchzogen vom dauerhaften Gefühl des Heimwehs, eines Heimwehs, das sich nicht auf Österreich oder Wien bezieht, sondern auf einen einzigen Ort: St. Gilgen.[60] Aus Frankreich berichtete er an die Eltern von einem Gespräch mit einem französischen Mädchen, das von den Schönheiten des Wolfgangsees schwärmte.

»Was geht das die Leute an. Sie haben ja doch so wenig Verständnis und was wissen sie davon, wie das ist, wenn in einem das Blut plötzlich zum Herzen rinnt und man fast keine Luft mehr bekommt.«[61]

Wie viele Emigranten litt Stefan Herz-Kestranek unter der Qual der Heimatlosigkeit, der völligen Entwurzelung. Und trotz der Dankbarkeit gegenüber Uruguay trieb es ihn nach dem Ende des Zweiten Weltkrieges mit seiner aus einer Kölner jüdischen Familie stammenden Frau zurück an den Ort der Sehnsucht, nach St. Gilgen. Damit erfüllte er sich den in Uruguay geborenen Traum, den Schafberg wiederzusehen. »...einmal werden wir auch rufen Monte de carnero video«, hatte er 1941 voller verzweifelter Zuversicht geschrieben.[62] Zwei Kinder, danach folgte die Scheidung. Stefan heiratet nochmals, eine Frau, die zuvor mit einem SS-Mann zusammengelebt hatte.

Miguel Herz-Kestranek reitet seit seinem jüdischen Coming Out immer wieder Attacken gegen die aufgeklärte Spießbürgergesellschaft. Eine davon verpackte er in die Erzählung über die seit 1998 alljährlich stattfindenden St. Gilgener Besuche des in Wien geborenen und nun in New York lebenden Schriftstellers Frederic Morton. Den »Konjunkturrittern einer lauthalsigen Antifaschismuskonjunktur«[63] gilt wohl auch folgende Beschreibung:

»Wenn ich zu denen sage, der heilige Fred Morton, die Ikone der Emigranten, der Gut-Mensch par excellence, der in Wien der Vorzeige-Parade-Sensations-Jude ist, sitzt mit dem Herren Juden-Nachkommen Herz-Kestranek beim Nazi-Lokal Fischer – das waren die größten Nazis in St. Gilgen, die beiden Fischer-Brüder ! Der ist natürlich längst tot, der Herr Fischer. Dort spielt eine völlig unreflektierte Pseudo-Tanzlmusi in Lederhosen, und der Jude Morton tänzelt zum Buffet, jodelt mit, und sagt, das sei der schönste Abend seines gesamten Österreich-Aufenthaltes!«[64]

60 Miguel Herz-Kestranek u. Marie-Therese Arnbom (Hg.): ...also hab ich nur mich selbst! Stefan Herz-Kestranek, Stationen eines großbürgerlichen Emigranten 1938–1945. Wien/Köln/Weimar 1997. S. 35, 53 f., 56, 65, 74, 172, 184 f., 192, 202. Vgl. auch Marie-Therese Schwanda-Arnbom: »Bürgerliche, allzu bürgerliche Begriffe ...« Lebenserfahrungen in der Emigration am Beispiel von Dr. Stefan Herz-Kestranek. Wien 1994 [Dissertation].

61 Miguel Herz-Kestranek u. Marie-Therese Arnbom (Hg.): ... also habe ich mich nur selbst! S. 74.

62 Ebda. S. 192.

63 http://www.herz-kestranek.com/biographie/auszeichnungen/rede.html

64 Interview mit Miguel Herz-Kestranek, geb. 1948, am 24. Juni 2001 in St. Gilgen.

Von seinem Vater möchte er den fünfbödigen Witz des assimiliert Wiener jüdischen Bürgertums herüberretten in eine Zeit, die wenig Partner für derartige Kommunikationsformen mehr bietet. Also wird er oftmals zum Alleinunterhalter.

Das Leben in den Sommermonaten in St. Gilgen kann er überhaupt nicht trennen von der Exilerfahrung seines Vaters. Da ist etwa die unbändige Angst um den Verlust des Hauses, der ständig lauernde Konflikt innerhalb der Familie.

Miguel Herz-Kestranek wuchs mit der atavistisch-kultischen Liebe des Vaters zu diesem Ort auf. Der Vater beschwor immer wieder die Schönheit St. Gilgens. Nur ein Beispiel für die ritualisierte Anbindung: Zu Silvester ging der Vater mit einem Glas Sekt auf den Steg und goss es in den Wolfgangsee, um so mit dem See auf das Neue Jahr anzustoßen.

Der Ort sei unerträglich schön, und an dieser Aussage ist sicherlich etwas dran. Und er sei die »wirkliche Heimat«. Die Anbindung an St. Gilgen, und dessen ist sich Miguel Herz-Kestranek bewusst, nimmt bereits neurotische Formen an. Mittlerweile habe diese Abhängigkeit seine Karriere massiv behindert. Filmangebote für die Sommermonate lehnte er deswegen schon mehrmals ab. Sein Faible für Buddhismus und Spiritualität färbt die Argumentation: Er fühle sich mit dem Ort schamanisch verwachsen und meint, vielleicht sei er eine schnell wiedergekommene Reinkarnation eines Emigranten, der zurückkehren musste. Die Berge sind dabei allerdings nur visuelle Manifestationen des Naturwunders, bestiegen habe er sie kaum.

Wo immer Miguel Herz-Kestranek hinkommt, reagiert er wie damals die Flüchtlinge aus Nazi-Österreich: Überall sucht er nach Ähnlichkeiten zu St. Gilgen. Überall stellt er sich zuerst die Frage: Wenn jetzt der Krieg käme, könnte ich hier bleiben? Was würde ich hier finden, das mir ein Surrogat für das wäre, was ich verloren habe, für St. Gilgen. Kanada würde sich anbieten mit den Bergen, die zwar viermal so hoch seien, aber sonnenüberflutete Wiesen hätten, Seen mit Felsen, einen bewaldeten Berg mit einem Spitz, das Ende der Baumgrenze: »Ja, das hat was vom Salzkammergut!«

Die »eingeborenen« St. Gilgener finden das alles komisch und eigenartig verkrampft. Die Wiener kommen und wollen überall mitmachen, dabei kennen sie sich überhaupt nicht aus. Sie führen sich auf! Beim Paschen klatschen sie einfach mit und können den Rhythmus nicht halten.[65] Ein Einheimischer müsste dafür einen Liter Wein zahlen! St. Gilgener kann man auf diese Art also nicht werden, heißt es hinter vorgehaltener Hand. Österreich ist in dieser Beziehung gnadenlos und hart. Profitieren, das schon, aber österreichische »Fremde« heimisch werden lassen, das nicht. Außerdem würden die Nachkommen der jüdischen Familien heute so tun, als wären sie noch in der Monarchie. Tracht und Lederhose sei ja gut und schön, aber »den Wiener« erkenne man beim ersten Anblick, trotz Verkleidung. Das Thema Anpassung und Assimilation verfolgt uns

65 Påschen ist ein rhythmisches Klatschen, das meist zwischen den einzelnen Gstanzeln erfolgt. Es ist insofern komplex, als es aus drei Stufen besteht, dem Grund-, Zwischen- und Drüberpåschen.

also bis in die Gegenwart. Miguel Herz-Kestranek ist sich dessen bewusst, auch wenn er sich die Heimat, St. Gilgen, von derartigen Abgrenzungsversuchen der Einheimischen nicht nehmen lassen will. Dieses »Aus-Wien-Sein« sei immer zu hören gewesen. Da hilft es auch nicht, dass er hier aufgewachsen ist, einige Zeit zur Schule ging, hier sehr viel Zeit verbringt. Es wird weiterhin heißen: »Ach, Sie sind auch wieder da!«

4.5. »Jetzt wird's Knödeltime«: Kurt Sonnenfeld

Kurt Sonnenfeld, ein inzwischen zum Freund gewordener Bekannter aus dem Kreis der New Yorker Emigranten, den ich anfangs der neunziger Jahre kennen gelernt habe, las einen Aufruf in der New Yorker Emigrantenzeitung »Aufbau«, in dem ich für diesen Aufsatz nach Interviewpartnern suchte. Zufällig trafen wir uns in New York, und er meinte begeistert, dass er sich ohnedies bei mir melden wollte wegen des Aufrufes, denn er sei einmal als Kind mit seinen Eltern in St. Gilgen gewesen. Ein Interviewtermin war schnell vereinbart. Kurt wurde 1925 in Wien geboren und wuchs in der Brigittenau, einem Wiener Unterschichtbezirk mit hohem jüdischem Bevölkerungsanteil, auf. Sein Vater war Angestellter bei einer Krankenversicherung und sozialdemokratischer Funktionär im Bildungsausschuss. Im Austrofaschismus arbeitete er weiterhin für die inzwischen verbotene sozialdemokratische Partei und verlor deswegen vorübergehend seine Arbeit. Doch als die Familie 1935 ihren Urlaub in St. Gilgen verbrachte, war es noch nicht so weit gekommen.

Kurt Sonnenfeld mit seinen Eltern Rosa und Walter Sonnenfeld am Wolfgangsee (Foto: Privatarchiv Kurt Sonnenfeld)

Kurt Sonnenfeld erinnert sich genau an die Sommerfrischenaufenthalte jener Zeit. 1933 verbrachten sie die Sommerferien in Bad Goisern, 1934 waren die Eltern alleine auf Urlaub und er in einem Kinderheim im niederösterreichischen Neulengbach, danach kam St. Gilgen. 1936 war sein Vater wegen der politischen Betätigung arbeitslos geworden, und deswegen konnten sie sich die Fahrt in die Sommerfrische nicht leisten, 1937

Kurt Sonnenfeld (rechts) mit seinem Freund Ernst Weisselberg (Foto: Privatarchiv Kurt Sonnenfeld)

folgte wieder Bad Goisern. 1938 wollte sich die Familie eine größere Wohnung leisten, weswegen sie abermals auf die Sommerfrische hätten verzichten müssen, aber so weit kam es ohnehin nicht mehr.

»Es war eine Familienzeit«, kommt es wie selbstverständlich über seine Lippen. Und dieser Satz sagt sehr viel über den Stellenwert der Sommerfrische im Leben der damaligen Kinder: Es waren Wochen, in denen ihre Väter Zeit für sie hatten, in denen die Eltern mit ihnen gemeinsam etwas unternahmen. Und falls sich die Eltern gut verstanden, blieb dieser Jahresabschnitt in nestwarmer Erinnerung. So wundert es nicht, dass auch Kurt Sonnenfeld im Interview das Salzkammergut mit dem Wort »Paradies« tituliert und es als »herrlichste Gegend der Welt« bezeichnet. Auch er suchte in den USA vergeblich nach diesem Paradies. Es war die Suche nach einer Landschaft mit Bergen und Bergseen. Deswegen fuhr er beispielsweise nach Lake Placid, aber dort sei es doch nicht ganz so wie im Salzkammergut. Offensichtlich gibt es im Leben nur ein Paradies, und wer daraus verstoßen wurde, kann dafür keinen Ersatz mehr finden.

Kurt brachte zum Interview Fotografien mit. Darauf sind seine Mutter im Dirndl und er in Lederhose mit Sepplhut zu sehen. Die Sonnenfelds hatten sich für drei Wochen ein Zimmer mitten in St. Gilgen gemietet. Spiele fallen ihm ein: Fußball selbstverständlich, Schach, Halma, Rommé. Mit seinen Eltern wanderte er viel, sie unternahmen viele Ausflüge – nach Bad Ischl, an den Attersee, Mondsee, Strobl und natürlich zum Weißen Rössl nach St. Wolfgang. Die Musik der Kurkapelle liebte er: »Im Salzkammergut, das kamma gut lustig sein!«, stimmt er vergnügt an.

Für weniger begüterte Familien wie die Sonnenfelds war die Sommerfrische keine Selbstverständlichkeit, sondern die Belohnung für ein ganzes Jahr Leben in Sparsamkeit. Den Sommer 1935 waren sie mit einer befreundeten Wiener Familie, den Weisselbergs, in St. Gilgen. Kurt spielte andauernd mit seinem Freund Ernst. An Montagen liefen die beiden Fußballfans in aller Früh ins Geschäft, um aus der Zeitung die Ergebnisse ihres Lieblingsklubs, der Wiener Austria, zu erfahren.

Die beiden Buben waren in St. Gilgen bekannt, weil sie Unmengen von Knödeln vertilgen konnten, und Kurt formuliert dies mit einer Prise Amerikanisch: »Die haben alle schon gewusst, wenn wir hinkommen, jetzt wird's Knödeltime.« Das Glück von damals ist sowohl auf den Fotografien als auch in den Erzählungen Kurt Sonnenfelds nachvollziehbar.

Seine Familie flüchtete im Nationalsozialismus nach Frankreich, dort trafen sie auch wieder die befreundete Familie Weisselberg. Als die Deutschen nach Frankreich vorrückten, flohen beide Familien nach Südfrankreich. Die Sonnenfelds konnten gerade noch rechtzeitig in die USA flüchten, da sie ein Einreisevisum erhielten. Die Weisselbergs blieben hängen, und dies war das Todesurteil für die dreiköpfige Wiener Familie. Auch der Freund von Kurt Sonnenfeld, Ernst, wurde umgebracht. Spätestens an dieser Stelle hinterlassen die Erinnerungen der Vertriebenen an das verlorene Paradies einen bitteren Nachgeschmack.[66]

66 Interview mit Kurt Sonnenfeld, geb. 1925 in Wien, am 11.10.2001 in New York. Ich möchte mich für die vielen Hinweise und Hilfestellungen bedanken, bei allen im Text genannten Interviewpartnern, natürlich beim Gemeindearchivar Augustin Kloiber, bei Leopold Ziller, Marie-Therese Arnbom, Regina Thumser, Christian Strasser, Susanne Rolinek, der in New York erscheinenden Zeitung »Aufbau« und Astrid Früh für sprachliche Klarheit.

Ulrike Kammerhofer-Aggermann

Dirndl, Lederhose und Sommerfrischenidylle

Tracht

Zur Sommerfrische in Salzburg und im Salzkammergut gehört seit über hundert Jahren »die Tracht«, was immer man darunter auch verstand oder verstehen will.[1] Diese Kleidung hat Symbolwert, sie soll Lebensgefühl vermitteln und stand besonders in den ersten Jahrzehnten des 20. Jahrhunderts als Signet für die Leichtigkeit des Seins in der Sommerfrische, für Lebenslust, Sinnlichkeit und Intimität abseits der Alltagswelten. Viele dieser Aspekte hat sie auch heute im Zusammenhang mit Salzburg und dem Salzkammergut noch bewahrt, darüber hinaus gilt sie in den letzten Jahrzehnten auch als Symbol »gehobenen Status'«, als Zeichen für Verbundenheit mit Österreich und als nostalgische Zuwendung zum Vielvölkerstaat der einstigen Habsburgermonarchie und ihrer elf Sprachnationen. In diesem Sinne wird auch der Vorsitzende der jüdischen Kultusgemeinde in Salzburg, Marko Feingold, vielfach im Trachtenanzug gesehen. Darauf angesprochen, betont er, dass dies eine Seite seiner Verbundenheit mit Salzburg und Österreich ist. So ist auch Tracht im Zeitalter der Europäischen Union für einen Teil der Österreicher und Österreicherinnen ein nostalgischer Pool »guter alter, völkerverbindender Zeit geworden«, von dem ausgehend ein modernes, offenes Europa in kultureller Partnerschaft der Einzelstaaten vorstellbar ist, denn Globalisierung und Regionalisierung sind ineinander verzahnte Prozesse.[2]

Dass Sommerfrische nicht der einzige Aspekt des Phänomens »Tracht« ist, ist uns allen bewusst, denn zu ihrer Geschichte gehört auch die Instrumentalisierung durch völkische Strömungen und Nationalsozialismus. So ist auch die Bedeutung und Ausdeutung von »Tracht« seit ihrer Entdeckung und Erfindung vor rund 200 Jahren jeweils eine zeit-, schichten- und gruppenspezifische, die nicht pauschal definiert und abgehandelt werden kann.[3] »Tracht« ist eines jener Phänomene, Worte und Objekte, die besonders im Laufe

1 Vgl. Ulrike Kammerhofer-Aggermann: »Gegen diese Epidemie schützt weder der Lodenrock noch das Lamberghütchen.« Tracht und Hut als Zeichen von Integration und Widerständigkeit. In: Lebensgefühl Tracht, Kulturlandschaft, Musik. Forum Aussee 2001, Abschlussbericht. Hg. Nora Schönfellinger und Lutz Maurer. Bad Aussee 2001. S. 18–33. – Bernhard Tschofen: Lebensgefühl Tracht. Wege aus der Verkrampfung. In: Forum Aussee 2001, a.a.O. S. 10–17.

2 Konrad Köstlin: Volkskultur und Moderne. In: Bayer. Bll. f. VK, 2000/2, 63–72. – ders.: Volkskultur in der Globalisierten Gesellschaft. Vortrag, Maribor 18.11.2000 zur Eröffnung der CIPRA-Tagung Alpenstadt des Jahres, Teiltagung »Bevölkerung und Kultur«.

3 Trachten nicht für jedermann? Heimatideologie und Festspieltourismus dargestellt am Kleidungsverhalten

der letzten 100 Jahre zur Definition von gesellschaftlichen Gruppen und zur Redefinition von deren Heimat-, Geschichts-, Traditions- und Modernitätsbegriff gehören.

Tracht und jüdisches Großbürgertum

Tracht wurde von AutorInnen vielfach als Mittel der Integration der jüdischen Bevölkerung der Jahrhundertwende gesehen[4], doch das erscheint als zu vordergründig, ja geradezu als aus der Ausgrenzungsagitation der Trachtenvereine der zwanziger und dreißiger Jahre entlehnt. Liest man die Lebensberichte jüdischer Bürger des städtischen Großbürgertums[5] aufmerksam, so wird aus allen klar, dass ein Anderssein in zwei Etappen wahrgenommen wurde: zuerst bei Beginn der gesellschaftlichen Karrieren mit der Übersiedlung in die großen Städte und dann erst wieder über die nationalen Strömungen. Wesentlich im Bewusstsein stand die Zugehörigkeit zu Österreich, zum Beamtentum, zum Militär, zur Wissenschaftselite bzw. zum großen Handelsbürgertum. Ebenso wird aus diesen Lebensberichten ersichtlich, dass der gesamte Handlungsrahmen dieses Teiles der Bevölkerung rund um die Jahrhundertwende vielfach übernommen worden war. Auch alle – oder zumindest viele der wesentlichen – Handlungsanleitungen, Rituale, Symbole und Requisiten gehörten daher selbstverständlich zum gelebten Alltag. Differenzen ergaben sich fallweise dort, wo es um religiöse Bräuche ging, die, je nach Familie und Assimilationsstand, teils überlagert und teils kombiniert mit christlichen Sitten neu formiert oder gerade in Überformung waren, wie es etwa das Beispiel Weihnachtsfest und Christbaum zeigt.[6] Der Assimilationsstand richtete sich im Wesentlichen an zwei Punkten aus, einerseits am Bildungsstand und andererseits am Wohnort. Je näher an der Hauptstadt Wien bzw. je länger eine Familie dort lebte und je höher Bildungsstand und gesellschaftliche Position waren, desto länger und tiefgreifender war vielfach der Stand der Assimilation. Dementsprechend war auch die Betroffenheit, als es hieß: »Der große Höllenreigen war losgebrochen …«.[7] Und unter diesen Vorzeichen ist auch das so ge-

---

in Salzburg zwischen 1920 und 1938. Hg. Ulrike Kammerhofer-Aggermann, Alma Scope, Walburga Haas. (= Salzburger Beiträge zur Volkskunde 6), Salzburg 1993. Künftig zitiert als SBzVK 6.

4 U. a. Alma Scope: Bühnen der Volkstümlichkeit. In: SBzVK 6, wie Anm. 3. S. 253.

5 U. a.: Interview Albert Lichtblau (AL) mit Charlotte Lichtblau (CHL) am 12.10.1998. – Gerlinde Haid: Konrad Mautner. In: Forum Aussee 2000. Hg. Nora Schön-Fellinger und Lutz Maurer, Aussee 2000 – Lebensberichte

6 Helga Embacher: Weihnukka. Zwischen Assimilation und Vertreibung – Erinnerungen deutscher und österreichischer Juden an Weihnachten und Chanukka. In: Politische Weihnacht in Antike und Moderne. Zur ideologischen Durchdringung des Fests der Feste. Hg. Richard Faber u. Esther Gajek. Würzburg 1997. S. 288. – Doris Foitzik: Rote Sterne, braune Runen: politische Weihnachten zwischen 1870 und 1970. Münster/New York/München/Berlin 1997 (= Internationale Hochschulschriften, Bd. 253). S. 138.

7 Friedrich Torberg: Im Zeichen des Zeichens. Auch das war Wien. Roman. Niedergeschrieben von Mai 1938 bis Juni 1939 in Prag, Zürich und Paris. Mit einem Nachwort von Edwin Hartl. Wien/München 1984. S. 315.

nannte »Trachtentragen der Juden« zu sehen: es war nicht als solches Zeichen der Assimilation (im Sinne einer Tarnung), sondern ein Aspekt eines längst vor dieser Mode stattgefundenen Assimilationsprozesses. Das Trachtentragen an sich wurde nicht mehr reflektiert, sondern gehörte zu den Symbolen und Verhaltensweisen eines längst als »eigen« übernommenen großbürgerlichen Handlungsrahmens. Erst im Zuge der rassistischen Anfeindungen musste es plötzlich wahrgenommen und bespiegelt werden.

Auch Salzburger Beispiele machen darauf aufmerksam, dass großbürgerlicher Lebensstil und Reichtum mehr Differenz schufen als religiöses Verhalten. Zur Zeit der Tausend-Mark-Sperre fielen in Salzburg die amerikanischen und jüdischen Touristen besonders auf, da die deutschen Reisenden fehlten. Im Rosenhof in Bad Hofgastein – wie in vielen anderen touristischen Zentren – waren während der Tausend-Mark-Sperre fast nur jüdische Sommergäste. Franziska Pflaume, geb. Neumayer (geb. 1924), die in der Nachbarschaft wohnte, beobachtete sie als Schulkind, wenn sie im Garten stundenlang beteten. Mehr als die konfessionellen Schranken standen aber materielle und soziale zwischen den Gästen und den Talbewohnern. Frau Pflaume erinnert sich, dass sie als Finderlohn für eine goldene Dose neben einem guten Essen eine Summe erhielt, von der ihre Familie einen Monat leben konnte.[8] So wurde von den Nationalsozialisten auch das Denkmal des verdienten Direktors des Krankenhauses Auf der Wieden in Wien und Bad Gasteiner Badearztes Dr. Benedikt Hönig Edler von Hönigsberg (er war 1848 anlässlich seiner Heirat vom Judentum zum Katholizismus konvertiert) zerstört. Hönig hatte sich – ebenso wie sein Schwiegersohn Univ.-Prof. Dr. Ferdinand Arlt – große Verdienste um den Ort erworben und u. a. den Vorläufer des Kurorchesters begründet. U. a. sammelte er dort auch Trachtenstücke.[9] So hatte sich über die Sommerfrische in Salzburg bereits eine Kluft zwischen dem städtischen Bürgertum und der ländlichen Bevölkerung ergeben, die in den ersten Festspieljahren kulminierte und sich am jüdischen Publikum entlud. Auch Franz Schausberger wies darauf hin, dass das internationale Publikum der frühen Festspieljahre in Salzburg zwar der Wirtschaft Impulse gab, aber auch Antipathien in der Bevölkerung auslöste. »Zur Schau gestellter Nachkriegs-Reichtum, überlaute Feste – nicht zuletzt bei Max Reinhardt in Schloß Leopoldskron – standen im schmerzlichen Kontrast zu den ärmlichen Verhältnissen des Salzburger Publikums, des österreichischen Mittelstandes ...«[10] Ferdinand Czernin erörterte die Frage auch in seinem »This Salzburg«, einem ironisierenden Nachschlagwerk für »Anglo-Saxons« von 1937:

8 Franziska Pflaume: Kindheits-Erinnerungen. In: Franz Hochwarter (Hg.): Kindheit in Gastein. 75 Jahre Volksschule Bad Hofgastein 1925–2000. Bad Hofgastein 2000. S. 12f.

9 Familienarchiv Univ.-Prof. Dr. Wolfgang Aggermann-Bellenberg: Xerox aus Gotha 1890 und 1891; Briefkonzept von Dr. Ferdinand Arlt (Enkel Hönigs) an Rudolf Hess, 1940.

10 Franz Schausberger: Und die Festspiele finden trotzdem statt oder über die gesellschaftspolitischen Dimensionen der Salzburger Festspiele. In: Harald Waitzbauer: Festlicher Sommer. Das gesellschaftliche Ambiente der Festspiele von 1920 bis heute, Festreden seit 1964. (= Schriftenreihe des Landespressebüros, Hg. Roland Floimair, Salzburg Diskussionen 136) Salzburg 1997. S. 7–14.

»You can rent a house in Salzburg itself or in the vicinity. Small cottages, villas and imposing castles. Anything you like. Almost everybody will move out of his or her house and let you have the run of it the moment you produce your checque-book.«[11]

Salzburger Flair und Sommerfrische

Die bürgerliche Sommerfrische (und über sie hinaus später die Salzburger Festspiele) war, wie es Konrad Köstlin ausdrückt, der »rituelle Ausflug in die ganz andere Welt« und damit fixer Bestandteil der Erfindung des »Abenteuers Volkskultur«, das als letzte Ausprägung des Historismus ebenso zu sehen ist wie als eine der ersten Kulturtechniken im Umgang mit der Moderne.[12] »Tracht« – oder das, was jene Gesellschaft darunter verstand – wurde zum definierten und ritualisierten Symbol (ebenso wie Segelsport, Tenniskleidung, Alpinismus und Kurkonzert) der ritualisierten Handlungsanleitung des Gesellschaftsspiels Sommerfrische. 1896 wurde bereits die Sommerfrischenmode aus dem Salzkammergut ob ihrer einfachen und kleidsamen Trachtenbestandteile in der Fremden-Zeitung der Monarchie gerühmt: »das einfache Lodencostüm«, geschnürte Hemden, Mullblusen und Samtmieder, Tiroler Hüte etc. kleideten die elegante Dame; Touristenanzug oder Lederhose und Tirolerhut den Herren. Ab den achtziger Jahren des 19. Jahrhunderts finden sich darin vielfältige Inserate von »Costümen für Alpentypen«.[13] Diese Mode hatte Salzburg in den siebziger Jahren erreicht, 1884 gründete die Firma Slama am Residenzplatz das einschlägige Geschäft »Zum Edelweiss« und in den Folgejahren boten die Firmen Jahn (heute Jahn-Markl), Neubauer u. a. gehäuft Trachtenbekleidung an. Furore machte die Firma Lanz, die u. a. Entwürfe von Carl Mayr, Kostümbildner und Bestandteil des Henndorfer Kreises um seinen Bruder, den Kammersänger Richard Mayr, sowie von begabten Designerinnen führte. Über den Sekretär Max Reinhardts, Alfred Kommer, wurde das Lanz-Geschäft zum Drehpunkt der eleganten Welt Salzburgs. »Wer aus dem Ausland in Salzburg ankam, wurde von Kommer womöglich schon auf dem Weg vom Bahnhof nach Leopoldskron bei Lanz eingekleidet. Dadurch wurde sofort das Eis gebrochen. So gingen Lillian Gish, Lady Diana Manners, Rosamund Pinchot und zahllose andere schon wenige Stunden nach ihrer Ankunft als Dirndeln durch die Stadt, um schließlich im Österreichischen Hof oder im Café Bazar dann noch die allerletzten Weihen des Kommerschen Festspielrituals zu empfangen.«[14] Auch

11 Ferdinand Czernin: This Salzburg. Being an incomplete introduction to the beauty and charme of a town we love. Wien 1952 (1. Wien 1937). S. 19.

12 Köstlin: Volkskultur und Moderne, wie Anm. 2. S. 63.

13 Fremden-Zeitung. Central-Organ zur Hebung des Fremdenverkehrs in Österreich inclusive des angrenzenden bayerischen Hochlandes. 1896/39/5f. – zitiert bei Alma Scope: Materialien, Formen und Anbieter »ländlicher Kleidung«. In: SBzVK 6, wie Anm. 3. S. 172 und 202.

14 Gusti Adler: … aber vergessen Sie nicht die chinesischen Nachtigallen. Erinnerungen an Max Reinhardt. Salzburg 1980. S. 195.

in den offiziellen Festspielprogrammen finden sich ab 1934 Inserate für Trachten. Die zu Beginn der dreißiger Jahre kreierten, heute weltberühmten Lederjoppen von Jahn, der weiße Leinenjanker mit ebensolcher kniekurzer Hose – von Carl Mayr für Lanz entworfen –, Henndorfer Dirndl und Bauernhemden wurden der letzte Schrei der legeren Freizeitkleidung der großen Welt. Marina Schaljapin, die umschwärmte Tochter des Tänzers, trug Leinen von Lanz ohne Strumpf und Schuh.[15] Lotte Lehmann schrieb darüber: »Mondäne ›Dirndln‹ in echten Bauernkostümen und elegante Männer in Salzburger Lederhosen und grünen Jankern bevölkerten die Straßen.«[16]

Mit Lanz arbeiteten die Hut-Erzeuger Anton Blum und besonders Zapf in Werfen zusammen. Trachtenmode zählte aber auch bei Schneidereien und Konfektionären – unterschiedlicher politischer Richtung – zum Repertoire: u. a. von Franz Krivanec, L. Ornstein, Albert Süß, Elise Indra, Käthe Löwy, Anton Urban, der Gebrüder Gollhofer (die im antisemitischen Eisernen Besen inserierten), des (1938 geplünderten jüdischen) Kleiderhauses »Zum Matrosen«, betrieben von Leon Abrahamer, (der renommierten jüdischen) Firma Schwarz. Der größte Teil dieser Firmen war zentral im Umkreis des Österreichischen Hofes, des Bristol, Café Bazar und der Spenglerbank angesiedelt – also dort, wo sich das elegante Festspielpublikum aufhielt. Viele dieser Erzeuger bzw. Händler hatten unter den Auswirkungen der Tausend-Mark-Sperre zu leiden (z. B. Jahn), andere expandierten nach Amerika (Lanz) und verstärkten dadurch ihren Erfolg. Die internationalen Modenschauen zwischen 1934 und 1936 brachten Salzburger Trachtenmode von Lanz und Zapf und trugen wesentlich zu deren internationalem Erfolg bei. Hilde Spiel schilderte das Treiben im Café Bazar der frühen dreißiger Jahre »Man mochte meinen, das Café Dome aller Länder hätte Vertreter entsandt. Da fehlte nicht der Jüngling mit dem langen gelben Haar, nicht die ältliche durstige Amerikanerin, nicht der Kunstjünger mit wehender Masche. Gewiß gab es auch schöne Menschen, …, langnäsige Kritiker und kümmerliche Mädchen, die ohne Unterlaß zu den Schauspielern hinüber starrten. Diese wieder lehnten, gespreizt vor ihrem Bier, in Gebirgstracht verkleidet, ob sie nun verschwommene oder scharf gefaltete Gesichter hatten.« Oder: »Wir fielen in den Eingang der ›Traube‹. In den holzgetäfelten Stuben saßen Fräcke neben Lederhosen, Abendroben neben Bauernjacken und Tirolerhut.«[17]

Zwischen 1929 und 1937 finden sich u. a. folgende klingende Namen in den Kundenbüchern der Firmen Lanz und Markl: Max Reinhardt, Paula Wessely, Luis Rainer, Raoul Aslan, Tilly Losch, Helene Thimig, Paul Hartmann, Einar Nilson, Lilian Gish, Dagny Servaes, Rudolf Kommer, Attila Hörbiger, Elisabeth Markus, Ruth Wally, Raimund Hofmannstal, Werner Krauß, Helen Astor, Heinz und Maria Rühmann, Bruno Walter,

15 Vgl. SBzVK 6, wie Anm. 3. S. 83 und 132. – Archiv der Salzburger Festspiele, Sammlung Ellinger, Fotoserien.

16 Lotte Lehmann: Anfang und Aufstieg. Lebenserinnerungen. Wien/Leipzig/Zürich 1937. S. 232.

17 Hilde Spiel: Verwirrung am Wolfgangsee. Roman. Leipzig/Wien 1935. S. 175f und 172.

W. Somerset Maugham, Anton Baumann, Fritz Kreisler, Robert Casadesus, Oscar Straus, Herman Thimig, Margit Bokor, Maria Jeritza-Sheen, Franz Koller, Marlene Dietrich und Rudolf Sieber – wie Alma Scope erhob.[18] Deutlich wird auch daraus, dass nicht die jüdische Gesellschaft speziell, sondern die Festspiel- und Sommerfrischengesellschaft dieses Spiel der Verkleidung liebte. Und zu dieser bildungsbürgerlichen Gesellschaft, ebenso wie zum »neuen Finanzadel«, zählte u. a. auch das jüdische Bürgertum. Franz Schwarz besuchte 1993 Salzburg und stellte sich in Podiumsdiskussionen und Medieninterviews in bewundernswerter Versöhnlichkeit den Fragen der Geschichtsbewältigung zur Verfügung.

Zu »Reinhardts Puppenspiel«[19] gehörte neben den Festen in Schloss Leopoldskron auch die Verwandlung des Publikums der Festspiele. Stets präsent im Getriebe der Stadt war Max Reinhardts Agent und persönlicher Sekretär für gesellschaftliche Angelegenheiten, Rudolf Kommer: »Es war ein gewohnter Anblick, am Vormittag zwischen ›Österreichischer Hof‹ und ›Hotel Europa‹ einem Herrn in Salzburger Tracht zu begegnen. Jeder wußte: da ist der Bote aus Leopoldskron. Scheinbar achtlos ging er an mir vorüber, doch im Vorbeigehen flüsterte er: ›Reinhardt‹ läßt sie für heute abend bitten. Zehn Uhr.«[20] An diesen Abenden im Schloss Leopoldskron gehörten auch die Künstler sowohl zu den Gästen wie zu den Akteuren kleiner Lustspielaufführungen am Teich oder vor dem Kamin des Festsaales – darunter Max Pallenberg, Fred Liewehr, Tilly Losch, Egon Friedell oder das Rosé-Quartett. Tracht war bei diesen Festen nicht üblich, erwünscht war Abendkleidung.[21]

Salzburger Festspielgesellschaft

Was zog diese Festspielprominenz an? Drei Elemente verbanden sich in der Salzburger Festspielidee: der Wunsch der Festspielgemeinde, einzigartige Festspiele in Salzburg zu begründen, die Interessen von Stadt und Land, kulturell und wirtschaftlich hochwertigen Tourismus nach Salzburg zu bringen und die Idee, Kultur und Flair der untergegangenen Habsburgermonarchie in die neue Zeit hinüberzuretten.[22] Max Reinhardt wurde mit dem 1920 trotz Nachkriegselend vor dem Salzburger Dom inszenierten »Jeder-

18 Scope: Materialien. In: SBzVK 6, wie Anm. 3 und 13. S. 171–209. – Ulrike Kammerhofer-Aggermann: Die Anfänge der Salzburger Heimatwerks- und Heimatpflegeidee. In: Walburga Haas (Hg.): Volkskunde und Brauchtumspflege im Nationalsozialismus in Salzburg. (=SBzVK 8) Salzburg 1996. S. 81–120.

19 Bertha Zuckerkandl: Österreich intim. Erinnerungen 1892 bis 1942. Hg. Reinhard Federmann. Frankfurt/Berlin/Wien 1970. S. 259.

20 Zuckerkandl, wie Anm. 19. S. 157.

21 Telefon-Interview von Ulrike Kammerhofer mit Prof. Fred Liewehr im Frühjahr 1992. – vgl. Zuckerkandl, wie Anm. 19. S. 152–159.

22 Edda Fuhrich und Gisela Prossnitz: Die Salzburger Festspiele. 1920–1945. Bd. 1. Salzburg/Wien 1990.

mann« auch zum Regisseur des »Salzburger Flairs«, jener Mischung aus romantischer Ideallandschaft, barocker Idylle und ländlicher Leichtigkeit, das Salzburg zum »Brennpunkt europäisch-amerikanischer Kunstsehnsucht« (P. Stefan) machte.[23] Bertha Zuckerkandl, die auch kulturpolitisch nicht unwichtige Journalistin, kommentierte diese Entwicklung: »Es war mir sofort klar, daß ein Reinhardt auch Salzburg, das brav provinzlerische, verschlafene und verfressene Touristenstädtchen, irgendwie verzaubern wird.«[24] Reinhardt verzauberte allerdings nicht Salzburg und die Salzburger, sondern er entwickelte ein Bild von Salzburg und eine gesellschaftliche Bühne in Salzburg, die nur für die Festspielgäste und Touristen bestand. Die Einreiseverbote für Touristen 1919 und 1922, Hungersnot und Existenzprobleme machten vor dieser Bühne halt, die Salzburg allerdings auch einen raschen Aufstieg verschaffte. 1922 betrugen die Einnahmen der Stadt aus dem Tourismus 4 Millionen Goldkronen, und zwischen 1924 und 1926 verdoppelte sich der Anteil der ausländischen Gäste (von 37 auf 66 Prozent).[25] Das rasante Aufkommen des Tourismus gehörte mit zu den Auslösern bald darauf folgender Konflikte, es erzeugte bei den Einheimischen jenes Gefühl, das die Kulturwissenschaften heute »cultural stress« nennen, die Angst vor der Aufgabe als »eigen« erachteter Lebensbedingungen.

Zwei Männer, die unter Gustav Mahler berühmt geworden waren, wurden zu bedeutenden Persönlichkeiten der Salzburger Festspiele wie der Festspielgesellschaft: Bruno Walter, der musikalische Assistent Gustav Mahlers an der Wiener Hofoper, und Mahlers großartiger Bühnenbildner Alfred Roller, die beide auch wesentlichen Anteil daran hatten, dass Mozartopern zum Standard-Repertoire aller großen Opernhäuser wurden.[26] Bruno Walter ist auf keiner Fotografie in Tracht abgebildet, doch trug seine Familie diese gerne. Alfred Roller entwarf für sich, seine Frau und seine beiden Söhne neben Reformkleid und reformierten Matrosenanzügen auch Trachtenkleidung für die Henndorfer Sommerfrische. Über die Ausgelassenheit und Freiheit dieser letzten Jahre in Henndorf, die untrennbar mit den Salzburger Festspielen verquickt war, berichten u. a. Bruno Walter und Carl Zuckmayer.[27]

---

23 SBzVK 6, wie Anm. 3. S. 241–260. – Josef Kaut: Festspiele in Salzburg. Salzburg 1965. S. 53ff. – Paul Stefan: Arturo Toscanini. Mit einem Geleitwort von Stefan Zweig. Wien/Leipzig/Zürich 1935. S. 66.

24 Zuckerkandl, wie Anm. 19. S. 136.

25 Georg Stadler: Von der Kavalierstour zum Salzburgtourismus. Kulturgeschichte des Salzburger Fremdenverkehrs. Salzburg 1975. S. 263ff aus SLA, Fasz. 99, Geh. Präsidialakten, Landtagssitzung vom 22.8.1919 und S. 268. – Neueste Nachrichten. Alpenländisches Morgenblatt mit Handelszeitung, 6. Jg., Nr. 3, vom 7.6.1923. S. 3.

26 Walter Hermann: Gustav Mahler als Dirigent und Operndirektor. In: Forum Aussee 2001. S. 100–112, bes. 106f.

27 Bruno Walter: Thema und Variationen. Stockholm 1947. – ders.: In: Salzburger Illustrierte, I., Nr. 4, 4.7.1936. S. 16. – Carl Zuckmayer: Als wärs ein Stück von mir. Horen der Freundschaft. Gütersloh 1986. – ders.: Henndorfer Pastorale. (1. 1972) Salzburg 6., 1989. S. 39–45, 51–53. S. 70. S. 89. – vgl. Sammlung Ellinger. Archiv der Salzburger Festspiele, u. a. Abb. von Alfred Roller mit Familie – SLIVK 5185; Erich Klei-

Schon zu Ende des 19. Jahrhunderts hatte sich unter dem Dichter Franz Stelzhammer um das Henndorfer Bräu (Kaspar Moser) »ein kleiner Binnen-Parnass« entwickelt, der sich in den zwanziger und dreißiger Jahren des vorigen Jahrhunderts um den Dichter Richard Billinger, den Industriellen und Kunstmäzen Gustav Kapsreiter und die Brüder Mayr ausweitete. Der Kammersänger Richard Mayr und Carl, der Kostümbildner, entwarfen pittoreske Szenarien ländlicher Herrlichkeit für ihre berühmten Feste, ganz nach den Bedürfnissen dieser Gesellschaft. Carl Zuckmayer sowie »Max Reinhardts künstlerisches und weltliches Gefolge« erlebten dort die Ausgelassenheit fröhlicher Sommertage in historistisch-folkloristischem Ambiente und strenger Separation von den Einheimischen. Tracht gehörte hier zum guten Ton: sowohl die Sommerfrischentracht jener Zeit als auch von Roller und Carl Mayr entworfene und der Reformkleidung eng verbundene Kreationen als auch jene von den Brüdern Mayr gesammelten und für spezielle Feste – die gespielten Trachtenhochzeiten – gebrauchten historischen Stücke.[28]

Eine Ebene der Trachtenentwicklung war damals daher jene städtisch-großbürgerliche, die für die Trachtenmode ein Ausdruck von Lebensgefühl, Sommerfrische und schließlich Salzburger Flair war, das außerhalb der großen gesellschaftlichen Ereignisse stattfand.

Dass dieses »Lebensgefühl Tracht« für viele Menschen bis heute andauert und sich auch innerhalb bestimmter regionaler und gesellschaftlicher Grenzen abspielt, zeigte das sehr subjektive Statement von Miguel Herz-Kestranek: »...Für mich ist meine Lederhose keine Verkleidung oder eine Ausstattung für Sommerfrischler, sondern ›Gwand von Jugend an‹! Ich trage Tracht auch recht oft in kühnen Varianten: Pullover oder T-Shirts zur Lederhose. In Wien hingegen trage ich sie nicht, weil Tracht eben nicht aus der Stadt kommt«.[29]

Auch für andere St. Gilgen-Urlauber aus Wien war Tracht mit Sommerfrische verbunden. So erhielt die 1908 geborene Tochter des Wiener Patentanwaltes Dr. Ferdinand Ritter von Arlt (sein Großvater war der oben erwähnte Dr. Benedikt Hönig Edler von Hönigsberg) jährlich Dirndl, Bauernblusen und -röcke, ein Badegewand im Reformstil, Tennis- und Segelkleidung für die Sommerfrische in St. Gilgen. Die Herstellung erledigte die Wiener Hausschneiderin und getragen wurden die Stücke nur im Salzkammergut.[30]

Dass Tracht eben doch aus der Stadt kommt – und dies mehrfach verschlungen –, haben viele Arbeiten bewiesen, u. a. von Hanns Haas, Bernhard Tschofen und Konrad Köst-

---

ber mit Sohn Carlos und Tochter in Tracht 1935; Enzio Pinza, Lotte Lehmann und Gemahl 1935 vor der Firma Lanz in Tracht.

28 Alice Herdan-Zuckmayer: Genies sind im Lehrplan nicht vorgesehen. Frankfurt am Main 1979. S. 130 und 249–255. – K. Ehrenfellner. S. Falk, A. St. Weiß (Hg.): Henndorf am Wallersee. Kultur und Geschichte einer Salzburger Gemeinde. Henndorf 1993. – Paul Stefan: Das war der letzte Sommer. Roman. Wien 1946. S. 193f.

29 Forum Aussee 2001, wie Anm. 1, Zusammenfassung der Podiumsdiskussion. S. 34.

30 Familienarchiv Aggermann-Bellenberg, wie Anm. 9, Briefe, Fotoalben und Erinnerungen.

lin.[31] Denn das bäuerliche Gewand war ab 1800 jenes Relikt ständischer Mode, das in den stadtfernen Regionen die Angleichung der Kleidungsstile überdauert hatte und im Laufe eines Jahrhunderts entdeckt, stilisiert und neu bewertet nach den Land-, Heimat-, und Nations-bedürfnissen von Städtern wieder aufs Land als »Tracht« zurückkehrte.

Der Wiener Psychotherapeut und Philosoph Rudolf Fischer dagegen erklärte, dass er auch als junger Bursch, in den dreißiger Jahren in Lederhose und Lamberghut durch Wiens Gassen lief – weil es als fesch, modisch und jugendlich galt, vergleichbar mit der Gigerlmode des Biedermeier oder einem heutigen Styling.[32]

Verkehrung der Blickwinkel

Für Salzburg wissen wir, dass noch 1881 (Lamberg-Bozetto) und 1888 in der Denkschrift des Freiherrn von Doblhoff die Jägerkleidung des Landeshauptmannes Graf Lamberg auch politische Dimensionen hatte und als Zeichen von liberaler, offener Geisteshaltung galt und im »Touristen-Club« getragen wurde, zu dem auch jüdische Familien der Salzburger »Crème de la Crème« gehörten. Doblhoff kritisierte in derselben Schrift auch den über den Kur- und Sommerfrischentourismus wie über die Beamtenschaft aufkommenden Antisemitismus in Salzburg.[33] Im Wesentlichen entsprach Lambergs Tracht der adeligen Jagd- und Freizeitmode im Sinne der Sommerfrischengesellschaft, wie im Sinne eines neuen Staats- und Bürgerbewusstseins – sie war jener Kaiser Franz Josephs in Bad Ischl vergleichbar.[34] Der so genannte Makartfestzug zur Silberhochzeit Kaiser Franz Josephs I. und Elisabeths, 1879[35], hatte die neue »Freizeitkleidung« in der Gruppe »mo-

31 Hanns Haas: Zu den Anfängen der Salzburger Brauchtumspflege. Ländliches Brauchtum aus der Stadt. In: 100 Jahre Brauchtumspflege. (Schriftenreihe des Landespressebüros, Sonderpublikation 90) Salzburg 1990. S. 9–25. – Konrad Köstlin: Zur frühen Geschichte staatl. Trachtenpflege in Bayern. In: Albrecht Lehmann/ Andreas Kuntz (Hg.): Sichtweise d. VK, BBV 1988, S. 201–319. – Bernhard Tschofen: »Trotz aller Ungunst der Zeit«. Anmerkungen zu einer zweiten Geschichte der Trach in Vorarlberg. In Kleider und Leute. Vorarlberger Landesausstellung 1991. Bregenz 1991, S. 323–356.

32 Hon.-Prof. Ph.D. Kurt Rudolf Fischer, geb. Wien 1922 im 9. Bezirk Augarten. Mai 1938 Flucht zu seinem Onkel, der die Kleiderfabrik Bauer-Ornstein in Brünn besaß. Von dort 1940 Flucht über Triest nach Shanghai. Ich danke für das Interview im Juni 2001.

33 »Aliquis« (d. i. Josef Freiherr von Doblhoff, geb. in Wien, 1844–1928, Wahlsalzburger; Hg. u. a. der »Beiträge zum Quellenstudium Salzburgischer Landeskunde«, Mayrische Buchhandlung, Salzburg 1893.): Zur Hebung des Fremden-Verkehres in Salzburg. München 1888. S. 1–23, bes. S. 14.

34 Konrad Mautner und Viktor von Geramb: Steirisches Trachtenbuch. 2. Bd. Graz 1935. S. 19f, zitiert Schlossar, Graz 1885, 149f. zu S 61f und 64f vgl. die beiden Atelieraufnahmen von Graf Lamberg als Hochgebirgsjäger um 1870 aufgenommen von M. Balde, Salzburg und Gastein, Fotoarchiv SMCA.

35 Ulrike Kammerhofer-Aggermann: Der Lamberghut oder die Schaffung von Tradition. In: SBzVK 6, wie Anm. 3, 52ff. – vgl. u. a.: Wiener Zeitung, 23.4.1879/93, 24.4.1879/24/11, 1.1.1879/1, 3.4.1879/77, 4.4.1879/78, 5.4.1879/ 79 und 25.4.1879/95. – Neues Wiener Tagblatt, Extra-Ausgabe, 23.4.1879/113. – Deutsche Zeitung, Morgenausgabe, Wien 28.4.1879/2629/8–9. – Die Presse, 28.4.1879/32/116. – Neue Freie Presse, 28.4.1879/5269.

derne Hochgebirgsjagd« öffentlich in Wien dargestellt. Die Fülle der Zeitungsberichte zeigt die Begeisterung für die Binnenexotik der »tapferen Älpler« und »Naturkinder«, die damals in der Wiener Gesellschaft vorherrschte.[36] Doch bereits um 1900 differenzierte sich der Blick auf Reformer wie Lamberg oder Erzherzog Johann innerhalb der Gesellschaftsschichten. Im Kreise der kleinbürgerlichen und meist nationalen Trachtenvereine wurden sie zu pittoresken Volksfreunden stilisiert und dem Wunschbild von der heilen ländlichen Welt integriert. Heimatschutz und Trachtenvereine hatten sie, samt der Trachtenidee, als Protagonisten von Almseligkeit und Biederkeit okkupiert. Die Personen wurden ihrer Verdienste und Ziele entledigt und über ihre Kleidung zu Protagonisten von neuen Bewegungen und Bedürfnissen erklärt, die noch dazu ihren eigenen, ursprünglichen Ideen und Zielen entgegengesetzt waren. Sie wurden zu Identifikatoren stilisiert und zum Klischee verengt. Gleichzeitig wurde die Sommerfrischentracht zur »heiligen, ererbten Vätertracht« aufgewertet und nationalisiert.[37]

Neben der Idylle war eine andere Art von Trachtengesellschaft erwachsen, die bedrohliche Schatten vorauswarf. Im Salzburger Volksblatt von 1929 wurde bereits von reichsdeutschen Jünglingen in Lederhosen und Hemdsärmeln berichtet, die Festspielaufführungen demonstrativ besuchten.[38]

Schon vor 1938 hatte NS-Deutschland die Festspiele als »jüdischen Hexensabbath« bezeichnet. In Salzburg bestanden zwischen 1933 und 1938 nebeneinander und fallweise kollidierend illegale NS-Strömungen und internationale Festspielbühne mit Vertretern europäischen Geistes und internationalem Festspielpublikum. 1937 zeichnete sich das Kommende bereits ab. Am Festspiel-Empfang durch den Landeshauptmann Dr. Franz Rehrl nahm Max Reinhardt nicht mehr teil, die Ehefrau Bruno Walters weigerte sich, neben dem deutschen Gesandten Graf Papen zu sitzen und Arturo Toscanini verließ Festtafel und Empfang unter Protest, als er diesen NS-Repräsentanten erblickte.[39] 1938 pries das Salzburger Volksblatt das »Sturmgewitter dieses Frühjahrs«, durch welches die »Österreichische Judenpresse«, das »anmaßende Judentum« und die Künstler- und Gästegesellschaft der Festspiele »in Salzburg jeden Boden verloren« hatten.[40]

36 Paravent im Hotel Österreichischer Hof in Salzburg mit zwei Darstellungen. – Zeichnung mit Darstellung eines Festwagens, unsigniert, SMCA, Makart-Nachlass. – L. C. Zamarski: »Der costumirte Huldigungsfestzug … 27.4.1879« Bilderbogen, SMCA, Inv.Nr. M 174.

37 Kammerhofer-Aggermann: Epidemie, wie Anm. 1. S. 18–33. – dies.: Von der Trachtenmode zur heiligen ererbten Vätertracht. ›Volk in Tracht ist Macht‹. In: Marko Feingold (Hg.): Ein ewiges Dennoch. 125 Jahre Juden in Salzburg. Salzburg 1993. S. 177–190.

38 Waitzbauer: Festlicher Sommer, wie Anm. 10. S. 35, dort zitiert: Salzburger Volksblatt, 19.8.1929.

39 Schausberger, wie Anm. 10. S. 10f. – Harald Waitzbauer: Im Rausch der Roben. Salzburger Festspielatmosphäre in den Jahren vor dem »Anschluss«. In: SN, 16.8.1997, Zum Wochenende S. I f.

40 M. Dachauer: Salzburger Visionen. In : Salzburger Volksblatt, 6./7.8.1938, zitiert nach Alma Scope: »Diese fiebernde Spiegelwelt…« In: SBzVK 6, wie Anm. 3. S. 332.

1944 schrieb der emigrierte Salzburger Ludwig Ullmann im amerikanischen Exil: »Salzburg war ein Ereignis der Gemeinsamkeit der Nationen und der Kulturen. Es war die Übersetzung des alten österreichischen Völkerstaates ins Geistige.« Doch in »Fremdenhaß und Geistesverachtung« hatten die »grollenden Gamsbartträger« nur die Valuten im Sinn gehabt.[41]

Integration und Ausgrenzung

Symbole und Zeichen, die in unterschiedlichen Epochen und Gesellschaftssystemen mit verschiedenen Inhalten befrachtet sind, schaffen zwar auch Verständnisprobleme, sie entziehen sich aber durch ihre Ungleichzeitigkeit dem Konflikt. Sie lassen sich jederzeit mit neuen Inhalten befrachten und für andere Ziele einsetzen. Sie werden zu neuen Requisiten im Spiel mit der nach gegenwärtigen Bedürfnissen zugeschnittenen und gedeuteten Geschichte. Ganz anders verläuft die partielle Überschneidung von Symbolen unterschiedlicher Inhalte in gleichzeitigen Handlungsrahmen. Dort entstehen durch gegensätzlich bewertete und gedeutete Symbole Konfrontationen, Rivalitäten und Provokationen. Im nationalsozialistischen Rassen- und Klassenkampf kam der Tracht diese Rolle zu. Sie wurde zu einem der Kampfplätze politischer Agitation und gesellschaftlicher Ausgrenzung. Sogar heute noch ist im Zusammenhang mit der Bewältigung der Geschichte der Instrumentalisierung von Tracht der Nachhall dieser Symboldiskrepanzen auf anderen Ebenen feststellbar. So konterte der Schauspieler Miguel Herz-Kestranek erbost auf das Referat von Bernhard Tschofen, das u. a. die nationale und nationalsozialistische Vereinnahmung der Tracht ansprach: »... Ich verwehre mich auch gegen den immer wiederkehrenden Vorwurf, dass Tracht völkisch sei; das ist eine intolerante Behauptung, genauso wie die Forderung, dass ein Kunstschaffender im schwarzen Rollkragenpullover herumzulaufen habe. ... Der ewige Vorwurf, dass Tracht völkisch sei, beruht auf Unwissen und Unverständnis. Wenn man weiß, welche wichtige Rolle das assimilierte jüdische Großbürgertum Wiens in der Entwicklung und Bewahrung der Tracht gespielt hat – Beispiel Konrad Mautner – ist dieser Vorwurf nicht mehr stichhältig. Wegen dieser Rolle wurde ja Juden auch 1938 verboten, Tracht zu tragen ...«[42] Der letzt zitierte Satz zeigt die subjektive und emotionalisierte Sicht. Aus Herz-Kestraneks Diskussionsbeitrag geht jedenfalls die Affinität des langjährigen St. Gilgen-Urlaubers zu seiner Sommerfrischentracht wie auch die Affinität der jüdischen Gesellschaft zu diesem Teil ihrer altösterreichischen Kultur hervor. Ebenso tragen jährlich wieder die Nachfahren

41 Ludwig Ullmann: Salzburg, ein Zukunftstraum. In: Austro-American-Tribune, 12/July/1944 – zitiert nach Alma Scope: »Diese fiebernde Spiegelwelt...« In: SBzVK 6, wie Anm. 3. S. 333.

42 Zusammenfassung der Podiumsdiskussion »Tracht. Brauch und Missbrauch«. In: Forum Aussee 2001. S. 34–41.

des Wiener Großindustriellen und Trachtensammlers wie Volksliedforschers Konrad Mautner Tracht, wenn sie aus ihren internationalen Wohnsitzen in die Ausseer Sommerfrische zurückkehren.[43] Tracht ist daher auch der jüdischen Bevölkerung vielfach ein Stück ihrer Kultur, das mit Familientradition, persönlicher wie historischer Nostalgie, mit Sommerfrische und Altösterreich verbunden ist. Auch Konrad Mautners Vorliebe für alles »Ausseerisch Volkstümliche« war ja nichts anderes als die Trachten- und Mundartbegeisterung des Grafen Lamberg[44], nämlich Mode und Vorliebe einer bestimmten Gesellschaftsschicht zu einer bestimmten Zeit, die wir heute in »In and Out«-Listen oder im Trendsetter-Magazin lesen könnten. Auch heute berühren sich daher die Welten der Trachtenvereine, Sommerfrischen-Trachtler in Salzburg und im Salzkammergut sowie die kritische Auseinandersetzung mit der Geschichte der Tracht auf universitärer Ebene selten und wenn, dann in den Geschäften weniger renommierter Firmen.

Die »ererbte Vätertracht« der nationalen Eiferer

Lamberghut[45] und Salzburger Tracht waren durch den »Ersten Österreichischen Reichsverband für Alpine Volks- und Gebirgstrachenvereine« zur Kleidung der nationalen und nationalsozialistischen Eiferer geworden. Kombiniert mit kurzer Lederhose und weißen Stutzen – oft durch den Knopfcode ergänzt[46] – wurden sie als Gesinnungskennzeichen getragen und im politischen Kampf eingesetzt. Die Schriftleitung des Reichsverbandes machte die »Trachtensache« zur Bühne im Volkstums- und Klassenkampf[47] gegen Touristen, Künstler und – dem biologistischen Grundprinzip der Nationalen entsprechend

43 Vgl. Steirisches Trachtenbuch, wie Anm. 34. – Ulrike Kammerhofer-Aggermann: Konrad Mautner der Freund des Ausseerlandes. In: Da schau her. Trautenfels 1985/2. – Gerlinde Haid: Konrad Mautner. In: Forum Aussee 2000. Hg. Nora Schönfellinger und Lutz Maurer.

44 Die Pittoreske des Jubiläumsfestzuges 1879 und die Trachtenkleidung Graf Lambergs: u. a.: Wiener Zeitung, 23.4.1879/93, 24.4.1879/24/11, 1.1.1879/1, 3.4.1879/77, 4.4.1879/78, 5.4.1879/79 und 25.4.1879/95. – Neues Wiener Tagblatt, Extra-Ausgabe, 23.4.1879/113. – Deutsche Zeitung, Morgenausgabe, Wien 28.4.1879/2629/8–9. – Die Presse, 28.4.1879/32/116. – Neue Freie Presse, 28.4.1879/5269.

45 Lamberghut, SBzVK 6, wie Anm. 3 und 35. S. 52ff.

46 Der zweite der weißen Hemdknöpfe wurde vielfach mit schwarzem Faden angenäht und unter den Knopf ein rotes Gummiringerl gezogen – das ergab ein stilisiertes Parteiemblem, das zumindest im Wiener Raum häufig war und bereits unter Schülern zu Gesinnungsstreitigkeiten führte. Hinweise verdanke ich den Herren Dir. Fritz Spigl (1902 geb. Wien – gest. Steinbach/A. 2001; Interview 1992) und Univ.-Prof. Dr. Wolfgang Aggermann-Bellenberg (1933 geb. Wien – gest. Leoben 2002; Interview 2001). Dir. Spigl verwies auch auf die Missdeutungen von Symbolen: in der Sommerfrischengesellschaft war es vielfach üblich, weiße Tennissocken zur kurzen Lederhose zu tragen, die als weiße Stutzen der Nationalsozialisten missinterpretiert werden konnten.

47 Der »Erste Österreichische Reichsverband für Alpine Volks- und Gebirgstrachtenvereine«, 1908–1939, gab ab 1912 die gleichnamige Zeitung (GTZ) heraus. In der Obmännerkonferenz von 1925 wurde »die Trachtensache« zum politischen Kampfmittel: GTZ, 7. Jg., Nr. 9. S. 3, 1925: o.A. Vom Reichsverband.

– großjüdisches Festspielpublikum: »... die Auferstehung eines begrabenen Teiles unseres kerndeutschen Volkstums ..., daß das Angedenken unserer Ahnen nicht durch den Mummenschanz des modernen, volksfremden Weltgetriebes geschändet oder verunziert werde...«[48]. Die »ererbte Vätertracht« galt es als »Reliquie aus alter Zeit«[49] zu hüten und gegen Vereinnahmung zu schützen. Bereits 1913 begann die Polemik gegen städtische Erzeuger und jüdische Träger von Trachten. Mit dem Trachtenverbot für jüdische Bevölkerungsteile, 1938, fand diese Ausgrenzungspolitik amtliche Bestätigung: »Juden ist ... das öffentliche Tragen von alpenländischen (echten und unechten) Trachten, wie Lederhosen, Joppen, Dirndlkleidern, weißen Wadenstutzen, Tirolerhüten usw. verboten. Übertretungen werden mit Geld bis 133 Reichsmark (200 S) oder Arrest bis zu zwei Wochen bestraft ...«[50] Dieses Verbot wurde stückweise auf andere Volksgruppen bzw. Menschen anderer regionaler Herkunft erweitert: u. a. mit dem Reichsgesetzblatt I S. 777 § 5 vom 14.4.1939 sowie im Verordnungs- und Amtsblatt für den Reichsgau Salzburg vom 8.5.1943, mit dem »Verbot des Tragens und der Abgabe von Trachten an ausländische Arbeiter«. Speziell erwähnt werden Polen und Ostarbeiter, deren Trachtenkleider und -stücke als verfallen erklärt und »der NSV zur Beteilung von Hilfsbedürftigen überlassen« wurden.[51] Auch mit diesem Gesetz wurden u. U. nochmals Personen der jüdischen Bevölkerung getroffen, nämlich jene kleinen Leute, die eben nicht über Ausbildung und Zugehörigkeit zum großstädtischen Bürgertum assimiliert waren.

Hahnenkämpfe

Daneben wurde Tracht zur Austragung nationaler Betonungen eingesetzt. Der neue, aus der Trachtenvereinsszene stammende Entwurf des Lamberghutes wurde zum Kennzeichen der Trachtenvereine, zum Symbol nationaler Denkungsart. Kurt Rudolf Fischer erinnerte sich, dass er, aus großbürgerlich-jüdischer Familie stammend und deshalb 1938

48 GTZ 7/9, 3 zitiert in: Kammerhofer: Salzburger Heimatwerksidee, SBzVK 8, wie Anm. 18. S. 81–119, bes. 98 und 116.

49 Wie Anm. 47.

50 Ulrike Kammerhofer-Aggermann: Volk in Tracht, SBzVK 6, wie Anm. 3, 273: Verbot des Trachtentragens für Juden Verordnung des Bundesministerium für Inneres und Unterricht vom 28.6.1922, daraufhin Verordnung des kommissarischen Polizeidirektors von Salzburg. In: GTZ 7. S. 7, 1938 von Kuno Brandauer in GTZ veröffentlicht. – vgl. dazu Günter Fellner: Vom Judenhut zum Trachtenhut. Diskurs über Kleidung und Politik in Salzburg 1800–1900. Manuskript, Salzburg 2000. S. 1–35.

51 Verordnungs- und Amtsblatt für den Reichsgau Salzburg, Stück 16, Ausgegeben in Salzburg am 8. Mai 1943, § 50/1–4, mit Zitat des Gesetzes vom 14.4.1939, RGBl. I. S. 777, §5. Die Strafen beziehen sich auf Bundesgesetz Nr. 273/1925, Art. VII des Einführungsgesetzes zu den Verwaltungsverfahrensgesetzen und BGBl. Nr. 275/1925 §17 des Verwaltungsstrafgesetzes. Herrn DI Hinterstoisser ist für die Kopie dieses Blattes aus seiner Sammlung herzlich zu danken.

vor den Nationalsozialisten aus Wien nach Brünn zu seinem Onkel geflohen, dort unter den Tschechen mit seinem Lamberghut und seiner Lederhose Aufsehen erregte. Seine Kleidung wurde als deutsches Fanal gegen die Tschechen empfunden. Ein Jahr zuvor war er in Bad Ischl, St. Gilgen und Salzburg auf einer Sommerreise mit seinen Eltern dafür angegriffen worden, dass er als »Halbjude« Tracht trug. Dagegen trugen die Tschechen 1938 vielfach blaue spitze Hüte, um sich national zu deklarieren und die Deutschen zu provozieren. Fischer trug übrigens auch in Wien Lederhose, Trachtenjanker und Lamberghut, die von seinem Kleiderhändler aus Salzburg bezogen wurden. Danach befragt, meinte er, er wollte auffallen, Tracht wäre eine Art »Gigerlkleidung« seiner Jugendzeit gewesen.[52] So schnell wechseln die Bedeutungsinhalte von Zeichen in unterschiedlichen Bezugsrahmen. Auch in Salzburg wurden jüdische Festspielgäste und -künstler – besonders in Tracht – zu einem Stein des Anstoßes für die kleinbürgerliche Vereinsgesellschaft. In bösen G'stanzeln, Karikaturen und Pamphleten wurde auch der Trachtenhut zum Mittel der Ausgrenzung und Abwertung einer Gesellschaftsgruppe. Ähnliches passierte auch mit den Frauenhüten. Sie galten der »Trachtlergesellschaft« als Kennzeichen der Touristen, Schauspielerinnen und Jüdinnen, während in ihren Kreisen Kopftuch und Haube als »deutsch« und »ländlich sittlich« propagiert wurden. Der Bogen des Judenhasses schloss sich zwischen mittelalterlichem Judenhut[53] und nationalsozialistischem Judenstern.[54]

Der Salzburger Landesanzug

Der Kampf zweier Welten erlebte eine weitere Ausprägung in Kammgarn und Loden, mit der Schaffung und Verordnung des Salzburger Landesanzuges im Jahre 1935. Mit Touristenclub und Landesanzug startete in Salzburg die Welle der Trachtenentdeckung und -entwicklung. Aus der 1891 gegründeten »Alpinia« ging schließlich 1910/11 die Landeskommission »betreffend Förderung und Hebung der Salzburger Eigenart in Tracht, Sitten und Gebräuchen« hervor, die beratend im Landtag wirkte. Sie machte die »Erhaltung und Wiederbelebung« sowie die »Neuschaffung von zeitgenössischen Volkstrachten« gemeinsam mit Wirtschaft, Gewerbeförderung und Kunstgewerbeverein zu

52 Hon.-Prof. Ph.D. Kurt Rudolf Fischer, geb. Wien 1922 im 9. Bezirk Augarten. Mai 1938 Flucht zu seinem Onkel, der die Kleiderfabrik Bauer-Ornstein in Brünn besaß. Von dort 1940 Flucht über Triest nach Shanghai. Ich danke für das Interview im Juni 2001.

53 Jüdischer Grundbesitz ist in der Stadt Salzburg seit 1230/38 nachweisbar. Die Kleiderordnung für Juden – 1215 auf dem 4. Laterankonzil formuliert – wurde während der Salzburger Synode von 1418 erneut veröffentlicht und eingemahnt. Diese Ordnung schrieb den Männern das Tragen des gehörnten Judenhutes und den Frauen eine ans Kleid angenähte Schelle vor. – Vgl. Fellner: Judenhut, wie Anm. 50. S. 8, dort zitiert u. a. Markus J. Wenninger: Zur Geschichte der Juden in Salzburg. In: H. Dopsch: Geschichte Salzburgs, 1980. I/2. S. 747–756.

54 Vgl. Kammerhofer: Trachtenmode – Vätertracht, wie Anm. 37.

ihren Anliegen. 1912 wurde die neue »allgemeine Alpine Tracht der Männer« von der »Alpinia« vorgestellt. Sie wurde und ist vielfach bis heute eine häufig getragene Alltagskleidung der Männer im Umkreis der Vereine. Ab 1922 – nach Weltkrieg und Wirtschaftskrise – wurde die »Aufstellung einer allgemeinen Salzburger Tracht« Ziel der Kommission, in welcher nun zwei gegensätzliche Geistesrichtungen zu finden waren: einerseits die neue Trachtenvereinsbewegung der kleinbürgerlichen Schicht, die ab 1908 deutlich deutschnationale und antijüdische Interessen vertrat, und andererseits die großbürgerliche österreichisch denkende Linie, die in den Ständestaat mündete. Im Landesanzug schieden sich die Geister. Während die Vereine eine Trachtenmappe entwickelten, kam unter Patronanz der Landesregierung der Salzburger Landesanzug, orientiert am Salonsteirer, heraus. Nach dem Vorbild des Steireranzuges – der sich seit den sechziger Jahren des 19. Jahrhunderts frei als eine städtische Tracht des staatstreuen, reformbewussten Adels mit langer Hose entwickelt hatte – war er Ausdruck des österreichischen Beamtentums und wurde als solcher 1935 als Landestracht und Dienstkleidung für Beamte und Lehrer in Salzburg verordnet. Von den Vereinen abgelehnt, von LH Dr. Rehrl und Bundeskanzler Dr. Schuschnigg getragen, wurde er *die* Uniform, *das* Symbol des Ständestaates und damit politisches Signal. Zum Landesanzug in Salzburg empfohlen wurde der Lamberghut – schon als solcher bezeichnet –, auf Bundesebene sehen wir auf Fotos dazu meist den Ausseerhut.[55] Vom »verbotenen Steireranzug« von 1823 zum Salzburger Landesanzug von 1935 lässt sich ein Bogen ziehen unter dem Titel »Tracht als politisches Manifest und Signal«.

Nach dem Zweiten Weltkrieg wurden Steireranzug und Salzburger Landesanzug über das neue Österreichbewusstsein wie aus Mangel an Ressourcen zur österreichischen Alltagskleidung, zum Business- und Beamtenanzug, die in vielen Bundesländern eine für alle Anlässe passende Kleidung waren. Ebenso blieben sie im Salzkammergut Kleidung der ihrer Berühmtheiten und ihres gesellschaftlichen Flairs durch Emigration weitgehend beraubten Sommerfrischengesellschaft. In den siebziger und achtziger Jahren galten sie als veraltet und der jüngeren Generation oft als Zeichen für Trägheit, »Gemütlichkeit« und Kameradschaftsbund. Erst mit dem erneuten Durchbruch der Trachtenmode auf internationaler Ebene kam ihnen wieder neue Bedeutung zu. 1997 erlebten Ausseer Kostüm und Salzburger Landesanzug über die Firma Schneider eine neue Blüte. Ikonologisch wurden ihnen europäisches Regionalbewusstsein, Vielvölkerstaat der Monarchie und habsburgische K.u.K.-Idylle wie mitteleuropäisches Kulturbewusstsein verbunden.

55 U. a. Fotos: Bundeskanzler Dr. Kurt Schuschnigg als Trauzeuge bei der »Sankt Gilgener Hochzeit« 1936, einer Sozialhilfe-Aktion des Herma-Schuschnigg-Fonds. Foto Erika Groth-Schmachtenberger 1936, SLIVK. – LH. Rehrl und BK Schuschnigg 1936 in Oberndorf. Herkunft unbekannt.

Alte Hüte – gesellschaftspolitische Signale

So wie im Lamberghut in den zwanziger Jahren zwei Geisteshaltungen aufeinander prallten, sich zwischen Landesanzug und Trachtenmode im Gegensatz zu »Volkstracht« die Geister schieden, so wurden auch die eleganten wie modischen Trachtenhüte des weiblichen Festspielpublikums zum Zündfunken von Rassenhass. Hüten kam in vielen Umbruchsituationen die Rolle signalhafter Symbole der Geisteshaltung zu.[56] 1785 zeigt sich in Protokollen des Stiftes Seitenstetten das Aufkommen des Reindlhutes als modisches Requisit der jungen reichen Pfannschmiedgesellen. Dieser Reindlhut hat für sich eine Geschichte des Auf- und Abstieges zu verzeichnen. 1785 war er modisches Requisit junger reicher Handwerker, bis in unsere Zeit blieb er Trachtenstück der ländlichen Bevölkerung in Teilen von Niederösterreich, Salzburg und Oberösterreich. Bereits um 1900 wurde er sowohl als Requisit der Henndorfer Künstler-Sommerfrische als auch als Hut neu auflebender Sängergruppen und Trachtenvereine mit heimatlich-nostalgischen Zuweisungen versehen.[57] Zwei Jahrzehnte davor war er bereits Attribut und Kennzeichen des »dummdreisten Bauern auf der Vorstadtbühne« Wiens geworden.[58] Und auch auf Karikaturen jüdischer Sommerfrischler in Tracht wird er neben dem Ausseerhut sichtbar – so werden einmal definierte Symbole des Spotts stets zu neuen Möglichkeiten der Ausgrenzung weiterverwendet.[59] Noch heute tritt der »Hias« im Musikantenstadel, am Vorbild des Volksschauspielers Paul Löwinger gewandet, damit auf.

Die Trachtenerneuerung der NS-Zeit distanzierte sich auch vom Frauenhut und förderte Kopftuch und Haubenformen. Die NS-Frauen kamen nicht mehr »unter den Hut«, der als »städtische Überformung« galt. Nur in wenigen Formen, als Ergänzung der so genannten »Alttrachten« für Vereine, wurde er toleriert. Darin ist das Bestreben der Egalisierung der Gesellschaft zu einer einzigen, germanisch-bäuerlichen Masse ebenso zu sehen wie ein Visualisieren des nationalsozialistischen Frauenbildes, als einer auf das Innere der Familie beschränkten, »ländlich–sittlichen« Gebärerin ohne öffentliche Funktion. Die »germanische Jungfrau« mit fliegenden Zöpfen bzw. die »deutsche

---

56 Leopold Schmidt: Volkstracht in Niederösterreich. Eine Einführung nach Erscheinungsform, Funktion und Geschichte. (= Niederösterreichische Volkskunde 5) Linz 1969. S. 49f und 60. – Helene Grünn: Volkstracht in Niederösterreich. (= Bildmappe 17 d. NÖ Bildungs- und Heimatwerkes) Wien 1985. – vgl. Ulrike Kammerhofer-Aggermann: Tracht – Instrumentalisiertes Gewand? In: Jb. Volkskultur d. NÖ. Heimatpflege. Mödling 1997. S. 100–118, spez. 116.

57 Plakat der Alpinia um 1909, Atelier Ellinger. – Salzburger Heimatwerksidee, wie Anm. 18. S. 90: August Neubauer (1870–1950) brachte 1908 aus München die Idee eines »Geschäftes im heimatlichen Stile mit«, das er 1913 – im späteren Lanzhaus in der Imbergstraße – in Salzburg eröffnete. Ab 1901 Vorstand der Alpinia.

58 Schmidt, wie Anm. 56. S. 60.

59 Karikatur aus dem »Kikeriki«: »Mitglieder der Sektion ›Donauland‹«. In: Scope: Bühnen der »Volkstümlichkeit«, SBzVK 6, wie Anm. 3. S. 256.

Mutter« mit Knoten oder Gretelfrisur hatte weder Intention noch Anlass, im städtisch-bürgerlichen Hut zu erscheinen.[60]

So erregten auch die Salzburger Kreationen an Frauenhüten in den frühen Dreißigern großes Aufsehen. Von Designerinnen entworfen, entstand ein Sortiment an Trachtenhüten für Frauen, das von der Festspielgesellschaft mit Begeisterung aufgenommen, von der Bevölkerung als gewagt beäugt und von den Trachtenvereinen als »Entartung« abgelehnt wurde.[61] Nach Helene Thimig, die als Frau den Lamberghut trug, wurde ein runder Strohhut mit kühn geschwungenem Kegelstumpf benannt, den auch Lotte Lehmann trug. Paula Wessely ließ sich nicht nur als die Liebliche im »Strohgainzel«, sondern auch als Mondäne im Ausseerkostüm, mit kessem Lamberghut und Zigarette vom Starfotografen jener Zeit, Ellinger, fotografieren. Der Skandal der Festspielsaison 1935 war allerdings das leuchtend grüne Trachtenkostüm und Cape der Marlene Dietrich, für die Frau Foregger – Chefdesignerin bei Lanz – den von Zapf hergestellten rasanten Trachtenhut entwarf. Ein voller Erfolg im Café Bazar und Stadtgespräch in Salzburg über Wochen und beliebtes Modell in den amerikanischen Filialen der Firma Lanz.[62]

Das im Nacken gebundene, über den Knoten geschlungene Kopftuch, das Symbol der NS-»Arbeitsmaid« wie der »deutschen Frau« fand schließlich seine dramatische Verkehrung sowohl in den Kopftüchern der Flüchtlinge und KZ-Internierten wie im über der Stirn geknoteten Kopftuch der »Trümmerfrauen« im und nach dem Krieg.

Lebensgefühle

Auch heute ist Kleidung allgemein und Tracht und Trachtenmode im Besonderen Bestandteil unserer Selbstdarstellung. Sie ist Traditions- und Imagepflege, Corporate Identity, Wirtschaftsfaktor, touristisches Potential, Mittel der Politik – gleichermaßen privates, öffentliches und offizielles Mittel der Distinktion. Dazu kommt das ganz individuelle Spiel mit Geschmack, Moden und Lebensgefühlen. Heute sind Brauch, Tracht und Volkskunst vielfach frei wählbare Bestandteile des Lebens und der Selbstdarstellung. Sie senden Signale aus, schaffen Zugehörigkeiten wie Abgrenzungen; sie wandeln sich schnell mit Moden und gesellschaftlichen Strömungen. Auch auf politischer Ebene schaffen sie Landes- und Selbstbewusstsein in Europa, ermöglichen die Selbstdefinition der Länder über die Entwicklung von Identifikatoren. Der Gefahr, dass über die Vorliebe für

60 Kuno Brandauer: Trachtenmappe. Hg. Landesverband der Salzburger Trachtenvereine. Salzburg 1935.

61 Kuno Brandauer: In: GTZ 1934/19/5/34ff, 1936/18/6/47f, 1938/17/3, 1938/20/9/9.

62 Interview mit Frau Lizzy Spängler 1992. – Ellinger-Archiv, nun im Archiv der Salzburger Festspiele: Paula Wessely als Mondäne und im Gainzelhut 1935, Marlene Dietrich im Café Bazar 1937, Helene Thimig 1936 im Damen-Lamberg, Lotte Lehmann 1935 und 1937 im Helene Thimig-Hut.

regionale Besonderheiten ethnisches Denken wieder gefördert wird, ist durch Erziehung zu Toleranz und Offenheit und ein Angebot von interkulturellen Begegnungen entgegenzuwirken.

Regina Thumser

Jüdische Künstler bei den Salzburger Festspielen

»Alles Gelebte ist in der Erinnerung von einer Sonderbarkeit, die dem Traum nahe kommt; seine Wiederannäherung zieht an und stößt ab – in ihr mischt sich Tod und Leben wie süßes und salziges Wasser an der Mündung der Flüsse.«[1]

Ernst Hintermaier meinte 1991 in einem Artikel über Musik, Musiker und Musikpflege in Salzburg: »Gemessen an Salzburgs tausendjähriger kosmopolitischer Kulturgeschichte sind jene dunklen sieben Jahre der NS-Herrschaft zu vernachlässigen.«[2] Er verliert kein Wort über den Verlust der den Festspielen eigenen Patina, die vielen Opfer unter den Künstlern, die das NS-Regime forderte. Selbst in dem vom Land Salzburg herausgegebenen Salzburger Gedenkband aus dem Jahr 1988 findet sich nichts über jene Festspiel-Künstler, die emigrieren mussten oder in den nationalsozialistischen Vernichtungslagern ihren Tod fanden.[3] Ein einziger Satz lässt aufhorchen, ohne jedoch näher erläutert zu werden: »Das österreichische ›Bedenkjahr 1988‹ wurde von den Salzburger Festspielen wesentlich mitgetragen.«[4]

Die Salzburger Festspiele gaben 1988 einen Sonderband mit dem Titel »Salzburger Festspiele 1937 und 1938. Kulturelles Leben in Salzburg vor und nach 1938« heraus, und auch das Programm der Festspiele war dem Ge- und Bedenken gewidmet. So wurden Arnold Schönbergs Oper »Moses und Aron« und Ernst Křeneks »Symeon der Stylit« aufgeführt, Lesungen aus Werken emigrierter Schriftsteller abgehalten, und nicht zuletzt

1 Hugo v. Hofmannsthal: Aufzeichnungen, zit. nach: Gabriel Marcel: Die Musik als Heimat der Seele. Rede zur Eröffnung der Salzburger Festspiele 1965. Salzburg 1965. S. 21. Ich möchte an dieser Stelle Frau Dr. Gisela Prossnitz meinen besonderen Dank für ihre freundliche Betreuung im Archiv der Salzburger Festspiele aussprechen.

2 Ernst Hintermaier: Musik – Musiker – Musikpflege. In: Heinz Dopsch u. Hans Spatzenegger (Hg.): Geschichte Salzburgs. Stadt und Land. Band II/3. Salzburg 1991. S. 1619–1706, hier S. 1706. Ernst Hintermaier verweist im Zusammenhang Festspiele und NS-Zeit lediglich auf: Gert Kerschbaumer: Faszination Drittes Reich. Kunst und Alltag der Kulturmetropole Salzburg. Salzburg 1988.

3 Der März 1938 in Salzburg – Symposion Feindbilder. Schriftenreihe des Landespressebüros [Serie »Salzburger Diskussionen«, Nr. 10]. Hg. v. Eberhard Zwink. Salzburg 1988.

4 Ebda. S. 166.

war im Kleinen Festspielhaus eine Ausstellung über Leben und Schaffen der Bildhauerin Anna Mahler, einer Tochter von Gustav und Alma Mahler, zu sehen.[5]

Über jüdische Künstler bei den Salzburger Festspielen nach 1945 zu schreiben, kann die Zeit vor 1938 nicht ausblenden – ja verlangt geradezu danach, auch an all jene zu erinnern, die mit ihrer künstlerischen Leistung die Festspiele zu dem gemacht haben, was sie heute sind. Diese Leistung geht weit über die der Gründer Max Reinhardt und Hugo von Hofmannsthal hinaus. Viele Künstler erhielten bedingt durch die in den Jahren 1933 bis 1938 vorherrschende politische Situation nur die Möglichkeit zu einem ein- bis zweimaligen Auftreten, bevor sie in ein weiter entferntes Ausland flüchten mussten. Es liegt also die Frage nahe, wie sich die Festspiele angesichts so großen künstlerischen Potentials entwickelt hätten, wäre nicht der März 1938 gekommen. Wäre die »Crème de la Crème« der österreichischen und deutschen Geistes- und Kulturwelt weiterhin Jahr für Jahr nach Salzburg gepilgert? Vorliegender Text kann diese Frage nicht beantworten, sondern kann nur einige Entwicklungen und auch Verluste aufzeigen und beleuchten.[6]

Salzburg als kulturelles Bollwerk

Obwohl sich Salzburg zwischen 1933 und 1936 als scheinbar kulturelles Bollwerk gegen Nazideutschland herausgebildet hatte, nicht zuletzt durch das Ansinnen Toscaninis, die Festspiele als »kulturelle Bastion des humanistischen Europas« zu errichten, wurde dieses Unterfangen bereits durch das Juli-Abkommen von 1936 und die damit verbundene Wiederzulassung Wilhelm Furtwänglers zu den Festspielen 1937 zunichte gemacht.[7] Dennoch bot Salzburg zumindest dem Ständestaat »genehmen« Künstlern – viele von

5 Anna Mahler konnte die Ausstellung selbst nicht mehr erleben, sie verstarb im Juni 1988. Vgl. Salzburger Festspiele 1937 und 1938. Kulturelles Leben in Salzburg vor und nach 1938. Annäherungen an ein Thema. Hg. von den Salzburger Festspielen. Salzburg 1988. Franz Willnauer u. Marina Mahler-Fistoulari: Anna Mahler Sculptures. Katalog zur gleichnamigen Ausstellung im Kleinen Festspielhaus, 27.07.–30.08.1988. Salzburg 1988.

6 Vgl. auch: Günter Fellner: Antisemitismus in Salzburg 1918–1938. Wien/Salzburg 1979. Adolf Altmann: Geschichte der Juden in Stadt und Land Salzburg. Salzburg 1990. Michael P. Steinberg: Ursprung und Ideologie der Salzburger Festspiele 1890–1938. Salzburg/München 2000. Alma Scope: Das Ambiente der Salzburger Festspiele. In: Marko M. Feingold (Hg.): Ein ewiges Dennoch. 125 Jahre Juden in Salzburg. Wien/Köln/Weimar 1993. S. 204. Bruno Walter: Thema und Variationen. Erinnerungen und Gedanken. Frankfurt am Main 1988. S. 396–406. Walter gibt die Situation in Österreich, und besonders die der Salzburger Festspiele, in »verklärter« Sichtweise wieder.

7 Vgl. auch: Gerhard Scheit: Das sinkende Rettungsboot. Musik im Exilland Österreich. In: Hanns-Werner Heister, Claudia Maurer Zenck u. Peter Petersen (Hg.): Musik im Exil. Folgen des Nazismus für die internationale Musikkultur. Frankfurt am Main 1993. S. 232. Joseph Horowitz: Understanding Toscanini. A Social History of American Concert Life. Berkeley/Los Angeles 1994. Bertha Zuckerkandl: Österreich intim. Erinnerungen 1892–1942. Frankfurt am Main/Berlin 1970. S. 208ff.

ihnen waren Flüchtlinge aus Deutschland – bis zum Anschluss im März 1938 eine vorübergehende Zufluchtsstätte. Gerade der temporäre Aufenthalt vieler deutscher und österreichischer Musiker und Theaterkünstler im österreichischen Exil – Karl Kraus kommentierte dies mit der Aussage: »Die Ratten betreten das sinkende Schiff« – barg auch ein enormes Potential für Salzburg, und dies trotz der im Österreich und besonders im Wien der dreißiger Jahre herrschenden enormen Künstler-Arbeitslosigkeit.[8]

Transfer Salzburg – USA

Verfolgt man die Lebensläufe jener, für die das Jahr 1938 ein Ende ihres Schaffens in Europa bedeutete, so muss vor allem die immense Bedeutung des durch sie erfolgten kulturellen Transfers hervorgehoben werden.

Ab 1938 begann man in den USA, dem Beispiel Salzburgs folgend, ähnliche Festspiele zu gründen. Max Reinhardt schrieb bereits am 4. März 1938 an Arturo Toscanini: »Based on my initiative, a group of influential people intends to found another Salzburg in California, so that productions can be staged there under more favorable climatic and political conditions, and perhaps with greater financial means.«[9] Ein direkter Bezug zur Festspielstadt Salzburg lag auch in den Plänen zur Gründung eines Freiluftfestivals in New York. Der in Washington Heights am Hudson gelegene Fort Tryon Park sollte mit den Cloisters als Kulisse Spielort für ein »neues Salzburg« unter Max Reinhardt werden.[10] Washington Heights, mit rund 60.000 deutschsprachigen jüdischen Flüchtlingen eines der New Yorker Zentren der Emigration, wurde auch als »Fourth Reich« bezeichnet und hätte das für das Unternehmen notwendige Publikum gestellt.[11] Weitere Festivalzentren »of the most promising nature« entstanden beispielsweise in Ridgefield und Hartford (Connecticut), in Milwaukee (Wisconsin) und Cleveland (Ohio).[12] Die genannten Neugründungen, von denen man auch als den »coming Salzburgs« sprach, aber auch viele

---

8 Vgl. Regina Thumser: »Ernst ist das Leben, heiter ist die Kunst.« – Kabarett im Österreich der Zwischenkriegszeit. In: Zeitgeschichte. 27. Jg, Heft 6, November/Dezember 2000. S. 386–396, hier S. 386. Dies.: Vertriebene Musiker. Schicksale und Netzwerke im Exil 1933–1945. Diss. Univ. Salzburg 1998. Vgl. auch: Theophil Antonicek: Kurz vor dem »Anschluss« – Die Situation der Künstler im Licht der staatlichen Unterstützungspraxis. In: Österreichische Gesellschaft für Musik (Hg.): Beiträge '90. Österreichische Musiker im Exil – Kolloquium 1988. Kassel/Basel/London 1990. S. 11–21.

9 Zit. nach: Peter Eppel: Exiled Austrians in the USA 1938 to 1945: Immigration, Exile, Remigration, no Invitation to Return. In: Walter Hölbling u. Reinhold Wagnleitner (Hg.): The European Emigrant Experience in the USA. Tübingen 1992, S. 25–37. Vgl. auch: Salzburger Festspiele 1937 und 1938. S. 23.

10 Another American Salzburg? In: Musical Courier (= MC), 15.01.39.

11 Vgl. Regina Thumser u. Christian Klösch: »From Vienna«. Exilkabarett in New York 1938 bis 1950. Ausstellungskatalog zur gleichnamigen Ausstellung im Literaturhaus Wien, 4. Juni bis 6. September 2002. Wien 2002.

12 Summer Series on the Increase. In: MC, 01.08.38.

andere, wie das von Adolf Busch und Rudolf Serkin gegründete Kammermusikfestival in Marlboro, die »Marlboro School of Music«, stellten ein musikalisches Angebot für Tausende von Musikliebhabern.[13] 1944/45 gründeten Arturo Toscanini, Bruno Walter, Lotte Lehmann und andere Emigranten, die vor dem Krieg bei den Festspielen aufgetreten waren, in New York ein eigenes »Salzburger Festspielkomitee«.[14]

Für einen weiteren bis heute kaum wahrgenommenen kulturellen Transfer stand ein 1934 von Paul Csonka gegründetes Kammeropern-Ensemble, die »International (Salzburg) Opera Guild«. Im September 1933 wurde hiefür von Otto Klemperer, Stefan Zweig und Bruno Walter, der zunächst die musikalische Leitung übernehmen sollte, ein Probespiel in Wien abgehalten.[15] Musikdirektor bzw. erster Kapellmeister wurde der Italiener Alberto Erede, als Bühnendirektor konnte Eugen Schulz-Breiden gewonnen werden. Nach Erfolgen bei den Salzburger Festspielen in Zusammenarbeit mit dem Mozarteum wurde das aus etwa 50 Musikern bestehende Ensemble vom amerikanischen Manager Sol Hurok für die Saison 1937/38 zu einer sechsmonatigen Tournee nach Amerika und Kanada eingeladen.[16] Das Ensemble brach nach einer viermonatigen Probenzeit, davon verbrachte es zwei Monate in Mondsee, in die USA auf. Auch der Komponist Ernst Křenek dürfte anlässlich der Aufführung seiner Monteverdi-Bearbeitung für die Opera Guild bei dieser Tournee dabei gewesen sein. Er wollte sich aber auch ein erstes Bild über eine mögliche Emigration verschaffen.[17] Auf der Tournee wurden Mozarts »Cosi fan Tutte«, »Angelique« von Jacques Ibert und eine Oper von Rossini aufgeführt.[18] Hurok schilderte die »Salzburg Opera Guild« als »really marvelous company which

13 Festivalizing in America. In: MC, 01.09.38.

14 Bruno Walter und Salzburg. Zum 70. Geburtstag des großen Dirigenten. In: Salzburger Nachrichten (= SN), 16.09.46. Toscanini, der den Festspielen noch 1938 als Sponsor einen ansehnlichen Betrag zur Verfügung stellen wollte, widmete dieses Geld im März 1938 um und stellte es arbeitslosen Mitgliedern der »New York Local of the American Federation of Musicians« und dem »Verdi Home for Aged and Destitute Musicians« in Mailand zur Verfügung. Vgl. MC, 01.03.38.

15 Vgl. Peter Heyworth: Otto Klemperer. His life and times. Vol. 2: 1933–1973. Cambridge/New York/Melbourne 1996. S. 11.

16 Int. RT mit Walter Taussig: New York, 28.03.97. Opera Ensemble to Visit America. In: Musical Digest, January 1937. In den Programmen der Salzburger Festspiele ist das Auftreten des Ensembles nicht belegt.

17 Ernst Krenek: Zeitzeuge. In: Friedrich Stadler (Hg.): Vertriebene Vernunft II. Emigration und Exil österreichischer Wissenschaft 1930–1940. Wien/München 1987. S. 606. Vgl. Claudia Maurer-Zenck: Ernst Krenek – ein Komponist im Exil. Wien 1990. Dies. (Hg.): Ernst Krenek. Die Amerikanischen Tagebücher 1937–42. Dokumente aus dem Exil. Wien/Köln/Weimar 1992. Michael Kater schreibt zur USA-Reise Kreneks: »Krenek travelled to the United States in 1937… with an obscure company called the Salzburg Opera Guild.« Michael H. Kater: The Twisted Muse. Musicians and Their Music in the Third Reich. New York/Oxford 1997. S. 126.

18 Salzburg Opera Guild. In: MC, 01.01.38. Walter Taussig dagegen nannte »Cosi fan tutte«, »einen Milhaud, einen Ibert und einen Krenek, die Popea« als jene Werke, die während der Tournee aufgeführt wurden. Vgl. Int. RT mit Walter Taussig: New York, 28.03.97.

made gay theatre out of opera; in better times there would have been capacity houses for them, but in the Thirties they were a luxury in the arts«.[19] Zum Ensemble gehörten unter anderem der Wiener Tenor Hans Joachim Heinz, Deszö Ernster, der 1954 bei den Festspielen im »Don Giovanni« den »Commentatore« sang, und Herbert Latz.[20] Die Abschlussvorstellung fand am Tag des »Anschlusses« in der Carnegie Hall statt. Die »Salzburg Opera Guild« wurde für die jüdischen Mitwirkenden ein »Rettungsanker«. – Sie kehrten nicht mehr nach Österreich zurück. Der 1905 in Wien geborene Paul Csonka emigrierte nach Havanna, wo er die Opernklasse des dortigen Konservatoriums leitete. Da er einigen Mitgliedern der »Salzburg Opera Guild« für den Erhalt von Visa für die USA fiktive Verträge ausgestellt hatte, durfte Csonka selbst lange Zeit nicht in die USA einreisen. In den sechziger Jahren dirigierte er das Opernensemble der Louisiana State University, die Chicago Opera und die Palm Beach Civic Opera in Miami.[21]

Einige der Ensemblemitglieder konnten später an der New Yorker Metropolitan Opera Karriere machen, so auch der 1908 in Wien geborene Walter Taussig. Er hatte gemeinsam mit dem späteren Leiter der San Francisco Opera, Kurt Herbert Adler, und Herbert von Karajan an der Wiener Musikakademie studiert. Auf der Rückreise der »Salzburg Opera Guild« blieb er in Frankreich und versuchte von hier aus, ein Affidavit für die Staaten zu erlangen. Ab 1949 schlug Walter Taussig an der Met eine Laufbahn vom Chordirigenten zum »Associate conductor« ein. Walter Taussig, dem 1978 der österreichische Titel »Professor« verliehen wurde, hielt seine Verbindung zu Österreich aufrecht. Er wirkte in den Jahren 1964 bis 1982 als Assistent von Karl Böhm, Herbert von Karajan und Wolfgang Sawallisch bei den Salzburger Festspielen. – Seine alljährliche Sommerfrische verbrachte der gebürtige Wiener allerdings am Semmering. Er ist noch heute, 94-jährig, als Korrepetitor für das deutschsprachige Opernfach an der Met tätig.[22]

Der langjährige General Manager der Metropolitan Opera, Sir Rudolf Bing, schrieb in seiner Autobiographie über »seine Wiener«:[23] »I have been blessed with a corps of un-

---

19 Sol Hurok: Impresario. New York 1946. S. 176f.

20 Hans Joachim Heinz – er hieß bis 1938 Hirsch – war nach Studien in Wien und Mailand an der Berliner Staatsoper, der Münchner Oper und der Königlichen Oper in Antwerpen engagiert. Er emigrierte nach der Tournee mit der Opera Guild in die USA und trat dort unter anderem mit dem Pianisten Fritz Jahoda auf. Nach Lehrtätigkeit an der Chatham Square Music School in New York wurde Heinz 1945 in den Lehrkörper der Peabody Summer School in Baltimore aufgenommen. Ab 1956 war er an der Juilliard School und 1963 bis 1965 beim Sommermusikfest in Aspen tätig. Vgl. Aufbau, 20.11.42. Musical Digest, May/June 1945. Walter Pass, Gerhard Scheit u. Wilhelm Svoboda: Orpheus im Exil. Die Vertreibung der österreichischen Musik von 1938 bis 1945. Wien 1995. S. 279f.

21 Vgl. Pass/Scheit/Svoboda, Orpheus im Exil. S. 250. Int. RT mit Walter Taussig: New York, 28.03.97 u. 12.05.97.

22 Regina Thumser: Seit 50 Jahren an der Met: Walter Taussig ist ein Maestro besonderer Art. In: Aufbau, 02.04.99.

23 Rudolf Bing wurde 1902 in Wien geboren, er emigrierte zunächst nach England. Nach (Mit-)begründung der Glyndebourne Festival Opera und des Edinburgh Festival übernahm Bing 1950 das Management der

usually able assistant conductors at the Metropolitan. If there had been no Hitler and no war, men like Jan Behr, Martin Rich, George Schick, Ignace Strasfogel, and Walter Taussig would have been Generalmusikdirektor in Wiesbaden or Aachen, even Darmstadt or Bremen – but one must face the fact that they would not have conducted in the great houses, Vienna or Berlin or Hamburg or Munich or Dresden.«[24] In den USA, wo ab den vierziger bzw. fünfziger Jahren alle großen amerikanischen Opernhäuser unter der Leitung von Österreichern standen (Metropolitan Opera: Sir Rudolf Bing; New York City Opera: Julius Rudel und John S. White; San Francisco Opera: Kurt Herbert Adler), wurden sie bald die »Wiener Mafia« genannt. Sie übernahmen eine tragende Rolle in der amerikanischen Opernwelt und prägten das amerikanische Opernwesen nachhaltig.[25] Fazit allerdings ist, dass viele dieser Musiker, so sie eingeladen wurden, sich in Europa nicht mehr den Namen machen konnten, der ihnen zugestanden wäre. Allerdings brachten sie ihre Erfahrungen zum Teil in das Wien und Salzburg der Nachkriegszeit zurück. Herbert von Karajan und Karl Böhm wussten nach dem Krieg, wen sie sich – wie im Falle Walter Taussig – als Assistenten für die Vorbereitung ihrer Opern aus dem Exil nach Salzburg holten. Sie konnten sich zum einen darauf verlassen, dass diese ihre Konzepte in ihrem Sinne umsetzten, und sie brauchten die früheren österreichischen Musiker im Gegenzug auch als »Persilscheine« für den Eintritt in die amerikanische Musikwelt. – Karajan und Böhm waren in den USA aufgrund ihrer Tätigkeiten im Dritten Reich »non-grated persons«, und so hatten sie es beispielsweise an der Metropolitan Opera infolge ihrer Haltung gegenüber dem Nationalsozialismus nicht unbedingt leicht, sich als Dirigenten durchzusetzen. Im Orchester der Met saßen emigrierte Mitglieder der Wiener Philharmoniker wie Daniel Falk, aber auch einige Holocaust-Überlebende.[26]

Antisemitische Stimmungen

1926 schrieb die Sängerin Lilli Lehmann an den Geiger Adolf Busch: »Es ist möglich, daß ich Anfang Juli wieder nach Salzburg auf zwei Monate Mozart zuliebe gehe. Eine Freude ist's nicht mehr, seit Israel darin eingezogen. Im Vorgehen soll Mozart beim Fest-

---

Metropolitan Opera. Vgl. auch: The Bing Years. Ausstellung der Gallery at Lincoln Center, 26.09.00–21.10.00.

24 Rudolf Bing: 5.000 Nights at the Opera. New York 1972. S. 177f.

25 Regina Thumser: What's European about Europe? – Cultural Transfer between European and American Opera, or: What is special about the European Opera Tradition?, Vortrag gehalten am 02.03.02 auf der ESSHC-Conference in Den Haag. Regina Thumser, Stefan Aglassinger u. Albert Lichtblau: Wiener Mafia – Österreicher an New Yorks Opernhäusern. Dokumentarfilm (deutsch/englisch) ca. 40'21", BetaSP, Salzburg 2001.

26 Vgl. David Berkowitz: Behind The Gold Curtain. Fifty Years in the Metropolitan Opera Orchestra. New York 1995. S. 139ff u. 161ff. Norman Lebrecht: The Maestro Myth. Great Conductors in Pursuit of Power. New York 1995.

spiel von seinem Sockel gestiegen sein, um sich beim Bürgermeister zu beklagen, dass so wenig von ihm beim Mozartfestspiel gemacht würde. Als er wieder hinaufsteigen wollte, stand aber schon Max Reinhardt oben auf dem Sockel! – Armer Mozart!«[27]

Antisemitismus und die Ablehnung jüdischer Künstler und Gäste in Salzburg beschränkten sich nicht auf die sieben Jahre nationalsozialistischer Gewaltherrschaft. Obwohl Alfred Polgar meinte, dass die Einheimischen zumindest in den Festspielmonaten Juli und August mit ihrer politischen Meinung »hinterm Untersberg« halten würden,[28] so war Antisemitismus vor 1938 – besonders in Form des »Sommerfrischen-Antisemitismus«, von Alma Scope auch als »Festspiel-Antisemitismus« bezeichnet – präsent.[29] Zurückkehrende Festspielkünstler waren nach 1945 immer wieder mit Antisemitismus konfrontiert. Ernst Lothar, der als »Theatre and Music Officer« des »Information Services Branche« (ISB) gemeinsam mit seiner Frau, der Schauspielerin Adrienne Geßner, aus New York nach Österreich zurückgekehrt war und in dieser Funktion die Entnazifizierung der Festspielkünstler vornehmen sollte, beschreibt dies in seinen Erinnerungen wie folgt: »Als Adrienne wenige Tage nach unsrer Ankunft aus Amerika neben dem Fahrer eines Lastwagens Platz nahm, um die aus dem kleinen Haus in Morzg geraubten Möbel von Leuten in Ischl zurückzukaufen, die sie den Räubern abgekauft hatten, und der Fahrer, bevor sie noch fuhren, Adrienne fragte: ›Leiden S'in Amerika auch so unter die Juden?‹, war im Grunde alles gesagt, worin ich die Gefahr sah und noch heute sehe: die Voreingenommenheit, die Unbelehrbarkeit, die Unversöhnlichkeit, die Frevelhaftigkeit mangelnder Einsicht.«[30] Selbst 1952 erinnerte die Sprache in den »Festspielberichten« an jene, die man bereits vor 1938 gepflegt hatte. Der Journalist Herbert Schneiber berichtete beispielsweise im »Wiener Montag« von der »Gilde der ›SS‹«, eine geschmacklose Abkürzung, die er nachfolgend als »Sommer-Salzburger« entschlüsselte.[31] Über die

---

27 Lilli Lehmann an Adolf Busch, 05.05.26. In: Irene Serkin-Busch (Hg.): Adolf Busch. Briefe. Bilder. Erinnerungen. Walpole/New Hampshire 1991. S. 249. Nach diversen Repressalien der Nationalsozialisten gingen die (nichtjüdischen) Brüder Busch – Adolf Busch als Primarius des Busch-Quartetts und der Dirigent Fritz Busch – ins Exil. Adolf Busch war mit seinem Quartett, dem auch sein Bruder Hermann angehörte, und seinem späteren Schwiegersohn Rudolf Serkin 1928 bei den Salzburger Festspielen aufgetreten. Serkin trat bis 1932 als Solist mehrmals mit den Wiener Philharmonikern unter der Leitung Bruno Walters und Fritz Buschs in Salzburg auf. Fritz Busch: Der Dirigent. Frankfurt am Main 1990. Fritz Busch: Aus dem Leben eines Musikers. Zürich 1949. Alexander Schneider: Sasha. A Musician's Life. New York 1988. Int. RT mit Peter Serkin: New York, 14.05.97.

28 Vgl. Robert Dachs: Salzburger Festspielereien. Wien 1991. S. 6.

29 Vgl. Alma Scope: »Diese fiebernde Spiegelwelt...« Die Salzburger Festspiele und ihr Echo in Bildern und Kommentaren der Zeit. In: Ulrike Kammerhofer-Aggermann, Alma Scope u. Walburga Haas: Trachten nicht für jedermann? Heimatideologie und Festspieltourismus dargestellt am Kleidungsverhalten in Salzburg zwischen 1920 und 1938. [Salzburger Beiträge zur Volkskunde, Band 6] Salzburg 1993. S. 281–336 hier S. 286.

30 Ernst Lothar: Das Wunder des Überlebens. Erinnerungen und Ergebnisse. Wien/Hamburg 1961. S. 285.

31 Wiener Montag, 25.08.52.

Inszenierung des »Jedermann« schreibt er, Ernst Lothar habe diese gewagt, »ungeachtet des Bannstrahles, der aus allen Synagogen kam, um den abtrünnigen Sohn letztlich in Gestalt von Druckerschwärze zu treffen«.[32] Hatte man nichts dazugelernt?

Die ersten Nachkriegsjahre – Konfrontationen

Die ersten Festspiele der Nachkriegszeit, die eher symbolischen Charakter hatten, fanden in Salzburg in kleinem Rahmen bereits 1945 statt.[33] Im Jahr darauf kritisierte der »Sonderberichterstatter« des Wiener Kurier, Franz Tassié, dass man bei den Festspielen keine neuen Wege gefunden habe: »Die ganze Kunst unserer Zeit besteht darin, sich an große Namen zu klammern, die unter Hitler verpönt waren. Daß aber mit Hitler die Welt, die er gehaßt und deshalb bekämpft hat, gleichzeitig zugrunde gegangen ist, wird einfältigerweise durchweg übersehen. Wir stehen wieder einmal am Anfang der Dinge. Erfolge von gestern müssen nicht notwendigerweise Erfolge von heute sein. Schon deshalb nicht, weil zwischen gestern und heute eine sechsjährige Nacht der Vernichtung und des Hasses liegt. [...] Was weiß man in Salzburg? Will man der Welt beweisen, daß alles beim Alten geblieben ist? Daß sich nichts verändert hat? In Salzburg hat man ein paar Scherben aufgelesen, die man im Sonnenlicht blinken läßt, das ist alles. Als künstlerische Idee, und das war Salzburg in erster und einziger Linie, kann jedoch von einem künstlerischen Bankrott gesprochen werden, der sich von dem allgemeinen moralischen, politischen und wirtschaftlichen Bankrott in keiner Weise unterscheidet.«[34]

Herbert von Karajan wirkte 1946 – trotz Dirigierverbot – bereits im »Halb«-Verborgenen für die Festspiele. Karajan, der diesen Festspielsommer als Gast im Hause Walderdorff am Gaisberg verbrachte, studierte den »Figaro« ein, die Aufführung durfte er allerdings nicht dirigieren. Harriet Walderdorff erinnerte sich: »Josef Krips stand bei der Premiere am Pult, und Karajan saß bei uns oben auf dem Gaisberg vor dem Radio und hörte die Übertragung. Er kam mir vor wie ein Kind, das die anderen nicht mitspielen lassen. Er tat mir sehr leid.«[35]

32 Wiener Montag, 04.08.52.

33 In diesem Jahr wurde das Festspielhaus auch für Gottesdienste der jüdischen Gemeinde, die sich vor allem aus Displaced Persons zusammensetzte, verwendet. Ab 1946 hielt man die Gottesdienste im Mozarteum ab. Vgl. Marko M. Feingold: Wer einmal gestorben ist, dem tut nichts mehr weh. Eine Überlebensgeschichte. Hg. v. Birgit Kirchmayr und Albert Lichtblau. Wien 2000. S. 277.

34 Franz Tassié: Kleiner Kunstspiegel. Salzburger Festspiele. »Der Diener zweier Herren«. In: Wiener Kurier, 08.08.46 [?].Vgl. auch: Alfred Polgar: Die und Wir (1945). In: Wolfgang R. Langenbucher u. Fritz Hausjell (Hg.): Vertriebene Wahrheit. Journalismus aus dem Exil. Wien 1995. S. 343–346. Berthold Viertel: Rückkehr nach Europa? (1945). In: Langenbucher/Hausjell, Vertriebene Wahrheit. S. 338–342.

35 Harriet Walderdorff: Der »Goldene Hirsch«. Harriet Walderdorff erzählt. Oberdorf o. J. S. 63.

Ernst Lothar hatte sofort nach seiner Ankunft vom Chef des ISB in Wien, Oberst Ladue, den Auftrag erhalten, nach Salzburg zu fahren, »um der Festspielleitung Verbote zu überbringen und eine etwaige Drohung, die Festspiele abzusagen, nicht zur Kenntnis zu nehmen: die Festspiele hatten stattzufinden, an den bestimmten Tagen mit den bestimmten Darbietungen. ›Ever heard the name Karadjahn?‹ wollte er wissen und reichte mir ein Blatt, das alphabetisch die Namen von mir zu Verbietenden enthielt. Den dicken Akt, der dem Gefragten galt, hatte ich kaum durchzublättern Zeit gefunden und sagte ihm das. ›Better do it right away‹, wünschte er. ›They‹ (womit die Festspieldirektion gemeint war) ›pretend they can't do without him. Tell'em they'll just have to.‹«[36] Lothars »Schwarze Liste« enthielt die Namen von siebzehn Dirigenten, Regisseuren, Sängern, Schauspielern und Technikern, denen sechs Wochen vor Beginn der Festspiele jegliches Mitwirken untersagt wurde.[37]

Die anfänglichen Probleme in der Organisation und die zum Teil mangelnde Qualität der Veranstaltungen verleiteten so manchen zu indirekten Anklagen und Überlegungen wie: »… hätte man nicht doch besser dem unsichtbaren, aber offenbar entscheidenden künstlerischen Berater der Festspiele, Herrn Karajan, auch die wichtige Aufgabe der Organisation übertragen sollen? Er hätte sie, ähnlich seiner inoffiziellen Probentätigkeit zu ›Figaro‹, sicherlich in seiner Art bewältigt, und es wäre für die heimischen und ›displazierten‹ Nazis ein Grund mehr vorhanden gewesen, ihn als ›unersetzlich‹ zu bezeichnen.«[38] Die Arbeiter Zeitung meinte diesbezüglich bissig, »dass, wie die Fama behauptet, Künstler, die aus diesen oder jenen Gründen, meist aus diesen, bisher noch nicht rehabilitiert worden sind, sozusagen, inkognito Opernvorstellungen vorbereiten, deren öffentliche Aufführungen dann von anderen, politisch einwandfreien Dirigenten geleitet werden«.[39]

Karl Böhm und Herbert von Karajan fehlte jegliches Unrechtsbewusstsein. Besonders Karl Böhm, der sich nach dem Krieg gerne mit seinen »jüdischen Freunden« brüstete, hatte nicht nur 1938 – sich seiner Vorbildwirkung bewusst – bei der Volksabstimmung des 10. April mit den Worten »Wer dieser Tat unseres Führers nicht mit einem hundertprozentigen JA zustimmt, verdient nicht, den Ehrennamen Deutscher zu tragen!« zum »Ja« aufgerufen, sondern auch sonst für das NS-Regime agitiert.[40] Als er 1945 bei den Salzburger Festspielen Dirigierverbot erhielt, fiel Böhm »aus allen Wolken«. Er meinte in seiner Autobiographie, wenn er jemals wieder dirigieren dürfe, so würde er sich eine inter-

---

36 Lothar, Das Wunder des Überlebens. S. 273.

37 Vgl. ebda. S. 274.

38 Salzburger Festspiele: Mozart-Abend unter Bernhard Paumgartner. In: Österreichische Zeitung, 10.08.46.

39 Kunst und Kultur. Festspielgeneralprobe. In: Arbeiter Zeitung, 15.08.46. Ein Engländer erlebt die Salzburger Festspiele. In: Die Weltwoche, 16.08.46.

40 Zit. nach: Salzburger Festspiele 1937 und 1938, 40. Vgl. auch: Oliver Rathkolb: Führertreu und gottbegnadet. Künstlereliten im Dritten Reich. Wien 1991. S. 99–105. Robert Schlesinger: Gott sei mit unserm Führer. Der Opernbetrieb im deutschen Faschismus. Wien 1997.

nationale Karriere aufbauen, »um nicht ein zweites Mal von der Heimat, die mir ein zweijähriges Dirigierverbot auferlegt hat, abhängig zu sein«.[41] Dass er bei den Festspielen 1938 für Bruno Walter, den mit dem »Anschluss« ein siebenjähriges Dirigierverbot in Österreich ereilt hatte, »einsprang«, findet in seinen Erinnerungen mit keinem Wort Erwähnung, vielmehr meinte Böhm: »Es kommt mir immer wieder wie ein Wunder vor, daß ich das Glück habe, in der Stadt wirken zu dürfen, in der das für mich größte musikalische Genie der Welt geboren wurde. Und so habe ich auch im Jahre 1938 als erstes Werk bei den Salzburger Festspielen eine Oper von Mozart dirigiert: ›Don Giovanni‹ ...«[42]

Noch 1947 waren die Ernährungslage und die Unterbringungsmöglichkeiten für im Ausland lebende Künstler nicht einladend, Engagements bei den Salzburger Festspielen anzunehmen. Schließlich gaben die Amerikaner für Künstler vier Hotels frei – unter anderem das Gabler Bräu als Unterkunft für die Wiener Philharmoniker. Weiters übernahmen sie die Verpflegung international bekannter Dirigenten, Komponisten und Solisten wie beispielsweise Otto Klemperer, Paul Hindemith, Yehudi Menuhin, Charles Munch und John Barbirolli.[43]

Ein Jahr später meinte Bertolt Brecht, der sich mit Gottfried von Einem in Salzburg traf, es gäbe in Salzburg inzwischen alles, »d. h. schwarz. Man bezahlt mehr und braucht keine Lebensmittelkarten. Strenge Demokratie für die Mittellosen, d. h. Arbeitenden, jeder bekommt gleich wenig. Stadt wirkt ausgepowert, erschöpft.«[44]

Reiseprobleme von Künstlern und daraus resultierende Absagen standen 1946 auf der Tagesordnung der Festspiele. So musste beispielsweise ein Mozart-Abend von Bernhard Paumgartner vorgezogen werden, da der italienische Dirigent Alceo Galliera nicht rechtzeitig zu seinem Konzerttermin nach Salzburg kommen konnte. Laut Auskunft der Festspiel-Direktion war auch der Regisseur Lothar Wallerstein, der 1946 in Salzburg einen neuen »Don Giovanni« hätte inszenieren sollen, wegen Reiseschwierigkeiten verhindert.[45] Der Musikwissenschafter Georg Knepler zog Ende August 1946 Bilanz über den Festspielsommer und lobte ihre Qualität, zeigte aber auch vorhandene Unzulänglichkeiten auf. So meinte er unter anderem, dass man in Zukunft »ernstere Versuche unternehmen müsse[n], um die allerersten Künstler des Auslandes, unter ihnen auch manchen emigrierten Österreicher nach Salzburg zu ziehen. [...] Was wir brauchen sind die bes-

---

41 Karl Böhm: Ich erinnere mich ganz genau. Autobiographie. Hg. v. Hans Weigel. Zürich 1968. S. 83f u. 78ff.

42 Ebd. S. 100.

43 Die Hilfe der USFA für die Festspiele. Freigabe von Hotels – Verpflegung für bekannte Künstler. In: Demokratisches Volksblatt, 18.07.47.

44 Bertolt Brecht: Reisen im Exil 1933–1949. Hg. v. Wolfgang Jeske. Frankfurt am Main 1996. S. 251. Zur »Causa Brecht«, auf die hier nicht näher eingegangen werden kann, vgl.: Gert Kerschbaumer u. Karl Müller: Begnadet für das Schöne. Der rot-weiß-rote Kulturkampf gegen die Moderne. Wien 1992.

45 Die Presse, 10.08.46. Franz Tassié: Im Festspielhaus: »Don Giovanni«. In: Weltpresse, 02.08.46. Salzburger Festspiele 1946: »Don Giovanni«. In: SN, 03.08.46.

ten Dirigenten und Regisseure der Welt, die zu vielwöchigen Aufenthalten nach Salzburg kommen, um hier ihre Arbeitsmethode, ihre künstlerischen Absichten, ihre Repertoire zu entwickeln. Salzburg muß das Beste bieten, was es nicht nur in Österreich, sondern auf der ganzen Welt gibt. Die Ausrede auf Schwierigkeiten, die derart großangelegte Pläne heuer noch unmöglich machten, ist nicht in allen Fällen stichhaltig. Lothar Wallerstein z. B., einer der interessantesten Opernregisseure der Welt, ist nicht eingetroffen, obwohl sein Name angezeigt war. Seine Abwesenheit wurde mit ›Reiseschwierigkeiten‹ entschuldigt. Man hat Grund mißtrauisch zu sein und zu fragen, ob die Schwierigkeiten nicht anderswo zu suchen sind, etwa in einer lauen Haltung der Festspieldirektion zu dieser Frage.«[46]

Der Geiger Yehudi Menuhin, der schon vor dem Zweiten Weltkrieg gemeinsam mit seinem Vater immer wieder einige Tage »voll Musik und Theater« in Salzburg verbracht hatte, trat bereits 1946 unter Antal Dorati bei den Festspielen auf.[47] – Angesichts bitterer Kritiken und Drohungen von jüdischer Seite bedeutete sein Auftreten vor deutschem und österreichischem Publikum in der unmittelbaren Nachkriegszeit nicht nur eine enorme Zivilcourage, sondern Menuhin selbst wurde zu einer Symbolfigur für den Sieg der Kultur über die Barbarei.[48] Sein Auftreten unter Wilhelm Furtwängler, dem man sein Wirken unter dem NS-Regime äußerst übel nahm, stellte für die Überlebenden des Holocaust eine besondere Provokation dar.[49] Um die Stimmung zu charakterisieren, die Menuhins Auftritt unter Furtwängler im Sommer 1947 in Salzburg vorausgegangen war, soll die »Causa Furtwängler« in Worten Hans Weigels Erwähnung finden: »Die Umwertung aller Werte feiert Orgien …«, es herrscht »Verzweiflung darüber, daß man den Leuten so schwer begreiflich machen konnte, warum man gegen Furtwängler ist … als man nicht umhin konnte, für Furtwängler zu sein«.[50] Furtwängler wurde beim Betreten des Wiener Musikvereinsgebäudes von Demonstranten tätlich angegriffen, die sich, laut Weigel, »eine Stunde lang schlecht benahmen. […] Es waren KZ-Opfer, die sich von

46 Georg Knepler: Die Bilanz der Festspiele. In: Salzburger Tagblatt, 31.08.46.

47 Moshe Menuhin: Die Menuhins. Kassel/Basel/London 1987. S. 162f. Vgl. auch: Menuhin spielt in Salzburg. In: Salzburger Wochenschau, 26.09.46. Yehudi-Menuhin-Konzert. In: SN, 09.09.46.

48 Vgl. Menuhin, Die Menuhins. S. 228.

49 SN, 09.09.46. Salzburger Wochenschau, 26.09.46. SN, 16.08.47. Wiener Zeitung, 17.08.47. Vgl. auch: Die Affäre Furtwängler (1945–1954). In: Menuhin, Die Menuhins. S. 230–236. Berta Geissmar: Musik im Schatten der Politik. Zürich 1985. Auch in den USA gab es lautstarke Proteste, besonders beim Versuch, Furtwängler zum Chefdirigenten des Chicago Symphony Orchestra zu ernennen. Vladimir Horowitz, Jascha Heifetz, Artur Rubinstein, Lily Pons, Alexander Brailowsky, Nathan Milstein, Isaac Stern, Gregor Piatigorsky und Andre Kostelanetz erklärten, sie würden sich weigern mit dem Orchester aufzutreten, sollte Furtwängler die Position erhalten. Vgl. Special to the New York Times, 06.01.48. Von der Vergeßlichkeit eines Dirigenten und der Welt. Der Fall Furtwängler – ein moralisches Problem. In: Aufbau, 24.12.48.

50 Hans Weigel: Epilog zu einem Epilog. Nationalzeitung, Basel (o. D.). In: New York Public Library for the Performing Arts (= NYPL), Bruno Walter Coll., Series I, Folder 207.

Auftraggebern mißbrauchen ließen, welche ein Interesse daran haben, daß gerade jetzt auch in Österreich Unruhen stattfinden; es war kein spontaner Zorn, sondern ein organisierter ›Wirbel‹, ganz so wie ihn die Nazis seligen Andenkens in unzähligen Saalschlachten veranstaltet hatten.«[51] Eine Stunde später kam es bei Furtwänglers Auftritt zu einer Gegendemonstration und Gunstbezeugung, der sich auch Weigel, »kurz vorher ehern entschlossen zur Gegnerschaft und nötigenfalls zum Protest«, anschloss: »Die Fronten hatten sich verschoben; statt auf der einen Seite Nazifreunde und auf der anderen Seite Nazigegner standen beide auf der gleichen Seite, einig gegen Naziopfer, die sich verwerflicher Methoden bedienten... Und das Fazit einer unerfreulichen Epoche der Entnazifizierung ist, daß nun auch noch eine Entnazifizierung der Antifaschisten not täte.«[52]

Sowohl in den Salzburger Nachrichten als auch in der Wiener Presse wurde das Konzert bei den Festspielen einhellig als Sieg der Kunst über die Politik gefeiert. Die »zerrüttete Menschheit« benötige »keine Moralpredigt sondern Taten, und Menuhin vollbrachte eine Tat«.[53] – Yehudi Menuhin kam erst in den Jahren 1953 und 1954 wieder nach Salzburg.

Sir Georg Solti war unter den ersten jüdischen Dirigenten, die nach dem Zweiten Weltkrieg in Salzburg debütierten. 1951 dirigierte er den »Idomeneo«, in den Jahren 1955/56 folgte, eingeladen von Wilhelm Furtwängler, »Die Zauberflöte« mit den Wiener Philharmonikern. Regie führte Herbert Graf, die Bühnenbilder stammten von Oskar Kokoschka – beide waren im Exil gewesen, Graf in den USA, Kokoschka in England. Als Herbert von Karajan 1956 offiziell die künstlerische Leitung der Festspiele übernahm, war Soltis Salzburger Opernkarriere für 33 Jahre zu Ende. Er konnte während der Ära Karajan nur einige Konzerte, wie 1959 mit dem Orchestre National de la Radiodiffusion-Télévision Française, 1962 und 1964 (während der vierjährigen Phase, in der Karajan nicht dem Festspieldirektorium angehörte) mit den Wiener Philharmonikern sowie 1978 und 1981 mit dem gastierenden Chicago Symphony Orchestra dirigieren. Als ein Mitglied des Festspieldirektoriums die Möglichkeit in Betracht zog, Solti für die »Elektra« einzuladen, soll Karajan geantwortet haben: »Genau das würde ich mir zu Weihnachten wünschen!«[54]

---

51 Ebda.

52 Ebda. Vgl. auch: Georg Seeßlein: Tanz den Adolf Hitler. Faschismus in der populären Kultur. Berlin 1994. S. 37.

53 Salzburger Festspiele 1947. 3. Orchesterkonzert. In: SN, 16.08.47: Vgl. auch: Wilhelm Furtwängler erst wahrhaft zurückgekehrt. Drittes Orchesterkonzert mit Yehudi Menuhin. In: Wiener Zeitung, 17.08.47.

54 Sir Georg Solti: Solti über Solti. München 1997. S. 110 u. 187. Solti erlebte 1990 in Salzburg eine weitere Enttäuschung. Man hatte ihm die Leitung der Osterfestspiele angetragen, doch schließlich wurde durch eine weitere Abmachung mit Claudio Abbado nichts daraus. Vgl. Ebda. S. 189ff.

»Das Schönste an diesen Festspielsommern ist es, dass jeder der letzte sein kann.«[55]

... so Carl Zuckmayer in seiner Autobiographie »Als wär's ein Stück von mir«.

Die Kulisse »Salzburg« bedeutete und bedeutet für viele Künstler nicht nur die Teilnahme an den Festspielen, sondern auch das Genießen der Natur im Umkreis von Freunden und Kollegen.[56] Ernst Lothar drückte die Sehnsucht nach Österreich, als er auf der Rückreise im Juni 1946 in Paris Halt machte, wie folgt aus: »Nachts, in unserem ›Hotel d'Angleterre‹, [...] ging ich, wie in all den Hotelzimmern all die Jahre, in Wien und in Salzburg spazieren, vom Prater nach Hellbrunn, aus der Kärntnerstraße auf die Hohensalzburg, ungezählt oft hatte ich das im Exil – falsch, in meinem nunmehrigen Vaterland! – mit einem Herzen aus Stein getan. Jetzt war mein Herz leicht.«[57] Als Ernst Lothar und seine Frau Adrienne Geßner schließlich in Salzburg ankamen, war die Erleichterung noch größer: »Etwa um neun Uhr abends näherten wir uns Salzburg. Es war noch hell. Beim Einfahren standen der Gaisberg, der Untersberg, die Hohensalzburg, die Türme und Kuppeln der Kirchen klar und herrlich gegen den Himmel. Jäh verschwand der Zwiespalt der Empfindungen, es zählte nicht, was sich der Wiedersehenslust entgegenwarf – die Wunder des Zurückgekehrtseins und des Überlebens geschahen wunderbarer, als man an sie geglaubt hatte. Im sacht ergrauten Licht zeichnete er sich ab, der stolz-bescheidene Untersberg, den Garten der Götter übertreffend; der waldige Gaisberg, lächerlich unscheinbar, gemessen an den Waldbergen von Maine, doch zauberischer als die geheimnislosen; ohne Drohung zackte die Hohensalzburg, die lieblichste der Festungen, sich empor; Kirchenuhren schlugen die neunte Stunde, und Glocken läuteten mit einer Harmonie, die es sonst nirgends gab, weil sie Mozart hieß. Daß auf unserer Fluchtfahrt auch hier Spruchbänder des Hasses hingen, läuteten sie hinweg. ›Ist es nicht phantastisch schön?‹ fragte ich Adrienne, die neben mir am Fenster stand. Und sie antwortete, zum erstenmal seit unserer Heimfahrt ohne Rückhalt: ›Ja!‹«[58]

Gottfried Reinhardt, der Sohn von Max Reinhardt und Else Heims, erlebte seine Rückkehr anders. Er kam 1961/62 nach Salzburg, um die Regie des »Jedermann« zu übernehmen. Seine gegenwartsbezogene Interpretation des Stücks – Ernst Křenek komponierte dafür eine eigene Musik – wurde abgelehnt, und Reinhardt warf schließlich das

55 Carl Zuckmayer: Als wär's ein Stück von mir. Hamburg ²1966. S. 72.

56 Zur allgemeinen Stimmung bei den Salzburger Festspielen siehe: Harald Waitzbauer: »Wieder sind, wie ehedem, kunst- und schönheitstrunkene Menschen aus allen und selbst den fernsten Ländern nach Salzburg geströmt [...]«. Salzburger Festspielatmosphäre in den Fünfziger- und Sechzigerjahren. In: Hanns Haas, Robert Hoffmann u. Robert Kriechbaumer (Hg.): Salzburg. Städtische Lebenswelt(en) seit 1945. Wien/Köln/Weimar 2000. S. 221–236.

57 Lothar, Das Wunder des Überlebens. S. 251.

58 Ebda. S. 254.

Handtuch.[59] Gottfried Reinhardt, der in Salzburg sehr zurückgezogen lebte, war persönlich nicht ohne Bitterkeit: »Ich bin der unmaßgeblichen Meinung, daß der zeitgemäße Tod, der Max Reinhardt davor bewahrt hat, in eine Welt zurückzukehren, die weder äußerlich noch innerlich seine ist, verdientes Glück darstellt. Mir zu vergegenwärtigen, was und wer ihm als Heimkehrer bei aller Ehrerbietung entgegengetreten wäre, gehört zu meinen Alpträumen.«[60] Gefragt nach seinem Leben in Salzburg, gab er zur Antwort: »Ich hatte nie auch nur die leiseste Reibung mit einem Schauspieler oder Schnittmeister oder Komponisten oder was auch immer. Im Privatleben hatte ich keine Kontakte, ich kannte ja kaum noch jemanden. Ich habe ja über dreißig Jahre lang in Salzburg ein Haus bewohnt, aber in dieses Haus kamen sehr wenige Salzburger. Wenn ich heute das Gästebuch durchlese, waren die meisten Durchreisenden Amerikaner oder Menschen, mit denen ich beruflich zu tun hatte, verhandelte und so weiter. Ich bin immer Außenseiter geblieben und könnte nie etwas anderes sein. Was meine Heimat war, existiert nicht mehr, es ist einfach tot.«[61]

Der Komponist Rolf Liebermann, der den Krieg im Exil in der Schweiz verbracht hatte, kam erstmals 1953 gemeinsam mit seiner Frau Göndi nach Salzburg, um der Uraufführung von Gottfried von Einems Oper »Der Prozess« beizuwohnen. Er wollte aber auch Oscar Fritz Schuh und Caspar Neher kennen lernen, die die Regie und Inszenierung der Uraufführung von Liebermanns Oper »Penelope« im darauf folgenden Jahr übernehmen sollten. Als Dirigent war George Szell vorgesehen.[62] Das Ehepaar Liebermann wohnte im Hotel Stein an der Salzach, »wo uns die Trambahn fast durch die Betten fuhr und wir uns vor Lärm nicht unterhalten konnten; aber das war eine gute Lehre: Wir schauten uns um, wo wir nächstes Jahr wohnen könnten«.[63] Der erste Festspielsommer wurde auch sonst nicht zur erhofften Erholung: »Der Salzburger Rummel machte

59 Als offizieller Grund für das Missglücken der Neuinszenierung galt, dass die alljährlichen Aufführungen des »Jedermann« so selbstverständlich waren, dass sowohl Organisation als auch Proben stark vernachlässigt wurden. Vgl. Salzburger Festspiele 1990. Schriftenreihe des Landespressebüros. [Serie »Sonderpublikationen«, Nr. 88]. Hg. v. Roland Floimair. Salzburg 1990.. S. 136. Gisela Prossnitz: Die Salzburger Festspiele. In: Dopsch/Spatzenegger, Geschichte Salzburgs. S. 1779–1801, hier S. 1793f.

60 Gottfried Reinhardt: Der Liebhaber. Erinnerungen seines Sohnes an Max Reinhardt. München/Zürich 1975. S. 399.

61 Gottfried Reinhardt: Hollywood, Hollywood. Gespräch mit Elke Wendt-Kummer in der Reihe »Zeugen des Jahrhunderts« hg. v. Ingo Herrmann. Göttingen 1992. S. 103.

62 Der in Budapest geborene Dirigent George Szell emigrierte 1939 nach Amerika. Unter den von ihm in der Nachkriegszeit in Salzburg dirigierten Opern waren vor allem die Uraufführung der Oper von Rolf Liebermanns »Penelope«, die Aufführung von Liebermanns »Die Schule der Frauen« und Werner Egks »Irische[r] Legende«. Neben Konzerten mit den Wiener Philharmonikern trat Szell in Salzburg auch mit den Berliner Philharmonikern, dem Concertgebouw Orchestra, dem Orchestre National de la RTF, der Staatskapelle Dresden und der Tschechischen Philharmonie Prag auf.

63 Göndi Liebermann: Spannungen. Mein Leben mit Rolf Liebermann. Düsseldorf 1985. S. 74f.

uns total fertig. Man verbrachte seine Tage eigentlich nur auf dem Weg zwischen Festspielhaus und vielen Lokalen, Bazar, Tomaselli, Moser, Goldener Hirsch und wieder Festspielhaus, immer mit unendlich vielen Menschen: Sängern, Journalisten, Fotografen und jeder wollte etwas von Rolf.«[64] 1954 nahmen sie im Fondachhof Quartier. Während Frau Liebermann die Nachmittage am Swimmingpool des Hotels verbrachte, wo auch die schwimmbegeisterten Sänger zusammenkamen und sie so manchen Festspielklatsch erlauschte, fuhr Rolf Liebermann zu den Proben ins Festspielhaus. »Immerhin bedeutete die Uraufführung in Salzburg, daß Rolf zum erstenmal international groß herausgestellt wurde. Es konnte der Anfang oder das Ende seiner Komponistenlaufbahn sein«, so Göndi Liebermann.[65] Abends traf man sich im Gasthaus Moser, im Goldenen Hirschen, bei »Povondra« oder im »Weißen Kreuz« und dabei gab man sich »anti-bürgerlich«: »Das war Weltanschauung, wie die ›Gauloise‹, die man rauchte, und der ›Dufflecoat‹, den man trug. Man gab sich provokant unbürgerlich. Diese generelle Haltung schlug sogar in unseren Kreisen [...] durch. Bürgerliches Gehabe hätte den Anschein erweckt, daß man zu weit rechts stand. Infolgedessen legte man schlechte Manieren an den Tag. Unbürgerlich ist schlecht gekleidet, unbürgerlich hat kein Benehmen, unbürgerlich ist ungewaschen. Die Opposition muß vollständig sein.«[66]

Schicksale

All jene Opfer des Nationalsozialismus aufzuzählen, die im größeren und kleineren Rahmen als Künstler bei den Salzburger Festspielen wirkten, ist hier nicht möglich, dennoch soll zum Schluss einiger gedacht werden.[67] So befanden sich unter den 112 Mitgliedern der Wiener Philharmoniker neun so genannte »Volljuden« und drei »jüdisch versippte« Mitglieder, die 1938 entlassen und von den Nationalsozialisten verfolgt wurden. Zwei von ihnen kamen im Konzentrationslager um. Einige weitere, die mit Frauen jüdischer Abstammung verheiratet waren, konnten auf Intervention Wilhelm Furtwänglers im Orchester bleiben.[68]

Arnold und Alma Rosé

Das Rosé-Quartett war vor 1938 unter seinem Primarius Arnold Rosé, einem Schwager Gustav Mahlers und langjährigem Konzertmeister der Wiener Philharmoniker, eines der

64 Ebda. S. 77.
65 Ebda. S. 86.
66 Ebda. S. 90.
67 Ich nehme hier z. B. Literaten wie Carl Zuckmayer, Stefan Zweig etc. und jene aus, die im öffentlichen Bewusstsein stehen.
68 Vgl. Rathkolb, Führertreu und gottbegnadet. S. 128f.

berühmtesten österreichischen Streichquartette. Das Quartett trat Mitte der zwanziger Jahre einige Male in Salzburg auf, 1936 folgte ein Konzert mit Alma Rosé als 2. Violine. Während Arnold Rosé nach England emigrieren konnte, blieb Alma Rosé auf dem Kontinent. Sie wurde in Holland verhaftet und nach Auschwitz deportiert, wo sie das legendäre Frauen-Orchester von Auschwitz gründete und bis zu ihrem Tod, am 5. April 1944, leitete.[69]

Eleonore Mendelssohn

Die Schauspielerin Eleonore Mendelssohn, bis 1938 Besitzerin von Schloss Kammer am Attersee, war eine enge Vertraute Max Reinhardts. Sie konnte trotz kleiner Erfolge ihre Schauspielkarriere in den USA nicht fortsetzen und nahm sich im Jänner 1951 in New York das Leben.[70]

Lothar Wallerstein

Der 1882 in Prag geborene Lothar Wallerstein war ursprünglich Chirurg. Nach Tätigkeit an den Opernhäusern von Dresden und Posen sowie den Salzburger Festspielen war er von 1927 bis 1938 Regisseur an der Wiener Staatsoper. Ab 1924 leitete er am Frankfurter Hoch'schen Konservatorium eine Meisterklasse für Opernregie. Wallerstein inszenierte bei den Salzburger Festspielen zwischen 1926 und 1937 die Strauss-Opern »Ariadne«, »Rosenkavalier«, »Frau ohne Schatten«, »Die ägyptische Helena«, »Elektra«, Beethovens »Fidelio« und die Mozart-Opern »Die Zauberflöte«, »Don Giovanni«, »Figaro«, »Cosi fan Tutte«, Hugo Wolfs »Der Corregidor« und Carl Maria von Webers »Euryanthe«. In der Emigration in den USA begründete Wallerstein gemeinsam mit dem Dirigenten Fritz Stiedry und Josef Reitler, dem früheren Direktor des Wiener Konservatoriums, einen Opera Workshop am New Yorker Hunter College. Von 1941 bis vermutlich 1946 war Wallerstein an der Metropolitan Opera als Regisseur tätig. Nach dem Krieg inszenierte Wallerstein 1947 nochmals in Salzburg den »Figaro« und kurz vor seinem Tod, 1949, den »Rosenkavalier«.

---

69 Richard Newman u. Karen Kirtley: Alma Rosé. Vienna to Auschwitz. Portland 2000. Fania Fénelon: Das Mädchenorchester in Auschwitz. München [11]1994. Gabriele Knapp: Das Frauenorchester in Auschwitz. Musikalische Zwangsarbeit und ihre Bewältigung. Hamburg 1996.

70 Vgl. Gottfried Reinhardt: Der Liebhaber. Erinnerungen seines Sohnes an Max Reinhardt. München/Zürich 1975. S. 26ff. OÖ Landesarchiv, Arisierungsakten, 14/3 Kammer Schloss am Attersee, Mendelsohn Eleonore. NYPL, Clippings Eleonore Mendelssohn.

Bruno Walter

Bruno Walter war der zwischen 1925 und 1938 bei den Salzburger Festspielen am kontinuierlichsten vertretene Dirigent. Neben unzähligen Konzerten mit den Wiener Philharmonikern und Solisten wie Rudolf Serkin sowie mehreren Liederabenden mit Lotte Lehmann dirigierte er unzählige Opern, darunter Donizettis »Don Pasquale«, die Mozart-Opern »Die Entführung aus dem Serail«, »Cosi fan Tutte«, »Don Giovanni« (hier setzte er schließlich die Aufführungen in der Originalsprache Italienisch durch), »Die Zauberflöte«, die Gluck-Opern »Iphigenie in Aulis«, »Orpheus und Eurydike« und »Euryanthe«, Webers »Oberon«, Wagners »Tristan und Isolde« und Hugo Wolfs »Der Corregidor« sowie die Operette »Die Fledermaus«.[71] In seiner freien Zeit saß er »wie in sich verkrochen, [...] im Bazar und rauchte voll Genuß eine wohlschmeckende ›Gaisbergzigarre‹ der seligen österreichischen Tabakregie und wies engelsgeduldig niemals einen Autogrammjäger ab, wie das an einem anderen Tisch wutentbrannt und zornfunkelnd Maestro Toscanini tat«.[72] Bruno Walter wirkte im amerikanischen Exil stets als kultureller Botschafter Österreichs und setzte sich nach Kriegsende für den Wiederaufbau einer Zivilgesellschaft in Europa ein. Er kam 1949 zurück nach Salzburg, dirigierte bei den Festspielen allerdings keine Opern mehr. Bis 1956 standen sieben Orchesterkonzerte mit den Philharmonikern unter seiner Leitung, und 1953 wirkte Walter an der Gedächtnisfeier zum zehnten Todestag Max Reinhardts mit.[73]

Paul Wittgenstein

Der 1887 in Wien geborene Pianist Paul Wittgenstein war Schüler von Theodor Leschetizky. Nachdem er im Ersten Weltkrieg einen Arm verloren hatte, setzte er seine Karriere dennoch fort und machte sich einen Namen als »einarmiger« Pianist. Bedeutende Komponisten wie Maurice Ravel, Sergej Prokofjiew und Richard Strauss schrieben Auftragswerke für ihn. Wittgenstein gab 1936 im Rahmen der Festspiele unter Artur Rodinsky ein Konzert im Mozarteum. 1938 musste Wittgenstein seine Lehrtätigkeit am Neuen Wiener Konservatorium aufgeben. Er flüchtete nach New York, wo er in den Jahren 1940 bis 1945 am Manhattanville College lehrte. Wittgenstein war in der Kultursektion der Austrian Action, die Ferdinand Czernin am 1. April 1941 in New York als »Kampfgemeinschaft unabhängiger Österreicher« gegründet hatte, für Musik zuständig.

---

71 »Die« Lehmann sang zwischen 1926 und 1937 jedes Jahr in Salzburg. Ihre wichtigsten Rollen waren die Ariadne, die Leonore, die Marschallin, das Weib des Barak in »Frau ohne Schatten« und die Eva in den Meistersingern. Vgl. auch: Lotte Lehmann zum Abschied. In: Robert Breuer: New Yorker Musik-Kaleidoskop 1962–1990. Trier 1994. S. 121ff.

72 Bruno Walter und Salzburg. In: SN, 16.09.46.

73 Vgl. auch: Bruno Walter: Thema und Variationen. Erinnerungen und Gedanken. Frankfurt am Main 1988. Weitere Mitwirkende waren Ewald Balser, Ernst Deutsch, Ernst Lothar und Irmgard Seefried.

Paul Wittgenstein trat in den USA auch weiter als Pianist auf – vor allem im Umkreis der früheren Mitglieder der Wiener Philharmoniker –, unter anderem bei Konzertveranstaltungen der Austrian Action. Er verstarb 1961 in New York.[74]

Margarete Wallmann

Die Tänzerin und Choreographin Margarete Wallmann wurde 1901 in Berlin [1904 in Wien] geboren. Sie war Schülerin von Mary Wigman und Mitglied ihrer ersten Tanzgruppe. Ihr Debüt bei den Salzburger Festspielen hatte Wallmann 1931 mit ihrem »Tanzensemble Margarete Wallmann« in der Uraufführung des Tanz-Mysterien-Spiels »Das jüngste Gericht« von Felix Emmel, für das sie auch die Choreographie schuf. Mitglieder des Ensembles waren die Solotänzerin des russischen Balletts Wladimiroff, Dorothea Albu sowie Doryta Brown, Andrei Jerschik und Jolas Coutsoudis.[75] Neben der Wiederholung des Stücks im Jahr 1932 tanzte Wallmanns Ensemble unter ihrer Choreographie – Wallmann hatte wegen eines Unfalls im selben Jahr das Tanzen aufgegeben – auch Carl Maria v. Webers »Oberon« und Christoph Willibald Glucks »Orpheus und Eurydike«. 1933 wurde die Tanzeinlage im »Faust I« ebenfalls von Margarete Wallman choreographiert. Nach der Machtübernahme der Nationalsozialisten in Deutschland ließ sich Wallmann in Wien nieder, wo sie in den Jahren 1934 bis 1938 Ballettmeisterin und Leiterin der Ballettschule der Staatsoper Wien war. Bis 1937 tanzte das Ballett der Wiener Staatsoper unter der inzwischen zur Chefchoreographin der Salzburger Festspiele avancierten Margarete Wallmann im Theaterstück »Faust I« und den Opern »Don Giovanni«, »Oberon«, »Falstaff«, »Figaro«, »Orpheus und Eurydike«, »Die Meistersinger« und »Euryanthe«. Wallmann flüchtete 1938 nach Argentinien und wurde Leiterin des Balletts am Teatro Colón in Buenos Aires. Dort choreographierte sie unter anderem Lothar Wallersteins Inszenierungen von Glucks »Iphigenie auf Tauris«, den »Fidelio« sowie »Tannhäuser« und »Die Meistersinger«. 1949 kehrte Margarete Wallmann nach Europa zurück und ließ sich in Italien nieder. Ab 1954 inszenierte sie auch wieder in Salzburg, so die österreichische Erstaufführung von Arthur Honeggers »La Danse des Morts« und Alfredo Casellas »La Giara«. Im darauf folgenden Jahr schuf sie die Choreographie zu den »Szenischen Oratorien« und zu André Gides Melodram »Persephone« nach Musik von Igor Strawinsky. 1960 folgte die Inszenierung der Uraufführung von Frank Martins »Mysterium von der Geburt des Herrn«. Margarete Wallmann, die

74 Vgl. Aufbau, 26.09.41. Viennese Program in Philadelphia. In: MC, 15.11.42.

75 Dorothea Albu war ab 1924 Primaballerina an der Berliner Staatsoper und Tanzpädagogin unter anderem an der Schauspielschule des Deutschen Theaters in Berlin. Sie trat auch in Werner Fincks Kabarett »Die Katakombe« auf. Albu wurde 1934 als »Nichtarierin« aus der Reichstheaterkammer ausgeschlossen. Vgl. Handbuch des deutschsprachigen Exiltheaters 1933–1945. Biographisches Lexikon der Theaterkünstler. Band 2, Teil 2. Hg. v. Frithjof Trapp u. a. München 1999. S. 7.

noch bis Mitte der achtziger Jahre an der Wiener Staatsoper inszenierte, verstarb 1992 in Monte Carlo.[76]

Ottilie Ethel Losch

Die Tänzerin Ottilie Ethel Losch wurde 1907 in Wien geboren. Nach ihrer Ballettausbildung an der Wiener Hofoper wurde sie ins Opernballett übernommen. Von 1924 bis 1938 hatte sie zahlreiche Auftritte als Solotänzerin. Losch debütierte 1925 in »Die grüne Flöte«, einer Ballettpantomime von Hugo von Hofmannsthal, in Salzburg. 1926 folgten Auftritte in Glucks »Don Juan«, in Pergolesis »La serva padrona« und in Mozarts Schäferspiel »Les Petits Riens«. Ein Jahr später fuhr Tilly Losch mit der Reinhardt-Truppe als »erste Fee« im »Sommernachtstraum« auf Tournee in die USA. Auch in Salzburg trat sie im selben Jahr im »Sommernachtstraum« und in zwei Tanzabenden mit der Tänzerin Hedy Pfundmayr und dem Tänzer Harald Kreutzberg auf. Während sie in der Zwischenzeit bereits große Erfolge in England und den USA als Broadway-Star und in Filmrollen feierte, kehrte sie 1930 nochmals als Arlequino in Goldonis »Diener zweier Herren« nach Salzburg zurück. Nach dem Krieg kam Tilly Losch noch einmal nach Salzburg – sie schuf 1950 die Choreographie zu Ferdinand Raimunds »Der Verschwender« unter der Regie von Ernst Lothar. Als Tilly Losch ihre Tanzkarriere aus gesundheitlichen Gründen aufgeben musste, machte sie sich als Malerin einen Namen. Sie verstarb 1975 in New York.[77]

Erica Morini

Die Geigerin Erica Morini wurde 1904 in Wien geboren. Ab 1911 studierte Erica Morini bei Otakar Sevčík und bei Rosa Rosenfeld in Wien. Da sie bereits in den zwanziger Jahren in den USA auftrat, hatte sie schon lange vor 1938 ausgezeichnete Kontakte in die USA. In einer Kritik zu einem Konzert in Wien, bei dem sie vom Tonkünstlerorchester unter der Leitung Bruno Walters begleitet wurde, hieß es: »Sie ist eine amerikanische Größe geworden, aber auch eine europäische. Ihre Virtuosität kennt keine Grenzen, ja sie ist fast eine überbravouröse, überkühne …«[78] Erica Morini kehrte im November 1936 von einer Russland-Tournee zurück, um nach einer Konzertreise, die sie in die Schweiz, nach Italien, Ungarn und Wien führte, Ende Dezember endgültig nach Amerika zu emigrieren.[79] Im August 1959 trat sie als Solistin mit dem Orchestre National de la RTF unter der Leitung von George Szell bei den Salzburger Festspielen auf.

---

76 Vgl. Josef Kaut: Festspiele in Salzburg. Salzburg 1965. Handbuch des deutschsprachigen Exiltheaters 1933–1945. S. 983f.

77 Handbuch des deutschsprachigen Exiltheaters 1933–1945. S. 615f. Vgl. URL: http://library.lib.binghamton.edu/special/findingaids/loschcol_m3.html.

78 Konzert des Vereines Tonkünstlerorchester unter Bruno Walter. In: Neue Freie Presse, 03.12.31.

79 MC, 28.11.36. MC, 17.04.37. Vgl. auch: Int. Albert Lichtblau mit Erica Morini, Bozen, 20.08.87. Ihr Bru-

Leo Taubmann

Der Pianist Leo Taubmann erhielt bereits 1933 in Deutschland Berufsverbot, im August 1935 wurde er aus der Reichsmusikkammer ausgeschlossen. Bis zu seiner Emigration in die USA konnte er nur mehr im Rahmen des Jüdischen Kulturbundes in Berlin und Hamburg auftreten.[80] 1956 und 1960 trat Taubmann als Begleiter bei Liederabenden von Cesare Siepi und Cesare Valletti in Salzburg auf.

Ausblicke

Anlässlich der Festspiele des Jahres 1947 fragte sich ein Journalist: »Wir haben im vorigen Jahr einige Niederlagen erlebt. Toscanini und Bruno Walter kamen nicht. Warum? Rentiert es sich nicht mehr, in Salzburg aufzutreten? Andere wieder brachten einen großen Namen, aber keine Leistung, jeder weiß es. Dazu aber darf sich Salzburg, soll es an der Führung bleiben, nicht hergeben.«[81] Wenige wurden zurückberufen und wenn, dann erhielten sie bei weitem nicht mehr die Auftrittsmöglichkeiten, die sie vor 1938 hatten, und die Anerkennung hielt sich in Grenzen. Schließlich waren die »großen Dirigenten« entnazifiziert, die Posten besetzt. Das bereits angesprochene fehlende »Unrechtsbewusstsein« wirkte sich auf den Arbeitsmarkt aus. Es scheint dennoch nicht allzu gewagt, die »kongeniale« Zusammenarbeit zwischen ehemaligen NS-Künstlern und jüdischen Remigranten, die neue Erfahrungen mitbrachten, für den Erfolg der Festspiele nach 1945 verantwortlich zu machen.

Mit dem Tode Karajans, 1989, begann in Salzburg eine neue Ära und der Aufbruch in eine sehr liberale Phase, in der Gérard Mortier und Hans Landesmann die Salzburger Festspiele in jeder ihrer Sparten – Oper, Theater, Konzert – unwiderruflich zu teilweise umstrittenen, aber glanzvollen Höhepunkten führten, die es vergleichbar nirgends auf der Welt gibt. Man kratzte im positiven Sinne an der nach 1945 wiedererlangten Patina.

Auch hinsichtlich der Vergangenheitsbewältigung gab man sich offen. Im Schüttkasten wurde unter anderem im Herbst 2000 die Ausstellung »Wege nach Ravensbrück. Erinnerungen von österreichischen Überlebenden des Frauen-Konzentrationslagers« gezeigt

---

der, Albert Morini, ein bekannter Impresario, der bereits 1936 sowohl in Wien als auch in Paris Niederlassungen hatte, sowie ihre Eltern emigrierten ebenfalls in die USA. Der Vater, Oscar Morini, eröffnete in New York ein Violin-Studio. Nicht genau erschließbar ist das Schicksal der zweiten Tochter, der Tänzerin Haydee Morini, und die Beziehung der Familie zum Sänger Carlo Morini. MC, 24.10.36. Oscar Morini Opens Violin Studio in New York. In: MC, 01.11.41. Die Vertreibung des Geistigen aus Österreich. Zur Kulturpolitik des Nationalsozialismus. Hg. v. Zentralsparkasse u. Kommerzialbank Wien. Wien 1985. S. 304. Serkin-Busch, Adolf Busch. S. 381 u. 384

80 Vgl. Handbuch des deutschsprachigen Exiltheaters 1933–1945. S. 932f.

81 Die Idee der Salzburger Festspiele und ihre Gestaltung. In: Salzburger Tagblatt, 25.07.47.

sowie während des Festspielsommers 2001 in einer Ausstellung des jüdischen Komponisten Werner Richard Heymann gedacht.[82]

In seiner anlässlich des Abschieds von Gérard Mortier und Hans Landesmann aus Salzburg verfassten »Hommage à Salzburg« bedeutete der Schriftsteller und Auschwitz-Überlebende Imre Kertész, dass sein »persönliches Salzburg nie wieder dasselbe sein [werde] wie zur Zeit von Landesmann, der mich zum ersten Mal dorthin einlud«.[83] Besonderen Eindruck auf Kertész machte ein Konzert der Wiener Philharmoniker unter der Leitung von Seiji Ozawa, in dem Jessye Norman den »Liebestod« aus Wagners »Tristan und Isolde« sang. Kertész verspürte einen »spektakulären und fruchtbaren Kosmopolitismus« Salzburgs.[84] Nicht nur die Wirkung der Musik rührte ihn zu Tränen, sondern vor allem das Bewusstsein um die Szenerie: »Ein japanischer Dirigent und eine schwarze Sängerin lassen des großen deutschen Rassenhüters Werk erklingen, das nun einmal einen der Bühnenhöhepunkte und die Vollendung der europäischen Gefühlskultur darstellt – und das hier im Zuschauerraum einen ungarischsprachigen jüdischen Schriftsteller des Holocaust zu Tränen rührt ...«[85]

Peter Ruzickas Interesse nicht zuletzt für Musik emigrierter Komponisten lässt die Hoffnung zu, dass sich der liberale, kosmopolitische Geist auch in der neuen Ära fortsetzen wird.

In Memoriam weiterer Festspielkünstler

Karl Alwin, Richard Beer-Hofmann, Herbert Berghof, Toni Birkmeyer, Margit Bokor, Hugo Burghauser, Hans Curjel, Ladislaus Czettel, Lilli Darvas, Ernst Deutsch, Carl Ebert, Irene Eisinger, Walter Engel, Egon Friedell, Therese Giehse, Josef Gielen, Herbert Graf, Judith Hellwig, Manfred Inger, Hans Jaray, Fritzi Jokl, Oskar Karlweis, Erich

82 Vgl. »Ein Freund, ein guter Freund«. Der Komponist Werner Richard Heymann (1896–1961). Hg. v. Stiftung Archiv der Akademie der Künste. Akademie-Fenster 2, Katalog zur gleichnamigen Ausstellung. Berlin 2000.

83 Imre Kertész: Hommage à Salzburg. In: Hans Landesmann u. Gerhard Rohde (Hg.): Salzburger Festspiele 1992–2001. Konzert. Wien 2001. S. 112. Viele der ehemaligen Österreicher kommen jährlich in den Sommermonaten in ihre frühere Heimat zurück und machen von ihren »Sommerfrischen« aus Abstecher nach Salzburg und zu den Festspielen. Interessant wäre es zu untersuchen, ob und wie stark sich der Regierungswechsel des Jahres 2000 auf Zu-/Absagen jüdischer Festspielkünstler und -gäste ausgewirkt hat. Vgl. Albert Lichtblau: Die Chiffre Sommerfrische als Erinnerungstopos. Der retrospektiv-lebensgeschichtliche Blick. In: Sabine Hödl u. Eleonore Lappin (Hg.): Erinnerung als Gegenwart. Jüdische Gedenkkulturen. Wien 2000. S. 89–128, hier S. 104.

84 Kertész, Hommage à Salzburg. In: Landesmann/Rohde, Salzburger Festspiele 1992–2001. S. 113.

85 Ebda. S. 114.

Kleiber, Gustav Kotanyi, Josef Krips, Efrem Kurtz, Erich Leinsdorf, Fritzi Massary, Jarmila Novotna, Walter Stiasny, Richard Tauber, Willy Trenk-Trebitsch, Elisabeth Neumann-Viertel, Berthold Viertel, Gisela Werbezirk …

Personenregister

Autorenverzeichnis

Haas, Hanns. Geb. 1943, Dr. phil., o. Univ.-Prof. für Neuere Geschichte an der Universität Salzburg. Hauptarbeitsgebiete: Nationalbewusstsein und Volksgruppenfragen, internationale Beziehungen in der Zwischenkriegszeit, regionale Gesellschafts- und Kulturgeschichte, Geschichte des Bürgertums im 19. und 20. Jahrhundert.

Embacher, Helga. Geb. 1959 , Dr. phil., ao. Univ.-Prof. am Institut für Geschichte der Universität Salzburg. Forschungsschwerpunkte: Jüdische Geschichte, Nationalsozialismus, Naher Osten und Österreichische Zeitgeschichte.

Fellner, Günter. Geb. 1953, Mag. phil., Dr. phil., Vertragsbediensteter am Institut für Judaistik der Universität Wien. Publikationen über Antisemitismus in Salzburg sowie Methodik und Geschichte der Geschichtswissenschaft.

Hangler, Jutta. Geb. 1970, Mag. phil., Mitarbeiterin beim Projekt »›Jüdischer‹ Immobilienbesitz (in Wien) zwischen ›Arisierungs‹strategien und Rückstellungsverfahren« im Auftrag der Historiker/innenkommission der Republik Österreich.

Kammerhofer-Aggermann, Ulrike. Geb. 1955, Dr. phil., Lehrbeauftragte an der Universität Salzburg und an der Pädagogischen Akademie des Bundes in Salzburg, Leiterin des Salzburger Landesinstituts für Volkskunde, Vizeobfrau des Instituts für Volkskultur und Kulturentwicklung Innsbruck, zahlreiche Publikationen zur Volkskunde.

Kriechbaumer, Robert. Geb. 1948, Mag. phil., Dr. phil., ao. Univ.-Prof. für Neuere Österreichische Geschichte an der Universität Salzburg, Professor für Geschichte an der Pädagogischen Akademie des Bundes in Salzburg, Vorsitzender des Wissenschaftlichen Beirates der Dr.-Wilfried-Haslauer-Bibliothek. Forschungsschwerpunkt: Österreichische Zeitgeschichte.

Krisch, Laurenz. Geb. 1959, Mag. phil., Lehrer an der Salzburger Tourismusschule in Bad Hofgastein. Forschungsschwerpunkt: Die dreißiger Jahre in Bad Gastein.

Lichtblau, Albert. Geb. 1954, Dr. phil., ao. Univ.-Prof. für Neuere Geschichte an der Universität Salzburg. Forschungsschwerpunkte: Geschichte von Minderheiten und der Migration, Jüdische Geschichte und Geschichte des Antisemitismus.

Strasser, Christian. Geb. 1964, Mag. phil, Mag. jur., Abteilungsleiter »Sonderbeilagen«

der »Salzburger Nachrichten«, zahlreiche Publikationen zur Kulturgeschichte Salzburgs und zur Technikgeschichte.

Thumser, Regina. Geb. 1973, Mag. phil., Dr. phil., Vertragsassistentin am Institut für Neuere Geschichte und Zeitgeschichte der Universität Linz, Lektorin am Institut für Geschichte der Universität Salzburg, Mitarbeiterin am Projekt der Historiker/innenkommission »›Arisierungen‹. Beschlagnahmte Vermögen, Rückstellungen und Entschädigungen: Bundesländervergleich: Burgenland, Oberösterreich, Salzburg.« Forschungsschwerpunkte: Exil, Oper und »Oral- und Video- History«.

Waitzbauer, Harald. Geb. 1955, Dr. phil., Mitarbeiter in der Presseabteilung der Österreichischen Präsidentschaftskanzlei. Zahlreiche Publikationen zur österreichischen und Salzburger Kulturgeschichte.

Oliver Rathkolb, Otto Maschke, Stefan August Lütgenau (Hrsg.)
Österreichische Nationalgeschichte nach 1945
Bd. 2: Mit anderen Augen gesehen. Österreichs internationale Perzeption, 1955–1990
2002. 17 x 24 cm. Ca. 1056 Seiten. Gb.
ISBN 3-205-99105-2

Die von der Stiftung Bruno Kreisky Archiv herausgegebene Studie analysiert anhand von Fallstudien ausgewählter Staaten die Außenperzeption wesentlicher historischer Entwicklungen der Zweiten Republik Österreich.

Die Herausgeber:

Oliver Rathkolb,
Univ.-Doz., Dr. iur. et phil., Institut für Zeitgeschichte der Universität Wien und Ludwig Boltzmann Institut für Geschichte und Gesellschaft

Otto M. Maschke,
war im Höheren Auswärtigen Dienst tätig. U. a. Ständiger Vertreter Österreichs beim Europarat in Straßburg (1976–1980), Botschafter in Kairo (1974–1976), in Madrid (1986 - 1990) und in Den Haag (1992–1996).

Stefan August Lütgenau
Wissenschaftlicher Mitarbeiter der Stiftung Bruno Kreisky Archiv, Programm-Koordinator der Bruno Kreisky Stiftung für Verdienste um die Menschenrechte.

Kriechbaumer, Robert (Hrsg.)
Österreichische Nationalgeschichte nach 1945
Bd. 1: Die Spiegel der Erinnerung. Die Sicht von innen.
1998. 17 x 24 cm, 932 Seiten. Gb.
ISBN 3-205-98909-0

Schriftenreihe des Forschungsinstitutes für politisch-historische Studien der Dr.-Wilfried-Haslauer-Bibliothek
Hrsg.: Robert Kriechbaumer, Franz Schausberger, Hubert Weinberger.
Ab Band 11: hrsg. v. Wilfried Haslauer, R. Kriechbaumer u. H. Weinberger.

Eine Auswahl:

Bd. 7/1: Robert Kriechbaumer (Hrsg.)
Die Ära Josef Klaus
Österreich in den „kurzen" sechziger Jahren: Dokumente
1998. 24 x 17 cm. 412 Seiten. 24 schw.-w. Abb. Gb.
ISBN 3-205-98882-5

Bd. 7/2: Robert Kriechbaumer (Hrsg.)
Die Ära Josef Klaus
Österreich in den „kurzen" sechziger Jahren: Aus der Sicht von Zeitgenossen und in Karikaturen von Ironimus
1999. 17 x 24 cm. 283 Seiten. 34 schw.-w..-Abb. Gb.
ISBN 3-205-99146-X

Bd. 8: Kurt F. Strasser, Harald Waitzbauer
Über die Grenzen nach Triest
Wanderungen zwischen Karnischen Alpen und Adriatischem Meer
1999. 15,5 x 23,5 cm. 288 Seiten. zahlr. schw.-w. u. farb. Abb., Gb.
ISBN 3-205-99010-2

Bd. 9: Richard Voithofer
Drum schließt Euch frisch an Deutschland an …
Die Großdeutsche Volkspartei in Salzburg 1920–1936
2000. 17 x 24 cm. 488 Seiten. Gb.
ISBN 3-205-99222-9

Bd. 10: Michael Schmolke (Hrsg.)
In Verbindung mit Sandra Ebner und Thomas Steinmaurer
Der Generalintendant
Gerd Bachers Reden, Vorträge, Stellungnahmen aus den Jahren 1967 bis 1994. Eine Auswahl.
2000. 17 x 24 cm. 403 Seiten. 19 schw.-w. Abb. Gb.
ISBN 3-205-99247-4

böhlauWien

Schriftenreihe des Forschungsinstitutes für politisch-historische Studien der Dr.-Wilfried-Haslauer-Bibliothek

Hrsg.: Robert Kriechbaumer, Franz Schausberger, Hubert Weinberger.
Ab Band 11: hrsg. v. Wilfried Haslauer, R. Kriechbaumer u. H. Weinberger.

Eine Auswahl:

Bd. 11: Hanns Haas, Robert Hoffmann, Robert Kriechbaumer (Hrsg.)
Salzburg
Städtische Lebenswelt(en) seit 1945
2000. 17 x 24 cm. 432 Seiten. 25 schw.-w. Abb., Gb.
ISBN 3-205-99255-5

Bd. 12: Robert Kriechbaumer
Die großen Erzählungen der Politik
Politische Kultur und Parteien in Österreich von der Jahrhundertwende bis 1945
2001. 17 x 24 cm. 820 Seiten. Gb.
ISBN 3-205-99400-0

Bd. 13: Herbert Dachs, Ernst Hanisch, Roland Floimair, Franz Schausberger (Hrsg.)
Die Ära Haslauer
Salzburg in den siebziger und achtziger Jahren
2001. 17 x 24 cm. 700 Seiten. 17 schw.-w. Abb., 73 Tab. 15 Graf. Gb.
SBN 3-205-99377-2

Bd. 15: Oswald Panagl, Robert Kriechbaumer (Hrsg.)
Wahlkämpfe
Sprache und Politik
2002. 17 x 24 cm. 224 Seiten. 12 schw.-w. u. 15 farb. Abb. Br.
ISBN 3-205-99456-6

Bd. 16: Robert Kriechbaumer, Franz Schausberger (Hrsg.)
Fast eine Insel der Seligen
Handlungsspielräume regionaler Finanz- und Wirtschaftspolitik am Ende des 20. Jahrhunderts am Beispiel Salzburgs
2002. 17 x 24 cm. 168 Seiten. 19 schw.-w. Abb. Br.
ISBN 3-205-99476-0

Bd. 17: Robert Kriechbaumer
Ein Vaterländisches Bilderbuch
2002. 21 x 27 cm. Ca. 272 Seiten. Ca. 220 schw.-w. Abb. Br.
ISBN 3-205-77011-0